CHANG CHENG ZHUANG GE

长 城 壮 歌

（上）

《长城壮歌》编写组　编

河南大学出版社
·开封·

图书在版编目(CIP)数据

长城壮歌(上、下)/《长城壮歌》编写组编. —开封:河南大学出版社,2011.1(2012.9重印)

ISBN 978-7-5649-0374-9

Ⅰ.长… Ⅱ.①长… Ⅲ.①抗日战争－史料－中国 Ⅳ.①K265.06

中国版本图书馆CIP数据核字(2011)第015517号

责任编辑	程若春 薛巧玲	
责任校对	李 欣 付理明	
封面设计	马 龙	

出版发行	河南大学出版社			
	地址:河南省开封市明伦街85号		邮编:475001	
	电话:0378-2825001(营销部)			
	网址:www.hupress.com			
排　版	郑州市今日文教印制有限公司			
印　刷	开封日报社印务中心			
版　次	2011年1月第1版		印　次	2012年9月第3次印刷
开　本	890mm×1240mm 1/32		印　张	24.75
字　数	621千字		定　价	50.00元(上、下)

(本书如有印装质量问题,请与河南大学出版社营销部联系调换)

序　言

　　20世纪三、四十年代的中国抗日战争,是"战争史上的奇观,中华民族的壮举,惊天动地的伟业"。(毛泽东《论持久战》)

　　这场战争,震发于1931年"九一八事变"的隆隆炮声,展开于1937年"七七"卢沟桥事变的熊熊战火。从局部到全面,乃至1945年取得最后胜利,历时14载。

　　14年间,我们中国一改近代以来一盘散沙、被动挨打的旧颜,如雄狮怒吼,如火山爆发,使蕴积几千年的民族情感、爱国主义精神重新激荡高扬。为了抗日救国,中国共产党倡导建立了抗日民族统一战线,并在这面旗帜下国共两党遵循"兄弟阋于墙,外御其侮"的古训,捐弃前嫌,携手抗战。全国各族、各界、各党、各派以及海外华侨,迅速聚集起来,结成了广泛的抗日民族统一战线。所有不愿做亡国奴的炎黄子孙,地不分南北,人不分老幼,都成为抗日的一员,有钱出钱,有枪出枪,有力出力,有粮出粮,有专门技术出专门技术,万众一心,共赴国难,中华大地,到处都成了埋葬侵略者的战场。

　　三、四十年代的日本,其军力、经济力和政治组织力均在世界前列,是东方的头号强国。中国则是在半殖民地半封建社会蹒跚的贫弱之国,内外交困,举步维艰。但是,我们中国地大、物丰、人多,日本则地狭、物乏、人少;中国是正义的一方,日本则是野蛮、非正义的一方。14年间,中华民族发扬勇猛、顽强、机智的传统精神,持久抗战,坚忍不拔;"正面"、"敌后",两相配合;运动战、游击战、阵地战,交相为用;地道战、地雷战、破袭战、麻雀战等"土打法",也应时而生,齐放异彩。就这样,中国的抗日战争,变惨烈为神奇,演出了一幕幕精彩威武的活剧。悲壮的战略防御,以空间换取了时间;艰苦的战略相持,构筑起政治、经济、军事、外交综合性抗敌固垒;决战决胜的战略反攻,使凶悍的日本帝国主义成为强弩之末;贫弱的中国则一跃成为举足轻重的世界"四强"之一。

中国的抗日战争是世界反法西斯战争不可分割的重要组成部分,并为世界反法西斯战争的胜利作出了巨大的民族牺牲和重要的历史贡献。中国人民不会忘记,在最艰苦的日子里,我们得到了世界上许多国家、人民的同情和支援。世界人民也不会忘记,在关键时刻,中国人民总是一马当先,勇挑重担。1931年,是中国人民打响了反法西斯的第一枪,拉开了世界反法西斯战争的序幕。1940年,当德国法西斯进攻英、法,需要它的日本伙伴出击太平洋给予配合时,是中国战场拖住了日本的后腿,致使太平洋战争向后推迟。1941年,当德国进攻前苏联,需要日本"北进"以形成对前苏联的夹击态势时,仍然是中国战场使日本不能拔腿北向,致使前苏联能够集中力量反击,并进而追击到德国柏林,促成了欧洲战场的迅速结束。

与此同时,长期艰苦的抗日战争,使中国人民的政治觉悟和组织能力得到迅速提高,人民武装力量也由抗战前的5万余人,增长到130余万人,并拥有104万平方公里的根据地。这些都构成了中国新民主主义革命能在其后4年之内迅速取得胜利的重要因素。

中国的抗日战争,壮哉!奇哉!伟哉!它是一曲悲壮的战歌,一次又一次的激烈战斗,组成了它高亢的音符,亿万中华儿女用鲜血和生命谱写了它激昂的乐章。

东北抗日联军最早点燃了中国的抗日烽火,他们14年孤军奋战于北国敌垒,爬冰卧雪,不休不眠,为抗日战争作出了巨大牺牲。

"一·二八"上海抗战、长城抗战、察绥抗战等,皆处在艰难的局部抗战时期,悲曲壮歌,震撼中外,为中华民族和中国军人赢得了荣誉,为整个抗日战争增添了光彩。

淞沪会战、南京保卫战、太原会战、徐州会战、武汉会战等,规模之宏大,态势之雄奇,举世罕见,无不向中外宣示:中国的抗日战争将在人类战争史上演出空前伟大的一幕;日本帝国主义冲进这些城市,就像一头野牛陷入了巨大的火阵。

平型关战斗,凶恶的日军板垣师团遭到痛击,中国取得全面抗战兴起后第一次大捷,令骄横的板垣为之胆寒,怯阵多日,不敢妄动。

长沙会战,日军三进三退,遗尸遍野。

百团大战,使敌人后方闻风丧胆。

滇缅之战,中国抗日军队攻城夺路于异国他乡,声威远震……

我们永远记得,那一个个惊心动魄的抗敌故事,一个个威震敌胆的英雄:茫茫长白山,双手持枪于冰天雪地的杨靖宇;滚滚牡丹江,翻波击浪的八名抗联女英豪;卢沟桥畔,挥舞大刀的赵登禹;忻口阵地上,身先士卒的郝梦龄、刘家麟;滕县城内,血肉模糊的王铭章;宝山街巷,逐屋肉搏的姚子青营;巍巍太行,狼牙山崖的五壮士;枣宜之地,"不死不已"的张自忠;缅甸密林深处,泥血斑斑的戴安澜……

无数的战斗,无数的英雄,都体现了中华民族自尊、正义、不畏强暴、勇于献身的优秀品格和爱国精神。这些品格和精神,就是中国抗战胜利的保证。正如1938年毛泽东在延安追悼抗敌阵亡将士大会上说的那样:

中华民族决不是一群绵羊,而是富于民族自尊心与人类正义心的伟大民族,为了民族自尊与人类正义,为了中国人一定要生存在自己的土地上,决不让日本法西斯不付重大代价达到其无法无天的目的。我们的方法就是战争与牺牲,拿战争对抗战争,拿革命的正义战对抗野蛮的侵略战;这种精神,我们民族的数千年历史已经证明,现在再来一次伟大的证明……郝梦龄将军等的热血是不会白流的,日本强盗之被赶出中国谁能说不是必然的?(党德信、杨玉文《抗日战争国民党阵亡将领录》,解放军出版社1987年8月版,第38页)

2010年是中国抗日战争胜利65周年,也是世界反法西斯战争胜利65周年。抗日战争已经过去了半个多世纪,但是,抗日战争所体现的中华民族的优秀品格和高度的爱国主义精神,将永远激励我们中国人民的自尊、自信、自豪、自强。这些品格和精神随中华民族几千年的历史而来,还将随中华民族今天和明天的生存发展而生存发展。有这些品格和精神在,中华民族的生生不息、不断强盛"谁能说不是必然的"?

让我们来珍惜这可贵的品格和精神吧,把它们发扬光大,使它们在新的时代发放更加绚丽的光彩,鼓舞我们全国各族人民去为建设有中国特色的社会主义而努力奋斗!

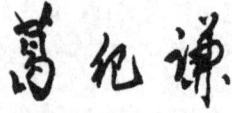

2010年3月25日

目 录

鏖战淞沪——上海抗战纪实

1. 战云密布北中国 ……………………………… 5
2. 淞沪危机 ……………………………………… 11
3. 一座不设防的城市 …………………………… 14
4. 东方马其诺防线 ……………………………… 19
5. 张治中受命 …………………………………… 22
6. 陈诚说：扩大上海战事 ……………………… 30
7. 蒋介石：就任三军大元帅 …………………… 36
8. 张治中：此恨绵绵 …………………………… 43
9. 冯玉祥：壮志难酬 …………………………… 51
10. 松井石根：从淞沪走向绞刑架 ……………… 59
11. 江岸争夺战 …………………………………… 64
12. 血战罗店 ……………………………………… 69
13. 巍巍宝山城 …………………………………… 74
14. 淞沪三杰 ……………………………………… 78
15. 一寸山河一寸血 ……………………………… 82
16. 淞沪抗战中的宋氏二姐妹 …………………… 91
17. 八百壮士守"四行" …………………………… 103
18. "八一四"：中国空军的节日 ………………… 117
19. 江阴海空大血战 ……………………………… 123

20. 将军热血洒淞沪…………………………………… 128
21. 杭州湾登陆………………………………………… 133
22. 当撤不撤:蒋介石寄希望于《九国公约》………… 142

雄关荡寇——平型关大捷纪实

1. 奇兵出城关………………………………………… 157
2. 告别红军帽………………………………………… 158
3. 战士推火车………………………………………… 159
4. 阎公赞周公………………………………………… 162
5. 日寇遇克星………………………………………… 163
6. 林氏三兄弟………………………………………… 166
7. 洛川论战策………………………………………… 166
8. 胜败谁人定………………………………………… 168
9. 坂垣誓夺关………………………………………… 170
10. 苍山待布阵……………………………………… 172
11. 伏兵扼强敌……………………………………… 173
12. 林彪从军行……………………………………… 175
13. 面壁对地图……………………………………… 177
14. 千钧一发时……………………………………… 179
15. 抢占老爷庙……………………………………… 181
16. 李天佑考兵……………………………………… 183
17. 群英闯山洪……………………………………… 185
18. 将军真英勇……………………………………… 188
19. 志在斩蛇头……………………………………… 190
20. 虎将徐海东……………………………………… 194
21. 战地友军来……………………………………… 198
22. 排长过把瘾……………………………………… 200
23. 战场猛张飞……………………………………… 204

24. 勇士亦书生 …… 206
25. 潇洒机枪手 …… 209
26. 兵临驿马岭 …… 213
27. 岭下英雄血 …… 216
28. 猛虎袭狼群 …… 219
29. 光复涞源城 …… 221
30. 战争是学校 …… 223
31. 二取平型关 …… 224
32. 昔阳小兵变 …… 227
33. 友军欠友情 …… 230
34. 国人大祝捷 …… 233
35. 傅作义驰援 …… 236
36. 御敌在忻口 …… 239
37. 夜走大白水 …… 241
38. 阵前与妻书 …… 244
39. 林彪伤春雾 …… 247
40. 卫立煌劳军 …… 252
41. 赴苏有传奇 …… 255
42. 语惊斯大林 …… 258
43. 情场又失意 …… 261
44. 延安识叶群 …… 266

钟山硝烟——南京保卫战纪实

1. 红军将领到南京 …… 273
2. 唐生智勇任守城将 …… 275
3. 松井石根兵分三路 …… 281
4. 蒋介石飞离南京 …… 286
5. 句汤线上硝烟弥漫 …… 288

6. 淳化牛首浴血奋战 …… 293
7. 唐生智不离岗位 …… 300
8. 光华门威武不屈 …… 302
9. 拒劝降严阵以待 …… 309
10. 紫金山血战到底 …… 314
11. 两将军血洒雨花台 …… 321
12. 血战中华门城堡 …… 326
13. 蒋介石命令撤退 …… 333
14. 最后战斗长江边 …… 338
15. 唐生智艰难过江 …… 343
16. 广东军突出重围 …… 347
17. 松井石根挥师入城 …… 351
18. 两少尉比赛杀人 …… 357
19. 他们从尸堆中爬出 …… 360
20. 妇女惨遭蹂躏 …… 366
21. 纵火抢劫毁古城 …… 374
22. 斗顽敌宁死不屈 …… 379
23. 雄鹰猛袭日机场 …… 383
24. 总领事馆毒酒事件 …… 386
25. 军统特工谋刺汉奸 …… 389
26. 新四军痛歼日寇 …… 394
27. 侵略者的可耻下场 …… 400

鏖战淞沪
——上海抗战纪实

徐智勇　王少华　著

图1 指挥淞沪会战的张治中将军

图2 淞沪会战中的中国炮兵

1. 战云密布北中国

1937年7月7日。卢沟桥。

卢沟桥位于北平（今北京）城西南二十余里，横跨永定河东西两岸。这座石孔桥始建于金大定二十九年（公元1189年），成于明昌三年（公元1192年）。桥由11孔石拱组成，其上建有石栏，栏杆、望柱头等建筑上雕刻了"数不清"的石狮子，形态各异，雄伟生动。卢沟桥工程宏伟，建筑艺术精美，大凡来京的商旅过客，都要在此驻足，欣赏中国古代工匠的伟大杰作。著名的"卢沟晓月"在金代就已是燕京（即北平）八景之一。卢沟桥又是战略要冲，它扼京冀门户，向来是兵家必争之地。

卢沟桥的石狮默默仰望长空皓月近百年。它默默忍受着中华民族的外侮内患，默默地遥望东北三省沦落在日寇的铁蹄下，3000万中华儿女沦为外族奴隶；它默默地凝视着永定河的东岸，东洋倭寇驻屯军在中国的领土上飞扬跋扈，横行恣肆……

卢沟桥的石狮不能再沉默了，它再也沉默不下去了。在中国人民抵御外侮、反抗日寇的呐喊声中，它发出了振聋发聩的怒吼。它向全世界宣告：中国人民反抗日本帝国主义侵略的战争全面开始了！一场历时八年之久的、中国历史上规模空前的反对外国侵略的战争，就从这一天——1937年7月7日、这个地方——卢沟桥开始了！

卢沟桥的石狮在怒吼：一个具有五千年文明史的泱泱大国，对外侮的容忍是有限度的！中华民族绝不会屈服！绝不会俯首称奴！

卢沟桥的石狮在怒吼：贫弱的中国在强敌面前敢于拿起武器，

敢于反抗,敢于胜利!

卢沟桥的石狮和全国人民一起发出了抗日的怒吼声……

1937年7月7日夜。卢沟桥畔宛平城。

城北回龙庙附近,人影幢幢。这些黑影绝不是在这没有月亮的静静黑夜来欣赏"卢沟晓月"的,他们是日本驻丰台第一联队三大队八中队的一百多名日军。他们全副武装,荷枪实弹,进行军事演习,利用夜幕,接近"假想"的敌人,然后准备黎明时进行突击。但是到了第二天的黎明,"假想"的敌人变成了实在的敌人,军事演习演变成了真实的战争。就在7月7日午夜,日军以"一名士兵失踪"、要进宛平城搜索为由,向中国守军发出挑衅,遭到拒绝后,便从正东、东南、东北几面对宛平城展开了包围。8日下午,日军以炮火轰击开始,对宛平城发起进攻;同时,卢沟桥铁路桥,中日两军也为争夺该桥发生了激战。日军一向骄狂,根本不把中国军人放在眼里。但是战争一开始,他们就尝到了败仗的滋味。驻平津的中国第二十九军全力反击,宛平城守军坚守阵地,日军连连强攻,付出的却是惨重的伤亡代价,而未能进宛平城一步!卢沟铁桥,8日日军以数十人的伤亡代价占领了桥南端,但第二天,在从长辛店赶来的二十九军何基沣旅与桥北端的中国守军的夹击下,日军被全歼。

卢沟桥石狮的怒吼,震惊了日本帝国之都——东京。谁也弄不明白,中国人怎么了,南京国民政府是以此来进行全面抗战呢?还是像往常那样会妥协解决?8日到10日短短3天内,日本举行了一系列的内阁紧急会议,最终做出了决定:通过陆军的提议,决定在国内进行战争动员,并向中国华北派兵。日本进入战时体制。

卢沟桥石狮的怒吼,震惊了日本天皇裕仁。这个把中日人民拖进战争灾难的罪魁,早就对中国存有勃勃的野心。他要称霸亚洲,主宰亚洲,做整个亚洲的"天皇"。他听了陆相杉山元向他拍着胸脯做出的保证：1个月左右就可以收拾华北的残局；听了他的叔辈、参谋总长闲院宫载仁亲王关于日中开战后"苏联不会介入"的判断。于是，天皇也赞成出兵中国。

卢沟桥石狮的怒吼，震惊了日本派驻海外的两支最大的军事集团——驻兵中国东北的关东军和朝鲜驻屯军。关东军立刻做出了反应，司令官植田谦吉大将立刻向日军参谋总长闲院宫载仁亲王提出报告："鉴于华北局势，已命独立混成第一、第十一旅团之主力以及航空部队之一部做好随时出动准备。"7月8日又发表声明："关东军正以极大关心和重大决心，密切注视本事件的发展。"同时派遣前参谋长今村均少将等直飞东京，促使杉山元陆相当机立断，以武力迫使中国屈服。朝鲜驻屯军司令官小矶大将也向东京报告称："由于华北事件之爆发，已令第二师团之一部采取随时出动的态势。"

日本军中的"主战派"向中国发出了战争的狂嚣，日本政府向中国发出了不宣战的宣战。

7月9日，日本陆相杉山元在内阁会议中要求："由内地（日本国内）派遣3个师团前往增援。"

11日，在东京日本首相官邸举行五相会议，决定派遣日本本土3个师团、1个朝鲜师团、"满洲"2个旅团的兵力，并即下令朝鲜和"满洲"方面部队向华北出动。

7月11日傍晚，日本政府发表声明："此次事件完全是中国方面有计划的武力抗日，已属无可置疑。由此，政府在本日内阁会议上下了重大决心，决定采取必要的措施，立即增兵华北。"日本政府的这个颠倒黑白、混淆是非的声明，赤裸裸地暴露出其欲在华北一带扩大战火的意图。

日本参谋本部也迅速研究制定了"对华作战计划"。

7月11日，即在五相紧急会议召开的当天下午4时30分，向华北出兵的第56、57号临参命同时飞向了关东军和朝鲜驻屯军司令部。关东军独立混成旅第一、第十一旅团主力及各两个中队的侦察机、战斗机、轰炸机奉命入关,朝鲜驻屯军第二〇师团迅速开往华北。病危中的日本中国驻屯军司令官田代皖一郎中将,也为年轻的香月清司中将所替代。到7月20日前,派往华北的日军已达10万,摆开了大战的架势,妄图一举平定华北,借此使中国屈服。

卢沟桥石狮的怒吼也震惊了蒋介石。这位南京国民政府的最高统帅,当时正在庐山休养。被称为"凉岛"的庐山是避暑胜地。然而这年夏天,他在庐山避过了气候上的暑热,却难以避过全国上下沸腾起来的抗日情绪高涨的火热。蒋介石在庐山准备召开包括来自陕北共产党中央代表在内的全国各个方面知名人士代表谈话会,共商结成统一战线,团结抗战的大计。8日,二十九军代军长、北平市市长秦德纯关于卢沟桥事变的报告送到蒋介石手里。当时蒋介石尽管对开展全面抗战还心怀疑虑,对和平解决华北争端还抱一丝的幻想,但前一年冬西安事变的和平解决,全国上下抗日呼声的高涨,南京政府统治的明显加强,都迫使他作为一个政治家顺应时势,做出顺乎潮流民心的抉择。他向二十九军发出指令:"宛平城应固守勿退。并需全体动员,以备事态扩大。"10日,又电令二十九军:"守土应具必死决战之决心与积极准备之精神应付。至谈判,尤需防其奸狡之惯伎,务须不丧失丝毫为原则。"这与他在6年前"九一八"事变时密令张学良"不抵抗"已判若两人。

7月9日,蒋介石下令在四川的何应钦立即驰赴南京,着手编组部队,准备全面抗战;并且指示在庐山的第二十六路军总指挥孙连仲火速下山,率领中央军两个师北上平汉铁路的保定或石家庄。此外又令调山西太原、运城方面的部队向石家庄集结。同时,蒋介石还命令各军事机关准备总动员,并加强各地戒备体制。10日,中国政府以强硬的口气,向日本驻华大使馆提出"日军此种行为显系实行预定挑衅之计划,尤极不法"的书面抗议。

遵照蒋介石的命令,军事机关活动进入了战时体制,并采取紧急措施。编入战斗序列的部队第一线为100个师,预备军约80个师;准备100万兵员,10万匹军马的6个月粮秣。

蒋介石痛下全面抗战的决心了。

7月17日,蒋介石在庐山发表谈话,表明了他抗战到底的决心。这个谈话以《最后关头》为题,迅即在全国各大报纸上发表:

……我们既是一个弱国,如果临到最后关头,便只有拼全民族的生命,以求国家生存;那时节再不容许我们中途妥协。须知中途妥协的条件,便是整个投降,整个灭亡的条件……

对于和平,不久前他还在强调:和平未到根本绝望时期,不宜放弃和平。但现在,他已经看清了日本侵略者的真面目,对和平解决争端已临绝望。

和平已非轻易可以求得;眼前如果要求平安无事,只有让人家军队无限制的出入于我们的国土,而我们本国军队反要忍受限制,不能在本国土地内自由驻在,或是人家向中国军队开枪,而我们不能还枪。换言之,就是人为刀俎,我为鱼肉……

所以卢沟桥事变的推演,是关系中国国家整个的问题。此事能否结束,就是最后关头的境界……万一真到了无可避免的最后关头,我们当然只有牺牲,只有抗战,但我们的态度,只是应战而不是求战,应战是应付最后关头必不得已的办法……

我们固然是一个弱国,但不能不保持我们民族的生命,不能不负起祖宗先民所遗留给我们历史上的责任……战端既开之后……再没有妥协的机会,如果放弃尺寸土地与主权,便是中华民族的千古罪人……

蒋介石《最后关头》的讲话,是7月19日公开发表的。这天,他在日记中表达了如下的感慨和决心:

政府对和战表示决心,此其时矣!人以为危,我以为安。立意既定,无论安危成败,在所不计。对倭最后之方剂,唯此一着耳!

书告既发,只有一意应战,不再作回旋之想矣!

蒋介石在《最后关头》的最后坚定地号召:

如果战端一开,那就是地无分南北,人无分老幼,无论何人,皆有守土抗战之责任,尝应抱定牺牲一切之决心。

与此同时,蒋介石紧急调配军队,继孙连仲二十六军两个师北上保定后,第四十军庞炳勋部1个师开赴石家庄进驻沧县,第五十三军万福麟部3个师并同第九十一师前往保定、固安、永清、雄县一带布防,第八十四师高桂滋部调至大同、怀来。7月底,中央军主力——汤恩伯的第十三军又奉命调至长城八达岭下的南口。这样,东起渤海湾,到保定,沿太行山上北到八达岭,蒋介石对日军布下一个新月形的防御阵地,南阻日军下中原,西拒日军进晋绥,这是一个使晋察绥与中原首尾相连相应的防御体系。

10万日军来势凶猛,尤其是以关东军参谋长东条英机率领的"东条兵团",更是气焰嚣张。当年12000人的关东军,吓跑了30万人的中国东北军,现在他们哪还把中国军队放在眼里?他们扬言:"军刀一旦出鞘,很难不见血而还。"

卢沟桥的战火,迅速燃遍华北。

7月25、26日,廊坊激战,日军出动千余人、27架次飞机和相当数量的坦克,向中国守军猛攻。中国守军寡不敌众,伤亡惨重,退出廊坊。日军又乘胜进占北仓、杨村、落堡等车站。天津与北平间的交通线被切断。

7月27日凌晨,日军向通县发起进攻,中国守军死伤大半,只得突围出城。同日,日军向团河围攻,出动飞机181架次配合作战,中国守军伤亡逾千人。

7月28日黎明,日军分四路向北平发起总攻,出动40架飞机对中国守军工事轮番轰炸。当日,二十九军前军长佟麟阁在混战中壮烈殉国。曾参加过长城抗战、立下卓著战功的一三二师师长赵登禹也英勇牺牲。

7月29日,古都北平沦陷于日本侵略军的铁蹄之下。

7月30日,天津失陷。

在平津得手的日军,并未停止前进的步伐,他们带着征服者、胜利者的自豪和狂妄扑向北平城外八达岭下的南口。他们要打通晋绥察的通道,使关东军与华北日军连成一片,使东北、华北成为日军可靠的、巩固的后方基地,有了它,依靠它,便可西进包头,西南下太原,南下平汉直逼武汉,进退自如,赢得战争的主动权。

日军前线最高指挥官坂垣征四郎中将亲率大军进逼南口,与汤恩伯的第十三军展开一场血战……

平津南面的平汉、津浦路上日军也全面出击,蒋介石在华北所布置的80个师的兵力,竟然不足一个月就被日军全面击溃。

日军大有长驱南下的态势。

华北战事吃紧。

然而此时,作为主持全国抗战的领袖、军事最高统帅蒋介石,却不得不把目光从战云密布、血肉横飞、杀声震天的华北渐渐移开去,移向首都南京的东面黄浦江畔毫无战事的、被称做"东方巴黎"的上海。日军在那里极不安分。

2. 淞沪危机

南京,黄埔路蒋介石官邸。

蒋介石的目光久久地盯在那张巨幅的中国地图上。

这些天来抗战形势的发展,使他喜,使他惊,使他忧。喜的是,全国出现空前团结统一的抗日局面。在卢沟桥事变发生后不几天，他就从庐山向远在桂林的李宗仁、白崇禧发去了急电，向他们表明了中央抗战到底的决心，邀他俩速来庐山，共商抗战大计。李、白两人，一向与蒋不睦，他们盘踞广西，拥兵自立，连连发起几次倒蒋行动，虽均告失败，但他们也不买蒋介石的账。广西山高路远，蒋介石对他们也奈何不得。蒋介石的电报在桂系中引起了震动和争论。李宗仁和白崇禧都深知蒋介石的为人，领教过他的狡诈。他们也担心蒋介石会借机把他们这些地方军以抗日为名吃掉，整编掉。但他们毕竟是有民族血性的中国军人，在外敌当前、民族危亡的关头又岂能不挺身而出，以尽军人的天职！

"眼下全国各地群情激奋，抗日声势犹如倒海翻江，谁不抗战，谁拒出兵，不啻为全国公敌，民族败类。吾等身为国之军人，华夏子孙，国家有难，吾等岂能坐视不顾！"李宗仁慷慨激昂地在部下面前表明抗战决心。

桂系内部由最初的争论到讨论，当即定下了抗战大计，李宗仁毫不犹豫地电告蒋介石："中央既已决心抗战，我辈誓为拥护到底，崇禧当即遵命首途，听候驱遣。我本人暂留桂林，筹划全省动员事宜，一俟稍有头绪，亦即兼程北上，共效驱驰。"

与李、白两人一样，云南的龙云，四川的刘湘，青海、宁夏的马步芳等一批地方军阀，也纷纷在这国家民族危难之际，响应蒋介石的号召，顺应民意，共赴国难，通电全国，请缨杀敌。

中国共产党中央在事变的第二天——7月8日，就向全国通电发表声明，号召："只有全民族抗战，才是我们的出路"，"必须武装保卫平津，保卫华北！"毛泽东、朱德、彭德怀、贺龙、刘伯承、林彪等红军将领通电全国，请缨杀敌。

从西北到西南所发生的这一切，使蒋介石大为惊喜，大为感动。他与共产党和地方军阀为敌十年，虽然成立了南京政府，窃据了国民党的最高领导权，但事实上他也只统治着半壁河山，现在这些重兵在握的军事势力,在抗战面前,一致地承认了他蒋介石领袖的地位,全国最高军事统帅的地位,这倒是他始料不及的。

华北战事的发展,又使蒋介石大为震惊。他调兵遣将,拉开与日寇在华北决一死战的架势,精心布置了80个师的防御线,却纷纷为日寇击溃。

"娘希匹!"他望着地图上被日军所攻陷的一座座城池,一个个战略要地,愤愤地骂娘了。

他沿着日军南下的箭头向下望去,那箭头沿平汉线直指武汉,像一把利剑,直刺南京政府的战略后方。长江像一条龙,它要把这条龙拦腰斩断,使它首尾不能相顾。如果首都和后方被切断,京(指南京,下同——作者)沪杭一带的工业和军事设施丢弃,上百万国民党主力置于日军东西夹击的形势中——出现这样的战况,就太可怕了。中国会迅速遭受灭顶之灾!

看到和想到这些,蒋介石直冒冷汗。置身在8月的南京这座火炉里,他仍然感到好像有丝丝寒意在向他袭来。蒋介石命令中央军暂停向华北调动,使华北的防务仅限就地各军督力实施,暂勿指望后援。他把目光投向了淞沪。

上海是中国最大的城市,30年代是中国也是东方最具现代色彩的都市,它享誉着"东方巴黎"的美名。这块土地确实太诱人了!几十年前它才不过是一个小小的县城,中国的大门被外强的炮舰打开后,西方的冒险者纷纷拥向黄浦江畔,伦敦的乞丐、巴黎的小偷、西班牙的大盗都在这里暴富:上海被称为西方冒险家的乐园。依据不平等条约,西方列强都在这里拥有租界。

靠明治维新强盛起来并跻身世界列强的日本,要做亚洲的主宰,对于近在咫尺、隔海相望的这座城市自然不肯轻易放过。早在上个世纪末,日本制定大陆政策时就把军事和经济侵略的矛头指向了上海。到了本世纪30年代,为了向海外掠夺,转嫁国内经济危机,日本垄断势力在上海开办大批工厂和商业,又以保护侨民为借口,派驻了军队,日本的军舰在中国的长江、黄浦江上任意游弋。

上海是中国的经济重心,金融中心,那高高矗立于南京路上、黄浦江畔的商厦、饭店、银行,遍布街市的座座剧院、舞厅、酒楼,无不显示着它的富有。入夜,霓虹灯闪闪,歌舞曼曼,军政要员、富商巨贾、阔太太富小姐流连忘返,摩肩接踵,更给这座不夜城抹上纸醉金迷的色彩。

上海还是中国最大的国际商埠。上海港是中国最大的港口,也是最大的军港。控制了它,就等于控制了中国的海上门户,扼住了长江的咽喉。上海是蒋介石赖以起家的地方,这里有中国四大家族的雄厚资产,因此决不可落入日寇之手。

3. 一座不设防的城市

上海雄踞东海滨,扼守长江口,战略地位非常重要。上海是中国最大的都市,其经济、金融、政治作用在中国乃至世界上都具不可争辩的地位。但是,在30年代,它却是一座不设防的城市——就是说,在这片中国的领土上,中国无驻兵权!不仅在上海,在它的外围苏州、昆山,中国均无驻兵权。上海为非武装区。在上海市内只有淞沪警备司令杨虎所辖的上海市警察总队及江苏保安部队几千人,这些人员的任务仅是维持地方治安。中国人在中国领土上无驻兵权,外国人却有。日本的海军陆战队三千多人大摇大摆地、堂而皇之地驻扎在上海闸北的虹口、杨树浦,控制着上海的港口、要道。他们在中国的领土上大修工事,大力加强军事设施,在杨树浦公大纱厂和沪西纱厂一带构筑了大量的坚固据点,在日租界内众多建筑物里修建掩体工事,这些都可以为大举进攻中国提供桥头堡。日军在中国领土上大肆炫耀武力,大搞军事演习,大事战备,对日侨也加强组织军事训练。在军人的支持怂恿下,日本的侨民和浪人更是横行无忌,处处寻衅。在卢沟桥事变的前一年,在上海,中日对峙的关系已经相当紧张。那时蒋介石虽感到忍无可忍,但他正忙于督促东北军对陕北红军进行新的围剿,无暇顾及。因此,对日方制造的挑衅事件,只令外交部出面谈判,请外国驻中国的外交官从中调解,以求息事宁人。然而,日本侵略者却得寸进尺。他们似乎从中看到了中国人的软弱可欺,便进一步增加驻上海的海军陆战队的人数,军事演习也更加频繁,军舰公然沿黄浦江开往宝山、福山镇、段山、浒涌等各港,测量水位,标定舰位,为大战作准备。

"东方巴黎"不设防,中国无驻兵权的规定源于1932年"一·二八"淞沪抗战失败后南京政府与日本签订的丧权辱国的《上海停战协定》。

日本帝国主义发动"九一八"事变、轻易地侵占中国东北后,又向上海集中兵力,妄图夺取它,把它变成进攻中国的前哨阵地,迫使国民党政府屈膝投降,进而灭亡中国。为了寻找出兵上海的借口,日本驻上海武官田中隆吉勾结日本女特务川岛芳子(又名金碧辉),让她唆使5个日本日莲宗和尚,在1932年元月18日故意向正在马玉山路三友实业社总厂内操练的中国工人义勇军投掷石子挑衅,引起冲突,发展为"互殴"。日本侵略者借机扩大事态。元月20日晨,田中指使暴徒放火焚烧三友实业社毛巾厂的厂房和工房,行凶砍伤用电话报警的守卫巡捕,接着又砍伤急忙赶来的公共租界华捕3名。当天下午2时,田中又煽动上海日本侨民千余人集会,要求日本政府派遣陆海军来上海"保护侨民"。会后,六百余人持械沿吴淞路、四川路游行示威,沿途捣毁中国商店,大喊挑衅性口号,阻止电车行驶,把挑衅行径推向极端。而这时,代表日本政府的日本驻沪总领事村井仓松竟也借此在21日向上海市政府提出抗议,并蛮横地提出赔礼道歉、惩治凶手、赔偿损失、取缔抗日运动等四项无理要求。日本政府果然以"保护侨民"为借口,陆续增派军舰和海军陆战队来沪。到"一·二八"事变前,进驻上海的日本兵力已有:海军陆战队1830余人,武装日侨三四千人,军舰23艘,飞机40余架,装甲车数十辆。27日晚间,日本领事馆向上海市政府提出最后通牒:限于28日18时前对四项条件做出答复,否则日军将采取"必要的手段"。

那时,蒋介石顽固地施行"攘外必先安内"的不抵抗政策。他屈服于日本帝国主义的恐吓,指令上海市市长吴铁城全盘接受了日本提出的四项无理要求。然而,日本帝国主义的目的在于使中国彻底屈服,所以它并不以此为满足。就在元月28日20时30分,日本第一遣外舰队司令官盐泽幸一又发出最后通牒:中国驻军第十九路军立刻退出闸北,地盘让于日本军队进驻。未等中国方面答复,盐泽就于当晚11时30分命令海军陆战队近两千人向闸北、宝山路、虬江路、广东路、宝兴路、横滨路、天通庵路、青云路等各路口中国驻军阵地突然发起进攻。在此情况下,以蒋光鼐上将为总指挥、蔡廷锴中将为军长的十九路军奋起反击。震惊中外的"一·二八"事变爆发了。

事变之前,盐泽幸一狂叫:"一旦发生战事,四个小时即可了事。"这个骄狂的日本军人,完全低估了中国军人的英勇无畏、不怕牺牲、抗敌报国的精神。日军兵分五路,以20余辆装甲车为先导,从闸北各马路口向十九路军进犯。29日早晨,日军出动了飞机助战,对闸北、南市一带实施狂轰滥炸。30日,日本巡洋舰3艘、驱逐舰4艘、航空母舰2艘,携带陆战队员5000人,增兵上海。战斗进行了一个星期,日军毫无进展,吴淞依然在十九路军脚下。司令官盐泽幸一也被免职,调回本国。接替盐泽幸一的是新编日本海军第三舰队的司令野村中将。此时日军投入上海的总兵员已达万余。野村狂妄地对西方记者说:"日军渡过蕴藻浜之日,即为日军行动终止之时。""日军在吴淞踏平华军壕沟之日,为时不远。"

2月11日下午,野村指挥日军,出动飞机向闸北投下大量燃烧弹,同时用大炮猛轰中国守军阵地;接着向蕴藻浜、曹家桥一带进攻。中国守军猛烈反击,直至展开肉搏战。战况空前激烈。到2月中旬,野村连一只脚也没有踏进"华军的壕沟"。野村的职务由第九师团长官植田谦吉接任。植田带来万余援军,使日军总兵力增至两三万人,野炮近七十余门,飞机六十余架,并在吴淞口集结了数十艘战舰。

在战事打得最激烈的时候,担任南京军校教育长的张治中将军向蒋介石主动请缨,要求率军赴上海参战。蒋介石答应了,即把散驻京沪、沪杭两线上的第八十七、第八十八两师组成第五军,由张治中任军长兼第八十七师师长。从2月14日开始,第五军所辖各部(含中央陆军军官学校教导总队和独立炮兵第一团山炮营)陆续开赴淞沪前线,至18日完成了接替十九路军防务的任务。张治中在2月14日奉到军政部的正式任命后,也率军师部人员、师直属各部及军校教导总队,于16日上午9时从南京和平门登车出发,当天到达南翔(当时十九路军总指挥部所在地)。按15日军政部令,五军归蒋光鼐统一指挥。两军从此并肩作战,共御日寇。

2月20日晨,日军发动新的总攻。先以大炮向江湾、庙行镇等地猛轰,步兵协同坦克部队,一路进击张华浜一带,另一路由杨树浦进犯,攻势异常凶猛。从21日起,司令官植田更是亲临指挥,以步兵数千人配合飞机大炮向中国守军攻击,仍遭惨败。22日晨,植田改变战略,以两万大军猛攻庙行镇,万余人攻江湾镇,6000余人攻八字桥。庙行一战,敌众我寡,实力相当悬殊,但中国守军在张治中将军指挥下,无不以一当十,视死如归,勇猛抵御。血战竟日,外敌3000余人,摧毁日军坦克2辆,缴获敌装甲车1辆,野炮20余门,枪械无数。这是淞沪开战以来、也是整个"一·二八"淞沪抗战中中国守军获得的最大一次胜利。

战斗进行了1个月,植田的总攻计划宣告彻底失败。其职务由前陆相白川义则上将接替,随之增调堪称日本全国之精锐的3个师团的兵力和飞机200架来华作战。此时,日本投入上海战场的总兵力已达10万人左右。而中国军队,战斗坚持了1个月,人员、武器损耗极大。蒋介石既不派兵,也不提供武器援助。十九路军和五军处于万分困难的境地。

自2月29日起,日军在敌酋白川指挥下,一次次发起新的进攻,中国军队经过全力抵抗后,终因后援不继,于3月1日夜,退守黄渡、方泰、嘉定、太仓一带的第二道防线,积极构筑工事,准备与敌进行新的决战,殊死一拼。

然而,正在这时,3月3日,国际联盟开会决定,要求中日双方停止战争。在英国公使兰普逊及国联由19个会员组成的委员会的斡旋下,5月5日,南京政府与日军签订了丧权辱国的《淞沪停战协定》。《协定》(含三个附件、三项"谅解")规定:"在上海周围停止一切及各种敌对行为";日军永久停驻在吴淞、闸北、江湾及引翔镇等广大区域;承认南市、浦东不驻中国的任何军队,中国军队"留驻其现在地位"不再前进;把长江沿岸福山到太仓、安亭及白鹤江起直到苏州河为止的广大地区,交由日本及英、美、法、意等国共管;答应取缔全国的抗日运动。

第一次淞沪抗战就这样被南京国民政府出卖了。但是,十九路军英勇抗敌的精神,极大地鼓舞了全国人民。全国人民从十九路军身上看到了抗战的希望,抗日救国情绪更为高涨。

在这次淞沪抗战中,十九路军与第五军共伤亡14045人,失踪756人;市民被炸死炸伤8080人,失踪10400人;整个战区损失财产达16亿元。日军三易主帅,增兵至10万,死伤累计为3091人。

4. 东方马其诺防线

"一·二八"淞沪抗战,迫使中国军队退出了上海,然而日本帝国主义并没有达到最终的目的。他们要使上海丧失作为中国经济中心的机能,切断它的对外联系,使中国的军队及国民丧失战斗意志,迫使中国政府尽快投降。"七七"事变发生后,日本参谋部在大举入侵华北的同时,制定了华东地区作战计划,加紧了在上海的军事行动。日军在其占领下的各通衢哨所增加兵力,各要点构筑工事,各屋顶架设高射炮,地面增设布置新的炮位,日夜加紧军事演习。原驻汉口的千余名陆战队员撤调到上海,十余艘军舰在浏河至吴淞口之间对海口施行封锁。日本国内也向上海派定了陆军,待命出发,伺机向上海发动新的战争。

中国方面,"一·二八"淞沪抗战失败,上海沦入日寇之手,蒋介石对于这样的结局是绝不会甘心的。他岂能轻易丢弃这块黄金宝地,上海是首都南京的门户,上海的危机立刻会威胁到南京。蒋介石早已料到,要同日本全面开战,在上海的大战只是个时间问题。因此,早在1933年,为了防止日军再从上海入侵,国民政府就开始拟议在沪杭一带构筑永久性国防工事。1935年,蒋介石批准了参谋本部拟制的一份计划,由军委拨款一百多万元,用于构筑国防工事。自1934年起至1937年初,"一·二八"淞沪抗战后退守下来的第八十七、第八十八两个师,再加上第三十六师的4个工兵团、第五十七师、独立工兵第 团、工兵学校练习队、宪兵团等,在太湖与长江、太湖与杭州湾之间,先后修筑起三道坚固的国防工事。第一道是吴福线,从苏州经常熟到长江岸的福山;第二道是锡澄线,从无锡到江阴,这条防线在长江与太湖间陆地的最窄处,将沪宁通道阻断;第三道是乍平嘉线,从杭州湾的乍浦经平湖、嘉善到苏州,这道防线既可阻遏日军南下杭州,又可阻其经太湖南攻南京。这项精心设计、耗资巨大、费工费时极多的防御工程,由钢筋水泥构筑而成,以重机枪掩体作为阵地骨干,战时辅以战壕,极为完备。它从1934年开始动工,历时3年,到1937年春方竣工。它是当时中国政府对付日军进攻的最坚固、最庞大的阵地体系,体现了蒋介石屏护南京、长久抗战的战略构想,堪称东方的"马其诺防线"。

时间还可上溯更早。"九一八"事变发生后,蒋介石施行"攘外必先安内"的政策。他知道,与日军的仗迟早是要打的,以中国的国力、军力,这仗只能在中国的本土上打。坚固的国防线能弥补中国军事力量的不足。从1934年起,蒋介石就为早晚要实行的抗战作筹划,1935年4月,国民政府军事委员会设置3个执行部,由陆军上将唐生智任执行部主任,进行抗日的准备和筹划。随之,一系列的国防工事更大规模地开始修筑。它以国民政府首都南京为中心。在华北方面,山东半岛及胶济铁路沿线,北起淮河口、沿渤海海岸,经烟台、威海、青岛至石臼所修筑了海防防御阵地。在平汉、陇海铁路沿线,以石家庄、保定、新乡为前进据点,洛阳、开封、徐州、海州为主要防御地带,筑起了一系列坚固的防御阵地。在东南沿海方面,将浙江、福建原有的要塞连成防线,防止日军登陆。贯通京沪要地的长江流域,自吴淞要塞溯江而上,军委会下令广筑防御工事,重点为汉口、岳州间及上海、南京间。尤其上海与南京间这几道工事,费钱、费时、费工为最。

"八一三"上海战事发生时,唐生智正在患病,但他仍参加研究战事的军事会议。他提出了持久抗日,一个人拼他两三个,拖死日本人,最后胜利一定是中国的"主张"。对于上海战事,他认为不能持久打下去,只能拖住敌人一段时间,利用这个机会在后方休整部队和做好长期的抗战准备。他向蒋介石提出上海战事计划:以上海杭州湾为第一线;昆山、无锡、苏州、杭州一带的吴福、锡澄、乍平嘉国防线为第二线,江阴要塞至镇江为第三线;南京、京杭公路为第四线。各线部队预先应有准备,淞沪参战部队经过一个时期的战争需撤退时,便撤到浙江以西、皖南一带休整补充,并在那里准备阵地、修筑工事。由第二线部队阻击日军,经过一个时期再撤退,再在更后方筑工事,用这种层层防御,层层构筑工事的战法拖死日本人。他还主张修筑更多的国防线。

蒋介石并未采纳唐生智的计划,他一股脑儿把70万大军全抛到了淞沪战场上。这几道国防线上,连个看门的都没留下。

蒋介石亲临防线视察,他拍着那坚固的钢筋混凝土掩体满意地点头。他沿着工事向北,向着无尽的长江岸望去。这时他想到了什么呢?或许想到了长城。历代封建帝王为了抵御外族入侵,总要修修长城。长城是古代帝王的杰作,这数道防御工事是他的长城,他的杰作。

工事修筑完毕后,驻军反复进行军事演习,使军队熟悉利用工事进行阵地防御作战。

可以想见,担任构筑工事的士兵和民工手持简陋的工具,在那3年中,冒着江南夏日的酷暑,踩着梅雨时节的泥泞,顶着堕指裂肤的凛冽寒风,付出了怎样的艰辛和劳动!

就在此数年之前,法国为了防止德国的进攻,自1929年到1934年,费时5年,沿着从瑞士到比利时之间的东部国境,修筑起一条以陆军部长马其诺的名字命名的防御阵地体系。然而,德国军队1940年从比利时境内绕过这条防线,攻入了法境,使防线失去作用。而中国这条东方马其诺防线的悲剧,却在此之前就演出了。

从1937年8月13日沪战爆发至11月13日的整整3个月间,中国军队大溃败,从前线仓促后撤,撤到第一道防线吴福线。工事破败且不说,防御工事的门竟为"铁将军"把守着,打不开,而拿钥匙的地方官们(当地保甲长),早已在前头逃命去了,从前线撤退下来的将士们只有面对工事空悲叹。第一道防线不守,军队退至第二道防线锡澄线。11月23日日军发起进攻,蒋介石不令死守,但此时兵败如山倒,各人自顾逃命了。11月25日无锡失陷,锡澄线便也放弃了。在太湖之南,国民党右翼军于11月9日退守乍平嘉线,与日军激战至14日,嘉善、太仓同时失守,国防线被突破。日军长驱西进,如入无人之境。

可怜花费数百万元之巨构筑起来的工事,竟由于蒋介石缺乏战略目光,指挥不当,加之我军迫于敌人尾追,无喘息余地,而形同虚设,丝毫没能发挥它应有的作用!

5. 张治中受命

卢沟桥事变的炮声传到了青岛。在这个海滨城市的一处幽静的医院里,有一个人待不住了。就在事变的第二天,他拒绝了医生的劝阻,当即离开医院,径返南京。这个人就是国民政府京沪地区军事长官张治中将军。

张治中,原名本尧,曾字警魄,后改文白,毕业于保定陆军军官学校第三期步兵科。与蒋介石同校。在黄埔军校,张治中任军事研究委员会委员,后在第三期任学生总队代总队长,第四期任步兵一团(即入伍生团)团长,嗣后又调任军官团团长。国民革命军北伐,蒋介石任命他为总司令部副官处处长。国民政府定都南京,他担任军事委员会军政厅厅长。不久,因他自己要求而被派为南京中央陆军军官学校训练部主任、教育长。张治中跟随蒋介石多年,对蒋介石忠心可鉴。蒋介石对张治中也极信任,关键时总是委他以重任,加给他一副难挑的担子。此次蒋介石对张治中及时赶回非常高兴,委任他为京沪警备司令,负责上海战事准备。早在1936年2月,南京国民政府为了准备对日作战,划全国为几个国防区,张治中兼任了京沪区的军事长官。因为当时有《淞沪停战协定》的限制,抗战准备工作不能公开进行,只能在极秘密的情况下暗中搞。中国人竟不能在自己的土地上公开地进行反侵略的战斗准备,也实在悲哀至极!张治中奉到命令,从中央军校选调一批干部,开始筹划工作。首先他考虑的一个难题,是用什么样的名义来掩护这项工作。中央军校是一个教育机关,张治中是军校的教育长,他就在办公室旁边设置了一个高级教官室。这个"教官室"就是日后拉开全面抗战序幕的司令部,是指挥中国军队抗击日寇侵略,进行淞沪大战的指挥部。半个月后,"教官室"移到淞沪附近的苏州,改名为"中央军校野营办事处"。张治中派出一批一批人到淞沪线、苏福线、锡澄线一带实地侦察、测量、绘制地图,完成了战术作业和初步的作战方案。

  1936年的八九月间,上海形势开始紧张起来。9月23日夜,日本借口"出云"舰3个水兵在上海北站附近租界内遭狙击,死一人伤两人的事件,蓄意挑起事端;海军陆战队倾巢出动,在青云路、八字桥、粤东中学、天通庵、五洲公墓一带布置岗哨,派队巡逻。虽然经过谈判交涉,形势缓和了些,但日本法西斯却借故增加驻沪海军陆战队的人数,频繁地进行演习,舰船在江岸港口测量水位,显然是为大举进犯做准备。张治中察觉形势严重,即把三十六师由无锡推进到苏州附近,八十七师由江阴推进到常熟、福山一带,原在南京的八十八师推进到江阴、无锡,并秘密设法扩充上海保安总团。当日张治中向南京政府提出意见,要求将作战的部队、军需及时调拨,对交通通讯给予保证,以应付随时爆发的战争。

  张治中的意见并未引起南京政府的重视。为此,他感到又焦虑,又愤慨。10月14日他又痛切地重申了意见。在这个"意见"里,他首次提到了第二年在淞沪大战中为蒋介石所采纳的"先发制人"、出其不意地给敌人以重创的战役思想。在这个"意见"中,他向蒋介石陈述道:"上海为我经济重心,系世界视听,我沪上武力仅保安一团,守土匪易。在事变之初,必先以充分兵力进驻淞沪,向敌猛攻,予以重创,至少亦须保持我与租界交通,取攻势防御。若自甘被动,虽占苏福线或锡澄线,亦属非宜;若迎战不能一举破敌,又不能持久支持,则使国人回忆"一·二八"之役,薄现在中央军之无能矣。"

为达成上述任务,张治中指出:目前我军在淞沪附近只有第三十六、第八十七、第八十八3个师,因此需要再调3至4个师来沪;以4到5个师布防于淞沪正面,2个师控制浏河、福山、常熟一带。这样,在淞沪一带作战就可支持3个月以上了。

但是,张治中的意见到南京,仍然是泥牛入海。因为,此时的蒋介石正一门心思思考着怎样消灭刚刚走完长征、到了陕北还没站稳脚跟的红军,哪有心思去考虑跟日本侵略军打仗的事!几个月后,西安事变爆发,何应钦以"讨逆"为名,把第三十六、第八十八两个师也调走了,淞沪方面只留下了一个第八十七师。

"七七"事变爆发后,上海形势更趋紧张。以上海、长江方面为其所谓警备区域的日本海军第三舰队,正在台湾附近进行军事演习,得到事变的消息,舰队立刻赶回上海。舰队司令长谷川清中将于7月16日向日本海军军令部报告:"如果局限战域,则有利于敌方兵力之集中,深恐将使我方作战困难。……为制中国于死命,须以控制上海、南京为最要着。"他不仅敦促日本在上海方面发动战争,而且下令在上海作战争准备。在上海的日军各种军事人员都被动员了起来,投入紧张的战前准备工作。

7月31日,蒋介石发表了《告抗战全体将士书》:

  这几年间的忍耐,骂了不还口,打了不还手,我们为的是什么?实在是为的要安定内部,完成统一,充实国力,到"最后关头"来抗战雪耻。现在既然和平绝望,只有抗战到底,举国一致,不惜牺牲来和倭寇死拼,以驱逐倭寇,复兴民族。

8月8日,蒋介石在南京再次发表《告抗战全军将士书》:

这次卢沟桥事变,日本用了卑劣欺骗的方法,占据了我们的北平、天津,杀死了我们的同胞百姓。奇耻大辱,无以复加,思之痛心!自从"九一八"以后,我们愈忍耐退让,他们愈凶横压迫,得寸进尺,了无止境。到了今日,我们忍无可忍,退无可退了。我们要全国一致起来,与倭寇拼个你死我活!……在此即刻就要与倭寇拼命抗战的时候,特地提出下面最重要的五点:……第一,要有牺牲到底的决心。……第二,要相信最后胜利一定属于我们。……第三,要运用智能自动抗战。……第四,要军民团结一致,亲爱精诚。……第五,要坚守阵地,有进无退……

蒋介石的这两个"告全军将士书",实际上就是向全军将士发出的抗战檄文。

张治中按计划部署,做战争准备。他令新调来的第二师补充旅的一个团,化装成保安队,进驻虹桥、龙华西两个飞机场,加强警戒;一个团化装成宪兵,开驻松江。

上海战事在即,蒋介石决定先发制人,改变过去那种被动挨打的局面,他向华中守军发出命令:

"以迅雷不及掩耳之手段,于规定同一时间内,将敌在我国华中地区以非法所强占领之各据点实力扑灭之。"

"(一)国军于华中抗战初期,奇袭扫荡上海敌之潜势力,尔后则确实占领之。"

"(二)上海当应充实宪警之力量,俾能协助国军扫荡上海敌之潜势力。"

盘踞在华中地区长江中下游沿岸的日本海军陆战队和江面的军舰,还没等中国军队扫荡,事先得到了情报,悄悄溜到了上海。上海警备司令张治中将军,坚定迅速地执行了蒋介石的命令,发动部队主动发起攻势,但并没把敌人一举扫光。

张治中对蒋介石把战火从华北引到上海的战略内心拥护。在总结"九一八"、"一·二八"对日作战的经验教训和"七七"事变以来对敌军状况的判断的基础上,张治中认为,在这次淞沪抗战中,有一个基本思想是很清晰的,那就是一定要争先一着,先发制人,以我之主动,将敌制于被动。他常对人谈起:中国对付日寇,可以分作三种形式:第一种是"九一八"东北之役,敌人打我,我不还手。第二种是"一·二八"战役和长城战役,敌人打我,我才还手。这两种形式使我们吃了大亏:东北之役,丢了东三省,日本军阀炮制了一个伪满洲国;"一·二八"战役,订了个《中日淞沪停战协定》;长城战役以后,成立了冀察政务委员会,形成华北特别区。教训惨痛,实应记取。第三种是我判断他要打我,我就先打他,这就叫先发制人,又叫做"先下手为强"。这次淞沪战役,应该采取第三种。

7月30日,张治中给南京最高统帅部提出作战报告:

  我在北方作战,固不宜破坏上海,自损资源,然若敌方有左列征候之一,如:(一)敌决派陆军师团来沪,已开始登轮输送时;(二)敌派航空母舰来沪时;(三)敌在长江舰队来沪集合时;(四)敌在沪提出无理要求,甚至限期答复,即断定敌发动无疑。则因我主力军远在苏、常以西,输送展开在必需时,且上海保安团抵抗力薄,诸种关系,似宜立于主动地位,首先发动,较为有利。曾送电具申意见,未蒙核示,兹预拟本军行动标准,谨申呈核,是否有当,敬祈示遵。

南京最高统帅部复电:"卅来电悉,应由我先发制敌,但时机应待命令。"

战争已不可避免,等待的只是时机了。8月1日,张治中以京沪地区军事长官和京沪警备司令的身份,速向卫国将士和民众发了两篇文告。在告将士书中,他激励京沪地区的卫国将士:

  此日吾民族已临于最后关头,此日吾人亦陷于生死线上!

光荣神圣的民族生存抗战之血幕必且展开。兹特揭橥要义，为本区将士同志告。期以忠勇坚毅，共迎行将到来之无限艰苦，但必有无限希望的岁月。

自甲午一役，失地丧师，我同胞忍辱负重，而徒抱复仇雪耻之愿者，殆已四十余年矣。乃敌自此更逞淫威，肆其凶焰，蹂躏我主权，占领我土地，荼毒我人民。本其岛国野心，妄标大陆政策，鲸吞蚕食，肆无忌惮。攻城略地，何日无之？因之九一八之血迹未干，一二八之屠杀顿起，长城之役甫停，察绥之变旋作。含垢忍辱既已六年，创巨痛深，几难终日。兹复驱师启衅，扰我平津，更且大举动员，图占冀察。然后挥师南指，侵我中原，跃马而行，纵横朔漠，以遂其逐步吞噬之迷梦。我最高统帅所以认为最后关头，抗战到底，以求最后之胜利，而举国人士所以奔走呼号，誓死不能退让者，正以此耳。

文告最后提出了对敌作战应注意的几个要点："誓雪国耻，不怕死，不怕敌人，信仰中央，爱护袍泽，长期苦斗，百折不挠，实行连坐法。"以此作为京沪区全体将士的精神教育和纪律基础。

在《告京沪区民众书》中，张治中向民众讲明这次战争的意义，号召民众与军队合作，支持军队作战：

凡我民众，无分男女，无问老少，智者尽其能，勇者竭其力，以绥靖地方，杜绝奸宄，厉同仇敌忾之气，坚至死靡它之心，以听命于政府，则虽不擐甲胄，不执干戈，不冒矢石，而其贡献于国家民族者，实且伟大莫与伦比矣。至于体力精壮，英勇果敢之同胞，愿为父老之前驱，愿作本军之后继者；精警有为，熟悉敌情，能扑灭无耻之汉奸，能肃清敌方之间谍者；抑或有他一技之长，愿以供战争之使命者，或编入地方组织，或隶属部队机关，不患无效命之机，不患无杀敌工具。昔孙武予以吴兵复楚，阎应元以江阴抗清，东南为人才文物荟萃之区，孤忠英勇之士，悲壮激烈之操，史不绝书。揆之十步芳草，十室忠信之义,市井田畴,动多壮士,必有闻风兴起者。自由之范已胎,独立之旗高举,为民族之英雄,抑为子孙之罪人,决于自择。惟我亲爱同胞,共勉前程,共纾大难,时乎不再,凛凛勿忽。

两篇文告,对鼓舞京沪将士斗志,振奋民众精神起到极大作用。就在张治中率部加紧备战之时,日军连连发起挑衅行动,蒋介石见时机未到,未下反击的命令。

7月24日,驻屯上海的日本海军陆战队突然向中国方面提出:"队员宫崎贞雄在北四川路与狄思威路口被中国人带走。"日方一面要求上海市政府暨公共租界工部局调查,一面在闸北一带实行戒严。于是中国方面保安队也为之加强戒备,双方对峙达3天之久。然而在27日,中国船夫在距上海约300公里之遥的镇江附近从江中救起一个将要溺毙的人,他就是那个所谓"被中国人带走"的日本水兵宫崎。据他自己签字供述:他因为违反军纪去娼寮游荡,过后怕受处罚,就偷偷登上日本轮船,溯江而上,途中投水自尽,却未能死成⋯⋯

日军本想以这件事为战争导火索,重演卢沟桥事变故伎,制造战争借口,宫崎的自供使日军的这一企图化成了泡影。

8月6日,日本政府突然下令撤退汉口上游的日本侨民。这,一方面是由于得到了安插在南京政府机要部门的间谍黄秋岳所提供的关于中国海军准备在江阴封锁长江航道的情报,另一方面是考虑到全面战争即将爆发,必须预先采取措施,确保侨民生命财产的安全。第二天,长江中、上游的日舰便全部集中到上海。8月9日,"虹桥事件"发生。

这一天的下午5时半,日军上海特别陆战队西部派遣队队长大山勇夫中尉乘坐由一等水兵斋藤要藏驾驶的汽车,强行突破中国方面的警戒线,驶往虹桥中国的军用飞机场,意图窥探该机场附近的军事设施,结果为守场的中国卫兵劝阻。然而,这些一向骄狂的日本军人根本不把中国守军放在眼里,对中国守军的警告置若罔闻,反而朝中国守军开枪射击。中方军警当局曾严令卫兵:"若遇少数日本人滋扰,不得发枪还击。"所以,当时守场的中国卫兵只是伏地蹲避,大山和斋藤只得原车折回。在返回的途中,他们遇到了闻警出巡的中国保安队。大山又开枪射击,一名中国保安队员被打死。不过,大山万万未曾想到的是,已经做好了作战准备的中国军人,这回岂能轻饶他!中国保安队士兵立即给予反击,两人当场被击毙。事件发生后,日本军人又像往常那样要挟上海市市长俞鸿钧,要中国方面从闸北撤出保安队、拆除军事设施,并令停泊在海外的大批日舰驶入黄浦江,以武力干预相威胁。

南京。蒋介石接到上海电告,于8月11日下达命令:(一)令京沪警备司令张治中率领第八十七、八十八、三十六师及重炮兵两个团于11日晚向上海预定的围攻线推进,准备对淞沪围攻。(二)令原驻蚌埠的第五十六师星夜开赴苏州,归张治中管。同日,又续令苏浙边区司令张发奎将第五十五、第五十七两师及独立第二十旅于本日起开赴浦东及上海近郊,驻汉口之第九十八师也于本日起向吴县地区集结,并令海军以漂雷封锁长江口及黄浦江水道,长江舰队主力向江阴附近集中,空军主力由华北方面转用上海方面。

遵照最高统帅的命令,八十七师在师长王敬久率领下进入上海市中心江湾,并派一部固守吴淞口;孙元良的第八十八师进驻北站、江湾之间;炮兵第十团第一营与炮兵第八团在真如、大场进入阵地;第五十六师及江苏保安第二四两团在江防指挥官刘和鼎率领下,控制于太仓附近,担任江防。

真是兵贵神速!由于张治中事先已做了精心安排,秘密地换装潜入,所以部队一接到命令便迅速地到达指定位置。8月12日早晨,上海市民从梦里醒来,看到遍地都是抗日将士,不禁惊喜万分,真以为是自天而降的神兵。

日军也调兵遣将,做大战准备。8月11日,日本本土驶出的一批战舰和海军陆战队数千人,到达上海,巨大的舰炮虎视眈眈,直指上海市区。荷枪实弹的海军陆战队员登陆。8月12日,日本陆军省、参谋部协议,以第三、第十一两个师团为基干,以松井石根为司令官,组成上海派遣军。第二天上午,内阁会议正式作出决定,向上海派遣海军陆战队。

双方剑拔弩张,大战一触即发。张治中预定13日拂晓发起进攻。他希图以一个大扫荡的态势,打敌人个措手不及,一举将敌主力击溃,把上海一次整个拿下来。但就在这时,出现一个小的插曲。8月11日,英、美、法、意等国驻华大使嗅到了战争的气味,从自身的利益出发,联手向中、日双方发出通告,要求双方勿使战祸波及上海,建议南京政府改上海为自由港,为不设防城市等等。

但双方战事已发动,停手是不可能了,四国的通告,只使开战的时间延迟了一天。

淞沪会战爆发了!

早在这一年的5月28日,在苏州举行追悼"一·二八"淞沪抗日阵亡将士大会上,张治中在祭文中就发出这样的誓言:"誓将北指,长驱出关,收我疆土,扫荡凶残,执彼渠魁,槛车系还,一樽清酒,再告重泉。"

现在,他终于盼来了杀敌报国,痛歼日寇,告慰"一·二八"阵亡将士在天英灵的时刻。

6. 陈诚说:扩大上海战事

淞沪会战计划中的"先发制人",在战争中还是变成了后发制人,"主动出击"变成了主动反击。

8月14日,从武汉以东长江撤回的和从日本国土派出的日舰云集上海，总数已达32艘，并有海军2000余人登陆。日军在上海的总兵力达到万余人。日军用枪炮向八字桥一带抢修工事的中国军队开火，中国军队立刻予以反击。租界里的日军向闸北发动进攻，先后占领了八字桥、持志大学等地。张治中下令反击，拉开了淞沪抗战的序幕。

上海抗战爆发，南京在外交上予以策应。8月14日，中国政府发表《自卫抗战声明书》，宣布："中国为日本无止境之侵略所逼迫，兹不得不实行自卫，抵抗暴力。"《声明书》历数日本对华侵略的种种事实，并昭示全世界：中国为维护领土主权及各种国际条约，只有实行天赋的自卫权，以对付日本的侵略。

参战的部队在蒋介石命令下，迅速进行改编，京沪警备部队改编为第九集团军，张治中任总司令，攻击虹口、杨树浦之敌；苏浙边区部队改编为第八集团军，张发奎任总司令，守备杭州湾北岸，并扫荡浦东之敌，炮击浦西汇山码头。

8月15日、16日，淞沪地面无大战。中国军队奉令作攻击准备。在南京，最高军事统帅部此时显得最为焦虑和不安。淞沪战火既已点燃，根据日军以往的所作所为，他们不捞到便宜是绝不肯善罢甘休的，那么仗是小打还是大打，有限地打还是全面地打，蒋介石心里似乎还有些嘀咕。这时，他想到了陈诚。他一纸急电，将陈诚从庐山召回，策定抗战方略，商量淞沪会战的打法。

陈诚，字辞修，别号石叟。浙江青田县人，毕业于保定陆军军官学校第八期炮兵科，在黄埔军校任过第二期炮兵区队长，第三、四期炮兵队长。国民革命军北伐时，他在蒋介石的总司令部任参谋。陈诚跟随蒋介石多年，对蒋介石忠心不二。最令蒋介石感动的，恐怕是陈诚在"西安事变"中的表现了。"西安事变"前，陈诚奉蒋介石之命到绥远与傅作义商定收复察哈尔商都的作战计划。12月4日，他携方案飞往西安向蒋介石请示，不料正赶上张、杨两人发动事变。陈诚也被软禁。事变发生第二天，张学良来见陈诚，陈诚斥责他说:"中国交给你,你能弄好吗?现在只有赶快送委员长回南京。"这期间,张学良每天都去看望陈诚,一见面陈诚就责备他,说他不该出此下策,要他赶快送蒋介石回南京,弄得张学良十分难堪。最后,直到张学良放了蒋介石,陈诚陪蒋介石一起回了南京。

在对待抗日问题上,陈诚在国民党高级将领中是坚定的主战派。在卢沟桥事变前,他就讲:"今天不是和日本人战与和的问题,也不是和日本人开战以后,中国有没有胜算可操的问题,而是不和日本人开战,中国还有没有存在可能的问题。""我们同日本打仗,时间上迟早虽不一定,但却绝对不可避免。""如果说日本容易打,固属欺人之谈;但如果说完全不能打,那是我们绝对不能相信的。"

陈诚作为蒋介石最忠实的部下,蒋介石的心腹,对蒋介石可谓鞠躬尽瘁。蒋介石的一些重大决策,总是要他参与,倾听他的意见。陈诚也屡屡临危受命。

1936年底,由总参谋长程潜上将主持制定了一个抗战计划(分甲乙两案),即《国民政府1937年度国防作战计划》。该计划于1937年3月修订完毕,经程潜等审定后送往庐山,由陈诚转呈蒋介石审阅。蒋介石和陈诚就围绕这个计划做了一次谈话。蒋介石问他对计划的看法。

陈诚坦率地对蒋介石直叙,他认为该计划在敌情判断方面有十分精明正确之处,如敌国的军备,可用于最前线的兵力约93个师团17个旅团,200万人左右,而用于进攻中国的兵力,最多有30到40个师团,即60至80万人;日本占着军备和一切物质上的优势,并掌握绝对的制海权、制空权,因而对我军的作战方针,将采取积极的攻势,而期速战速决。但该作战计划在作战方针和作战指导要领方面,所主张的处处设防,御敌于国门之外,不切合中国实际。

陈诚提出了持久战的战略。他认为,中国军备落后,不宜实施速战速决,但中国国土广大,人口众多,经济资源分散各地,具有长期抗战的条件。我对日作战之具体运用,可分为三个时期:第一期为持久抵抗时期;第二期为敌我对峙时期;第三期为我总反攻时期。在抗战第一时期,我军对日军之攻势,仅作有限度之抵抗,尔后主动转进,以消耗敌人战斗力,保存我军主力。借以空间换取时间,扩大战场,分散敌军兵力,以求达成早日阻止敌人的进攻,及建立长期抗战力量之目的。

陈诚所提出的持久战三阶段:后退、相持、大反攻,以空间换时间等,都为蒋介石接受和实施,成了中国军队抗战的重要战略方针。

眼下面临的最现实问题,是已经在上海爆发的战事。有相当多的国民党高级将领主张,由于华北战场不断扩大,应立即停止上海战事。这些将领的主张并非没有道理,眼下的日军正与汤恩伯、卫立煌等部激战于八达岭、南口。南口日见吃紧,一旦为日军攻下,晋察绥将不保,这些人的主张是把战场限在华北,而不宜南北两面作战。而蒋介石决定在上海开战,原本只为扫除国府侧背潜在危险,不料上海之敌十分凶悍,日军不断增加兵员,有欲扩大战事之意,因而不但不能扫除,反致中国军队陷入南北两面作战的不利境地。事到如今,上海之战是继续打下去,还是毅然退出战斗,以倾全力于华北战场,蒋介石想听听陈诚的意见。

陈诚时任国民政府军政部常务次长。卢沟桥事变前后,蒋介石在庐山举办暑期军官训练团,亲任团长,陈诚任教育长。就在"八一三"淞沪战事爆发后的两天——8月15日,陈诚在牯岭接到蒋介石的电话,要他立即回南京,说有要事相商。什么事呢?蒋介石没说,但陈诚可以料想到,定与全面爆发的抗战有关。他匆匆地交代完毕训练团的工作,8月18日回到了南京,即刻去见蒋介石。蒋介石对他交代了三件事:一,赴华北向晋绥将领说明中央抗战的决心与抗战准备;二,赴上海视察张治中作战,并予以协助;三,迅速确定战斗序列。蒋介石对陈诚确实太重用了,一下子就叫他担负这么多重任,这叫陈诚确实为难。他对蒋介石说:"抗战已经开始一个多月了,我没有担任直接抗战的任何职务,这次去以什么名义从事委员长所赋予的任务呢?而且我一身又不能赴两地。"蒋介石问:"你觉着以什么名义为好?"陈诚答:"如果委员长对我机动使用,可给我个高参的名义吧。"蒋介石道:"仍然以行辕主任的名义吧。"这些话不过说了说,并没发表,因为蒋介石没打算把陈诚机动使用,而是要委他以重任。关于确定战斗序列一事,18日当夜,陈诚就与副参谋总长白崇禧及黄绍竑等会商。陈诚对各将领的情况了如指掌,他就把他们的历史、个性、能力口述一遍,供白崇禧等参考。第二天一早,他就和熊式辉赴上海视察张治中部作战情况。20日返回南京,途中熊式辉问陈诚:"返京后向委员长报告上海战事的情况,咱俩是不是应该彼此一致呢?"陈诚说:"还是分报吧,咱们各自谈自己的看法,这样委员长就可以多得到一份参考资料了。"

两人回到南京,向蒋介石汇报视察的情况。熊式辉说:"淞沪之战依我之见不能打。"蒋介石沉吟一阵,又问陈诚。陈诚说:"上海的仗不是能打不能打的问题,而是打不打的问题。"蒋介石听着,要他们把道理说出来。熊式辉说:"目前敌我强弱悬殊,全面抗战当非其时,在上海展开大规模作战,我们并未做好充分的准备。"在场的高级将领中,也有人点头表示赞同熊式辉的看法,认为在上海与日本打仗,为时尚早。陈诚却说:"我们言所谓'抗战',这两字的意义本来就是出于不得已,人来犯我,我不得已起而抵抗。谈到准备的问题,如果有人问我们,为什么不准备?什么时候开始准备?再则,敌人是否允许我们准备?所以我说,此时非能战不能战的问题,而是当战不战的问题。与其不战而亡,孰若战而图存?'抗战图存'这句话我早就说过!"

蒋介石目不转睛地望着这位身材矮小,精明强干,头脑清晰的爱将,仔细倾听着他的陈述,并鼓励他说下去:"辞修,请把你的意思再说得明白些。"

陈诚继续说道:"目前北方的战场已经摆开了,汤恩伯、卫立煌等部北进占领了八达岭、南口一带,阻住日军西进的企图,又给南下之敌侧背插上了一把刀。日军侵占我中国的图谋不实现是绝不会罢休的,华北战事的扩大已无法避免。南口重地是他们在所必夺,而我军亦在所必守。但目前日军对我最大的威胁,是由华北沿平汉路而南下。敌从华北而来最为忧虑,华北一马平川,千里大平原,交通方便,补给容易,利于日军机械化部队快速推进,速战速决。华北日军有关东军和驻朝鲜方面军作为后盾实力,调动方便,进出畅通,随时可集中优势兵力,长驱直入,若日军在华北得势,必以主力沿平汉路南下,直扑武汉,捣我心脏地带。这样,我华中部队将被敌切断后路,既无险可守,又无路可退。华中我军则有被敌人一鼓而歼之的危险。日军既然不肯放弃上海,不如索性将计就计,扩大上海战事,把北方的日军吸引到南方来,我华中广大地区,江河纵横,水网泽国,机械化部队展开困难,敌之锋芒顿然锐挫,而我军则尽可发挥其优势。"

陈诚的一番激昂陈词,使蒋介石心胸顿然开朗,他面对着巨幅地图,下了决心:"打!上海这个仗,一定打!"

陈诚进一步建议道:"若决心在上海大打,第一步必须尽快向上海增加兵力,要造成以绝对优势兵力围歼上海之敌的态势,才能有效地吸引敌主力,将华北战场转移华中,使敌人转移兵力,逆江而上,则我军可沿江节节防守,战略上不使敌人由北而南,而使敌自东而西。"

蒋介石听着频频点头,最后断然一挥手道:"增兵,把精锐部队都调到淞沪去!"

7. 蒋介石：就任三军大元帅

1937年8月,号称火炉的南京酷热难耐,只有不知疲倦的蝉,躲在茂密的梧桐树树荫里吱吱鸣叫,更增添了几分燥热。在以往的若干年里,这些日子蒋介石正在他的"夏都"、素有"凉岛"美称的庐山办公。而这个夏天,7月底他就匆匆下了山,回到了南京。"凉岛"能降天气的炎热,却降不了他内心的焦热。

8月12日,国民政府首都南京的街头和要道路口,警戒的军警多于往日。这天,最高国防军事会议及各政党联席会议,要在南京召开。这是一个决定抗战大计,研究抗战方略的最高层会议。国民政府的军政要人,各地方军事势力的首脑,各党派首脑人物云集南京。其中最引人注目的是来自陕北的共产党和红军代表周恩来、朱德、叶剑英。

国民党军政要人汪精卫、张群、冯玉祥、阎锡山、何应钦、白崇禧、程潜、朱培德、张治中等均出席了会议。自"七七"事变前到眼下一个多月来,蒋介石数次召集研究抗战大计的各种会议。会上总有"主战"和"主和"两种意见的尖锐对立,双方争得不可开交。

"七七"事变前夕,蒋介石曾在庐山与国民党几位军政要人开了个座谈会。会上,汪精卫、张群、孔祥熙等人所散布的"抗战必亡"的悲观论调,像乌云一样笼罩着会议,笼罩着庐山。

财政部长孔祥熙散布了"抗战不如参战,参战不如观战"的论调。他置日本侵略者肢解中国的事实于不顾,把残酷的战争视同儿戏,煞有介事地说什么:"抗战是没有前途的,现在日本既然想独占中国,又想打苏联,又同美国的利益发生冲突,我看不如引诱日本同苏联或者美国打,我们便可袖手旁观,了不起参个战。那样,我们损失不大,但受惠不小。"

外交部长张群则兜售他的所谓"十四字真言",这十四字是谓:"和必乱,战必败,败而言和,和而后安。"

大家听得有趣,叫张群做出解释。

汪精卫在他们之前发言,更是慷慨激昂,振振有词:"在当前形势下,力主镇静,警告国人,不可逞一时意气,置国家于万劫不复之境地!"听了张群的话,也觉言中有味儿,怂恿他说下去。张群道:"就目前全国形势,举国一致要求抗战,要避免战争是困难的。那么我们就把这股祸水泼到共产党头上去,既消外患,又平内乱,可做到一箭双雕。所谓'和必乱',延安现在抗战喊得很凶,一些百姓也跟着嚷嚷收复失地,此刻我们与日本言和,老百姓自然拥护延安,中国不是要大乱么?第二句'战必败',极好理解,一旦我们与日本开战,必败无疑,这不是兄弟的意思,何应钦部长也有所论。第三句是'败而言和',如果我们不同日本人打上几仗就言和,国人是不会答应的,延安也可就此向全国民众大做文章:你们瞧呵,蒋委员长还没打,就吓得同敌人言和了。可是同日本人打过一两仗后,遭了惨败,大家就没话说了,认输了。那时候委员长再同日本人言和,谁还能说什么呢?如果共产党反对,他们再主张抗战,那就让日本人收拾他们好了!"

"我们同日本人打了,打败了,我们和谈成功了,好,那时我们就同日本是朋友,不再是敌人了,而主张抗战的是共产党,现在该让我们的朋友收拾他们了,共产党一解决,国家不就长治久安了吗?这就叫'和而后安'"。

这就是在"七七"事变的前夕,蒋介石在庐山召集他的亲信,召开的一次座谈会的情形。那阵儿,蒋介石虽有心抗战,但被这股浊气熏得终究下不了决心。7月10日,蒋介石在庐山召集全国各界有声望的人士举行座谈会的前一天,又召集了军政要员商谈,情景就有了变化,尽管何应钦还在鼓噪他的"抗战必亡"论,汪精卫还在大谈"和为上策",孔祥熙还在唱他的"抗战不如参战,参战不如观战"的调子,蒋介石的脑袋里还在翻腾着张群的"十四字真言",却受到了老将军冯玉祥的痛斥:"日本人亡我之心不死,蓄意向我发动全面进攻,卢沟桥事变就是一个重要的信号,我们应该当机立断采取措施。有4万万同胞做我们的后盾,我们一定能够打赢这场战争。我主张全国团结抗战,我拥护蒋委员长鼓起勇气领导抗战!"

共产党代表周恩来,把草拟的《中共中央为公布国共合作宣言》的文件交给蒋介石,请国民党发表意见。周恩来说:中共愿意在抗日救国的道路上同贵党并肩迈进,击败敌人,收复失地!

尽管前面有种种的阻挠,但蒋介石被一股巨大的抗日洪流推动着,一步一步地走向了抗战,终于在7月17日召开的各界知名人士座谈会上,发表了著名的"最后关头"的讲话,将抗战的决心昭示于全国民众。

具有某种讽刺意味的是,蒋介石自发动北伐战争起,就是要消除中国的内乱,打倒军阀,统一全中国。仗打了七年,南征北战,四处烽烟,可他这个南京中央政府的委员长,也只有效地领导了中国版图上长江中下游那么一片地盘,其余地区均为地方军事势力所控制。日寇侵入中国,占领东三省,搞起了"满洲国",接着又侵占热河,蒋介石采取不抵抗政策,"攘外必先安内",其结果是"攘外"变成了"让外",日本侵略者从一次次的进攻中,摸透了中国的软弱,侵略的野心随着轻易可得手的利益而不断膨胀。"让"了外,"内"更不安,越"让"外,"内"越不安。蒋介石一次次亲率大军"剿共",共产党红军的生命力就如强劲的野草,烧不完,铲不尽,最后还闹了个"西安事变",他自个儿反被抓了起来。那些地方军阀们却在隔岸观火。蒋介石也奈何不得他们。现在,当蒋介石高举起抗日大旗,把他军队的枪口对准日本帝国主义,而放弃"安内"时,内部却骤然安宁,那些他"征剿"都无法得手的各地军事势力,纷纷集合于他的麾下,共产党的红军更自不待说,把军队也改编成了"国军",服从他这个最高统帅,一直反蒋倒蒋的许多其他民主党派及志士名流,也都一致地拥护他蒋委员长。

国民党最高国防会议由蒋介石主持。他一身戎装,身板挺直,踌躇满志,目光坚毅,表现出抗战到底,抗战必胜的信念。

军政部长何应钦发言,他的话里没有新东西,还是喊了多年的"抗战必败,抗战必亡"的陈词滥调。他向大家介绍了中日两国兵力和装备情况的对比,他说道:"摆在我们面前的现实,就是敌强我弱,且敌太强我太弱,军事实力对比过于悬殊,怎能言得上抗战?本人还是拥护蒋委员长的一贯主张:和平未到绝望时期,不宜放弃和平。同样,战争未到成熟时期,不可轻言战争!"

何应钦身居军政部长要位,最权威地掌握着中日两国军事实力情况,他的这些悲观论调不能不给会议蒙上一层阴影,使一些将领们刚刚激起的抗日热情又被泼上一瓢冷水。众人面面相觑,有人点头赞同附会。会议一时显出冷场,蒋介石心里不由暗自焦急不安:他刚刚对日寇的侵略下了全面抵抗的决心,淞沪方面大战在即,何应钦的言论无疑是在动摇军心,长他人志气,灭自家威风。他的论调如果为大家所接受,对抗战危害无穷!正在这时,共产党的代表周恩来发言了,他首先肯定:"刚才何总长所言的关于中日两国军事实力对比的情况,确为实情,这一点谁也不否定,恰恰就是凭这一点,日本才敢于对我发动侵略战争,并且占去我大片领土。"说到这里,周恩来话锋一转:"但是,我们也应看到,从另一方面日本与我相比,自有其先天不足,它国度小,人力、军力、财力和物力都感缺乏;可我们是大国,地大、物博、人多、兵多,可以进行长期战争。从国际上讲,日本发动的是侵略战争,是退步的,野蛮的,不会得到国际力量的支持和援助;中国进行的是反侵略战争,是进步的,正义的,世界上已有许多国家在支持我们。这种支持,随着我们抗战的进行,将越来越广泛。"周恩来从敌我内外两方面的精辟分析,博得了绝大多数将领的赞同。最后周恩来总结道:"对抗战前途的悲观情绪是毫无理由的,也是没有根据的。困难肯定是存在的,但只要我们坚持全面抗战,是可以获得胜利的。"

周恩来的发言博得长时间热烈的掌声。刚才一度消沉了的情绪又活跃起来。朱德接着发言,他说:"战争双方是有弱有强,不可能等到势均力敌才进行战争。刚才周恩来代表提到战争的性质非常重要。我们进行的是反侵略的正义战争。"接着,朱德讲述了跟随蔡锷将军参加"二次革命"、生擒云南总督李经义的事例,论证了正义的战争必然会由弱变强,最终战胜强敌,兵力的强弱是战争取胜的因素,但不是决定因素。

朱德又说:"刚才周恩来代表指出:日本国小,地少,物少,人少,兵少。这样,就对它长期作战不利,国际上又怕引起第三者干涉,所以在战略上它采取的是速战速决的歼灭战方针。针对敌人这一点,就要利用我们有利的条件,以空间换时间,对敌实行持久战。胜利一定是我们的!"朱德的话再次在会场掀起一阵热烈的赞同和掌声。

何应钦内心仍不服,他觉得两位共产党的代表说得都太浪漫,太遥远。他要的是眼前的现实:中日一旦开战,短则数日,长则数月,中国就会被强大的日军打败打垮,还何谈长期!但他只是心里嘀咕,却没发言反驳。他看到了会场上的情绪,再张口就等于自讨没趣了。他更看到,周恩来这位黄埔军校当年的政治部主任,朱德这位参加过辛亥革命的老将,虽与在座的"党国"将领们政见有别,他们的威望却在,话也使大多数人折服,再看看蒋介石松弛舒展开来的表情,便自个儿把嘴紧闭了。

蒋介石心里也暗自高兴,他赞赏周、朱两人的发言,佩服他们对战争的分析。在大战来临之际,他正需要这样一种群情激奋的情绪。

许多将领接着发言,大多是赞同和延伸周、朱两人的话。

在此之前的8月6日,蒋介石曾在南京召开了一次有关抗战问题的军事会议。会上,8月4日才从广西桂林飞抵南京的白崇禧提出,现在全国团结对外的形势已经形成,亟应奋起抗战,一致御侮。为了团结抗战,一新国人耳目,应成立陆海空三军大本营,以统率全国武装力量,对日作战,并建议蒋介石任陆海空三军大元帅。蒋介石沉吟了一下,答复道:当前双方都是不宣而战,还是不要另立名目为好,就以军事委员会指挥作战即可。

时过一周,白崇禧等人又将这一提议提了出来,博得了与会者的一致赞同,蒋介石便也不好再说什么。当然,他心里还是暗自高兴的,名副其实、名正言顺地统率全国军队,正是他梦寐以求的。

南京最高国防会议及党政联席会议作出决议:以军事委员会为最高统帅部,推举蒋介石为陆海空三军大元帅,组织大本营,行使海陆空军最高指挥权,统一指挥各个政党。作战方针是:不对日寇宣战,用蒋介石的话说"是应战而不是求战"。战略部署上:在华北集中一部分军队作持久战,确保天然堡垒的山西;国军主力集中于华东,力保淞沪要地,巩固南京,另以少量的兵力守备华南各港口。

蒋介石名副其实地当上了中国军队的最高统帅,陆海空三军大元帅,但与强大的日军相比,他手里掌握的军队确实少得可怜,装备差得可怜。"七七"事变前,国民政府有陆军49个军,182个步兵师,46个独立旅,9个骑兵师,6个独立骑兵旅,20个骑兵团,总兵力170余万,补充兵力仅约50万人。近来,两广、云南、四川、宁夏、青海等地军阀纷纷参加抗战,接受改编,总兵力也不过200余万——其中共产党领导的陕北红军于8月22日改编为国民革命第八路军,有兵力3个师,4.5万人。

军队庞杂,装备极为落后。自1936年起,蒋介石对其嫡系的中央军进行调整整编,革新充实装备。到"七七"事变前,182个步兵师只调整、整理成85个师又9个独立旅。因中国工业落后,军事工业更谈不上,武器自己造不出,又无钱买,所谓调整后的整理师也只充实了部分近战武器,从外国购买火炮的计划多未完成。炮兵只装备4个旅,战车600辆,以及高射炮部队等。

海军方面,兵员11万人,其中海军陆战队3800余人。计有舰艇100艘,排水量总计5万余吨,其中巡洋舰2艘,驱逐舰3艘,炮舰16艘,内河炮舰13艘,鱼雷艇8艘,其他皆为运输船等。海军编为4个舰队,第一舰队为沿海舰队,第二舰队为长江舰队,司令部皆在上海;第三舰队为北海舰队,司令部设在威海卫;第四舰队为广州海军,司令部设在广州。要命的是,这些舰船大部分是清朝的遗物,装备落后,火力差,怎能对抗日本的现代化的舰队,这叫蒋介石甚为担心。

空军方面,全部的家底是:侦察机251架,战斗机212架,轰炸机257架,全部从国外买来,大为老旧不堪,能参加作战的不过百余架。

再看看敌手日本方面,现役兵员虽只38万人,但合预备役及后补,却有200万人,另有248万人受过军事训练,战时就可以常备军为基础,组织起450万人的军队。海军方面,总排水量为190多万吨,仅次于英美而居世界第三,英、美、日、法、意因有发展海军军备比例5∶5∶3∶1.75∶1.75的限制,日本暂不能公开发展海军,但仍在秘密制造兵舰。空军方面,日本共有作战飞机2700架,其中陆军飞机1480架,海军飞机1220架。而且,日本飞机制造工业实力雄厚,不断有最先进的飞机设计制造出来投入战场。

就以上对比情况来说,何应钦的忧虑倒也并非多余。

8月20日,北方八达岭下的南口岌岌可危,察哈尔省战事吃紧。淞沪方面,16日,蒋介石令张治中于17日拂晓发起全线总攻。一场大战已不可避免!在这之前的一天即8月15日,蒋介石发布命令,实行全国总动员,政府转入战时体制,以大本营取代军委会。8月20日,大本营颁布中国军队战争指导方案和战区区分及战斗序列,将全国划分为五个战区,以京沪杭为中心的苏南、上海、浙江划为第三战区,由冯玉祥将军担任战区司令长官,顾祝同为副司令长官,前敌总指挥由陈诚亲任。同时下达作战方针:"以主力集中华东,迅速扫荡敌海军根据地,阻止后继敌军之登陆,或乘机歼灭之。"

第三战区立刻做了战事安排:淞沪近郊方面为淞沪围攻军,由第9集团军司令张治中指挥。

杭州湾北岸及浦东方面,指挥官为第八集团军总司令张发奎上将。

江防方面由陈诚负责。长江南岸守备区,指挥官为第五十四军军长霍揆章,长江北岸守备区指挥官为第一一一师师长常恩多。

浙东守备区,指挥官为第十集团军总司令刘建绪将军。

蒋介石要在淞沪战场投下血本,他把最精锐的部队源源调来,兵力迅速达到30万。

8. 张治中:此恨绵绵

担任淞沪战区主战场作战总指挥的第九集团军总司令张治中将军,从战争一开始,就觉得仗打得窝火,打得艰难,预定的作战计划总难实现,预定的作战目标总难到达。

张治中将军的作战指挥部设在南翔附近。

南翔是上海市西郊外的一个小镇,地处苏州河北,京沪铁路与公路从镇中交叉而过。它东临淞沪主要战场的闸北、虹口、杨树浦,北临长江吴淞口到浏河口的江岸防线,南与张发奎指挥的第八集团军战场相连,在其西部是二三线防御阵地。可以说它是处在淞沪战区的中心位置上。是南翔小镇位置便于指挥作战呢,还是张治中将军对它情有独钟？因为在5年前的"一·二八"淞沪抗战中，张治中眼见十九路军独自抗击强敌打得艰苦，向蒋介石主动请缨，要求率军参加上海抗战。那阵儿，蒋介石从思想深处是不想抗战的，但上海战火一起，全国人民抗战呼声日高，他总要在全国人民面前做出个样子，有个交代，便答应了张治中将军的要求，给了他第八十七、第八十八两个师，组成第五军，配合十九路军作战。当时，他的指挥部就设在南翔。庙行之战是他身为军事指挥者的得意之作，一役歼敌三千，我军只伤亡逾千。但是仗打了月余，五军开上火线20天，就难打下去了。这是一场世界战史中不多见的奇怪的战争：十九路军一方面在前线对日寇拼死浴血抗战，背后却受到来自南京的"抗命"、"不服从中央"的诋毁；一方面受到全国人民的声援和支持，一面却受到蒋介石的斥责；战事一开敌方援兵源源不断，很快由数千增至10万，而我方，蒋介石拒不发一兵一弹，敌人援兵从数千海里外乘军舰渡海而来，我军距上海咫尺的10个师，皆为装备精良的中央嫡系部队，却按兵不动，俨然是一副作壁上观的姿态。

"一·二八"淞沪抗战失败，张治中将军痛心疾首，率军退出南翔时，他"不胜感慨痛苦之至"！

往事不堪回首。"一·二八"虽然令人深感悲痛，但毕竟已经成为过去。当务之急是认真应付新的淞沪战役。然而，这次战役将会是一个怎样的结局呢？

8月11日，张治中率领曾随他参加"一·二八"抗战的第八十七、第八十八师，再加上第三十六师人马，秘密潜进上海。他和司令部随员进驻南翔。他心里默默祈祷：此役绝不能重蹈"一·二八"覆辙！张治中原定13日拂晓前以一个大扫荡的态势乘敌措手不及之时，一举将敌主力击溃，把上海一次拿下的作战计划，终因南京方面的干扰而痛失良机。这反而使敌军察觉了我军的行动，增加了兵力，加强了戒备。13日上午9时15分，日本海军陆战队的一个小队冲进横浜路、宝兴路段,向中国军队开火,因中国军队没有接到进攻的命令,战事只在20分钟后便停止。但到了下午4时左右,黄浦江上的日舰一齐发炮向闸北一带中国阵地轰击。

13日深夜,蒋介石才向张治中下令发动总攻击。14日,第八十七师进攻日本海军俱乐部及海军操场;第八十八师在八字桥一带展开激烈的肉搏战。这天,暴风雨圈达300公里的台风在上海东部海上向西北方向移动,华东沿海一带阴霾四合,但中国空军仍然冒着恶劣的天气出动,于上午10时轰炸日军起卸物资的汇山码头和陆战队司令部及纺织厂,还炸伤了日本第三舰队旗舰"出云"号。继之,在杭州笕桥上空,高志航的空军第四大队一举击落日机6架。下午3时,中国军队发起总攻击。4时,炮兵开始集中射击,步兵奋勇前进。到日落时,战事很有进展。这时忽然又接到南京命令:

"密,今晚不可进攻。另候后命。"

于是,正在实施中的攻击又停止了。

在第一天的战斗中,八十八师二六四旅旅长黄梅兴少将率军进攻虹口日本海军司令部,激战中被炮弹片击中,负伤阵亡。

15、16两日都是奉令作攻击准备,没实行全线攻击,仅将五洲公墓、爱国女中、粤东中学各据点攻占。其中最壮烈的一战,是八十七师二五九旅两个连突入日军阵地,占领了日军海军俱乐部。

17日,张治中接到进攻命令,发起全线攻击,张治中要在日军援兵到来前,攻下虹口、杨树浦日军的据点。拂晓总攻开始。这天上午8时许,张治中从南翔指挥部驱车来到上海前线,他顺着公路先来到上海外围的大场,这里是八十八师炮兵第八团的炮兵阵地,继续前行,到了近郊的真如车站,这里是炮兵第十团的阵地。他见两个阵地的官兵士气高涨,炮口高昂,向预定的虹口、杨树浦日军据点,黄浦江上日军军舰等目标炮击,炮弹带着呼啸声从天空划过,甚感满意。接着,他进入市区,视察了虹口战况,孙元良指挥的八十七师在空军配合下打得正酣,外围八字桥、持志大学、沪江大学、五洲公墓、爱国女中、粤东中学、日本海军俱乐部等据点,已在前三日的攻击中,被我军占领,战争正向纵深发展。中午12时,张治中来到杨树浦万国体育场战场,八十七师师长王敬久指挥部队向租界进攻,这里的仗打得更为激烈。日军工事经营多年,坚固异常,炮火打上去,只溅起一点的烟,飞起一些水泥碎片。日军自知援军即到,顽强固守。中国炮兵无奈,只有步兵往上冲,日军火力密集,子弹如雨,冲上去的士兵一批批倒下去,后面的又冲上来,踏着前面倒下的尸体继续攻击,再倒下去,又冲上来,战场尸体累累,伤亡极其惨重。但中国军队仍不退却,而是用生命和热血一尺一尺、一米一米地把攻击推向前进。张治中将军为中国军人不畏牺牲的精神所感动,他不再前行,亲自督战,直至下午4时才离开。

这一天的攻击,虽未达到迅速将敌据点拔除的目的,但各战场都有战绩,张治中尚能自慰。但他正指挥军队继续进攻之时,8月18日,南京统帅部来电:暂停攻击。这是开战来第三次停止攻击的命令。就这么短短五六天的时间,这仗停停打打,打打停停,总不能连续进攻,总给敌人以喘息甚至反攻的机会,这仗怎么打!张治中冒火了。

我军进攻暂停,但敌军却趁机反攻。就在8月18日中午,日军见中国军队枪炮不响了,人也不攻了,便在空军掩护配合下,杀出据点,杀出租界,开始局部反击。黄浦江外,敌舰涌进内河,炮火向我阵地发射;天空,木更津、魔岛、鹿屋航空队的日机频频向中国军队攻击。张治中令所辖部队把反击的日军打回去,然后就地转防,其他难有作为。这位在国民党高级将领中有"儒将"雅称的将军,也开始骂娘了。

张治中事后才得知,这短短几天关键时刻的停止进攻,皆是因为刚刚下定抗战决心的蒋介石,心底最深处对"和平"仍抱希望,对"国联调停"仍存幻想,但这恰恰贻误了战争的最佳时机,使后面的战斗越来越被动。

张治中确实是"儒将",在武装进攻之时,时时不忘"反攻"。8月15日,他以京沪警备司令的名义,在向敌军发起总攻前夕,向全国发出通电,以言我出师正义,鼓舞士气,唤起全国民众的支持。通电云:

各报馆转各部队、各机关团体暨全国同胞公鉴:九日下午,暴日侵沪舰队突以重炮轰击闸北,继以步兵越界袭我保安总团防地,我保安队忍无可忍,起而应战。治中奉命统率所部,星驰应援,保卫我先祖列宗筚路蓝缕辛苦经营之国土,争取四万万五千万炎黄华胄之生存,誓不与倭奴共戴一天!今日之事,为甲午以来五十年之最后清算。彼曲我直,彼怯我壮,彼为发挥野心之侵略,我为决死求生之自卫,无论暴敌如何披猖,最后胜利必属于我!愿我举国同胞,武装袍泽,毋忘我东北、平津数千万同胞呻吟于日寇铁蹄残踏之奇惨,毋忘我一二八战役、长城战役、平津战役忠勇牺牲先烈之血迹,以悲壮热烈之精神,共负洗雪国耻收复失地之重任,遵奉最高统帅之昭示,以百折不挠抗战到底之决心,求得最后最大光荣之胜利。擐甲陈词,不胜激越!

8月20日,随着淞沪战场上升为战区,蒋介石投入兵力30万,张治中所辖部队被划为淞沪围攻军,新的攻击开始。新增派来的三十六师也加入围攻军,归张治中指挥。这都是蒋介石嫡系中最精锐的部队。其他几个师也源源增援而来,加入淞沪围攻军。淞沪围攻军的任务是在上海市区作战。

新的总攻战场并未在日军全部据点摆开,张治中将进攻重点由虹口日本海军司令部改为汇山码头,打算将日军截为两段,然后围而歼之。张治中亲临前线指挥,当天部队突破杨树浦租界,又经过一夜激战,第三十六师突破日军阵地进抵百老汇路。一名代理坦克连连长,率几辆坦克冲进杨树浦,因坦克破旧,火力有限,跟随突入的步兵遭日军猛烈火力压制,无法前行。坦克孤军深入,并一直冲到汇山码头,但终于连车带人全被击毁。22日晚,三十六师再次突破日军阵地,进至汇山码头。日军顽固据守,以猛烈炮火阻击。又因一线攻击部队进展过快,对巷战地区搜索不严,敌便衣队与汉奸乘机纵火扰乱,攻击部队前后隔绝,失去指挥,官兵伤亡达两千多人,攻击失败,部队遂奉命撤回唐山路原守阵地。

8月23日凌晨,日本上海派遣军司令松井石根率第三、第十一师团于张华浜、狮子林、川沙口一带强行登陆,长江南岸战事又起。淞沪之战在上海市区和外围全面铺开。日军突破江防,向吴淞、宝山、罗店、浏河一线发起进攻。这样,对淞沪围攻军侧翼造成严重威胁。张治中立刻下令市区内停止对日军攻击,各部固守阵地,又急令教导总队第二团火速赶往张华浜阻击敌人,第八十七师调一个旅赶往吴淞,第九十八师向宝山、刘行、杨行、罗店前进,由该师师长夏楚中指挥第九十八、第十一两个师阻击登陆的敌人。

松井石根派遣军的登陆,使淞沪战局发生骤然变化。中国军队由主动进攻转入防御,或者说进攻性的防御。

派往罗店方面由夏楚中指挥的第九十八、第十一两个师,冒着敌人的炮火,急速前进,收复罗店,暂缓了北面的局势。

8月27日,刚刚停息三天的上海市区内的枪炮声又起。张治中重新调整了战略部署:右翼孙元良部,于北站至沙泾港之间原阵地,围攻虹口敌军,并以一部任沪西一带及潭子湾、北站警戒;中央军宋希濂部,位于沙泾港东岸、唐山路、华德路、引翔港镇北端至虹口一线,围攻杨树浦之敌;左翼军王敬久部,固守吴淞并围攻张华浜方面之敌。各部按部署行动,对日军发起强攻。第九集团军方面因兵力有了分散,攻势减弱,敌人方面因有了援军登陆的鼓励,守得更顽强,战争呈现胶着状态。

此时,张治中已将司令部自南翔移至徐公桥。这天部署完市区的作战行动,张治中不顾疲劳,去视察刘和鼎与罗卓英两军的作战情况。罗卓英的第十八军是中央嫡系,8月23日投入上海战场,归张治中第九集团军指挥,在长江南岸反击日军登陆部队。刘和鼎部军部设在太仓,承担浏河口至罗店一带反击登陆之敌的作战任务。张治中清晨赶到太仓,与刘和鼎研究完对敌之策后,又冒着敌机轰炸的危险,赶到嘉定罗卓英第十八军军部。罗卓英见张治中到来好生奇怪:"张总司令为什么会跑到我们这里来呢?"张治中对他下属这般问话,更是奇怪不解。两人坐下一谈,张治中才知道,原来第十八军已经归陈诚指挥了,陈诚已由军政次长改任新成立的第十五集团军总司令,负责蕴藻浜以北的防务。从嘉定回来,张治中好生闷气:把属于他指挥的一个军划走了,这么大的事儿,怎么连他这个总司令都不通知一声?第十八军是张治中调往罗店解救危机的,就让陈诚顺手给划了过去。张治中心里感到很不平静。第二天在苏州,他给南京的蒋介石挂个电话,欲说心中的不解,反为蒋介石痛斥:"你在哪里?""为什么到苏州?""两天找不到你,居然跑到后方来了!"

蒋介石对他发火了。张治中深知蒋介石为人,蒋性情孤傲,脾气颇暴,动辄骂娘。可是对他张治中发这样大的火却还是第一次。张治中要对老蒋作出解释,也问个明白,他说他并不知道罗卓英已归十五集团军陈诚指挥,他不能不去看看。他说他到苏州是来找顾祝同的,他要与这位第三战区副司令长官商量问题等等。但蒋介石根本不听,只是连连质问:"你为什么到苏州?为什么到苏州?"

"为什么到苏州?"这句话的潜台词分明是:你为什么不在前线?

蒋介石没有明说,但张治中已明昂感觉到,老蒋对他指挥的上海市区的战争的战果极不满意。思前想后,张治中更感到苦恼和委屈:仗打到这个地步能怪得了我么?从一开头就打打停停,停停打打。我在前方指挥作战,最高统帅在后方指挥我,叫我攻我就攻,叫我停我就停,大好战机一次次被延误,责任在我么?

淞沪战事爆发前,蒋介石曾问张治中:一举扫荡上海的敌军有没有把握?若扫荡不成,能不能站住脚?张治中回答道:"如果我们的空军能把敌人的根据地予以毁灭,那么步兵就很有把握了;如果空军不能奏效,那么就以主力守住据点,掩护有力一部攻击,取稳扎稳打的战法,也可站得住脚。"但在后来攻击实施中,中国空军虽然奋勇轰炸,可惜力量有限,没能达到预期效果。日军的工事意外强固,中国军队重炮火力不足,步兵只靠轻短武器,所以没能迅速在短期内拿下敌人阵地。按照我军的战略方针,是坚持持久战。敌人据点不克时,张治中撤回阵地,强固工事,形成对敌人长期围攻之势。如今敌军增援虽已赶到,但一次次进犯都被击退。这一切蒋介石也是应该看到的。

自淞沪开战以来,张治中部署的作战计划,每日都呈报蒋介石,蒋介石的命令旨意,张治中也一一遵照执行,传达实施。所以他觉得自己在指挥上没有不当之处。迅速扫荡上海之敌的任务没有完成,毕竟是受到力量和时间的限制呀。

张治中越想越感到苦闷和委屈。

自淞沪之战爆发以来,张治中始终抱病指挥作战,不分昼夜地指挥策划,四处奔走,很少有休息的时间,因此,他的体力已疲乏到不堪想象的地步,尤其使他感到疲惫不堪而无法支持下去的,是精神上的苦闷。他考虑再三,决定辞职。9月8日,他给蒋介石写了辞职信,蒋介石先是不允,直到9月22日,才下令以朱绍良接替张治中,张治中调任大本营管理部部长。

离开战场回南京,战争还在进行。张治中在夜色苍茫中凄然向部下告别。想到40天来的腥风血雨,艰苦激战,生死与共,张治中百感交集,热泪长流;想到那些在枪林弹雨中冲锋陷阵的手足弟兄和那些夕阳衰草中的碧血青磷,更使他伤感万分,不能自已!

"一二八"淞沪之战,张治中怀着一腔热血而来,最终却不胜感慨和痛惜地离去。

"八·一三"淞沪之战,张治中同样是怀着满腔激愤而来,竟也是默默无语地离去……

9. 冯玉祥:壮志难酬

冯玉祥上将被任命为第三战区司令长官,负责淞沪抗战。

冯玉祥时年五十有五。在民国初期的中国政治军事舞台上,冯玉祥堪称是风云一时的人物了。他发动北京政变,率部进京,最终把末代皇帝从紫禁城里赶了出去。他把所统辖的军队改为国民军,集体加入国民党,后又和蒋介石闹翻,接连爆发蒋冯大战和中原大战。他与蒋介石斗法总不是对手。冯玉祥是一位行伍出身的正直的军人,而蒋介石阴险狡猾,善玩心计,善弄权术,是集政治军事本事于一身的政客。

在国民党高级将领中,冯玉祥是个坚定的毫不妥协的主战派,抗日爱国将领。1931年"九一八"事变爆发,冯玉祥向全国发出通电,提出抗日救亡主张。这年年底他离开隐居的泰山,来到了南京,在京沪一带奔走呼吁,主张抗战。可蒋介石正一门心思对付共产党,汪精卫压根儿对抗日就没有兴趣。冯玉祥南京之行真是"热脸碰了个冷屁股",他满怀悲愤地悻悻离去,又回到了五岳之尊的泰山脚下,继续过他的隐居生活。然而,外敌入侵,东三省沦陷,热河沦陷,叫他一个正直爱国的军人怎能休闲得住!1933年,他组织旧部,招募新兵,组成察哈尔民众抗日同盟军,举起了武装抗战的大旗,接连收复了日寇占领下的康保、宝昌多伦。冯玉祥的抗日举动引起蒋介石的惊慌。他先是对冯玉祥以高官利诱,不成之后又以重兵威胁。察哈尔民众抗日同盟坚持两个月,就在蒋军和日军的包围夹击下失败了。

冯玉祥的武装抗日梦破碎了！

冯玉祥来到了南京，蒋介石给了他个国民政府军事委员会副委员长的官位，此时的冯老将军，自个儿手里已经没了一兵一卒，蒋介石的军队，实权都掌握在他自己亲信手里，哪有他冯玉祥说话的份儿。他不过是干了个闲差，蒋介石不过是要把他拴在身边，不叫他胡跑胡说罢了。

1933年8月13日，即察哈尔民众抗日同盟军在蒋介石利诱威逼下失败，冯玉祥离开张垣回泰山去临行前的那个晚上，他召集了同盟军的二十多位将领话别，提出了组织抗日同盟会的主张。二十多人歃血为盟，向国耻地图宣誓，用鲜血在被日本帝国主义侵占的东北四省处书写"还我河山"，表现了誓用鲜血和生命收复失地，从我中华领土上彻底驱逐日寇侵略者的决心，以此作为分手后各自努力奋斗的目标。

冯老将军等待着这一天，他为这一天的到来而努力。他抗日立场坚定，态度鲜明，百折不挠，国人尽知。他是国民党上层人士中力主抗战的一面旗帜。对那些投降派、主和派、亲日派，他毫不客气地给予痛斥。他曾公开地对朋友们说："我在中央见到的即说，当面未必全听，亦未必不听，我为我的责任，不能不说。"

冯玉祥终于等来了这一天。1937年8月13日，察哈尔民众抗日同盟军解体整4年，淞沪大战爆发。冯玉祥被任命为战区司令长官，指挥淞沪抗战，老将军终于实现了重新披挂上阵，率军杀敌，驱逐倭寇，壮我中华的愿望，岂能不高兴，不昂奋！他好似年轻了10岁。战事爆发的第三天即8月15日，他便率员离京，到苏州就职，并成立司令部，16日，便赴南翔指挥作战。这天他驱车去前线，一路上，敌机就在头顶左右轰炸，但丝毫阻挡不住老将军魁梧身躯冒险前行。随员都为他担心，时时捏一把汗，老将军却大手一挥："不怕！不怕！"顶着炮火，冒着硝烟，依然前行。一行人来到张治中的第九集团军指挥部。张治中与冯玉祥是安徽巢县同乡。在国民党高级将领中,素以"开明"著称的张治中,特别敬仰冯玉祥的抗日英明。冯玉祥出任第三战区司令长官,张治中率先发电表示祝贺,表达了愿在冯的领导下,完成抗日大业的态度。冯玉祥也很钦佩张治中对革命事业的功绩和他的学识、他对抗击日寇侵略的坚定态度。冯玉祥复电:"此后共在一区,抗敌救国,互相策勉,尤愿一致在大元帅领导之下,牺牲小我,而谋民族复兴。"语气豪迈壮烈!

张治中对冯玉祥不畏牺牲,冒着敌人的炮火亲临前线指挥作战,尤为感动不已。

第八集团军总司令张发奎特从嘉兴赶来,会见新上任的第三战区司令官。张发奎与冯玉祥是有过一段交谊的。当年在北伐战争时期,张发奎任第四军军长,第四军英勇善战,战功卓著,被称为"铁军",张发奎也以足智多谋,身先士卒称为"铁军英雄"。

1927年蒋介石发动"四一二"反革命政变,张发奎归顺汪精卫的武汉政府,积极赞成反蒋。1929年春,蒋桂战争爆发,他与桂系合作,再次通电反蒋。1930年2月,阎锡山、冯玉祥举兵讨蒋,张发奎参与了阎锡山、冯玉祥等45名将领联衔讨蒋通电。中原大战爆发,张发奎举兵策应,帮冯玉祥打蒋介石。在国民党营垒中,张发奎似乎是汪精卫派的人物,但在日问题上,他与汪精卫的立场态度迥然不同,他坚决主张抗战,他对蒋介石力陈"今后中国出路,唯有抗战之一途"。"七七"事变爆发,张发奎慷慨表示:"如果这一次再不能对日作战,那么我决定入山为僧,今后永远不问世事。"

淞沪会战,张发奎指挥的第八集团军担负杭州湾及浦东方面的作战任务。浦东西临黄浦江,东北、东南临大海,三面受着敌舰的威胁。张发奎的司令部就设在这个地带的中间——奉贤的南桥。

冯玉祥颇赞赏张发奎的军事才能和抗日态度。

会见冯玉祥的还有淞沪警备司令杨虎。

一班人马在张治中的司令部召开了会议。冯玉祥热情地对诸位将领表示了问候:"诸君为国拼命,至堪可嘉,我故亲冒矢石到前方来看看诸君。"

张治中道:"副委员长公忠为国,我们素所钦佩,决竭诚听副委员长指挥。"他先说了几句客套话,便汇报起两天来国军奋勇激战,一举夺回八字桥、持志大学、沪江大学、五洲公墓、粤东中学等据点,并占领日海军俱乐部的战况。说到要求,张治中道:"敌人的据点皆为钢骨水泥,坚固异常,我军多为短兵器,火力有限,难以攻克,请求空军和炮兵多给以轰击。"

提到炮火,张发奎打开地图,把所部的炮兵阵地指给冯玉祥看。炮兵阵地,在黄浦江东岸一线,从高桥到陆家嘴一字摆开。开战第一天就炮击了汇山码头等地,百发百中,引起敌人的恐惧。这两天敌人的侦察飞机时时在炮兵阵地上空盘旋,我们没有制空权,炮兵阵地为免遭敌机轰炸,打几炮就转移,打起了游击,与日机捉起了迷藏。这种战术倒也有效。张发奎深感炮火不够。

杨虎提出:虹口、汇山码头的敌人正大举反攻,警察总队兵力不支。

冯玉祥一一记下了这些要求。当天,他在给蒋介石的电报中,对战争情况给予了肯定,电报称:"前方士气旺盛,逐日战况,均有进展。"对于提出的要求,能解决的当场拍板。如他当即把戴权民一师归张发奎指挥,战场部署作了些调整:钱塘河以北地区归张发奎负责,以南地区归刘建绪负责。

冯玉祥在前线两天,就痛感问题太多。前线指挥不统一,情况混乱,蒋介石只知从后方大量调兵,后方许多部队也踊跃到前方杀敌,但是队伍来了后到哪里接受命令,归谁指挥,作战任务是什么,攻击目标是什么,却全不知道。

"兵马未动,粮草先行。"这是作战最起码的要则,但令冯玉祥伤心的是,前线的官兵却吃不上饭。饿着肚子打仗,岂能打胜?这些也无人负责。冯玉祥亲临阵地去视察,发现修筑的三百多个机关枪阵地,能用的还不到三分之一。前方伤兵没有医药,没人包扎,没有救护人员,没有担架队。伤兵多半是自己爬出战场,死了也无人埋葬。受了重伤,运到医院,伤口已经长了蛆,发炎化脓。8月20日,冯玉祥把看到的这些情况及所想到的问题,具电呈告蒋介石,要求蒋介石解决"高射兵器不足","多设医院,准备干粮","增加前线工事"等问题。8月27日,冯玉祥又致电蒋介石,提出在淞沪迅速增兵的要求。他说,敌兵正源源增援,上海附近之敌应速解决,抗战以来,我方颇有伤亡,增兵可以鼓励士气,要求蒋介石"一周内再调拨十万大兵,增援首都以东三战区,以固此全国精华之要地"。

蒋介石复电冯玉祥:"尊见极是,特复。"但再没了下文。

8月28日,冯玉祥已估计到日军会从浦东到杭州湾一带登陆的可能,而"本区兵力不敷",他致电蒋介石,要求在该地区增兵,但并未引起蒋的重视。以至11月5日日军以3个师团之众在飞机掩护下,在金山卫到全公亭一带登陆时,中国军队的防守兵力只有两个连!

8月17日冯玉祥离开南翔,一行人南下来到张发奎负责的战区。张发奎对这位他敬重的老长官打开了心窝,他对指挥混乱、恐误大事深感忧虑。他对冯苦笑说:归他指挥的军队,他熟悉的只有一个排,彼此都不认识,怎么指挥?怎么打仗?第二天,张发奎发觉前线的一个炮兵连不知哪儿去了,就问冯玉祥是不是他下令调走了,冯玉祥回答不知道,于是就派人查,查来查去,才知道是蒋介石隔着战区司令长官,集团军总司令,军、师、旅、团长等多级直辖军官,把一连炮兵随便调走了。堂堂大元帅就如此作法,怎能不造成混乱!两人知道了真相,面面相觑,无奈地苦笑摇头。

时间一长,冯玉祥便发觉这样的事太多,蒋介石常越级直接指挥,弄得他这个战区司令长官无事可做。冯玉祥十分生气。

8月25日午后,冯玉祥突然接到蒋介石打来的电话,约他于当夜9时在南翔会晤。他想这位最高统帅来得正好,他正憋了一肚子话要说。他冒雨驱车来到了南翔,蒋介石、宋美龄已在第三战区副司令长官顾祝同、前敌总指挥陈诚及钱大钧等人陪同下,先期到达。少顷,张治中及前线各师长等也陆续赴会。

张治中及各师师长汇报了战况。蒋介石在听取了各人汇报之后,先是对前线将士的英勇顽强作了一番赞扬,随即话锋一转,说道:"综观近日之战况,我军伤亡奇重,战争固不能免于伤亡,然指挥失当,致增伤亡,牺牲殊无价值。我军缺点在于攻击实施之先,未能充分考虑,率尔从事,牺牲遂大。今后应悉心研究,当攻则攻,当避则避。其次是炮兵分割使用,不能发挥威力,此点宜急改正。"

由南京直接干涉造成整个战场的混乱,蒋介石闭口不谈;官兵饿着肚子打仗伤兵无人救护,修筑的工事根本不能用于作战,蒋介石闭口不谈;空军和炮兵火力不足,不能对敌坚固阵地施以摧毁,蒋介石闭口不谈。他把这一切实际上影响战局的问题都统统避开,只是毫无来由地发了一通火。

前日才在电话中受了蒋介石一顿抢白训斥的张治中,此时更感到心中不快。

冯玉祥有一肚子话要说,但见蒋介石在火头上,便不再张口,只是自生闷气。

当蒋介石下定抗战决心,尤其是任命了冯玉祥为第三战区司令长官后,南京市的一处地方——陵园冯公馆也渐次热闹起来。过去,冯玉祥因在抗日等问题上与蒋介石政见相左而关系不睦,许多人即使心里仰重冯玉祥,表面上也躲避着他,怕叫特务发觉,报告上去招惹是非。冯玉祥一出马,情况大变,他的旧属也纷纷来投奔他。他的西北军旧人杨伯峻、熊斌向他直言指出,他还是去华北指挥抗战为好,在第三战区,他名为司令长官,但副司令长官顾祝同、前敌总指挥陈诚都是蒋介石的心腹,哪能把他放在眼里,他们只能互相掣肘,使指挥更乱,于战事无益。当然杨、熊等人心里也都知道,蒋介石是不会把冯玉祥放到华北的,那里有宋哲元、石友三、韩复榘,若再把他们的老长官放回去统领,华北局势他岂能控制得住!他宁肯把冯玉祥放在这伸手就够得着的地方,既用他,又可控制他。

冯玉祥对杨伯峻、熊斌等人的话不以为然,但事情发展的结果,却不幸被他们言中!

冯玉祥在前线渐渐无事可做。耳边是隆隆的枪炮声,满目是战火烟尘,他每天所能做的,却只是游山玩水,躲躲空袭,做做他自称的"丘八诗"。在表面上,蒋介石依然对他很热情。就在他们南翔会晤后的第二天傍晚,蒋介石从南京打电话给冯玉祥,张口一声"大哥",闭嘴一声"大哥"。

蒋:"前方的将领都太年轻,勇敢有余,经验不足,望大哥多指教,不要客气。"

冯:"决不客气。曾记得日俄战争的时候,日本的大将乃木将所有的指挥计划的重要事务都委之于他的参谋长,自己却每天骑自行车和打猎。别人问他,你的任务是什么,怎么这样清闲?乃木说,我的任务有二,一是骑自行车和打猎,二是等着死啊!现在我们前方的各将领都是有血性、有良心、勇敢善战的革命青年。他们在前方拼命,流血,我在后头的任务也正和乃木大将相同,一是骑自行车和作几首歪诗,再一个就是等死罢了。"

蒋:"大哥,无论如何,您不要客气,请尽量多加指导。"

冯:"当然的,我见到的就说,决不客气,请您放心吧!"

冯玉祥虽以乃木大将的闲适生活自况,但言谈之中却透出一副无可奈何之相。这怪不得他冯玉祥。他冯玉祥满腔热血,一心抗日,本以为出任第三战区司令长官,直接指挥淞沪抗战,大可一展雄风,将抑郁多年的不让抗日的闷气吐个痛快。谁知,他这个

"小弟"似乎也是抗日心切,以致常常越过他这个战区司令长官,直接对部队的部署等事宜进行遥控指挥。到头来,他冯玉祥只有空欢喜一场:原来他这个司令长官的头衔是徒有虚名的!

9月8日,郭沫若至冯公馆造访冯玉祥,盛赞他是中国的兴登堡。冯玉祥却以自嘲的口吻,无可奈何地对郭沫若说:"先生过誉了。其实我只有两件事可做,您晓得吗?"郭说不知,冯玉祥说:"其一是待日本人来杀我,其二即用我的秃笔作几首骂日本人的诗。"言毕之后,两人相视而笑。但冯玉祥的内心却是相当苦闷的。

其时,在南京城里,李济深、徐谦、柏文蔚等一些对大局前途深感忧虑的有识之士,奔走呼吁,要求政府屏除派别之争,团结一致抗敌,并建议改派冯玉祥主持北方军事。此时适逢平津陷落,各军群龙无首,纷纷溃退,津浦路告急。于是,白崇禧出面建议把冯玉祥调往华北,组建第六战区,并由冯来担任该战区司令长官。这就促成了冯玉祥由第三战区司令长官调任第六战区司令长官的新命。

9月12日,冯玉祥由无锡行营锦园回到南京。第二天,他便离开南京,乘津浦路军车北上。17日,冯玉祥在第六战区就任司令长官职,进驻沧州桑园。行动如此迅速,足可见他杀敌救国心情之急迫。

然而,事情的结局再次使冯玉祥大失所望。一个多月后,也就是10月20日,他便被召回南京参加军事会议,随即被蒋介石免职,第六战区也被取消。

抗日爱国名将冯玉祥,多年为抗战奔走呼吁,却屡屡报国无门。自1937年8月9日出任第三战区司令长官(14日南京政府发表此消息,15日冯正式就任),至9月12日被解职,为时1个月零4天;其间,从8月23日起,蒋介石自兼第三战区司令长官,冯玉祥的司令长官头衔实际上已名存实亡。自9月12日出任第六战区司令长官,至10月20日被免职,为时也不过1个月零8天。

此后,冯玉祥再也没有了领兵在战场上杀敌的机会,而只是在南京国民政府里干些闲差。

10. 松井石根:从淞沪走向绞刑架

1948年12月23日零时,日本东京巢鸭刑务所,一个年整70的老人向绞刑架走去。看着这个身材矮小、干瘦、形销骨立,被肺病长期折磨得面色苍白,形神疲惫,只是靠着武士道的那点精神的支撑才勉强有力气扬起脖子,把那颗干脑袋递进绞刑扣中的老人,谁又能把他与当年在淞沪战场上率近30万日军,打败了中国70万军队的日本上海派遣军司令官联系起来呢?谁又能相信他就是制造了"南京大屠杀",使30多万中国人成为刀下之鬼的杀人魔王呢?

他,就是被日本裕仁天皇钦命的上海派遣军(后兼华中方面军)司令官、陆军大将松井石根。他是被远东国际军事法庭判处死刑的7名甲级战犯之一。零时的钟声响了,他与战争狂人东条英机,制造"九一八事变"、策划成立伪"满洲国"的元凶土肥原贤二,以及跟随松井、任上海派遣军副参谋长的武滕章一起被押上了绞刑架。东条英机提议道:"请松井君带领大家三呼天皇陛下万岁。"松井石根拧了拧脖子,找准了皇宫的方向喊道:"天皇陛下万岁!"这最后的一声,怎么也喊不出当年大日本皇军的威武,倒是临死前声嘶力竭的哀嚎!

其实,早在8年前——1937年8月15日,他就向着这个绞刑架迈出了第一步。那天,他乘着汽车在一条右侧是林立的官署、左侧是皇宫西南墙的街道上行驶,这条路的最终头就是死亡的绞刑架,不过当时他是驶向皇宫的,是奉召入宫觐见裕仁天皇。天皇召见的内容前一天松井已经得知,在隔海相望的中国上海发生了战事,天皇要授予他一项在中国的指挥权。松井石根1933年10月获得了陆军大将的军衔,1935年8月就被解除了现役指挥官职务,遭受转入预备役的冷落。现在重新被统帅部起用,且为天皇亲自委以重任,对他来说真是不胜荣幸之至。

松井出生于日本名古屋市爱知县,是一位研究中国古文的汉学家的第六个儿子。但他从小却崇尚武力和暴力,他先后上了名古屋陆军幼年学校、陆军士官学校、陆军大学。1906年,从日本陆军大学第十八期毕业就被派到了中国,在中国任职达十多年,先后担任了日本驻广东领事馆武官、驻上海领事馆武官、驻华公使馆武官、关东军司令部高级参谋、关东军驻哈尔滨特务机关长等职。他还经历了近十年的参谋生涯,他所任职的参谋本部第二部实际上就是关于中国方面的情报部,专门负责收集中国的政治、军事、经济、防务方面的情报。他积极为日本内阁制定侵略中国的"大陆政策"出谋划策。就在一个月前,他还向东亚联盟几次公开发表演说,主张日本军队大胆地溯长江挺进,攻克中国首都南京。他说:迅速拿下南京,随之实行"人道的占领政策和公正的市政管理",这将说明中国公众摒弃蒋介石,把他们的命运托付给日本的领导人。

数月之后,中国首都果真被他率军攻克,南京被迅速拿下,但他所实行的"人道的占领政策和公正的市政管理",就是三十多万中国军民的被杀戮。

正是因为松井有这样的信念,所以,决心要把"红头发的外国人"赶出亚洲,欲做亚洲主宰的裕仁天皇选择了他。

身着佩戴勋章军服的松井石根,一步一步踏上凤凰殿的台阶,他身板僵直,8月的酷热和即将见到天皇陛下的激动,令他感到有点儿窒息。他向立在觐见室门口的武官长敬礼,按照古老的习惯和觐见天皇的规矩,他解下了佩带的祖传武士军刀,交给了他的向导高级侍从武官,然后上身挺直,迈开大步跨进了堂皇的凤凰殿。

凤凰殿内阒无一人,松井立正深深地鞠躬,并纹丝不动保持这种姿势,等待着天皇驾临。37岁的裕仁天皇驾临了,他穿了身卡其布军装,军装起了皱褶并稍有汗渍,但纽扣一直扣到领口。一年多来,人们从不曾见过天皇脱过军装。天皇请他免礼,并关心地询问他患肺病后身体恢复的情况,然后说道,最近在通往中国首都南京的门户上海爆发的战事已到紧要的关头,他决定派两个师团的援军支援驻扎在上海的海军陆战队,他们正在拼命地保卫在港口的日本财产。天皇说,他知道松井将军会愿意统率这支远征军。

松井深鞠一躬,他说他有信心完成使中国人改弦易辙,倒向日本的事业。裕仁赞许地点头,然后打开了一卷用上等宣纸写的诏书。松井在武官长示意下赶忙跪下。裕仁宣布他为上海派遣军司令官,并赐给他一根象征他新指挥权的官杖。

走出皇宫,坐在轿车里,松井对近卫首相说:"别无他途,只有拿下南京,打垮蒋介石政权,这就是我必须完成的使命!"在那几天的日记里,松井做了这样的记载:

> 昭和12年(1937年)8月,余于富士山之湖畔静养。14日,接陆军大臣电,遂进京。15日,于宫中拜受钦补上海派遣军司令之敕。16日,受参谋总长之《关于派遣军之奉敕命令》,并聆听参谋总长指示。
>
> 派遣军之任务如下:
>
> 扫荡上海附近之敌军,占领其西方要地,保护上海侨民之生命。

8月17日上午10时,松井石根再次进宫拜见天皇。在当天的日记里,他做了如下记载:

> 余于宫中拜谒陛下,并拜受如下敕语:
>
> "朕委卿以统率上海派遣军。宜细察宇内大势,以速戡定敌军,扬皇军武威于内外,以应朕之倚重。"
>
> 余奉答如下:

"臣石根拜领上海派遣军之大命,受赐优渥敕语,诚惶诚恐,不胜感激之至。谨奉戴圣旨惟仁惟威,发扬皇军之宗旨,以安宸襟。"

继之,陛下问及今后取何种方针方能达成派遣军之任务。余即答曰:

"派遣军遂行其任务,将与我海军密切协同,并密切联络当地我官宪,尤其是列国外交使团及军队,齐心协力,以迅速恢复上海附近之治安。"

对余之回答,陛下亦欣然俯允之。

关于日本派遣两个师团组成上海派遣军增援上海的情况是这样的:

8月6日,南京最高军事会议决定"全面抗战",蒋介石发出命令,对武汉以下长江中下游日舰及日军据点进行扫荡,日军得到情报,迅速撤退到上海。此时,日本海军立刻制订计划,把驻上海的2500人的陆战队扩编为4000人。8月9日,发生了大山勇夫和斋田要藏武装驾车闯入虹桥机场被中国守军击毙的事件。日本方面嗅到了战争的气息,10日内阁召开紧急会议,米内海相在会议上说明情况,并要求做战争动员准备。12日,第三舰队司令官长谷川清中将从上海来急电,称:"上海周围形势危急,战争一触即发。"当夜,日本首相、陆相、海相、外相在首相官邸召开紧急会议。米内海相提议向上海派遣陆军。8月13日,上海战事爆发,当天日本内阁会议决定派国内两个陆军师团组成派遣军参战。

对于只派两个师团的部队去中国参战,松井在被任命为派遣军司令时就提出:投入不足两个师团兵力,不仅难以作战,反而会招致众多牺牲,连保护侨民的任务都不易完成,至少应派遣5个师团。

参谋本部第一部部长石原莞尔少将说:"当年关东军12000人,不足一个月打败了张学良20多万人的军队。"

松井石根就不好再说什么了，心里只能责怪统帅部对中国军队情况的变化一无所知。他是军人，只能服从命令。

天皇问杉山元陆相对上海战事的看法，杉山元大将回答："只需3个月即可征服中国。"

8月23日，在朦胧的晨色中，松井石根乘坐舰船驶近了吴淞口外长江江岸。舒缓的江岸线在他内心中引起阵阵激动和感慨。这是多少次来中国了，他自己心里也难以数清。中国政界和军界的要人蒋介石、汪精卫、胡汉民、李宗仁、陈济棠，他都会见过。就在1935年到1936年，他被退为预备役的两年里，他从中国的东北到西南跑遍了半个中国，推销他的"大亚细亚主义"。就在一年前，他来到广西南宁，会见了白崇禧，在他的日记里，对白崇禧有这样一段记载：

> 白人品高雅，见多识广，言谈公允，不泛空论；讲究实际，满腹经纶。同胡、李相似，对蒋介石不乏微词，但并非感情用事，亦无倒蒋取而代之意。近今推荐李宗仁北上参加五中全会者，乃此人也。彼认为，两广团结不成，目下不过消极保持现有势力；与其如此，莫如主动与南京政府谋和，直接诱导之，以决今后之大势。由此观之，其为人公正，着眼大局。
>
> 谈及对我国政策亦然。彼认为，两国不应争吵现实或历史问题，中国宜确定其忍让限度；日本应放弃其侵略政策，真正与中国携手共进。余欲言之处，彼尽言之，甚感欣慰。彼又云，苏联最近之政策，尤其中国共产党最近之姿态，在于引导民众团结抗日；中国如赤化则前途不堪设想，东亚祸根正在于此。其所述一片至诚。

松井对白崇禧的赞赏和褒奖，真是到了无以复加的地步。而此刻，在那边的江岸上，迎战日军的中国军队副总参谋长，正是这位白崇禧。他们"余欲言之处，彼尽言之，甚感欣慰"的知己感，被炮火和血光化为乌有。

前几次来中国,他是为成立"中国大亚细亚协会"而来的。1933年他参与成立了"大亚细亚协会",退出现役后,他担任了大亚细亚协会理事长,大力呼吁亚洲团结自强,复兴亚洲文化和提倡亚洲人的亚洲。1933年他担任台湾军司令官,创立了"台湾大亚细亚协会",1935年12月在天津成立了"中国大亚细亚协会筹备会",而这次他却不是带着"大亚细亚协会"章程之类的什么文件,而是率领着38000名日军士兵,带着钢枪火炮,带着"慑服中国"的日本武威,来"膺惩中国军"的。

1936年4月12日,松井石根从中国的华南,经上海来到了南京。14日,在蒋介石的官邸里,两人进行了会谈。蒋介石在日本留学,与松井石根有过来往,据说他从高田联队回到东京后,是松井给他找的投宿处。对于和蒋的会见,松井在日记里做了这样的记载:

蒋态度依旧,言谈颇热情……会谈中途转入茶席,蒋海阔天空叙说旧情,态度友善。

现在,这对故旧却要用炮火和枪弹来对话了。

《判决》

被告　松井石根

根据起诉书中判定被告有罪的罪行,远东国际军事法庭将被告判处以绞刑。

松井石根被判处死刑的判决书,从此次他双脚一踏上中国的土地就开始书写了。

11. 江岸争夺战

松井石根率领由第三、第十一师团组成的上海派遣军,乘着由兵舰掩护的运兵船,在夜色中悄然驶进了长江口,在吴淞口外的长江南岸,与长谷川清司令官率领的海军第三舰队汇合。长江南岸,张华浜、狮子林、川沙口外的江面上,数十艘战舰分列排开,松井石根要以这钢铁的阵线,迅速将中国军队防御摧毁,结束上海战事。他默默地挺立在船头,凝视着迷茫的江岸线,在那条蜿蜒的黑黝黝的曲线那边,就是上海。对那座城市,他几乎与当地人一样熟悉。此刻,这位笃信观世音、被称为"圣将"的指挥官,在想些什么？心里在祈祷什么？没人说得清楚。有人轻轻咳嗽一声,是在提醒他:登陆攻击时间到了。就这样,又过了几分钟,松井石根才摆了摆手。

8月23日凌晨3时,登陆攻击开始。

军舰上的各种大炮,把雨点般的炮弹泻向了江岸中国守军阵地。天空中,日军轰炸机出动了,在纵深的方位狂轰滥炸,阻击中国军队增援江岸。按照作战部署,第三师团于3时许在吴淞、铁路码头(吴淞镇南面约1.5公里)强行登陆,登陆后占领吴淞、宝山等要地,然后沿上海东郊向南挺进,直扑闸北;主力部队第十一师团于5时许在宝山以西狮子林、川沙口强行登陆,经罗店西攻下嘉定,南下南翔,摧毁中国军队的指挥机关,切断京沪铁路,对中国的作战部队造成两面夹击之势。

登陆作战开始时进行得并不顺利,中国军队作战之英勇,反击之顽强,大出松井意料之外,超乎了他往常对中国军队的认识。作战前两天,日军就在江岸丢下了几百具尸体。天皇皇后良子的表兄、日本海军军令部总长的公子伏见广吉亲王,也被中国守军反击的炮弹炸成重伤,后死于并发症。

江岸战火一起,松井石根就证实了当初他要求率5个师团、而不是两个师团的兵力来增援上海作战的计划是对的。8月31日,他向东京发电,请求继续增援。日本统帅部的将领们,根本不把中国军队放在眼里,尽管他们知道,在淞沪战场上,中国方面投入的兵力有张治中指挥的第九集团军10万人，陈诚指挥的第十五集团军18万人，张发奎指挥的第八集团军2万人，总计有30万兵力，而且都是蒋介石经过整编的装备精良的中央军。但东京统帅部仍固执地把中国军队看成是根本不堪皇军一击的乌合之众。参谋本部对松井石根增兵请求置之不理，但对战局进展迟缓又极不满意，极为担忧，于是派了第三课部员西村敏雄少将前来上海视察。西村视察了战局后，方知中国军队抵抗之英勇。松井石根在日记里曾作了这样的描述：

> 上海附近之中国官民，受蒋介石多年排日侮日精神影响颇深，无不对我军同仇敌忾，直接间接采取不利我军之行动，乃至妇女儿童亦自动成为义勇军之一员，或担负密侦任务。故作战地区之形势甚为不稳，阻碍我作战进展之事屡有发生。尤其蒋介石，渐次将其军队自各地向江南地区集结，似计划于作战初期击退我军。中国军队以夜袭等方法向我军转入积极攻势，形势险恶，难以预料。

9月5日，西村敏雄向参谋本部拍回电报，建议："补齐两个师团的兵力，补充干部，调用华北师团，增派野战重炮连队。"

日军统帅部对上海作战进展缓慢、日军损失巨大而对作战部提出愈来愈严厉的批评。然而参谋本部第一部部长石原莞尔少将仍拒绝增兵，他说："只要不是陛下命令，绝不增兵！"

但是，战局的发展迫使日军不能不增兵。9月11日，参谋本部颁布临参命第99号，增兵上海。第九、第十三和第一〇一3个师团陆续增援上海。结果，还是如松井石根所主张的那样，投入了5个师团，总兵力达到了20余万。

日军第三师团在张华浜一带登陆后，向宝山、吴淞进攻。第十一师团则在上游方向中国军队防守薄弱的狮子林、川沙口一带登陆。川沙口登陆的日军，施放烟幕作掩护，迅速登岸。此地中国守军只有五十六师一个步兵连。守军顽强抵抗，然而第一批登岸的

3000日军,潮水般涌上,防线被冲垮,日军随即占领了江岸的陆家宅、沈宅一线,并准备向南推进,占领罗店。

南翔,第九集团军指挥部。

张治中将军于23日晨5时半得到江防司令刘和鼎的电话报告:狮子林、川沙口方面,有兵力不明的敌人登陆。放下电话,张治中目光落在作战地图上,他明白了敌人的意图:这是要给中国军队拦腰砍上一刀,或者说直向中国军队的心脏——指挥机关刺上一剑,把在上海市区和近郊作战的中国军队置于包围之中。张治中立刻给前敌总指挥陈诚通了电话,商定了作战部署。他要命令第十一师向罗店以北挺进,打退登岸之敌,支援五十六师作战,但恰在此时,总司令部通往前方的电话线被炸断。联系完全中断,作战无法部署,张治中立刻派出参谋人员到各方观察联络,他自己则带几个重要幕僚亲自乘汽车赶到江湾去。他绝不能叫敌军抄了后路,他要设法挽救目前的危局,他到前线去,还可以稳定军心。

从南翔到江湾只有18里路,但一出门就碰上敌机的轰炸扫射。日机在配合登陆部队作战。张治中一行本来乘小汽车前行,小车走走停停:敌机临头就下车隐蔽,敌机转头又马上前进。但走不多远,敌机来往太多,小汽车根本无法前行。张治中穿着一双马靴徒步前行,中途遇到一个骑自行车的传令兵,下车向张治中敬礼:"怎么,总司令走路?"张治中顾不上跟他说什么,骑上他的车子就走。8时30分,张治中赶到江湾叶家花园八十七师师部。在这里张治中又得到报告:张华浜、蕴藻浜附近同时有日军登陆。

日军沿江在中国军队的左右两侧都登陆了。

张治中做出作战部署:虹口、杨树浦正面作战的三十六师、八十七师八十八师、独立第二十旅、保安总团、教导总队第二团各部,统归王敬久指挥,令其任淞沪前敌指挥官,正面固守原阵地。王敬久时为八十七师师长,毕业于黄埔军校第一期。1932年"一·二八"淞沪之战,他任八十七师副师长,随张治中参战,参加了歼敌

3000的庙行大战。这次,他与孙元良的八十八师最先投入战斗,担任扫荡日军市内据点的主攻任务,他指挥部队打下沪江大学、大公纱厂等据点,围攻日军海军陆战队司令部,进攻汇山码头,战绩辉煌。9月,王敬久升任第七十一军军长。

张治中又令教导总队第二团拒止张华浜之敌,由八十七师调出一个旅增援吴淞口;命令九十八师师长夏楚中指挥该师及第十一师向宝山、杨行、刘行、罗店一线前进,拒止登陆之敌。

敌机在头顶轰炸扫射,阻止中国军队增援,部队根本无法行动。第十一师师长彭善在初接到调动命令时对张治中说:"简直炸得不能抬头,怎么办呢?"张治中说:"不能抬头也得走,难道我能从南翔一路冒轰炸走到江湾,你们就不能从江湾走到罗店吗?"

这天,张治中南翔的指挥部受到敌机轰炸,当夜移营到徐公桥。

下午5时,第十一师冒着敌机的轰炸,赶到了罗店南6公里处。此时,罗店已被从狮子林、川沙口登陆南下的日军占领。第十一师展开攻势,日军凭借优势火力顽抗,我军用手榴弹一点点地往前轰,将日军一米一米地向江岸逼回。日军被毙百余名,罗店收复。这次战斗中第十八军六十七师蔡炳炎旅击毙了一名日军少尉军官,从他身上搜得了十万分之一军用地图和兵力部署图各一张。中国方面更清楚了日军的作战意图:他们重点进攻的地域,是远离上海市区的罗店、嘉定及浏河。这显然和已做出的判断相吻合:日军是要对淞沪作战的中国军队采取分割包围的战略战术。

收复了罗店的第十一师,立刻向川沙口方面攻击前进,九十八师向日军登陆的狮子林攻击。自8月23日松井石根率派遣军登陆,淞沪的主战场便由上海市区移到了吴淞口以西的长江南岸。战斗比市区更为惨烈。

当松井石根率上海派遣军于8月22日在上海东及东南约120公里处的马鞍群岛集合,准备在次日拂晓前在张华浜、狮子林、川沙口一带实施强行登陆时,南京统帅部立刻做出反应:组建第十五集团军,由第三战区前敌总指挥陈诚任总司令,负责蕴藻浜以北吴淞口至浏河口江岸的防御。

第十五集团军的骨干是第十八军,军长罗卓英。第十八军是陈诚的老家底,罗卓英是"陈诚系"的中坚人物。8月11日,罗卓英率第十八军的第十一师、第十四师、第六十七师、第九十八师共4个师赴沪参战,驻宝山、罗店、浏河一线设防。

罗卓英的第十八军顽强地抵抗着松井石根的登陆部队。

12. 血战罗店

罗店位于上海西北郊外,它不过是只有数千人口的小小的普通村镇,但在淞沪会战中,它突然显得格外重要起来。它距长江岸不足十公里,在其东北面是宝山、吴淞口,其西北面是浏河口,西南面是嘉定,正南是南翔,东南是大场。罗店正处于这些战略要地的中间,通往这些要地的公路,呈十字从镇中交叉穿过。它是淞沪战场的西北翼,是控制左翼战线的关键。坚守住它,就可以有效地防御日军登陆后向深发展。罗店一旦失守,日军就可以东逼上海,西进嘉定,南下南翔,进而切断京沪公路、铁路交通,把中国军队置于分割、包围之中。

罗店如此重要,自然成了双方必争之地,双方不惜重兵,反复争夺,造成拉锯之势。

松井石根率军增援上海,但是他并不把派遣军派进上海市区去,一兵一卒都不派。尽管市区的日本租借区、虹口日本海军陆战队司令部、汇山码头,处在中国军队进攻包围之中,随时都有被攻克的可能,他还是避开了上海市区中国军队主动进攻的战场,而从上海外围下手。右翼的第三师团,避开中国军队防守工事强固、防守严密的宝山、吴淞,而从张华浜登陆,拿下宝山、吴淞后,沿上海市东郊直下闸北。其主力第十一师团,则沿江上溯;在中国军队防守更虚弱的狮子林、石洞口、川沙口出其不意地登陆,直下罗店、月浦,企图进而西进嘉定,南下南翔,切断京沪铁路,把中国军队置于包围之中,使其不战自败,不战自降。

松井石根的这一战略部署,是基于多种考虑的。其一,是上海市区街巷狭窄,不适宜大部队兵团作战;其二,这样的地区,空军、炮兵、装甲车很难与步兵协调作战;其三,上海有英法等多国租界,有众多的西方列强的财产利益,并驻有军队,日军与中国军队作战,须小心从事,不能侵害第三国利益,引起干涉,招来麻烦。他要把战场从市区引向市外。

当初蒋介石下定决心,在上海与日寇决一死战,亦正是想利用这一带特殊地形,使日军的机械化装备难以发挥作用;而且,他也正是想利用上海是个国际性大都会的特点,燃起战火,引起西方列强的重视和对中国抗战的支持。

两人都不愧是军事家,都抱着以己之长攻彼之短的如意打算。

川沙口日军第十一师团登陆的主力,进展迅速。当日,其先头部队就占领了罗店。松井石根对此非常满意,但还没等他高兴起来,就受到了中国军队的强烈反攻,罗店旋即被收复。第十一师团多田骏组织日军再次进攻,中国军队顽强反攻,一场激烈的争夺战在上海西郊外这个小镇展开。

进攻罗店的日军受到中国军队的顽强反攻,这使松井石根非常兴奋。因为,中国军队不惜任何代价固守罗店,正说明了罗店的重要,正说明他的判断、他的军事指挥的正确。

他命令多田骏,不惜一切代价拿下罗店,空军、炮兵、坦克给予有力的配合。

陈诚的第十五集团军负责江防。其统辖部队有第十八军、第七十四军、第七十五军及在太仓附近的江防预备军(第三十九军)，共计12万兵力，实施江防战略决策。布防在蕴藻浜以北、吴淞口至浏河口的是罗卓英的第十八军，摆在罗店的是彭善的第十一师。

第十一师是第十八军的根本，而第十八军是陈诚的根本。从1929年起陈诚任第十一师师长，所以有人说陈诚的军政生涯，就是从整编第十一师起家的。在蒋介石集团中有两大派系，即何应钦系和陈诚系。因为陈诚是以十一师——十八军起家的，而十一两字可并为"土"字，十八两字并为"木"字，所以在蒋军中陈诚系称为"土木系"。陈诚把十八军——十一师视若珍宝，挑最得力的干部督训指挥，以最精良的装备武装，谁都不能说它半个"不"字。

在淞沪战场上，在长江南岸的守卫战中，陈诚把老底拼上了。8月24日，陈诚从太仓赶到嘉定，他亲自到前线来督战，命令罗卓英："十八军就是拼掉最后一兵一卒，也不能叫日军前进罗店一步！"当天，第十五集团军备部先后到沪，陈诚决定向登陆之敌发起总攻击，将其压向江边，予以消灭，遂令："第九十八师攻击杨行、宝山线(含)以左地区之敌；第十一师攻击新镇、月浦、狮子林(含)以左地区之敌；第六十七师为预备队，并以有力之一部由罗店、聚源行、朝王庙以左地区配合第十一师进攻。"

逼近罗店的日军迅速构筑工事。战斗在罗店以北的地方展开。25日拂晓，中国军队再次组织反攻，第十一师在新镇附近与敌人激战。十一师师长彭善，是陈诚的得力干将。第十八军中有"彭善不善，柳善真善"的说法，就是指彭善指挥作战勇猛。彭善吼道："日军是第十一师，我军也是第十一师，今天咱们就拼个你死我活！"配合第十一师作战的第六十七师向罗店以北的日军发起进攻。天上是日军飞机轮番轰炸扫射，猛烈的炮火从江岸上射来，随着隆隆的声音，血溅肉飞。

罗店之战，是淞沪大战空前惨烈的战斗。当日军逼进了罗店、到嘉定的公路时，第一九九旅将士不惜伤亡，与敌人反复肉搏，双方伤亡惨重,互相不能向前,只好对峙于罗店以北。此时,罗店以北数公里的土地上,大地几乎整个儿被翻起,战死者的尸体层层叠叠,战死者的人数每小时数以千计。

蒋介石非常重视罗店之战,8月25日下午偕夫人宋美龄来到了南翔前线视察,并召开了第三战区总司令冯玉祥、副总司令顾祝同及各集团军师以上将领会议。蒋介石对淞沪战况的发展很不满意,指示陈诚:罗店非常重要,要不惜一切代价守住罗店,把日军赶到江里去。

8月27日,陈诚指挥第十五集团军,重新组织兵力,于晚间开始,由月浦、新镇、罗店、蒲家庙全线对日军发起攻击。罗店依然是两军争夺的中心,日军第十一师团投入主力部队,以6架飞机轰炸,10余门大炮对中国军队猛烈炮击,装甲车掩护千余名步兵向中方阵地猛扑,双方阵地犬牙交错。中国军队虽数次增援并发起反攻,但日军终于以强大的攻势突入罗店。战斗进行至夜间,敌人发射燃烧弹把建筑物全部燃着,中国守军就在熊熊的烈火中,与敌人展开激烈的巷战,一条街一间房地反复争夺。由于中国守军伤亡惨重,罗店再度陷入敌手。第十五集团军力图夺回罗店,连续组织了三次反攻,终因各部队均连日苦战,伤亡过半,十分疲惫,攻击未能奏效。

8月28日,罗店失守。

日军增援部队登陆,罗店失陷,战局逆转,蒋介石对此有清晰的认识。在8月28日的日记中,他写道:"近日战局渐转劣势,人心动摇。此次战事本无幸胜之理,惟冀能得持久耳!"

虽然如此,但罗店失守还是使蒋介石感到震惊。淞沪作战,取胜本属无望,但罗店不守,中国军队焉能坚持持久?震惊之余,蒋介石越过第三战区,把电话直接打到陈诚指挥部,他亲自参与指挥,责令陈诚组织反攻,收复罗店,并在狮子林、川沙口、张华浜一带组织反击,把敌人赶回江里去。9月6日,他又直接电令罗卓英:"罗店关系重要,须限期攻下。"

蒋介石亲自下令,陈诚岂有不卖力的!他把其老本罗卓英的第十八军摆在攻击的第一线,第九十八师攻击狮子林、宝山城等地。在敌人猛烈的火力下,中国军队整连整营地伤亡。对此,陈诚也顾不得心疼了。

在狮子林、宝山城血战正酣时,为收复罗店,第十五集团军组织重兵,反复向日军发起攻击。前边的倒下去,后边的又踏着烈士的尸体冲上来。日军虽也伤亡惨重,但凭借舰炮、飞机及各种轻重武器顽抗,致使中国军队的进攻未能成功。9月6日傍晚,陈诚下令再次发起总攻,至7日凌晨,第十一、第十四、第六十七3个师在第九十八师配合下,已将罗店包围。正当我军准备由敌人右侧背将其席卷歼灭之际,天色渐明,日军得以集中火力猛烈轰击,天空中数架敌机低空轰炸扫射;特别是,日军已打通了淞沪、狮子林之间的交通,正沿宝(山)罗(店)公路继续前行,向月浦进犯。守月浦的第九十八师侧后受到威胁。在敌我态势发生变化的情况下,罗卓英调整部署,停止对罗店的进攻。

9月9日起,日军陆海空联合向月浦进犯,第九十八师奉命阻击,激战数日,双方伤亡均重。至12日,第十五集团军各部奉命撤至杨家宅、紫藤树下、永安桥、张家宅、陆福桥一线。

罗店一线彻底失守。

自8月23日到9月中旬的20天中,中国军队对沿江登陆的日军进行了英勇抗击,终因损失过大,被迫于9月12日放弃第一道防线。至此,淞沪之战由第一阶段的战役进攻,转入了第二阶段的战斗防御。9月6日,第三战区发布第二期作战计划:"战区以持久抗战之目的,限制登陆之敌发展,力求收各个击破之效。各个击破不能达成时,则依状况逐次后退于敌舰射程外之既设阵地,施行顽强抵抗,待后方部队到达,再行决战而收最后胜利。"

13. 巍巍宝山城

9月中旬,是淞沪会战中国军队由进攻转入防御的开始。

夺取了罗店,对松井石根来说,无疑是一个很大的胜利。接着,他要迅速占领吴淞和宝山。他命令第十一师团一部分巩固罗店阵地并伺机南进,一部分挥师向东,协助第三师团行动,拿下吴淞口,进一步攻下宝山城。

在8月23和24两日,在罗店激战的同时,第十八军第九十八师迅速赶往狮子林,一举驱逐了在该地登陆的日军。保安总团的一个团仍坚守在吴淞。只有在张华浜登陆的日军,虽然受到教导总队的猛烈攻击,还是未能将其击退。日军疯狂攻陷了殷行镇。三十六师、八十七师先后抽出4个团的兵力,前往围击,经过几次猛烈的进攻,才把敌人包围在张华浜沿岸泗塘以东的狭小地区。因为松井石根派遣队在江岸的登陆,张治中指挥的第九集团军大量兵力调至郊外防守,杨树浦正面仅有4个团的兵力,突入巷战的部队,因为受到敌人的夹击,于24日夜间不得不撤出,沿租界路口固守。8月27日拂晓,虹口、杨树浦的日军,由俱乐部方面进行反攻,都被孙元良指挥的右翼军击退。张华浜方面的日军,被王敬久指挥的左翼军于夜间猛攻,被迫退到了张华浜车站附近。吴淞口方面的登陆敌军也经孙元良指挥的右翼军迎击,只剩百余人,被我军包围在纱厂内。从8月28日至30日,整个战场突然沉寂下来,双方都在集结队伍,制定新的作战方案,准备更大规模、更残酷的搏斗。此时,第十五集团军控制着宝山、狮子林、新镇、顾家角、南北塘口、西苏塘、金村、金家宅、袁家宅、杜宅南北和周宅一线。

8月31日拂晓后,日军以三十余架飞机轰炸,海军舰炮轰击,配合第三师团第六十八联队在吴淞强行登陆,另一部日军从市轮渡码头登陆。守卫吴淞的中国守军第六十一师的一个团,在日军强大的火力轰击下伤亡过半,剩余部队支持不住,撤出阵地,吴淞镇失守,只有吴淞炮台仍由上海保安总团固守着。张治中把在刘行的第六师调到杨行、吴淞,驱逐登陆之敌。该师于31日夜间向吴淞行进时,与日军在杨行以北遭遇,发生激战,增援受阻。同日,日军以军舰二十余艘,飞机十余架对狮子林炮台进行轰击,守卫狮子林的第九十八师蒙受重大损失。次日,千余日军步兵登陆围攻炮台,第九十八师一部与敌人反复展开的白刃搏斗达4个小时,最后全部壮烈牺牲。9月2日、3日,日军在海陆炮火掩护下继续向杨家桥、月浦之间阵地猛攻,中国军队顽强抵抗,屡挫敌锋。双方相持不下,日军见不能得手,遂将主力移到江边,在海军炮火支援下集中攻击中国军队右翼,激战多时,中国军队伤亡过重,支持不住,4日黄昏被迫转移到顾家宅、周家宅、杨家桥一带。

8月31日,日军第十一师团天谷支队,奉命由青岛调来增援上海作战。9月2日到达吴淞海面后,即奉命沿吴淞——月浦——罗店公路攻击罗店方面中国军队的右侧背。日军以三十多辆战车为前导,从军工路突破中国军队阵地后继续向西进犯,5日与进攻月浦的日军会合。此时,守卫月浦东侧阵地的中国守军伤亡过半,只好撤出,这样就使得守卫宝山城的第九十八师第五八三团第三营陷入重围。全营在营长姚子青率领下,孤军奋战,直至全部壮烈牺牲(仅有二三人负伤脱险)。

姚子青毕业于黄埔第六期,任陆军九十八师二九四旅五八三团三营营长。8月12日,九十八师由汉口向上海集结,姚子青临出发前给夫人留下遗嘱说:"此去尚能生还,固属万幸,如有不测,亦勿悲戚,但好好抚养儿女,孝奉翁姑。"姚子青就是怀着一颗甘愿为国牺牲的决心,奔赴淞沪前线的。

宝山城位于长江和黄浦江交汇处,南接吴淞口,地处扼长江口和黄浦江口的要塞,战略位置十分重要。在淞沪会战中,中国军队守住此城,就可固守住整个防线。但宝山城濒临江岸,中国军队海空力量不足,重武器不足,难以进行有效的防守。

8月23日,九十八师赶至宝山至月浦一线,阻击登陆之敌。第二九二旅守卫宝山及狮子林炮台一线阵地,阻击敌人登陆;第二九四旅在月浦以东地区构成村落防御阵地,阻止敌人向内纵深。24日晨,日军在军舰炮火、飞机轰炸的支援下,企图在吴淞登陆。九十八师沿刘家行、杨家行、三官堂一路对日军发起攻击,配合吴淞守备队,将登陆的敌人击退。日军伤亡惨重,在阵地上留下三百多具尸体。是夜,姚子青率第三营进驻宝山城。在城里构筑了坚固的防空掩体和城防工事,所有官兵都进入阵地,严阵以待。

9月1日晚,日军对宝山实施全线进攻,9月2日进到宝山和张华滨车站。吴淞口外的日舰不断以重炮轰击宝山城。日机低空扫射投弹,百余枚炸弹落入城内,房屋被炸毁,火光冲天。姚子青在战壕中指挥作战,打退日军数次进攻,并另派了一支部队主动到金家宅迎击狮子林方向来犯的敌军,使日军夹击宝山的阴谋一时未能得逞。

9月3日晨,日军连续向宝山外围的中国守军阵地炮击两个小时,接着又发起攻击。两军激战到午后,一部分日军在沙龙口登陆,偷袭中国守军右翼防线,宝山城外中国守军被迫后撤。5日晨,日军由吴淞口及沙龙口夹攻宝山至三官堂一线中国守军阵地。以宝山城为依托的第六师与日军激战至中午,终因腹背受敌,退守泗塘河防线。午时,宝山城内的三营陷入了日军的重重包围之中。

5日晚上,二九四旅副旅长龚传文进宝山城传达命令,要他们死守宝山。姚子青代表全营表示:誓死守卫宝山,与敌人决一死战。当天夜里,他又电告师部:"职营官兵均抱与敌偕亡之决心","一息尚存,奋斗到底!"

9月6日,日军集中优势兵力再攻宝山,他们先用大炮猛轰,城垣雉堞多处被炮火轰塌。炮轰过后,两千余名日军在飞机坦克掩护下,向城东、南、北三面发起强攻。姚子青一面率众与敌血战,一面指挥部队用砖石填补城墙缺口,打退了日军一次又一次的疯狂进攻。

9月7日,日军一个旅团登陆增援,在坦克掩护下进攻宝山城东北角。守军将士依城抗击,用机关枪、手榴弹向敌人密集还击,日军伤亡惨重。下午1时,城垣再次被敌炮轰出多处缺口,敌人乘机冲入县城。姚子青率领士兵冒着冲天大火与敌人展开激烈巷战。这时,姚子青再次与旅部通话,请求增援,里应外合夹击敌人。二九四旅旅长方靖立即派一个营兵力增援。增援部队接近城门时,遭到敌机的猛烈轰炸和扫射,始终无法与城内守军相接应。下午3时许,城内的机关枪射击声和手榴弹爆炸声依然不绝于耳,三营将士还在与敌顽强战斗,仅金家巷一地就歼敌二百余人。最后终因势单力薄,寡不敌众,未能阻挡住优势日军的攻击,城中工事全被日军占领。姚子青率二十多名士兵在东门反冲锋时,不幸被敌人的子弹击中腹部,壮烈牺牲。下午5时,城内剩下零星射击声,宝山城陷落,姚子青率领的第三营官兵全部壮烈牺牲……

街巷渐渐沉寂下来,已没有了刚才那震耳欲聋的枪炮声,唯有弥漫的硝烟仍在向空中飘散,唯有那江风在鸣咽,涛声在啜泣,似乎在填补音响的真空,在为五百英魂默默送行,在为他们的壮烈捐躯轻声哀号,也似乎在静静地昭示后人:九十八师二九四旅五八三团三营官兵所流的鲜血是无愧于历史的!无愧于中华民族的!

历史是最诚实的书记员,它将以饱蘸英烈鲜血的巨笔写下五百勇士可歌可泣的悲壮事迹,以千秋传颂,万古流芳!

为纪念烈士,宝山县曾一度改名叫"于青县"。

1938年3月12日,延安各界群众召开"纪念孙总理逝世13周年暨追悼抗敌阵亡烈士大会"。会上,毛泽东发表演说,高度赞扬姚子青等烈士是全国人民"崇高伟大的模范"。

14. 淞沪三杰

张治中于8月27日对第九集团军重新调整了部署,将所属作战部队划分为左、中、右三翼。右翼孙元良部,位于北站至沙泾港之间原阵地,围攻虹口日军,并以一部任沪西一带及潭子湾北站间警戒;左翼军王敬久部,固守吴淞并围攻张华浜方面之敌,另一部任虬江口至张华浜间警戒;中央军为宋希濂部,位于沙泾港东岸、唐山路、华德路、引翔港镇北端至虹口一线,围攻杨树浦之敌。

孙元良、王敬久、宋希濂分别为第八十八、八十七、三十六师师长。在淞沪抗战中他们是颇值得一书的人物。他们都率部参加了"一·二八"、"八一三"两次淞沪抗战。在"八一三"淞沪抗战中,他们都是最先率部投入战斗,始终处在前沿阵地,最后撤出战斗,都因战功显著,在此战中由师长荣升为军长。

孙元良,毕业于黄埔军校第一期,"一·二八"淞沪抗战时任八十七师二五九旅旅长,奉命在张治中将军率领下赶赴上海参战。自2月20日至3月1日,他参加了著名的庙行之战,一举成名。此次战役,孙元良因战功卓著,调任第八十八师副师长,翌年又擢升为师长。

孙元良的第八十八师与王敬久的第八十七师和宋希濂的第三十六师同属中央军,是国民党陆军中的精锐,系蒋介石之嫡系主力。因此,该部除干部配备年轻,知识水平较高,装备精良和兵员充足外,也是全国唯一配有德国军事顾问训练的部队。由于部队训练有素,战斗力较强,被称作教导师、模范师或警卫师。

1936年11月,第八十八、第八十七师、第三十六3个师驻防沪宁线,由京沪警备司令长官张治中将军统辖,从事沪宁沿线的防务和战备训练。1937年8月9日"虹桥机场事件"发生,孙元良即率第八十八师由无锡乘火车赶往上海,随即在闸北火车站一带布防。

8月13日,日军沿北四川路、军工路一线向八十八师防地发动进攻,敌舰以猛烈炮火向守军阵地纵深轰击,敌步兵以战斗队形展开攻击。第八十八师官兵奋起英勇还击,历时3个月之久的淞沪会战,自此拉开战幕。

按照最高统帅部的战略部署,8月14日中国军队挫败日军挑衅后,立即主动向日军出击,趁其援军未到之机,一举歼灭在沪之日军。孙元良指挥第八十八师接连攻下八字桥、粤东中学、爱国女校等据点后,发动了对虹口日驻沪海军陆战队司令部的进攻。日军凭借坚固的防御工事和舰炮支援,殊死顽抗。8月21日,孙元良指挥部队再次向敌司令部大楼发动攻击,二六四旅旅长黄梅兴少将在这次战斗中壮烈殉国。

8月23日,随着松井石根所率援军的到达,中国军队在淞沪战场上渐由攻势转为守势。第十五集团军大量部队兵员增援江岸,市区内的日军因援军到达而气焰更加嚣张,由守势转攻势。但孙元良仍率部坚守闸北阵地76天,予敌以重大杀伤。同时八十八师亦遭受严重损失,先后补充兵员五六次之多。八十八师升格扩编为七十二军,孙元良被擢升为七十二军军长,仍兼八十八师师长。

淞沪抗战之后,孙元良又率军参加了南京保卫战。此役中八十八师3位旅长牺牲2位,6名团长牺牲3名,营长阵亡11名,连排长伤亡近4/5,全师4000余人最后撤离南京时不足1000人。可见战斗之惨烈,八十八师为国战斗之勇猛。

王敬久,字又平,毕业于黄埔军校第一期,"一·二八"淞沪抗战时任八十七师副师长,师长为第五军军长张治中兼。在庙行之战中,他因指挥有方,声威俱增,于1932年9月继张治中之后,升任为陆军第八十七师师长。

1937年8月11日,王敬久奉京沪警备司令张治中之命,率八十七师推进上海。8月13日晨,日军从闸北、横浜桥一带向中国军队发动攻击。王敬久率领部队与孙元良八十八师最先投入战斗。13日晚,八十七师推进到新市和沪江大学等地,给日军以沉重打击。14日,王敬久指挥八十七师二六一旅沿着其美路继续前进,与日军在陈家行张家宅一带打了几个遭遇战,速战告捷,一路赶赴日本海军操场,迫近租界外线,使日本驻沪海军陆战队司令部处于中国军队包围之中;同时,王敬久还指挥八十七师二五九旅沿黄兴路、大同路向公大纱厂方向进攻,在陈家宅、观音堂与日军进行激烈战斗。打下公大纱厂后,王敬久又指挥部队向引翔港猛烈进攻,打得日军连连败退。

8月20日晚,王敬久奉张治中之命,指挥二五九旅以一部分兵力据守公大纱厂,其余部队从引翔港攻入租界;同时,他又指挥二六一旅突入百老汇路,配合三十六师向汇山码头进攻,并与三十六师在汇山码头会师,完成了分进合击的任务。

9月,日军新的增援部队在沿江各点登陆成功。蒋介石于9月17日下令停止进攻,全线退守。王敬久奉命率领八十七师进入黑桥宅、庙行一线构筑防御工事迎敌,直到上海失守才撤出战斗。

王敬久因指挥有度,作战有功,在9月初被擢升为第七十一军军长,下辖第八十七、六十一、六十七、四十六、一五四等5个师。

淞沪会战后,王敬久又指挥部队相继参加了南京保卫战、武汉保卫战以及湖南境内的一系列对日作战行动。

宋希濂,字荫国,毕业于黄埔军校第一期。1931年上海"一·二八"事变爆发,宋希濂时任八十七师二六一旅旅长。1月30日,他代表全旅官兵向军政部长何应钦请缨抗战,遭到阻止后,又带领几十名干部再次向何应钦请缨,还是未得到明确的答复。直到2月初,蒋介石才命令何应钦调集驻扎在京沪、沪杭两线的八十七师和八十八师组成第五军,由张治中率领赴沪参战。宋希濂和全旅官兵群情激奋,斗志昂扬。全旅于2月10日开到南翔接防蕴藻浜北岸阵地。在庙行战斗中,宋希濂提出建议：强渡蕴藻浜,向日军侧背进攻,以减少我军在庙行正面的压力。建议得到张治中同意。宋希濂立刻动员全旅官兵想尽办法找渡船,以迅雷不及掩耳的攻势,抢渡蕴藻浜,首先夺取齐家宅,然后又指挥部队向北孙宅、南孙宅方向日军猛烈攻击,从而大大牵制了日军进攻八十八师阵地的主力部队。紧接着,宋希濂又于3月1日奉命指挥部队在浏河同日军展开激烈的争夺战,并且取得了决定性的胜利。

"一·二八"淞沪抗战结束,宋希濂因战功卓著被晋升为八十七师副师长兼第二旅旅长,1936年8月,又升任第三十六师师长。

1937年8月13日,淞沪战事爆发。当晚,宋希濂接到紧急命令："火速开赴上海参战!"他立刻率部日夜兼程,于16日赶到上海前线,17日投入对日作战。宋希濂亲自率领陈瑞河的一〇六旅打头阵,又派一〇八旅二一六团胡家骥部殿后,进入八十七师与八十八师之间的天宝路一带,主动向日军阵地猛烈进攻,打得异常英勇。

在淞沪抗战中,三十六师打得最精彩的一仗是汇山码头战役。宋希濂令二一六团担任攻打日军重要据点——汇山码头的主攻部队。8月20日深夜,团长胡家骥命令二一六团第一营营长熊新民率部由兆丰路向汇山码头进攻,顾心衡的第三营和吴涛的第二营担任助攻和策应。一营全体官兵在胡家骥团长的率领下,冒着日军猛烈炮火前进,与日军展开激烈巷战,穿户入室格斗,以英勇无畏的气概,连续冲过了进入汇山码头必经的唐山路和东熙华德路、百老汇路,直逼汇山码头。码头上日军支持不住,纷纷逃窜到外滩的外白渡桥,向桥南的英军投降,请求保护。在这关键时刻,胡家骥率官兵爬上铁门,不幸遭到侧翼日军炮火轰击,很多官兵壮烈牺牲。与此同时,配合主攻的二一五团二营官兵,也被日军战车阻塞在路口,300名官兵全部葬身火海。在这种情况下,宋希濂命令二一六团在完成扫荡汇山码头任务后,撤回引翔乡,形成与日军对峙局面。

9月初,三十六师被军委会扩编为七十八军,宋希濂任军长。

淞沪大战之后,宋希濂又率军参加了南京守卫战、徐州会战、武汉保卫战。1942年初,任第十一集团军司令,其部队编入滇西远征军,在滇西缅北作战,打通中印公路,保卫滇缅公路,直到抗战胜利。

15. 一寸山河一寸血

淞沪战局的发展,使东京大为吃惊!

裕仁天皇被震怒了!中国军队竟敢以武力如此对抗大日本皇军,侮辱帝国皇军。

裕仁天皇失望了!他对松井石根指挥的上海派遣军遭受重大损失,仍进展缓慢感到失望和不满。他开始感到,必须加强对战争的亲自领导。

裕仁天皇密切地注视着上海战事的发展。他通过两条渠道督战:通过皇后良子的祖叔、陆军参谋总长闲院宫了解总的战略;通过侍从武官了解详细的战争情况,这些武官穿梭般地往返于宫廷和离宫300米远的参谋本部作战课之间。所有师团一级的作战命令,都必须由他最后签署,他亲自审阅战术方案,参与军事韬略的审议。

"八一三"事变爆发后,日本参谋本部事务当局与军令部事务当局开始议论设置大本营的问题。随着战局的发展,9月初,裕仁也提出在宫内成立帝国大本营,以便有利于他从中亲自监督参谋机构制订作战计划。10月下旬,参谋本部上层决定迅速设置此项机构。11月18日军令部公布制定大本营的军令第一号,20日大本营正式成立。

裕仁把上海的战事实际上置于亲自领导之下。他于10月份发表了一项敕令,宣称日本要发动它的军事力量,以"促使中国深刻反省,并立即建立东方和平"。

就在淞沪会战爆发的第二天,日本召开了一次内阁会议。会上,阁僚们提出将"华北事变"改称"日华事变"的动议。几经争辩,9月2日,日本第七十二届(临时)内阁会议终于决定改称"华北事变"为"中国事变",以掩饰侵略战争的本质。之后,首相近卫文磨发表声明,指责中国政府侮日、抗日之势愈演愈烈,日本政府要再次对中国增兵,以对中国军队断然给予一大打击;并声称,只有彻底打击了华中中国军队的精锐主力,并使之丧失战斗意志,才能迫使中国政府放弃抗日的政策。

上海派遣军司令长官松井石根对日军遭受重大伤亡,战事却裹足不前,中国军队遭受重大打击后依然顽强进行抵抗而深感焦急。他与海军第三舰队司令长官长谷川清中将联名向东京统帅部发出增兵的请求。9月6日,天皇御准再向中国派兵,并通过首相近卫发表"膺惩中国军"的声明。声明声称:"日本决心采取断然措施,膺惩中国军,促使南京政府反省。"

9月7日,以台湾守备队扩编而成的重藤支队,乘海军舰艇急派上海。12日,重藤支队搭乘军舰从台湾出发,14日驶抵上海。与此同时,华北方面后备步兵10个大队、炮兵2个中队、工兵2个中队及野战重炮兵第十联队的1个大队和高射炮队(乙)五队也于9～12日陆续开到上海。

9月11日,日本参谋本部下令派第九、第十三、第一○一师团及军的直属部队,兵站部队(野战重炮兵第五旅团、独立野战重炮兵第十五联队、独立工兵第十二联队(戊)和第三飞行团等)从日本本土出发,赶赴上海。至 9 月中旬,日军在上海投入的兵力达 10 万以上,重炮 300 多门,坦克 200 多辆,飞机 300 余架,大小舰只百余艘。

9 月 20 日,日本统帅部制定《作战计划大纲》;提出"大致以 10 月上旬为期,在华北与上海两方面发动攻击,务必给予重大打击,造成使敌人屈服的形势。""以上海派遣军(以 5 个师团为基干)击败上海周围之敌。"

10 月初,日本将侵华战争的主攻方向,由华北转移到上海,以陆海空三军在上海与中国军队进行立体决战。

日军重兵汇集上海,这正是蒋介石所希望的。这位中国陆海空三军大元帅,决心在上海与日军进行一场殊死决战。9 月 21 日,国民政府大本营发布命令,大本营元帅蒋介石亲自兼任第三战区司令长官。

蒋介石要亲自指挥上海作战了。

蒋介石向淞沪战场不断地调兵遣将。此时,中国军队投入作战的已达四十多个师,四十多万人,几乎全为国民党中央军精锐部队。9 月 21 日,蒋介石调整作战部署,把战区划分为左、中、右三个作战集团:

右翼作战军:总司令张发奎上将,指挥第八、第十两个集团军。

中央作战军:总司令先为张治中,23 日后为朱绍良上将,指挥第九、第十七、第二十一 3 个集团军。

左翼作战军:总司令陈诚上将,指挥第十五、第十九两个集团军。

松井石根派兵攻占罗店后,进而企图进攻嘉定、南翔,从侧翼给中国军队造成包围之势。但是,这一计划在中国军队的顽强抵抗面前遭到了破产。这使他恼羞成怒。正当他气得暴跳如雷之际,9 月 7 日和 10 日,他先后接到东京统帅部发来的增派重藤支队和第九、第十三、第一〇一师团的秘密指示。松井不禁惊喜万分,乃制订新的作战部署:俟增援部队到达,则重藤支队协同第一师团继续攻击罗店附近中国守军,而其主力第三师团、第十一师团及先期到达的第一〇一师团则集中进攻大场至南翔一线,进而直逼闸北。

从9月14日起,松井石根指挥日军,向中国守军发起全线进攻。日军在飞机、大炮、战车掩护支援下,以宝山至罗店公路东南方为重点,发起强攻,战况激烈空前。第十五集团军各师在潘泾河附近淑里桥一带激战,双方均损失惨重。17日,第十八军撤至杨家宅、陆福桥、施相公庙一线,终于制住了日军的攻势。

23日拂晓,日军约两个联队对陆桥至杨家桥间中国守军阵地发起进攻,日军先以重炮进行猛烈轰击,然后以战车掩护步兵冲锋。中国军队与日军反复争夺,肉搏,阵地一次次得而复失,失而复得。次日,左翼作战军总司令调整作战阵线,以江家宅、窦家弄、孟湾、顾家宅、北店宅、太平桥、周家牌楼、万桥、罗店南端经施相公庙、朝王庙至浏河为主阵地;以江家宅沿蕴藻浜至陈家行,沿杨泾河、广福、孙家宅至施相公庙为二线阵地。25日,日军以两个师团的兵力继续猛攻,30日拂晓突破万桥、严宅、陆桥等处阵地。守卫陆桥的第六十七师一个连苦战数昼夜,与敌展开白刃搏斗,前仆后继,最后仅两人生还。由于第七十七师守卫的万桥、严宅及第六十七师防守的陆桥等处阵地相继被突破,左翼军各部撤往蕴藻浜南岸原定二线阵地,部署在陈桥—广福—施相公庙—浏河一线防守,以阻止日军前进。刘行方面,中国守军陷入苦战,伤亡惨重。

一线阵地丧失,蕴藻浜成了前线,以河水为天然屏障,中国军队决心死守,在阵地身后就是大场,若大场再不保,敌就可西取南翔,南下苏州河。10月2日,日军第九师团和新增援而来的第十三师团向蕴藻浜地区发动猛攻。战斗一开始就处于白热化状态,双方激战四昼夜,尸积如山,血流成河。中国方面第七十七、五十九、九十、六十七师和第六十六军教导旅损失严重,撤至后方整补,阵地由后续部队接防。6日,日军强渡蕴藻浜。第八、第六十一师及税警等部与敌激战数日,损失惨重,未能将渡河之敌歼灭。抢渡过蕴藻浜河的日军先头部队,迅速在黑大黄宅至东西赵家角一线修筑工事,构筑起一条约两里宽的桥头堡,掩护后续部队登陆。日军后续部队蜂拥而至,二线阵地失陷,大场直接暴露于阵前。日军集结部队,准备进攻大场。

地处战略要地的大场,失与守事关整个战局。守卫大场一线的是朱绍良的中央作战军,苦战竟日,已伤亡惨重。蒋介石急调廖磊第二十一集团军向大场方面增援,15日再次调整作战部署,将蕴藻浜南岸地区统归中央作战军负责,作战任务是:收复蕴藻浜南岸阵地,对敌实施反攻。第三战区决定在全战区对日军发起攻击,命新赶来淞沪参战的韦云松第四十八军为第一路攻击军,由黄港、北侯宅、谈家头附近向蕴藻浜南岸之敌发起攻击,进出唐桥站、田都之线;以叶肇第六十六军为第二路攻击军,由赵家宅附近向东进攻,进出杨家宅、徐家宅一线;以第十五集团军第九十八师为第三路攻击军,由广福南侧向孙家头、张宅一线进击;原守备各师编为一至三个突击队,向当面之敌顽强阻击,收复三新宅、唐桥头,但第二十一集团军正面为日军主力,即日军第三、第九、第一○一师团的精锐部队。攻击从19日夜发起,适逢日军亦发动步兵、战车、炮兵联合进攻,双方成大规模遭遇战,中国军队虽付出了惨重的代价,攻击仍未获进展。左翼由陈诚指挥的第十五集团军也未取得战果。中国军队装备相形见绌,加之连日战斗伤亡过大,21日,全线停止进攻。在守卫大场的这次作战中,蒋介石几乎动用了全部血本,几路大军连续几昼夜数度强攻,军队士兵伤亡数量达2/3,旅团长伤亡亦达半数,部队不停补充,各主力师补充至少都在4次以上,每次都几乎是整团地补充。三路攻击军的总司令陈诚、张发奎、朱绍良细察了战斗状况,向蒋介石提出后撤的报告,蒋介石不允,严令死战:"有敢擅自撤退者,军法从事!"三路攻击军总司令不敢吭声,只好指挥军队再战。

22、23两日,日军以主力部队向第二十一集团军猛烈攻击,北侯宅、沈宅、谈家头一线阵地被突破。这样,谁都无法顾忌最高统帅不得撤退的命令,全线后撤。23日夜,第二十一集团军撤至顾宅、大场、走马塘、新泾桥、唐家桥一线。第九集团军左翼各师也撤至大场附近。25日,日军以第十一、第十三、第九师团主力乘胜进犯大场。商科大学陷入敌手,闸北、江湾一线完全处于日军控制之下。在日军强大的陆空火力打击下,朱耀华第十八师苦战竟日,终因阵地大部被毁,一个整师兵力也所剩无几,阵地未能守住。师长朱耀华绝望悲愤之下,拔枪自杀。

10月26日,大场失陷,沪宁铁路被切断。

日军继续向南推进,直至苏州河北岸。中央作战军四面受敌,退路有被切断之虞。在此情况下,从26日起,中央作战军主动放弃北站至江湾间阵地,除留下八十八师谢晋元团固守北站及四行仓库外,其余人马急忙向沪西丰田纱厂方向转移,沿苏州河南岸经江桥镇至南翔,与南起小南翔经陈家行沿杨泾河经广福镇西行至施相公庙、双草墩、浏河一线的左翼作战军相连接,构筑工事,层层设防,阻击日军前进。

根据战局的变化,蒋介石撤销了中央作战军,将朱绍良派往兰州第八战区任司令,把战区划分为左、右两路作战军,分别由陈诚、张发奎任指挥。

占领了大场镇,日军乘胜南下,云集苏州河边。自31日起,日军在周家宅、姚家宅、小家宅等处开始强渡苏州河。日军第三师团左翼部队在渡河中受到河南岸中国守军的顽强阻击,刚渡过一部分,便因遭阻击而受挫,右翼部队经过4天激战,于11月5日渡河成功。日军第九师团11月1日渡河后,中国军队从南翔方面赶来的部队,从河北岸进行反击,使敌人陷入困境。但日军第十一师团攻占了南翔附近的江桥镇,威胁到中国守军的后侧,解除了其第九师团的压力。9日,中国军队全线后退,日军第三师团是日晚抵达龙华,第九师团抵达高家湾,完成了对上海南市的封锁。中国留在南市及浦东地区的保安队两千余人,继续与敌作战数日,方停止有组织的抵抗。

9月末到10月所进行的蕴藻浜——大场战斗,是整个淞沪会战中的最高潮,其炽烈达于极点,中日双方死伤人数每小时数以千计。中国军队士气高昂。日本陆军省军事课课长田中新一在其所撰《中国事变纪录》中记载:到9月29日,日军在上海方面累计伤亡达12334人,至10月23日,已达25323人。提到中国军队高昂的战斗意志,他写道:"在上海战役中,中国军的抗战意志和战斗力,推翻了三宅坂(陆军省)一向的判断……中国步兵虽然在日军毫不留情的炮击之下,却仍坚守阵地,绝不后退。"

中央作战军第八军军长黄杰,对日本《产经新闻》社记者古屋奎二谈道:"约一百天的上海战役,是在我的经历中最酷烈的一次战争。这个战争一面和日军作战,另一面是在和水作战,因为在上海的周围,除水田之外,就只有池沼和河汊,无处可以藏身,泡在水里面一星期以上,并不算稀罕,以致很多士兵两脚麻痹,不能行动。"

"日军除侦察机之外,还使用载有兵员的气球,搜索我军动态,用无线电通报情况,发炮射击,尤其是在长江上的军舰,立即炮击过来。因此我们白天只能隐藏不动,连做饭的炊烟都不能升起,也没有携带口粮,真是艰苦作战。"

"日军损失固然很大,中国军也付出了极大的牺牲。特别是中国最精锐的部队20000人未受伤者只有5000人;在抗战一开始之际,最珍贵的军队受到了如此严重的损害。"

在大场争夺战中,中国军队将死者的尸体层层垒起,筑成阵地,顽强阻击日军。

中国军队在呈往南京的一份战报中说道:受到日军猛烈攻击的六十七师所属的某个连,在激战后只剩下4人,而由其中1人将连长的遗体送往后方,其余3人则仍死守阵地,等待援军赶来转守为攻;还有1个连,只剩连长1人生存。对此,最高统帅蒋介石感慨不已:"闻此消息,忧患为之尽释,而精神胜于物质之效,庶于此可见。最后胜利必归于我矣!"(蒋介石1937年10月3日日记)

对于日军来说,攻占罗店、大场,强渡蕴藻浜、苏州河,都是一场激烈程度罕见、伤亡惨重的恶战。据11月8日前统计,日军阵亡9115人,伤31257人。最初投入上海战役的部队,其损失几乎同编制数相同。日军第十一师团的和知联队,定员3500人,阵亡1100人,伤2000余人。其间先后补充11次,共2500~3000人。第三师团第十八联队阵亡1200人,伤3000人。1905年日俄战争中,为攻占203高地,日军尸横遍野,血流成河。在上海战场上,在中国军人的枪弹下,日军又重演了这幅惨状。

曾根一夫是一位参加过上海战役的侵华士兵,从他怀着负疚和忏悔的心情写出的"一个侵华日本兵的自述"中,我们可以对这场战争的惨状略窥一斑:

  我于1937年8月27日出征到中国大陆,同年9月1日登陆吴淞铁路栈桥。当时上海之役刚开战不久,同年8月23日先锋部队搭乘驱逐舰强行登陆吴淞码头,建立桥头堡,我所属部队则为后续部队。到达吴淞铁路栈桥时,我忽然不寒而栗,胆战心惊。这附近是先锋部队强行登陆的地点,在土壁和铁皮屋顶上布满了蜂巢般的弹痕。中国军队仍然在不停地猛烈射击,枪弹在头上飞射而过。

  ……在前进途中,突然有一股恶臭迎面扑鼻。仔细一看,原来是尸横遍野的尸体,受到炎夏酷日的照射后,体内充满了臭气,尸体膨胀得几乎衣服破裂。眼、鼻、嘴等,布满了蠢动的蛆虫。

  ……攻陷大场镇后,注视着右方的真如无线电台,部队继续向前挺进时,上海之役的最后难关——苏州河阻挡了我方的前进,比起大场镇人为的坚固要塞来,苏州河是最难攻克的天然地形要塞。攻击时的最大难关,在于必须渡过50米宽的苏州河。对面布满了无数的中国军,每个堡垒阵地内,都配有现代化的武器,坚固的守备,使我军无法跨越雷池一步。

只是不论多么困难,我们绝不能中断攻击。这时候,我们向这种不利地形和坚固的防御地挑战的作法是,充分发挥大和精神的所谓肉弹攻击,就是工兵潜入河中,以人柱架成一座桥让渡河部队通过。架桥工兵队,必须是和渡河队一样不怕死的敢死队。能在敌人火力的密集攻击下,平安无事地渡过一条细长的小桥,到达对岸,真可以说是一种奇迹。

最先的强行渡河行动完全失败,接着有第2次、第3次反复的强行渡河,但大部分未到中途,就受到猛烈射击,中弹掉落河中。虽然如此,战法仍不变更,而且作战指挥部愈加兴奋,以强硬的督战口吻说:"不论失败多少次,必须连续做到成功为止。以军人的死尸来填满苏州河,让部队踏着渡过。"

在这种毫无道理的命令下,渡河的人就像被宣告死亡一般。不少人因此葬身在苏州河的泥水中……出发前,由队长举杯向每一位队员诀别,饮毕后,以兴奋的口吻说:"各位的生命已经交给我,希望和我一起成仁。召集你们应该知道,这里是日本男儿的葬身之地。"这样鼓励后就出发……

正是凭借这种灭绝人性的所谓"大和精神",太阳旗得寸进尺地逼近到中国军民阵地上。面对嗜血的太阳旗的步步紧逼,中国军队健儿们以英勇顽强之精神,誓死保卫家园之使命感,同仇敌忾之气概,血洗国耻之决心,挥动正义之剑,向日本鬼子的头上砍去,在硝烟弥漫、血肉横飞的淞沪战场,筑起了一道道血肉长城,一个个血肉堡垒,顽强地阻击着太阳旗的蠕动,使日军每前进一步都必须付出惨重的代价。

16. 淞沪抗战中的宋氏三姐妹

在中华民国史上,宋氏三姐妹居显著地位。

大姐宋蔼龄嫁于孔祥熙成为孔夫人。孔祥熙作为大财阀,中国的头号富翁,在国民政府中居显赫的要位。他是蒋介石的财政官,一度任行政院长,善敛财的宋蔼龄成了"中国的钱袋"。二姐宋庆龄是革命先驱孙中山的遗孀。小妹宋美龄嫁给蒋介石,成为中国的第一夫人。三个同胞姐妹,却性格迥异,志趣不投,政见不睦。那时候流传着关于她们三姐妹的说法是:大姐爱钱,二姐爱国,小妹爱权;说她们的家庭是一个联合阵线——宋庆龄左倾、宋美龄右倾,宋蔼龄居中。其中二姐宋庆龄因与小妹宋美龄政见相左,在第一次国共合作破裂后到抗战爆发前的数年间,几乎断绝了来往。"七七"事变后国共再度合作,全国抗日民族统一战线建立,宋氏姐妹这个"家庭联合阵线"也在共同抗日的大旗之下,联合在了一起,携手为民族救亡而奔走呼号。

孔夫人宋蔼龄敛财有术有方,但在公开场合却总不肯轻易露面,似乎怯于抛头露面。她对政治更不关心,只关心她的钱袋。然而在抗战爆发,民族危亡的关头,她也走上了社会,从事战时妇女运动,在战时救济和社会福利事业方面,做了一些有益于国家民族的事业,为抗战作出了一定的贡献。

中国是一个大国,人口众多,日本军事力量强,装备先进,中国要战胜它,只有广泛动员全民族的力量,其中也包括占人口一半的妇女。宋蔼龄如此说道:"在各种保证我们取得最后胜利的力量里,最显要最值得注意的表现,就是妇女界的活动。"为了广泛地动员全国妇女参加抗战,1938年5月20～25日,全国各党派、各民主团体的妇女领袖、知名学者、社会名流、妇女工作者48人,在秀美挺拔的江西庐山举行了妇女谈话会。宋蔼龄作为国民党的代表之一参加了会议,与共产党方面的代表邓颖超、救国会代表史良等座谈商讨妇女参加抗战的大计。会议本着团结抗日的精神,研讨了如何动员妇女民众投身抗日工作、如何鼓励妇女参加生产事业、改善妇女生活、战时妇女工作及妇女团体联络等问题。会上成立了全国妇女抗日统一战线组织——全国妇女指导委员会。

宋蔼龄还积极从事捐赠和募捐活动,做了许多工作。

"一·二八"抗战中,宋蔼龄从自己和朋友的私产中捐赠了8万美元,建立了一所小医院,配了400张床位,救济伤兵。不久,她又在朋友间募集了一笔巨款,建立起一所有1000张床位的私人医院,以便使"一·二八"抗战中的伤兵得到及时治疗。她和女友开办的这所医院,还开创了为前线士兵制作衣服和食物的先例。《申报》在1932年2月16日第2版以《孔祥熙夫人赠送棉背心》为题,报道了她"捐赠棉被420件、背心2000件,送交驻沪办事处,转前方将士运用"的消息。

"八一三"淞沪会战期间,宋蔼龄一直待在上海,直到最后。她买了3辆急救车和37辆军用卡车捐献给军队。她为航空队捐献了320多辆卡车以运送机械和飞行员。其中一些分配给驻守在上海周围区域的各个师指挥官,还为飞行员订购了500件皮夹克。

上海公共租界内有一座大型建筑物——浴场酒吧,这是青年男子光顾的场所。这天,宋蔼龄前来察看了其中的两栋楼房,不出48小时,这座酒吧变成了一所设备完好,有300张床位的医院,使许多伤兵得到及时救治。后来蒋介石下令内迁,这座医院的设备全部被抢救出来一同运走。这座医院及时地解决了战时急需。

9月,淞沪之战处于最紧张激烈的时刻。国民政府为解决战时经费急需,推销自由公债。宋蔼龄所负责的区域销售限额是100万美元,但在很短的时间内,她的推销员就额外销售了50万美元的公债。她把理财方面的才干用于了抗战。但其贪婪的本性总是难改,趁着推销公债,也做了些小手脚,又发了一笔国难财……

1937年7月5日——"七七"事变发生前两天,清晨,宋庆龄携着一只皮箱,手拿一把纸伞,离开了上海的寓所,乘坐一辆黄包车,直向火车站奔去。宋庆龄此行是到苏州去的,去准备坐监狱。这事还得从前一年说起。

1936年5月31日,上海博物馆路中华基督教青年会的会议室里,正举行一个秘密会议——全国各界救国联合会成立大会。全国二十余省六十余救国团体的七十余名代表参加了会议。胡愈之、沈钧儒、章乃器、王造时、李公朴、史良作为上海代表参加了会议。蒋光鼐、蔡廷锴代表十九路军与会。大会通过了《全国各界救国联合会章程》、《抗日救国初步政治纲领》等文件,宋庆龄因盲肠炎住院,未能出席会议,但仍被推举为全国各界救国联合会常务执行委员,后任副主席。

救国会是一个以抗日救亡为宗旨,号召和组织各阶级、各阶层、各党派、各种宗教信仰的爱国志士投身救亡图存的斗争中,实现民族革命胜利的群众团体。它一成立就遭到蒋介石的忌恨,对它开展的抗日活动进行镇压。同年11月,沙千里、沈钧儒等7人在上海被秘密逮捕,拘押于苏州吴县横街的江苏高等法院看守所,还准备将他们秘密押往南京,予以军事裁决。

这起"救国有罪"的政治冤狱,激起全国上下爱国人士的义愤。宋庆龄开始了营救"七君子"的活动,她公开揭露国民政府的罪恶阴谋,把营救活动变成激发全国人民爱国热情的抗日救亡运动。宋庆龄领衔与胡愈之、何香凝等16人发起了"救国入狱运动"。宋庆龄发表了《救国入狱运动宣言》:

> 我们准备好去进监狱了!我们自愿为救国而入狱,我们相信这是我们的光荣,也是我们的责任!

沈钧儒等七位先生关在牢里已经七个月了。现在第二次开审,听说还要治罪。沈先生等犯了什么罪?就是犯了救国罪。救国如有罪,不知谁才没有罪?

　　我们都是中国人,我们都要挽救这危亡的中国。我们不能因为畏罪,就不爱国,不救国,所以我们要求我们所拥护信任的政府和法院,立即把沈钧儒等七位先生释放。不然,我们就应该和沈先生等同罪。沈先生等一天不释放,我们受良心驱使,愿意永远陪沈先生等坐牢。

　　我们准备去入狱,不是专为了营救沈先生等。我们要使全世界知道中国人决不是贪生怕死的懦夫,爱国的中国人决不仅是沈先生七个,而有千千万万个。中国人心不死,中国永不会亡!

　　我们都为救国而入狱罢!中国人都有为救国而入狱的勇气,再不用害怕敌人,再不用害怕日本帝国主义的侵略!

　　中华民国万岁!

宋庆龄发起的救国入狱运动,在社会上引起极大震动和强烈反响,各界许多爱国人士纷纷签名,具状江苏省高等法院,要求"入狱",中外报刊都以很大的版面报道了宋庆龄一行7月5日赴苏州请求收押审讯的经过。在国内外舆论的压力下,国民党当局没敢贸然对"七君子"判罪。"七七"事变发生,全国团结抗战局面出现。国民党对"七君子"案也难以继续审理下去。7月31日,以"具保释放"做了最后裁定。广大爱国人士和人民群众从这一事件中深刻感受到,在宋庆龄身上充满了公理、正义、智慧和力量,也看到了抗日救国的希望。

　　"八一三"淞沪抗战期间,正值抗日民族统一战线刚刚形成,全面抗战刚刚拉开帷幕之际。这个时期,统一战线需要巩固和发展,中国人民的抗日战争需要得到世界爱好和平人民的理解和同情,正义力量的支持和援助,为此宋庆龄做了大量的工作。她发表演讲,撰写文章,反复从理论上,从历史经验上,阐明国共合作、共赴国难对赢得抗战胜利的意义,呼吁实行孙中山的民权主义,动员群众参加抗日救国工作。她大力宣传中华民族抗日斗争具有的国际意义,在《致英国工党来华调查日本侵略的代表团的信》中,宋庆龄指出:"中国不仅是为了它自己而战斗,并且也为了全人类而战斗。日本法西斯主义者和帝国主义者以及它们血腥的和非人道的破坏行为不仅威胁着中国的独立,而且也威胁着所有民主国家,威胁着人类的和平与自由。"她要求英国工党明确表示积极支持中国抗战的态度。她又对美国民众发表广播演说,要求美国公正舆论对日本法西斯进行谴责,呼吁美国政府源源不断地输送军械军火以充实中国抗日武装,呼吁美国工人抵制运送军火往日本;她还曾呼吁西方各国文化科学界制止日本屠杀中国难民的暴行。宋庆龄频繁的国际活动,为中国人民的抗日斗争取得了广泛的国际援助。

宋庆龄还发起和参加抗日救亡团体。她与何香凝发起、组织了上海市妇女抗敌后援会(后改名为中国妇女慰劳自卫抗战将士总会上海分会),并亲任理事。她还积极参加和支持上海文化界救亡协会工作,被推选为理事。她多次为《救亡日报》撰稿和发表谈话,使该报进一步发挥了战斗舆论阵地作用。因为抗战筹集资金,宋子文组织了"救国公债劝募委员会",宋庆龄担任了委员会的常务理事,发动上海妇女踊跃献金购买救国公债。从1937年9月1日到10月1日,短短一个月,救国公债的认购额已达2.4亿元。

1937年12月23日,在上海沦陷四十多天后,宋庆龄才离沪撤到香港,继续为抗日救亡而工作。

南京中山陵园树木深处的蒋介石宅。

中国第一夫人宋美龄安静地坐在桌前撰写文章。呜呜的警报器声响起,人们纷纷涌出房屋,躲进防空洞。15分钟后,宋美龄却像往常一样走出防空洞。她正等待着日军空袭飞机的到来,这位国家航空委员会的秘书长,要察看中国军队是怎样防御的。飞机到来时,她把所看到的情况,按顺序记录下来。"现在是下午2点42分",这天宋美龄记载了如下情况:

  这是一个晴朗的下午,头顶上是积云,天空高处是整齐的鱼鳞云。3架重型日本轰炸机从一片积云的蓝色罅隙中出现,由此朝南飞来。后面还跟着3架。这时又有3架飞来,所以总共是9架。我听见驱逐机在云层上空鸣响。高射炮声从我前面的军事机场附近传来。日本轰炸机的目标正是这座机场,我们的几架驱逐机出现了,它们从云层背后飞来,机枪声这时从高空中传来。驾驶员正在云层上空战斗。9架日本轰炸机平稳地飞过市区,它们为了轰炸目标必须保持队形,前面3架现在已经到了城南墙。

  下午2点46分,地面升起腾腾火焰,烟柱和尘土飞扬。日本飞机投下了炸弹,它们然后散开了。我们几架驱逐机在进攻。在我们北面一场凶猛的混战在进行。这是下午2点44分开始的,现在所有的轰炸机都不见了,飞入了云层,但几架日本驱逐机仍然被我们的飞机追逐着。2点50分,西北方向展开了鏖战。一架鹰式歼击机紧紧咬住一架敌机,敌机掉了下来,在紫金山背后消失了。战斗机仍在云层间穿梭。

  2点51分,城南突然升起巨大的火焰和烟柱。敌轰炸机完成了任务……

宋美龄关心中国空军的发展,关心上海战事进展的心情,从这段文字中就可见一斑了。

8月14日,中国空军首战击落6架日机,宋美龄亲自去机场对空军英雄表示慰问。

在淞沪抗战中,她发表一系列的演说和广播稿,向全世界揭露日寇侵略中国的罪行,对民主国家不援助中国的做法表示愤慨,提出义正词严的抗议。9月12日起,她在南京通过美国广播网,直

接用英语对美国民众发表广播演说。她说道:

　　通过日本在中国的所为,你们便可以看到这是一个邪恶、残忍、武装和组织良好、按照预定计划在行动的国家。多年来,日本人一直在为企图征服中国而做准备,尽管在征服中国人民之前,他们无法达到此目的。奇怪的是,似乎没有一个国家愿意阻止日本的行径,这是否由于日本每天广播的大量歪曲真相的消息已被人们相信?抑或世界上的政治家被日本施了催眠术?日本似乎只讲了一句简单而富于魔力的话,就使世界陷入了沉默:"这不是战争,而仅仅是一次事件。"日本首相近卫文唐8月28日宣称,日本准备"彻底击溃中国,使其丧失战斗精神"。但甚至这句话也似乎没能唤醒世界认清正在发展中的灾难。

正是为了避免这一灾难的发生,各大强国才签署了九国公约,主要是为了使中国免于遭到日本的侵略。他们还签署了凯洛格和平条约,以防止战争;组织国际联盟以确保弱小国家免于遭受侵略国家的伤害。但说来奇怪,这些条约似乎已化为灰烬,这在历史上迄今还是罕见的。更有甚者,国际法中那些为制止战争和保护平民所逐步制订的复杂的条款,也似乎与条约一道烟消云散了。所以我们又回到了野蛮时代,强国蚕食弱国,不但杀戮他们的斗士,还株连他们的家庭、妇女和儿童。日本正是企图在中国这样做。但真正允许条约失效以及在20世纪恢复大规模残杀无辜中国人民的野蛮行径的却是文明国家。1931年日本占领东北时,他们允许这种行径在中国发生。1932年日本在上海闸北轰炸沉睡中的百姓时,他们继续容忍这种行径。现在日本在中国大规模展开侵略时,他们仍保持沉默!

我们不禁要问,这是不是意味着文明的衰亡?向四周看看,各地成千上万的中国人在飞机的轰炸下,在停泊在上海港几里长的军舰的炮轰下,在机关枪和步枪射击下遭到杀戮。看看在凶猛的烈火中被焚烧的房屋和企业,看看那到处是堆满尸骨、血迹斑斑的废墟,看看成千上万逃难中的中国人和外国人,呼喊着,在惊恐中逃命——的确,成千上万的中国母亲和儿童在逃亡上海中露宿街头,忍受饥饿,两手空空,眼看他们的房屋在大火中化为乌有。看看在他们身上发生的一次悲剧。几天前,数千人在南站等火车时,日本的轰炸机突然出现在天空,向人群投弹,300人被炸成碎片,400多人被炸伤。火车站附近没有士兵,因此这是一次非正义的残酷屠杀。英国在远东的主要报刊《华北每日新闻》的编辑,将这一野蛮行径描绘为"对人类所犯下的最粗暴的罪行"。几天以后,一辆载有几百名逃亡上海的难民的火车,在距离上海几里远的淞江车站,也遭到了同样的轰炸。300人被炸得粉身碎骨,几百人受重伤。火车上没有一个士兵……

告诉我,面对这样的屠杀,面对房屋和企业的摧毁,西方的沉默是否还象征着具有人道主义、行为准则、骑士气概和基督教影响的文明的胜利?世界强国缄默地站成一排,似乎慑于日本的威力而不敢发一声责备,这种奇观是否预示着国际伦理道德和基督教准则以及行为的灭亡?是否已敲响所谓西方道德优越的丧钟?

你们大概可以从广播中听到炮声,但你们却听不到(不过我希望你们的心能够听到)死亡者的叫喊声,数以万计受伤者的痛苦呻吟声,以及房屋坍塌的巨响。你们也看不到千百万流浪、惊恐、无家可归的无辜人民所遭受的苦难和饥饿,看不到母亲的眼泪以及她们在燃烧中的房屋所出的黑烟和火焰……

在这期间,宋美龄写下了《日本的烟幕》、《战争的进展:来自前线的消息》、《令人失望的美国态度》、《日本的恐吓战》、《对南京的破坏威胁》、《长谷川清的无礼命令》、《不宣而战的可能性》等一系列文章,揭露日军侵略暴行和日本政府散布的种种为侵略制造借口的谣言,鼓动全民奋起抗战,向全世界人民介绍上海战场的状况,呼吁西方国家特别是美国政府支援中国的抗日战争。

当初蒋介石选定宋美龄做第一夫人,看来确实没有选错人。

在这民族危亡的关头,宋美龄把她的才华全部展示了出来。对外,她施展外交手腕,利用精通英语的才能,利用她善于辞令、善于交际的才华,加上她高雅娴丽的容貌,在国际上确实征服了不少人的心。在淞沪会战中帮助了中国空军作战的美国飞行顾问陈纳德,第一次与宋美龄见面,宋美龄就给他留下了非常深刻的印象。后来他回忆道,这是"一次使我的心灵再也无法得到平静的相逢。直到今天,我仍然被她的魅力所彻底征服。那天晚上我在日记里写道:她对于我将永远是一位公主。我从来没有动摇过蒋夫人是世界上最出色、最坚强女人的看法。"

"我想,我们俩将同心协力建立起你们的空军。"陈纳德对宋美龄说。

就是这位陈纳德,后来组织了美国空军志愿队——飞虎队,直到帮助中国打赢了抗日战争。

乔·史迪威将军也为宋美龄的魅力所征服,这位轻易不为人所动的尖刻的将军发现她"娇美、聪慧和真诚"。

宋美龄是美国出版商亨利·卢斯和他的妻子克莱尔·布恩·卢斯特别宠爱的人,他发表了许多赞扬宋美龄的宣传材料,使她在几十年的时间里都一直被美国人看成是世界上最受钦佩的四位女子之一。

在淞沪会战中,宋美龄几次来到前线,有时是陪蒋介石督战,有时则是个人慰问官兵,探望伤员。第一夫人出现在前线,对稳定军心和人心,鼓舞官兵杀敌报国起了他人无法替代的作用。第一夫人来到医院,受伤的官兵们得以抚慰。

不过有一次,上前线可差点儿出了事,差点儿要了第一夫人的命。

这是10月22日,蕴藻浜防线被日军突破,中国军队正在撤退,战事正紧。宋美龄和澳大利亚籍顾问端纳以及一名副官前往上海看望伤兵和处理其他一些政务。这天,她身穿一条蓝色的羊毛便裤和一件普通的衬衫,这是她往常穿着的工作便装,没有一处可以显示出她的第一夫人的身份。她所乘坐的轿车马力很大,速度很快。车子驶入"危险区"后,他们开始留意天空,观察日本轰炸机。这样司机的精力就不能不分散。大约4点30分,几架飞机飞到了上空,这时小车却偏偏陷进了路边的一个弹坑里。司机加大油门,开足马力,冲出弹坑,但前轮撞到了一个土堆上,车身被弹向空中。在一般情况下,小车这时是可以重新掌握方向的,但不巧,前轮再次被另一土堆弹起,于是整个轿车翻出了公路,车里的人从后座中被甩了出来。端纳感到自己飞了起来,而且看到宋美龄和副官的身体在他眼前飞掠而过。他摔倒在翻倒的小车旁,但却没受伤。

端纳站起来,立刻赶到宋美龄身边。只见她躺在一个泥潭里,失去了知觉,脸上满是泥水,四肢瘫软,但似乎没有擦伤,脸色白得像纸一样。端纳把宋美龄拖出泥潭,弯下身子听她的呼吸,发觉她虽然一动不动,但却还活着……

"夫人!"端纳叫道。他轻轻摇晃宋美龄的身体。

"喂,醒醒,你最好醒一醒,睁开眼看一看。"无论端纳怎样喊,宋美龄都没有反应。

一群农民聚拢过来,副官也赶到现场。他们也慌了神。端纳唱了起来:"她轻轻地飞向天空,秋千上那勇敢的少女……喂,夫人,醒醒!我希望你能现在看一看自己,你绝对是个美人!"

仍旧没有反应,宋美龄还是昏迷。一种恐惧的疑惑向端纳袭来……"你身上都是泥巴!"他吼道。"你的脸上,裤子上……哦,上帝,她没救了!"端纳自语道。

这时,宋美龄微微动了动,呻吟了一声。端纳即刻站了起来,把手放在她的腋下,扶她站了起来。"好啦,"他说道,嗓门很大,好像从没想过她不行了似的。"你没事,你能走,来,咱们去找个住舍。"

宋美龄摇摇晃晃地站起来,头脑还有些发晕,她对端纳说:"我恐怕还不能走。"但端纳却不容她再考虑,搀着她就朝最近的一家农舍走去,一路上他不停地说她如何像个泥美人。

在农舍里,端纳把宋美龄装有衣服的手提包交给她,劝她去换换衣服。宋美龄单独一个人时,又险些昏过去,多亏端纳使劲地敲门,催她动作快一点。

宋美龄再次坐进车里,她考虑下一步的行动计划,面色仍显得苍白。端纳手里展示一张地图,说道:"我们现在在这里,如果你想回南京,我很高兴。但假如我们继续往前走的话,我们仍可以在进城之前视察一下伤兵,时间很充裕。你怎么想?"

宋美龄考虑了一下,说道:"继续去上海。"轿车又启动了,这次开得慢了些。宋美龄静静地坐在车子里,听着自己的呼吸,想看看身体什么地方出了毛病。"我不能呼吸",她突然惊恐地说:"一呼吸就疼。"

"那就别呼吸。"端纳以满不在乎的口吻说,心里却咯噔一下。他凭经验判断出;宋美龄肯定是折断了肋骨。这实在糟糕透了。

当晚10点钟,他们到医院慰问了伤兵,第二天一早儿安全返回。经医生检查,宋美龄确实摔折了数根肋骨。那天被慰问的伤员们,从第一夫人微笑的脸上,感受到了天使的温暖,圣母的慈祥,可谁又能想到她是忍受着肋断,难以呼吸的疼痛呢!

端纳受到蒋介石的严厉训斥,宋美龄却并不在意。战争嘛,什么样的事情不会发生呢?

自日军第二批上海派遣军登陆,首都南京城里开始人心浮动。随着日军步步进逼,中国军队节节退守,南京城里浮动情绪日日高涨。先是达官贵人的太太小姐,继而是平民百姓,纷纷加入逃难的潮流。码头、车站、机场,人头攒动,拥挤不堪。上海沦陷,宋蔼龄偕孔令俊来到了南京,她一家要到武汉去,她劝小妹跟她全家一起走。但是被宋美龄婉言谢绝了。直到12月7日,就在南京陷落的前一周,她才随同蒋介石一起含泪告别了满目焦土的南京,乘飞机飞往武汉。

在以往的十数年间,宋氏三姐妹虽近在咫尺,却很难仨人一起聚首,尤其是宋庆龄和大姐小妹之间,政见的不同,使她们拉开了距离。但1940年初,在香港沙逊街宋蔼龄的住宅却显出异常的热闹景象,引起了中国乃至世界报界的注意。这是宋氏三姐妹多年来第一次抛却政治上的分歧,愉快相聚。联合阵线或者说抗日统一战线在宋氏姐妹间成为现实。三姐妹一起闲聊,一起烹饪,一起开玩笑,一起上街购物,姐妹间恢复了早已疏淡了的亲情。对三姐妹同时出现在香港,无时不想瓦解中国人民抗战斗志的日本帝国主义,抓来当做恶意攻击的把柄。报界宣称:宋家正在逃离战争蹂躏的中国,要到某个中立国或地区过和平日子。

为了给敌人的攻心战以回击,三姐妹做出了惊人之举——一同出现在香港饭店并在那里用餐,向世界宣告团结抗战到底的决心。

1940年3月31日,一架中国民航的DC-3号专机,载着宋氏三姐妹秘密从香港启德机场起飞,离港赴渝。她们的行李中都有一条蒋夫人带来的便裤,这是蒋夫人在香港期间专门为两位姐姐买的薄礼。

宋氏三姐妹投身新的抗战斗争中。

17. 八百壮士守"四行"

第十八师师长朱耀华将军杀身成仁,大场阵地失守的消息,很快传到了南京最高统帅部。日军攻势的迅猛确实让蒋介石感到吃惊,他三步并作两步,来到地图前,紧蹙眉头,目光从失陷的大场下移,在大场与苏州河之间,东西横着一道粗粗的黑线,这就是京沪铁路。

在一边的白崇禧看出了他的心事,提醒他道:"委员长,第九、第十五、第二十二集团军都在南撤……"

"为什么要撤退?"蒋介石发火道。"京沪铁路怎么办?难道拱手让给日本人?!"

蒋介石这位陆海空三军大元帅,心里还有没说出来也不能说出来的话。自淞沪开战以来,他北自华北,西自关中,南自云贵两广,调兵遣将,在京沪间这几百平方公里战场,布下了五十多个师,七十多万兵力的军队,竟抵挡不住日军十余万人的进攻。淞沪会战之初,冯玉祥出任第三战区司令长官,张治中担任主战场作战指挥。对他们的战果,他极不满意,于是调走了冯玉祥,亲任第三战区司令长官,并让朱绍良替下了张治中。但一个月来,战况不仅不见好转,而且阵地竟也连连为日军所克。大场失陷,京沪铁路再为日寇得手,不就等于上海为日寇占去了吗?

对于这样的战况,蒋介石岂能甘心!

白崇禧深知蒋介石的脾气,见他此刻正在火头上,不好硬顶,便平静地说道:"委员长,大军南撤,战局使然,这并非我们所情愿。大场之南我们已无阵地可守,只能尽力抵抗了。"

"健生,依你之见呢?"蒋介石倒是想听一听这位副参谋总长的意见了。

"退守苏州河之南,"白崇禧指着地图。"以苏州河为天然屏障,在苏州河南岸构筑阵地,进行固守。"

"好吧。"蒋介石不能不面对现实。战局也只能如此了。

"把上海市区闸北、虹口一带的第九集团军余部赶紧撤出,撤往沪西。"蒋介石松了口气,白崇禧才把他要说的话全盘托出。

"什么?!"蒋介石眉毛又立了起来。"你是说把上海就这样让给日军?"

白崇禧手指在地图上闸北、虹口一带画了个圈:"大场失陷,日军南下,如果第九集团军余部不迅速撤出,10万人就有被日军东西合围的危险!"战况危急,白崇禧也不能不激动了。

蒋介石望着地图,望着大上海这个他赖以起家发祥的地方,这个东方国际大都会,这个中国经济和金融的中心,沉思良久,才下了决心:

"好吧,撤!"

然而,在命令要传达时,蒋介石却又道:"等一等。"白崇禧等人以为蒋介石变了卦。一直只是随声附和,未发表实质性意见的参谋总长何应钦急了:"委员长,不能再犹豫了,否则要导致第九集团军全军覆没!"

"留下一支部队,坚守闸北,掩护撤退。"

"坚守到什么时候?"白崇禧一听蒋介石没有改变撤兵主意,便赶忙问道。"此事让顾祝同去办好了。"蒋介石没有正面回答。

蒋介石要留下一支部队在闸北,这支部队只要有一个人在,就说明中国军队没有完全放弃闸北,敌人还没有完全占领闸北。

苏州河北岸部队撤向河南岸、市区部队撤向沪西的命令的传达和撤退的行动几乎同时进行。中国军队尽管拼死激战,但凭着落后的武器设备,确实难以抵挡日军强劲的进攻。

10月26日,即大场阵地失陷这一天的早晨,七十二军军长孙元良刚传达完撤退的命令,就接到了战区副司令长官顾祝同的电话:

"委员长要留下一支部队死守上海。"

既然是蒋介石的意思,孙元良还有什么话可说。

"顾司令长官的意思是留哪支部队?留多少兵力?"

"八十八师吧,这可是委员长的意思。你的意见怎么样?"

八十八师是孙元良的老本儿,他才升任军长几天,怎么能把老本儿端出去送给日本人!

"顾司令长官,第九集团军十几万人都没能在上海站住脚,一个八十八师又能坚持几天?八十八师已坚守上海两个半月,老兵差不多都拼光了,兵源补了五次,新兵占了六七成。新兵固然战斗热情不减老兵,固然一样忠勇爱国,可毕竟训练时间太短,缺乏战术技能,难以各自单独作战。如果留下来的部队能与日寇以一拼一,或以十拼一,我就愿意留在闸北,死守上海。可是,我们孤立在这里,于激战之后,干部伤亡了,联络隔绝了,在组织解体,粮弹不继,混乱而无指挥的状态下,被敌军任意屠杀,那才不值,更不光荣啊!眼睁睁看着弟兄们被日本人杀戮,这事我不能干!"

"这样吧,你看留下一个团,怎么样?"顾祝同似乎亦颇感为难。

孙元良明白,既然这是蒋介石的意思,他顾祝同自然必须执行,自己也不好再为难他了;否则,顾祝同下起命令来,自己不是还得乖乖地执行吗!想至此,他便答应了下来。

深夜,第九集团军开始向沪西撤退。沿着苏州河北的几条马路,为西去的中国军队塞满。军队撤退,更引起市民的恐慌,闸北中国地界的市民纷纷外逃,一时间马路上人流如河,杂沓地向西拥去。而此刻,屹立在闸北一座叫"四行仓库"(大陆、金城、盐业、中南四银行联营的仓库)的建筑物里,却显得很平静。这是八十八师司令部驻地。孙元良正召集该师团以上干部会议。议题就是落实战区命令,留部死守上海最后阵地。与会的军官谁都清楚:这个任务是以牺牲为代价的,或者直言说,牺牲了任务就完成了。孙元良话音刚落,便有一个人道:"我愿留下!"孙元良寻声望去,只见是五二四团副团长谢晋元中校。

谢晋元早已做好了为国牺牲的精神准备。

谢晋元,字中民,1905年4月生于广东省蕉岭县,黄埔第四期毕业。1936年,当日军加紧对华侵略时,他就把妻子送回了广东老家,他对妻子说:"半壁河山,日遭蚕食,亡国灭种之祸,发自他人,操之在我,一不留心,子孙无遗类矣!为国杀敌,是革命军人之豪志也！"又说："为国当不能顾家。"嘱妻子奉养双亲，哺育子女，自己愿为抗日保国洒尽热血。

淞沪会战前夕，谢晋元任八十八师二六二旅参谋主任。先是参加了激战八字桥，后出谋献策，奇袭了日指挥旗舰"出云"号，声震上海。五二四团副团长黄永准负伤出缺，遂由谢晋元补任。

孙元良望着这位志高胆大，足智多谋的属下，热泪充溢眼眶："中民，任务就交给你啦，以后你就是孤军作战了，我们谁也无法帮助你。你就把指挥所和核心部队布置在这幢仓库里。这幢庞大的建筑物不只坚固易于防守，同时更易于掌握部队，我们的新兵实在太多啦。这里粮弹存储很多，为防自来水管被截断，饮水也有存储。有这样的据点，你们可以坚持下去，好好地打仗了。"然后，孙元良从新兵战士的技术培训，到阵地的加固，凡他所能想到的问题，都一一地给谢晋元交代，最后才离去。他以一个团的名义，留下一个营的兵力。

"这不是一场军事仗，而是政治仗，他们要为政治仗做出牺牲。"撤离上海，在最后能望见屹立在苏州河岸的这座高耸建筑的地方，孙元良默默地说道。

四行仓库确实是个坚固的堡垒。它是大陆、金城、盐业、中南四家银行共同投资建筑的储备仓库，是一座约有七层楼高的钢筋水泥建筑物。仓库全长 120 米，宽 15 米，紧依苏州河北岸西藏西路新垃圾桥北堍而立。在高层建筑不多的闸北，它显得特别醒目。仓库的西面和北面是未被外国人租借去的中国地界，东边是公共租界，南临苏州河，隔河也是公共租界。此时，中国地界守军已经退尽，苏州河以北渐为蜂拥而来的日军所占领，四行仓库成了名实相副的"孤岛"。蒋介石看着它，全上海人民看着它，全中国乃至全世界人民也都在看着它。只要它据守一天，一天不为日军攻克，闸北就不能说完全沦陷。蒋介石的这个安排不失为一妙招。

27 日晨零时 20 分左右，五二四团第一营营长杨瑞符少校派出传令兵传各连到指定的蒙古路旱桥附近集合,然后进驻四行仓库。此刻,谢晋元正焦急万分地等候在四行仓库。时许,第一连一二排先行进驻四行仓库。至凌晨,全营452名官兵全部顺利进驻完毕。全营的武器,除了步枪、手榴弹外,还有27挺轻机枪、两挺重机枪、两挺高射机枪。

部队进驻四行仓库后,谢晋元对大家说:"国家兴亡,匹夫有责。我们是中国人,要有中国人的志气。现在我们四面被日军包围,这仓库就是我们的根据地,也可能是我们大家的坟墓。只要我们还有一个人在,这块土地就仍然是我们中国的!"他带领官兵抢修防御工事,用仓库储存的粮食和沙包,将底层的门窗全部堵死,二楼以上窗口堵塞一半儿,将兵力按下多上少的顺序分布。在四行仓库的东南角不远,有一座烟纸店小楼,官兵们从仓库里挖了个洞,与这小楼相通。小楼内外也构筑了工事,只在楼上留了一个窗口,这个窗口,就是四行仓库对外联络的唯一出口。

谢晋元实际率领的人数不足500,却为何有"八百壮士"之称呢?正是在日军未到之前,他们抢修小楼工事时,当天晚上8时许,有位外国记者从窗口递进个纸团,询问仓库里有多少中国守军,谢晋元答:"我们有800人。"这样,"八百壮士"的英名就传开了。

中国军队据守四行仓库,准备与日军血战到底,这使河对岸租界内的英国驻军深感不安。他们派人对谢晋元说:"你们只要肯解除武器,我们愿意保证你们安全撤退。"谢晋元断然拒绝道:"我们的魂可以离开我们的身,枪不能离开我们的手。未奉命令,死也不退!"

27日,天亮了,日军发觉中国守军已经退出了上海市区,便小心翼翼地向前推进。凌晨5时,日军由东向西蜂拥而至,当接近四行仓库时,发现了里面有中国守军。此时,谢晋元一声令下,全营战士一齐开火,当即毙敌数十人。因不明中国守军情况,余者再没有敢贸然进攻。10点左右,日军组织兵力,开始发起大规模进攻。日军虽有飞机,但不敢轰炸,虽有重炮,也不敢轰击。因为这里紧靠租界,日军怕引起国际争端,所以只有步兵进行冲锋。谢晋元在楼上观察敌情,日军冲至四五十米处,他下令射击。"八百壮士"同仇敌忾,机关枪、手榴弹织出一片火网,日军扔下几十具尸体,狼狈逃窜。两辆战车也被击毁。日军退却后,又组织部队轮番进攻,一批一批上来,均被打退。谢晋元沉着应战,至12时,再次粉碎了日军的进攻。

四行仓库的枪声,极大地鼓舞了上海市民。他们群情激奋,成千上万人在苏州河南岸隔河观战。中国军队退出上海,他们感到无限痛惜,而此时,八百壮士勇战日寇,又为他们燃起了希望。他们挥手挥帽向八百壮士致敬,每倒下一个日军,他们就发出一阵欢呼。四行仓库成了市民们关注的焦点,他们想方设法把慰问品送进去。四行仓库也成了新闻报道的热点,记者乘夜潜入进去,对英雄们作现场采访,英雄们的事迹极快地报道出去,鼓舞着全国人民的抗日斗志。

蒋介石对谢晋元诸人的行动给予极高评价,他在10月27日的日记中写道:

> 我军留守闸北之谢晋元团,孤军奋斗,中外人士均受感动,且表示崇高之敬意;以与敌军野蛮残忍,受世人之唾弃,两相比较,则不啻有霄壤之别。此战虽退,犹有荣焉!

日军强攻不下,便于下午1时在大楼西北角纵火,将附近房屋点着,借着滚滚浓烟的掩护,再次发动进攻。谢晋元一边指挥战士们阻击日军,一边用仓库内的灭火龙头灭火。直到下午5时,大火终于被扑灭,日军也停止了进攻。

28日凌晨6时许,日军趁中国将士睡觉之机,派了两个士兵前来偷袭,被谢晋元发现。他一个箭步冲上去,左手抓住日军手中的枪,右手掐住日军的脖子。另一个日军见势不妙,正想逃脱,也被结果了狗命。上午 8 点,日军又发起了进攻。战士们把手榴弹几个捆成一束,等日军接近楼时才扔出去,日军的进攻又被打退了。接着有一队日军冲破了天网拦阻线,潜到仓库下企图用炸药爆破,在这危急关头,战士陈树生将手榴弹缚在自己身上,拉燃导火索,从六楼窗口跳下去,跃入敌群,随着"轰隆"一声巨响,勇士与 10 名日军同归于尽。

谢晋元与全营官兵奋战两日,粒米未进。上海救亡团体与万国商团谈判,通过租界守军帮忙,把食品装在布袋里,用绳子抛到大楼墙边,战士们在大楼底层打个洞抢运食品。这个举动被日军发现,他们猛烈射击,3 名战士阵亡。

就在这天晚上,当天色完全黑下来时,夜幕中一个小黑影悄悄地向四行仓库接近。这时,河边的马路上响起橐橐的声音,那是租界的英国守军。四行仓库的战斗,使租界加强了巡逻。这个小黑影伏下身去,巡警刚离去,黑影就敏捷地跃起。然而,当黑影刚要接近仓库时,突然枪声大作,火蛇乱舞,黑影急忙又伏下身来。原来是日军夜间对仓库骚扰。不久,枪声沉寂下来,黑影又开始慢慢地向前爬行,终于到了仓库东南角的小楼下,被等候在这里的壮士们从小楼的窗口接了进去。黑影是来献国旗的。

谢晋元早已接到电话,说有人来献旗,却万万没想到,冒着生命危险前来的竟是一位 14 岁的小姑娘!

小姑娘叫杨惠敏。

28 日早晨,这位心细的姑娘在苏州河边观战,发现四行仓库周围全是"米"字旗、"太阳"旗,唯独没有中国的国旗,她立刻产生了个愿望,要让中国的国旗飘扬在四行仓库顶上,向侵略者表明,这是中国的土地!让日军感受到中国人民不可战胜的凛然正气。当夜她就采取了行动。这位勇敢的小姑娘把国旗紧紧地裹在身上,外面套上童子军制服,冲进了被日军重重包围中的四行仓库。战士们无不为杨惠敏的英勇行为所感动,谢晋元接过被少女汗水

浸透的国旗,也激动得流下了热泪。

第二天黎明,青天白日满地红的国旗,在四行仓库的屋顶上高高飘扬,一二十名战士对着在晨风中迎着朝阳、猎猎招展的国旗宣誓。营长杨瑞符面对庄严的国旗,紧握拳头道:"庄严的国旗,闸北有了你,闸北的领土、主权,还是属于中国的!我宣誓:在你的鼓舞之下,使你这光荣的国旗,永远飘扬在废墟的闸北上空!"谢晋元对战士们道:"弟兄们! 我们要和国旗共存亡,誓死不投降,狠狠打击日军!"

这天,苏州河南岸的市民们突然看到了四行仓库孤楼上那面鲜艳的国旗,无不备受鼓舞。

这国旗是上海抗日军民不屈不挠的精神的象征。

杨惠敏送国旗的这段故事,如今还以《国旗的故事》为题,编录在台湾的小学国文课本里。

日军看到了中国国旗,越加恼羞成怒,便疯狂地向楼顶扫射,却是枉费心机,国旗仍然高高飘扬在四行仓库的楼顶。日军再次进攻了。天亮时,在楼顶担任警戒的士兵发现苏州河边的日军和新垃圾桥北端的日军打旗语,接着看到二三十个日军官兵向仓库接近。守在六楼窗口的一等兵石先达发现了日军的动静,他手里没有机枪,报告上级又来不及,于是当机立断,取出挂在身上的4颗手榴弹,拧开盖子,左手把手榴弹抱在胸前,右手拉弦,等鬼子接近楼下,他纵身跳下,手榴弹在敌群中爆炸了,石先达与陈树生一样,壮烈地与日军同归于尽,二十多个日军没有留下一具完整的尸体。

这天战斗结束,谢晋元给孙元良写了一封信:

师长钧鉴:窃职以牺牲的决心,谨遵钧座意旨,奋斗到底。在未完全达到任务前,决不轻易牺牲。成功成仁,熟计之矣,决不有负钧座意旨,偷安一时,误国误民,负钧座咐托之重。外间一切宣传消息,概自外界传去,职到此时,从未向外界发表任何要求,任何谈话,既抱必死决心,现除达成任务外,一切思念皆无。整个工事,经三日夜构筑,已经达到预定程度。任敌来攻,定不得逞。二十七日敌攻击结果,据瞭望哨兵报告,毙敌在八十名以上。昨(二十八日)晨六时许,职亲手狙击,毙

敌二名。租界民众观看者咸拍掌欢呼。现职宗旨,待任务完成后,决作壮烈牺牲,一切乞钧座释念。

　　职谢晋元上。10月29日午前10时。于四行仓库。
并作诗云:
　　　　勇敢杀敌八百兵,

>　　抗敌情豪以诗鸣。
>　　谁怜爱国千行泪,
>　　说到倭寇气不平!

同时,谢晋元还致函上海某一团体,表示:"军人以服从为天职,保国卫土,职责所在。洒最后一滴血,必向倭寇索取相当的代价;余一枪一弹,亦必与敌周旋到底。"

同一天,谢晋元收到了何香凝的致函。何香凝满怀深情地赞扬道:

>　　你们每个人都具有了孙总理和廖党代表的革命精神,牺牲精神,不论是成仁或成功,都可以俯仰无愧了。殉国的将士,将因为你们而愈伟大;前线的将士,将因为你们而愈英勇;全国同胞,将因为你们而愈加团结;国际人士,将因为你们而愈能主持正义了。我已设法送你们些救伤品和食品,聊表心意。盼望你们奋战,苦斗,牺牲到底。

八百壮士孤守四行仓库的消息,很快传遍大江南北,受到全国人民的积极支持和高度敬仰。上海市民连日箪食壶浆,热情慰问,信件、食品、药物源源不断地送进仓库。许多中外记者冒着生命危险,想方设法采访他们,把消息及时报道出去。上海的文艺工作者以极大的热情,纷纷执笔讴歌壮士们的丰功伟绩。著名剧作家田汉、陈白尘曾创作舞台剧《八百壮士》公演;音乐家夏之秋教授创作了《八百壮士之歌》,并亲自到苏州河畔教唱。雄浑激越的歌声,很快传遍上海,响彻神州大地:

>　　中国不会亡!
>　　中国不会亡!
>　　你看那民族英雄谢团长。
>　　中国一定强!
>　　中国一定强!
>　　你看那八百壮士孤军奋战守四行。

四面都是炮火,
四面都是豺狼。
宁愿死,不退让!
宁愿死,不投降!
我们的国旗在炮火中飘扬!飘扬!
八百壮士一条心,
十万强敌不敢挡。
我们的行动有力,
我们的志气豪壮。
同胞们起来!
同胞们起来!
快快赶上那战场,
拿八百壮士做榜样。
中国不会亡!
中国不会亡!
中国不会亡!

上海市民还想方设法帮助孤军抗敌。每当日军进攻时,他们就在河对岸举起大黑板,告诉守军日军的结集地点、主攻方向,并高唱《八百壮士之歌》助威。30日下午,两艘日军汽艇从苏州河里向西藏路桥驶近,停泊在那里的中国船民得知日军是去偷袭四行仓库时,不约而同从四面把木船聚拢过来,堵塞了河面,日艇无法前行,最后在租界英军干预下,只好从原路返回。

国际舆论也同情和赞扬八百壮士的爱国壮举。英文《大美晚报》发表社论说:"吾人目睹闸北华军之英勇抗战精神,于吾人脑海中永留深刻之印象。华军作战之奋勇空前未有,足永垂青史。"英国伦敦《新闻纪事报》也指出:"华军在沪抵抗日军之成绩,实为任何国家史记中最勇武的诸页之一。"英国驻军总司令史摩莱少将说:"我们都是经历过欧战的军人,但我从来没看到过比中国'敢死队员'最后保卫闸北更英勇、更壮烈的事了。"

租界的英国军人多次表示愿意帮助四行中国守军退入租界，并保证他们的人身安全，但谢晋元谢绝说："身可死，枪不可离。未奉命令，虽死不退。"上海租界当局害怕战争继续下去会危及租界安全，要求中国政府下令孤军撤退。蒋介石同意了，在10月30日日记中他做了如下记载："为主帅者爱惜所部与牺牲所部皆有一定限度，今谢晋元死守闸北一隅，任务与目的已达，故令其为荣誉之撤退，不必再做无谓之牺牲矣！"

宋子文从中国银行仓库打来电话，传达了要谢晋元率部撤入公共租界的命令。但他们还没来得及撤退，日军就发起了总攻，壮士们英勇狙击日军，战斗到天黑，日军借探照灯光继续进攻，壮士们打灭了探照灯，开始撤退。在3挺机枪的掩护下，冲出敌阵，由新垃圾桥退入租界，来到了中国银行仓库。10月31日上午10时许，谢晋元由租界万国商团司令陪同，乘车由跑马厅（今上海人民公园）去胶州路"孤军营"。一路上到处都是欢呼的人群，"抗日英雄万岁！""打倒日本帝国主义！"等口号响彻云霄，车子几乎无法行驶，谢晋元一面流着热泪，一面频频向人群举手行礼。

但租界当局在日军的压迫威胁下，并未履行诺言。谢晋元转道重归战场的愿望破灭了。一进入英国租界，他们就被收缴了武器，被软禁在"孤军营"中。1941年4月24日清晨，在列队早操时，谢晋元被日军所收买的叛徒郝鼎诚、张文清、龙耀亮等4人凶残杀害，时年37岁。同年12月太平洋战争爆发，日军占领租界，手无寸铁的一营官兵皆被日军所俘，之后，又被带往各地做苦工。抗战胜利后，从全国各地及南洋群岛平安返回上海的只有一百多人。受日军折磨，赍志死去的自然不在少数！

八百壮士坚守孤楼4昼夜，击退日军6次围攻，日军被击毙200余人，伤者更众，毁敌战车两辆。我孤军死亡37人，营长杨瑞符弹穿左胸负重伤。

11月30日,南京政府发布命令:所有参加四行仓库守卫战的官佐、士兵一律晋升一级,谢晋元由中校团副升为上校团长,并授青天白日勋章一枚。谢晋元牺牲后,南京政府追赠他为陆军少将。为纪念他,将"孤军营"所在的胶州路改名为"晋元路",附近的模范中学改名为晋元中学。

谢晋元遇害后,蒋介石为悼念他,通电各军、师官兵:

> 谢晋元团长之成仁,为我中华民国军人垂一光荣之纪念,亦为我抗战史上留一极悲壮之史迹,回溯该团长率领八百孤军,坚守闸北,誓死尽职,守护我国旗与最后阵地而绝不撤退,其忠勇无畏之精神,已获举世之称颂。而其后留驻孤营中,为时三载以上;历受种种威逼利诱,艰危困辱,率能坚毅不移,始终一致,保持我国民革命军人独立自强之人格。此种长期奋斗,实较之前线官兵,在炮火炸弹之下,浴血奋战,慷慨牺牲,尤为坚苦卓绝,难能而可贵……谢团长不幸殒命,然其精神,实永留人间而不朽,谢团长不仅表现我军人坚顶壮烈之气概,亦为我民族不屈不挠正气之代表……甚望我全体官兵视为模范,共同景仰。以期无负先烈之英灵,而发扬我民族正气之光辉也。

18."八一四":中国空军的节日

淞沪会战,年轻弱小的中国空军也被推进了战争,从而谱写了一支雄鹰战碧空、热血洒蓝天的光辉乐章。

中国空军是"九一八"事变后才真正建立起来的,为时不足5年。蒋介石自兼航空委员会委员长,宋美龄任秘书长,周至柔为航空委员会主任。1937年8月初,淞沪会战前夕,蒋介石向空军发出参战命令:空军出动,协同陆军作战并担任要地防空。航空委员会成立了空军前敌总指挥部,周至柔任总指挥。周至柔下达战斗动员令,中国空军整机待发。

在淞沪会战前夕,中国空军与日军相比,实力究竟怎样呢?美国作家杜安·舒尔茨在所著《陈纳德与飞虎队》一书中,作了很生动的记述。时间是1937年7月,美国空军顾问陈纳德与航空委员会副主任毛邦初奉召去庐山面见蒋介石。

  陈纳德那天在牯岭的一幢平房里用屏风围成的游廊里见到蒋……他(蒋介石——引者注)问毛邦初,空军有多少能用于战斗的飞机。毛说有91架。

  蒋满脸通红,我想他的脾气要发作了,他在游廊里走来走去,连珠炮似的说着一串串带咝咝声的汉语,那声音听起来就像是一条蛇似的嘶嘶作响,盘绕着,攻击着。蒋夫人停止了翻译,毛邦初直挺挺地站在那儿,眼睛直视前方,面无血色。

  蒋夫人靠近陈纳德说,她丈夫正在威胁说要处死毛将军,因为按照蒋的情报,空军有500架可投入战斗的飞机……

中国飞机的生产国别、机型、牌号,均杂乱不一,许多都在淘汰之列;而且,当时中国人自己还不能独立制造,损失一架就少一架。蒋介石也拨了大量的军费发展中国空军,钱却按照宋美龄的主意,存到了香港银行,名为待战争来临时买最先进的飞机。

日本有各种作战飞机2700架,而且不断有当时世界上最先进的飞机设计制造出来,随时可以用于侵华战争。在淞沪战场,日军共投入各种作战飞机300余架,其中轰炸机百余架,对上海狂轰滥炸。8月14日下午,南京路外滩的华懋饭店和汇中饭店被炸毁,紧接着虞洽卿路与爱多亚路(今延安东路)交叉点也遭轰炸。这些地方都是上海的闹市区,炸弹落下,死伤枕藉,附近房屋大都被炸毁或震塌,停在路边的20多辆汽车也全部起火燃烧,电缆被炸断垂落地面,又引起大火,使灾情倍加惨烈。这次轰炸共炸死无辜平民1740人,炸伤1873人。

8月23日中午,日军又出动飞机轰炸南京路闹市区、浙江路和江西路,南京路上的先施与永安两公司及邻近各商店被炸,炸死215人,炸伤570余人。

8月28日下午2时许,日机轰炸南火车站。当时北站处于战区,南站成了上海陆路的唯一出口,难民蜂拥而来,车站拥挤不堪。日军出动几架飞机对南站实施轰炸,共投下炸弹8枚,车站站台、天桥、水塔、车房被炸毁,在车站候车的难民均罹于难,炸死七八百人。"死者倒卧于地,伤者转侧呼号,残肢头颅,触目皆是,血流成渠,泥土尽赤,景象之惨,无以复加。"

9月18日,日机对上海东区杨树浦一带轰炸,投下多枚燃烧弹,致使这一带工厂和居民区大火遮天。这天上午8时,怡和纱厂厂房、东百老汇路、公平路等先后中弹,大火蔓延,广大地区被烧成一片焦土。1938年3月19日上海《密勒氏评论周报》的一篇报道,可见当时轰炸情形之一斑:"被毁的商店至少有10万家……我们倘驱车经过虹口、杨树浦、闸北和南市等处,但见两旁街道,尽成废墟,往往延长几里。在1932年淞沪战争后,约一里宽二里长的面积内损害颇重。这一次,三公里以上的面积内,往往片瓦无存,不足为奇。在许多地方,破坏的情况,简直难以形容。两路管理局附近的无数小店铺以及住宅,均遭不断轰炸,摧毁无遗。"

南京、杭州、句容等地也不断遭日机轰炸。

日军依仗其掌握的绝对制空权,就这样在中国的领空横行无忌。但也受到了中国空军严厉的惩罚。

8月14日下午5点,天空浓云密布,阴雨靡靡,杭州笕桥机场停机坪上,有一位身体健壮,一条右腿微瘸的年轻人冒雨焦急地踱步。他就是中国空军第四大队大队长高志航。他刚刚得到紧急情况:日本18架九六式重型轰炸机由台湾基地起飞,向杭州扑来,令高志航焦急的是第四大队的27架作战飞机,此刻正由河南信阳、周家口机场飞来,即临杭州上空,万一此时落下,岂不正好葬身日机炸弹之下?突然,机场警报声大作,尖利刺耳的响声更增添了机场的紧张和恐怖,机场的地勤人员纷纷散向防空掩体。高志航站着没动。正在这时,随着隆隆的响声,天空出现一个又一个黑影,第四大队飞机已经到达。机场总站长尹铲非摇着旗子,对一架架下落的飞机大喊:"警报!有警报,敌机20分钟就到!"高志航奔上前去,手指天空,对正在滑行的队长李桂丹喊道:"敌机要来啦,快拉起来,快拉起来!"刚刚要降落的飞机,一架架又腾上天空。然而,自周家口到杭州的几千里飞行,油箱里的油量已所剩无几,飞机上了天,却又不能不下来加油。幸而高志航在平时训练中对本大队的飞行员要求甚严,使他们学会了自己动手加油,结果抢在了敌机到来之前,能再次升空。高志航也驾起自己那架霍克式座机,升空率队作战。航空四大队的飞机是由高志航在卢沟桥事变前亲自到美国购回的"霍克"式驱逐机。这种飞机风挡只有一半儿,雨越来越大,直往机舱里灌。高志航和飞行员们哪管这些。这是中国空军第一次与日机交战,热血在每个勇士的身上沸腾着,他们要打下敌机,血洗国家仇民族恨!在天空,高志航沉着指挥,很快就完成了编队。他们升入云层,用一双双锐利的目光,搜索着敌机。来犯的敌机是日军台北基地的第三空袭部队鹿屋航空队。这些不可一世的日本皇家空中武士们,根本就没把中国空军放在眼里,更不会想到一群年轻的对手在等待着他们。日机狂妄地飞临了笕桥机场上空,刚做好投弹准备。只见高志航率机如蛟龙出海,似猛虎下山,冲向敌阵,愤怒的枪弹雨点儿般向敌机射去。这些在中国天空横行无忌从未遭到过抵抗的空中强盗,万万没料到这突如其来的猛烈攻击,顿时慌了神,乱了队形,盲目地扔下炸弹,掉转头就溜。高志航和勇士们岂肯放过!他们一次次发出俯冲攻击,日机拼命抵抗,织出一片密集的火力网。高志航盯住一架九六式日机,踩着油门向目标逼近。敌机飞行员也意识到自己的处境,使出浑身解数，上下左右摆动回旋，射手也在拼命射击阻拦。高志航死死盯住它，接近目标，一阵射击，日军的机枪哑了。显然是敌射手已经受伤或死去，高志航乘机一阵猛射，接着是一阵闷雷在空中炸响，敌机拖着长长的黑烟尾巴，在空中画着一道弧线，栽向西子湖畔。高志航首开战绩，击落敌双发动机的重型轰炸机一架，这是日军的领队机。中国勇士越战越勇，日机在空中乱窜，寻机逃命。中国勇士盯住目标不放，不一会儿，乐以琴、李桂丹、郑少愚等也捷报频传！

"八一四"中国空军首战创绩，10分钟的战斗击落敌机6架，中国空军无一损失！

其余日机在阴霾中向南方逃窜。当日晚间，日方广播："18架飞机之中，13架失去联系。"日军对于自己的飞机竟然被中国空军击落这一事实，总是于心不甘。广播电台向日本民众撒谎说："这是外国飞行员所为，并非败于中国人之手。"

中国空军的辉煌战绩，轰动全国。蒋介石也感到非常振奋。他以最高统帅的名义，通令嘉奖空军。8月15日，他在日记中如此写道："倭寇空军技术之劣，于此可以寒其胆矣！"虽有自鸣得意、自视过高之嫌，但喜不自胜的心情确实充盈于字里行间。

中国空军首战告捷，威震长空，一举打破了日本空军认为中国空军不堪一击的迷梦。因此，经蒋夫人提议，国民政府将8月14日这一天定为空军节。从此，每年的这一天，国民党空军各学校、部队都要举行盛大的舞会、游艺会或戏剧表演等庆祝活动。空中英雄高志航从这一天起被中外舆论推崇为"中国军魂"、"抗日天神"。第四大队随后被命名为"志航大队"。

8月15日，日机60余架进犯南京、上海、杭州。中国空军奋起迎战，中日两军爆发大规模空战，共击落日机17架。第四大队在杭州上空迎战日机，又获大胜，其中分队长乐以琴一口气击落敌机4架。

同日，为配合陆军作战，中国空军主动出击，升空作战，轰击了日本上海总领事馆海军武官室、汇山码头等日军阵地。16日，中国空军第三、四、五驱逐机大队再接再厉，又将8架日机化为残骸，上百名日军飞行员丧身。这怎能不叫日本航空兵总部震惊万分，羞愧难当！木更津、鹿屋两航空队遭受灭顶之灾，精锐尽失。木更津航空队联队长石井大佐在绝望羞愧中拔刀剖腹自杀，以示谢罪天皇。

中国空军战果累累，却也损失惨重。战争开始时的不足百架战斗机，到10月底，只剩下不到12架，大多数比较优秀的飞行员也阵亡。他们的事迹可歌可泣。战后曾上映了一部电影《铁鸟》，叙述的就是沈崇海和任云阁的事迹。沈崇海清华大学毕业后为赴国难而报考空军，战时为第二大队第十一中队分队长。8月19日9时，他驾驶诺斯落泼双座轻轰炸机，率机6架，从广德机场起飞。当飞至长江口时，发现了日舰，但飞机突然发生故障。于是，他便绕道浦东，命令后座的轰炸员任云阁跳伞，自己则准备驾机撞毁日舰。但任云阁坚决表示与沈崇海同生死，于是沈崇海开足马力，推下机头，穿过日军高射炮火网，带着一枚八百磅的炸弹俯冲而下，与日舰同归于尽。

阎海文毕业于航校第六期，为第二十四中队见习官。8月17日，当他驾机到达轰炸目标——上海天通庵日军陆战队司令部上空时，遭到日军猛烈的高射炮射击，飞机被打掉一个翅膀。他立刻跳伞，不幸降落在敌军阵地天通庵公墓。日军很快从四面包抄而来，阎海文卧倒在地，佯装死去。等日军快到身边时，只见他突然一跃而起，拔出双枪，一阵猛射，7名敌兵当场被击毙。当打得只剩最后一颗子弹时，他向自己的太阳穴开了枪，壮烈殉国。

沈崇海、阎海文英勇牺牲的事迹，日本各报均以大字标题刊登。迄至8月31日，日本大阪每日新闻还在详细刊载阎海文的事，对这位中国空军勇士深致钦佩之意。阎海文牺牲的第二天，日军的白川大将还派出一艘军舰,用中日两国国旗覆盖阎海文的遗体,驶往黄海,用日本海军军礼予以礼葬。此前,他在汇山码头向日本海军陆战队训话时,不无感慨地说:"过去日俄战争时,大和民族勇敢不怕死的精神安在?现在已被中国的沈崇海、阎海文夺去了,这值得我们钦佩。"也正是这位白川大将,提议用日本海军军礼礼葬击毙他们7名同胞的阎海文。

还有一名叫阿成的飞行员,他的英勇事迹富于传奇色彩。在一次空战中,他和3架日本飞机较量,就在弹药将尽时,他击落了一架日机,紧接着又驾机冲向另一架日机,有意与其相撞,然后紧急跳伞。他竟在自己飞机的残骸附近安全着陆,随即拾起飞机上残存的一挺机枪。他把这支沉重的机枪扛了十多公里,回到机场,把它交给了陈纳德,说道:"先生,能给我另一架飞机来安装这挺机枪吗?"

中国空军勇士,以无畏的精神,以血肉之躯,与强大的日军搏击于长空。高志航、乐以琴、刘粹刚、梁添成(归侨)、王荫华、沈崇海、阎海文……一个个令日寇闻之丧胆的名字,悲壮地从天空陨落,融入了祖国的大地和山川,铭刻在每一个不愿做亡国奴的炎黄子孙的心中。他们可歌可泣的事迹广为民众传颂。他们以民族利益为重,誓死卫国,临危不惧,英勇杀敌的坚毅、爱国精神,是中华民族宝贵的精神财富,亦足以在中国历史上永远闪耀光辉。

19. 江阴海空大血战

周围皆为海洋的岛国日本是海上军事强国。1904～1905年日俄战争,日本大胜俄国海军,成为太平洋上的海军大国。第一次世界大战期间,日本海军迅速发展,更引起英美等国的恐慌。为限制日本海军力量的迅猛发展，1922年华盛顿裁军会议上，制定了美、英、日、法、意海军军备比例限额，按5∶5∶3∶1.75∶1.75的比例限定海军吨位，但这并没有限制住日本海军的发展。1934年12月30日，日本宣布退出华盛顿限制海军军备条约，海军力量无限制地发展起来。仅据日方公布的数字，到1937年6月，中日战争爆发前，日本已拥有285艘舰艇。主力舰有：10艘战列舰，4艘航空母舰，12艘重洋舰，13艘巡洋舰，70艘驱逐舰，44艘潜艇，2艘水上飞机母舰，5艘潜水母舰，总吨位达到115.3万余吨。此外还有包括2艘航空母舰，2艘战列舰在内的37艘舰艇正在建造中。日本要做世界海洋的霸主。

而中国海军的情况，一场甲午战争，使北洋水师全军覆没，也击碎了大清帝国刚刚兴起的海军梦。从此中国海军一蹶不振，到1937年抗战全面爆发前，中国海军虽有4个舰队，大、小舰艇百余艘，但总吨位不足6万吨，吨位最大者不过3000吨，最小者仅三五百吨；而且舰船陈旧，装备落后，威力很小，充其量只能在沿岸或江河一带协助陆上战斗或担任警备。

中国海军抗击的是超过自己二十多倍的强敌！

蒋介石决定先下手为强，在淞沪同日寇决一死战。他指示海军部部长陈绍宽上将将军舰和征用的船只开往江阴水道，构筑阻塞封锁线，乘机堵死已驰入长江内河的日本海军军舰。不料，这一计划被汉奸、日本所收买的间谍、行政院汪精卫的主任秘书黄秋岳（原名黄濬，字哲维，号秋岳，以号行于世）透露给了日本特务机关，日海军当即命泊于江阴上游以迄汉口长江中的七十多艘大小兵舰、三千多名海军陆战队员连夜顺江东下，仓皇逃出了江阴要塞，集中到吴淞口外。中国海军失去了先发制人的有利战机。

8月11日，中国海军接到命令封锁江阴水道。

要把8艘军舰亲手炸沉下水，海军官兵深感无比痛心，陈绍宽心里也不好受，甚至比别人更悲伤，尤其是那艘"通济舰"，是训练舰,是中国海军将才的摇篮,多少人都是经过在这艘舰上的训练,才走上一艘艘军舰的。但别无他法,中国海军无力与日本海军决战,就只有出此下策,索性让长江从作战图上消失。

8月12日,陈绍宽率部抵达江阴,下令炸毁水道航海标志,沉船堵塞航道。"通济"、"大同"、"辰宇"、"威胜"、"德胜"、"自强"、"宿宇"等舰艇,以及从各轮船公司征集的23艘轮船,总数计35艘,下沉堵塞江阴水道。随后又征用了一批民船、盐船下沉弥补航道空隙,并在江阴一段布下水雷。"宁海"、"庄瑞"、"逸仙"、"平海"等舰,担负守卫长江封锁线的任务。

8月16日海战爆发。日军派出大批飞机,飞临封锁线上空,进行侦察,企图炸通水道,以便沿江而上,抄中国守军后路。这天晚上,江阴江防司令部欧阳格司令派出"史可法102号"高速鱼雷快艇,单艇奇袭日军旗舰"出云"号。"史102号"接到命令后,便开动副机,从龙华(该艇按预定计划已于15日傍晚驶抵上海龙华)悄悄地驶出十六铺附近的封锁线,经南京路外滩后,即开动两部主机,冒着日军舰艇的密集炮火向下游冲去。驶至距敌舰"出云"号约300米处,中国海军虽未看清"出云"号的具体位置,但为防止鱼雷失效而失去战机,仍向预定方位射出两枚鱼雷,均命中爆炸,日旗舰被击中尾部而遭受重伤。但在鱼雷的巨大爆炸声中,"史102号"鱼雷艇也被击伤,不得不冲驶搁浅在九江路英租界外滩码头外档。艇上人员泅水离艇,隐藏在码头下面,候至夜深人静才上岸,到路口已有事先安排的接应人员将他们接到英租界内的惠中饭店。经月余辗转,他们终于返回了江阴,继续参加战斗。

这次奇袭行动,虽然没能将日军旗舰击沉,但这是抗日战争中中国海军唯一的一次主动出击的英勇行动。

8月22日下午,12架日机来犯,携带重磅炸弹,雨点般投向江阴中国海军电雷学校,进行报复性轰炸。江阴中国海军所有阵地上的高射机枪、停泊在港内的鱼雷快艇、江面上的舰艇以及阵地附近炮八团所有的对空火力,一齐向敌机开火。结果,击落敌"九四"式轰炸机一架,击伤两架,其余敌机仓皇而逃。

9月22日,日机四十余架分批再次来袭,企图集中兵力,一举将中国海军第一舰队旗舰"平海"号轻巡洋舰炸沉。日机拉开一字队形,鱼贯向"平海"号俯冲轰炸。"平海"号仅有3门火炮、10挺机关枪,却打得十分顽强、壮烈,顶住了日机的一次次攻击波。战斗持续两小时,日机被击落5架,伤8架;中国海军官兵阵亡6人,伤30人,"平海"、"庄瑞"两舰受伤。

江阴水道封锁线,依然如水中长城,横阻在长江口。中国海军知道,日军不炸通水道是绝不会善罢甘休的。因此,人人严阵以待,准备进行更大的恶战。果不出所料。第二天,日机以加倍的数量又轰鸣而来了。先是两架侦察机,远距离绕中国舰艇侦察飞行一周,离去数小时,80架敌机便如乌鸦般嗡嗡地自东沿江而来。日机分成数批,从早至暮,不间断地轮番向中国军舰四周围攻,以"平海"、"宁海"两舰为轰炸目标。敌机铺天盖地,一架架从高空俯冲而下,投下一枚枚炸弹,一时间,江阴要塞至江面上空硝烟弥漫,水柱冲天。中国官兵死守炮位,沉着迎战。日机终于被中国海军官兵的英勇顽强的英雄气概所震慑,扔下6架飞机残骸,余者纷纷东窜。

江阴封锁线,是用中国海军官兵的血肉之躯筑成的。勇士们的英名与江河共存。中国海军官兵,谁都记得自中日甲午海战以来,一次次为日军战败的国耻,无不以热血和生命雪耻洗恨。海战激烈时,甲板上弹痕累累,血肉模糊,炮管打红了,耳朵震聋了,身体打残了,没有一个人退缩。在9月22日的海战中,"平海"舰上一等兵周绍发,半个胳膊被炸飞,硬忍伤痛,一声不吭,用一只手紧紧握着瞄准器转柄,向日机开炮。瞄准器上沾满他的血肉,直至牺牲在炮位上。二等兵郑礼湘见机枪手负伤,冒着弹雨冲上甲板,双腿被炸弹片削断,仍忍痛爬向机枪,日军的机关枪又穿透了他的胸膛,牺牲时他还紧紧地攥着机枪柄,两眼直瞪着长空,心中怀着无比的憾恨,为没消灭空中强盗而死不瞑目。舰长高宪申腰部被弹片炸成重伤,血流不止,仍留在驾驶室指挥战斗。全舰的官兵受到极大的鼓舞。刚从军校毕业的见习生高昌衢、孟汉霖,都不足20岁,耳朵被震破出血,仍忍痛发炮,最后壮烈殉国。在9月23日的海战中,"宁海"舰舰长陈宏泰左腿被炸断,血流满地,誓死不下火线。枪炮手上士陈家相受伤后面部血肉模糊,仍大呼杀敌不已。"平海"舰军需员陈惠手掌被弹片穿透,双腿十余处受伤,仍不下甲板。机关枪见习生刘馥站在露天炮位,向敌机开火,枪架被弹片击断,遂手执赤热枪管强行扫射,左手被打红的枪管烫伤后,把手浸入水桶,在枪管上泼些水又战。"平海"、"宁海"多处洞穿进水,遂断锚起航,敌机疯狂尾追轰炸,但全体官兵毫不畏惧,相互鼓励,高喊"血战到底""杀尽日寇"口号,顽强战斗。

从淞沪会战始,直到江阴失守,中日海空大战持续4个多月,日军出动飞机数百架次,投弹数千枚。而中国海军官兵,众志成城,用自己的血肉之躯筑起一道水上长城。

江阴海战是中国海军史上最壮烈最辉煌的一页。负责封锁区防守的海军部次长、第一舰队司令陈季良中将,在前一个多月的大战中,始终在旗舰"平海"号上指挥作战。司令旗在高高的桅顶上飘扬。日机把"平海"号作为第一重点轰炸目标,一次又一次用尽各种方法进行攻击。陈季良岿然不动,始终屹立于"平海"号旗舰甲板上。他对官兵们说:"陆上战场,人人要有马革裹尸的雄心;海上战场,人人都要有鱼腹葬身的壮志!"他任凭周围弹火纷飞,水浪腾天,官兵阵亡,血肉横飞,仍沉着指挥,绝不后退,也绝不为避免日机轰炸而降下司令旗。仅9月22日的海战,日机进攻"平海"号就达80架次以上,对它及其姐妹舰"宁海"号两舰投弹不下300枚。23日,日机终于将"平海"号炸伤,将"宁海"号炸沉。仅这两天的激战,这两舰消耗的高射炮弹就达1300多发,高射机枪弹1

万余发,击落日机 20 多架。

数日后,日军再次发动攻击,将"平海"号炸毁。陈季良移到"逸仙"舰上指挥。9 月 25 日,日机再度出动,集中力量攻击"逸仙"舰,"逸仙"舰官兵奋力还击,击落敌机 3 架。经过一个多小时激战,"逸仙"舰中弹,机舱被毁,船体倾斜,最终被炸伤浅沉,官兵伤亡 11 人。"建康"号驱逐舰前往救援,驶到龙稍港江面,遭 11 架日机空袭,中弹下沉,舰长齐粹英以下数十人光荣阵亡。第二舰队司令曾以鼎率"楚有"号前往江阴接替陈季良作战,28 日遭大批日机轰炸,被炸成重伤。10 月 2 日再遭日机轰炸,被炸沉。至此,中国舰艇主力丧失殆尽。第一舰队全军覆没。

11 月 12 日,上海失陷,但日军仍无法通过江阴封锁区。

中国海军在舰船被炸毁后,拆下机枪上岸,和陆军一起保卫江阴要塞。从 11 月 28 日日军包围要塞,直到 12 月 2 日,与陆军并肩激战 4 天,海军官兵牺牲惨烈。

对中国海军的英勇顽强,在江阴要塞观战的德国顾问感慨道:"这是第一次世界大战以来,我所亲眼见到的最惨烈的海空战。"

20. 将军热血洒淞沪

近百日的淞沪会战,共有黄梅兴、蔡炳炎、杨杰、秦霖、庞汉桢、宫惠民、吴克仁、吴继光等十余位将军血洒战场,取义成仁。

黄梅兴是在淞沪战场上倒下的第一位将军。

黄梅兴,广东省平远县人,黄埔军校第一期毕业,任陆军第八十八师第二六四旅少将旅长。黄梅兴将军牺牲在开战的第二天。按照统帅部的战略部署,八十八师在日军援兵未到之际,先行拿下虹口日本海军陆战队司令部,并阻击登陆日军。黄梅兴将军率第二六四旅担任主攻任务。日本海军陆战队虹口司令部是日军为长期在上海立足而构筑的堡垒,修有明碉暗堡,高大的围墙电网,建筑群均由半米以上的钢筋水泥筑成,足以经得起五百磅以上的炸弹轰击,在通向司令部的道路上设有层层障碍,守军重重。黄梅兴将军率军于8月14日拂晓发起攻击。他身先士卒,一马当先,率队冲锋,向江湾路推进。这时,日军在飞机、重炮的猛烈炮火的支援下,拼命顽抗。双方展开激烈的血战。黄将军亲临前线指挥,不幸在爱国女校附近被炮弹片击中,当场阵亡。时年34岁。

蔡炳炎将军,字子遗、絮宜。1924年5月以备取生考入黄埔军校,为第一期学员。他在北伐战争中战功卓著,连连升迁。1937年5月升为陆军少将,任第十八军第六十七师第二〇一旅旅长。8月13日,淞沪会战爆发,当时蔡炳炎的部队驻扎在常州城北洪庙,他意识到报效祖国的时刻到了,22日上午给妻子赵志学写信说:"国难至此,已到最后关头,国将不保,家亦焉能存在!"当晚,六十七师奉命开赴上海前线。二〇一旅接受的任务是固守罗店以西阵地,同时协同其他部队阻击由川沙口、狮子林等长江沿岸地带登陆之敌。

8月23日凌晨,停泊在川沙口的敌舰施放烟幕,日军第十一师团多田骏部约3000余人,在飞机和重炮掩护下,乘67艘运兵汽船靠岸登陆,很快占领了罗店以北的陆家宅、沈宅,并有小股日军进占了罗店。

蔡炳炎率部从嘉定星夜兼程,于24日深夜赶到罗店,战士们抢挖战壕,构筑工事,到次日凌晨2点,作好了一切御敌准备。蔡炳炎还巧妙地安排一个排的兵力埋伏在阵地前沿,如果日军偷袭,可以打他个措手不及。凌晨3时,两个排的日军前来偷袭。战士们等日军靠近到50米时,突然投出一排手榴弹,日军当场被炸死大半。随后,战士们端起刺刀跃出战壕,向日军猛冲过去。经过一阵拼杀,两个排的日军除少数逃跑外,大部分被歼灭。

战斗继续向前推进。凌晨 4 时许,蔡炳炎命令四〇二团团长李维藩率军向被日军占领的陆家宅发起攻击。半小时后,李团长先头部队进占日军前哨阵地,双方交火。战士们冒着密集的弹雨,勇敢地与日军近战肉搏,一时刀光闪闪,杀声震天,日军纷纷被歼。天刚放亮,日军后续部队又到,向中国军队阵地反扑,战斗愈加激烈。日军依仗兵力和火力优势,轮番发起进攻。日军猛烈的炮火使中国守军难以抬头,部队伤亡惨重。四〇二团李维藩团长、张营长相继阵亡,魏营长负伤。

上午 9 时,日军放弃正面进攻,向罗店两侧包围而来。蔡炳炎看到了形势的危急,迅速将预备队调往左翼加强阵地,又把旅部推进到离前沿阵地仅百米的地方直接指挥战斗。他严令各部:"誓与阵地共存亡,前进者生,后退者死,其各凛遵!"两军激战到中午 11 时,双方战线交织在一起,日军始终不能前进一步,但二〇一旅伤亡也越来越大。蔡炳炎亲自带领唯一的特务排和三九八团第三营杀上前沿。全旅官兵见旅长率部直接参加战斗,士气大振。蔡炳炎振臂高呼:"吾辈只有两条路,敌生,我死!敌死,我生!"率军冲入敌群。日军被迫连连后撤。正在这时,日军的子弹击中了蔡炳炎的胸部,他负伤倒地,周围士兵忙上前包扎抢救。他勉强抬起身,扬手高呼:"前进!前进!"继续指挥战士冲锋,终因伤势过重,壮烈牺牲,时年 36 岁!

蔡炳炎牺牲后,二〇一旅仍坚守在罗店,战斗也更为惨烈。

继黄梅兴、蔡炳炎将军之后,又有杨杰、秦霖、庞汉桢、宫惠民、吴克仁、吴继光等十余位将军牺牲在淞沪战场。

杨杰将军,字子英,黄埔军校第四期毕业,任陆军第一师第一旅少将副旅长。8 月 23 日,正当宝山战斗激烈之时,杨杰所在部在胡宗南将军率领下火速从徐州、归德、连云港等防地车运到上海一线参战,奉令扼守西塘桥阵地,一次又一次打退日军的进攻。10 月 10 日,日军在无数次进攻失败之后,恼羞成怒,集中优势兵力,在密集炮火和飞机轰炸的支援下,再次向西塘桥阵地发起攻击。日军猛烈的炮火,把杨杰部扼守的阵地炸成平地,中国军队损失惨重。杨杰将军亲临前线指挥战斗;官兵士气振奋,誓与阵地共存亡。将士们以密集的火力狠狠反击日军,一片片日军的尸体倒在了前沿阵地。中国军队也伤亡大半,当友军询问情况时,杨杰将军镇定地回答:"尚能支持,不需后援。"10月11日晚,日军再次以更猛烈的炮火轰击中国守军阵地,之后又发起集团冲锋,阵地被日军突破。杨杰将军闻知消息,心急如焚,亲率预备队去逆袭,与敌混战成一团。激战中杨杰将军身中数弹,当场阵亡。时年42岁。

秦霖将军,字松涛,原名同观。时任一七一师第五一一旅少将旅长。10月6日,秦霖将军率部从连云港出发,前来淞沪参战,担任南翔附近湾宅至毛家宅一线阵地的守备任务。10月23日,日军主力师团在飞机轰炸和地面炮火、装甲车支援下,向秦部所守阵地发起进攻。在秦霖阵地的背后就是京沪铁路,为了不使日军切断京沪铁路的企图得逞,秦将军率军奋勇抵抗,打退日军一次又一次疯狂的进攻。不久,秦将军部队左右两翼友军阵地在日军猛烈攻击下出现缺口。下午3时,日军趁势发起猛攻,秦将军自知战局危险,急调部队去支援,弥补缺口。不料,中国军队正行进中,与大批日军及其战车发生遭遇。中国守军奋勇抵抗,终因寡不敌众,未能巩固战线封闭缺口。秦将军主阵地两面受敌,形势万分危急,他奋不顾身,亲上前线督战,见日军蜂拥而上,遂振臂一挥,大呼一声,率将士冲入敌群,与敌展开激烈近战。激战中秦将军左冲右突,勇猛无比,不幸被一颗子弹击中头部,当场壮烈殉国,时年38岁。

国民政府追赠秦霖烈士为陆军中将。

庞汉桢将军,字胤宗。陆军第一七○师五一○旅少将旅长。10月19日夜,庞汉桢将军奉令率部接替五一七旅防务,担任谈家头至陈家行一线的守备任务。自22日起,日军在飞机狂炸和重炮轰击掩护下,猛攻陈家行中国守军阵地,中国守军将士拼命抵抗,但终因众寡悬殊,伤亡过大,阵地陷入敌手。当夜,庞汉祯将军得知阵地失守的消息,立刻亲率预备队奋力反攻,白刃格斗,杀退日军,又夺回了陈家行阵地。23日,日军得到大量增援,再次猛扑我陈家行阵地,死守不退,双方拼死搏斗,血流成河,死伤惨重。庞汉祯将军在指挥作战中被日军炸弹击中而牺牲,时年38岁。国民政府追赠庞汉祯烈士为陆军中将。

宫惠民将军,字剑豪。黄埔军校第四期毕业,走上淞沪战场时,任陆军九十师上校团长,在罗店战斗中,他率团担任罗店东南一线攻击日军的任务。他身先士卒,率全团将士冒着日军炮火奋勇冲向敌阵,经过反复激烈的战斗,终于攻占了日军阵地。上级为嘉奖他的战功,10月提升他为陆军第九十师第二〇七旅少将旅长。不久,宫惠民奉令率部调防嘉定县清水显一线布防。日军久攻陈家行不下,便集中兵力转向清水显中国守军阵地,妄图在陈家行阵地侧翼打开缺口。双方战斗激烈,宫将军身先士卒,率部英勇杀敌,多次展开残酷的白刃格斗,打退了日军一次又一次的疯狂进攻。在激战中,宫惠民将军左臂中弹,血流如注,部下劝他退下,他说:"敌我胜负,已取决于俄顷,何能因余受伤,而败全局。"他裹伤再战,指挥部队杀敌,后不幸被日机弹片炸中要害,于10月28日下午3时壮烈牺牲在抗日前线。终年31岁。

吴继光将军,黄埔军校第二期毕业。任陆军第五十八师第一七四旅少将旅长。8月23日奉命率军堵截川沙口登陆之敌,参加了罗店战役,他身先士卒,勇不可挡,在罗店一带坚持战斗达两个月。10月下旬奉命撤退。吴继光将军担任掩护大军转移的任务。他临危受命,率部转移到青浦占领阵地,与从金山卫、全公亭登陆的日军血战4昼夜。不久,吴将军奉令退守白鹤港,继续阻击日军,掩护主力转移。11月9日,日军主力继续逼近,并在空军火力配合下,架浮桥渡河西进。吴继光将军率军全力阻击,双方展开激烈的争夺战。他亲临前线,督师杀敌,不幸被敌弹击中,壮烈殉国,时年34岁。

"古来征战几人回"。像黄梅兴、蔡炳炎、庞汉桢、秦霖、宫惠民、吴克仁、吴继光这样赤心报国、血洒沙场的官兵,在淞沪会战中不乏其人,几难胜计。有的师全师官兵伤亡达四五千人,阵亡连排长200多人;有的师4个团团长伤亡四五个,12个营营长伤亡十七八个(包括补充后伤亡的)。中级军官平均伤亡过半,下级军官与士兵平均伤亡2/3以上。当年,炮火纷飞,硝烟四起,枪弹呼啸,白刃相向的淞沪战场,尸枕如蚁,白骨磷磷,几十载后,经过岁月的风化、剥蚀,如今已融为中华大地的一部分了。昔日血肉横飞的战场,而今又是车水马龙、蒸蒸日上的国际性繁华都市,历史再一次选中了这里作为中国经济驱动的坐标轴原点。逝者如斯夫,而永存的黄浦江、苏州河……却铬记下无数催人泪下又动人心魄的故事和20万个躁动跳跃的灵魂。今天,我们在这本小书中只不过是剪辑几个英雄的可歌可泣、为世界和平争作贡献的壮烈事迹,虽犹如持一钵一盂取一掬滔滔长江之水,但它将会勾起几缕被忘却的历史记忆和当年充满血与火的悲壮历史画卷。

21. 杭州湾登陆

钱塘江口的杭州湾,如一个巨大的喇叭,向着浩浩的东海张开。在杭州湾的北岸,上海市的南面方向,沪浙两地交界处,全公亭到金山卫、漕泾一带,海岸线平直,近岸有十多米的水深。1937年11月4日夜,杭州湾沉浸在浓浓的夜雾中,百余艘日本军舰和运兵船,悄然向岸边驶近。这是柳川平助中将率领的日军第十军,他们要在淞沪战场的南翼登陆,杀向中国守军的背后。

裕仁天皇决心要征服中国,然而无论是松井石根率军的大举进攻,还是近卫文麿的外交恐吓,都不能使一时铁了心抗战的蒋介石屈服。10月初,当上海的战事处于拉锯和胶着状态时,东京日军统帅部就决定打破这种状况,向上海战场再次增兵,完成对中国速战速决的战略计划。10月20日,日军统帅部下达了向上海增派第十军,与海军协同作战,在杭州湾北岸登陆的作战命令,并任命柳川平助中将为司令官。第十军包括从华北抽调来的第六、第十八、第一一四师团,国崎支队,独立山炮兵第二联队,野战重炮兵第六旅团和第一、第二后备步兵团,共计6万余人。11月2日,在第四舰队护卫下,作为第十军第一批登陆兵团的第六师团主力与第十八师团,分乘百余艘战船,从八浦口和五岛列岛海面出发,气势汹汹地杀向淞沪。在此之前的10月30日,日军统帅部又抽调华北的第十六师团等部两万余人,从大连上船,加入上海派遣军。这支部队从淞沪战场后方的长江白茆口登陆,南北夹击,对中国军队形成钳形攻势。这样,日本投入淞沪战场的兵力,达到了两个军14个半师团(先后总计),近30万人,比整个华北战场日军的全部兵力还多两个师团。同时,日本海军也加强了淞沪方面的作战力量。10月20日,日本海军以第三舰队为骨干力量,抽出部分舰艇,编成第四舰队,以"足柄"号为旗舰,包括原第九战队的"妙高"、"多摩",第十四战队的"足柄"、"天龙"、"龙田"、"夕张",及第一、第五水雷战队和第二航空战队等,由第三、第四舰队组成"中国方面舰队",长谷川清中将身兼两个舰队司令官。

晨曦渐露,但浓雾却不肯散去。战舰和运兵船已经到达了指定的位置,但柳川平助中将依然平静地呆在船舱里,保持着他那副惯有的沉思冥想的神态。"下命令吧,柳川君!"第六师团师团长谷寿夫中将已经显出了急不可待的样子。"战舰的炮口已经对准了中国大陆,士兵们已经拿起了武器,做好了一切登陆的准备!"

谷寿夫是日本昭和军阀中生性残暴不仁,惯于冲锋陷阵的一员悍将。1905年,他参加了日俄战争,在中国的东北与俄军激战中为日军立下了功勋,从此在日本陆军中的地位不断攫升,青云直上。1928年8月,谷寿夫作为日军第三师团参谋长,第一次带兵渡过日本海和黄海,踏上了中国的土地,占驻了山东半岛。9年后的1937年8月,谷寿夫率军再次渡海入侵中国。他受命从日本熊本出发,统帅第六师团从天津塘沽登陆,在发生"七七"事变的永定河与中国军队作战,然后一路杀向保定、石家庄及大沽口。此次,56岁的谷寿夫又奉命带领他的第六师团南渡,他要在华东战场上进一步发泄未尽的杀气。

柳川平助与谷寿夫不同。他冷静多思,是个战略家型的军人。他身材矮小,过多的思考使他的头发早已秃顶。他曾经很得裕仁天皇恩宠。1921年裕仁天皇作为皇储离开日本本土前往欧洲,做了他一生中唯一的一次外出旅行。柳川将军在巴黎欢迎了裕仁,他给裕仁留下了极深刻的影响。1932年到1934年间,柳川平助任陆军省次官,随时出入皇宫,把天皇陛下的圣谕,传达到相关的军事部门。1935年末,他负责日本在台湾的驻军。那时候,日本为了有一天实现称霸太平洋的梦想,已经在台湾加紧训练两栖登陆的战术。然而在1936年发生的"二二六"事变中,他因为支持青年军官的政变,而被贬为了预备役。从那以后,他不甘心被断送作为一个军人的前程,时时盼望着重新得到天皇的恩宠。于是,当他10月份奉召恢复现役,重新行使军事指挥权时,他对天皇简直感激涕零。他在给妻子的信中说:"我恍如跨出了地狱中的冥河,见到了前程的光明。"

太阳终于从海面上冉冉升起,带着海腥的雾气开始消散,北面不远处翠绿的海岸线在海面上凸现出来,东南面的天空传来隆隆的声响,那是从台湾起飞而来的轰炸机群。柳川平助下达了作战的命令。随着骤响的轰隆声,刚刚变得清晰了的海岸线,瞬间便被遮蔽在了浓烈的烟尘之中。日机倾泻下所有携带的炸弹,尔后向南飞回。柳川走进强击艇上方的军舰防护网罩,命令第一批强击艇向海岸冲击。紧接着登陆作战在全公亭、金丝娘桥、金山卫、金山嘴、漕泾镇等地同时展开。然而,日军绝没有想到的是,他们以3个师团6万之众在飞机炮舰掩护下发起强攻登陆时,对岸上的中国守军只有两个连的兵力!

日军上岸了,并升起氢气球,"日军百万于杭州湾登陆"的标语悬挂其上。气球随海风向内陆飘去,对中国守军造成了恐慌。

淞沪战火初燃时,第三战区为防止日军在沿海登陆,专门设置了杭州湾北岸守备区,由张发奎第八集团军负责。该集团军在杭州湾北岸布置了4个师1个旅的重兵守卫。后因上海方面战事日紧,第五十五、第五十七、第六十二师及独立第四十五旅渐次被调往浦东方面助战,致使全公亭到乍浦几十公里的海岸线防守空虚,仅有第六十二师一小部及少数地方武装担任守卫。这些人,有的略作抵抗便闻风而逃,坚守阵地的,也被日军第六师团迅速击溃。第六师团是从全线的中部金山卫城登陆的。谷寿夫率领师团冲在全军的最前面,一上岸便以一种不可遏制的疯狂,向着正北方向的松江城疾速纵深挺进。当时的一位军事评论家描述谷寿夫是"以亚述王般的疯狂暴怒,在大雾中向四面八方飞驰冲击,开始前进。"上午,全公亭方面登陆的日军第一一四师已达3000人,该师团在乍平嘉(乍浦经平望到嘉善)国防线外侧北进,一部从平湖突破防线,直奔西北方向的嘉兴,主力则直向沪杭铁路的嘉善城挺进。第十八师团主力在全线最东部登陆。上岸后直向北进,当日便与第六师团进抵金山县城、松隐镇、亭林镇一线。第十八师团一部与第六师团及国崎支队在金山卫城登陆,上岸后直向沪杭铁路枫泾镇扑去。第十八师团主力向北到达亭林镇后,又调头向西,直奔嘉善、嘉兴。

日军在杭州湾登陆的消息,很快传到了第三战区司令部,传到了南京军事大本营。蒋介石令负责右翼作战军的张发奎调兵狙击。张发奎急调第六十二师主力、独立第四十五旅及新到新泾的第七十九师前往迎敌;并命令远在青浦的第六十七军迅速推进到松江。但是中国军队仅凭借两条腿,岂能赛过日军的车轮!所调的部队没有一支及时赶到。日军在毫无阻挡、毫无抵抗的情况下,源源登陆,大步长驱北上。6日,日军第六师团和国崎支队的先头部队到达黄浦江米市渡附近,傍晚渡过了江,才遇到中国军队的阻击,只经小战,中国军队便被击溃,日军向松江城前进。7日,第六十二、第七十九师仓促赶到,分别向亭林镇、金山卫城之敌发起进攻,但均被击退。在松江指挥作战的第八集团军副总司令黄琪翔,鉴于日军主力已进至黄浦江右岸,为了避免被敌各个击破,也防止部队被困在浦东的三角地带,遂令黄浦江右岸的部队均渡过江来,并以一部阻止日军过江。

　　日军南北夹击,对中国军队造成了更为不利的局势。11月7日,东京参谋本部下达指令,上海派遣军与第十军编组成华中方面军,统一作战,由松井石根任司令官,螺田功少将任参谋总长,武藤章大佐任副参谋长,其目标是:"与海军协力,以挫伤敌之战争意志,获取结束战争之局势为目的,扫灭上海附近之敌。"并规定:"华中方面军作战地域为联结苏州——嘉兴一线以东。"这是以日军参谋本部的名义第一次为在京沪区域作战的日军画定的"制令线"。所谓"制令线",意指日军到此线停止前进,结集待命,接到命令再向前推进。关于"制令线"到底是谁的手指画出,直到1964年才被一位日本退役的将军揭露,为世人知晓。划出制令线的人并不是参谋本部里忙碌的将军们,而是居于皇宫内日军大本营的裕仁天皇。每一道"制令线"的画定与撤销,都由天皇亲自下令。11月7日画定的这条"制令线",迄11月19日,所有部队均到达了该线。24日,天皇下令撤销该线,同时在中国吴福国防线背后又画了第二道制令线。日军当天没费一枪一弹突破了吴福国防线。裕仁天皇3天后又下密令把它撤销。日军长驱直入,向南京进军。

11月13日,从华北调来的日军第十六师团,由中岛今朝吾中将率领,在夜幕的掩护下,乘船驶进长江口,开始在淞沪中国守军的背后,长江岸的白茆口、浒浦口一带登陆。中岛今朝吾专长于思想控制、恫吓和刑讯。"二二六"事变后,裕仁任命他为秘密警察的头目,负责维持首都东京的治安。连日本军官们都攻击他;说他是个"具有虐待狂气质的冷酷的人"。

陈诚指挥的左翼作战军第四十师狙击自白茆口、浒浦口登陆的日军,双方展开激战。浒浦口登陆的第十六师团第三十八联队,突破中国军队的防御,一部分沿海岸西向福山进攻,于11月16日攻克福山,其主力与重藤支队合为一股,直指常熟城,于11月19日攻下了常熟。日军第一〇一师团13日攻克嘉定,14日占领浏河陆渡桥。第十三师团随着军主力方面追击的进展,于14日攻占浏河镇,19日突破了吴福国防线的谢家桥、肖家桥附近的中国守军阵地。日军第三、第十一师团12日夺取了南翔,14日攻占太仓。之后,第十一师团又沿常太公路西进,为配合第十六师团攻取常熟,以一精锐部队从水上前进,过昆城湖,19日攻占吴福线面常熟南面的莫城镇,切断了常熟—苏州公路。第九师团沿沪宁铁路西进,15日攻克昆山,19日攻克苏州。

自杭州湾登陆的日军,第六师团在"亚述王"谷寿夫率领下,一路北进,11月8日渡过黄浦江,占领松江城。国崎支队西去,10日占领枫泾镇,沪杭铁路全被切断。第六师团继续北进,11月11日到达青浦,再逼苏州河南岸的白鹤港,然后渡过苏州河,13日与第九师团在安亭会合,西进昆山,15日攻克昆山,京沪线不是第十军的战区,第六师团举兵南下,于19日再达松江城,然后兵分两路,一路向东,进攻上海正南的北桥镇;一路向西,号称"平望镇支队",于11月14日占领乍平国防线北端的平望镇。

11月9日,张发奎指挥右翼军开始向乍平嘉国防线撤退。但在途中遭到由枫泾镇西侵的日军第十八师团和国崎支队的追击。

中国军队退至嘉善后,坚守嘉善,与日军激战到14日,嘉善失守。日军十八师团、一一四师团、国崎支队,突破乍平嘉国防线后继续西进。19日,沪杭间的重镇嘉兴被日军攻陷。中国守军退守至南浔、青镇、长安、海宁一线。

至此,投入淞沪作战的全部日军,都已结集到南起嘉兴,北到苏州的"制令线"上——这是日军参谋本部、亦即日本天皇第一次标定的淞沪作战区域线。然而,参战的日军并不就此而善罢甘休,尤其是柳川平助的第十军,因在杭州湾无一伤亡地登陆成功,一路未遇中国军队顽强抵抗,士气正高,手正发痒,绝不甘心就此止步。11月25日夜,柳川平助司令官主持召开了幕僚会议,会上做出了由军主力独自果断地向南京方向追击的决定。其理由是:太湖以东的战役未达到预期目的,中国军队主力并未被全歼,此时且不可丧失歼灭中国军队主力的战机,若趁敌溃不成军之际一举断然进行追击,20天内即可占领南京。于是,第十军于17日制定了《从嘉兴向南京追击的作战指导纲要》,18日8时密令所属各兵团准备执行"向南京追击,一举歼灭敌军"的计划,19日7时下令付诸实施。许多侵略野心膨胀的日军将领早就急不可待了。11月19日,第十军"向南京追击"的命令刚下达时,国崎支队早已突破了制令线,深入到该线后数十公里太湖南的溥浔镇。

结集在太湖以北"制令线"的日军,也欲向南京方向追击。20日,东京参谋本部收到第十军19日发的决定向南京追击的报告电。制令线还未获准取消,日军已开始行动,突破吴福国防线,23日,开始向锡澄国防线发起进攻。24日,天皇下令取消第一道制令线。

自杭州湾登陆的日军突破乍平嘉国防线,蒋介石就预计到日军有从太湖西进攻南京的企图,他命令刚奉命到达参加淞沪会战的第七军向吴兴推进,"以主力在广德,一部在溧阳结集,并以一个师以上的兵力接替长兴、宜兴之间太湖之警戒。"第七军奉命后即以第一七〇师向升山、第一七二师向吴兴急进。但在日军陆空火力猛烈攻击下，升山、吴兴先后失守，日军占领湖州，第七十五师副师长吴国璋率部坚守阵地，狙击日军，激战3天，不幸在城郊阵亡。日军沿太湖西北挺进。23日，日军第十八师团主力4000余人以坦克、装甲车为先导，在27架飞机的配合下，对广德发起猛烈进攻。正面防守广德的有四川刘湘的川军一四五师。川军于9月出川作战，11月中旬方到达淞沪战场。一四五师师长饶国华中将奉命率部据守广德，他亲自指挥第四三三旅佟毅部在广德前方60里的泗安占领阵地。27日，日军发起总攻，向中国守军阵地倾泻了成千上万吨的炮弹炸弹。川军的武器较之中央军更为窳劣，但将士们毫不畏怯，拼命抵抗，日军在阵前死伤惨重。但终因日军炮火猛烈，中国军队伤亡惨重，寡不敌众，泗安于30日失守。饶国华将军又率四三三旅奔广德前方约5里的界牌，狙击进犯的日军。日军从东西洞庭一带调集兵力增援，加紧飞机大炮的轰炸。宣城至广德铁路干线被炸毁，补给线中断，饶将军所部被日军三面包围。在这危急时刻，所部团长刘儒斋不听指挥，擅自后撤，导致全线溃散。30日，广德失守。饶国华将军受命组织反攻，但其手下只有一营士兵，被包围于十字铺据点，日军派出军使劝其投降，他宁死不屈，紧握雪耻刀对左右说："我从此事变发生之日起，就渴望能到前线杀敌，洗雪国耻，收复失地。'八一三'事变后，国共合作抗日，我幸能如愿，奉令出川抗战，引为生平快事。我们一定要血战到底，收复失地，把日本侵略者赶出中国去，做到胜则生，败则死，不成功便成仁，绝不能在日军面前屈膝示弱，给中国人丢脸！"随即他给第七战区司令长官刘湘写了绝命书，书中说："广德地处要冲，余不忍视陷敌手，故决与城共存亡，上报国家培养之恩与各级长官爱护之意。今后深望我部官兵奋勇杀敌，驱寇出境，还我国魂，完成我未竟之志。"尔后举枪自戕，以死报国，时年43岁。

广德被克，日军继续北进，一部指向宣城、芜湖，主力经郎溪直向南京。淞沪会战至此结束。

日军在杭州湾登陆后，一路上烧杀抢掠，暴行累累，令人发指。日本随军摄影记者河野公辉对日军暴行做过这样的描述：

> 日军在杭州湾登陆，循上海—昆山—苏州—南京路线进攻，途中发现沿河流两边躲藏着的女人，头部露在外面，于是就把她们拉出来杀死。从上海到昆山，到处都可以看到下部插着竹尖的女尸横七竖八地倒在路边。

1938年3月19日上海《密勒氏评论周报》的增刊上刊登一个美国人的报道："我和同伴11月20日回苏州，沿途须小心避免践踏尸首，因为尸首堆满路上，散布田间。"

日军占领金山卫后，残杀1050人。在山阳一带杀害无辜农民351人，烧毁房屋4177间，宰杀耕牛708头，5300多亩稻田和大量棉花被烧成灰烬，被强奸的妇女仅倪家、卫东、杨家、海光四村就达121人。有10万人口的松江城，被日军洗劫后其惨状更不忍睹。一位英国记者在日军占领了松江9周后设法观察了劫后景象：

> 几乎见不到一座没有被焚毁的建筑物，仍在闷烧的房屋废墟和渺无人迹的街道呈现出一副令人恐惧的景象。唯一活着的就是那些靠吃死尸而变得臃肿肥胖的野狗。在一个偌大的曾经稠密地居住着约十万人口的松江镇，我只见到5个中国老人，他们老泪纵横，躲藏在法国教会的院子里。

无锡是宁沪杭三角洲上一座美丽的城市，但在日军侵略者践踏下竟变成一座废墟。日军攻占上海后就对无锡狂轰滥炸。一位美国医生记载了日军的暴行：

> 1937年11月10日，日机轰炸，今天是最凶狠的一天了，投掷的炸弹至少有一百几十枚，处处起火，损害惨重。被炸的地方有惠山，工厂区以及水西门外一带。惠山军用医院中弹，伤兵多人被炸死。工厂区内平民的死伤，更不计其数。送到医院来的平民伤员都残缺不全，惨不忍睹。

11月27日日军开进无锡城，3天内从间口桥到吴桥，被杀无辜平民尸体就有两千余具。屠杀之后是有组织的抢劫，各布厂的布匹，各商店的货物，各纱厂、铁厂的机器设备，统统被洗劫一空。之后便是纵火，大火七天七夜不熄，繁华城区成为一片火海，近郊的十余个村庄也尽化为一片焦土。

侵略者的头目们，并没逃脱历史的审判。

1948年12月23日零时1分30秒，武藤章，这个华中方面军副参谋长，随松井石根作为甲级战犯一起被送上了绞刑架。

1946年8月1日，杭州湾登陆时的第六师团师团长，因制造了震惊世界的南京大屠杀"有功"而先后升为日本国中部防卫区司令官、广岛军营区司令官兼中国军管区司令官的"亚述王"谷寿夫，经远东国际军事法庭批准，被引渡到中国上海战犯拘留所。10月16日，这个南京大屠杀的主犯又被押解到南京国民政府国防部小营战犯拘留所。经南京军事法庭审判，双手沾满中国人民鲜血的谷寿夫于第二年4月26日上午在南京雨花台被枪决。

俗话说："自作孽，不可活。"在中华民族的土地上烧杀抢掠、横行一时的日本侵略者，嗜血成性、杀人如麻的魔王，终于一个个被押上历史的审判台，得到其应有的可耻下场。

22. 当撤不撤：蒋介石寄希望于《九国公约》

淞沪抗战期间，副参谋总长白崇禧将军穿梭奔忙于南京与上海之间。

白崇禧，字健生，广西桂林人，与李宗仁拥兵广西，曾数度举兵反蒋,失败后武装割据两广,与蒋介石分庭抗礼足5年,直到抗战爆发前夕。"七七"事变发生后,李宗仁、白崇禧以民族大义为重,与蒋介石抛弃前嫌。李宗仁担任了第五战区司令长官,白崇禧担任副参谋总长。淞沪会战中,白崇禧把桂系军队也拉了上来,廖磊的第四十八军、叶肇的第六十六军都是桂系的主力,从广西开来,参加淞沪会战,在攻击蕰藻浜南岸之敌的作战中,伤亡惨重。

在国民党高级将领中,白崇禧足智多谋,灵活善断,被誉为"小诸葛"。对于淞沪会战,他的主张是:第一,拥护向日军开仗;第二,仗要适可而止,能打则打,不能打则退。还在9月20日日军对华《作战计划大纲》发布,第九、第十三、第一〇一师团增调上海,蕰藻浜线战事正急,白崇禧就向蒋介石提出建议:淞沪会战应适可而止了。

那些日子,大批日军增援部队源源而来,华东已经成了日军对华战争的主战场,日军由华北举兵直下武汉,切断中国东西的可能性没有了。正在这节骨眼上,白崇禧却提出了退兵的建议,怎能不令蒋介石惊异!

"健生呀,你这话是什么意思?"

白崇禧走到地图前:"委员长你看,这是长江,这是黄浦江,淞沪正夹在中间,这一带地方,港湾河道纵横交错,且敌军有赖日租界作后方,易于发挥陆海空军联合作战的威力。反过来再看看我军,水陆工具缺乏,部队集中需要时间,在淞沪进行阵地战,必将长期陷入被动。"

这些话若出于别人之口,蒋介石也许会不置可否,但白崇禧毕竟是"小诸葛",是足智多谋的军事家。正巧,就在这两天,李宗仁也觉得这仗打得不对头,给蒋介石来电,说上海地形既不利,比之日军我们装备也相形见绌,仗与其这样打下去,不如退到有利地带,诱敌深入,以达到消耗战的目的。

这两人说的话蒋介石也觉得有理,答应考虑考虑,白崇禧看他似有退兵之意。但没过两天,蒋介石却又幡然变计,兴冲冲地对白崇禧说:9月28日,国联大会一致通过了"谴责日本在华暴行案",现在准备召开"九国公约会议",我们在淞沪持久作战,必定会引起国际干涉,战局将会对我们有利。

白崇禧明白,蒋介石是无意罢兵了。

蒋介石要把淞沪会战坚持下去。他四处调兵遣将,还亲临前线督战,鼓舞士气。几天之后,蒋介石带领第五战区司令长官李宗仁,在白崇禧陪同下去淞沪前线,车行至苏州近郊,突遇几十架日机轰炸,满天照明弹把夜空照耀得如同白昼。列车成了日机攻击的目标,机车紧急刹车,蒋介石一行人赶紧下车,钻进站内,才侥幸躲过了敌机。

仗打到10月末,随着日军攻克大场,攻势越来越猛烈,朱绍良的中央作战军退出闸北,陈诚的左翼作战军和张发奎的右翼作战军集结苏州河南岸,仍阻遏不住日军的凌厉攻势。中国军队已无后方兵力增援,每个师大部分都伤亡过半,所剩人数多的不过三四千,少的两三千,且疲惫不堪,无力支持。若再苦撑下去,只有白白消耗兵力。但蒋介石严申命令,擅自撤退,军法从事,"决不宽贷"。前线指挥官也不敢向蒋介石报告真实情况。蒋介石偶尔用电话询问前方战况,一些摸准了他脾气的指挥官多拣好话上报,诸如士气旺盛,杀敌若干之类。有敢报实情的,反遭到蒋介石的训斥。面对这种情况,白崇禧觉得再亦无法忍耐了。他和作战组长刘斐再三向蒋介石苦谏:立刻把部队撤向吴福线和锡澄线,依靠阵地打击日军,保存我军的战斗力。蒋介石犹豫地采纳了这个建议。白崇禧立刻传达转移命令。

但是11月1日,就在转移命令传达下去的第二天,蒋介石又改变了主意,在南京召开了紧急军事会议。蒋介石说,根据外交部的意见,九国公约国家会议11月3日就要召开。只要我们在上海能坚持下去,九国公约国家就可能会出面制裁日本。因此,蒋介石要收回撤退的成命,要各部队仍回阵地死守。

蒋介石的话使白崇禧、刘斐等人大吃一惊:70万大军撤退的命令已经发出,部队已在行动,在日军强大的压力下要部队再回原阵地,这岂不会乱成一团糟!此刻,白崇禧不能不说话:"委员长,转移的命令已下,军令如山,再叫撤出的部认回到原阵地,一定会造成混乱,结果将不可收拾!"刘斐也说:"部队正在行动,现在再收回转移的命令,恐怕也来不及了。"

但蒋介石主意已定。他严厉地说道:"议而不决,拖延时间,不是就更来不及了吗?如果前线将领和部队有意见,好办,我去前线说服!"蒋介石企盼九国公约国家制裁日本,心也确实太过急切,当夜他就带白崇禧、顾祝同等人乘火车到了南翔,在一个小学里召开了师以上将领参加的会议。蒋介石一口气讲了40分钟。首先,他讲了敌我双方的形势,国际上对上海战场的反应,然后对前线官兵的英勇作战给予表扬和鼓励。他说:"你们坚持上海快三个月了,这在我国的战史上是空前的,是罕见的,在日军的强攻下,你们前仆后继,不怕牺牲,宁死不屈,把黄埔精神表现在反侵略战争中。有你们这些英勇善战,身先士卒,不畏牺牲的将领,何愁日本帝国主义不败!"谈到收回撤退成命的原因,他说:"九国公约国家会议将于11月3日在比利时首都布鲁塞尔召开,这次会议对国家的命运关系重大,我要求你们做更大的努力,在上海战场再坚持一个时期,至少两个星期,以便在国际上获得有利的同情和支援。会上,英国、美国、法国都会同情和支持我们,日本的侵略行为一定会受到制裁。只要我们再坚持死守,上海就不会沦入敌手。战争就可结束。"同时他又说:"上海是政府一个很重要的经济基地,如果过早放弃,也会使政府的财政和物资受到很大的影响,从这个意义上说,我们也要坚守上海。"蒋介石反复地阐述这番话,语气很坚定,不容旁人置喙。

然而,战场的局势却正如白崇禧、刘斐所言,一线的部队接到命令已在撤退途中,忽然又接到返回原阵地的命令,只得回返;有的正在撤退途中,但没有接到回返的命令,还在继续后撤。加之战斗激烈,后撤的部队已很难脱离日军,已后撤的部队再回返更难。这样撤的撤不下来,返的返不回去,几十万人挤在一条公路上,混乱不堪。头顶上日机疯狂轰炸,后面的日军机械化部队穷追不舍,中国军队已混乱到了无法掌握的地步。但蒋介石仍不下撤退的命令。11月3日,九国公约国家会议如期在布鲁塞尔召开,更坚定了蒋介石坚持死守下去的决心。

蒋介石拒不下令撤退的另一个原因,是上海开战之初,日本陆相杉山曾扬言:"只需三个月即可征服中国。"现在眼看就要到三个月了,蒋介石要让日本人,要让全世界看一看日军三个月连上海都打不下来!

11月5日,日军杭州湾大举登陆成功,如一把利剑插进淞沪战场的下腹,南北夹击,中国军队眼看就有被截在淞沪三角地带撤不出来的危险。此刻已经不是白崇禧和刘斐了,陈诚、张发奎也都感到仗是打不下去了。每坚持一小时,都以上千人的伤亡为代价,整个战线已乱,集团军司令找不到自己的军长,军长找不到师长,部队已完全失去了控制。白崇禧已看到全军面临崩溃的危险,但别人不敢向蒋介石直言,还得他说。他不顾一切,再次向蒋介石要求立刻下撤退令。但蒋介石此时却像发了疯,着了魔,他固执地要实现坚守三个月这个信念,他要日军三个月连上海都打不下来这个结局。这"三个月"和九国公约国家会议的结束,眼看就只有一个星期了,说什么也得坚持下去。他气呼呼地反驳白崇禧道:"我几十万大军难道再坚守三五日都办不到吗?我不信,我就不信!"

白崇禧说:"前线指挥官已无法掌握部队,如何作战,委员长再不下令撤退,就要完全崩溃了!"

蒋介石说:"叫我再想一想。"

战场的情况蒋介石并非不了解,打是确实打不下去了,可是眼下就撤,他实在不甘心。11月7日这天,蒋介石思想上确实经历了一番痛苦而激烈的斗争,在他这天的日记中,他写下了这样一段话:"保持战斗力,持久抗战;与消耗战斗力,维持一时体面,两相比较,当以前者为重也。"

蒋介石总算想通了。11月8日撤退令下,但他并不那么完全甘心。"苏州河南岸,已兵力用尽,不能不下令撤退,但并非为金山卫登陆之敌所牵动。惟借此战略关系,使敌知我非为力竭而退,不敢前进,此乃于将来战局有利。"

然而,此时撤退已晚,中国军队已成溃败之势。

蒋介石寄希望的所谓《九国公约》,全称《九国关于中国事件应适用各原则及政策之条约》,是1922年2月6日美、英、法、日、意、比、荷、葡和中国北洋军阀政府在华盛顿会议上签订的。条约规定:"维护各国在中国全境之商务实业机会均等"和"中国之门户开放"的"原则"。这个条约是对中国主权、独立、领土完整的粗暴侵犯,目的是要以列强共享来取代一战时期日本暂时独霸中国的局面。如今,日本企图再一次独吞中国,蒋介石认为其他八国绝不会袖手旁观,一旦它们在中国"机会均等"的利益受到损害,就会出面制裁日本。一年前,意大利侵略阿比西尼亚,国联就对意大利采取了惩戒行动,实行了经济制裁。蒋介石想,日本也会落个这样的下场。为了达到这个目的,蒋介石加紧外交活动。当其时,国民政府行政院长孔祥熙正在欧洲访问,争取外援。蒋介石向他发去密电:"大战已开始,和平绝望,希在国际方面多所接洽。"孔祥熙接到密令后,周游列国,摇唇鼓舌,为中国确也争得了些道义的和物资的援助。蒋介石还派了蒋方震(百里)去欧洲活动。蒋百里以蒋介石特使的身份访问了意大利和德国。这两个国家是日本的盟友。蒋百里确实聪明过人,能言善辩。为了离间日本与这两个国家的关系,他想了不少点子,费了不少脑子。在蒋百里访意、德两国之前,日本外相已到过这两个国家,在这两个国家领袖面前说过许多中国通苏亲共的坏话。于是,蒋百里也以其人之道还治其人之身,给日本也贴上亲苏亲共的恶名。

蒋百里费尽周折,意大利独裁领袖墨索里尼才接见他。前一年,因为意大利侵略阿比西尼亚,国际社会制裁意大利,中国投了赞成票,所以,此番接见蒋百里,墨索里尼就对蒋百里黑着脸。蒋百里解释说,中国如果对意侵阿一举无所表示,就无异于承认了日本占领中国东北为合法。这么一说,墨索里尼似乎有些理解了。蒋百里了解到,德、日、意三国正商议签订三国共同防共协定,这个协定实质是三国结成军事同盟。于是,他对墨索里尼单刀直入道:"贵国参加德、日共同防共协定,日本其实只是口头上高喊反苏反共,暗中却和苏联偷偷摸摸相勾结。苏俄一直想染指中国领土,把外蒙古分裂出去;日本欲灭亡中国,派兵强占东北后,又向关内进攻。他们的关东军没向苏俄开一枪一炮,而是向南进攻。苏俄对日本侵略中国的行为,早就达成默契,暗地支持。中国才是德、意两国在远东真正的朋友。日本勾结苏俄进攻中国,破坏中国统一,实际上是破坏德、意两国在远东的利益。"

蒋百里的话,倒确使墨索里尼态度大转。他解释说:"关于意大利参加防共协定的事,是个无所谓的问题,我断言绝无伤害中国之意。"

意大利领袖把话说到这个份儿上,蒋百里也就满意了。他从罗马赶到柏林:斡旋中日关系的中心还在柏林。

蒋百里来到柏林,会见了纳粹党法定接班人、空军元帅戈林。这回蒋百里在意大利的那一招却不灵了,戈林根本不相信这位中国特使关于日本亲苏通共、勾结起来侵略中国的那一套话。戈林说:"日、苏两国有很深的历史仇恨,现在又都在亚洲有着利害关系,因此,日本防共不是假的。"

此计不成,蒋百里灵机一动,又生一招:你希特勒不是搞打倒大资产阶级、扶持中产阶级、消灭无产阶级(贫困)吗,我就针对你这点来。他说道:"日本是东方工业大国,它的财富百分之七八十掌握在大企业家之手,无产阶级处于贫困之中,生活牛马不如。以马克思的社会主义革命的条件而言,日本早已具备。20年前,马克思的《资本论》就在日本销行一百万册以上。"蒋百里见戈林心有所动,又道:"日本外相广田就是个亲苏亲共分子:他亲口言,有我广田在位,日、苏间就不会发生战争。日本一面和德、意签订防共协定,另一面广田却又瞒着你们两国,私下与苏俄结盟。苏联报纸公开报道过,广田向苏联驻日大使悄悄声明,日本虽签订防共协定,但绝不对苏联有不友好的行动。日苏暗中勾结已成为一个半公开的秘密了。不知贵国对此有何感想?"

蒋百里的话,使戈林狐疑而又惊讶,最后他终于说:"中、日两国都是德国的朋友,中日战争使德国左右为难,德国愿意把握时机做中、日两国间的调停人。"

蒋百里不愧是能言善辩的外交家,终于把德国从完全支持日本说服到中国立场上。在蒋百里推动下,11月3日德国外长里宾特洛甫打电报给德国驻南京大使奥斯卡·陶德曼,要他在中日两国间进行调解活动。11月5日,陶德曼把日本提出的和平条件交给蒋介石。条件共有七项:一,承认满洲独立,在内蒙古组织类似外蒙的自治政府;二,华北不驻兵区域,须扩大至平津铁路以南,华北应派一个亲日的行政首长;三,扩大"淞沪协定"非武装区域,上海由国际共管;四,中、日共同防共;五,中、日经济合作,降低日货进口关税;六,根绝反日运动;七,尊重外国人在华权益。如此丧权辱国的条件,蒋介石哪敢全部接受。他对陶德曼说:"中国如果同意日本的要求,国民政府就会被舆论浪潮冲倒。"此时正值九国公约国家会议召开,蒋介石没向日本妥协,而是要求陶德曼"一切都不要公布"。他对陶德曼说:"中国不能正式承认收到日本的要求。因为中国正是布鲁塞尔的九国公约会议各国关切的对象,各国是要在九国公约的基础上觅取和平的。"

蒋介石依赖九国公约国家会议制裁日本的希望最终完全落了空。东道主比利时政府对包括中、日两当事国在内的最初签订公约的九国,及后来陆续参加的国家计19国,以及未参加签约的德、苏两国,共计21个国家发出了邀请:日本政府拒绝参加,并发表"关于中日两国纷争他国没有干涉的权利"的声明。声明大意为:"国际联盟根据中国片面虚伪报告,通过了支援中国的决议。此次受到邀请的九国公约参加国,当然要受国联决议的约束;是则日本即或参与会议,也难期有公正妥当的结果。包括有和东亚毫无利害关系的国家在内之此一会议,全徒然刺激中日两国民心,反而使事态益趋纠纷。"

日本还要求德国抵制会议,德国遂也不参加。意大利则在会议上做日本的代言人,其代表袒护日本,发言说:"没有日本出席的九国公约会议,纵使做了维持和平的协议,但也不能顺利进行。现在我们所能做的是,只有邀请中日两国直接交涉。"于是,会议在开幕后再度向日本发出邀请,但日本则以"没有再度考虑的余地"而断然拒绝。15日,会议通过了如下对日宣言:

"中日两国现在之敌对行为,影响到各国之权利及物质上之利益,全世界对之均有一种不安之忧虑。

"各国代表仍相信当事双方倘同意停战,俾乘机试行解决,或可达到成功之目的。中国代表团具有此种准备;但对于日本坚决拒绝讨论之态度,各国代表殊难理解。

"国际公约之一方(日本),如因执其与所有签字国相反之意见,则各国对之不得不考虑其共同应取之态度。"

蒋介石盼来的不是列强对日侵华的干涉、制裁,而是这样一个不痛不痒的声明,他失望至极,气愤至极,立即致电九国公约会议:"中国军队自上海撤退,乃战略关系,且为长期抗战之计。中国主权若一日受威胁,则中国军队即当赓续抗战一日。"

蒋介石真是执迷不悟,到了这个地步仍不死心。"九国公约会议宣言,虽语气软弱,仍不足为虑;其后共同行动也能实现也。"

然而,"共同行动"怎么去实现呢?蒋介石寄希望最大的英、美两国,采取的是"中立"和不介入战争政策,中国代表顾维钧对会议没有给日本侵略者以任何制裁,即席提出抗议,各国代表对此举以"沉默对待"。只有法国代表喃喃地说:"我们实在是无能为力。"

11月24日,九国公约国家会议结束。同日,日本天皇发令取消苏嘉"制令线",日军大举向南京方向进攻。这也许是对九国公约国家会议的一个最好的注脚和讽刺,也是对蒋介石执迷不悟的头脑的一付疗效最佳的清醒剂。

淞沪会战从1937年8月13日起至11月8日蒋介石下达全线撤退的命令止,历时近百日。这次会战,是中国军队首次用大规模集团军作战的方式对抗日本侵略者。在这次会战中,中国方面共投入20个军,50多个师,加上中央军校教导总队、税警总团和部分省市保安团队,共计70多万人的兵力,伤亡20余万。日军先后投入2个军,海军陆战队和陆军部队14个半师团以及其他直属特种部队,总计兵力近30万人;动用各种军舰近百艘,飞机400余架,大炮300余门,战车三四百辆,伤亡6万余人。

淞沪会战结束后,日军开始沿长江一线由东向西推进,中华民族反抗日军侵略者的斗争由长城内外发展到大江南北,中国的全面抗战开始了!

雄关荡寇

——平型关大捷纪实

郑纯方 著

图1 毛泽东、朱德与美军联络人员合影

图2 八路军在接受彭德怀副总司令的检阅

图 3　八路军向平型关转进

图 4　八路军战士在点收获的战利品

1. 奇兵出城关

万里长城,蜿蜒向西,至山西省灵丘县境内修筑了一座关隘。这就是著名的平型关。它于崇山峻岭之间,背依晋冀而直面塞外,迎送着无边的风尘岁月。

平型关——华北西部一道雄伟的屏障。

平型关——华北西部一条重要的通道。

若不是抗战之初中日两国军队在这里展开过一场喋血大战,谱就历史的慷慨悲歌,若不是英雄烈士的鲜血浸染了关外乔沟的山岭泥土,使关口的阳光始终辉映着凝重的血色,平型关也许至今仍平庸无奇、鲜为人知。

骑在马上的林彪,多少有了点威武。这位身经百战的红军战将,似乎永远和高大威猛无缘,总是显得瘦削了一点。他回头望了望平型关和不断通过关口的队伍,心中很欣慰,一一五师的官兵们终于可以实现抗日救国、血染疆场的誓愿了,而且这一天的确来之不易。

这是 1937 年 9 月下旬,距离"七七"卢沟桥事变、日军企图侵吞整个中国的日子仅仅过了两个多月。此际,塞外已是秋霜时节,寒意渐浓。

林师长的面色十分平静,他是个从不把喜怒哀乐写在脸上的人。但他的心里的确不无感慨。

时光不会在任何一刻定格,记忆却随时可以让时间暂停。他是想起了"西安事变"的和平解决?还是想起了 3 月下旬在西子湖畔周恩来与蒋介石开始的历史性对话?是想起了 7 月 17 日蒋介石在庐山宣布中国对日宣战?还是想起了红军改编成国民革命军第八路军那令人激动又痛苦的时刻？也许，这一切都想到了。但确切地说，他想到的是这次东征和出关御敌。

2. 告别红军帽

林彪清楚地记得红军改编那历史的一幕。

大敌当前，民族危亡压倒一切。国共两党达成了联合抗日的协议。据此，1937年8月22日，南京国民政府军事委员会宣布红军主力部队改编为国民革命军第八路军，并设总指挥部，下辖3个师，每师1.5万人。8月25日，中共中央革命军事委员会正式下达改编命令：中国工农红军第一、第二、第四方面军及陕北红军等部改编为国民革命军第八路军，朱德任总指挥，彭德怀为副总指挥（9月12日，按全国战斗序列，改称第十八集团军正、副总司令），参谋长叶剑英，副参谋长左权，政治部主任、副主任任弼时、邓小平。八路军下辖一一五、一二〇、一二九共3个师以及总部特务团等，每师下属两个旅、1个独立团或教导团以及3~5个直属营。林彪被任命为一一五师师长，副师长为聂荣臻，政训处主任罗荣桓（10月，根据中共中央的命令，恢复了政治委员制度，政训处改为政治部）。

出于民族大义，红军同意改编。命令好下，换了旗帜和帽子，就可以走上抗日战场。可当这一时刻真的到来之时，红军将士将表现出怎样宽广的胸怀和巨大的心理承受能力啊！军帽上那颗闪闪的红五星曾经是红色政权的象征；而今，摘下红五星，站在蒋委员长的旗帜下，那是抗战的需要。

本来，抗日上前线，是红军战士梦寐以求的愿望。可当上级发下缀有"青天白日"帽徽的帽子时，竟然谁也不情愿换上。有的红军战士领到帽子后，不是揣在衣兜里，就是扔在一边，走来跑去，常常光着个脑袋。戴了多年的红军帽不让戴了,从干部到战士,心里确实都非常难受,沉甸甸的,觉得不是滋味,有不少战士一阵阵的长吁短叹。能怪战士们吗?这个历史的弯道转得太急,太陡,太让人心里不好接受。我们是红军,戴上这玩意儿,还有什么脸面回去见江东父老!参军是为了打"白匪",打倒国民党反动派,可打来打去,我们也成了国民党了,成"白军"了。蒋介石杀了我们多少红军战士和共产党员?逼着我们爬雪山过草地,几万人只剩下了几千人。这仇,这恨,怎能消……

六八七团团长张绍东和团参谋长兰国卿也想不通,心里也憋着一股闷气。张绍东摘下红军帽,这位英勇善战的红二十五军的老兵眼圈红了。他说,为了抗日,我们无话可讲换帽子就换吧,老天爷作证,红军战士无论戴什么帽子,他们的心永远是红的!他的话音一落,有不少战士心情沉重地摘下了红军帽,纷纷抹了一把苦涩的泪水。

宁为抗日死,换帽何足论,热血流尽时,依然是红军。

战士们相信党中央,相信毛主席,相信上级,而且他们都深明抗日的大义。一旦明确了自己为民族未来肩负的责任,个个都表现得坦坦荡荡,义无反顾。

3. 战士推火车

改编后的八路军,举行了抗日誓师大会,并立即开赴抗日前线。

林师长和聂副师长作了简短的动员,一一五师便从陕西省三原县桥底镇出发。一路上,行军的速度很快,经富平县、蒲城县、合阳县后,到达韩城县的芝川镇。队伍将在这里渡过黄河天险,时间又很紧迫。

那时正逢雨季,黄河水急浪高,波涛翻滚,全部人马均需乘木船渡河。多亏船工水手操作熟练稳妥,部队也严守渡河纪律,全部顺利地渡过黄河,没出什么事故。有人说这是天助八路军东渡抗日,才有这神兵越天险。

过河后,八路军便进入山西省的河津、万荣县一带集结。离渡河处不远就是汾河水汇入黄河的入口,为便于行军,部队沿汾河而上,向同蒲路进发。

这支突然出现的整齐威武、斗志昂扬、纪律严明的部队,犹如黑暗中的一缕明光,给人们带来了希望。沿途群众争相传告,扶老携幼纷纷到路两旁观看部队行军,欢迎八路军的到来。同蒲铁路沿线大小车站,欢迎八路军的学生和群众彻夜不断。目睹了国民党军队的节节败退,他们无不把打胜仗的希望寄托在有如神兵自天而降的八路军身上。

行进途中,有的战士问:"这里离汾河湾有多远?"山西籍的战士便回答:"前面不远就是唐朝征西大元帅薛丁山当年在汾河湾打雁的地方。"这个传奇历史故事,很多战士听说过。于是有战士说:"我们北上抗日比那时的抗敌更威风呀!"有人接过话茬说:"说得好,历史在不断前进嘛。"

部队沿汾河下游而上,很快到了晋南重镇侯马车站。尔后开始乘火车北上。许多战士没坐过火车,甚至有的还没见过火车,能坐火车去抗日,激动之情是难以描绘的。列车开进到太原至忻口之间,因铁路路基坡度太大,又满载超重,爬不上坡去,火车头呼哧哧喘着白气。这时,徐海东旅长下了一道命令:"车上的人员迅速下车,一起动手把列车推上高坡。"

日寇的飞机在头顶盘旋、扫射、轰炸,到处弥漫着尘土、硝烟和火药味儿。

阎锡山想独霸山西,挖空心思地想了许多办法,在交通方面更是费尽心机。他把山西的铁路改成窄轨,与外省不一样,路基也不平,火车像老牛破车,走走停停。这很容易使人想起慈禧太后把火车当怪物推入大海的传说,相比之下,阎锡山毕竟还是进步了不少。

战士们喊着口号,一起用力推火车,火车缓缓地爬上了高坡。其情景被不少群众看见,一直流传成一段八路军东渡抗日的神奇故事。

天黑时,部队到达太原车站。群众把成桶的水抬上车厢还有烧饼、馒头、鸡蛋,硬往战士们的手里塞。有人呼口号,有人唱起了《九一八小调》:

高粱叶子青又青,
九月十八来了日本兵。
先占火药库,后占北大营,
杀人放火真是凶。
中国军队有好几万,
恭恭敬敬让出了沈阳城。
……

后来,青年学生们又唱起了《松花江上》那首歌,唱得声泪俱下,唱出了将士们的满腔热泪。他们当中有不少曾经是少帅张学良所部的东北军弟兄啊!

人民盼望着抗日,盼望着抗日的队伍早日开上前线。尽管他们眼看着国军松松垮垮南去西逃,今日却终于盼来了东渡抗日的队伍——八路军。民众心中燃起了希望之火和复仇之火,战士们更握紧了手中的刀枪。

4. 阎公赞周公

卢沟桥的炮声似乎并未把国民党政府彻底震醒,仍一相情愿地以为日本不会全面进攻中国,仍然坚持妥协、反共的政策,因此密令驻守北平的宋哲元以地方事件处理。但日军的胃口很大,步步向宋哲元进逼,北平危在旦夕。宋部起而应战,所有的枪口喷出愤怒的火焰。全国为之振奋,一致支持宋哲元,坚决要求抗日,呼声日高。

日军有着自己的侵华战略,占领丰台之后,即向平绥西线进军。南京政府这才有点儿心神不宁了。1937年8月1日,阎锡山奉蒋介石电召飞往南京参加军事会议。国民党政府已经摆出抗战的姿态,蒋委员长在表示对日抗战时似乎也找到了中国抗战领袖的感觉。他任命阎锡山为第二战区司令长官,全权指挥驻山西、绥远的部队,进行抗战。晋绥军编为两个集团军:第六集团军总司令杨爱源、副总司令孙楚;第七集团军总司令傅作义。当时尚有蒋系部队汤恩伯部驻绥远,编为第十三集团军。共产党领导的八路军,改编为第十八集团军,总司令朱德兼任第二战区副司令长官,挺进华北前线,与国军联合抗日。

既言抗战,就需有个姿态。从反共老手到晋绥抗战的第一号人物,阎锡山也很快转过弯子。他立刻将自己的行营布置在雁门关西面的岭口,要亲自指挥作战。当时晋绥军在长城一线多次与日军展开战斗,多是不抵抗日军而败退。汤恩伯部在南口与日军激战,陈长捷部从其右翼截击敌人。鏖战数日,伤亡惨重,尸横遍野,硝烟久久不散,终因敌强我弱,加上斗志不坚,南口失陷。日军自8月15日侵入长城以内。

日军侵入南口后,除以本间旅团一部沿铁路线西进外,大部分兵力尾随卫立煌、汤恩伯部之后进入山西。以酒井旅团向怀来、涿鹿、蔚县进犯,以铃木旅团向宣化进犯。9月11日占领蔚县,直逼广灵。守广灵的是晋绥军第73师刘奉滨部。刘奉滨师在广灵与灵丘之间与日军接战,刘师长负伤,部队损失很重,被迫退入平型关以内整顿。

阎锡山在岭口时八路军高级领导干部周恩来、彭德怀、彭雪枫等,曾去行营会晤阎长官,他们进行了长时间的谈话。话语虽很平和,但也是对抗战形势的理性论辩。阎锡山注视着侃侃而谈、风度翩翩的周恩来,心中十分感慨。这位解决西安事变的风云人物,"周蒋谈兵"时纵论敌我形势令委员长佩服的人物,果然出语惊人,非同凡响。周公微笑自如地说,目前虽然是敌强我弱,但只要我们动员全民,团结奋斗,就可以削弱敌人的力量,增强我们的力量,打败日军,收复失地。"我相信阎司令长官一定会有真知灼见的,也一定会坚持抗战直至胜利的。"阎锡山不住地点头。行营内外一片寂静,连门外的卫兵也想听听周先生的宏论。阎请周公写一份第二战区的作战计划,周恩来只用一天时间就写成并送来。阎锡山看了,十分惊异、赞佩,连说:"写得这样好,这样快,如能这样打,则中国必胜。"

从那天起,阎锡山又摆出一种姿态,每日早晨约周恩来一起去办公,并通令全军学习八路军的方法,安排好军事计划,组织好每一次战斗。

5. 日寇遇克星

战争的双方,尽管处于对垒状态,但其实是各有各的思想,各有各的战略和战术。

　　日军长驱直入，一直快到达平型关了，也没有打什么硬仗，有几仗虽然可以说是战斗激烈，但并未遭到真正有力的抵抗。日军正处于胜利的骄兵心态之中。当然，日军自恃具有优良装备和雄厚的军事实力，正按照自己的狂妄侵略计划，不可一世地迅速向前推进。如有可能，他们真想一口就把偌大的中国吞到肚子里去。

　　日军第五师团长坂垣征四郎中将决计使用第一线的五个大队，大胆地实施右翼迂回。9月21日，他下达了作战的命令，命令第二十一旅团旅团长三蒲敏事少将，指挥步兵、野炮兵各一个大队，连同在灵丘的两个大队沿灵丘——大营镇大道一线从正面挺进平型关；命令第二十一联队联队长粟饭秀大佐，率广灵方面的两个大队，从浑源经西河村、山道沟、涧峪村，进攻平型关西部地区。十分明显，日军这个行动的第一步，是迅速击败灵丘至大营镇之间的晋绥军，一举夺取平型关，随之实施追击，向山西纵深迂回。

　　没有理由说日军的此步战略是一个梦想。如果不是遇到了林彪和一一五师，日军的梦想就可能变为现实。林彪是日本侵略者意想不到的克星。

　　此时，阎司令长官已经被逼到悬崖上，不抵抗无异于把山西拱手让给日本人，他如何甘心！于是，他按照自己的决战设想，调整军队部署，以实现他决战胜利的目的。在平型关正面，以第六集团军总司令杨爱源（由孙楚副总司令负实际指挥之责）指挥第三十三军、第十七军，布防于平型关、团城口南北线上，右起五台山东北，排列独立第三旅、第七十三师、独立第八旅迄平型关正面；北垣团城口，并列第十七军的第八十四师和第二十一师。阎锡山要求这些部队首先据险阻敌，尔后主动向南转移，隐入五台山，为南机动兵团，伺机出击。在北侧雁门山，以恒山、雁门山为屏障，除第十五军控制于恒山外，以第三十四军布防在北娄口、大小石口、茹越口之间，重点置于茹越口。以第十九军右连第三十四军，扼守五斗山、马兰口、虎峪口、水峪口至雁门关、阳方口间的一线阵地,重点置于代县、雁门关之间。第三十五军控制于阳明堡,对雁门关作重点策应。在砂河及繁峙城之间的决战地带,以独立第二〇〇旅残部在砂河镇东占领广大正面阵地,逐次抵抗从平型关方面侵入的日军,并诱其深入向繁峙城。以预备军在繁峙城的南北线上布防,以五台山的北台顶、繁峙城垣、恒山顶为支撑点,吸引敌人于主阵地前,以利于南、北机动兵团的夹击。第三十五军作为机动兵团,由傅作义指挥,从繁峙北翼展开。待二〇〇旅将敌诱至繁峙主阵地前时,南、北机动兵团立即对敌发起围攻。第三十三军的第八十五、第七十三两师,抄袭平型关,截断敌人的后方联络。

不能说阎锡山与日寇在山西决一死战的设想不好,也不能说他的上述计划、部署有什么不妥。阎锡山自己就十分得意,自诩为"布好口袋阵,让敌人进得来,出不去。"怎奈何晋绥军士气不振,不敌日军的锋芒锐气。所以,传到行营的皆是晋绥军败北的不幸消息。阎锡山颓然坐在椅子上,一筹莫展。

林彪率领一一五师的人马开上来了,多少算给阎锡山注射了一针强心剂,挽回了一点面子。但他心里清楚,一个师太少了,如果有10个师甚至15个师,就可以让日本军队尝尝节节败退的滋味,直至滚出中国去。

八路军东征与北上,可谓出了一支奇兵。中国不可能像面团儿一样任人揉来捏去,在黄河以西正隐蔽着精锐兵马,用在刀刃上的当然得是块好钢。

一一五师神兵天降般地兵临平型关,向乔沟一线的山岭阵地疾速进发。历史老人已听到了激战前的风声雨声。

6. 林氏三兄弟

历史老人似乎很慷慨,给了林彪一方展示军事才能的特别舞台。

依照国共双方联合抗日的协议,八路军下辖一一五、一二〇、一二九3个师。三位师长依次是林彪、贺龙、刘伯承。这其中,林彪统帅的一一五师是由红一军团和红十五军团重新组合而成的,以人数最多、战斗力最强而著称,它的三四三、三四四旅、一个独立团和三个直属营的建制,兵力达1.5万人之众。一一五师实际上成了一枝独秀的中共王牌军。

说来无巧不成书,林氏共有三兄弟,林彪(育容)和林育英(即张浩)皆为将星。一个领衔一一五师师长,一个就任一二九师政训处主任。若林育南不英年早逝,当也是一员英武将才。怪不得毛泽东和他们兄弟开玩笑说道:"假如林育南还健在,干脆八路军这3个师都由你们林家包了!"诙谐之中不无赞赏之情。林彪也笑道:"那可真是上阵父子兵,打虎亲兄弟了嘛!打打东洋这只猛虎。"

7. 洛川论战策

副师长聂荣臻始终像一位宽厚的兄长,是一位异常细心并且善于把握时机、局势的指挥员。他与林彪相知很深,战场上配合默契。

八路军出征之前,华北战场已经乱套。国民党军队抵挡不住日军的进攻,兵败如山倒,纷纷溃退。八路军将采取什么策略重挫敌人的锐气,稳定军心民心,已迫在眉睫。

为此,党中央聚会于洛川。洛川,北距延安90公里,南去国统区10公里,处于西安和延安之间。选择洛川开这个会,便于军队负责人参加。林彪是在延安抗大卸任赴一一五师就职途中接到开会通知,直奔洛川的。

20余位中共要员要讨论八路军出征的战略方针。

毛泽东主张,对付日本侵略者不能局限于国民党作战的那套老办法,硬打硬拼等于以卵击石。我们的子弹和武器供应跟不上,打了这一仗,打不了下一仗。因此,还应是开展独立自主的山地游击战争。

而且,毛泽东的目光总是比别人看得更远,深谋源自远虑。在这方面,他神奇如魔术师,准确赛预言家。他的这种走在历史前面的超前意识,曾被人讽喻为"军事虚幻"和"战争梦呓",然而却一次次被后来的事实所证明。

彭德怀主张打运动战和歼灭战,说话时还是横刀立马的大将神韵。他说咱八路军只要有20万人的队伍,有国民党嫡系部队那样的装备,再加若干炮兵,凭险防守,伺机出击,日本人是攻不进山西的。事后,彭总承认这乃是一种轻敌速胜思想,战争不是逞能。

素以善打运动战著称的林彪,也成了彭总的"同盟军",又一次站在他的老师的对立面,不同意打游击战。林彪自有道理:"内战时期,我们可以整师整师地消灭国民党军队,日本人又有什么了不起?可以考虑以运动战为主,搞大兵团作战。"林彪尽管聪明过人,也毕竟太过于理想主义了。八路军有战斗力不假,但装备距现代化甚远。

聂荣臻静听为主,发言为辅。他希望折中一下。毛泽东的"游击战"多少有些以不变应万变,彭、林的热情虽高但失之偏激,又多少有些冒险。

择善面调整之。4天会议下来,毛泽东将八路军的作战方针确定为:基本的是独立自主的山地游击战,也不放弃有利条件下的运动战。这正中聂荣臻下怀。

挥手别洛川。林、聂立即策马赶赴部队,两人都感受到了肩负的历史使命何等沉重。8月下旬,一一五师分为两个梯队进入山西境内,利剑直指平型关,对日作战。

8. 胜败谁人定

适逢黄土高原的雨季来临。暴雨普降,延绵不断。从洛川到西安的路上一片泥泞,马蹄之下泥浆四溅,林、聂两人赶到西安时,浑身透湿,泥浆弄得面目皆非,禁不住相视,大笑。

聂荣臻因需要而在西安小停几日。林彪继续东行,搭火车至潼关,然后乘木船破浪渡过黄河。雨季的黄河,浊浪排空,铺天盖地而来,龙吟虎啸而去。渡船在激流中,人马随之浮沉于波山浪谷,实在动魄惊心。只有身临此境,渡河者方领略得到黄河的雄浑浩壮、气吞万里的气概。林师长居浪峰而遐思,即将到来的大战正似这般石破天惊,伟哉!壮哉!

踏上黄河对岸就是山西风陵渡口。这里已是一片喧嚣混乱。一路上;林彪仆仆风尘,终于在9月上旬赶到了太原,与一一五师的先头部队三四三旅会合。

林师长率领三四三旅由太原、原平向灵丘急进。沿途所见,触目惊心。国民党的败兵一批又一批,像潮水一般漫下来。他们用步枪挑着弹药和抢来的包袱、鸡子什么的,无精打采,惊魂难定。

看到一一五师大步流星向前线开去,国民党士兵惊奇得睁大了眼睛。

一段对话,为历史作注:

"你们为什么退了?"

"日本人有飞机坦克,炮弹比我们机关枪子弹还多,不退下来去送死呀!"

"当兵还怕死?"

"别吹牛皮,上去试试,炮弹没长眼睛!"

"你们究竟打死了多少日本鬼子兵?"

"我们还没见着鬼子兵啥样哩。"

"为什么不和敌人拼一拼?"

"找不到长官,没有人指挥,怎么打呀!"

就这样,雨洒原平一带,国共两支部队不断地擦肩而过。一一五师官兵心里憋足了一股劲,冒雨挺胸向北走,国军松松垮垮朝南退。一路上,一一五师倒是拣了不少友军丢弃的武器弹药。战士们哈哈取乐,说友军虽然让鬼子吓破了胆,支援咱们还算大方嘛……

林彪紧锁眉头,心中深深忧虑。日军步步进攻,气焰正炽,国军又兵无战心,将无斗志,成了溃堤之水。路上拥拥挤挤,挤挤拥拥。从国民党败兵中传出来的"恐日病",像传染病一样亦侵蚀到八路军队伍中。战士中就有人在低声议论:"日本鬼子厉害呀!他们枪法好,闭着眼睛也能把电线打断!""坦克车厉害呀!浑身都是轱辘,打翻了,还能跑!""国民党几个师都完了……"不能让他们散布的失败主义情绪涣散我军的斗志。"改走小路,避开他们!"林彪一声令下,部队很快进入雨幕,加快了行军速度。

9月上旬,聂荣臻离开西安,赶上了师后续部队,即由徐海东率领的三四四旅。中旬,聂荣臻驱车至原平,询问师长的位置。师司令部参谋人员告诉副师长:"林师长已到灵丘以南观察地形去了。"聂荣臻立刻带一一五师师部和三四四旅取山间小路,急如星火地追赶先头部队。

正是:战心切,平型关外西风烈。

9. 坂垣誓夺关

坂垣征四郎站在军事地图前,手指在平型关处重重地点了一下。车转身,嘴角上挂着一丝轻蔑,平型关似乎已是他的囊中之物,中国军队不堪一击,何足惧哉!

他很骄狂。这狂气不自今日始。

这位傲然走出日本陆军士官学校的"一夕会"的骨干成员,东北柳条湖事件的阴谋策划者,日本关东军参谋长、代司令长官,是少壮派,以战无不胜的英雄自居。

日军在西线的进攻节节胜利,坂垣怎么不得意非凡?怎能不激发起心中的扩张之梦?至少,他可以引第五师团很快打过黄河西岸,到黄土高坡上去兜兜中国的西北风了。

当然,坂垣不能算是利令智昏。

根据北面平绥路、南面平汉路的有利战况,坂垣将其部队的一部以一两个大队为单位,向西向南对附近的中国军队第七十三师进行攻击。该师团司令部及第四十一联队驻于蔚县;第九旅团驻于蔚县东南的西柳林,作向保定进攻的准备;第二十一旅团驻于广灵。经扫荡出击之后,第二十一旅团一个联队的两个大队于9月16日占领浑源。第九和第二十一旅团各一部于9月20日占领了广灵西南约90公里的灵丘。

日军虽然胜利进军,但也并不轻松。

蔚县西南的松树山上,是国民党第七十三师师长刘奉滨的部队,正顽强地抵抗着日军第五师团的进攻。战斗异常激烈,七十三师伤亡很重。刘奉滨师长也中弹,于血泊中负了重伤。七十三师悲壮地败北。

于是,坂垣也多少感受到了中国军队愤怒的力量。

得到侦察报告,坂垣心里有点发沉,虽然只是瞬间的感觉。他知道了中国第二战区在平型关一带正集结部队,以阻止其前进。坂垣是明智的,为整体战略计,必须解除西面的威胁,遂于9月21日令二十一旅团旅团长三蒲敏事率第四十二联队的第二大队、野炮兵一个大队,连同在灵丘的两个大队,向西攻占平型关及其以西的大营镇,并消灭该地的守军,控制通向太原的必经要道;又令在浑源的两个步兵大队,从平型关以北的山道沟进攻长城后,继续向西南的大营镇进攻,以策应三蒲盼三个步兵大队、一个炮兵大队的作战。应该说,坂垣的这个作战计划并不是个下策。但由于他的心里燃烧着大日本皇军不可战胜之火,不知道出现在他眼皮底下的是一支神勇无比的"红军"部队,不知道这支部队会有多大的战斗力,因此在他看来,这支部队充其量也不过是又一个七十三师罢了。

坂垣选择平型关作为他的迂回路线,自有他的道理。此处是山西和河北交界的地方,是个比较薄弱的环节。他自带队进攻华北以来,遇到的都是不战自退或经不住一打的国民党军队,气焰自是骄横无比。他在判断上出现了一个似乎不应有的失误,以为八路军不可能这么快地东渡黄河,根本没有估计到平型关前会有他啃不动的硬骨头,会有一场喋血大战,并记下他历史的耻辱。

10. 苍山待布阵

整个行军计划是林彪率一部在前，聂荣臻率一部在后，马不停蹄地直逼平型关。

林彪师长亲领三四三旅先行一步到达平型关东南的上寨镇。部队暂时停歇待命，林彪连气也未长喘一口，就扬鞭策马来到平型关至灵丘之间察看地形。跟随他同去的有旅长、参谋长和他的警卫员杨兴桂。

爬上乔沟一带的山岭，好一派苍山如海的气势。

横贯平型关东西的是一条十几里长的公路，像一条土黄色的带子缠绕于山间，两边都是峭壁高山，难以攀登。途中只老爷庙前有一个缺口通往山上。大家都屏住呼吸，静观这险峻的山势，猜想着师长在如何运筹这场战斗。凭直觉，几位指挥员都明白在此打阻击乃是天助我也。

林彪静观山势地形，一言不发。别人悄声议论点儿什么，他也仿佛没听见。他喜欢思考，喜欢思考成熟了再简明扼要地说出自己的见解，而那往往便是一个不容更改的重要决策。

他说话了："如果阻住正面路口，截断敌人的增援，将部队埋伏在公路两侧的山地里，在缺口处的高地上设置重兵，公路上的敌人就是瓮中之鳖了。"说话时，他的目光久久地盯着老爷庙的地方，思索着在此如何埋伏重兵，让日军无处可逃。

返回上寨镇营地时，聂荣臻副师长已率领三四四旅赶到这里。林彪问情况怎么样，聂荣臻告诉他部队都已带上来了。副师长问："前面的情况如何？"师长说："敌人的大队人马正向平型关方向运动。这里的地形不错，看来可以打一仗。"接着，林彪摊开地图，和几位参谋一起,把平型关周围的地形和初步的作战设想介绍了一下。

"聂副师长,谈谈你的看法。"林彪征求意见。

聂说:"我看可以在这里打一仗,居高临下伏击敌人,这是很便宜的事。现在不是打不打的问题,而是考虑怎样打得好。这是我们同日军的第一次交锋,全国人民都看着我们。这个仗必须打好,打出八路军的威风来,给全国人民的抗日情绪来一个振奋!"

"好,抓住机会干他一下!"林彪战心已决。

在平型关大战一场的计划,就这样拍板定案。当时的作战计划,前线指挥员有权根据情况决定。好打就打,事后报告一下即可;实际上,事先请示也不可能,在等待指示中可能贻误战机。

11. 伏兵扼强敌

战前动员会有一一五师的全体干部参加。大家很快到了上寨镇小学的土坪上,表面上都很平静,但心里都揣着一团渴望杀敌卫国的烈火。

林彪师长已经等候在这里。他和各团的干部一一握手,握得坚定而有力。见过林彪的人都有印象,身材瘦削,脸形稍长,两道眉毛又浓又黑,像用炭墨勾画出来似的。一双眼睛ını明亮,闪烁着镇定自若的光芒。为将帅者,一言一行,一举一动,都会是无形的感召。看到师长的这副神态,干部们备受鼓舞,坚定了战则必胜的信念。大家对师长充满信任与敬佩,知道他是从不打无准备无把握之仗的。即将到来的这一场硬仗,早已在师长的运筹帷幄之中。

动员会上,林师长首先讲话,把战局和敌情做了详细的分析介绍。他似乎满怀着从未有过的激情,号召大家:"同志们,中华民族正经受着巨大的考验！我们共产党人，应当担当起，也一定能担当起这救国救民的重任！"他声音激昂慷慨，字字句句有着斩钉截铁般的力量。

接着，他挥着拳头下达命令说："我们要在日寇进攻平型关时，利用这一带的有利地形，从侧后猛击一掌，打一个大胜仗。给敌人一个打击！给友军一个配合！给人民一个振奋！"

林彪的话音刚落就接到驻平型关的国民党晋绥军发来的电报，电文中说："日寇先头部队已接近平型关。"林师长看过电报后，立即派出侦察部队去摸敌情，然后有条不紊地部署战斗任务，将伏击敌人的具体方法与步骤向到会干部作了详细的交代。

聂副师长又简要介绍了日军由灵丘西进的情况。干部们的情绪犹如干柴起火，热烈异常，个个摩拳擦掌，准备打一个大胜仗，准备血洒长城，将敌人埋葬在关外山谷。

具体战斗部署是：独立团和骑兵营插到灵丘与涞源之间、灵丘与广灵之间，切断敌人的交通线，阻止敌人增援；以三四三旅两个团为主攻，三四四旅一个团到平型关北面断敌退路，一个团作师部的预备队。攻击部队全部在平型关东侧山地埋伏，准备猛烈打击敌人。

聂副师长着重强调了为什么要打这一仗，为什么必须打好这一仗的重大意义，并且向各级党组织提出了要求。这位林彪的老师和老搭档，依然是政治委员的风度。

会议开完已近傍晚，师的主力连夜开赴距平型关东南约20华里的冉庄待命。

抓紧这个空隙，聂荣臻也带人到前边察看了地形。

12. 林彪从军行

最熟知林彪的，莫过于聂荣臻了。瞧着林彪看晋绥军电报的神情，聂荣臻仿佛回到了黄埔军校的年代，回到了与他共同统帅部队穿过枪林弹雨的岁月。

1923年，16岁的林彪（本名林育容，学名林彪）参加了社会主义青年团，第二年国共实现第一次合作。孙中山和李大钊巨手相握，谈笑风生中，黑暗的中国长空，透出了一线曙光。

是年5月，国民党在广州黄埔创立了军官学校。后来黄埔军校驰名于中外。不仅共产党高级领导人周恩来、恽代英、鲁易、聂荣臻、叶剑英、萧楚女和阳翰生等人，都在军校担任要职或教员，而且培养出一大批优秀的军事指挥人才。

1927年元旦过后，林彪进了黄埔军校，并且加入了中国共产党。

好景不长，军校里国共两大势力，犹如水火，难以相容。蒋介石早已手握刀柄，伺机向共产党人举起屠刀。一山二虎，必将分庭抗礼，只差一条导火线了。

4月初的一天，夜幕如漆。政治教官聂荣臻把林彪叫出来，两人一前一后慢慢走在田埂上。

聂问："说话间就要毕业了，你看当前的形势怎样？"

林说："我看我们是两面受敌的处境。"他分析，各省的军阀是明摆着的敌人，另一个敌人在内部，说不定什么时候就会兵戎相见，此所谓暗箭难防。

"对！"他比林彪大几岁，是教官也是党支部负责人。他拍拍林彪的肩膀说："你的看法很对，我们不能马放南山，刀枪入库，高枕无忧。眼下是剑与火的时刻,有可能发生突然的事变。"顿了顿,又说:"兵贵神速,事不宜迟,你明天就到叶挺团里报到,那是我们党领导下的一支军队,万一发生不测,那就是我们的主力军。你要好好干,别忘了自己是个共产党员,要高标准严要求。"

林彪说了声"教师你放心",第二天就起程而去。

他在叶挺的独立团里当了一名排长。后来他又参加了南昌起义,上了井冈山。有人说,他曾发过牢骚,曾怀疑井冈山的红旗到底能打多久。有人说,他曾一度犹豫彷徨,看不清方向,离开了革命队伍。人的一生,有时很难一语论定。有对亦有错,有成功亦有失败,有坚强亦有懦弱。林彪,大约也无由例外。

毕竟战斗频繁,毕竟在炮火硝烟中出生入死,毕竟战争如大浪淘沙,锻冶着时代的英才。林彪年轻,有灵活机动的指挥才能,仗也让他越打越精,于是便在战火中脱颖而出。1930年2月,23岁的林彪被破格提升为红四军的军长,少年壮志,便指挥得千军万马。比他大4岁的罗荣桓任政治委员。红四军接连打了不少胜仗,声威大震。在毛泽东和朱德的心目中,林彪年轻有为,又足智多谋,这样的将帅之才实在不可多得。25岁时,他已登上军团长宝座,与长他7岁的聂荣臻共同指挥红军主力。

可以说,林彪年纪轻轻即已战功卓著,后来竟有了"常胜将军"的称号。仅在著名的草台岗战斗中,林彪就率部一举歼灭国民党王牌军第十一师。仗打得机智、顽强,让对手威风扫地,无可奈何。连蒋介石也失态惊呼:"此次挫败,凄惨异常,这是没有料到的……"他们不得不承认,林彪有出奇制胜的指挥才能。

生活中出乎意料的事情也实在太多。

蒋介石同样无法预料到,国共两党联合抗日、红军改编为国民革命军以后,林彪和聂荣臻又成了他麾下的两员功勋战将。此事应了一句俗语:三十年河东,三十年河西。

13. 面壁对地图

"警卫员,旅团干部都到齐了。走,我们再一同去看看地形。"林彪对杨兴桂说。

杨兴桂答应一声"是!"看着眼前的师长,他禁不住想笑。师长叫人不知从什么地方找来一件老百姓的破大褂,腰间扎了一条布腰带,头上再扣一顶山西老毡帽。这么一打扮,倒挺像当地的一个普通农民。

师长特别交代:咱们都是外地人,话语口音容易暴露目标。乔装打扮一下,好让战斗部署更隐蔽,神不知鬼不觉。

大家步行爬山,谁都不骑马。尽量不出声,绕开本地人。山又陡又滑,爬了一阵子又累又饿,就坐下来休息,看来需要吃点东西。吃什么呢?有人发现山腰里有一片土豆地。师长笑了,问大家吃过山西的生山药蛋没有,今天咱们品尝品尝如何?说罢他抠出一个土豆,用泉水冲洗一下,吃得又脆又香。旅团干部和警卫人员都觉得这个办法因地制宜。人一饿狠了,吃生土豆也胜过吃山珍海味。林彪吃着土豆,却忽发奇想:等革命胜利了,说不定将来国宴上会有这道菜!不过那也是当了皇上的朱元璋想吃珍珠翡翠白玉汤,不是今天的原汁原味了。

师长看地形很仔细,不时与旅团干部交换看法,这里可放机枪班,那里隐蔽效果好。对于一个指挥员来说,战前哪怕有一个微小的疏忽,都可能让战士们付出鲜血与生命的代价。

对于这一带地形,各部应在什么位置上,大家基本上已经心中有数。看过地形回来,天色已经很晚。大家感到有些疲劳,各自回去睡下。这一觉睡得分外香甜,有人梦里还在大吃大嚼生土豆哩。

林师长一直没有睡,一个人站在地图前久久地沉思,红蓝铅笔不时地在地图上作个记号。他思索着仗一旦打起来,敌人有可能怎样布阵,怎样抵抗,而我们还有哪些细节问题没有考虑到呢?

两道浓眉恰如乔沟两侧的大山,凝聚了比大山还要沉重的责任。灯光,把他的身影映在土墙上,像有谁为他剪下的一幅肖像。那是一个信心的标志。

不知从哪一天起,冲着墙上的地图立而面壁,一站就是几个小时,像一尊特型的雕塑,已经成了林彪独具风采的个性动作。那情形,那神态,很容易使人联想起嵩山山洞里那个面壁的达摩和尚。

第三次实地观察,就正式确定了各部队的具体伏击位置。师指挥部与各旅团指挥所以鼎足之势设置,便于协调呼应和构成阵地的稳固。轻重武器的配备、出击的先后顺序——安排停当后,林彪与聂荣臻才相视一笑;算是为坂垣师团二十一旅团准备好了"欢迎仪式"。

晚上,林师长破例没有对着地图面壁。他太累了,心弦也绷得太紧了,必须放松放松,好好休息一下。他安安静静地睡下了。不知是神经衰弱,还是用心过度致使脑供血不足,他的头上还戴着一副健脑器,像在听收音机一般。

黎明之前,天色最黑暗。

大战之前,大地最寂静。

临战之前睡得着觉的人,才有大将风度。

他睡着了。他的部下可在铺上翻开了"烧饼"。李天佑团长就是一个。他的心在被渴战的激情燃烧着,硬闭上眼睛还是睡不着。只有找个人聊聊去了,对,就找师长去,也顺便问问有没有什么新情况。副团长杨勇开玩笑,说他好像没打过仗似的,沙场老将了,怎么还这样紧张?他说,跟日军对阵还是大姑娘坐花轿——头一遭吃。

走进师长的房子,他止住了脚步。师长正在安静地休息,头上仍戴着健脑器。林彪的身体很弱；加上日夜忙累操劳，干部战士都替他担心，怕他累垮了。那张供师长"面壁"的军用地图还挂在墙上，李天佑瞧着上面的红蓝铅笔印记，心中十分感慨：它们已决定了敌人失败的命运。

　　他的脚步声还是惊动了师长。林彪坐起来，明白了他的来意，笑道："人家都说你和我长得差不多，性格也比较相近，那应该睡得着，做一个打胜仗的好梦才对呀！"李天佑也笑了，问："师长！有新情况吗？"师长说："按原定计划执行，有情况我会立刻通知你们。"

　　话虽简短，李天佑却吃了颗"定心丸"。

　　师长让他坐下来好好谈谈仗怎么个打法。他不想让师长跟着"闹心"，便告辞走了。

14. 千钧一发时

　　9月24日，东面灵丘方向传来断断续续的枪声。坂垣第五师团二十一旅团来得好快。来意十分明显，敌人想尽快抢占长城隘口平型关，再将其黑手伸向太原。这只来自北海道的狼，张牙舞爪，野心勃勃，杀气腾腾。

　　前沿部队报告说，敌人有可能在第二天大举进攻平型关，有志在必得之凶猛势头。傍晚时分，林彪打电话给各旅首长，下达了进入阵地、准备出击的命令：

　　"三四三旅本日晚0点出发进入百崖台一线埋伏阵地，三四四旅随后开进。"

　　百崖台一线，距离敌人必经的汽车路仅不到2公里远近。山岭为屏，居高临下，伏击敌人，天赐宝地。然而，天公不作美，当夜大雨劈头盖脸倾泻而下。风声，雨声，脚步声，搅和在一起。冒雨奔赴阵地的战士们既无雨衣,也没有御寒的衣物,单衣单裤,浑身透湿,沿着崎岖的山道艰难地行进,先与大自然展开了一场意志之战。

暴雨导致山洪暴发。陡涨的涧水,如同天河水溢,疯狂地冲击着峡谷沟底,发出闷雷般的巨响,惊天动地。战士们只好把枪和子弹袋挂在脖子上,手拉手结成一道人墙,或者拽住骡马的尾巴勇趟激流。三四三旅兵贵神速,抢在山洪下来之前过去了。徐海东带领的三四四旅为山洪所困,只强行闯过去一个团,另一个团的部分战士性急火起地要过去,结果被凶猛的洪水吞没了。

"洪水太急,强渡可能会造成不必要的伤亡。让剩下的部队作为预备队,缓行待进吧。"聂副师长建议说。

"好,就这么办。"林师长当机立断。

与长夜争时。天亮之前,一一五师终于到达指定的伏击阵地,官兵们用体温烘干了湿衣。按照作战计划,师的大部分兵力隐蔽于东南山地,同时派一支部队穿过沟底通道,占领河南镇以北的一处高地,成居高临下、两面夹击之势。

林彪将师指挥部设在沟道东南的一个山头上。在那里,用望远镜,战场的全貌方位可一目了然。旅团指挥所设在稍下位置,犄角相向,便于指挥联络与照应。

清晨,雨住云收,群山像屏住了呼吸一般寂静。几株孤零零的小树在冷风中瑟瑟抖动。大约7点钟左右,远处的沟道上传来隐隐约约的马达声。过了一会儿,一百多辆军用汽车沿沟道隆隆开进,汽车后接着是200多辆大车,再后面则是驮着炮弹的骡马和骑兵队伍。总共有4000多名日军士兵以太阳旗为前导,大摇大摆地进入了林彪布下的伏击圈,如同狗熊在往大口袋里钻,但并无知觉。

此刻,林彪趴在隐蔽的指挥部里,身旁有一架电话机,胸前放着一张摊开的军事地图,两手举着望远镜,目不转睛地观察着。

时间伴着心跳,一分一秒地过去,大战前的沉寂令人窒息而又难忍。

　　师长一动不动地看着鬼子的先头部队开过去。战士们的心弦绷得紧紧的,焦灼地等待着杀敌的命令。时间过了有十几分钟,却比一年还难熬过去。

　　当敌人已全部进入一一五师的伏击圈后,师长喊了一声:"发信号弹!"林彪的湖北口音带着拖腔,一点儿也没有撼山动地的威风,但这是有力地划过了一一个时代的声音。

　　"发信号弹!"林彪为抗日战争喊出新阶段,巍巍群山与之共鸣。

　　"发信号弹!"林彪为中华民族发出了与侵略者拼死而战的最明亮的信号。

　　"叭!叭!"

　　红色的、绿色的信号弹弧线形划过长空,也划过了一一五师将士燃烧着仇恨怒火的心头。

　　这是出击开战的信号。

　　这是胜利的信号。

15. 抢占老爷庙

　　随着信号弹的升起,杨得志带领的六八五团打响了第一枪。接着,枪声便像油锅里放了盐一般骤响起来。烟尘四处腾起,火药味弥漫在山岭上空。

　　听到枪响,神经猛一紧张,日军方知遇上阻击。他们的反应很迅速,马上向正前方的山头冲去。可是愿望虽好,却力不从心,公路那么窄,两山夹持,人群像炸了营一般,乱拥乱挤,一时疏散不开。

这时,林师长又传令吹前进号、冲锋号。六八五、六八六团如猛虎下山,从西侧泰山压顶般向日军压下去。枪弹与手榴弹织成密集的火网,燃向山下凶恶的困兽。

敌人已经乱了阵脚,车撞车,人碰人,战马"咴咴",乱叫乱跑,踩在人身上。他们的八八小钢炮只能斜着朝天上打,可炮弹落下来,却炸了自己人。前后的路都被一一五师给截断了,不能进也不能退。日本鬼子发现自己身处绝境,急得狂吼乱叫。他们趴在地上还击,以汽车为掩体死命抵抗。战死的鬼子尸体也成了他们的好掩体。老爷庙前有一个缺口,成了唯一的出路。鬼子队长指挥鬼子兵们"哇呀! 哇呀!"怪叫着向缺口冲击。缺口处的石头上,弹孔如同密密麻麻的蜂窝。

我军的师、旅、团的机枪、迫击炮也在嘹亮的军号声中集中向缺口处的这一焦点地区射击。战士们高声叫喊着,将手榴弹雨点儿似的朝鬼子兵的头上扔去。反扑的鬼子兵付出了不小的代价,一批一批倒在坡下。

兵书上说:置之死地而后生。日军当然要拼命打开一条生路,当然要不断加强火力,便一次又一次往外扑,企图将网扯开一面。

"坚决顶住! 不能让鬼子逃掉!"

林师长的电话传到各营连的阵地上。然后,他又让司号员吹号,速调六八五团一营去增援庙前的口子。

号声与枪声、杀声与叫声交织在一起,如同一支欢送鬼子回"老家"的交响乐。

血与火的厮杀、拼搏,林彪指挥得平静如水。望远镜、地图、电话机,是他决胜的武器。没有见他发急和紧张过,也不曾瞪过眼睛。话也很少,关键时刻一两句而已。不了解的人还以为林师长怕言多有失呢。

战斗仍在激烈地进行,林师长心中好像有了什么考虑,他派人到团指挥所去把李天佑团长叫来。

这时,李天佑和六八六团正与敌人对峙而战,仗打得十分艰苦惨烈。他一边观察战场的情况,一边指挥各营调整或变换攻击部位和方式。

16. 李天佑考兵

林彪对李天佑其人心中有数。他的战绩在红军中算不上显赫超群,但征战厮杀、出生入死,有一颗中华儿女的赤胆忠心。

李天佑,广西临桂县人。1929年加入中国共产党,同年参加百色起义。土地革命战争时期,任中国工农红军第七军一个排的排长、特务连连长,红三军团第六十八团副团长、团长,红三军团第五师第十三团团长、师长,军区司令部作战科科长,第十团团长,红一军团第二师副师长、第四师师长。参加了长征。

现在为林彪麾下三四三旅六八六团团长。他的形象和作风与林彪有不少相近之处。中等个子,外表并不怎么威严英武。有些黑瘦,文质彬彬,沉稳而干练。平时讲话或者分派任务,从不高腔大嗓,却有板有眼,条理清晰,不喜欢翻来覆去。讲定了,你也清楚明白了,就可以走人。待人热情有度,讲究迎送礼节。打一仗总结一仗,爱思考而有心计。

平型关大战之前,李天佑和副团长杨勇率领六八六团连夜赶到距平型关东南约10公里的冉庄时,他就已经十分准确地进入了临战状态,开始按程序操作了——进行战前的各种必要的准备。

团党委会议一开起来就十分热烈。大家凭直觉都知道有大仗硬仗好打,不用等上级下指示再按部就班讨论,那样军人的敏感与经验就太次了。那时的部队改编以后,取消了政工干部的建制,但共产党的各级组织仍在按原则进行着,"红旗"不倒。

各层次的战斗动员会紧张有序,从团营干部开到战斗小组,开得个个摩拳擦掌,动手准备,只待一声令下。

李天佑领着团营干部去看地形,一一指定各营、连、排的伏击地域及工事的构筑,让各战斗小组明了自己出击的地段及目标。

侦察部队已按李团长指示迅速赶到前沿,严密监视敌方动向。各个要道路口,已经断绝行人的往来,对外一律封锁消息,不得让敌方有什么警觉。

行军都在夜间,地理环境不熟悉,李天佑也安排人去请来乡民作向导。乡民听说是八路军打鬼子,都乐于给部队领路,不怕危险。

战士们纷纷忙了起来,擦枪的擦枪,布置营地的布置营地。供给部队很快发下弹药——每人只发100发子弹和两颗手榴弹。少吗?太少了!这是对日作战,但没有人说长道短,不够用时等战斗打起来自己去找敌人补充呗。

李天佑还有个与林彪很相似的习惯:越是紧张忙碌,越是细心周密,绝不胡子眉毛一把抓,线条粗得像缆绳。这位身经百战的指挥员这会儿正检查战士的准备情况。他走到一个战士面前看了看他的装束,与战士有段对话:

李:"你准备怎么打?"

战士:"冲锋在前,退却在后!"

李:"如果子弹打完了?"

战士:"那就拼刺刀。"

李:"刺刀也弯了?"

战士:"用枪托砸。"

李:"武器打飞了,又受了伤呢?"

战士:"用牙咬也要把敌人咬死!"

李团长很满意,甚至很感动。战争打的是士气,是精神,我们有这么好的战士,打破日军"不可战胜"的神话的,就非他们莫属了。他拍拍战士的肩膀,夸他是条汉子!

李:"是党员吗?"

战士:"正在争取入党。"

李:"杀敌立功,火线入党,打完仗,我领你宣誓。"

战士:"是!首长。"

于是,六八六团在午夜0点,开始向阵地进发。

17. 群英闯山洪

部队的行动,越隐蔽越好。李天佑选择了最难走的毛毛道。天空满是浓浓的乌云,不见一粒星光。怕下雨耽误行军,战士们互相催促着赶快走。乌云越来越厚,天色越来越暗,大雨如注,终于哗啦啦灌将下来。战士们不仅又湿又冷又睁不开眼,而且脚下太滑,步都不敢往前迈,只得拉手牵衣,拼着劲和大雨抢时间。但行军的速度一下子慢下来了。这会儿都盼着多打雷多闪电,让老天爷给照个明好赶路。

行军途中,李团长碰见一位连队机关干部。

李:"战士们有什么反映吗?"

干部:"有点急躁。大家说,吃点苦不怕,只要能打着鬼子就行。"

李:"要是打不上呢?就埋怨了,是吧?"

干部:"啊……不……"

他没有回答出来。但李团长感觉到他在不好意思地笑了。干部要随时了解战士,为他们鼓劲,不能影响士气。我们的战士,为民族的生存渴望赴汤蹈火。他们怕扑了个空,打不上仗,留下终生的遗憾。

他们有血有肉,有志有气,可敬可爱。

可是,大雨有意与人为难。它浇得灭战士心中的烈火吗?浇不灭的。它会变成加油站,更坚定战士的决心。

奔腾的洪水从山上席卷而下,像黑风口的李逵拦住了去路。队伍又不能停顿,这可怎么办?

趟啊——趟过去——别犹豫!

长征途中的雪山草地都没拦住我们,一条小河算个什么!

时间就是胜利,踏破洪水冲过去!

李天佑带队闯过山洪后,回头一看,山洪更大了,简直就像天崩地裂一般,心中一惊,要不是抢得快,说什么也过不来了!

25日清晨,六八六团全部进入指定阵地。

林彪欣赏李天佑这种万难之中抢先一步的气度。

团指挥所设在百崖台山坡下一片谷地的坡坎下。往上不到500米处便是师指挥部所在。前面不远就是公路,两旁是层层山峦。李天佑和杨勇站在指挥所,用望远镜仔细观察地形和部队隐蔽情况。

凉风摇动着野草,满眼苍茫秋色。

李天佑发现,公路北面那座三四百米高的秃山上,尚未有兵力埋伏。这座山的山顶上有一个古时候修的土墩台,山腰有一座古老的老爷庙,大概是供这一带人们纪念忠义大将军关羽关云长的吧。此山雄踞路北,是控制公路的制高点。现在调动兵力过去,显然已经来不及了。战斗一旦打响,日军肯定要拼命抢占这个高地,对我军会造成严重的威胁。他打算枪声一起,就立即指挥部队抢先占领那个势在必得的高地。

敌人已进入伏击圈,汽车、大车、骑兵、步兵,已经尽在眼底。正在盼望师长的指示,参谋已从师部跑回来,兴奋地传达了师长的攻击命令。

不等他说完,李天佑抓起电话机,向担任突击任务的一营下令:"攻击开始!给我打!"

两侧的山冈顿时怒吼起来,像风暴,似雷霆。机关枪、步枪、手榴弹、迫击炮一齐发射,火光与爆炸声一时间犹如山崩地裂一般。突如其来的攻击,把公路上的鬼子一下子打得人仰马翻,晕头转向。一辆从平型关开过来的汽车中弹起火,顿成障碍,拦住了鬼子的西进之路。

望远镜中,李天佑正观察着多变的战况,听到一个参谋大声喊他:

"团长!团长!师长叫你到他那里去一趟。"

"师长要我去?好,马上就到!"

林师长在这时找他,一定有重要指示。师指挥部就在右后一华里的山坡上。李天佑从谷地里一口气跑了过去,子弹不时地在身前身后的土里冒一股烟。

师长披着雨衣,在观察前面的战斗。他看李天佑跑得有些气喘吁吁,让他稍稍休息一下。

"沉着些。敌人比较多,比较强,战斗不会马上结束的。"

然后,他又指着战场说:"看到了吗?敌人很顽强。"

李天佑顺着师长的手看去,公路上的敌人正在利用汽车负隅顽抗,而且在组织兵力抢占有利地形,以摆脱被动挨打的局面。

林:"我们包围了一个旅团,有4000多人,块大,不好一口吃掉,你们一定要冲下公路,把敌人切成几段,并且以一个营攻占老爷庙,拿下这个制高点,我们就可以居高临下,把敌人消灭在沟里。"

李:"看,师长,有几十个鬼子正朝老爷庙山上爬呢!"

林:"是啊,你们动作要快,慢了是不行的。"

李:"明白了!师长。"

林:"好,去吧。狠狠打,一定要狠狠地打!"

李天佑很佩服林彪把握战局、准确灵活的指挥才能。师长不仅看到了争夺老爷庙的重要性,又拿出分段吃掉敌人的战术方法。那么剩下的就是他李天佑和杨勇如何把它变成威武雄浑的战地图画了。

副团长杨勇领着三营抢占老爷庙。聂荣臻曾说杨勇将军的姓好名字也好。姓杨乃杨家将本家,一笔写不出两个杨,此即党和民族的忠良也。勇者,你的威名以勇为上,勇冠三军。哪里艰险,哪里就有杨勇!杨勇一边说"不敢当",一边说聂副师长批讲得有几分道理。

勇将当先,杨门之后血洒老爷庙前。

18. 将军真英勇

毫无疑问,老爷庙成了争夺的焦点。

为了加强指挥,保证打好这一仗,李天佑团长留下负责全面指挥,杨勇等同志下到营里去,一边指挥,一边同营连战士们并肩战斗。

杨勇一到,立刻带领三营向老爷庙勇猛冲击。可是,三营还没有冲过沟去,一部分日军已抢先一步占领了那座老爷庙。三营在冲上公路时,我军的火力顶不住日军的猛烈射击,冲上去的战士一个个地倒下去了。在炮火枪声中摸爬滚打出来的杨勇顿时火起,按照李团长的作战意图,和三营长一起又带着战士们猛冲上去,誓死也要拿下老爷庙制高点!

山沟里烟雾弥漫,交织的枪炮声震耳欲聋。三营战士冲进烟雾里,往前跑,往前爬,往前滚,终于在公路上与敌人短兵相接,展开了白刃格斗。只见枪托与风云齐舞,马刀如闪电耀动。喊杀声,爆炸声,搅成了一团。

三营伤亡惨重。九连干部全部壮烈牺牲,全连仅剩下十几个人了。战斗仍然在激烈地进行之中。

看来敌人果然还不十分懂得山地作战的战术特点,除了一小股兵力占了老爷庙,大部分兵力仍在公路上拥挤着被动挨打。

山上与山下火力夹击,山坡又险又陡,冲锋中三营长中弹负伤。杨勇让他下去,不然会失血过多。三营长淡然一笑,撕了衣服让人把伤口紧紧一包,又把枪紧握手中。

这时,有两个鬼子从侧面端着刺刀过来,与杨勇离得很近。三营长喊一声:"副团长当心!"便和杨勇一齐跃起,同鬼子拼开了刺刀。杨勇确实身手不凡,一招一式灵活有力。敌人可能发现对手是个长官,拼得眼都红了。鬼子的格斗技术相当优秀,杨勇力气稍有不支,被鬼子一刀刺中,鲜血涌出。他顾不上捂伤口,那样他就没命了,而是乘势回手一刺刀,把鬼子戳了个透心凉。

杨勇被战士们救护下来。

三营在二营的援助之下,终于拿下了老爷庙制高点。老爷庙记住了杨勇身先士卒的雄姿。

杨勇像没事人一样平静如初。他出生入死,经历过的战阵数不胜数。战场上别说受伤挂彩,"光荣"了也随时都有可能发生,不足为怪。

有人说:往事不堪回首。他以为不然。只要一闭上眼睛,多少往昔的战斗像一串串故事一样的历历在目。有感慨,有欣慰,有忧思,有遗憾,但总是无怨无悔,观世事沧桑,历戎马生涯。

杨勇是后改的名字,原名叫杨世峻。他始终记住自己是一个农民的儿子。出生在湖南浏阳,也许是他的一个运气,从小受到革命风潮的洗礼,觉醒就早。参加工农红军并加入中国共产党,那时还是个不到18岁的大孩子。别看他那么年轻,在红军中却是个做思想政治工作的能手,而且身先士卒,勇敢善战,很有名气。21岁时,他已经是团政治委员了。他获得的三等红星奖章,记载着第四次反"围剿"的洵口作战中他文武兼备、智勇双全的功绩。长征途中,为掩护党中央机关安全渡过湘江,他和红十团浴血奋战,人员损失过半,团长光荣牺牲,他仍如猛虎,使敌人终不得近前,悻悻而去。大战土城、娄山关、遵义、老鸦山,以及四渡赤水,屡战得胜,不断歼敌。杨勇年轻的履历中,写满了"忠勇"二字。

最见其忠勇的当是后来。张国焘不听中央劝告,誓与毛泽东对抗"决斗",红军的命运再次处于危难之中。为防止张国焘采取军事行动而危及党中央,杨勇深明大义,坚持团结,英勇机智地率领四师十团,掩护中央领导机关迅速脱离了危险区,一步步走出松潘草地,踏破岷山千里雪,实现了北上抗日的宏愿。杨勇功不可没。

而今,血洒老爷庙,刺刀对强寇,依然是他忠勇可鉴的威武之躯。

19. 志在斩蛇头

平型关伏击战,林彪在乔沟一线摆了一盘棋。那么,谁被摆在了主战之"车"的位置上呢?当然是杨得志和他的六八五团了。用林彪的话说:你们的任务是"斩蛇头"。

9月24日一大早,天还没亮,杨得志从林彪师长那里领了任务回来,就带着各营指挥员到预定的伏击地点观察地形,了解情况,确定各营连的伏击位置。

钻出狭长的山沟,把一座座大山甩在背后,再爬上一个光秃秃的小山头,沟下公路上从东到西的景况就一览无余了。但见层层叠叠的群山仿佛在与天公试比高低,一条白得耀眼的公路,带子一般从群山夹缝中飘曳而出,一直又飘向远处的山峦。而西面的高山层中,便是平型关的所在。一阵阵重炮的轰鸣,就从那个方向传来。杨得志团长找个地方隐蔽身形,借助望远镜观察着敌情。

照师长的命令,这一带正是六八五团的伏击地,阵地处在兴庄至李庄一线。六八六团在东,阵地位于老爷庙至百崖台一线。六八七团置于最东。待六八七、六八六两支兄弟部队放鬼子进到兴庄一带,六八五团就迎头痛击之。然后,六八六团将敌人拦腰斩断,一起将敌人分段吃掉。六八七团还负责打援。日军不走这条公路,就无法兵临平型关前。走了这条路,就无可逃避地要遭到八路军势如破竹的打击。

把各营连的位置指定,说好了进入阵地的时间和打伏击的方法,杨团长又向大家着重强调说:"我们一定要很好地领会师长的意图,部队进入埋伏阵地的时候,一定要保证切实隐蔽,保守机密。"

大家的情绪都很高,领到了任务更是兴奋异常。有位营长逗了句俏皮话:"团长,我们不就是'吃'蛇头吗?"

杨团长也笑了:"对,打蛇要打头,打就是吃掉它。但是,看这次师首长的布置,除了我们打蛇头外,兄弟部队斩蛇腰、断蛇尾的战斗任务也同样重要。这样,我们才能把整条蛇打死、砸烂,胜利在握啊!"

林彪师长为一一五师摆了一桌"长蛇宴",杨得志明白他六八五团吃的是第一口。

杨得志的名气很大,名气主要来自举世无双的红军长征。他当团长时间较长,从长征时当起,一直当到现在平型关之战。

红军北上一路坎坷, 路艰险,一路战斗,流传下了无数惨烈悲凉而又壮怀激烈的故事。杨得志任红一军团第一师第一团团长,成了北上抗日的开路先锋"逢山开路,遇水架桥",斗顽敌,克天险,战胜饥寒与死亡,斗志弥坚,所向披靡,落得"天下第一团"的美名。

读过《大渡河畔英雄多》那篇回忆长征的文章吗？它便是将军的手笔，早年已经选入中学语文课本。指挥第一团，强渡大渡河，谱写英雄史诗并描绘战斗画册的皆是这位英雄团长，他使蒋介石"让朱毛做第二个石达开"的美梦化为一枕黄粱。

少壮不提当年勇。杨得志不喜欢躺在往昔的功劳簿上一梦不醒，他更注重今天和明日的战斗。

拂晓前，杨得志和六八五团总算冒雨到达了李庄。把二营留下，又带一营到李庄西北的小山上去。山高百余米，山顶较宽大，像个帽子顶，长满了萋萋野草，正好隐蔽。他让一营长把十余挺机枪集中在山顶左侧，对准了山下公路拐弯的地方。其余的部队，分三路埋伏在小山背后。

天明了，雨也停了。他从望远镜里看见远处隐约有敌兵在集结，而前面的公路上却没有一丝动静。性急的人等得心烦，就开始了种种猜测："鬼子兵不会来了吧？""我们的伏击是不是走漏了风声？""鬼子狡猾得很，我们就这么傻等呀？"杨团长暗自琢磨，平型关前的敌人，正等待援兵的到来，来是迟早的事。凭感觉，这场伏击大战差不多是必打无疑了。

参谋："团长，电话！"

杨得志拿起话筒一听，是旅指挥所的通知："注意，敌坂垣师团第二十一旅团的 100 余辆汽车，顺公路而来，已抵老爷庙以东。你团要注意观察。"

杨："是！"

望远镜紧紧盯着公路。屏住呼吸仔细听，确实可以隐隐听到马达声。但过了 5 分钟，仍不见敌汽车来。

又过了 5 分钟，还不见敌人的踪影。

又过了 5 分钟，马达声清晰可闻了。

等到日军的汽车一辆、两辆、三辆……开过来，杨团长向旅指挥所报告:"敌人的汽车进入我团伏击圈。"

"等待命令!"电话里传来清晰的声音。

杨团长把电话机压在耳朵上听着。战士们都圆睁双眼趴伏于阵地上,机枪手们早已压好了子弹,上好了梭子。步兵手里的钢枪,雪亮的刺刀闪着寒光。几个营指挥员都紧张地看着团长的一举一动。

日军的汽车越来越多了。最前头的几辆,已经开到六八五团山脚下的公路拐弯处。鬼子的说话声音也听见了,有几个索性站起来,朝平型关方向的高山指指点点。

电话机里发来了命令:"师长命令你们开火、冲锋。"

杨团长向机枪手们挥臂高喊一声:"打!"顿时,机枪子弹像疾风一样狠扫下去。打得真准!前面的几辆汽车全被打坏了,有的冒烟起火,公路被堵塞住了。

山后的三路伏兵,像三把利剑一样劈向敌人。为了近战取胜,战士们背了不少手榴弹。冲锋一开始,军号声伴随的便是一阵山鸣谷应的手榴弹爆炸声。随之,一片呐喊,似乎要把十多里长的山谷翻搅开来。

杨得志这才长长地吐出一口闷气。

刹那间,公路上满是一一五师的兵马了。六八五、六八六等团队纷纷冲下山去,冲上公路,把公路上的敌人切成几段、十几段。战士们奋勇追杀敌人,鬼子兵一片慌乱,四处乱窜,被打死不少,满地横躺竖卧。

残敌钻到汽车底下顽抗起来,他们的指挥系统也渐渐恢复了功能。在沟底被动挨打吃够了苦头,他们企图抢占山上制高点,一决雌雄。

战士哪里肯让。六八五团二、三两个连队,抢先占领了附近的山头,鬼子连续冲锋争夺,都被打了下去。只有四连前面的高地,被鬼子抢先一步占去。夺高地,连长冲锋时负伤倒地,就由排长代理指挥,两面夹击,夺回了山头。

敌人拼死想冲出重围,仍在沟下作最后的顽抗,结果付出了更大的伤亡代价。

这样一直打到午后,敌人的冲击力已消耗殆尽,变得有气无力了。杨得志命令全团作最后一次冲锋,公路上剩下的敌人被全部歼灭。

"蛇头"被斩断了!

林彪很高兴,因为六八五团这把钢刀果然锋利无比。

20. 虎将徐海东

一场暴雨和山洪,把六八八团留在了山那边,没法和六八七团一起同鬼子厮杀。六八八团官兵感到窝火。老天爷实在不顺人意。徐海东旅长也窝气,这场大战不仅是前所未有的,其机会甚至会百年不遇,他替六八八团也替自己惋惜。

历史总是留下一些缺憾,无法弥补。

有人说残缺也是一种美,可又何尝不是自我宽慰?

如果徐海东不是拖着一身病来平型关参战,恐怕就不会被排在配角的位置上。他将努力争取当主力;跃马挥刀,杀它个痛快淋漓。林彪师长不是不知道徐老虎的虎将之威,当然也考虑到他曾先后9次负伤,周身留下了17处伤痕,左腿已是有点残废:

何况,这是山地作战。不能伤着这把"宝刀"!

这又是一个缺憾。人世间就是有太多的美中不足。

徐海东不去想那么多了,助攻就助攻,阻援就阻援,只要有仗打,他就浑身提劲,兴奋不已。军人的天职是服从命令,他很信奉这条定律并身体力行。

他佩服林彪师长,觉得林彪确实年轻有为,指挥大军作战总是不急不躁,一副火烧眉毛不惊慌,战斗越激烈越敢稳坐钓鱼台的风度。自己则属于快三枪,属大刀阔斧式的风格。相比之下,高低自见。当然,个人特性是应该另当别论的。

不过,他也隐约有点儿异样的感觉。林彪打仗那么大度,胸藏百万雄兵,但有时是不是心眼小了点儿?对他徐老虎是不是怀有戒心?他曾试探过同林彪谈谈心,拉拉家常,摸摸他的真实想法。可林彪的神色和话语没有任何迹象,他又从不与人交心过节,是个惯于"玩深沉"的高手。不仅对于徐海东,而且对于许多人,包括红军、八路军的高级将领,林彪的内心世界都是个解不开的"谜"。

徐老虎杀出了一世威名,因而敌人很怕他,也很恨他。当年,国民党军队曾用飞机撒过传单:凡击毙彭德怀或徐海东者前来投诚我军,当赏大洋十万!他的身价之高在国民党要员的眼中,抵得上彭大将军这位指挥红军的第二把手了。

每员战将都有自己的特点。因为六八八团没有上来,徐海东明白,仗一打起来,他们旅人少会吃紧。所以,他带了几个参谋,直接到六八七团前沿指挥战斗了。旅指挥所里是陈曼远参谋长在当"全权代表",领着机关干部负责上传下达。

六八七团团长张绍东的指挥所设在龙王庙。这是一个小高地,战斗中曾一度让日军占领,团指挥部又转移他处。

那时,作战科长张池明最忙,什么组织部队开进、侦察敌情、地形,掌握部队思想动态啦,什么与友邻部队联系、作战斗协调啦,忙得他团团转。

徐海东总是闲不住。开进中他叫上张池明和参谋张竭诚,到营里去了解情况。他说我们一定要争分夺秒,千方百计抢时间,多上去一个人,早上去一分钟,胜利的把握就增加一分。

陪徐旅长到林师长的指挥部去,也是张池明和张竭诚。

此时,林彪正在山头上拿着望远镜看地形,身边站着三四三旅旅长陈光。见到徐海东后，林彪先问了三四四旅情况怎样，之后就开始交代任务。不知是忽略了六八八团没有上来还是别的什么原因，他交代的仍是三个团的伏击位置和具体打法。这是要你徐海东手下的人一个顶俩仨。

徐旅长看了地形，倒蛮高兴。如果六八八团能上来该多好！不过这个任务不算太硬。

林师长说，豆腐要当铁打，不能大意，不可轻敌，说不定对手是块硬骨头，要留好预备队，也借此机会摸摸日军的特点，以后好对症下药。

林彪穿着一身国民党军队的服装，因自己个子不太高，略瘦，反倒显得精明强干。他对徐旅长作战指挥比较放心，战前就没到三四四旅的阵地上去过。

回来恰好遇到副团长田守尧和兰参谋长。徐旅长有力地挥着手臂，兴致勃勃地说："这个地形不错，咱们要准备打一个大胜仗，而且要千方百计抓点俘虏。"徐海东打仗特别注重俘敌，以振军心民心。他不知道这个想法恰好与林彪的想法是心有灵犀，不谋而合。林彪就想着打了仗抓一些日军俘虏，到太原去游街示众，也给阎锡山司令长官见识见识。

看地形，布置伏击，他抓得很紧。三个营的阵地一一看过，直至认为没有问题为止。他说，团里的干部只要是能下来的，都到营里去协助指挥。他脾气粗，有时要骂一声娘。大家对他的脾气习惯了，所以也没有人计较。战争又不是请客吃饭，何须彬彬有礼，礼貌待人。

打得正紧张时，张竭诚接到旅长一个电话，说有股敌人向三营阵地逼近，对我们威胁较大，要他马上调一个连队上去，干掉它！一个不剩！

让人担心的是徐旅长自己。子弹嗖嗖飞过的当儿，他还到二营去了一趟。二营那里打得最激烈，双方伤亡都比较重。听到枪声紧急,他就坐不住了,总要跑出去看看情况,好几位参谋也看不住他。他的身体弱得很,腿脚又十分吃力,行动是不如前了。他爬山,参谋们就轮着扶他。谁也不忍看他身上的枪伤,他简直是位铁打的金刚了。

生命的意志,是徐海东的骄傲!

打不倒的英雄,是一一五师的荣耀!

尽管胜利完成了助攻、打援的任务,"蛇尾"彻底打掉了,但徐海东很不满足。没抓到一个活的,仗打得太苦,也太惨,歼敌太少了,自己的伤亡也不小。枪支、弹药、战利品得了一些。徐海东还将十几支缴获的步枪,给了警卫连,以加强战斗力。

后来有人说六八七团一支枪也没缴到,这股风不知是从何刮起。六八七团缴获的战利品中,还特别送给徐海东一件日本军大衣,希望他保重好身体呢!

徐海东没有把这些说法放在心上。说法归说法,事实总归是事实。眼下,他倒关心着张绍东和田守尧两位战将,仗打得不错,六八八团没上来,他们一个团顶两个团用,应该说是很不简单。尤其是田守尧,和普通战士一样冲锋在前,智勇双全,负了伤也不下火线;战场上方显出英雄本色。应当向师部为他们请功。

他还想单独找张绍东谈谈。

战士们说起团长张绍东来,几乎是赞不绝口。此人打仗爱动脑子,灵活机动,关键时刻带头冲锋杀敌,先后打了好几个以少胜多、以弱胜强的胜仗。徐海东也很欣赏张绍东的指挥才能,欣赏他面对强敌毫无惧色的胆气。然而,他也时时担忧。听下边反映,张绍东手脚不是多干净,从鬼子手中缴获一只金表,他装进了自己的口袋;从鬼子身上搜出一张年轻女人的照片,他收起来,晚上同参谋长兰国卿一起看着那女人的照片,笑嘻嘻地说:"将来咱们讨婆娘,不漂亮的不要,咱是功臣,战斗英雄,不能比这个日本娘们差喽……"兰国卿也随声附和。

徐海东担心：战争可以成就英雄，物欲可以让英雄站不起来。他必须认真地给张绍东提个醒儿。

"田副团长伤势怎样？看看他去。"徐海东叫上两个参谋和警卫员，一起去了六八七团。

21. 战地友军来

如果说平型关之战，友军完全袖手旁观、不予配合，似乎不尽公允。晋军方面曾派来一位联络员，官职也不算小，身份是少校级联络参谋。能力怎样，那时无人知晓，可架子和派头却不亚于一个将军。

他来的时候，恰与田守尧接上头。田守尧请示林彪师长后，师长表示欢迎，并问他愿意在哪个团队了解战况，他选择了六八七团，就跟着田守尧。

暴雨初歇，冷风驱赶着发白的云团翻腾远去。一条条溪流涨满了雨后的激情，呼喊着冲下深深的山谷。一座座大山挤在一块儿，如同一幅海浪凝固而成的天然油画。

公路像条丝带，串起了灵丘至浑源的山山岭岭。它在平型关东北的大山中间蜿蜒之际，在老爷庙与小村中间留下了一道十多华里长的"之"字形夹沟——乔沟。

老爷庙北高地上的团指挥所里，田守尧举着望远镜观察着东河南镇方向的动静。

林师长把打"蛇尾"的任务交给了他们团，也是举足轻重的一步棋。他们一是不能暴露目标，敌人最先从他们眼皮底下过去，一旦被发现埋伏，林师长的全盘计划就付诸东流了。二是必须扎好口袋，才能关门打狗。这一放一关，需要铁将军把守。田守尧对此心领神会。

友军联络参谋好像发现了"问题"：

"团座，这儿是不是靠前了一些？您考虑了撤出来的退路了吗？"这位国民党二战区的少校先生显然读过几页兵书，打过几次仗。

"等我们把鬼子杀得一个不剩时，我想从哪儿撤出就从哪儿撤出，少校。"

田副团长不以为然，也没有放下望远镜。

当敌人的大队人马从蔡家峪那边露头时，果然无所顾忌，那么大摇大摆、旁若无人地走进夹沟里来了。他们并没有想自投罗网，原以为所向无敌嘛。

少校有点紧张，他还没有见过日军的阵势。

说不清第一枪是谁打响的，几乎就在一眨巴眼睛的功夫，整个山沟便猛然被枪声和手榴弹的爆炸声填满，两旁山崖上的八路军，喊杀声震天动地，向沟下的鬼子猛烈地冲杀过去。

三营长领着通讯班最先扑到沟边，把机枪架在人身上往沟里突突。十一连随后赶到，抱着枪从山坡滑下沟底，和鬼子打成了一团。十二连也上来了，机枪班班长霍溥凌冲到前边，抱起机枪猛扫，掩护九连向敌人发起冲锋。

"对面下来的这个营算完了！"

少校参谋"内行"地撇了撇嘴。

"说错了！30分钟后，我这个营准打到这边山上来。你等着瞧好吧。"

充满信心的田守尧，没注意到身旁的友军少校正在发抖。

当真，没过半小时，三营已打到老爷庙下面。三营长两手叉着腰，在沟底指挥机枪手向鬼子群中扫射，掩护十连和十一连占领有利地形。鬼子已经混乱成一团，遭到迎头痛击后想往回跑，又被一营从对面拦腰截住，一顿手榴弹、刺刀给压了回来。一部分鬼子越过一片谷子地向西北面的小高地逃去,九连就跟着,紧追不舍。
……

九连一举打下西北面的几个小山包,郭副连长来到了团指挥所,他的衣服都被撕破了,沾了满身的血污,浸着汗水和泥水。简单报告了战斗情况后,他向田副团长请求新的战斗任务。田守尧领他到战壕的一端,指着东北方那片谷地说:

"有一股敌人又占领了谷地一带,打算与我们对抗。你马上带九连打过去,一定要把他们消灭掉!"

这时,夹沟谷地的敌人不断朝团指挥所打枪,子弹打在田守尧身边的泥土里,发出"噗噗"的响声。田守尧就像根本没有看见,依旧一脚踩着土坎,一手叉腰,沉着地指挥战斗。

一回头,他想和友军联络员说句话,别怠慢了客人,可人呢?少校先生已经不知去向。不过他没有跑掉,战斗那么激烈,他怎敢乱动。他躲到安全的地方去了。田守尧不慎被敌人的流弹打中肩膀,血流不止,少校亲眼看见,还见田守尧让卫生员简单包扎一下,又继续指挥战斗,一刻也没离开过指挥岗位。

徐海东来看望田守尧,对六八七团打的这一仗很满意,没有给一一五师丢脸。一看田守尧伤势较重,失血过多,便让他交代一下工作,马上回后方医院治疗,并盼望他早日伤愈归队,参加新的战斗。

田守尧与徐海东洒泪而别。

22. 排长过把瘾

血战平型关,八路军取得胜利,中国军队取得胜利。一一五师一钳夹掉了坂垣师团骄傲的尾巴,给民族精神以前所未有的振奋。

为了这个胜利,战场之上,刀光血影之中,有着多少倒下去的和活着的英雄!

民族危难,可以使忠肝义胆的儿女去赴汤蹈火。

故事一:

英雄排长田世恩

因为泥泞路滑,前边有几辆日军的汽车停了下来;后面的车还在往前挤,人马一时乱了阵脚。八路军如同神兵天降,机关枪、步枪、手榴弹、迫击炮一齐发作,疾风骤雨般地向沟下的敌人倾泻而出。桥上的一辆汽车被打中,方向盘失灵,摔下沟去,后面的几辆汽车被打着冒烟起火,把鬼子的进路退路都堵住了,晕头转向,一时弄不清东南西北。有的迷迷糊糊就上了西天,有的受伤号叫不止,夹杂着马嘶、人喊、炮响、枪鸣,山谷里就像开了锅的水,一片鼎沸。

仗,打得很激烈,让人想起山摇地动、石破天惊这些词语。

山冈上响起了嘹亮的冲锋号声。号音未落,六八五团的战士们冒着爆炸后的烟雾首先冲向公路,挺起刺刀,到处追杀敌人,如同一群猛虎下了大山。

六八六团三营的一个连接到了夺取老爷庙的任务,排长田世恩带着全排战士立刻向老爷庙勇猛冲击。战士们的冲杀声,像雷霆震动着山岩。冲到坡下的时候,田世恩见一个鬼子正往老爷庙那边跑,就拼命地追了过去。不料,右边的死尸堆里有个鬼子在端枪对着他瞄准,正要开枪。说时迟,那时快,突然从土坡后面闪出一个高大粗壮的汉子,纵身跳下来,一把抓住那个鬼子的脖子。大手如钳,那鬼子没嗷嗷两声就命归黄泉了。田世恩喊了一声:"好样的,大哥!"一边紧赶几步就追上前边跑着的那个鬼子,憋足了力气,向那家伙背后猛劈一刀,鬼子连叫一声也没来得及就滚下了山坡。

　　六八六团和敌人争夺老爷庙打得难解难分,僵持不下。可我军的火力压不住敌人,冲上去的战士一个个倒下了。眼睁睁看着自己的同志喋血老爷庙前,再也不会站起来,心真比刀扎还要难受……田世恩猛地跳起来,放开嗓门大吼一声:"把鬼子打下山去,为牺牲的战友报仇!"随后就带着全排战士钻进硝烟中,拼命往前跑。在兄弟连队的掩护之下,战士们终于冲上了公路,与敌人短兵相接,展开了针锋相对的肉搏战。没有刺刀的战士拔出砍刀与鬼子拼杀,有的战士连大砍刀也没有,就徒手与敌人撕拼扭打。田世恩端着刺刀朝一个矮个鬼子刺去,不想那家伙很机灵,一下就转过身来。他收一下枪又朝他胸口刺去,那鬼子又用劲一挡,把他的刺刀给挡弯了。就在这时,一颗子弹飞来,从他的右膀下穿过,鲜血立刻流了出来。那鬼子见他中弹了,以为胜利在握,稍微松一下手。田世恩咬了咬牙,将腰一闪,调过枪托抡了起来,纵身一跳,照准鬼子的脑袋猛砸下去,连枪摔在地上。那家伙尖叫一声,闷倒在地,脑浆飞迸。田世恩顺手抓过他的长枪,朝他的肚子上乱扎两刀。紧接着,又跟冲过来的一个鬼子军官拼上了。他拿着一把洋刀,显得短了些,没有田排长的长枪带劲,三招两式,就被田世恩一刀刺倒,战士高建枝赶过来,又补了两刀,彻底把鬼子送回了日本"老家"。

拼刺刀,真正是白刀子进去,红刀子出来,那才叫你死我活。足足拼了半个钟头,鬼子顶不住了,就往汽车底下钻。枪声渐稀,喊声渐弱,看来鬼子在调整部署。借此机会,田排长他们便冲向老爷庙。

这时,连长叫住他:
"老田,你受伤了,快下去休息!"
田世恩一摸肩膀,黏糊糊的,但觉得不怎么疼,就说:
"划破点皮,不要紧。"
担架队来到身旁。连长说:
"抓紧包扎一下,赶快往上冲!"
占领老爷庙的一小股敌人,发现了田世恩他们在往上进攻,就用机枪扫用步枪打,朝他们射击,想压下去。他们就趁敌人机枪换梭子的时候,猛往上冲。冲一阵,再停下来隐蔽还击,打得十分艰苦。眼看冲到半山腰了,沟里的鬼子又拥上来,向他们开火。他们一下子处在两面夹击的不利形势下。三营长又负伤了,可仍在指挥战斗。这时,二营转移过来,消灭了背后上来的敌人,他们才免去了后顾之忧,继续往上冲。

田世恩带着两个班战士,冒着弹雨匍匐前进,离老爷庙的敌人不远了,手榴弹一个接一个地扔过去,整个山头黑烟翻腾,沙石横飞,各种声音混成一片,分不清什么在响、什么在叫。鬼子的机枪哑巴了,就端着刺刀冲下来,作最后的挣扎。可八路军人多,战士们一排排端着刺刀往上冲,鬼子全都命丧刀下,每人至少挨了两三刀。

占领了老爷庙制高点,田世恩才抹了一把脸上沾满的污血,吐了一口。他很兴奋,这仗打得真过瘾!摸摸肩膀,"妈的!小鬼子还给咱留了个纪念。"

23. 战场猛张飞

故事二:

秦二楞号称猛张飞

敌人成群地拥挤在狭窄的夹沟里,如同一窝乱了营的蚂蚁。重火力已经没有办法发挥作用,鬼子们只剩下唯一的一条生路,拼命抢占夹沟两侧的山头。于是便集中火力实施这个计划。六八七团九连的战士们早就料到了敌人的这一手;正好在山坡顶上守株待兔。敌人冲上来一次,被打下去一次,丢下一些尸体。冲击了三五回,仍然徒劳无功,只得逃入夹沟两侧的凹陷处躲藏起来,开枪对抗着。

这时,有一小股狡猾的敌人,偷偷地爬上了一个小山棱。于是,一挺机枪喷吐火舌,给九连造成了巨大威胁。

必须将这挺机枪干掉!

副连长命令秦二楞排长带领二排尽快结果了敌人的那挺机枪。他还让三排立刻以火力给予掩护。一时间又是枪声大作,烟尘四起,火星乱溅。

二排只剩下十几个人,多数战士已经倒在这坚强不屈的山岭上,化为山脉之魂。剩下的十几个人也个个身上带伤。可那时,战斗压倒一切,不死就要与敌拼杀。秦二楞没有讨价还价的余地,带着十几个战友扑了上去。

战士自有战士的机智。他们是从高处朝敌人的山棱处滚下去的。这样既省力又减小目标与伤亡。鬼子还没弄清楚滚下来的是什么,手榴弹的爆炸声响处,敌人的机枪手就躺在地上见阎王去了,机枪也歪倒在一旁。接着,双方展开了近距离的射击,鬼子特别顽固,武士道的迷魂汤灌入了他们的骨髓中,一个个宁愿战死也不服输。

突然,"嗖"的一声,一颗子弹从副连长的左膀下穿过,他用手巾顺势一扎,继续指挥战斗。秦二楞果然是个虎胆英雄猛张飞,他大喊了一声,将一捆手榴弹扔过去,轰然一下,又炸翻了好几个敌人。鬼子终于招架不住,一步步往后退。下边的班长王忠秀领着全班截住敌人猛打。前后夹击,鬼子个个被打得龇牙咧嘴,五官狰狞得全挪了位。一场肉搏战势不可免了。

一个鬼子见副连长受了伤,就扑了过来。副连长正要挥驳壳枪向他射击,却听得"扑哧"一声,鬼子一栽身子倒下去,瞬间血流满地。是二排长秦二楞手疾眼快力气猛,跨大步从背后给鬼子开了个"通风孔"。秦二楞似乎已经杀红了眼,浑身是血,呼哧呼哧喘大气。那一刀刺得真够狠的,枪头都戳进了后心。他自己身上也好几处带伤,看上去好似一尊血红的金刚。

副连长想劝他下去休息、包扎伤口,可话刚到嘴边,就有几个嗷嗷怪叫的鬼子逼了上来。秦二楞的胸前与背后对着四把冷森森的刺刀,鬼子似乎把仇恨一股脑儿集中在他的身上,恨不能一口吞了他。秦二楞毫无惧色,转着身子抵挡拼杀着。他的眼里喷射出仇恨的怒火,越斗越勇,那杀敌的喊叫声也令鬼子心颤胆寒。他奋力挡开面前的两把刺刀,并且狠狠刺倒了一个鬼子,另一个鬼子则疯了似的向他刺来。他已躲闪不及,被敌人刺中腰部,他痛苦地皱了一下眉头,让自己站稳;随即,咬咬牙,用尽全身的力气,猛地还给敌人一刺刀,这才摇晃了一下,重重地倒下去,倒在了那个鬼子的身上。

事情发生在一瞬间,副连长不敢相信眼前的事实。全连最勇猛的战士,以一当十的排头兵,副连长最要好的战友,就此永远不会站起来了,他化作了平型关前的一座大山,一块不用人工雕琢的纪念碑。

林彪不认识这个牺牲了的二排长秦二楞,不知道他的麾下有这么一员虎将。但当他和聂副师长听六八七团九连副连长流泪讲完秦二楞战死的经过时,不禁脱帽而为英雄致哀。他在心中默默地记下了秦二楞这个名字。

24. 勇士亦书生

故事三:

程荣耀和他的战友们

程荣耀也是位排长,同秦二楞排长相比,他正好是另一种形象。他没有那么高大威猛,性格也不那么粗犷豪放,而是个书生型的人物,有时间爱看个闲书,搜集个民谣、顺口溜什么的,还喜欢记一点随军日记。

接到攻击的命令,全排战士一齐跑下山岗。往下边一看,有许多日军的大车已经进入沟道深处,大约有一个小队的鬼子兵正处在程荣耀排的射程之内。程排长命令四班长赶快把机枪架起来。这时候,前边的枪声响起,全排的轻重火器也一齐开火。这迅雷不及掩耳的袭击,打得敌人晕头转向,摸不着东南西北了,死的死,伤的伤,没死的连滚带爬找地方躲藏,狡猾的家伙躲到大车底下,举枪拼命还击。

连长王化堂把驳壳枪往身后一挥,喊了声:"同志们,冲啊!"随之,跃身而起,带着全连战士向沟道里冲去。

王连长刚冲上公路,有一个没被打死的鬼子兵突然站了起来。两个人相距太近,武器都派不上用场了。鬼子兵将王连长拦腰抱住,两人便一上一下摔开了跤。王化堂是位精干的指挥员,但那鬼子兵比他强壮得多,翻滚搏斗之中,鬼子兵占了上风,王化堂被敌人压在身子底下。鬼子兵死死钳住王连长的脖子,王连长危在瞬间。急难时刻,打旗兵赶了过来,用军旗杆下端的尖铁锚子,照着鬼子的后背猛戳过去。用力过猛,旗杆把鬼子穿透了,污血溅了王连长一身。

公路上的白刃格斗,把敌人压下去了,但逃离公路的敌人,很会利用地形,显得训练有素。他们在山坡边以及修公路时挖土挖出的坑坑洼洼中趁势架起了机枪,机枪口立刻喷着火舌朝这边打来。子弹落在战士们眼前,击起的土石渣都落到身上了。这个机枪手太凶恶了。必须拔掉这颗钉子,否则对我们威胁太大。

程荣耀排长单腿跪地,用冲锋枪向敌人的机枪手扫射,可是没有打中。敌人的机枪仍在咆哮着。再扣扳机时,枪里的子弹已经打光了。正在急得火烧眉毛,四班长大个子李虎站了起来。他端着捷克式机枪,从高处向下同敌人对射起来,终于打死了敌人的机枪手,可他自己也中弹倒下了。躺在地上,李虎的脸上还挂着胜利的笑容。那笑容是一个英雄最后的微笑。

王连长和战士们一齐猛扑过去,用刺刀扎,用枪托砸,把坑洼里的敌人全报销了。打完了,战士们相互看看,已经不成样的战衣上沾染的满是侵略者的血浆。

解决了日军的后卫小队,六八七团的部分营连开始向一线拉开的大车队那边压缩。那些大车已经被打得一辆辆东倒西歪,有的在着火冒烟。押车的日本兵死的死,伤的伤,侥幸还活着的,不是躲在了车辖辘底下,就是藏在公路边的道沟里,战士们一边搜索一边前进。此时,手榴弹爆炸的烟雾还没有散尽,沟里一片迷茫昏暗,几米之外便什么也看不清了。

"叭"的一声冷枪打来,副团长田守尧中弹负伤。战士们又气又急,朝打枪的方向狠扫了几梭子,更加小心翼翼地行动,不敢有丝毫的马虎大意。

程排长看见不远处有一匹辕马倒在血泊里,脖子炸去了半边,腿还在有气无力地乱蹬。紧挨着这匹马的旁边,卧着一具日本兵的尸体,旁边扔着一条步枪。他上去要拣那条枪,哪知这是个装死的鬼子兵,突然睁眼站了起来,抓住枪,一个饿虎扑食朝程排长扑去。他赶紧抡起枪还击,便在搏斗中对峙起来。正搏斗中,只听得"当"的一下,接着"咕咚"一声,程荣耀觉得眼前一阵发黑,身子向一边歪去。心想,这下可完了,真的"荣耀"了!可定神一看,原来是面前的鬼子兵命归西天了,胸口冒着血,血溅到了程排长身上。对峙时,程荣耀抡了敌人一枪托,只砸破点皮肉而没伤着敌人的要害,所幸敌人的刺刀也扎空了,是身后赶来的战士段松一枪打死了这个恶狼。

他拍拍段松,悄悄问:"干掉几个了?"

"排长,算刚才这个干掉仨了。"段松得意地说。

"行啊,你!比我多一个。打完仗,我向连里给你报功!"程排长笑道。

25. 潇洒机枪手

故事四:

霍班长本是绥德汉

米脂的婆姨绥德的汉。

这是一句俗语,是说米脂这地方出美女,绥德这地方出美男子。歌曲中唱出来了,书里也写出来了。不到米脂和绥德去走走看看,感受自然不会深刻。

十二连机枪班班长霍溥凌就是个标标致致的绥德汉。这会儿先别评论他的长相,也让你的审美意识暂时休息,因为霍溥凌正在战场上,这一仗又打得十分惨烈悲壮。他和他的机枪班也正吃着紧哩。

自平型关方向传来的枪声,已经清晰在耳了。翻过一架山梁便是通向平型关的公路。部队急速地向前运动着。

通讯员跑过来,传达营长命令:

"十二连冲过河滩,从左面夹击敌人!"

连长听罢,拔出驳壳枪,高高一挥:"跟我来!"全连战士便呼呼跑起来,脚下生风了。

战士们一口气冲到沟边一看,好家伙,满沟里都是鬼子,一堆一片,活像一塘干在那里的鱼垂死挣扎着。该是我们报仇雪恨的时候了。兄弟连队早跟敌人激战多时,枪声、爆炸声、喊杀声和军号声,交汇起来,搅拌起来,多像轰轰的雷暴滚过天地。尘土烟雾填满了狭长的山沟,日军被逼压在山沟里,进不得也退不得,不少已经被打得人仰马翻。活着的鬼子仍然依仗车辆、岩石和良好的武器装备死命地抵抗着。

"连长,你看,鬼子向通讯班反扑了!"

有人喊了一声。

连长早看在眼里,只是在考虑如何下手。听到喊声,便命令道:

"打!拦腰截尾一起打!"

全连密集的火力射向沟里的鬼子。

鬼子真够顽固,简直王八吃秤砣——铁了心啦!前面冲上来的滚下去了,后面的还是没命地往上爬。霍溥凌的机枪可有了用武之地,一个劲嗒嗒嗒地响着、叫着,子弹像风暴一般直扫敌群,机枪直震得霍班长浑身乱抖。敌人被扫倒了一大片,转眼间又是东一个西一个地抬起头来顽抗。

忽然,有一排人端着刺刀向从山坡上爬来的鬼子冲去。啊,那不是九连的"老洋活"(战士的绰号)吗!他冲在最前头,霎时卷入敌群,展开了拼杀。

"'老洋活'!好样的!呱呱叫!"

霍溥凌为九连的战友和"老洋活"呐喊助威。

大部分鬼子被压在沟里上不来,小部分冲上去的又被阻挡住退下来。经过一阵冲杀,鬼子剩下的人越来越少了,只得三五成群地在山沟里、沟滩上乱吼乱窜。战士们用半生不熟的日本话喊他们:"投降吧!缴枪的不杀!"可是那些鬼迷心窍的强盗,听也不听,仍旧乱窜乱叫,近于疯狂,没有一个举手投降!一个战士冲到鬼子中间,大喊:"缴枪不杀!"不料,被一个鬼子猛刺一刀。战士大怒,回敬一刺刀,看着鬼子先倒了,自己才倒下。

战斗接近尾声时,营主力奉命去关上增援,单独留下十二连坚守着以老爷庙为中心的数里防线,挡住从灵丘方面赶来增援的鬼子。

上午倒也平静,大概因为鬼子受了一次教训,不敢再如入无人之境了。但是，战士们心里明白，伴随而来的将是敌人更狡诈、更猖獗的一次进攻，因而都百倍地警惕着。

午后时分，公路上的二排、半坡上的三排都来报告说："鬼子出动了！"不一会儿，果然正面鬼子的机枪已断断续续地射过来，看样子是在投石问路，用火力侦察虚实。

"不理睬它！注意隐蔽！"连长说道。

战士们继续严阵以待。

负责观察敌情的二班"大个子"，半个身子露在外面。霍班长很替他担心，劝他："大个子，把姿势放低，小心！"可是他一点没在意。突然，"格格格"的一阵机枪子弹射来，打落了大个子的军帽。

"受伤没有？"霍班长吃了一惊。

"没事儿！"大个子拾起帽子，不慌不忙又扣到头上，屁股扭了一下，骂了声："他奶奶的！"继续观察敌人动静。

枪声依旧稀稀落落地响着，但是距离正在一步步缩短着。忽然，大个子猛地跳起来，喊道："鬼子冲上来了！"

连长一声令下："打！"

手榴弹，枪弹，一齐在鬼子群中开花。

敌人的机枪、排炮也毫不间断地向这个方圆不到几百米的小山头猛烈地轰击着。片刻功夫，整个山头便笼罩在浓密硝烟尘埃之中了。

三班在左边告急。连长命令霍溥凌带机枪去支援，然后边打边退。霍溥凌架好机枪往下一看，好啊，狗娘养的，这些小鬼子正弯腰撅腚往山上爬，活像他小时候放的那群绵羊！来吧，来吧，霍爷爷今儿个负责送你们回"老家"！于是，勾动扳机，哗哗就是一梭子。山坡陡峭，鬼子本来就有些提心吊胆，遭这阵突然的打击，就一时乱了套，死的压住活的，活的又滚过死的，一片"喳呀呀"的怪叫声。

"轰"的一声，震得机枪直跳。霍溥凌以为是三班长的手榴弹就近扔开了,就喊了一声:"三班长,你眼睛瞎了吗?干得太近了!"

矮矮胖胖的三班长好像没听见,仍然将满怀的手榴弹一颗颗往下扔,让敌人吃这崩脆的糖葫芦。接着,身边又一声同样的爆炸,霍溥凌才闹明白:咳!怪不得哩,原来是敌人的炮弹!

机枪子弹打光了一梭子,弹药手赶不上来压子弹。机枪又发热了,喊谁也没人应。不大工夫,枪声稀了,硝烟也渐渐散去。霍溥凌弄不清是怎么回事,战友马玉林猛然过来拉他一把,说:"快走!撤!"抓起他的背包就跑。

离开工事,向四周一望。啊,阵地上只剩下他一个人了!他早把边打边撤的茬口忘干净了。自顾自嘿嘿一笑。到处可听见鬼子杂乱的脚步声,他的心紧了一下,不管背后的鬼子怎么射击,抱着枪一口气跑到两华里外的公路上,上气不接下气地好喘息了一阵。回头再往山顶一望,不由得自言自语:"真他妈险呀!迟一步就喂狼啦!"

霍溥凌刚坐下,就听见老爷庙后鬼子的说话声,叽里咕噜不知讲些什么,离他只有一二十米远近。他提起机枪弯腰就跑,被鬼子发现了,"叭叭叭"地向他射击,子弹"嗖嗖"地从他耳边飞过去。

真倒霉,怎么往谷地里跑呢?他骂自己。谷穗绊住了脚,想跑也跑不快了。急中生智,他抱着机枪顺着洼处往下滚。鬼子的枪声越发紧了、凶了,直打得谷穗乱飞。滚呀,滚呀,脚划破了,衣服被戳得到处是窟窿。他鼓励自己:

"不管它,快滚到安全的地方去!"

滚到一个洼处,跳进一个坑里,他已经累极了。而鬼子的机枪还紧追不舍地朝这边射击。霍溥凌心想:打你们的吧,爷爷要歇会儿啦!权当是鞭炮送行!

"霍班长,你在哪?"是马玉林在喊。

霍溥凌没应声,也没动,怕被敌人发现了。马玉林没听到回音,以为他"光荣"了,就飞快地冒着枪弹扫射跑过来,推了他一下。

一看他还好好的活着,就笑了:

"班长,你倒好,走在最后的人,还有人'送行'呢,谁能混上这等待遇呀!"

敌人耗费了时间和兵力,只得到了一个空山头和一堆堆的弹壳。明白过来时,他们准会气晕的。

霍溥凌和马玉林赶上了部队。

连长拉住他,半开玩笑地说:"凌子,这回你的战地日记够写一本了吧!哈哈……"

马玉林说:"要写就写他一台大戏、好戏!"

26. 兵临驿马岭

如果说林彪和聂荣臻带领一一五师,在乔沟一线虽然打得艰苦卓绝,但毕竟是"鞭敲金铠响,人唱凯歌还"了,那么,也是一一五师之一部的杨成武的独立团,是不是被战争遗忘,成了坐山观虎斗的闲人呢?

不,有史以来,凡战争就没有观众。

身未参战,心亦参战。

独立团驻扎在驿马岭,隔山遥望主战场。在林彪的军事棋盘上,独立团是个配角,是个不可缺少的配角,其任务是阻援,挡住、拖住日寇的增援部队。否则,平型关一役便胜负难料。

担子搁在杨成武的肩上,并不轻松。

然而,杨成武作为平型关之战的三位"杨家将"之一(还有杨勇和杨得志),他倒下定决心举起坚不可摧的盾牌,饰演一个非同凡响的配角。

阻援就阻援,只要能参战,只要能和日本鬼子真刀实枪地干一场就行。杀敌卫国的渴望，激励着每一个中国士兵，全不惜血染河山啊！

何况，杨成武的这个独立团并不在国民革命军的编制中，是一支编外的"黑兵"。若不是他机智善谋，就很难开上抗日前线。他们打了一个革命的"马虎眼"。

东渡黄河时，他们就遇上了麻烦。

国军在黄河渡口设立了严格的检查站，岸上筑有不少掩体，大堤上有荷枪实弹的士兵在巡逻，泊船处的守卫们为了加强对过往船只的警戒，扯起了一根根铁索。

那人看样子是个军官，头戴一顶雨帽，手里拿着一本大硬纸夹子，在渡口处走来走去，怀疑的目光扫过来望过去。杨成武向人一打听，原来此人正是国民党政府派驻渡口的检查官。想从这里渡河，他那大夹子上有你部队的番号才成。不然，你飞也飞不过黄河天险去。

杨成武心里明白，如果去说明，肯定通不过。先躲过耳目再说。他把队伍带到西岸好几里远的一个小树林里。

巧了，小树林里杨成武的独立团与李天佑的六八六团不期而遇了。杨成武把情况一介绍，李天佑说干脆把两个团混编起来，用六八六团的番号，咱也给他们来个"蒙混过关"嘛。这办法可以一试，杨成武很高兴。

下午，队伍开到渡口。

此时，岸边停着20多只大渡船。战士们先下手为强，呼隆一下全都上了船。

检查官在大夹子上对了番号，咕哝了一句："怎么这么多人呢？"瞧瞧登船的战士，没再言声就放行了。

其实，检查官心里明镜似的，一个团和两个团的人数他会不知多少？他也是佯装不知，多上去些部队打日本鬼子，难道不也是他的愿望？

过了黄河,日夜兼程,杨成武想抢先一步。

赶到腰站时,杨成武吃了一惊:日军更快,他们已经先占了驿马岭。

这是林彪备下的一支奇兵。其任务是大胆深入敌后,隐蔽地插到腰站地区,切断敌人从涞源至灵丘和从广灵至灵丘的两条公路运输线,阻击涞源、广灵两个方面的日军援兵,保证主战场上兄弟部队吃掉正面进攻的日军。

9月23日午饭后,杨成武率独立团从上寨出发,追风赶日一口气就出去30多华里。山区的天,黑得快,约有6点多钟,四周便一片昏暗了。战士们拉起手来,一步步涉过唐河,来到宿营地,这就是上、下北泉村。

村子一片寂静,糊焦气味飘出很远很远。这里遭受了侵略者的劫难,老百姓都躲进了深山,空荡荡的村子里只剩下几位宁死不走的老年人。

战士们夜难成眠。

24日一大早,部队集合,急行军向腰站开进。两旁的高山如同要合起来的天门,当中一条碎石小路,越往上走山越窄,像要把人挤扁了似的。战士们手攀脚登,穿过荆棘丛和乱石堆,终于将马驮山抛在身后,进入天降沟。山势渐低,路渐开阔。杨成武让队伍摆开战斗队形,警戒前进。

晌午时分,到了腰站。这是个坐落在路旁山洼的小村庄。村庄东边有一座高山,山顶上有个马鞍形的隘口,那就是有名的驿马岭。

杨成武仰首向驿马岭瞭望。从隘口处蜿蜒而来的那条公路直直扑入眼帘。杨团长心头暗喜,这地形果然很妙!若卡住隘口,火网交叉,真乃:一夫当关,万夫莫开。日军再强也断难通过。

脚下,山路弯弯,且盘旋曲折,左弯右拐,绝处逢生,几十米远,路又折进山怀。战士们贴着山根往前走,一个个小心翼翼,轻手轻脚。

突然,前面尖兵排打响了枪声,还有战马嘶鸣声夹杂其间。

杨成武心头一紧,快步上前。

原来,敌人先期占据了驿马岭。下来的是一支日军的骑兵侦察队,与独立团尖兵排狭路相遇。尖兵排先开了火,一举打退了敌人的骑兵队。草沟里躺着两具日军尸体和一匹半死的战马。

杨成武看了看地形,决定调整阻击地点。于是命令部队立即占领两面的山头,构筑工事。这些山头临近公路,虽低于驿马岭,但仍可有效地阻敌增援。

下午,侦察员报告,日军二十八师团又有一个联队从涞源城向腰站赶来了。

情势严重,日军一个联队兵力相当于八路军一个团,而且说不定敌人还会随时增兵。打起来是硬碰硬啊。

杨成武在山坡上踱步,踩得野草、碎石沙沙作响。

看来,日军到腰站应是夜晚,摸不清我军虚实时,他们断然不会夜过腰站。

他把兵力作了新的调度:

一营在山上警戒,团指挥部随一营在山上驻扎。二营连夜进抵三山镇,切断广灵至灵丘的公路。三营为预备队,后撤至白羊堡宿营。

驿马岭上下,酝酿着一场厮杀。

27. 岭下英雄血

夜间,天与山漆黑一团。大雨如注,向着山上的一营灌了下来。风声、雨声、雷声一起在山间轰鸣,震得人心发颤。山水越积越多,越淌越急。忽听山上哗哗一阵轰响,大概是山开了口子,滚滚山洪夹着泥石,从战士们的身下冲过。战士们搂住步枪、手榴弹,静静地坐在一块块岩石上,任由着雨淋水冲,直到天明。

雨水淋不湿杀敌的意志!

山洪冲不垮阻击的防线,战士心中有一道长城!

天明雨住,山间却弥漫着浓浓的雾气,5米以外便人树难辨。

杨成武命令:保持肃静,迅速占领阻击阵地。

7时左右,浓雾悄悄散去,峰峦沟谷清晰如画地呈现在人们的眼前。

战士们紧张有序地擦拭枪支,做好战前的准备,在阻击阵地上严阵以待。

杨成武又接到情报:凌晨,涞源城又开来一个联队的日军,赶到了驿马岭。

杨成武的压力更重了。

他想,敌人并不知道我方的兵力,如果出其不意地给他们来一个猛打猛冲,造成其判断上的失误,他们就不敢倾巢出击,这样,对我们的阻击势必大大有利。

敌人在驿马岭隘口上布置火力,对准我军阻击阵地,这对我军的威胁太大了。

"必须拿下隘口!"

杨成武从牙关里挤出了这个决心:

然而,从下而上,敌强我弱,不可硬攻,必须伺机破敌。他让二连从右翼袭击隘口,三连迂回攻占南面更高一点儿的山峰,用火力压制隘口之敌。

刚刚布置完毕,敌人已经下了隘口。他们摆开战斗队形,利用岩石、土坝作掩护,探头探脑地向一营阵地逼进。

阻击阵地上悄无声息。岩石缝里有轻轻的流水声。

敌人离阵地更近了。尽管他们是驰援平型关的,但趾高气扬中还有着必要的小心,显示着一种固有的军人素质。

独立团的机枪发言了,射向敌寇的全是仇恨的怒火。顿时,各个山头的枪声齐鸣,弹雨纷纷而下,几十个日军应声栽倒在山坡上。但是,大群的敌人并不后退,而是就地散开队形,各自为战,进行顽抗。已经倒下的鬼子竟也带伤流血爬起来还击。

杨成武把这里的情况立即电告了师指挥部。片刻即接到林彪师长的回电:

"你们要坚决阻击当面之敌,不得放其西进。平型关那里的敌人已进入我伏击圈,战斗即将开始。"

战斗很快进入残酷悲壮的阶段。

一连阵地上忽然站起一个泥人,挥动驳壳枪,率领战士们冲锋杀敌。杨成武看清了,他就是一连连长张德仁,个子不高,十分机灵,人送绰号"醴陵拐子"。当然,他非但不拐;还有一双快腿,跋山涉水总是先人一步。活泼好动,爱开玩笑,脑瓜儿拐弯又快又刁,才落下这"醴陵拐子"的美名。

这时,他的帽子不见了,大步如飞地朝敌人冲去。半途,他把驳壳枪插入腰间,伸手从敌尸旁抓起一把三八大盖枪,打开枪刺,又往前冲。不一会儿,他和战士们一阵喊杀,便冲进敌群,与敌人肉搏起来。刺刀与刺刀的撞击直震山岩。

几分钟后,下到公路上的敌人被消灭了。张德仁又从敌尸旁摸过一支枪,用袖子拭去脸上血污,沙哑地喊了声:"上啊!"快步直奔隘口。

他像松鼠似的又蹦又跳,紧随溃退的敌人身后,穷追不舍地往山上冲、冲。不料,他冲到半山腰时,隘口两翼猛地喷出七八条机枪的火舌。张德仁身子晃了晃,就和前边的两个鬼子一起倒下了。他身后的战士也纷纷中弹,从山坡上滚了下来。

杨成武心如刀剜,捶胸顿足。为了抗击日本侵略者,我们的损失太大了,牺牲者中有多少是从长征走过来的红军战士啊!

这时,西南方向传来了炸雷似的山炮轰鸣。杨成武寻声望去,不禁惊喜万分,脱口而出:

"好啊,平型关战斗打响了!"

驿马岭前,战斗同样激烈异常。双方对峙着,一次又一次地冲锋、攻击。八路军将士的鲜血和生命每分每秒都在为战争诗篇增添内容与风采。

通讯员送来师部的电报:

"敌三千人遭我伏击,战斗进展顺利。你部须坚决阻击敌援,直到师主力战斗胜利。"

杨成武即令回电:

"我部坚决完成任务!"

28. 猛虎袭狼群

平型关的隆隆炮声,震撼了驿马岭战场。日军似乎有些慌了神,火力顿时有所减弱。增援部队若开不上去,他们也是吃不消的。

杨成武当机立断,急令司号兵吹起嘹亮的军号,命令埋伏于山侧的二连从右翼阻击隘口。二连战士早已按捺不住战斗的激情了,人人奋勇当先,个个如下山的猛虎,尤其是一排的"麻排长",更如猛虎一般冲锋在最前边。

"麻排长"率领十几个战士,攀上一个连山羊也难以立足的悬崖峭壁,消失在乱蓬蓬的草木丛中。

别看"麻排长"其貌不扬,但力气极大。他怒喝一声,就犹如山林虎啸一般震耳疹人。枪一响,他在战壕里就待不住,非扑出去冲杀一阵不过瘾。

"麻排长"率战士们果真攀上悬崖,悄悄爬到隘口旁的一块巨石后面,贴身一望,嗬呀,正巧是敌人的指挥部!心想,这回可擒贼先擒王了!

山洼里到处是敌人支的帐篷,像一堆一片的野蘑菇。一个帐篷前还停着几辆摩托车。几百个日本兵正在隘口后面一边吃干粮,一边喝水。

怎么办?"麻排长"脑子急速转悠着。敌多我少,一会儿工夫自己的十几个人就会被打光,不上算。莫如虎入狼群,横冲直撞一番。长坂坡前赵子龙不是杀了个七进七出吗?咱杀不出来也能赚够本!

"麻排长"将手一挥,全排战士都拔出了手榴弹。随着排长一个手势,大家一声不响地跳进隘口,旋风般地扑入敌群。

鬼子们未及反应过来,十几颗手榴弹已经在他们头顶上应声开花。

手榴弹打光了,"麻排长"就领着战士们与敌人拼开了刺刀。隘口的敌人遭此突然袭击,没有精神准备,死伤惨重,而且一时指挥失灵,乱了营盘。但敌人久经战阵,很快明白了这是一小股偷袭的部队,于是四面合围,疯狂朝他们射击。"麻排长"的腹部、腿部多处中弹,但硬是死战不退!战士们也一步不退,与敌拼死厮杀。结果,全排大部分战士战死于隘口敌群之中,不过还有几个战士带伤撤了下来。

"麻排长"的英勇壮举,虽未夺下隘口,却也令敌人胆战心寒,一时摸不清八路军有多少人马了,只好调整战斗部署,由进攻改为三面防御,增援部队基本上被阻止在驿马岭隘口以外。

杨成武淡然一笑。

倘若日军知道阻击他们的八路军只有两个营的兵力,眼睛都得气冒出来。战争的艺术,就是真真假假、虚虚实实。古往今来,战场上以少胜多、以主动进攻造成敌方错觉的战例实在太多了。

日军终会真相大白,可惜为时晚矣。

战争,常常就赢在时间上。

29. 光复涞源城

这边,英雄"麻排长"在隘口上与敌血战,为国捐躯之时,那边,副营长袁升平和教导员张文松又率领一部,占领了南侧比隘口更高的山头。有趣的是那山头上还完好地保留着阎锡山第三旅半个月前挖下的战壕,这倒是友军真正友好的表示,三营恰可用以攻击隘口之敌,省了许多的力气。

袁升平跳进堑壕,举起望远镜观察敌情。张文松也跟了进来,说道:"让我看看。"

"注意隐蔽,我们离敌人很近!"袁升平叮咛。

"知道了。"

张文松看罢不禁低声惊叫:"嗬,最近的敌人不到50米远,好打!"

就在这当儿,一颗子弹从小树林里飞来,打中了张文松的胸膛。他只"嗯"了一声,便仰面倒在袁升平副营长的怀里,一句话也没说出来就停止了心跳。

袁升平由于愤怒,浑身在颤抖。他喊过通讯员,让他把张文松同志的遗体背下去,然后将满腔怒火化为复仇的力量,端起机关枪,朝小树林后的敌人猛扫。只见树枝树叶冒着烟,纷纷折落⋯⋯

这场战斗,一直打到午后4时许,杨成武接到师部拍来的电报:

"⋯⋯歼灭日军坂垣师团第二十一旅团一千多人。你独立团已胜利完成打援任务。"

读罢电文,杨成武将电文举在手中挥了挥:出击的时刻终于来到了。他命令:

"团预备队立即插到隘口东面,从敌人的后路猛打上去!"

这是一支以逸待劳、箭在弦上的主力军,等出击已经等得手心发痒。因而命令一下,人人奋勇当先。枪声、手榴弹爆炸声和杀敌的怒吼声响成一片,一步步迅速逼近隘口。日军想不到中国军队越打越多,越战越勇,以为中计陷入包围圈中,随即收拢兵力,成了惊弓之鸟。

杨成武又指挥正面部队发起了冲击。霎时间,四面的山头冲锋号齐鸣,战士们从几路呐喊着扑向敌人的阵地。

对面,慌乱的日军大口吞食干粮,把雨布、饭盒和喝空的水壶全扔掉了,提着枪支在收拢、退却。

杨成武身经百战,反应异常的机敏,立即发出命令:

"敌人要跑,准备追击!"

他心中有一股澎湃的激情,一一五师的独立团将向日军展示它的战略战术和战斗力了,这是侵略者的铁蹄践踏中华大地以来未曾领教过的。

果然,日军将所有残敌收拢起来,集中火力冲下隘口,且战且退,向涞源城夺路而逃。

一营一马当先,追击敌人50余里,直杀到涞源城下,火力不减,大举攻城。日军已是惶惶穷寇,眼看招架不住,弃了涞源城,一路向东退去。

独立团一营光复了涞源。

二营马不停蹄,乘胜向东追击。

杨成武——一个日军闻风丧胆的名字!

独立团开始打扫战场。不可一世的日本军队无法遮掩地留下了败绩。大路上,山野里,草棵中,日军遗弃下300多具死尸,面目狰狞,姿态丑恶。他们亡魂于异国的土地,永成罪恶之躯。机枪、步枪、手榴弹、折断的刺刀、击穿的钢盔,扔得满山遍野。晚风一吹,血腥气和硝烟味浮荡于山谷,不时传来几声狼叫,凄厉而苍凉……

独立团的胜利,也付出了沉重的代价。

一场恶战,一连和三连减员过半,有的班排竟全部阵亡,无一幸存!烈士的遗体上,大都是弹孔斑斑,记录了生命不息、杀敌不止的英雄故事。他们的名字永远留在了驿马岭,留在了平型关前的座座高山,星辰日月为之肃然。

30. 战争是学校

就这样,坂垣师团第二十一旅团被敲碎在平型关下。

任何侵略者,不管其怎样耀武扬威、气势汹汹,都逃不脱可耻失败的下场。

坂垣也无法"武运长久",不得不接受厄运的到来。

激战虽烈,却已时过境迁。战士们打扫战场,依然是触目惊心。

在这长长的山沟里,枪炮声和喊杀声悄然退去,到处是翻倒着的鬼子的汽车,烧着的还有缕缕余烟。汽车上和车轮下都是鬼子的尸体,有的还挂在汽车的挡板上,那是还没来得及下车就被击毙了的。半山坡上的日军骑兵,人马横尸于地,比比皆是。公路上的汽车和大车还满载着弹药、装具、被服、粮食、饼干、香烟。至于山野沟道这里那里,枪支、弹药、用品、黄呢军服、大头鞋……不可尽数。

战利品之多,也难以一一描述,战士们搬了两三天还没有搬完。搬不动的,如汽车什么的,一火烧之。

战争是个学校,学问无穷。

八路军想抓几个日军俘虏,可是很难很难。日本兵初入中国都是宁死不降。我们"缴枪不杀,优待俘虏"的政策,在这里基本上行不通。为此,战士们还付出了代价。

六八六团一营一个电话员,沿着公路查线,看见公路旁躺着一个半死的鬼子,就跑上去大喊:"缴枪不杀!优待俘虏!"没等喊完,那家伙扬手一刺刀,刺进了电话员的胸部。有的战士想把受了伤的敌人背回来,结果自己的耳朵被敌人咬掉了。有的战士去为受伤的鬼子包扎伤口,反被敌人打伤。一营教导员曹光林下阵地时,脚碰了一下一个没死的鬼子,那个鬼子跳起来,拔出绑带里的刺刀,向曹光林刺来,曹教导员反应快,闪身躲过,一枪把这个鬼子给打死了。抬担架的战士和老乡抬日军伤兵的时候,鬼子兵说啥也不让抬,有的还从担架上爬起来咬人……

六八七团抓到一个战俘,想把他送到后方去。叫他走,他不走,推他走,也不走。没办法,只好把他结结实实地捆起来,用担架抬着走。这家伙还从担架上往下骨碌。于是就把他绑在担架上。一路上他一直"八格牙噜"骂个不停,硬是挣断了绳子,从担架上滚下来。有个战士去拉他,他张口就咬,战士一气之下,一枪把他毙了。

战斗之后,仍有武士道精神的殉道者。

遗憾,林彪没有抓到战俘,也就没有办法拿战俘去太原游街,给阎锡山司令长官看看"东洋景"了。

31. 二取平型关

战斗胜利后,一一五师主动撤离了平型关。此战没有得到晋绥友军的有力配合，否则，战果将更加辉煌，说不定可以一举歼灭日军的坂垣师团。

徐海东没有走，三四四旅没有走。

林彪把他们留下来，让他们继续扩大战果，并掩护师主力迅速转移。

徐海东漫步于战地，笑意挂在嘴角。他对身边的参谋说："什么皇军不可战胜，鬼话！二十一旅团不是成了我们的手下败将吗？看来，坂垣征四郎也是个洋牛皮匠！"

他对林彪的指挥能力、用兵作战之法，还是挺佩服、挺赞成的。打掉了日军的锐气，这是最大的胜利。

按照师部的计划，徐海东率三四四旅在平型关一带继续与敌人周旋、战斗。这一周旋虽然十分艰苦，他却于艰难之中显奇才，率部来了一个"二打平型关"。

这是战争的传奇。

八路军撤出平型关战场后，守卫在平型关正面的国民党军队也撤退，把平型关拱手丢掉了。

实际上，徐海东和三四四旅被留在了敌人后方。

六八七团在平型关之战中损失很重，战斗减员没有得到及时补充，后勤供应跟不上。暮秋时节，天气一阵冷似一阵，战士们还穿着单衣、草鞋。乔沟一战虽然缴获了一些物资，但服装少，大皮鞋穿起来笨重，不利于山地行军。

此时，日军进攻的目标是忻口和太原，八路军就担当了侧后袭击的任务，目的是牵制敌人，拖住敌人，阻击他们的进攻速度，以支持正面军队作战。

六八七团留在平型关一带。这时，敌人在周围安了许多据点。他们就隐蔽在敌人鼻子底下的山村里，到10月中旬才开始突击。

日军在平型关设有重兵布防，似乎被打怕了。日军有一个大队驻扎在大营，并派出一部分兵力控制着平型关口。有一个后勤供给部队驻于灵丘,不断往前线运送军需物资。

侦察到这一敌情,徐海东立即行动,率六八七团一营和特务营,于10月13日奇袭小寨村,将敌人一举歼灭。

八路军再度突然出现,使日军的神经又高度紧张起来,接连两天不敢露面。六八七团乘机破坏了公路,神出鬼没地活动在日军的供应运输线上,搅得敌人不得安宁。

15日,日军调集了重兵,配置了6门大炮和130辆汽车,沿公路袭来,企图消灭八路军,打通供应线。徐海东率领六八七团占据小寨村两侧高地,阻击日军。激战竟日,日军不仅未能前进一步,还伤亡惨重,不得不缩回灵丘城。

战术之道:你打你的,我打我的。

一、三两个营与敌激战之时,徐海东已命令二营突然袭击了团城口的敌人。

战斗持续了一夜。

拂晓时分,七连尖兵排接近了平型关旧城,一下子与400多日军狭路相遇。尖兵排很快占领了山头的有利地形,开火在先,与敌激战。二营主力随后赶到,占领了后面的山头阵地,火力猛烈地压向敌人。

日军已经包围了尖兵排据守的山头,欺其人少,连续向山头发起进攻。尖兵排顽强奋战,人员伤亡过半,也没让日军攻上山头。

此刻,六八七团三营的位置是在平型关东长城上。国民党军队撤退时,丢下了许多滚雷,样子很像个大铁球。平时摆在阵地上,用时一拉导火索,用脚一踢便朝山下滚去,大约滚到半山腰就爆炸了。这家伙很笨重,打防御战时可有了用武之地。他们怕这些铁家伙被日军用上,就一一点着导火线,纷纷踢下山去,爆炸声一时间接连不断,传出去很远。与二营激战难解难分的日军听到了,丈二金刚摸不着头脑,加上他们的伤亡也很惨重,便无心恋战,连同据守平型关的敌人一起,狼狈逃回了大营据点。

二营迅速占领了平型关。

当晚,三营又连夜袭击了敌人的大营据点。搞得日军吃睡不宁,担惊受怕,时时提防八路军神兵天降。

徐海东率六八七团包围了大营,直逼繁峙。敌人得信后:立刻由代县派出56辆载重汽车,满载步兵,前来增援。徐海东早已料到,便在繁峙与大营之间派部队埋伏于沙河。敌人经过时,伏兵四出,猛烈袭击,打死200多敌人。于是,大营之敌与新城应援部队会合,向代县退去。此战毁敌载重汽车20辆,缴获步枪11支,还有大量的罐头食品,为战士们补充了几天的营养。

克复灵丘、大营之后,徐海东部又奉命破坏张家口到代县的交通。六八七团之一部乘敌势虚,配合独立团袭占广灵,另一部占领浑源,缴获许多防毒面具和军用品。

徐海东和六八七团一直转战到太原失守,累计歼敌1300余名,缴获大量武器弹药。南北转战,东西征杀,徐海东的身体渐渐不支,经常吐血。因此,中共中央电令他速回延安治疗。

临走,他从这个营又到那个营,几乎走遍了全旅的连队,与大家洒泪告别,难舍难分。

毛泽东盛赞徐海东,称其为"二次收复平型关",并挥笔将战例写进了历史的书卷。

32. 昔阳小兵变

张绍东在平型关战斗之后不久,就不断有劣迹发生。后来干脆和参谋长兰国卿一起离开八路军跑了。这件事多多少少给平型关之战投下了一点阴影。

知道情况后,徐海东非常惋惜,也十分气愤。他知道自己有责任,下手晚了,总是想着张绍东能打仗,在红军中出生入死,没有怕过死,而且打仗爱动脑子,想方设法克敌制胜,好好锻炼,说不定将来是个将才。然而,他也深知张绍东的毛病,此人居功自傲,讲求享乐,终于……徐海东恨不能把张绍东他们追回来,亲手毙了这个不争气的东西。可惜他只能发发狠而已。

张绍东和六八七团在老爷庙北侧打得很苦、很顽强。5时30分,被围日军以一部兵力向老爷庙北侧高地冲击,企图抢占这个高地,杀开一条血路,掩护其主力突围。团长张绍东立即指挥三营主力先敌占领了该高地,架起机枪向敌人猛劲扫射,接连打退日军好几次疯狂进攻。

敌人又企图从两侧其他高地上突围逃走。张绍东看在眼里,用驳壳枪指着那个方向大喊:"堵住敌人,给我狠狠地敲!"

残敌只得收拢起来,沿公路向北溃逃。张绍东卷了一支土烟抽上,笑看鬼子逃跑的狼狈相。当然,他心中是有数的,一营在后,他们跑不掉!果然,一营迎头痛击,包围圈越来越小,敌人大部被歼。

一小股敌人占领了老爷庙附近的一个小高地,机关枪弹雨点般地射向六八七团三营阵地,战士们一时抬不起头来。张绍东让三营顶住,并让其从两侧夹击敌人,九连二排真是个个英雄,伤亡大半,仍将敌人赶下了高地。

黄昏时分,敌人无力冲击,只得撤出战斗。

张绍东打死一个鬼子小官儿,缴获了一把东洋刀,又从战士手中要过一把三八枪挎上,学着日本人的样子,逗得战士们前仰后合,笑弯了腰。

胜利了,他也算是一位英雄。

之后不久,六八七团奉命到洪远县一带驻扎扰敌。张绍东进了县城,成了一方之主。然而,他不如三国演义中的张飞,占领古城后,把古城治理得井井有条,并招兵买马,打造兵器,以图大业。

他干什么呢？他别出心裁地打起"土豪"来,把抗日统一战线的政策忘在了脑后。

见到钱财宝物,他就眼红心热。贪得之心,使他的腰包一天天鼓了起来。

有同志提醒他注意影响,那时已经有人看不惯,背地里叫他"土匪头子"、"山大王"。

张绍东如何听得进去,大骂出口:"他妈的,老子一刀一枪杀出来,打鬼子差点搭上命,分点浮财算什么!"他和参谋长兰国卿,竟又花天酒地起来,经常喝得醉醺醺的,走路东倒西歪。

嫖娼、逛窑子、搞女人……张绍东越走越远,越陷越深。

情况终于被徐海东得知,他决定对部队进行整顿。张绍东并不知道旅部的决定,只是多少听到点风声,就开始坐卧不安起来。他刚喝过酒,眼里布满血丝,直愣愣问参谋长兰国卿:"伙计,情况不妙啊,你看该怎么办?"

兰国卿嘿嘿一笑:"团长,三十六计,走为上。"

张:"走?往哪走?怎么走?"

兰:"大丈夫四海为家,这天底下的路宽着呢!"

张:"就你我哥俩?"

兰:"我有一计,不知……"

这天,张绍东通知:"营连干部全体到团部开会,有紧急任务。"干部们一听说有任务,多数都来了。

张绍东说:"上级命令我们在这一带跟敌人打一仗,现在我们一起去看地形。"

跟着去的主要是一营和二营的干部,三营干部没有到会,可能是离县城稍远,没能赶来。

来到昔阳县的一个地方,张绍东和兰国卿一前一后站定,拔出枪来,对着闷在鼓里的营连干部说:

"话说明白了,我们想远走高飞。愿意跟着一道走的,将来有福同享,不愿跟着的,就只好吃一颗'定心丸'了!何去何从?都表个态。"

他拍了拍腰间的子弹袋,谁都明白那就是"定心丸"。

这一跑,迎接他们的并不是美酒和鲜花。他们跑到了"友军"那里,遭到了许多白眼,便又跑回安徽、湖北一带,当了"山大王",仍从属国民党的什么部队管辖。

张绍东、兰国卿失败在另一个战场上。

他们留下了终生的遗恨。

后来,田守尧伤愈归队,当了六八七团的团长,已经是1938年的春日。他恨张绍东,骂他没出息!他们本是并肩战斗的战友,如今身为一团之长的张绍东竟然给六八七团抹下这么大个黑点!

他要为六八七团争口气。

田守尧率部与日军激战于张店,在六八八团的有力配合下,这一仗打得很利落,消灭了300多敌人。六八七团仍是英雄的部队。

而后,田守尧一直转战在抗日战场上,后任新四军第八旅旅长。有一次他奉命到延安去学习,乘船绕道山东时,不巧与敌人的巡逻艇相遇。他与三师参谋长彭雄组织船上战士与敌激战一天,打退了鬼子巡逻艇。上岸时,已经精疲力竭的他,昏死在海滩上,被海浪卷入海中。

英雄的军队,又陨落了一颗将星!

33. 友军欠友情

日军二十一旅团遭到重创,暂时撤出,向东跑池方向退去。

当日黄昏,西山一抹落日的余晖尚在天际。一一五师第三四三旅乘胜前进,向东跑池日军展开攻击。敌人仍步步后退。此刻,打了整整一天的战士们又饥又渴,嗓子眼里直冒烟。但为了追歼顽敌,又精神百倍地向东跑池奔去。

这一带,原是国民党部队的出击目标。假如他们按照计划,与一一五师两下合击,全歼坂垣师团也在我们的把握之中。

机不可失,时不再来。

不料想,六八五团和六八六团在东跑池包围了敌人,国民党高桂滋部竟然未与日军对阵就放弃了团城口,把八路军撂在了低洼的东跑池。结果,使残敌得以从团城口突围而走。

八路军也只好撤出了战斗。

当时,望远镜不离手的林彪,表面上十分平静,但也在心中惋惜与焦急。友军未能按计划出击,使我们坐失了一次歼敌的良机。这个失误历史将会深深地牢记。

对此,二战区司令长官阎锡山显然负有不可推卸的责任。而高桂滋不战而退,放弃了团城口,则是一个抹不去的罪过了。

林彪不是没有预感,也不是忽略了友军的配合作战。

平型关这边战斗一打响,他就让作战参谋苏静为他的特派员去友军方面联络,希望友军做好准备。

友军的一支部队就在左方的山上,苏静先后去了两次。一个友军指挥官见了苏静客气了几句,但没有讲配合作战的事。

苏:"你们可以出击了。"

友:"上边命令不让动啊。"

苏:"上边说什么时候行动没有?"

友:"没有。"

苏:"如果你部出击,可以多歼敌人。"

友:"是啊……"

苏静只得回来如实向林师长、聂副师长报告。林彪听后,平静地看一眼聂荣臻,其意尽在不言中:人家是友军,他按兵不动你又有什么办法呢?咱们自己打吧。

战斗打响后,徐海东也派张竭诚去友军方面联系。张竭诚立刻利用地形掩护,飞速向侧翼的山坡上跑去。

友军的阵地上,有几个散兵在抽烟闲聊。张竭诚问他们团长在哪儿?他们谁也不知道,一个个显得有些惊慌失措。是真的不知道,还是不敢说呢?

找来找去,张竭诚发现前边山坡上有几匹军马,就奔过去。拐个弯儿,在山坡后面见到了一位友军的中校,他就是这个部队的团长。

张:"我是一一五师的作战参谋。我部已按计划与敌人展开了战斗,现奉徐海东旅长的命令,前来你部,请你们迅速配合战斗,按原定出击地域进攻敌人。"

团长:"哎呀呀,我们的人都找不到了呀!也不知道他们都跑到哪儿去了。找不到兵,让我怎么办呀!"

张:"那就不出击了?"

团长:"唉,就是师长也掌握不了部队了,叫我怎么办才好哩……"

看着友军团长的样子,似乎也好生可怜。

其实不然,张竭诚知道这一带国民党部队约有几十万的兵力,能拿出两个团上去比划一下,也算说得过去啊。

尽管这只是局部,但也能看出两军之间的联合抗日,仍有貌合神离的情形。

在东跑池一带,负责指挥晋军几个团出击的是郭宗汾师长。此人系阎锡山的心腹之一,既有一定实力,也有一定的作战经验。可是他也按兵不动。八路军在东跑池与敌人打得正激烈时,此人还没有睡醒,迷迷糊糊地问这是哪儿打枪呢?勤务兵没有应声,他在外间也睡着了,比师长睡得还沉、还死。

不过,友军毕竟是友军。他们承认一一五师平型关首战告捷是全面抗战以来中国军队取得的第一个胜利,以至于后来的忻口防御战和太原守城的战斗,也有一部分功劳记在了林彪和一一五师的名下。

这倒有几分历史的公正。

34. 国人大祝捷

平型关之战并不是一个很大的战役,但此战胜利所引起的巨大反响却超越了战役本身。

中国军队打破了一个神话——皇军是"不可战胜"的。

中国军队止息了一曲哀歌——抗战必亡。

中国军队证实了一条真理——反侵略战争必胜。

平型关大捷的消息一经传遍全国,各界人民的爱国热情再度被点燃起来,辉映了希望的曙光。全国各地和各界纷纷发来贺电、贺函百余件。每一件都满含欣喜、赞颂、期望和祝愿,仿佛迎来了一个盛大的节日。

蒋中正26日电:

> 朱总司令彭副总司令勋鉴:25日电悉,25日一战,歼寇如麻。足征官兵用命,深堪嘉慰。尚希益励所部,继续努力,是所至盼。

委员长武汉行营28日电:

> 第八路军参谋处:25日电敬悉。贵路军一战攻克平型关,毙敌遍野,俘虏甚多,忠勇之气,益害敌胆。特电驰贺,续候捷音。

中国国民党福建党部特派员陈肇英27日电:

八路军朱总指挥彭副总指挥勋鉴：欣悉平型关之役，我军所向披靡，斩获无算。具佩执事指挥有方，将士忠勇无敌。尚希贵军挺进，灭此朝食。特电祝捷，歌颂戎祺。

上海市职业界救亡协会28日电：
　　第八路军参谋处转全军将士鉴：贵军受命抗敌，立奏奇功，挽西线垂危之局，破日寇方长之焰。捷报传来，万众欢腾。谨电驰贺。

巴黎救国时报电：
　　第八路军朱、彭总指挥钧鉴：据连日电讯，悉我八路军于灵丘平型关一带袭击寇军，消灭五千，捷报传来，全侨跃舞，一致认为八路军获得空前大胜利的原因，确在于八路军将士高度的政治觉悟，坚强的战斗力，铁的纪律，与民众密切的联系……望抗战各军学习模范的八路军的优点，更望我全体将士更加巩固地团结一致，共驱日寇，全体侨民，誓为后盾。

　　蒋介石对平型关一役的胜利似乎格外看重，贺电已经发出，却仍觉意犹未竟。当平型关战斗全部结束之后，他又发来嘉奖的电文：
　　朱总司令玉阶兄：
　　电悉，接诵捷报，无任欣慰，着即传谕嘉奖。
　　　　　　　　　　　　　　中正
　　几乎是一夜之间，林彪的名字家喻户晓。"抗日英豪"、"民族英雄"、"无敌元帅"、"常胜将军"等等桂冠挤满了全国各大报刊的头版头条。
　　而当人们得知这位英勇的八路军师长正当而立之年、尚未婚娶时，更成为市井乡间人众谈论的饶有兴味的话题。不知多少妙龄少女对这位浓眉毛的英俊师长心向往之,悄然编织出无限美妙的春梦。

林彪率队经过五台县,消息早已一传十、十传百。结果万人空巷,纷纷如潮水般地往队伍跟前挤,涌至县城门外聚成人海,争相一睹抗日英雄将士的风采。挤不到前边的使劲喊:"看见了没有?哪个是林彪师长?"前边的应:"看见了,骑马的那个就是。"年轻的后生爬到树上伸长脖子看,小娃子骑在大人肩膀上看。欢呼声和锣鼓声响成一片。

部队本来有任务,但也只好停下来,同五台县民众一起庆贺胜利。

这时,只听笛响箫鸣,乐声悠扬。一队僧人身披袈裟,从佛门圣地五台山上下来,吹奏着高雅的梵乐,欢迎并祝福抗日英雄将士。

群众让开一条通道,僧人们来到队伍跟前。林彪等人上前与僧人见礼。一僧人见林彪这么年轻,一表人才,对天一拜说:"佛祖有眼,降下英才,看我中华,救国有望,阿弥陀佛!"

林彪说:"各位师傅,有全国人民的支持,有各界的协力同心,我相信抗战必胜!"

有几位县的商贾代表,也摇着小旗帜挤到队伍跟前。个个十分谦恭,作揖称贺:"林师长,劳苦功高,可敬可佩!"

林彪欣慰地看到,这些商人们眼光活,完全改变了往昔对共产党及其军队的看法。他们更希望八路军和所有的中国军队:"以胜利之师再度出击,莫使日寇进城!"

八路军的荣誉写进了人心,确如军歌中所唱:

> 首战平型关,
>
> 威名天下扬!

35. 傅作义驰援

太原会战、淞沪会战、徐州会战和武汉会战,并称为抗战第一期的四大会战,是日军疯狂进犯华北、中原后,同中国军队的四次大规模较量。

阎锡山的晋绥军和蒋介石的中央军抗击日本侵略者的一次大规模激烈的战役,即是太原会战。会战自1937年9月13日大同陷落至11月8日太原失守,历时近两个月。它由平型关战役、忻口防御战、正太线防御战等组成。

太原会战由第二战区指挥实施。

领衔人物:阎锡山、卫立煌。

四面环山的山西省,地势险要,向有"华北屋脊"之称,历来为兵家必争之地。东太行,西吕梁,北恒山,南中条,四个山脉环绕纵横其境。省会太原处在正太路、同蒲路的交汇点上,乃咽喉重镇。省内北部有忻口为屏障,外有娘子关、平型关、雁门关等隘口连接的内长城作环卫。

日军占领平津后,欲将华北置于掌握之中,则必然兵取晋绥。因此,会战太原,系大势所趋。

保卫太原,又系大势所求。

自1937年7月底,日军即定下速战速决的方针,兵分三路进犯华北诸省:一路沿平绥路西犯,进攻晋察绥;一路沿平汉路南犯,窥视河南;一路沿津浦路南下,进犯山东、苏北。

于是,华北局势岌岌可危!

10月1日,日军发布攻取太原的命令。他们于8月底即组编完成了"华北方面军"的战斗序列。以司令官寺内寿一大将为统帅,统领第一军(司令官香月清司中将,辖第六、第十四、第二十师团等)、第二军(司令官西尾寿造中将,辖第十、第十六、第一〇八师团等)、直辖第五、第一〇九师团和混成旅团、临时航空兵团等,还有关东军察哈尔派遣兵团(10月4日纳入华北方面军作战序列,归第五师团长指挥)等,配合第五师团攻占太原。

日军总兵力约14万人。动用坦克150辆,火炮350门,飞机300架。

中国参加会战的第二战区军队有:第二、第六、第七、第十四、第十八、第二十二等6个集团军,共31个师、13个旅,约28万人,飞机30架。

山西要地,须死命确保。蒋介石知其分量多重。

他命令第一战区卫立煌将军率第十四集团军四个半师,从河北石家庄星夜驰援忻口,任命卫立煌为二战区副司令长官兼前敌总指挥。蒋介石同时也在利用卫立煌来钳制阎锡山。

日军来势凶猛,推进甚速。

9月12日,日军不战而得晋北军事战略要地古城大同,使第二战区原拟的"大同会战"成为纸上谈兵。

9月20日前后,日军又以追击的速度,进入涞源、灵丘、浑源、怀仁、左云一线。

阎司令长官多少有点慌神儿,倘若晋北要塞有失,太原也便危在旦夕。因此,他急忙调整了战略部署,将长城关隘一线确定为抗击日军的主战场。

以第六集团军杨爱源为右地区总司令、孙楚为副司令,辖第三十三、第十七、第十五军;第七集团军傅作义为左地区总司令,辖第六十一、第三十四、第十九军;以第二、第七十一师为预备队。于平型关、雁门关、神池一线内长城陈兵7万;摆出了与敌决战的姿态。

阎司令长官似乎真的下了抗战的决心。

9月22日,日军5000余人由灵丘南进。傍晚时分,日军的步兵、炮兵一起与孙楚所部三十三军七十三师在平型关前的阵地接火开战。敌人枪炮齐发，攻击甚急。七十三师伤亡较大，但阵地未丢。

翌日，日军又大举进攻。

孙楚令高桂滋八十四师出击，战斗异常激烈。日军士气和装备均优于我军，八十四师渐渐不敌，右地区有被日军突破的危险。孙楚向二战区司令部告急。

阎锡山问计于参谋部。有人建议可请傅将军出山。阎锡山稍加思索，即下达战令：

傅作义部率预备队驰援右地区协同作战。

9月24日，日军又增援数千人，向平型关正面猛攻。炮火连天，杀声遍野。第六集团军冒死抵敌。

这时，傅作义率预备队赶到，亲自率军参战。在指挥部队向敌人冲击时，他眼见一个排、一个连的战士倒在阵地前，血染山野，心痛万分，眼中喷火。他冲出指挥部，站在堑壕里，挥刀指挥杀敌，将自身安危置之度外。敌人的正面进攻未能奏效，被傅作义和孙楚部挡住了。

林彪的一一五师出击平型关前乔沟，贺龙的一二〇师驰援雁门关，均为侧后攻击，给正面防御部队以配合。

9月25日，敌坂垣第五师团第二十一旅团进入一一五师伏击圈，林彪指挥我军突然发起猛攻，迅速将敌包围分割，展开白刃格斗。激战一天，歼灭日军1000余人，炸毁汽车100余辆，缴获大量武器和物资。此战威震敌胆。

在平型关地区受到中国军队的坚决抵抗和沉重打击，日军一度滞缓难进。于是改变军事计划，从我方左地区猛攻茹越口中国守军的防线。

第二〇三旅坚决抵抗。中国士兵愿以血肉之躯筑成御侮的长城，茹越口硝烟炮火之中，他们浴血奋战，前仆后继。梁鉴堂旅长知道敌强我弱,阵地难保,下了战死的决心。只见他一声高喊,跃出战壕,率领剩下的几十名战士冲向敌群,不幸中弹而倒。

茹越口于28日落入敌手。

30日,日军攻占繁峙。

10月1日,第二战区司令部下令长城线上守军全线撤退。平型关之战结束。

忻口防御战揭开帷幕。

华北日军主力第五师团及关东军第一、第十一旅团与特种部队,计5万兵力,坦克150辆,火炮250门,在坂垣征四郎率领下,兵临忻口,觊觎太原。

又一场血战在即。

36. 御敌在忻口

就在林彪率八路军一一五师在平型关前伏击坂垣师团第二十一旅团的同一天,阎锡山急令傅作义取代杨爱源任前线总指挥,全盘负责长城一线抗敌作战。傅作义其实是受命于危难之际。

日军攻占茹越口要隘后,以一个旅团乘胜南犯,占领了繁峙县城。第二战区被迫后撤,扼守平型关的部队也受命向忻口方面转移。

可晋绥军正与敌人处于难解难分之战状中。敌人的飞机大炮轮番猛攻,部队如果撤退不好,就有被敌人追歼、打垮、吃掉的危险。傅作义部本可以先一步撤下去,安然无恙。可他不能丢下兄弟部队不管,自己一走了之。

他毅然命令二一一旅四一九团袁庆荣部占领第二线阵地,坚守童子崖山口,掩护兄弟部队撤离平型关一线。袁庆荣团付出了不小的代价，伤亡较重，但有力地阻击了日寇，没有把兄弟部队丢给野狼似的敌人。

日军在攻下雁门关、平型关一带主要防御阵地后，稍事整顿，便以两路大军会合南下，10月初直逼忻口。其势犹如忻口志在必得，无可阻挡一般。

然而，晋军各部和中央所属的郝梦龄军，却早已在忻县以北，利用忻口东、西两侧的有利山地严阵以待，候个正着。当日军浩浩荡荡开来、企图吞下忻口要地时，晋军和郝梦龄军等协力迎头痛击。一战下来，日军损伤严重，阵地前陈尸累累，惨状不忍目睹。因此，大大挫伤了日军锐气。喘息过后，敌人卷土重来。郝梦龄军的一个师遭敌人飞机大炮的轮番轰击，伤亡惨重，眼看着已经抵挡不住，情势十分危急。傅作义将军闻讯，立即命令刚刚从第一线撤回来的董其武部侧应援救。

傅作义将军很会用兵。他知道派二一八旅上去补充友军那个师可解一时之危，却不能彻底击溃敌军。于是，采取了"围魏救赵"的战术，命董其武部连夜猛插敌后，让敌人屁股后头冒起一股狼烟，军心自乱。董其武依计而行，乘敌人没有防备，一阵猛攻猛炸，使敌人的炮兵阵地哑了火。一不做，二不休。董其武指挥部队，又连夜奇袭了位于河北村附近的坂垣指挥所。若不是坂垣那时不在指挥所内，说不定已成了董其武部的枪下鬼或者被"抓个活的"。

傅作义的奇袭之策立见成效，不仅给敌人以大量杀伤，而且把敌人的作战部署给打乱了。中国军队赢得了时间，稳住了阵地，可以重新进行防御部署了。

不多时，阵地又告紧急。

忻口两边的晋军部队，有方克猷、于镇河两个旅，连日来与敌人激战不息，伤亡惨重，战斗力和武器弹药锐减，力不能支，如不及时增援，不仅两个旅将会全军覆灭，阵地也即刻会落入敌手，则忻口难保。

在这生死存亡的紧急关头,傅作义将军怒目圆睁:"人在,阵地在!"他命令二一一旅孙兰峰立即派两个团,乘夜接替两旅阵地。等孙兰峰的两个团开上阵地一看,两个旅人员已所剩无几,大部分已阵亡或重伤,迟来一步,则阵地丢矣,好险!

孙兰峰的两个团乃是生力军,加之作战机智灵活,虽然也付出了相当大的代价,但誓死不下火线,坚守阵地达一个月之久。

这其间,有一兄弟部队被敌人围困,有被吃掉的危险。傅作义不计本部牺牲,以抗战大局为重,主动将所部二一八旅的一个营,用14辆汽车由五台山火速运往阵地前沿,拼死抗击日军,英勇顽强,终于解除了友军之围。

弃守忻口,太原守城的卓绝之战,更显现出傅作义将军的英雄气质。

37. 夜走大白水

忻口防御战,令山河忍泣,长歌当哭。虽未保住忻口,但郝梦龄军长和他的部队中坚抗敌,却谱写了一曲中国军人捐躯为国的壮歌。

在忻口以北龙王堂、南怀化、大白水、南峪一线,中日两国军队对垒相持,互不相让,各有伤亡。

坂垣征四郎下了殊死的决心,不管付出多大代价也要攻下忻口,打开通往太原的门户。他没有想到中国军队的抵抗会如此顽强有力。

中国军队也确实想在忻口与敌做一回殊死的较量。

郝梦龄军长连夜赶往大白水前沿阵地。那辆军用吉普车开足了马力,奔驰在山地坎坷不平的路上。前面传来时断时续的夜战的枪声。

10月1日起,日军为尽快攻取太原,令已侵入晋北的敌主力于代县附近集结。炮火猛烈,坦克隆隆开进,飞机狂轰滥炸。日军沿代县至原平的公路发起进攻,推进的速度很快。敌人攻打崞县、原平甚急。

在崞县,中国军队有一个军挡住敌人去路。

这就是第十九军。他们坚守阵地,死命阻击强敌,坚持一周,使敌人不得前进。但中国军队伤亡惨重,直至整营整团地战死于阵地上。驻守在崞县西关的守军最为吃紧,双方火力密集,打得天地一片混沌。独立第七旅马延守部的一个团,大部分战士倒在阵地前的血泊之中。团长刘连相和副团长石焕然怒火中烧,端起机枪狠狠地向敌群扫射。枪口喷吐着仇恨的火舌,伴随着他嘶哑的呼喊:"杀呀!杀鬼子啊……"刘、石二位壮士先后中弹身亡,为祖国流尽了最后一滴鲜血。一个团的官兵全部战死于西关阵地。连鬼子的一个旅团长野兽般地踏上阵地,望一眼这惨烈的牺牲场面时,也不由发出深深的感叹。他发现,在大东亚还有比大和民族的武士道精神更强的民族气节!

崞县落于敌手。

10日,日军又将原平县城团团围住。

原平外围防线迅速被日军攻破,我一九六旅退守城中。姜玉贞旅长已经意识到自己的部队到了生死存亡的关头。他给全旅官兵下了一道密令:"只要是中华男儿,滴血为誓,愿与原平共存亡!"

原平县城并不算大,但每一条街巷都有流血的激战,原平一共守了11天。姜玉贞旅官兵四千人只剩下三五百人。敌人步步进逼,姜玉贞部退守城东北角。敌人胁迫姜玉贞部投降,姜玉贞挥动砍刀,率部与敌人肉搏苦战,于第11日全部战死于城东北隅。姜玉贞殉国时年仅44岁。官兵闻讯,无不下泪。为此,国民政府军委授一九六旅以"荣誉旅"称号,命令永远保留"第一九六旅"这一番号,并追赠姜玉贞为陆军中将。

日军占了原平之后,将兵力再度集中,从同蒲路左侧实施猛攻。

恰在此时,按蒋介石的战令,卫立煌率援军第十四集团军从平汉线疾速到达忻口,立即部署兵力:以刘茂恩指挥右翼兵团,以郝梦龄指挥中央兵团,以李默庵指挥左翼兵团,与敌展开了实力之战。

卫立煌的援军犹如弦上之箭,战斗力很强。许多官兵早已憋足了一口气,要抗日卫国,不惜尸横疆场。

日军几乎集中了所有火力,以飞机、重炮、战车作掩护,猛攻忻口北侧战线,南怀化204高地处于火网之中。卫立煌所部则以空军、炮兵协同作战,步兵冲锋陷阵。往日平静悠闲的云中河,今日战云滚滚。沿河两岸中日反复争夺,阵地几易其手,抗日守军寸土必争,双方损失惨重。战斗最激烈时,在正面两里宽的战线上,从拂晓至黄昏,我军每小时就损失一个团,而且从团长至炊事员,非伤即亡,无一幸免。

这是一场大战,比平型关之战大得多。中国军队乃正义之师,经过23天的英勇战斗,使日军蒙受重创,伤亡三万余众,日军坂垣师团长一筹莫展,被阻在忻口阵地前,不能前进一步。此战创造了华北战场上大量歼敌的战斗纪录。

侧后配合与正面阻击相呼应,中国第十八集团军主力大踏步向灵丘、广灵、代县、崞县敌后进军,不断神出鬼没地袭击、破坏敌人的交通运输线和军事目标,常常奇兵一出,歼敌取胜,眨眼又无了影踪。

10月19日夜,刘伯承第一二九师第七六九团以一个营的兵力夜袭代县西南的阳明堡机场。一个小时左右速战速决,敌人的24架飞机再也无法起飞,成了"趴窝鸡"。万余名日军被刘伯承部消灭。日军进攻忻口,正欲靠空中支援,结果无法实现。而且,此役令敌有了后顾之忧,闹不清中国军队的来龙去脉,时时担心会被重重咬一口,援兵也不敢倾巢而出了。

38. 阵前与妻书

乘正面敌人攻势减弱之机,卫立煌指挥第十四集团军向日军大举反攻。郝梦龄军成为反击的一只铁拳。

郝梦龄来到大白水阵地一线,已是午夜2时,当即召集各师旅军官到前沿指挥部一起研究作战方案。其时,官兵伤亡不断增加,救护都来不及。

10月16日,成了英雄军长郝梦龄辉煌的忌日。

郝梦龄,何许人也?

郝梦龄,字锡九,1898年出生于河北省藁城县庄合村。其家世代务农,他是一个普通农民的儿子。梦龄幼年时读私塾,少年时在正定县当学徒。后来由于忍受不了老板非人的虐待,一气之下投军,在奉军第三十军其表兄魏益三部当兵。先后入陆军军官小学、保定军官学校学习。他学习刻苦,天资聪颖,学业优异,很得器重,1921年起在魏部任连长、营长、团副,指挥作战才能多所展露。1926年随魏部归属冯玉祥国民军,任第三十军旅长。

在北伐战争中,他升任第三十军第二师师长。冯部攻下郑州后,部队改编,他出任国民革命军第五十四师一六一旅旅长。1930年蒋、冯、阎中原大战后,曾兼任郑州警备区司令,之后升任第九军副军长、军长。

因多次参加军阀混战,目睹了"人民遭殃,流血千里"的悲惨场面,他内心深感悔恨,多次请求解甲归田,回乡务农,像晋时的陶渊明归园田居那样,但未获批准。1935年他被调往贵阳,负责修筑川黔、川滇公路事务。

1937年5月，郝梦龄奉调前往四川山洞陆军大学将官班学习。行至山城重庆，得知卢沟桥事变发生，深感国家处于危难之中，亡国之命运降临了中华大地。他立即返回部队，要求北上抗日，上级没有批准。他激愤满怀，伏于桌案，写了份请缨杀敌的申请，言辞恳切，视死如归。国民党军事当局见其报国心切，赤胆可鉴，加上华北战线日趋吃紧，便同意他由贵阳率部队北上参加抗战。

郝梦龄率部经过武汉，居于武汉的家人依依送别。诀别之前，他立下遗书，告知家人亲友及武汉各界父老，他此去已决心拼死于疆场，不打败日本侵略者决不生还。随即挥师北上，直抵石家庄前线，归属卫立煌指挥。

在石家庄战地，他常以誓死报国之心激励、教育部下官兵，所部皆英勇作战，士气高昂，成为卫立煌克敌制胜的一只铁拳。当晋北战局紧张时，10月1日又奉命率第九军所部从石家庄一带星夜兼程，驰援山西忻口，参加太原保卫战。在卫立煌统一部署指挥之下，任中央军兵团指挥官，指挥第十九军、第三十三军、第二十一军、第九军，坚守忻口以北龙王堂、南怀化、大白水、南峪一线的主阵地。

当时战势十分紧张，一场你死我活的激战已经开始。凭经验和直觉，郝梦龄清醒地意识到：此战将付出沉重而高昂的代价，为国尽忠的时刻已经到来！

他在指挥部里伏案而书，眼中汪有激奋的泪光。这是他在忻口战地给妻子剧纫秋寄去的最后一封家书。写毕最后一个字，他嘘了一口气，重读一遍，封好交与通讯员。家书中说：

余自汉出发时，留有遗嘱与诸子女等，此次抗战乃民族国家生存之最后关头，抱定牺牲决心，不能成功即成仁，为争取最后胜利，使中华民族永存世界上……故余牺牲亦有荣，为军人者,对国际战事,死可谓得其所矣。

家书还嘱咐其妻好好孝敬老母,教育子女,对于兄弟妹妹等,亦要尽其所能地予以照拂。

他走出指挥部,望望战地远近,枪炮声不绝于耳。

忻口战斗酷烈异常,敌我双方都付出了惨重的损失。

日军的飞机、大炮、坦克又一起出动,朝郝部大白水阵地一阵狂轰滥炸,进攻猛烈无比。

为补充伤亡,坚决抗敌,总司令卫立煌又增派7个旅交由郝梦龄指挥。他们一起商定了运用两面夹击、以击退日军的战术。

凌晨4时。

伏身于大白水阵地前沿的郝梦龄总指挥一声令下:"弟兄们,冲啊!为国立功的时候到了!"他第一个冲出堑壕,身先士卒,率兵突袭敌阵。双方的轻重机枪交相喷吐火舌,火光硝烟使夜幕忽明忽暗。眼看距敌只有百余米,郝梦龄的身子猛地晃了两晃,中弹倒地,警卫营长和卫兵上前抢救、抱起他,他的心脏已停止了跳动。

郝梦龄以身殉国,时年39岁。

一颗光辉的将星在战火中陨落。

一曲晋北悲歌用热血谱就。

战士们愤怒、悲伤、仇恨,胸中皆是烈火,猛虎一样冲入敌阵,为郝军长报仇,杀了个地暗天昏。

郝梦龄的遗体运往后方时,卫立煌和第十四集团军的将领们洒泪默哀,与之告别,一片忍泣之声。

10月24日,郝梦龄的灵柩由太原运往武汉。汉口各界隆重举行公祭,并以国葬仪式安葬烈士于武昌卓刀泉,万余人参加了葬礼。为纪念忠烈功勋,汉口北小路改为郝梦龄路。国民政府下令追认郝梦龄为陆军上将。

1938年3月12日,延安举行追悼抗敌阵亡将士大会,朱德总司令、彭德怀副总司令等发表演讲,对郝梦龄抗日殉国精神评价甚高。

忻口防御战中,第十四集团军反复冲杀,大伤元气,渐渐抵敌乏力。至11月初,晋东娘子关、固关一线阵地告急,日军进逼太原。

此时,战区下令全线从忻口后撤,保卫太原。令第七集团军司令傅作义及所部回太原布置城防,杨爱源和第六集团军去晋南组织防御。

忻口,留下一曲失败的咏叹调。

尽管如此,忻口战役仍不失为正面战场的壮举。当时,《西安文化报》评论说:忻口一战役"是华北抗战数月中仅有的一次光荣战争……予敌人以严重打击,为民族增无限光荣。"《华北前线》刊登英国记者贝特兰的报道:"忻口战役是华北抗战高潮的标志,是标志抗战前途的一个很有意义的吉兆。"

39. 林彪伤春雾

自正太路要隘娘子关失守、忻口防御战败北,到太原城陷入敌手,山西的抗战形势急转直下。至此,在华北地区,以国民党为主体的正规战争和正面战场宣告消失,而以八路军为主体的抗日游击战争阶段宣告开始。党中央审时度势,决定将华北大体划为4个战区,即以一二〇师贺龙开辟晋西北,以一二九师刘伯承开辟晋东南,以一一五师林彪分兵开辟晋西和晋东北各地区。

抗日持久战,是毛泽东对中国抗日战争从理论到实践的一大贡献。

按照中央的指示,一一五师在驰援娘子关时即要开始分兵。师主力由林彪统领,由晋东南转往晋西吕梁山;余下部队由聂荣臻带领,开辟以五台山为中心的晋东北抗日游击区。

可是,兵怎么分？分好了,平安无事,分不好,各方有怨。所以,此事并不比指挥打仗轻松。身为一师之长的林彪本该当这个家,却又觉得颇犯其难。由聂荣臻主持"分兵",聂荣臻也不好说话,毕竟有师长在嘛。

自平型关之战以来,言语不多的林彪更为沉默寡言。他很清醒,作为局部战役,平型关一战胜利的意义已为世所公认,若从全局看,它只是大败中的小胜而已。

"分兵"时,林彪主动回避,希望不伤感情。他有一个折中的办法,即请政治部主任罗荣桓来主持"分兵"。这位"第三者"颇受欢迎,既公平又精明。他亲自挑选一部分人留下来归聂指挥,人数不多,但很得力,聂荣臻表示满意,说罗主任知人知心。

林彪也显得分外大度,交给罗荣桓就不再干预。司令部、政治部、供给部、卫生部都由罗主任确定。哪些人走,哪些人留,也都是罗主任一言定乾坤。林彪说到做到,确实一个人也不争。

斗转星移,秋去春来。一晃儿到了1938年的3月。其时,林彪已率部到达吕梁山和太岳山脉一带。经过了半年的努力,开辟了晋西南抗日根据地。

当时,一一五师的侧翼,是国民党阎锡山的晋军。国共双方仍协同抗击日军的疯狂"扫荡",与敌周旋,并且伺机歼敌,扩大抗日游击区。

晋南山区春季的气候特点是早晚多雾,云烟氤氲！漫山遍野,五、六米开外,难辨东西。大雾构成这一带的奇异景观,却也对交通、农作和军队行动带来难题。

民谣有唱：

　　吕梁春多雾,
　　闻声不辨物。
　　只听耳边响,

不见眼前过。

3月2日清晨,天公又降了一场大雾。迷雾如帐,把大地笼罩起来,山山岭岭、村村寨寨,尽笼雾中,世界变成了一个朦胧的所在。

林彪觉得有些闷得慌,想骑着马到村外去走走,权作是散步休息,调剂一下心情。

警卫人员看看茫茫大雾,很替他担忧,劝他先别出去走,等一会儿雾散了、天明朗了再去。

林彪淡然一笑:"不会有什么事,我去去就回。"话音落处,他已骑马奔出村外。

戎马一生几十年,大仗小仗打过无数,林彪是闯过大风大浪的风云人物。平型关大捷之后,一一五师从坂垣师团丢弃的大量辎重中得到了补充,算是枪杆子下面发了点小小的"洋财"。连以上干部都分得了一件黄呢子军大衣。林彪也分得一件,因为既合身又暖和,他便经常穿它。林彪喜白色,特从缴获的马匹中挑了一匹健美的骏马当坐骑,颇有点古代战将之风。此马乃是关外良种,名唤"千里雪",周身不见一根杂毛,纯洁无污,一眼望去,飞驰中的马就像一道白色的闪电,划过山梁。林彪有了这匹爱马,犹如关云长有了赤兔胭脂兽,喜爱备至,便慢慢养成了骑马踏山路兜风的习惯。

这天,林彪一出村,就策马加鞭,试试"千里雪"踏雾是何感受。"千里雪"眼力极佳,飞蹄腾空,走山道如平川,穿村过店,只是一眨眼的工夫。马背上的林彪感到十分惬意,心里夸赞着"好马!好马!"听着好一串清脆的马蹄声踏响于山道,像欣赏一支生命的乐曲。

不知不觉间,林彪已闯入阎锡山部队的防区。

阎锡山的一支部队紧邻一一五师。由于正在同日军打仗,他们在防区边缘自然要布防警戒线,还放了流动哨。防区外忽然传

来马蹄声,引起了哨兵的注意。带队的是个班长,从浓雾之中隐约看见一个骑洋马的军官模样的人,正朝这边飞驰而来,以为是日军军官无疑,即令开枪。

晋军开了一排子枪,林彪中弹伏于马背之上,马也中弹受伤,停止奔跑。林彪强忍巨痛从马背上滚下来,差点摔于地上。这时,警卫员等人也策马赶来,见状急忙将林师长救至一个土坎下,防止晋军再开枪伤人。大家一看都大吃一惊,子弹从他的前侧胸打入,肯定洞穿了肺叶,血流不止。林彪痛苦中说了一句:"这怎么得了啊……"就昏了过去。晋军士兵持枪赶来,立刻认出了这是大名鼎鼎的林彪师长,吓得面如土色,连忙向八路军方面鞠躬赔罪。

警卫人员赶紧把林师长抬回一一五师师部,由卫生人员实施急救,先解除生命危险。

阎锡山听到消息,大为震惊,十分惭愧,亲自带了医官前来为林彪会诊。经过紧张的手术,保住了他的生命。但子弹头位置很深,怕伤及心脏,就没有取出来。战时的医疗条件较差,只好维持现状。林彪是位传奇性的英雄人物,取弹头万一有个三长两短,谁能担当得起呀!

几天以后,林彪清醒过来,望着病床前师旅团干部和警卫人员们的眼睛,他感到了焦虑、真诚和关注的力量,因而,浅浅露出一丝苦笑:"没想到阴沟里翻了船!"

林彪当时的心情很复杂,知道自己伤得比较重,而且子弹头还留在胸腔内,随时都可能危及生命。如果是负伤在战场上,他毫无遗憾,伤在友军的误会里,无论如何总有点窝囊,有点掉价。过去,出生入死在硝烟战火里,也负过几次伤,留下几处纪念,但这一回太重了,留下的纪念可谓刻骨铭心。

当然,事已至此,只能面对现实。林彪也确实显示了一个儒将的宽宏大量和坦荡之心。他负伤之后,不断有晋军的旅长、团长、参谋长来看望、慰问,甚至是来一个向他道一回歉意。林彪总是大度地说:"没什么!没什么!"

阎锡山更觉得愧对当代英雄,下令追查事情的起因,提出处决肇事者。林彪连说:"不可,不可!那班长和士兵是负责任的表现,莫怪他们。给他们一个抗日立功的机会才是呀!"

闯祸的班长和士兵感动得涕泪交加,说共军的长官不仅会指挥作战,有勇有谋,而且待人如兄长般宽厚。

党中央和八路军总部得知林彪负伤的消息,至为关注,发来了慰问电,并让他尽快回延安治疗,以免发生不测。

40. 卫立煌劳军

一一五师原打算到武城去开展敌后抗战，由于林彪师长的重伤，不得不停顿下来。晋军热情地将他们的房子让给一一五师住，部队就由罗荣桓主任负责，驻守待命。

林彪伤重，拖下去不是个办法，罗荣桓决定把林师长送往延安。毛泽东主席非常关心他的爱将的病情，罗荣桓将保卫部长朱涤新和卫生部长谷广善两人叫来，指定他们克服一切困难，将师长安全送回延安。

朱涤新、谷广善着人用担架抬着林彪，林彪不同意，说那样又慢又累人，还是坚持自己骑马走。可是，走到黄河边上就坚持不住躺倒了，脸色蜡黄，汗珠直滚，还是得用担架抬，轮换着抬。辗转多日，总算到了延安。

党中央派江明生医生负责为林彪治病。江明生检查病情后对中央领导说："只差一点点就打着动脉了！也算是林师长不幸中的万幸！"江明生向毛主席、周副主席报告说：林师长的伤，好了也得留下后遗症，因为伤了一些神经。

党中央决计竭尽全力治好林彪的伤。毛泽东主席特派有"医林圣手，军中名医"之称的傅连暲先生为林彪做手术，使伤势得到控制，伤口也逐渐愈合。只是子弹头仍然无法取出来，每逢阴天下雨，气候变化，伤口就发炎，疼痛难忍，只有慢慢静养了。

阳春三月，桃花含苞，柳枝吐绿，青青春草，像铺下绒绒绿毯，点点鸟鸣，衔来了柔柔春风。延安城外一望无际的原野上、高坡间，又响起了粗犷豪放、听来格外亲切悦耳的"信天游"。

负伤的壮士比健还的英雄更令人爱怜。

毛泽东为载誉归来的林彪举行了盛大的欢迎会,劝慰他安心养病,希望他早日康复,告诉他以后多的是好仗给他打。中央仍安排林彪住在二十里堡。

二十里堡,平日里偏僻宁静的小山村,由于林彪的到来而变得热闹非凡。每天都有抗日团体或军政要人前来探望致意。他的哥哥林育英(一二九师政委)因身体健康状况不支,也于1938年初奉调离职回了延安。哥哥嫂嫂几乎每天不离林彪左右,帮助照料生活起居。林育英现名张浩,是林彪唯一的亲人,林彪始终像对待长辈一样地敬重兄长。

1938年4月,国民党第二战区司令长官卫立煌按照蒋介石的意思顺道访问延安。卫立煌在拜访了毛泽东、周恩来、任弼时等中共领导人后,专程去二十里堡慰问林彪,这是他延安之行的重头戏。

行至半途,他突然让停车,下来问他的随行部下:

"快搜搜荷包,看有没有钱?我今天忘记准备犒金了,真有点对不住人家林师长大功臣呀!"

原来,国民党军队向来有犒赏部队有功人员和部队之间相互送礼的风气。按照当时不成文的规定,一个师长受伤,礼金和奖品通常要高达数千元之多。

随从将衣袋翻遍,也只600元钱。

卫立煌急得直搓手:"这怎么行?太少了!太少了!连面子也顾不住!"又问秘书:"事后再补送,行不行?这失礼不失礼?"

秘书说:"好像没有事后再送钱的规矩,这显得诚意不够。我看,不如在看望林师长时客气地问问他还需要些什么。"

"好主意!"卫立煌这才如释重负。

来到二十里堡,林彪起身迎接远道贵客,被卫立煌扶住。两人拉开话题,谈得很投机,当然主要话题还是晋绥抗战的一些往事,成功与失误什么的。

最后,卫立煌才问林彪:"林师长有什么困难,看兄长我能帮上忙不能?"

"帮忙?"林彪摇头谢过。

"譬如药品、食物、衣服……"卫立煌专拣边区紧缺的物资点给他。

"我本人没什么需要,一切都安排得很好。"

"那么,你的部队有什么困难呢?"卫立煌不送点东西不甘心。

"部队就缺弹药啊!"林彪盯着卫立煌。他说的是实际情况,但他并不寄希望人家动真格的。

"一言为定,我就送弹药!"

卫立煌终于找到了向林彪表示心意的机会。

第二天,卫立煌一行一到达西安,就下令给八路军拨步枪子弹100万发,手榴弹25万枚,牛肉罐头1800箱。当时的国民党后勤部副部长卢佐认为数目过大了,问卫立煌司令官,如果蒋委员长不批怎么办?卫立煌说这件事比较重要,我向南京请示。结果,蒋介石同意了。

后来,第二战区的前敌指挥部的一位后勤司令叫杲海澜的也因数目大而不敢执行,有些迟误。卫立煌又打招呼说:"我是前敌总指挥,对于抗日有功的部队,都要一视同仁。请照单拨出,尽快送到,出了任何问题,由我卫立煌负责!"他知道自己的某些部下对八路军还心存疑虑和戒心。

30天后,十余辆军车载着子弹、罐头等军需物资,送到二十里堡,林彪苍白的脸上露出激动的红晕,他向卫立煌负责押送军需的部下说:"多谢卫司令官。礼重了!礼重了!"

毛泽东说,林彪同志给共产党、八路军争来了面子,争来了英雄气概。

41. 赴苏有传奇

不论正史还是野史,林彪都不失为一个传奇人物。而传得最奇的莫过于他在苏联养伤期间,与苏军元帅斯大林交往的故事。那故事由于跨越了国度,无法辨其真伪而更罩一层扑朔迷离的神秘色彩。

即使是个演义,也分外有趣。

有人说林彪关于希特勒进攻方式的分析准确,出人意料,比苏联的几位老资格元帅更有见地,更有眼光,令苏军高层吃惊不小。也有人说,斯大林曾经同毛泽东等中共中央领导人商量,要拿三个师换一个林彪。

显然,这是一段名人轶事。

延安的医疗条件也十分有限,林彪的身体日渐消瘦,创伤时而复发。看到昔日沙场虎将,今已弱不禁风,毛泽东甚至心疼得直掉泪,这是他一生中少有的几次流泪。毛泽东是中国硬汉,真正是男儿有泪不轻弹。为林彪落泪,令人甚为惊奇。可见林彪在毛泽东的心目中何等重要。

毛泽东同周恩来、朱德、彭德怀和张浩等商量,决定马上送林彪到苏联治疗。同时,中共中央还致电苏共中央和中共驻共产国际代表团,要求不惜一切代价,务必使林彪的身体康复。

1938年12月的一天,林彪辗转抵达苏联首都莫斯科,受到莫洛托夫等苏联党政要人的隆重欢迎。热情的主人安排林彪住进风景宜人的库契诺庄园,一边疗养,一边接受治疗。

人们发现,林彪此行去苏联,多了一个美丽多情的女子陪同。她便是林彪新婚不久的妻子张梅。原来,林彪在二十里堡养伤期间,已被爱神丘比特的神箭射中。

张梅,本名叫刘新民,陕北米脂人。米脂,是西北男人梦绕魂萦的地方。那里虽然很穷,也很偏僻,但是却有一方得天独厚的好水土,是个盛出美女的"神仙福地"。米脂姑娘确实美,她们集江南灵秀与边塞健美于一身:白皙的皮肤,柔润光滑;红润的脸色,如东天淡淡云霞;身材婀娜,有描不尽的曲线千般;温柔可人,总享不完风情万种。自明朝末年起,男人们就以能娶一位米脂姑娘做妻子为一种荣耀。"米脂的婆姨绥德的汉"这句民谚是随着李闯王的铁骑传遍天下的。

有一首"信天游"唱出个中情味:
  蓝蓝的天空云铺的被,
  红萝卜的胳膊白萝卜的腿;

  弯弯的月亮风荡荡地吹,
  清潭般的眼睛柳叶做的眉;

  绿油油的麦叶黄灿灿的穗,
  嫩生生的脸庞红嘟嘟的嘴;

  尕妹妹一见没有法子睡,
  揉碎了情哥哥的肝和肺。

张梅在米脂县是出类拔萃的美人,是众所公认的"陕北一枝花"。尽管林彪的相貌根本说不上英俊潇洒,个头也并不高大魁梧,又没有特别可爱的气质,但他却以自己巨大的声威、鼎鼎的名气,将这朵塞北名花摘于手中。

张梅天生丽质,又生性活泼开朗,喜欢参加社交和文化娱乐活动。说话声音甜美,歌也唱得清亮圆润。这些特质恰与林彪的沉静少言、一般不与外界交往的性格形成鲜明的反差。若处理得好,恰可构成一种有距离的平衡；若我行我素，则发展的结果很可能是格格不入，直至挥手相别，各走各的路。

林彪与张梅就是好景不长。

到苏联后，林彪在库契诺庄园里几乎是足不出户。不是他摆架子装深沉，乃是他的个性使然。战场上尚且很少说话，平日里更是把话语转换为久久的沉思。

库契诺庄园，位于莫斯科近郊，早在十月革命前就大有名气，系大地主罗斯潘罗夫的私人别墅。整个庄园就像一座大公园，占地数百公顷，有成片的山林、猎场和微波涟涟的湖泊，风景秀丽，设施豪华，远近闻名，非寻常去处可比。林彪来时，正是隆冬时节，湖面已经冰清玉洁，在阳光的映照之下，熠熠闪亮，宛如一面巨大的镜子。白雪盈盈，覆盖了树林与旷野，林中不时会扑腾起一些不知名儿的小鸟，尖叫着飞向天空。被打扫得干干净净的石径小路曲折蜿蜒，伸入山间林野，笔挺的松树夹道而立，透发出沁人心脾的清香。庄园中最热闹的盛事当属围猎了。人欢马嘶，奔来跑去。惊兽突然窜出于林隙，猎犬便急追于雪尘，欢声笑语，不绝于耳……可以说，张梅特别喜欢这里的景致和异域风情，玩乐行止，很有些乐不思蜀。有几次，她拉着林彪要去雪野里乐乐，林彪都是皱着浓眉、推说身体不行而大扫其兴。

也许，是战后苏联和平建设的祥和景象，深深刺激了林彪的神经感官吧。对比之下，自己的祖国还处在外族入侵、满目疮痍之中，才如此的忧心忡忡，不得欢快？

他的伤势的确严重，子弹伤及了脊椎神经，恢复的过程实在缓慢，还留下一些后遗症。为此，林彪的心情便愈加沉郁，脸上难见笑容。尽管表面上平静，但内心却烦闷极了。有时就在屋子里发脾气，张梅总是让着他，不怎么计较，一笑了之，为了他早日康复，生气于身体无益。

42. 语惊斯大林

越是浮躁，林彪就越是不苟言笑，严肃刻板得活像一个木雕。他自己也知道这样下去不行，必须调适心理。于是把精力转向攻读英、法、德、俄等国著名军事家们的各种著述，潜心于研究军事理论。从1926年算起，林彪已有12年的军旅生涯了。北伐战争时期初出茅庐，就与吴佩孚、孙传芳、张作霖等封建军阀的部队打过仗；土地革命时期烽烟再起，与蒋介石、何应钦、陈诚等人交过手；抗日战争爆发后，为了抵御外侮，又与日军少壮派的将领较量过几场。可以说林彪积累了丰富的作战经验，有些甚至在军事上是独创性的战法。这一切如同散乱的珍珠，从未归纳、整理，需要用一条思想理论的金线把它们串接起来，成为一件艺术品。现在养伤于苏联，时间充裕，经过深刻冷静的咀嚼与提炼，他想一试军事战略家的手笔了。

中共驻共产国际代表团的工作人员，经常去看望林彪，探视病情。他们看到的林彪是一副学者般瘦弱的身材，身穿灰色法兰绒制服，脸上时而泛起一丝谦虚的笑容。若不是那又黑又浓的眉毛和沉着机敏的眼神，你根本难以相信这位在联式壁炉前伸手欢迎客人的青年，就是中国驰骋疆场赫赫有名的将领林彪。

真是：人不可貌相，海水不可斗量！

斯大林对林彪礼遇有加是显而易见的。他住的庄园非苏联高级领导人是进不来的。为了林彪研究"作战要领"之需，斯大林特准，林彪可以随时会见苏联第一流的理论家，查阅机密文件、资料。

如此待人，在傲慢成习的斯大林是破天荒的。他实在太喜爱这位来自中国的才华过人的青年军事家了。这也算林彪的一大幸运。

中国的战争经验十分独特,它使林彪在苏联军界的知名度大增,当然与斯大林的分外青睐也有关系。不过,虽然年轻的林彪,在苏联关于法西斯德国战略战术的预见,也确实让他大出了一回风头。

1939年春,第二次世界大战由于希特勒磨刀霍霍而处于一触即发的临界点。丹麦与挪威被征服后,德国继续集结重兵,虎视眈眈地盯住了法兰西共和国。法国上下一片紧张气氛,英法盟军则沿着马其诺防线猬集布防,希冀凭借这条绵延近千里的钢筋混凝土纵深防御工事挡住狂妄的德军的入侵。作为中立国,苏联并没有参战,但也密切注视着事态的发展。

在一次酒会上,应邀而来的林彪坐在稍偏的位置上,很少说话。斯大林举杯祝酒后,问苏联的将军们:

"诸位对德军的战略意图和兵力部署有何高见?"

苏联的元帅、将军们相继发言,估计得大同小异。他们认为,德军可能集中火力,攻击中段防线;打开缺口后,再以装甲兵实施机械化纵深突破与追击。但是,无论纳粹分子多么丧心病狂、气焰嚣张,在固若金汤的马其诺防线面前,必将费时日久,伤亡惨重。

是出于礼貌客气,还是另有意图?斯大林又笑问:

"林彪同志对德军兵力走向有何看法?"

林彪谦然一笑,想搪塞过去:

"我不是希特勒,不清楚他的真实想法。"

"嗯?这回答我不能满意。如果你是德军统帅,你会怎么办?"斯大林摘去含在嘴上的烟斗,目光有力地盯视着年轻的中国军人。

斯大林一认真,在座的不少人兴趣盎然地围上来,气氛顿时有些紧张。林彪仍然从容不迫,他向来以沉稳而著称,火烧眉毛也不急不慌。他说:

"前面几位元帅的判断都很高明。但是,我劝同志们不要过分地看重马其诺防线。物是死的，而人是活的。有用的时候，它胜过钢铁长城，坚不可摧；没用的时候，它是一堆垃圾，不值半文。"

林彪出语惊人。

"林彪同志能否说得明白点儿？"已是华发银鬓的布琼尼、伏罗希洛夫、铁木辛哥等老帅，从内心深处还不大瞧得起太嫩、太弱的林彪。

"我的意思是，如果正面攻打，马其诺防线才会起作用，战事结果很可能演变成相持战，正如诸位所料想的那样，时间会拖得很长；如果绕开防线，从侧翼作大规模迂回，兜击防线深远的后方，马其诺防线就会毫无用处，战局也会很快明朗。"顿了一下，林彪又补充了一句："在中国苏区反围剿斗争中，我们红军经常使用这种战术。"

天方夜谭！

斯大林和在场的苏军将领都认为这种方案过于离奇、冒险，没把林彪的判断放在心上。

不错，德军参谋部曾建议稳扎稳打、攻坚突破，并拿出了作战计划。但希特勒看后否决了这个计划，而是指挥德军机械化部队绕道比利时，以闪电战的速度斜插法国腹部，迫使马其诺地区的盟军数十个师拼命溃逃。

消息传到莫斯科，斯大林大吃一惊，苏军将领们也从惊讶到服膺。这个林彪果然头脑不凡！

此事引发了许多的传闻。据说，1942年林彪伤愈奉命回国时，斯大林极力挽留，想让他留在苏联参加反法西斯战争。还说，斯大林爱才心切，向蒋介石提出用15个将军换一个林彪。也说斯大林写信给毛泽东和朱德，愿以三个师的兵力换林彪一人。这些传说，不胫而走，越传越神，传遍全国。传奇的林彪，更为传奇！

43. 情场又失意

"军场得意,情场失意"。这八个字是中共驻共产国际代表团一位工作人员对林彪旅苏三年生活的概括。在林彪的军事声望如日中天的时候,他的家庭生活却出现了难以挽回的危机。

夫权思想很重的林彪天性好静,不抽烟、不喝酒、不社交、不跳舞,不参加各种聚会,除非不得已,一般不抛头露面。整天闷在家里读书、默想、吃饭、睡觉,循环往复,平淡乏味,没有一点变化和更新。林彪还不喜欢运动,很少到户外活动。张梅说他住库契诺庄园白搭了,庄园美景如画,他竟不知道享用。

林彪唯一的爱好是没完没了地踱步、转圈儿和研究军事地图。

张梅对他的这些生活习惯能适应已属非易。可他还是不满意,要求张梅恪守妇道,静下心来守家,不可终日里慌着往外跑。他乡虽好,非是你我久留之地。他认为,中国妇女的基本美德就是温柔顺从,夫唱妇随。他给张梅立下规矩:不要乱交朋友,不要乱串门儿,不要乱说话,不要参加各种政治社会活动,本本分分地呆在庄园里。张梅觉得委屈,觉得没趣,觉得嫁给林彪是一个浪漫的失误。一个男人像和尚道士般寂寞而呆板,全无活力和热情,生活枯燥,感情似乎早已被封存起来。这样的日子可怎么过?张梅个性亦强,并不柔顺,两个人的关系很僵。她照样往外跑,交的朋友尤其是男性朋友更多了,时不时地还领回家来。林彪若大发其火,张梅索性就有家不归,一个星期夫妻也难见一面,连周末一聚的惯例也给打破了。

林彪不能提出离婚,他觉得离婚当在回国之后。

张梅也不提出离婚,她还需要这个"维持会"。

这时,一个身材婀娜、仪态不俗的少女跳进了林彪的视野。她就是孙维世。

国内革命战争时期,在国共两党严酷的厮杀中,有一批著名共产党人或重要领导人或被通缉,或被杀害。其家人则不得不避难他方,流离失所,还有的被关进监狱。内战结束后,为对得起死去的烈士,为其子女们的成长,党中央通过各种途径找到他们,并分批送往苏联学习。当时在莫斯科的就有:瞿秋白的女儿瞿独伊,蔡和森的儿子蔡博,毛泽东的儿子毛岸英和毛岸青,朱德的女儿朱敏,林伯渠的女儿林莉等。

孙维世也是烈士的后代。她的父亲孙炳文是周恩来的挚友,共产党的早期革命家,1927年惨遭国民党杀害。当时孙维世才6岁。周恩来派人把她从上海接到延安,送进抗日军政大学学习。后来,孙维世被派到莫斯科,先后就读于中山大学和莫斯科戏剧学院,主攻导演艺术。孙维世也如清水出芙蓉,明艳动人,既有学者之雅,又有少女的情味,多才多艺,为人友善,牵动过不少同学的心弦。

她和瞿独伊、毛岸英这些客寄异邦的年轻人,常常利用星期日和节假日,相约一处,到郊外野游、聚餐或者集会。英雄最是青年人崇拜的偶像。因此,他们怀着敬重的心理,走进库契诺庄园,请林彪参加他们的活动,希望从他那儿听到一些历史和革命领袖间的逸闻趣事,诸如井冈山、反围剿、长征、平型关大捷……开始,林彪不大愿意参加到年轻人中间去,一是他不喜欢参加活动,喜欢静心独处。二是觉得他们单纯、幼稚,没有多少共同语言,中间像有一条鸿沟相隔。自从孙维世啄住了他轻易泛不起情感之波的目光,态度有所改变,使得毛岸英、瞿独伊他们兴奋不已。

久而久之,人们渐渐发现,林彪热心参加活动原来是情有所钟,眼睛总在孙维世身上打转。于是凡有集会必打孙维世的牌子,林彪也总是欣然前往。

林彪毕竟是个有名气的将军,自有身份,始终保持与各位青年的等距离外交,不让人看出偏颇来。他又善于克己,总希望姑娘有所敏感,主动反应。年轻人私下议论:"林彪谈恋爱如同打仗,小心翼翼,追求百分之百的把握。这迂回战术虽好,可是不是缺了点单刀赴会的丈夫气!"

一个星期日下午,林彪单独请孙维世吃饭。饭后,两人在街上散步,海阔天空地闲聊着。奇怪,今天林彪的情绪特别好,一年似乎也没有这半日的话多。

林:"维世,今年多大了?"

孙:"我是民国十一年生的,您说多大了?"

林:"民国十一年也就是1922年……整整14岁。"

孙:"14岁?不,您算错了,快20岁了。"

林:"哦,脑子开岔了!我是在算我比你大多少岁。你今年20,我今年34,相差不正好14岁吗?"

孙:"怎么,您才34岁呀?"

林:"什么意思?"

孙:"太年轻了。瞧您平时严肃得总像面对敌军,我还以为您至少有54岁了呢?"

林:"这是个性,知道吗?个性一旦形成就不好改变,即俗话所说的江山易改,禀性难移呀……你想家吗?"

孙:"家?我没有家呀。"

林:"对,现在还没有。但一个人不能总没有家,那样太孤单了。特别是女孩子,更应该有个温暖的家。"

孙:"我没有小家,但有大家。延安是我的家,周副主席那里是我的家,这里也是我的家呀。"

林:"对对,应该把我这里也当做你的家。"

孙:"不,我是说莫斯科戏剧学院,那是我现在的家。"

沉默片刻。显然彼此都在斟酌语句。

林:"你在国内有男朋友吗?"

孙:"没有。"

林:"国外呢?在苏联有没有男朋友?"

孙:"咯咯……"

林:"那你打算什么时候结婚?"

孙:"没有男朋友怎么结婚哟!"

林:"男朋友嘛,总会有的。其实在你周围还是有许多人关心你、爱护你的,只是你没留心,或者是没有发现。你准备在什么时候考虑家庭问题?"

孙:"什么时候?我还没认真想过呢。"

林:"革命是个大家庭,但还要有一个小家庭。女同志,要恋爱,要结婚成家,才会有安全感、归宿感,才会有真正的属于自己的幸福。"

孙:"也许将来我也会有那样的经历。"

林:"将来是什么时候?"

孙:"等革命胜利呗!"

林:"那可要等久啰!毛主席不是说过抗日战争是一场持久战嘛。打败了日本鬼子,还有蒋介石,到那时候你已经快成老太婆了!"

孙:"老太婆就老太婆!嗯,咯咯……不过,我想中国革命的成功不会太久。"

不知不觉,两人已走到孙维世的宿舍前。到了该互道一声"晚安"的时刻。

林彪站定,直直地看着她,一字一句地说:"你知道吗?我喜欢你,非常喜欢你!跟你结婚,和你生活在一起,是我最大最强烈的愿望!"

直截了当地摊牌,倒使孙维世一下子愣住了,因为她毫无精神准备。她万万没想到林彪的爱情攻坚战直逼到她的"城"下,脸庞上立刻腾起一片红云,心跳也不由自主地加快起来。她平静了一下自己,很坦然地找到了一块退守的"阵地":"您?您不是已经结婚了吗?"

林彪像被人打了一巴掌,脸从来没有这么红过。孙维世与张梅很熟,是一对彼此要好的朋友。可张梅从未把家事烦恼说给女友。林彪必须做出解释:

"我和张梅,你并不了解,关系一直不很好,为此我很痛苦……可又去和谁说?其实,我们的感情已坠入绝谷,难有复苏的机会。也许,我们很快就要分手,所以,我希望能得到你的理解、支持和帮助。"

孙:"天太晚了,有话咱们回头再谈。您是位大人物,会排解开的……晚安!"

说罢,孙维世逃也似的奔回宿舍,一夜辗转难眠。她觉得与林彪不合适,心离得太远,她猜不透他。当然,她更不愿意去当张梅第二。

1942年1月,林彪与张梅正式分手。张梅留在了莫斯科。不久,林彪接到中共中央来电,催促他尽快返回抗日前线。临回国前,林彪又特意与孙维世话别。

吃过晚饭,两人来到莫斯科的河畔散步。河水在夜色里泛着微微光亮,静静地载着浮冰流向远方。

林彪有些伤感。人生自古伤别离,何况他还有一段未了结的情思。

林:"再过几天,我就要回国去了。"

孙:"我希望在这里能看到您的捷报,看到比平型关大捷更辉煌的胜利。"

林:"我一定不辜负你的期望。不过,我对你的期待,你还没有答复我呢!"

孙维世不想接这个话题,明知故问:"您有什么期待?我怎记不起来了!"

林:"还记得上次的谈话吗?现在,我已经和张梅分手了,我决定今后非你不娶!你是我此生中遇到的最完美的女性。怎么样,和我一块回国吧?"

孙:"很遗憾,我没法和您一块回国。我正在念导演系,还没毕业呢。您也不希望我荒废学业吧?"

林:"回去可以做我的助手嘛。"

孙:"我的专业是文化艺术,当助手我怕不行。好,祝您一路顺风。若有缘分,就回国再见!"

林彪也道了声"再见",心里很不是滋味,或者说他不甘心就这么客客气气地败北于情场。

44. 延安识叶群

1942年2月,林彪离开苏联,绕道新疆回到延安。

刚刚到达中央机关驻地,匆匆前来迎接他的任弼时告诉他一个不幸的消息:

"张浩(林育英)病危了!"

一听这话,林彪方显出一些焦急的脸色,暂时顾不上与老战友们叙述别情,便急忙朝西山窑洞赶去。他的哥哥为红军和八路军也立下卓著的战功。在白区坚持地下斗争时,遭受敌人酷刑而不屈服,素有"钢人"之称。戎马南北,身体渐弱,以至重病在身。

兄弟相见,生离死别,肝肠寸断。

桃花岭上,长眠着一位并不为更多人知晓的张浩将军,终年仅45岁。

林彪处理过兄长的丧事,心情更加郁闷。过了一阵子才见好

转。毛泽东在听取他赴苏情况汇报后说:

"不要紧,我们的抗日英雄。当年西楚霸王别了虞姬,那是永别,死别。你还年轻,再谈一个嘛!各地到延安来的好姑娘很多。不过,得给你提个意见,听说你不喜欢晚会、跳舞,那可不成啰。怎么样,去跳跳舞,试试运气?两相情愿了,我当媒婆子哟……"

被毛泽东的幽默风趣所感染,林彪也开心地笑了:

"主席带头,我紧跟就是啰!"

延安是西北一个欢乐的世界,战争与生活同步运行。那里除了打仗、生产和学习,还经常有晚会、歌唱会和交谊舞会。据说毛泽东的两步舞一直具有独家风采,见者都说与众不同;而刘少奇同志则称得上是延安的舞星、舞蹈王子了。可林彪一进舞池,还是个"旱鸭子"。

舞会在当时的延安之所以特别盛行,除了娱乐身心、活跃边区的文化生活之外,毛泽东和中央领导人还有一个"醉翁之意",那就是巧搭"鹊桥"。部队的高级将领们戎马挥戈、南征北战,晃然间青春已过,没有功夫与爱情婚姻相遇相知。如今可以通过这种方式补偿感情的损失,创造解决成家问题的气氛和条件。一些有见识、有胆量、有姿色的女子,也并非被动挨追,而是纷纷在这种特殊的需求下"大胆出击"。她们歌之舞之,谈之笑之,渐渐地诱人深入,顾盼生姿,娓娓述说,传递许多感情信息。

男人们在挑选着女人,女人们也在选择着男人。爱情从来都是相悦两性间的心有灵犀。当时,在延安的高级领导人、师级以上军官中,有近百分之八十的人,都是在这一时期恋爱、结婚、成家、生子的。杨家岭上、宝塔山下、延水河旁,留下了无数的爱情故事。延安作为中国革命的圣地,也到处充满着温馨甜蜜的生活情趣。

林彪也是男人,也面对现实开始了新的追求。他说:"原先我以为女人没有家不行,现在我才发现男人也不例外。"

在听歌、跳舞、交友的过程中,林彪也逐渐开朗了起来,似乎又找到了大将军的感觉。他看中了一位名叫叶静宜的山东姑娘,而叶静宜也早已暗暗盯上了他,两个人几乎是一见钟情。但小叶故意不动声色,林彪就主动上前请她当老师教自己走舞步。小叶也不推辞,认真教他。只可惜一双嫩生生的脚,没让林大师长给踩扁了。她嗔怪地讽刺林彪:"平型关的鬼子都是让你给踩死的吧?"林彪笑道:"我不踩鬼子,因为我不喜欢他们。"叶静宜脸一红:"又让你讨了便宜。"林彪纠正:"不,是讨了静宜。"

叶姑娘落落大方,颇有心计。她曾出言:大老远的来延安一回,俺非将军英才不嫁!却也不是个寻常女子。林彪看她看顺了眼,咋看咋比张梅、比孙维世都好。说她温文、豪放、理智,乃大家闺秀。

叶静宜就是叶群。

不久,他们在延安喜结良缘。

这时,毛泽东才对周恩来、朱德、任弼时他们笑道:"我们的平型关大捷的战斗英雄,终于有家可归了。不然,平型关之战的句号可怎么画嘛!"

钟 山 硝 烟
——南京保卫战纪实

孙宅巍 著

图1 南京卫戍司令长官唐生智

图2 日军坦克攻入南京城

图3 无辜的南京市民被日军押往屠场

图4 南京大屠杀主犯松井石根(左二)
被押上历史的审判台并被判处绞刑

1. 红军将领到南京

1937年7月7日夜，卢沟桥畔的枪声，震醒了沉睡的大地。在日本军队的一再挑衅下，中国军队忍无可忍，英勇地奋起还击。中国人民全面的抗日战争，由此拉开序幕。

8月9日，华北的枪炮声仍在继续。首都南京，毕竟远离万里长城。这里除了大街两旁增加了一些抗日的标语外，仍同往日一样平静。街道上，车水马龙，人群熙熙攘攘。

可是，这一天的飞机场和中央饭店等处，却平添了许多军警、岗哨。明眼人一看便知，今天将有重要情况。果然，先后从西安飞来的飞机，给南京送来了重要的客人。他们是：中国工农红军总司令朱德和苏区中央革命军事委员会副主席周恩来、副总参谋长叶剑英。这些昨天还颁悬重赏收买其首级的中共要人和红军高级将领，一下子都被请到了国民政府的首都。这在南京国民政府的历史上还是破天荒的第一次。此时此刻，虽然还有众多的共产党员被关在狱中，但红军将领的到来，毕竟象征着一场不幸的内战风暴的结束和一场更大的民族反侵略斗争的来临。

当天，周恩来、朱德、叶剑英等人被邀请到中山东路上豪华的中央饭店共进西餐。主人当中，有军政部长何应钦，蒋介石的代表、军委会办公厅副主任姚琮，国民党高级将领顾祝同等人。昔日在战场上交锋的对手，今天重又举杯共饮。他们都是炎黄子孙，都是黄河与长江孕育出的生命，没有解不开的疙瘩，没有了结不了的历史旧账。

"恩来先生，欢迎阁下光临南京！"年近50岁的何应钦举杯走到周恩来的面前，他显得老成持重。

"敬之先生,我们是老朋友了!"不到40岁的周恩来,英俊潇洒,风度翩翩。他的回答包含了对历史的深沉回忆。

何应钦与周恩来,虽然有过在战场上交手的不愉快的历史,一个是"剿共"总司令,一个是工农红军总政治委员;但是,更早的时候,他们都是国民革命军中的战友,一个是东征军第一师师长,一个是东征军政治部主任。如今,他们又将在同一个战场上打击共同的敌人。

这不单单是他们个人交往的历史,这是一段中国现代历史的缩影。

说起中共要人到南京,其中还包含了一段多少有些神秘的情节。

8月1日,正当华北大地弥漫着一片抗日硝烟的时候,专事与中共接触的神秘人物、国民党第五届中央执行委员张冲,突然向延安发了一份急电:蒋介石密邀毛泽东、朱德、周恩来速至南京共商国防问题。2日,周恩来电复张冲:如开国防会议,则由周恩来、朱德、叶剑英去;如系谈话,则由周恩来、林伯渠、博古、叶剑英去。4日,张冲给周恩来发去复电:是开国防会议,望毛泽东、朱德、周恩来到南京参加。蒋介石坚持邀请中共三巨头到南京。最终,毛泽东还是没有南行,他仍在延安运筹帷幄,掌管中枢。周恩来与朱德则迅速由延安到达西安,偕同常驻西安的中共代表叶剑英,一起飞到了南京。

周恩来、朱德、叶剑英出席了由何应钦召集的国防会议。国民党方面出席会议的还有唐生智、白崇禧、黄绍竑等人。这是一次难得的会议。议程中,有内部关系的调整问题,也有对敌人作战的战路、战术问题。国共两党在敌对了十年之后,双方的高级领导人终于又坐到了一起,共商国事。这是一个历史性的转变,是历史的进步。

在周恩来、朱德返回延安后,中共中央又派博古来到南京,主持对发表《中共中央为公布国共合作宣言》这一历史性文件的谈判和修改。谈判是艰苦的。碰杯并不等于没有矛盾和分歧。有时双方争得面红耳赤，拍了桌子。但是国共之间，大的气候是回暖，小小的寒流不能把季节拉回到冬天。双方都作了一些让步。9月21日，双方代表在傅厚岗孔祥熙公馆中作了最后的商谈。蒋介石参加了这次商谈，并最后拍板，同意立即发表《宣言》。

9月22日，国民党中央通讯社正式发表《中共中央为公布国共合作宣言》。由国民党的通讯社来发表共产党的宣言，显示了两党的和解和合作。国内外人士都感到耳目一新。国共两党的关系在这里有了历史性的突破。

次日，蒋介石专门发表了对中共中央《宣言》的谈话。清晰的无线电波将蒋介石的谈话从南京送到全国各地和全世界。蒋介石说：

> 对于国内任何派别，只要诚意救国，愿在国民革命抗敌御侮之旗帜下共同奋斗者，政府无不开诚接纳，咸使集中于本党领导之下，而一致努力。

蒋介石的谈话，实际上承认了中国共产党的合法地位。国共两党的第二次合作终于形成了。抗日民族统一战线终于正式建立了。

在抗日民族统一战线这面神圣、庄严的旗帜下，中国人民抗日战争的洪流更加波澜壮阔。

2. 唐生智勇任守城将

1937年8月13日，日本军队又在中国华东上海点燃了战火，中国守军奋起抵抗，震惊世界的淞沪会战爆发。

11月初,已经鏖战了将近3个月的大上海,正疲倦而痛苦地喘息着。日军大批援军在杭州湾顺利登陆,中国守军开始从苏州河后撤。

日军对于南京,志在必夺。

身为中国政府军事委员会委员长的蒋介石,为首都南京的防卫问题大伤脑筋。防与不防,防又怎么个防法,不防又如何交代,都是棘手的问题。淞沪守军左翼作战军总司令陈诚,作为蒋介石的心腹将领,被紧急召到南京。

"南京如何守法?"蒋介石开门见山,向他的部属提出了这一令人困惑的问题。

"是否叫我守?"陈诚避开正题,反问委员长。

在蒋介石的部属中,敢于如此回答、提出问题的人,屈指可数。蒋介石并未生气,只是凝视了陈诚一会儿,然后肯定地说:"不。"

陈诚这才道出了自己的真实看法:"如不叫我守,则我不主张守南京。"

"唔,你与敬之(何应钦)及德国顾问再研究一下,把研究结果及不能守的原因写个报告给我。"蒋介石对陈诚的看法未置可否。他仍在苦苦地思索。

11月12日,日军占领上海,淞沪会战结束。

上海失陷了,防守南京的问题更加迫在眉睫。蒋介石把军政部长何应钦、军委会常委白崇禧、军委会办公厅主任徐永昌以及大本营作战组组长刘斐召到自己的别墅。

这是中山门外林荫中的一幢小平房。为了防避日军的空袭,蒋介石选中这里作为他的办公地点。

蒋介石要大家谈谈关于南京的防守问题。

与会者默不作声。一则是因为这个问题本身不好谈,二则不知道蒋介石到底抱什么主张,更不便开口。

还是地位较低一些的刘斐被逼着先讲了话。他说:

"南京是我国首都所在,不作任何抵抗就放弃,当然不可;但不应以过多的部队争一城一地的得失,用12个团,顶多18个团就够了。"

白崇禧本有自己的看法。他主张宣布南京为不设防城市,不作抵抗,故也可不遭破坏。但是鉴于会议一开始蒋介石就提出了"防守南京"的问题,他这种"不设防"的主张与研讨的基调相去太远,所以临时改为同意刘斐的意见。

何应钦、徐永昌也说刘斐的意见有道理。

蒋介石没有就此作出什么决定,只是说:"南京为国际观瞻所系,守还是应该守一下的。至于如何守,值得慎重考虑。"

看来,他还需要磋商。

两天后,蒋介石再次在中山门外的官邸召开会议,除上次参加会议的人员外,又增加了军委会执行部主任唐生智、南京警备司令谷正伦。

"南京守不守呢?我看总是要守的吧。"蒋介石又提出了这个悬而未决的问题,不过比较有了一些倾向性的意见。

身体虚弱的唐生智抢先发表意见:

"我同意守南京,这样可以阻止和延缓敌人的进攻,掩护前方部队休整和后方部队集中"。

"哪一个守呢?"蒋介石紧追一步。

一阵沉默。

"如果没有人守,我自己守。"蒋介石的话咄咄逼人。

"用不着你自己守,派一个军长或总司令,带几个师或几个军就行了。"唐生智答道。

"不行,这样的人资历太浅。再商量吧!"蒋介石并没有同意唐生智的意见。

又过了一天。

夜幕下的东郊陵园,一片寂静。

蒋介石再次召集原班人马,对守南京的人选作最后的抉择。

"谁负责守南京呢?"他又提出了这个老问题。

没有一个人作声。

这时,蒋介石已看中了唐生智。他对唐生智说:

"要么就是我留下,要么就是你留下。"

唐生智经不住这一激,当即表示:

"委员长怎么能留下呢? 与其是你,不如是我吧!"

"你看把握怎么样?"蒋介石问道。

"我可以做到八个字:'临危不乱,临难不苟'。"唐生智神情微微有些激动,接着又补充了一句:"与南京共存亡。"

"很好,守南京就由孟潇负责吧。"蒋介石高兴地说。

11月19日,紧接着蒋介石召开三次高级幕僚会议之后,唐生智接到了蒋介石任命他为南京卫戍司令长官的手令。

唐生智以久病之躯担此重任,不禁心潮起伏,感慨万端。他想起了诸葛亮在《出师表》中的一句名言:

受任于败军之际,

奉命于危难之间。

他反复咏诵这不朽的警句,深感自己肩上责任的重大。

次日,唐生智走马上任,将他执掌的军委会执行部改组为卫戍司令长官部。

战时的南京卫戍司令部,设在城北一座融合了东西方建筑特点的现代化建筑物中。唐生智本人则在离司令部不远的百子亭寓所中办公。

新上任的首都卫戍司令长官成了首都的头号新闻人物。

11月27日,唐生智为一群中外记者所包围。记者们最关心的,当然是关于守卫南京的问题。唐将军以他那浓重的湖南口音,不无几分激动地说:

"本人奉命保卫南京,至少有两事最有把握:第一,即本人及所属部队誓与南京共存亡,不惜牺牲于南京保卫战中;第二,此种牺牲定将使敌人付出莫大之代价。"

将军的话,动了感情。副官送上一条热手巾,让他擦去额前微微沁出的汗珠。

记者们则用热烈的掌声,表示了对于唐将军和中国人民抗战决心的支持。

唐生智的报国之心是真诚的。他对部下则不失为一个仁慈的长者。他对一批新来报到的参谋人员说:

"南京失守,我亦不生。你们是幕僚,和我所处地位不同,我不要求你们和我一道牺牲,万一城破,你们到时还可以突围出去。我只要求你们在我还活着的时候,坚持工作到底。"

语音之间,饱含着军人特有慷慨、悲壮的情怀。

将军手下的参谋都是铁汉子,但是他们经不起感情的撞击,个个热泪盈眶。他们表示:愿与将军战死在一起。

唐生智领导了一支特殊的部队。这支部队,大多来自淞沪战场,刚刚经过惨烈、悲壮的战斗,人员和装备都严重短缺。

南京不是打大仗的地方。没有受到创伤的野战部队,需要在后方准备新的战场。中国的军队数量虽多,但防守的战区幅员也大,牵一发而动全身。东战场的部队,大部分已经在上海被打得残破不堪。他们需要喘息,但是战争不给他们以喘息的时间。他们是以疲惫的身躯,带着对祖国、对民族的一片赤胆忠心来保卫首都的。

11月25日,蒋介石发出了编组首都卫戍部队的命令:

(一)司令长官唐生智。(二)第七十二军孙元良部。(三)第七十八军宋希濂部。(四)首都警卫军谷正伦;(甲)桂(永清)总队;(乙)宪兵部队。(五)其他特种部队之一部。

这就是南京卫戍军最初的阵容。孙元良、宋希濂各为军长,实际只指挥一个师。除宪兵部队外,其他各支部队都来自淞沪前线。

他们来不及拂去身上的尘土,便又要投入新的战斗。

此后,陆续又有一批部队调来唐生智麾下。

第七十四军由俞济时率领,最先从淞沪战场开抵首都南郊淳化镇附近。

徐源泉指挥着他的第二军团,从武汉乘轮船,风尘仆仆赶到南京东郊。

两支广东部队第六十六军和第八十三军,分别由叶肇、邓龙光指挥,从淞沪战场边撤退边堵击敌人,艰难到达南京城外围。

刚刚提升第七十一军军长的王敬之,率领他那仅有的一师部队,在上海打了3个月,又在镇江坚守一周,匆匆赶到中山门外接防。

原属江防部队编制的第一○三师和第一一二师,在经历了沿江各地的战斗后,也归入南京卫戍部队。

参加守卫南京的还有榴弹炮2个营、大小高射炮27门、反坦克炮8门、轻型坦克10辆。

这支临时拼凑起来的卫戍部队共有13个建制师又15个建制团。依据当时中国军队的编制和各支部队减员、增补的情况,他们应当有15万人。

待到这支部队大体编组完成的时候,蒋介石又给唐生智调配了两名副手:罗卓英和刘兴。他们被宣布为南京卫戍副司令长官。

罗卓英早年曾先后入保定军校、黄埔军校,担任过陈诚赖以起家的第十一师师长和第十八军军长,是陈诚在军中的得力助手和亲信将领。淞沪抗战中,他率部在陈诚指挥的左翼作战军中浴血苦战,担任第十五集团军总司令;上海失陷后,部队撤退皖南,任第十六军团军团长。12月5日晚,他突奉蒋介石电令,由皖南前线赶赴南京就任新职。

刘兴是唐生智大革命前多年的部属和共过患难的亲信。北伐战争期间,唐任第八军军长,刘在他麾下任第四师师长。抗战爆发后,刘率部参加淞沪抗战,任江防军总司令兼第十五军团军团长、第二十七军军长;上海失陷后,率第一一二师、一〇三师以及江阴、镇江、江宁等要塞部队,守护江防。

唐生智把自己手中的部队分为外围阵地和复廓地两个层次配备。

外围阵地:第七十四军俞济时的两个师守板桥至淳化一线;第二军团徐源泉的两个师守孟塘至龙潭一线;两支广东部队守汤山东西之线。

复廓阵地:宋希濂指挥第三十六师守城北;孙元良的第八十八师和沈发藻的第八十七师守城南;桂永清的教导总队控制紫金山制高点。

对于唐生智的用兵,时人与后人褒贬不一。有说应加强外围阵地的,有说不够灵活的,有说系不得已而为之的。

但是,有一个事实是任何人也不能否认的:南京卫戍军确实摆开了阵势来迎战敌军,是真的想打,真的打了,决不是虚张声势。

历史是最好的见证。

3. 松井石根兵分三路

担负攻击南京任务的日本军队,是侵略中国的华中方面军。这支军队最初编组于11月7日,在攻击淞沪战场最后的枪炮声中,东京参谋本部发来了临时作战命令第138号,任命松井石根为华中方面军司令官,下辖上海派遣军和第十军两个军的部队。

松井大将坐在上海方面军司令部里,指挥了淞沪战场最后的战斗。虽然在他指挥下日本军队付出了伤亡4万人的沉重代价,但他毕竟拿下了大上海。这是他奉献给天皇的一颗明珠。

天皇在12月1日赏赐给松井一道大本营的敕令:正式规定了华中方面军的战斗序列,排列在序列之首的正是方面军司令官松井石根。

敕令是天皇的旨意,具有无上的权威。

他成为进攻南京的日军最高司令官——中国一级上将唐生智的对手。

60岁的松井石根出生在爱知县一个穷困潦倒的士族家庭。父亲深谙中国古典文学。松井自小就受到古老的中国文化的熏陶。他先后毕业于士官学校和陆军大学。他的军事生涯同中国紧密相连,曾担任过驻中国公使馆的武官、日本驻中国奉天特务机关长、驻台湾日军司令官。他是一个中国通。可是,在此次踏上中国国土之前,他已经当了两年的预备役军官。

淞沪战场的炮声给松井带来了机遇。他重被天皇授以重任,从上海派遣军司令官而至华中方面军司令官。他虽然身居高位,指挥着千军万马,却毫无风度。他身高不过152公分,体重只有90斤多一点,干瘪瘦削,右面颊和右臂还会不时地习惯性地抽搐。在他麾下的任何一个军人,恐怕都会比他更像一名方面军的司令官,但是却很少有人能超过他的军事阅历和文化素质。他领导的方面军司令部,仅仅依靠7名参谋、3名副官和不足10人的顾问、翻译在运转。

松井石根在接受华中方面军战斗序列圣谕的第2天,被免去上海派遣军司令官的兼职。

继任上海派遣军司令官的是皇叔朝香宫鸠彦王。50岁的朝香宫中将,身材瘦削,早年毕业于士官学校,担任过陆军大学的教官、旅团长、师团长等职。一年前,因为陆军哗变事件的牵连,遭天皇贬黜,直到日本军队已经杀气腾腾地逼近南京的时候,才又重新被起用。他性格粗犷,是一名职业军人,能讲一口流利的法语,自命不凡;但是在30年的军事生涯中,却很少受到天皇的恩宠。因此，他总是沉默寡言，并且由于车祸，走起路来明显地跛足。朝香宫受命指挥一个军团的部队，从右翼攻向南京。他对于这一新的任命并不称心；但他深知，此举关系到今后的事业和前途，必须兢兢业业地按照天皇的意旨去办。

朝香宫指挥着一支由6个师团、13个旅团组成的大军。其中包括由藤田进指挥的第三师团、吉住良辅指挥的第九师团、山室中武指挥的第十一师团、荻洲立兵指挥的第十三师团、中岛今朝吾指挥的第十六师团和伊东政喜指挥的第一〇一师团。

右翼军的最高指挥官是第十军司令官柳川平助中将。柳川已经60岁出头，是一个身材矮小的战略家，始终保持着一付沉思冥想的神态。他是佐贺县人，具有正规军校学历，先后毕业于士官学校和陆军大学，精于骑兵指挥，当过骑兵的旅团长、师团长和骑兵学校校长。1936年，柳川是反对裕仁天皇的三名主要陆军领导人之一，被贬为预备役。当他重新复出，被授予第十军的指挥权时，得意洋洋地写信给夫人说："我恍如跨出了地狱中的冥河，见到了前程的光明。"

柳川平助的麾下共有3个师团又1个支队，计8个旅团。在他的部属中，有第六师团长谷寿夫、第十八师团长牛岛贞雄、第一一四师团长末松茂治和支队长国崎登。

三名受宠若惊的军人，指挥着一支疯狂的大军。他们都决心在累累白骨上面，建立自己的功勋。

12月1日，淞沪战场的余烟已经熄灭，天空一片晴朗。一架涂着红色太阳标记的日本军用飞机，在上海龙华机场缓缓降落。参谋次长多田骏中将，带着几名随员，步出机舱。早已等候在舷梯旁边的轿车，把多田一行迅速送到华中方面军司令部。

多田次长给松井石根带来了盖有国玺和各大臣印章的大本营第8号敕令：

华中方面军司令官须与海军协同，攻占敌国首都南京。

松井对于攻击南京的正式敕令,盼望已久。

尽管3天前他就已经接到了东京参谋本部关于"向南京追击"的电令,并收到天皇侍从武官专程送来的慰问圣令和御赐皇后亲织围巾。但是,电令和慰问都不能代替向敌国首都进攻的正式命令。

这份敕令,由参谋次长亲自送达,反映了东京对于攻占南京一举的高度重视。它是一份不寻常的命令。

得到了圣旨,松井石根立即于当天向所属部队下达了攻占南京的作战命令:

一、上海派遣军12月5日主力开始行动,重点保持在丹阳、句容公路方面,击败当面之敌,进入磨盘山山脉;以一部从扬子江左岸地区攻击敌之背后,同时切断津浦铁路及江北大运河。

二、第十军12月3日主力开始行动,以一部从芜湖方面进入南京背后,以主力击败当面之敌进入溧水附近,特别须对杭州方面进行警戒。

这是三条黑色的轨迹。它们自淞沪地区开始,经过太湖南北两岸,将在中国的首都南京交会。

右边的一条轨迹,运动着上海派遣军的第三、第九、第十一、第十三和第十六5个师团。

由吉住良辅指挥的第九师团,是在这条轨迹上运动的一支主力。他们从上海出发,沿着沪宁线的铁轨,连攻昆山、苏州、无锡、常州等地。从常州起,轨迹离开了铁路线,向西沿着常州—金坛—天王寺—淳化的公路进展。吉住的部队在雨花台以东和光华门一带,向南京古老的城墙发起攻击。

另一支主力第十六师团,由55岁的中岛今朝吾指挥。这支部队被称为"黑色帐篷"。"黑色帐篷"是14世纪蒙古征服者用以表示对任何人都不宽恕的标志。中岛有非常高明的枪法,他甚至认为打野鸭子只是一种笨拙的表演,他喜欢站在瀑布边打那些随着瀑布疾飞的水鸟。他又是一个具有虐待狂气质的冷酷的人。中岛的部队从丹阳开始脱离沪宁线,向西沿着丹阳—句容—汤水镇的公路,直扑孙中山先生陵墓所在地紫金山。

其他的3个师团,在这条轨迹的运行中,只起了辅助和配合的作用。藤田进率领的第三师团,一直跟随在第九师团的后面,作为二线兵团。直到南京城陷前夕,藤田才派出一支先遣队,进入第九师团的左翼,参加对光华门一带古老城墙的突破。第十一师团长山室中武派出天谷支队,从无锡沿着沪宁线前进。到了镇江以后,这个支队便渡过滔滔的扬子江水,到苏北平原作战。第十三师团在师团长荻洲立兵的指挥下,负责攻击江阴、镇江、乌龙山各要塞。他们沿着弯弯曲曲的长江岸边前进。山田支队一直攻到幕府山下;而师团的主力,刚从镇江渡过了长江。

中间的一条轨迹上,运行着柳川平助麾下的两个精锐师团:第六师团和第一一四师团。

由末松茂治率领的第一一四师团,冲在这条轨迹的最前面。当下达"向南京追击"命令的时候,这支狂热的部队已经冲到溧阳附近。它沿着京杭国道,攻击南京城南面的战略要地雨花台。

第六师团由谷寿夫率领,奉命以强行军追上第一一四师团。12月8日,谷寿夫的部队在尘土飞扬之中,追到了末松部队的左翼。

他们合力向雨花台和中华门的古城堡发起冲锋。

左边一条轨迹,运行着第十八师团和国崎支队。他们的任务是从太湖南岸一直向西,占领芜湖,切断长江,并沿江北岸直趋浦口,完成对南京的四面包围。

牛岛贞雄指挥着他的第十八师团,本来奉命在西进到芜湖以后,再沿宁芜公路,参加对南京的攻击。但是他们刚刚占领芜湖,便接到了新的命令:准备投入对杭州的攻击,而不再向南京靠近。

国崎登则率领着一个支队,从太平以北的慈湖渡过长江,沿着长江左岸几乎毫无阻挡地到了浦口。

松井采用了左右包抄、中间突破的战术。当三条黑色的轨迹交汇到一起的时候,便宣告了南京城的陷落。

4. 蒋介石飞离南京

12月6日晚,郊外隆隆的炮声,在南京市内已可隐约听到。老百姓正扶老携幼地迁往中山路西边的难民区。

大战在即。敌人马上就要杀到南京城的门口。

在百子亭唐生智公馆的院子里和狭窄的街巷中,停满了各式高级的轿车、军用吉普车。一个连的宪兵部队,荷枪实弹在公馆的四周负责警卫。

唐公馆的大客厅里,临时增放了许多椅子,里面坐满了守卫南京的高级将领。他们每人的领章上,至少都有一颗发亮的星星。这是南京卫戍部队的将领,所有少将以上的指挥官都毕恭毕敬地坐在这里。会场的气氛严肃而又有些紧张。将领们只能窃窃私语,低声交谈。

"委员长到!"突然,传令副官高声呼叫。将领们在惊愕中习惯地起立,行注目礼。

"你们等久了,请坐下。"身穿一身戎装、披着黄绿色军大衣的蒋介石,在夫人宋美龄、侍从室主任钱大钧以及南京卫戍军正副司令长官唐生智、罗卓英、刘兴的陪同下,步入会场。

将军们直等到蒋介石一行都坐完了才纷纷坐下。

"委员长还在南京!"蒋介石的出现,在将军们的心中引发出一股激情,因为事实戳穿了外界关于蒋介石早已离开南京的传闻。

蒋介石操起他那浙江官话说:

"南京是我国的首都,又是总理陵墓所在,为国际观瞻所系,对国内人心的影响也很大,所以必须固守。"

蒋介石稍稍停顿,用目光巡视了一下正襟危坐的部属,把话锋一转,说:

"战争的形势在发展,我不能偏于一隅,责任逼着我离开南京。这在我的内心是异常沉痛的。今天,我把保卫首都的责任交给了唐将军。唐将军是身经百战、智勇兼备的将领,他必定能负起这个光荣的责任。你们服从唐将军,要像服从我一样。"

唐生智受宠若惊,即席作了慷慨的发言。

"本人受国家厚恩,受委员长的殊遇、培植,深感无以为报,自当敬遵委座命令,与诸位共负守城责任。"唐生智继续用浓重的湖南口音表示决心,"现在正是我们戮力用命的时候,只要我们能以一死报国家,一死报委员长,我们就能够做一名无愧于天下人、无愧于党国的军人,我们就能创造自己光荣的历史,创造伟大民族的历史!"

唐将军的话,颇有些鼓动性。将军们个个热血沸腾。

会见结束后,唐生智陪送蒋介石夫妇上汽车。

"孟潇兄,你的身体还没有恢复,有劳你守南京,我很难过。这也叫患难见交情吧!"蒋介石握住这位8年前还是冤家对头的手,深情地说。

"这是军人应尽的责任。我还是那两句老话:'临危不乱,临难不苟'。没有您的命令,我决不撤退。"唐生智报之以坚定的誓言。

"孟潇兄,那就辛苦你了!"蒋介石放心地说。

12月7日清晨。南京城还没有开始它一天的喧嚣。只有全副武装的士兵,匆匆从清冷的大街上通过。

一列由10余辆高级轿车组成的车队,从清凉山蒋介石临时搬迁的住地出发,驶过落满梧桐树叶的街道,来到明故宫机场。

机场内外,警戒森严。

蒋介石与宋美龄,在一队警卫人员的护送下,走到专机舷梯旁。他们同前来送行的唐生智、罗卓英等高级将领一一握手。

"辛苦你们了!"蒋介石说。

"委座保重!"将领们回答。

这最后的道别,包含了凝重的嘱托和真挚的希望。未来的历史,将用鲜血撰写。

5时45分,美龄号专机开始启动。

在一小队战斗机的护送下,蒋介石的座机升到空中。

飞机在古城上空盘旋一周。

扬子江水,如同一条黄色的宽带,围绕着半个南京城。

盖有蓝色琉璃瓦的中山陵墓,矗立在紫金山的苍松翠柏之中。

石城内外,烽火点点,战壕纵横。

蒋介石透过舷窗,看着远去的钟山、石城,神情怅惘,心潮起伏。

他想起了元代词人萨都剌的著名词句:

> 石头城上,望天低吴楚,眼空无物。指点六朝形胜地,唯有青山如壁。蔽日旌旗,连云樯橹,白骨纷如雪。一江南北,消磨多少豪杰!

飞机钻进云层,沿着无尽的长江,飞往赣江之滨。

5. 句汤线上硝烟弥漫

东线日军是被称为"黑色帐篷"的中岛第十六师团,沿京杭国道,已于12月初前进到句容至汤山镇之间。这是一支极其凶猛的部队。他们没有参加淞沪战场惨烈的血战,在上海失陷后,才在吴福线附近的长江口岸登陆,成为攻击南京的一支主力。中岛倚仗人员和粮弹充足的优势,决心在南京城下创建自己的勋业。

在东线抵挡日军的中国军队,是两支广东部队:分别由叶肇和邓龙光指挥的第六十六军和八十三军。这两个军共有4个师的编制,其中有3个师参加了艰苦的淞沪杭战;一个师在上海失陷以后,从武汉赶到苏州,参加南京以东的抵御。他们从战火中走来,人员损失了大约一半,总共还剩下2万人左右。在他们归入唐生智麾下以后,并没有补充新兵。

战事首先在距南京城45公里的句容附近发生。

第四七八旅旅长喻英奇奉叶肇军长的命令,率第九五五团、九五九团两个团,占领句容以西的既设阵地,拒敌前进,并不得擅自撤退。

12月5日拂晓,一阵猛烈的枪声打破了荒原的沉寂。日军的前锋部队开始向句容前沿阵地作小规模的火力侦察。

第四七八旅官兵严阵以待,勇敢地击退了来自各个方面的袭击。

与第四七八旅阵地邻近的第七十四军官兵,在句容以西土桥的山坳中,打死了六七十名日军,缴获了20余挺机枪。60余顶有日本国徽的钢盔,也成了他们的战利品。每一顶钢盔,都是他们消灭敌人的记录。

这一天,句容四周激战不断。中午时分,一批敌军突破了这个县城的前沿阵地。广东部队同他们开展了白刃格斗。

夜幕下,大批日军蜂拥而至。他们一面向句容正面继续深入,一面从句容以西的土桥、牧马场一带迂回到句容背后。

第四七八旅的两团官兵身陷重围。他们的友军,另一支广东部队第八十三军的第一五四师,急趋句容助战,但在新塘市被阻。

6日,天蒙蒙亮,密密麻麻的日本军队,共有五六千人,像潮水般地涌来。第四七八旅被围困得水泄不通。情况万分危急。

两辆疾驶的中国弹药车被截在半路,不能把弹药送给被围困的部队。

第四七八旅的官兵,经受住了日军飞机、大炮的疯狂轰击和步兵的轮番冲击。一批批勇士含恨倒在自己的阵地上。一批批强盗在阵地前流完了他们污浊的血。枪炮声一整天也没有停息。

中午,叶肇军长已经向该旅发出了撤退命令,但命令无法送达。第四七八旅被围困得太严密了,没有一点可以通过的隙缝。

"派两个营去送,撤退令送不到不要回来!"叶肇发火了。他不能眼看着一个旅被敌人吃掉。

撤退令被译成密码,由两营部队分成两路,分别投送,并且负责策应被围困的部队突围。可是两个营的部队太少了,根本插不进去。

激战到黄昏,朦胧的夜幕,开始覆盖大地。

突然,土桥方向的枪炮声变得密集起来。一支被围困的中国部队向西发起了冲击。日军马上调整部署,把土桥方向堵得严严实实。

战争中的攻防,原是虚虚实实,全靠指挥员的战斗经验和判断能力。

正当日军在土桥方向拼命阻截时,被围困的大部队在另一个方向上突围成功了。中国军人选择敌人的薄弱环节,杀开一条血路,终于到达自家场附近集中。

接着,中日双方的部队又在汤山附近,再次发生激战。

第六十六军和第八十三军在这里协力坚守。汤山有著名的温泉,许多中国政府的高级官员都在这里疗养过。现在,温泉已无足轻重,没有人愿意冒着战火的危险,到这里来洗澡。但是,它是京杭国道上保卫南京的最后一道屏障。

中岛调动了他手中最强有力的攻击力量,用大批坦克和装甲车开道,以威力强大的山野炮猛烈轰击。

中国军队只能以轻武器阻止日军的集团冲锋,用对祖国的忠诚和生命来弥补武器的欠缺。尽管如此,也只能且战且退,从第一道防线撤退到第二道防线。

8日下午,唐生智命令收缩阵地,放弃汤山,把两支广东部队调到复廓阵地防守。

汤山激战,孕育出许多可歌可泣的故事。中国军人以其忠诚和勇敢,谱写出无数光荣的史诗。

12月6日晚,夜幕已经低垂,月牙从云层中发出淡淡的冷光。充满紧张气氛的汤水镇,已经关门闭户。时疏时密的枪炮声,不断从30里外的句容前线传来。远处天边,不时升起彩色的信号弹,闪过炮弹的耀眼光环。

10名中国工兵,身背步枪,从龙潭沿着崎岖的山路,走到汤山附近。

突然,从朦胧的月光下,依稀看到一群军人迎面走来。

"什么人?"

"报出部队番号!"

工兵高声盘问。

没有回答。

双方仍在接近。

"你们是哪个部队的?"一名工兵提高了嗓门儿问。

对方仍旧没有任何回应。

"上刺刀!"工兵班长低声命令。

工兵们迅速上好刺刀,持枪散开。

他们不能随便开枪,因为这里是中国军队的纵深防区,不大可能会出现敌人。

可是他们的对手却可以任意开枪。对手是日军的14名侦察兵,已经远离自己的部队,深入到中国军队的后方。

这样的战场情况和心理状态,明显对中国军人不利。日本人占了优势。

在双方接近到只有四五米距离的时候,日本侦察兵突然开枪了。一阵手枪响过,中国工兵倒下了5名。

工兵们不再犹豫,一拥而上。说时迟那时快,他们已经各自选中一名敌人,举枪怒刺,4名敌人差不多同时被刺死。

又一轮混战。5名中国工兵对10名日本侦察兵。混战中,手枪的作用受到了限制。还是中国人的步枪加刺刀更有威力。

日本兵拔出了匕首。还有一名日本兵从阵亡的中国工兵手中,取过刺刀。

双方都吼叫着,为自己助威。这是一场意志和力量的较量。每一个人都会在眨眼之间,被对方杀死。

中国工兵人数虽少,但他们临危不惧。他们又一连刺死了5名敌人。但是,他们自己也再次倒下3人。

中国工兵只剩下了最后两人。他们被5名穷凶极恶的日本兵团团围住。

没有别的出路,只有格斗到底。

血战中,两名中国工兵已经负伤多处,满身是血,但愈战愈勇,他们决心把所有的敌人全部消灭。

终于,他们将剩下的5个敌人刺倒了3人,刺伤2人。倒下的一动也不动,僵死在地。被刺伤的,则逃向不同的方向。

夜幕下,四周一片寂静。两名中国工兵成了残酷搏斗的胜利者。因为胜利来得太不容易,他们已经精疲力竭,只能就地休息。

黑暗中,一个可怕的幽灵,偷偷爬近两名工兵。一只魔爪,紧握匕首,猛地刺进一名工兵的心窝。只听得"啊"的一声惨叫,工兵倒在血泊之中。

那幽灵,是一名装死的日本兵。

最后一名工兵,听到战友的叫声,一跃而起,立即扑向那凶恶的敌人,两人抱在一起,拼死搏斗。

山野间,月色惨淡,寒风瑟瑟。

两名敌对的士兵,都在用尽浑身的力气,置对方于死地。只有对方的死,才有自己的生。丝毫没有别的出路,妥协是不可能的。

幽灵终于被制服了。他真的死了。

那名光荣的中国工兵,也负了重伤。不久,他就昏迷了过去。他的名字叫李茂林。

第二天清晨,当李茂林重又苏醒过来的时候,已经被转移到了安全的地方。迎着一轮冉冉升起的红日,他那微笑的面额上,挂满了泪花。英雄在胜利的欢乐中,深沉地怀念英勇牺牲的战友。

6. 淳化牛首浴血奋战

11月28日,一支轻重机枪、迫击炮齐全的中国军队,以其严整的军容,从句容开抵南京通济门外的淳化、上坊一线。

严整的军容,不能掩盖官兵的疲惫。

他们是刚刚经过淞沪血战和长途跋涉,带着战场的硝烟和征尘,前来保卫首都南京的第五十一师。师长是黄埔三期生、年青的山东大汉王耀武。

王耀武刚在上坊镇的师部临时指挥所坐定,传令兵便送来了南京卫戍司令长官唐生智的命令:

着五十一师以主力担任方山至淳化镇之守备,以国防工事为主,构筑野战阵地,尽量联系加强之,以一部位于高桥门、河定桥(不含)之线,构筑预备阵地,于湖熟镇派出警戒部队,严密监视,左与六十六军右与五十八师切取联络。

王耀武向以治军严格著称。他接到唐生智的命令后,立即部署两个主力团于方山至淳化主阵地间,一个团作预备队,一个团在第二线构筑预备阵地,并派出一个连到湖熟担任警戒。

这里原有不少国防工事。但是,它们有的被土埋着,有的打不开门,有的枪眼过大,大部分都不适用。

王耀武气得发火,士兵们纷纷骂娘。

骂街是徒劳的。现在不是追究责任的时候。这是国力不强、国防落后的表现。

"限3日内完成可御中口径炮弹的防御工事。"王师长以果断的口气,命令第一线部队。他决心不依赖现成的工事,自己动手,保护自己。

士兵们争分夺秒地加固、新修工事。

12月4日,敌人的前锋部队开始与淳化守军接触。一路为500余名步兵,带着4门大炮,从土桥方面向淳化靠近;一路以100余名骑兵开道,跟随500余名步兵,从天王寺方面逼进湖熟镇。

双方紧张对峙。猛烈的战斗即将来临。

次日下午,日军的进攻开始了,他们是第九师团的部队。旅团长井出宣时指挥着2000多名步兵,在飞机、大炮轰击之后,向中国军队冲杀过来。

中国的坦克参加了战斗。坦克兵带着对侵略者的仇恨和对祖国的热爱,驾驶着自己的坦克,对着敌人的步兵横冲直撞,连撞带碾,所过之处,血肉模糊。

40多名敌人倒在坦克车下。但是,中国的坦克也被击毁3辆,4名英勇的坦克兵牺牲在疆场。

数日中,日军飞机轮番飞临淳化阵地上空轰炸。这座已经有将近1000年历史的古镇,遭到了空前的破坏。

日军步兵反复冲击。盛产板鸭的湖熟镇失陷,这里的中国守军一个连队,几乎全部阵亡,只有20余人冲出重围。中国军史档案这样记载:

三日以来,我官兵伤亡达九百余人,然士气旺盛,阵线巩固。敌倾全力来犯,总计不下十余次,均经我军击溃。是役,

我共缴获敌步枪三十余支、战旗十三面、地图二副,毙敌二百余,伤三百余名。

第五十一师正经历着它历史上最严峻的考验。

12月8日是在血与火的红色光环映照下来临的。

清晨,天边还挂着淡淡的月牙,田野里的枯草上蒙上了一层厚厚的白霜。炮弹爆炸的巨大声响和气浪,炸弹从飞机上投下的尖叫声,预示着新的一天中战斗的激烈程度和巨大规模。数千名敌军,在飞机、大炮和坦克的掩护下,向淳化发起了猛烈的进攻。

密集的炮火，惨烈的战斗，使战场的气氛紧张而凝重。中国第五十一师的官兵们在硝烟弹雨中坚守阵地，用反冲锋和肉搏战击退敌人的冲锋。

在反坦克炮的轰击下，5辆日军的坦克被摧毁。轻重机枪喷射出仇恨的子弹，使100余名日本兵遗尸荒野。两挺轻机枪和50多支步枪成了中国军队的战利品。

日本侵略军一次又一次地发起大规模的进攻。炮火一次比一次密集。他们倚仗自己有射不完的炮弹。

激烈的厮杀，从清晨一直继续到傍晚。中国人没有被铺天盖地的炮弹和炸弹吓倒，没有后退半步，顽强抗击侵略者的进攻。但是，代价也是巨大的。仅仅在这一天，该师的战斗详报是这样记载的：第三〇一团代团长纪鸿儒身负重伤，9名连长战死、负伤，排长以下的官兵一共伤亡1400余人。

当晚，唐生智发来给第五十一师的命令：放弃淳化、方山阵地，向河定桥、麻田之线转移。

淳化失陷了。打着太阳旗的日本军队，开进这座燃烧着的古镇。

日本人死死咬住第五十一师的主力不放，想一口把这支已经残破不全的部队全部吃掉。

为了掩护本师主力撤退，第三〇五团不惜一切代价，坚决顶住敌人。他们伤亡了5名连长和600余名官兵。这个团的团长，是曾经读过北京大学和黄埔军校的年青将领张灵甫。张灵甫包扎好自己的伤口，站在前沿指挥，直到主力部队安全转移。

第五十一师坚守淳化镇的战斗异常惨烈。这里的每一寸土地都浸透了将士们的热血。

与王耀武率领第五十一师在方山至淳化一线苦战的同时，第七十四军军长俞济时麾下的另一员大将冯圣法，正指挥第五十八师在方山右侧，奋战于牛首山。

牛首山位于中华门外13公里处，山高240余米，双峰角立，状如牛首，形势十分险要。南宋时，岳飞曾在此设立营垒，于深山埋伏，大败金兵。

冬天的牛首山，虽没有桃红柳绿、百花争艳，却松竹常青、怪石嶙峋，别有一番意境。

可是，纵横交叉的战壕和星罗棋布的工事，却与山林优美的格局极不协调。震撼山谷的爆炸声和满山窜动的火苗，破坏了山林往日的幽静。

冯师长指挥的是一支残缺不全的部队。他们初在上海罗店长期坚守，后又于望亭掩护主力撤退，已经作出了重大的牺牲。这支部队，犹如一个遍体鳞伤的人，付出的太多了，太需要休整了。然而，战争形势的发展，夺去了它休整的机会。为了神圣的抗日战争，为了保卫首都，它带着满身的伤残，大口地喘着粗气，重又投入了新的战斗。

官兵们无心去观赏那耸峙霄汉的古塔、古朴典雅的石雕和庭院深邃的寺庙。观赏已是历史，或者说是未来。现实需要他们再经受一次生与死的严峻考验。

12月7日，太阳刚刚从东方的地平线上升起，牛首山已是一片硝烟火海。日军一支陆空联合的精锐部队，向牛首山阵地发起了猛烈的进攻。中国军队顽强地坚守，浴血拼搏。中央通讯社对于这一天的战况，当时作了如下的报道：

> 我居高临下，以手榴弹及钢炮弹阻截敌机械化部队。我某师一营死守山前高地，为敌射击之的，牺牲殆尽，另一营立即挺至，继续奋战。敌机二三十架在殷巷镇与高井巷间滥事投弹，终日未息。我营长阵亡两员，伤一员，团长轻重伤各一，士兵死伤数百；同时敌亦死伤300余人，遗坦克车5辆。

牛首山前的战斗，彻夜未息。战火中，没有作息时间表。

次日拂晓，古老的牛首山已经被整整轰击和燃烧了24个小时,日军又以40辆坦克为先导,猛扑过来。

成群的"乌龟壳",漫山遍野地隆隆冲来。一辆坦克就是一尊移动着的大炮。坦克后面紧跟着跑步前进的步兵。

第五十八师的将士们没有被敌人强大的阵容吓倒。他们的反坦克炮开火了。一阵轰击,6辆冲在最前面的坦克不动了。"牛头"喷吐出一串串的火龙,它被外国侵略者没完没了的进攻激怒了。官兵们的顽强抵抗,终于迫使敌人暂时停止了攻击。

牛首山得到了短暂的宁静。

可是,宁静孕育着新的危机。

第五十八师的右翼第八十八师部队,从当天下午起,开始由江宁镇向板桥镇撤退;它的左翼第五十一师也奉命收缩阵地,让出了淳化—上方—光华门公路,而准备接防的第八十七师部队未及跟上。

多难的牛首山,处于敌人的左右夹击之中。

9日,牛首山重又淹没在沉重的炮火声中。敌人进攻的正面更宽了,第五十八师开始孤立。中国军队仍然坚守阵地,用上了所有的预备部队,同敌人激战终日。许多士兵在阵地上流尽了自己的最后一滴血,永远拥抱那牛首状的大地。

当晚,第五十八师接到唐生智的命令,转移到双闸镇至宋家凹一线。

在激烈的交战中,转移也不是一种容易的事。一位姓吴的营长,率领他的部队,左冲右突,本来已经残缺不全的队伍,又被打得七零八落。待到冲出敌人的包围圈时,已经只剩下了一个连的人马。

日军的坦克,隆隆地驶过牛首山旁的公路。竹下、冈本两支部队,带着几分骄傲口气宣称:他们在一个晚上反复冲锋了30多次,才占领了牛首山阵地;到10日拂晓前,他们距离城南古老的城墙已经只剩下了6公里。

中国军队虽然最终没有能守住牛首山,但是,他们对这片祖国的土地付出了深沉的爱。

在淳化、牛首激战中,配合第七十四军作战的战车部队,英勇顽强,战斗到最后一个人。战场上也曾流传着关于装甲兵的动人故事。

在硝烟弥漫的方山阵地上,有3辆中国军队的坦克,被击毁在公路旁。四周的枪炮声震耳欲聋,可是它们已经静静地停止在原地,再不能去冲锋陷阵,打击敌人。

它们当中的两辆还在冒着烈焰。熊熊的烈火告诉人们:那车子的主人已经在烈火中献身。

另外一辆车,大概是伤着了履带,虽然没有起火,但却不能前进,突然,它的塔顶盖被微微掀起,露出了一对机灵的眼睛。

两名装甲兵隐藏在这辆坦克车中。一股仇恨的怒火在胸中燃烧,他们不能盲目地开炮,怕造成无谓的牺牲,也不愿意下车逃命,决心与战车共存亡,等待时机,打击敌人。他们从观察孔中,警惕地注视着周围的动静。

当太阳已经在西方徐徐降落的时候,激烈的枪炮声暂时停歇了。敌人的第一线部队前来清扫战场。

一大队步兵大摇大摆地向坦克车走来。

"准备好,敌人来了!"一个坦克兵提醒他的战友。

"他妈的,老子一个换你几十个!"另一名坦克兵狠狠地说。

他们把事先准备好的机关枪从转塔前后两端轻轻地伸出。

"哒哒哒……",两挺机枪突然同时吼叫起来。

毫无准备的日军士兵,在惊叫中,被打得晕头转向,一下子滚倒了几十人。

敌人很快清醒过来。他们迅速分散开,前呼后拥地向战车发起攻击。他们一次次地冲击,一排排地倒下。

这次日军真正遇上了钢铁堡垒,子弹打不进,人也接近不了。

他们没有平射炮和山野炮,无可奈何。坦克上的机枪,仍在不断喷射出仇恨的子弹,敌人只能远远地监视着这辆英雄的战车。

天色渐渐昏暗下来。夜幕对于孤立无援的中国坦克兵来说,是最好的保护神。

两名坦克兵在狠狠地打了一阵机枪之后,敏捷地跳出坦克。

"快走,我掩护你!"一名坦克兵果断地说。他一面推开战友,一面以坦克车身作掩护,向敌人射击。

另一名坦克兵只好服从战友的决定,迅速向北撤退。

敌人以机枪和迫击炮射向坦克。

枪炮声中,猛然发出"啊"的一声呼叫。担任掩护的坦克兵牺牲了。

旷野再也听不到互相交火的枪声,只有敌人的机枪在单调地响着。

那撤退的坦克兵,怀着对战友的无限深情和对敌人的深仇大恨,沉着地跑出了敌人的射击区,回到了自己的部队。

两名勇敢的装甲兵是中国军人的骄傲。他们创造了奇迹。

日本军队却因此而丧胆,在他们编印的内部文件《皇风万里》中,痛苦地记叙了被中国坦克手狙击的经过。

7. 唐生智不离岗位

现代战争中,首脑机关及其住地历来是敌方轰炸和射击的重要目标。

战时的首都,最高统帅蒋介石与其他中央要员均已飞离南京。首都卫戍司令长官唐生智便成为这里的最高指挥官。

唐公馆位于鼓楼北面的百子亭巷内,紧靠著名的风景区玄武湖,距离南京卫戍司令部所在地铁道部不算远,同在以鼓楼为中心,向北辐射出来的干道旁边。

唐生智素有在自己公馆内办公的习惯,因此,卫戍司令部的一些主要参谋人员,也跟随他在公馆内的办公室办公。院子里虽然筑有防空洞,但它只能作为紧急避难之用,而不能长久地在里面办公和生活。唐生智和他身边的参谋人员,在工作紧张的时候,即使响起了警报和炸弹的轰鸣,也懒得躲进防空洞。

在蒋介石秘密离开南京的当天——12月7日,唐公馆便成为日机集中轰炸的目标。

这天,天刚蒙蒙亮,可能蒋介石乘坐的美龄号专机还飞行在皖赣上空,大队日机已经伴随着沉闷的嗡嗡声,扑向南京。

飞机在唐公馆上空盘旋、俯冲。

炸弹在唐公馆四周爆炸。玄武门旁边高大城墙上的垛口也被炸坏几处。中央路上的商店和居民住宅,燃起了一片大火。

布防在唐公馆附近的高射炮,用密集的炮火,向敌机射击。炮手们在弹雨、火海中,英勇奋战。

响亮的炸弹爆炸声和深沉的高射炮声,交织成一篇战斗的交响乐。激越中含着悲怆,高昂中伴着沉重。

突然,唐公馆办公室外一声巨响,轰隆一声,参谋们身旁的墙壁被炸塌一片,硝烟和尘土布满室内。

室内所有的人员,都已习惯战争生活,他们并未因此惊慌,只是把房间打扫了一下,重又投入紧张的指挥之中。

唐生智从内厅走来看了看,表情异常平静。他没有下令让参谋们撤退。

第二天子夜,除了郊外的枪炮声外,城市已经安静下来。市民们在饱受了白天的惊慌和恐惧之后,疲倦地进入梦乡。

忽然全城响起了刺耳的警报尖叫声。战时的警报,总是令人心惊胆战。因为人们无法从警报声中判断敌机数量的多少、轰炸地点以及将要破坏的程度。"

唐公馆又一次遭到猛烈的轰炸。公馆内门窗的玻璃被震得粉碎,办公桌上的物品在空中乱飞。

几架敌机仍然不断地在唐公馆的上空盘旋。

"报告司令长官,我们的办公地点可能已被日机发觉。"参谋科长谭道平根据这两天的空袭情况,作出了这样的判断。

"我不能为日本的几颗炸弹搬走这屋子。"唐生智冷静地回答。他来回踱了几步,看看办公室内一片狼藉的景象,又补充说:

"你们如果觉得这里办公不适合,可以搬到铁道部地下室去。我不能离开这里,罗(卓英)、刘(兴)两位副长官和我就留在此地好了。"

当敌机遁去的时候,远处的天边已经露出了白色的光亮,隐隐的枪炮声也暂时停息。

天亮以后,唐生智手下的参谋们便奉命迁移到卫戍司令长官部地下室去办公。唐生智本人则在他的百子亭寓所中,一直坚持到撤退。

人们对于唐生智的指挥才能,可以有不同的估价;他那偏执的性格,也许过于古怪。但是,他临危不惧的精神,历史应该公正地予以肯定。

8. 光华门威武不屈

位于南京城东南角的光华门,是首都保卫战中又一处激烈争夺的战场。

光华门是一座古老的城楼,刚建成时叫正阳门,位于明代皇城外一条宽阔御道的尽头,和古皇宫的奉天、华盖、谨身三大殿同在一条笔直的中轴线上。在门楼和城墙的外侧,有一条人工开凿的护城河。

明故宫已经荡然无存,光华门却依旧高高耸立。

古老的城楼正在接受一场现代化战争的挑战。城门外拉起了一道道铁丝网,城墙垛上架起了机枪,城门内则堆满了沙袋。荷枪实弹的士兵们,正严阵以待。

光华门是南京守军东线阵地与南线阵地的结合部。担负东线作战的教导总队和担负南线作战的第八十七师、八十八师以及机动作战的第一五六师、宪兵部队,都参加了这里的战斗。

敌人自淳化通向光华门的公路蜂拥而至;指挥官是第九师团下属的第十八旅团长井出宣时。

12月8日晚,日军利用淳化守军第五十一师转移阵地,第八十七师尚未接防的空隙,于一夜之间,将沿公路线上的高桥门、七桥瓮、中和桥等地全部占领。9日拂晓,前锋部队已经到达光华门外护城河的南岸。

黎明中,一群配属步兵的敌机已飞临光华门城楼,盘旋侦察,俯冲扫射。炸弹在护城河中溅起了高高的水柱,机枪子弹在古城墙上击起了阵阵尘土,留下了无数个枪眼。

"轰、轰!"两颗从高桥门打来的炮弹,把城门打穿了两个洞穴。

100余名日军,像蛇蝎一样,从泥沙隙孔中爬进了城门。他们从洞穴中,向城内开枪,扔手榴弹。

守城官兵严阵以待,与钻进城门的敌人展开了激烈的肉搏战。强盗们被一一消灭在泥沙之中。

破了的洞穴随即被用泥土补上。这泥土中也搅拌着双方士兵的血。

修补好的城门,很快又被打穿。

破与堵,是一种力的较量。

从大校场开出的坦克,不断向城楼发起冲击。中国兵的步枪子弹,只能在它厚厚的铁甲上面嘡啷作响,仿佛用石子掷到乌龟壳上一样。还是卫戍总部调来了4门小钢炮,才压制住敌人坦克的猛攻。

日军使用了最猛烈的火力来封锁城楼。城楼上的士兵,只要一露头,马上就会有子弹飞来。多少中国士兵,伤亡在高高的古城墙上。但是战斗不能不露头,中国士兵顽强的抵抗一刻也没有停止。

第八十八师的一个营,在这一天中,有300名官兵阵亡在光华门城头。有一个连队,连长牺牲了,代理连长指挥战斗;代理连长又牺牲了,排长黄自强挺身而出,继续指挥。当黄排长奉命率部撤出战斗的时候,全连只剩下了18个人。士兵们打红了眼,仇恨满腔,没有一个人愿意离开阵地。他们要和牺牲的战友们死在一起。

傍晚时分,在落日的余晖中,奉命前来增援的宪兵部队,组织了一次猛烈的火力攻击。

"每挺机枪必须打满三夹子弹,其他弟兄投手榴弹,狠狠地打!"排长向鸿远下令。

在敌人的枪林弹雨中,要露出身体射击投弹,必须有无畏的勇气和付出血的代价。

宪兵们立即占领攻击位置,呼喊着口号,向敌人开起火来。

一时间,6挺机枪同时喷射出条条火龙,手榴弹如雨点般投下,把准备攻城的日军打得稀里哗啦。

日军付出了沉重的代价。

两名日军传令兵,骑自行车疾驶来到阵地。敌人的指挥官命令退却了。

日本的资料文件对12月9日光华门战斗作了这样的记录:

9日晨5时半,到达了南京城光华门正面墙脚下的胁坂部队,与城墙上的敌军持续进行了极为凄惨壮烈的肉搏战。

敌人得知我军突入城门,从城墙上大量地投下手榴弹,门内附近的住屋里也配置了机关枪,并猛烈地向敌射击,城门内北侧的道路上,配置了反坦克炮,向着城门平射,所以我将士接连不断地伤亡,战况愈益惨烈。

到下午5时,伊藤部队的山际少尉、葛野中尉所率部队,在光华门外,经过数十次战斗,兵力大减,只剩下了预备队的一部分,总共才70名。

这一天,在城门的东边,还发生了一件中国士兵前仆后继火烧面粉厂的英勇事迹。

激战中,一名中国指挥官突然发现在光华门城楼的东侧百余米的地方,有一座木质结构的小面粉厂。它离城墙不到10米远,楼顶却比城墙要高出1米多。如果敌人发现了这个制高点,并派兵占领,就会对城垣的守卫造成巨大的威胁。到那时,处于居高临下地位的,将不再是中国一方。

指挥官吓出了一身冷汗。他深知,在战场上制高点的重要。谁控制它,谁就会占绝对的优势,就会造成敌方大量的伤亡。现在小面粉厂的存在,将会吞噬众多中国士兵的生命,并直接威胁南京的存亡。他庆幸敌人还未发现和占领它。

"必须立即派人把它烧掉!"指挥官心中暗暗拿定主意。但是,怎么执行这个任务呢?城墙外面是敌人火力直接封锁的地方,谁要是从城墙上下去执行放火的任务,就无异于把自己暴露在敌人的枪林弹雨之中。

战场上是不能害怕牺牲的。

指挥官终于决定把这个打算告诉士兵们。他说:

"这是一件非常危险的任务,但是它关系到我们阵地的得失,一定要有人去完成。愿意当敢死队员的,站出来!"

指挥官话音刚落,就有10多名士兵从队伍中站出来,愿意舍身去烧毁这个目标。

他们的脸上都呈现出一种刚毅的表情。他们决心用自己的牺牲，去保全战友们的生命，保卫光华门阵地。

"你们立下遗嘱，你们的家属将永远得到国家的照顾。"指挥官和他们一一握手，眼睛里含着泪花。

敢死队员们按照报名的先后，排成一队，每人都带上稻草、火柴。

第一名士兵的身上携好了绳子，战友们从城垛上把他慢慢放下去。可是，刚放到1米左右，就被敌人发觉。他牺牲了。

"我是第二名，让我去！"第二位士兵勇敢地站出来，去继续完成这一光荣的任务。这一次，他的战友加快了从城垛上放绳子的速度，很快就放出了一半的距离。眼看就要落到地面了，但是，又一颗罪恶的子弹飞来，他献出了宝贵的生命。

战士们并未因此退缩。第三名敢死队员立即站了出来，并说："现在轮到我了，但不能再用老办法，而且需要换一个城垛。"

他把绳子牢牢地系在自己腰间，事先放好一段相当于城墙高度三分之二的距离，一下子猛跳下去。接着，城墙上的战友又迅速地把他放到地面。

这一着果然获得了成功。敌人没有估计到放人垛口会发生变化，等到他们发现有人缒下的时候，那名机智勇敢的士兵已经将要接近地面。

几声迟发的枪声，如同庆祝中国战士落地成功的鞭炮。

对于缒城而出的中国敢死队员来说，危险仍然是巨大的。敌人的机枪如雨点般地射来。只见他时而匍匐前进，时而跳跃奔跑，很快便进入面粉厂里面。

敌人这才醒悟过来。他们立即组织大队人马从桥上冲杀过来，企图抢占面粉厂这个制高点。可是，迟了！熊熊的大火，已经从面粉厂的底层燃起，浓烟直冲云霄。那名勇敢的士兵，也在胜利完成任务之后，趁着浓烟烈火的掩蔽，安全地回到了城头上。

当大群敌人，不顾伤亡，艰难地冲到面粉厂面前时，只听得"轰隆"一声巨响,那高高的楼房在烈火中坍塌了下来。

敌人发出了深深的哀叹。

城楼上一片欢呼。

12月10日傍晚,经过两天猛烈战斗的光华门,出现了短暂的平静。

一批批蜂拥攻城的日军,被歼灭在城外的空地上。他们的前锋部队,被压制在光华门外的通光营房中,不能靠近光华门。

城楼上的中国士兵,在两天的血战中,也付出了巨大的代价。他们需要休息、调整和补充弹药。明天的战斗将会更激烈。

"砰,砰!"突然从城墙下面响起两声冷枪。

城墙上一名哨兵应声倒下。哨兵用自己的生命报告了敌情。

城楼上马上紧张起来,迅速侦察敌人的位置。可是,附近的城墙根,看不到一个日本兵。

敌人究竟躲在哪里？中国官兵大惑不解。

"哒哒哒哒……"。正当守军苦苦搜索敌踪的时候,冷不防又飞来一串机枪子弹。幸好大家有了准备,没有发生伤亡。

敌人的骚扰,暴露了自己。中国士兵从城墙上发现,放枪的日军都躲在城门洞圈里。他们迅速掷下一批手榴弹。可是,由于城楼太宽,它下面的城门洞圈也特别深,单靠从上面垂直扔下手榴弹,解决不了洞圈里面的敌人。

手榴弹爆炸后的尘烟还没有散尽,城门洞圈里便又继续有子弹射出来。

城墙上的守军是广东部队第一五六师。他们为了消灭这批蜷缩在洞圈里的日军,消除明天战斗中的隐患,组织了一支数十人的敢死队。

深夜,寒风凛冽,清冷的月光,透过稀疏的云层,照射到古老的光华门城楼上,那古典式的城楼与锯齿式的城垛,在朦胧的月色中,显得愈加雄伟和壮观。

城墙上，数十名敢死队员，携带着手榴弹和汽油，正同战友们作最后的告别。

一位长官，严肃而又亲切地检查每个敢死队员的装束，帮他们系紧手榴弹带和腰带。

"弟兄们，辛苦你们了！一定要把洞圈里的敌人消灭光，祝你们一帆风顺，等着你们胜利归来！"长官压低了声音说。

"长官放心，不完成任务决不归队！"领队的敢死队员代表大家说。

在淡淡的月光下，他们显得更加英武、威严。

一根绳索从城墙上垂下。勇士们敏捷地缒悬出城。他们肩负着民族和人民的重托，去完成消灭敌人的神圣使命。

"轰，轰！"

当十八名躲藏在城门洞圈里的日军，发现有人从天而降的时候，两颗手榴弹已经在他们身边炸开。

紧接着，中国士兵又将大瓶汽油扔进洞圈。顷刻间，洞圈里燃起熊熊烈火。大火中又不断夹着手榴弹的爆炸声。

日本兵被这突如其来的攻击，打得晕头转向，嗷嗷直叫。他们的反击，只有零零落落的几声枪声。这些穷凶极恶的侵略强盗，全部葬身火海。

光华门城下的战斗，惊动了盘踞在附近通光营房的日军，他们喊叫着冲出营房，企图前来救援。

密集的枪声，在寂静的夜晚，更加清脆、响亮。

中国的敢死队员们，在消灭了城墙洞圈里的敌人后，并没系绳攀上城墙，而是迎着前来救援的日军猛冲过去。他们都已抱定了必死的决心，向中和桥、秦淮河的方向冲击。

风萧萧兮秦淮寒，壮士一去兮不复返。

这些年轻的中国士兵，视死如归，像猛虎下山一样，打得敌人死伤狼藉。可是，他们自己也付出了最宝贵的生命，他们全部在光华门外倒下。

高大的光华门城楼,就是他们的墓碑。

缓缓流动的秦淮河水,为他们悲歌。

9. 拒劝降严阵以待

12月8日,因肺炎而发烧的日本华中方面军司令官松井石根,在他苏州的指挥部里,勉强支持着,同他的幕僚们商讨军情。

"前方部队推进到了什么地方?"松井的声音有些嘶哑。

副参谋长武藤章顺手拿起一根指示棍,走到一幅大型军用地图面前说:

"从汤山向紫金山进击的第十六师团大野、野田、片桐部队,作为东线先锋,已经进抵麒麟门,并开始向紫金山发起冲击;从东南方向进攻的第九师团胁坂、富士井、伊佐部队正在向淳化镇发起最后的攻击,即将向大校场飞机场和光华门一线推进;南路的第十军长谷川、竹下部队很快就可以通过牛首山,向中华门外的雨花台进击。"

武藤章说完,将指示棍沿着南京地图的南半部,从东到西,画了个半圆圈,补充说:"方面军三方面的包围,将在一两天内,收缩到南京的城墙边。"

松井石根聚精会神地听完武藤章的介绍,随即口授训令:

12月9日,派飞机到南京城内散发劝降书。中国军队如果不接受投降,从10日正午起,向南京城发动总攻击。

当天,由情报参谋中山把一份刚起草好的"劝降书"日文稿交给翻译官冈田尚:

"对不起,这类文稿本来都是藤木翻译官负责翻译的,现在他留在上海留守司令部，只好请您代劳了！"

"劝降书"由冈田尚迅速译成中文，经松井石根审阅、签字，即由随军印刷厂印刷成数千份传单。

9日正午，一群敌机同往常一样，从东边飞向南京城。

南京城内警报声大作，市民们照例纷纷往防空洞里或者较为安全的地方躲避。

可是，在南京上空盘旋的日机，却与往常不同，它们既没有扔下一颗炸弹，也没有用机枪扫射。这倒是一种少有的寂静。

突然，从飞机上撒下了雪片一样的传单。传单上赫然印着松井石根的"劝降书"：

> 百万日军，业已席卷江南，南京城正处于包围之中。从整个战局大势看，今后的战斗有百害而无一利。南京是中国的古都，民国的首府。明孝陵、中山陵等古迹名胜猬集，实乃东亚文化荟萃之地。日本军对负隅顽抗的人格杀勿论，但对一般无辜之良民及没有敌意的中国军队将是宽大为怀，并保障其安全。特别是对于东亚文化，更将竭尽全力予以保护。然而，贵军如果继续抵抗的话，南京将无法免于战火，千年的文化精髓将会毁于一旦。十年的苦心经营将也化为乌有。本司令官代表日本军，希望根据下列手续，与贵军和平地接交南京城。

> 　　　　　大日本军总司令官　松井石根

传单上还规定了中国军队代表与日军代表谈判投降的具体办法：

> 对本劝告的答复安排在12月10日中午，地点在中山路句容道的警戒线上。贵军派司令官代表和本司令官代表在该地进行接收南京城所必要的协定的准备。如在指定的时间内未得到任何答复，我军将断然开始进攻南京。

这是一份地地道道的强盗的讹诈，又是一份蛮横无理的最后通牒。在"和平"、"保护"等美丽辞藻的后面,包藏着杀机。

日机投下的"劝降书",迅速被送到南京卫戍司令长官唐生智的手中。

"岂有此理!"唐将军将日军的"劝降书"抛掷于地,愤愤地说。他知道,这是敌人的最后通牒,它标志着日军对南京城垣猛烈的总攻击即将开始。

唐生智决心号召将士,与南京共存亡,并且决定将各部队的船只一律收缴,背水一战。他经过反复思考,叫来作战参谋,口授命令:

命令:

1. 本军目下占领复廓阵地为固守南京之最后战斗,各部队应以与阵地共存亡之决心,尽力固守,决不许轻弃寸地,动摇全军,若有不遵命令擅自后移,定遵委座命令,按连坐法从严办理。

参谋飞快地记下唐生智命令中的每一个字。唐生智在稍稍停顿一下之后,便又胸有成竹地继续口授:

2. 各军所得船只,一律缴交司令部保管,不准私自扣留,着派第七十八军军长宋希濂负责指挥。沿江宪、警,严禁部队散兵私自乘船渡江,违者即行拘捕严办,倘敢抗拒,以武力制止。

参谋将记录好的命令,呈送唐生智过目审阅。唐生智匆匆扫视一遍,并潇洒地在记录上签了名。

"即刻发出。"他果断地交代参谋。

当晚7时,唐生智的命令发到了卫戍部队中的各军、教导总队和各直属部队。

唐生智采用了兵家常用的背水一战之策。汉将韩信曾经率万人背水列阵,大败赵军,为汉王朝的建立立下了汗马功劳。

第七十八军军长宋希濂,根据唐生智的命令,部署第二一二团

协同宪、警部队,负责办理收缴船只、不准散兵私自乘船等事项。宋希濂在沿江边贴出布告,严禁私自渡江:

  1. 无司令长官公署通行证而渡江者,认为私行渡江。

  2. 私行渡江不服制止者,准一律拘捕转送核办。

日历终于翻过12月9日。新的一天来到了。

当大地在漾漾的晨雾中刚刚苏醒的时候,古城四周都响起了激烈的枪炮声。中国军队毅然用猛烈的炮火来回答松井石根的劝降。

历史文献真实地记载了中国军队这一义无反顾的勇敢抉择。《申报》记者对12月10日的战事报道说:

  南京战事,不因日军司令官松井石根致牒唐生智将军,要求和平入城而比较和缓,抑且光华门、通济门、中山门一带之战事,更形激烈,自朝至午,未有片时停息,华军对于死守南京,至为坚决,予日军以重大打击。

日本方面的资料作了这样的记载:

  唐生智无礼至极,非但在10日正午以前没有任何回复,反而从10日早晨起,用猛烈的炮火攻击我军,作为酬报。

中国军队的举措受到人民的赞扬。敌人被激怒了。

历史为中国军人记下了首都保卫战中骄傲而光荣的一页。

12月10日凌晨3时,古城苏州万籁俱寂,夜空亮着满天星斗,半圆形的月亮已慢慢移动到西方。

黑夜中,从日本华中方面军司令部院子里开出一辆军用吉普车。车子驶出苏州城,沿着公路,疾速向西开去。

那吉普车上,为首的是华中方面军副参谋长武藤章大佐。他的身旁坐着高级参谋公平和情报参谋中山;前排座位上,坐着翻译官冈田尚。

45岁的武藤章是日本熊本县人,毕业于日本陆军士官学校和陆军大学,曾受过严格的正规军事训练,长期服务于陆军参谋本部、陆军省,当过陆军大学的教官。他热衷于用武力征服中国,狂热地鼓吹扩大侵华战争。

武藤一行作为日军的代表,准备按照"劝降书"的规定,到南京中山门外的公路上,接受中国军使的降书。

车子开得飞快,车上的人彼此缄默。他们都期待着这一使命的完成。

天亮以后,他们已经可以看清道路两旁的景色。那远处起伏的丘陵、山峰,蔚然壮观;沿途残破的村舍和横躺在田野里的尸体,显得分外凄凉。

武藤章心潮起伏,充满了激情。因为无论是壮观的山丘,还是荒凉的村落,它们都已经成为日本人的战利品。现在,他已经骄傲地行驶在被征服了的土地上。

吉普车驶过太湖北岸,沿着京杭国道,直驶南京郊外。

武藤章的思绪,随着吉普车轻微的颠簸,似进入了一个奇妙的幻境。他仿佛被车载着,已经行驶在中国首都的马路上,仿佛乘坐战舰,沿着浩荡的扬子江面,驶进了战时中国的政治、军事中心武汉,又开过三峡,行抵山城重庆;仿佛通过东南亚的热带丛林,到了太平洋上和印度洋中的岛国……

突然,随着吉普车的戛然停止,他的身体微微向前一倾。汽车经过将近8个小时的行驶,已到达南京中山门外日方的步兵哨线。

武藤章从梦幻中走回现实,近处不时响起乒乒乓乓的枪声和手榴弹的爆炸声。

他习惯地看看手表,此时时针和分针恰好重叠在"12"上。他与随员们不约而同地向公路前方望去,希望能看到一群打着白旗的中国军使前来谈判投降。

他们在默默的祈祷中艰难地熬过5分钟、10分钟,可是仍然见不到中国军使的影子。

"没有希望了。回去吧!"武藤章带着沮丧的神情失望地说。

情报参谋中山通过前线的通信部队,向方面军司令部发回了没有见到中国军使的信息。

武藤章一行所乘坐的汽车,循原路向苏州疾驶,车后扬起阵阵尘土。

就在这同一时间,松井石根把关于向南京城发动总攻击的电令,从苏州发往南京城郊前线。

午后1时正,隆隆的炮声同时在南京城郊的各个方向猛烈地响起。

进攻南京和保卫南京的战斗进入了最后的阶段。

松井石根在这一天的《阵中日记》中写道:

直至正午,中国军队仍无答复。故午后命两军进攻南京城。实为敌军之冥顽而遗憾。此乃欲罢不能之事也。

寥寥数语,道出了中国军队的忠贞不屈和日本军队的侵略本性。

日本《朝日新闻》记者发出了战地报道:另一名指挥攻击南京的敌酋朝香宫,俨如拿破仑一世,站在城东的小山上,"观看南京城在硝烟弥漫中攻陷"。

南京守军开始承受自战事发生以来最猛烈的攻击。他们没有被敌人的子弹和炮弹吓倒。

古老的南京城墙,在硝烟中昂首屹立。

10. 紫金山血战到底

巍然屹立在东郊的紫金山,俨如南京城的一名忠实卫士,一夫在此,万夫莫过。这里三峰并起,蜿蜒如龙,气势雄伟,巍峨壮丽。钟山雄姿,曾使三国诸葛亮惊叹不已,道出了"钟山龙盘,石头虎踞"的名句。东晋初年,人们见到山顶上有紫金色祥云缭绕,便以"紫金山"相称。

中山先生的陵墓,正修建在钟山南麓。那青色的琉璃瓦顶、高大的古朴牌坊、长长的石阶墓道,为秀丽的钟山平添了几分庄严、壮观的气氛。

如今,冲天的浓烟烈焰驱散了紫金色的祥云,巨大的爆炸声浪破坏了宜人的恬静。

守卫在紫金山之巅的部队,是由黄埔一期生、留学德国步兵学校的桂永清指挥的教导总队。

教导总队是一支装备精良、由德国顾问训练出来的精锐部队,素有"蒋介石的铁卫队"之称。在桂永清的麾下,除有6个步兵团外,还专门设有炮兵团、骑兵团、工兵团、辎重团,共有4万余人。在南京卫戍军中,没有其他任何一支部队的兵种和人数可以同他相比。

11月上旬,桂永清和副总队长周振强,曾经率7000多人前往上海,参加了淞沪抗战中最后一周的战斗,人员损失一半。但是,整个总队,元气未伤。

11月末,唐生智向这支精锐的部队下达了作战命令:

教导总队以协同友军固守南京为目的,决定于工兵学校、西山、紫金山、岔路口、中山门、太平门附近地区,占领阵地,加强防御工事,阻击歼灭沿京杭公路来犯之敌。

唐生智把紫金山交给了教导总队。其他各支队的防区曾经随战局的变化而不断调整,唯有桂永清的部队没有移动过一步。

桂永清、周振强和参谋长邱清泉等人的指挥部,设在坚固的富贵山地下室里。

攻打紫金山的敌军是不久前刚从长江口登陆的中岛今朝吾第十六师团。性格冷酷的中岛从长江口一路烧杀过来。他决心从紫金山下杀开一条通向南京城门的血路。

12月8日清晨,中岛命令他的部队向紫金山发起冲击。山坡上的苍松翠柏第一次经受炮火的肆虐摧残。

在钟山南麓外围,有一座不高的山头,名叫红毛山。它是钟山前沿的屏障。教导总队的一个营在这里防守。

日军在一阵猛烈的炮击之后,由一支装甲部队开道,大批步兵跟随在后,蜂拥而上。

"狙击手,上!"营长周石泉向他的第一批狙击小分队下达了命令。

狙击手们携带着集束手榴弹和炸药包,奋不顾身地冲向坦克。他们有的纵身跃上坦克车顶,有的把炸药安放在坦克的履带下。

勇士们滚动、跳跃在坦克车群中间。

敌人步兵的子弹,雨点般地向他们射来。

几个勇士倒下了。

敌人的一辆坦克车被轰然炸毁,动弹不得。

随着日军的不断增援,战斗越来越激烈,守军的伤亡十分严重。周营长把自己手中的最后一张牌——预备队第十一连也用上了。

幸好,在关键时刻,总队部派来了军士营和反坦克炮。这使守军力量大增,士气为之一振。日军终于未能攻下红毛山,只好留下少量兵力在这里牵制,而将主力用往别处寻求突破口。

激战同时在老虎洞发生。

老虎洞高地是紫金山第二峰与第一峰的前哨阵地。守卫老虎洞的是教导总队的一个营。

当天一早,在日军阵地的上空,高高升起了一只巨大的气球。气球下面载着一名指挥炮兵射击的侦察兵。

中国士兵还没有见过这种东西。正当他们惊讶地注视空中的气球时,敌人的炮弹已经铺天盖地倾射过来。

罗雨丰营长紧急指挥官兵们避入掩体。接着,他们居高临下,用密集的火力,反击敌人的冲锋。

紫金山怒吼了,它不能容忍强盗的欺凌。

成群的日本兵被击毙在山坡上。

第二天拂晓,天刚微明,一阵低沉的轰鸣,由远而近。战斗了一整天的山林,从疲惫的沉睡中惊醒。一群敌机,飞临老虎洞阵地上空,狂轰滥炸。密集的炮弹,也从远处呼啸而来。

阵地上枪炮声震耳欲聋,燃烧弹燃起熊熊烈火,烟幕弹放出白色烟雾。

在炮火、浓烟的掩护下,日军又嗥叫着冲上山来。

"弟兄们,不要惊慌,靠近了再打!"罗营长的喊话,既是指导,又是命令。

敌人近了。更近了。

"打!"

于是,烟幕中发生了一场你死我活的混战。

罗营官兵在激烈的拼杀中度过了大半天。

下午,敌人发射了更多的炮弹和燃烧弹。山坡上树枝已经烧尽,再没有任何遮挡。守卫山头的官兵,大半已经牺牲。

罗雨丰正在阵地前沿鼓励下属,与阵地共存亡,忽然,一颗炮弹飞来,就在他的身边爆炸了。他躲避不及,倒在了他所守卫的阵地上。

紫金山愁眉紧锁,为它怀中的烈士肃穆。

中山先生的在天之灵,为勇士的牺牲而悲痛。经过惨烈的战斗,老虎洞失守了。日本人用巨大的代价,换来了紫金山麓的桥头堡。

但是,等待着他们的是紫金山峰上更加顽强的抵抗。

巍巍钟山,象征着南京军民不屈不挠的性格。

12月10日,松井石根为劝降失败而恼羞成怒。他把大批的炮弹倾泻在城郊的各个战场。紫金山的西山、陵园新村和第二峰主阵地,正经受着密集炮火的轰击。

炮击以后,在飞扬的硝烟和尘土之中,日军的坦克分两路出动,引导着集团步兵发起冲锋。左路由孝陵卫街的公路向西山进攻;右路则由灵谷寺向中山陵、陵园新村进攻。

庄严巍峨的中山陵墓和九层八面螺旋式的灵谷寺塔,淹没在战火烽烟之中。

教导总队的反坦克炮连,不顾敌人密集如雨的炮火,奋勇还击。他们一连击毁敌人两辆坦克,使日军的进攻受到阻滞。教导总队的步兵趁势猛烈还击,实施反冲锋。

紫金山硝烟弥漫,枪炮声震撼山谷。

战场上躺满了双方士兵的尸体和伤员。

在西山阵地前,中国守军反坦克炮连的连长王峻和全连官兵都牺牲了。他们都战斗到了生命的最后一息,不愧为钟山勇士。

防守在紫金山南面卫岗高地的一个连队,与一股企图突进中山门的日军进行激烈的厮杀。连长王植三已经多处负伤,仍不肯退下火线。他用纱布简单地包扎了一下,带着满身血迹,高声呼喊:

"弟兄们,我王植三同你们生死在一起,一定要顶住!"

士兵们冲出战壕,同冲上来的敌人展开了肉搏战。或者在敌人的刺刀下倒下,或者把刺刀狠狠地扎进敌人的躯体——他们只有这两种选择。

从白天血战到黑夜,敌人竟没有能够通过这座小小的高地。

当夜幕笼罩大地以后,日军中岛师团的第三十三联队,又向紫金山第二峰发起了猛攻。

密集的枪炮声,打破了中山陵园的短暂寂静。

微弱的月光下,紫金山坡上,人喊马嘶。

中国守军居高临下,以大量的手榴弹杀伤敌人。夜空下,发出一簇簇明亮的烟火。在不间断的手榴弹爆炸声中,夹杂着敌人

"啊,啊"的痛苦哀鸣。

"弟兄们,随我来!"一位营长率领200余名敢死队员,从阵地的左侧冲下山来。

他们如神兵天降,突然出现在敌人面前,使强盗措手不及。敢死队员们随身携带着手榴弹、大刀,对远处的敌人便投掷手榴弹,对近处的敌人就挥舞大刀砍杀。敌人成批地倒下,伤亡惨重。许多敢死队员,也在冲杀中献出了自己的生命。

11日、12日,紫金山西山与第二峰间的主阵地上,日夜鏖战。

中岛为了拿下紫金山,调派了大量的预备队前来增援。日军的加农炮使用威力强大的穿甲弹直射紫金山。

中国军队的机枪掩体不断被击毁,牺牲了的机枪手被覆盖在泥石下面。山头上的机枪声渐渐稀疏,但是,那余下不多的几挺机枪仍在顽强地怒吼。

陵园新村的房屋被燃烧弹击中,升起了熊熊大火。火光中,高耸的中山陵墓和灵谷宝塔,显得更加雄伟。

教导总队的一个榴弹炮连在明孝陵、廖仲恺墓一带占领阵地。到12日中午,这里已被轰击得弹痕累累,树木和地面的枯草都燃烧起来,烈焰冲天。

榴炮连的代理连长严开运,为了避免损失,向总队参谋长邱清泉报告,请求将榴炮阵地后移。

"不行,我们第一线的部队仍在坚持战斗,你们不能后移。为减少损失,你可将班、排阵地在防区内作些调整,但是决不许后撤!"邱参谋长斩钉截铁地说。

这个榴炮连没有后撤。他们在火海中坚持战斗。

紫金山第二峰阵地于12日下午6时被日军突破了。虽然这时卫戍军总部已经向各部队下达了撤退命令,但是教导总队的官兵仍在紫金山一号高地上与敌血战。

紫金山是中国军人不屈不挠的象征。历史是最可靠的见证。

主攻中山陵阵地的日军片桐联队长说：

中山陵是非常坚固的，很难攻克。

松井石根在事后也不得不承认：

南京的教导总队曾发挥相当勇猛的抵抗。

唐生智在向蒋介石的报告中说：

守紫金山之部队，沉着勇敢，迨我军退出南京之翌日，犹有一部官兵死守阵地，作壮烈之牺牲。

壮烈的紫金山战斗是一支雄壮的协奏曲，它包含着许许多多激动人心的音符。每一寸土地都是一个谱线，每一名爱国军人都是一个跳动的音符。

12日傍晚，在紫金山的另一块防坦克炮连阵地上，连长颜希儒接到了全连撤退的命令。他早就准备好了两枚手榴弹，挂在胸前，决心同敌人同归于尽。这时，紫金山阵地已有多处被敌人突破。防坦克炮连的阵地前，又有成群的敌人蜂拥而至。

"弟兄们，把炮弹全部打完，炸毁炮身，携带轻武器撤退。连队由副连长指挥，我留在这里掩护！"颜希儒的指挥井井有条。

全连发出阵阵的排炮。这炮弹原是用来打坦克的，现在"大材小用"，只好向着敌人的步兵群射击了。一颗颗炮弹，在敌群中爆炸。正在冲锋的敌人被打得滚的滚，爬的爬。他们没有想到还会受到这么猛烈的回击。

当几门防坦克炮全部销毁后，颜希儒命令："弟兄们，赶快撤退！我掩护你们！"

这时，被打得晕头转向的敌人，重又整理好队伍，冲锋过来。

两名士兵跟随在连长身边。

"连长，快同我们一起走！"士兵们一边整队撤退，一边呼喊着连长。

"你们先走，我会赶上来的！"连长一面用手枪射向敌人，一面这样安慰自己的士兵。

可是,没过几分钟,防坦克炮连的阵地在发出"轰!""轰!"两声巨响后,便最后停止了抵抗和战斗。

颜连长实现了自己的誓愿。他用最后的两颗手雷,与敌人同归于尽。

他没有再回到自己的连队。但是,他的名字,在中国人民抗日战争的史册上永存!

11. 两将军血洒雨花台

地处中华门外的雨花台,是一座天然的堡垒,成为保卫南京的南大门。

雨花台地势不算高,最高处只有100米,但自西而东,有石子岗、凤台岗和梅岗三岗,绵延3500米,起伏不定,地势险要。为了迎战日军,这里早已修起密如蛛网的战壕、铁丝网和钢筋混凝土碉堡。

由旅长朱赤指挥的第八十八师第二六二旅,负责防守雨花台阵地的右翼。自12月9日起,日军的前锋部队,开始不间断地向雨花台发起猛烈攻击。

传说六朝时,云光法师在这里讲经,感动了天神,落花如雨,故有雨花台之称。当历史的长镜头从遥远的古代移向当今的时候,人们在这里见到的也是"落弹如雨"。花的世界变成了血的海洋。优美的传说变成了残酷的现实。

33岁的旅长朱赤,生就身材瘦削、面容文雅,具有儒将风度。这位黄埔三期生,不仅长于治军,而且对哲学有着浓厚的兴趣。他把柏拉图、尼采、托尔斯泰等哲学大师的学说,与中国古代的易经、大学、中庸等理论相互印注,独树见解。战争中充满了哲学。这使具有哲学头脑的朱旅长大有用武之地。

抗战前,朱赤担任上校团长。淞沪战役中,他率部在闸北八字桥一带坚守阵地,英勇善战,指挥若定,因战功晋升为第二六二旅少将旅长。

"宁为战死鬼,不做亡国奴。"这是朱将军在雨花台阵地上反复教育官兵的格言。

12月11日,日军向朱旅阵地发动猛攻。在雨点般的炮弹轰击之后,敌人开始集团冲锋。山坡上散开的敌人,如蚂蚁一般,密密麻麻。

"不要急,等我的命令。"站在第一线的朱赤,沉着地对官兵们说。

日军如潮水一样涌向山头。远处敌人的机枪"嗒嗒嗒嗒"地射个不停。

100米、80米、50米……敌人距离山头愈来愈近。

"打!"只见朱赤将手一挥,下达了射击命令。

第二六二旅的勇士们,迅速将手榴弹雨点般地投掷了过去;步枪与轻重机枪也一起喷射出仇恨的子弹。

敌人一排排地倒下去了。他们高傲的气焰顿时受挫,但是他们并不甘心就此失败,仍在拼死向前攻击。

"弟兄们,跟我来!"平时文质彬彬的朱赤,振臂高呼,并带头跳出了战壕,杀向敌群。士兵们如箭离弦,高呼口号,乘势压了下去。

凶顽的敌人,终于没有能够抵挡住这排山倒海的冲击。他们龟缩到了原出发地。

次日清晨,晨雾未消,浓重的硝烟又弥漫在雨花台上空。恼羞成怒的日军,使用飞机和重炮猛轰第二六二旅阵地。

炮火中,山崩地裂,血肉横飞。军人的躯体,终究阻挡不住现代化的炮火。第二六二旅的将士伤亡严重。

朱将军果断地指挥前沿官兵,将同伴的遗体搬开,撤下伤员,激励大家顶住即将来临的敌人的冲锋。

果然,敌人的炮火一停,大规模的集团进攻便又开始。朱赤高声喊道:"弟兄们,报国的时候到了,我们要与阵地共存亡!"

旅长的声音,激励着官兵们奋勇拼搏。虽然伤亡在急剧增加,但是官兵们宁死不退,愈战愈勇。

敌人的进攻又一次被击退了。

朱旅官兵也付出了沉重的代价。山坡上到处是士兵们殷红的鲜血,能够继续战斗的官兵已经不多了。

疯狂的日军,决心用猛烈的炮火将山头工事与守军一起毁灭。在密集炮火的轰击下,土石翻滚,山林燃烧,坚守山冈的勇士成批地阵亡。

一颗尖叫着的炮弹飞来,刚好落在朱将军的身边。"轰隆"一声巨响,将军与士兵们倒在了一起。他没有来得及再交代什么,便匆匆而去。为了打击民族敌人,他奉献出了年轻的生命。

炮声停止了。阵地上残酷的战斗结束了。守卫山冈的官兵几乎全部壮烈牺牲。

将士们的英灵,将永远安息在这片神圣的土地上。

防守雨花台阵地左翼的,是由高致嵩旅长指挥的第八十八师第二六四旅。

高致嵩,别号学晋,广西岭溪人,于黄埔军校第三期步科毕业,曾参加过北伐战争和"一·二八"淞沪抗战。全面抗战爆发后,任二六四旅副旅长,率部在上海闸北八字桥一带设防,因战功擢升少将旅长。

车辚辚,马萧萧。上海失陷后,高将军率部辗转作战,来到南京,加入到南京卫戍军的战斗序列之中。

高旅的防地在雨花台、中华门一带。高致嵩抓紧日军尚未抵达近郊的时机,督促部队赶修工事,贮备弹药。

"平时多流汗,战时少流血!"高致嵩对加强前沿工事的士兵们说。他拿过铁锹,做了深挖、加固的示范动作。

高将军来到阵地的右翼。这里是与第二六二旅防地的接合处。

"连长在哪里?你们空出这一段,谁也不防守,敌人从这里进攻怎么办?"旅长指着一段结合部,厉声批评。

当远处隆隆的炮声已在阵地四周响起的时候,高致嵩集合全旅将士,慷慨号召:

"弟兄们,你们都听见炮声了吧!新的战斗就要开始,我们现在担负着保卫首都的责任,作为一个军人,丢失阵地可耻,为国捐躯光荣!各位都要做好牺牲的准备,战斗到最后一个人!"

旅长铿锵有力的演说,使全旅将士热血沸腾。官兵中响起了一阵激动人心的口号:

"狠狠打击日本侵略强盗!"

"誓与阵地共存亡!"

"宁死不做亡国奴!"

山林在呼啸,江河在奔腾。第二六四旅的声音,代表了国民党爱国将士抗击敌人的最强音。

12月9日,一个阴沉沉的日子。

这一天,远处的炮声变成了震动山谷的爆炸,隐隐的硝烟变成了脚下的烽火。对于第二六四旅来说,距离在淞沪战场上浴血奋战还不到一个月,他们的创伤还没有恢复;可是又一次血与火、生与死的考验即将来临。

日军以两个联队的兵力向高旅阵地发起进攻。守卫山头的一线部队,经过数次反冲击,伤亡十分严重,立即向旅长紧急求援。

高致嵩亲自率两个营的预备队,开赴阵地前沿。

"我高致嵩在这里,弟兄们狠狠地打!"将军高声喊道。

前沿官兵见旅长来到了自己的身边,深受鼓舞。他们在枪林弹雨中勇敢地抗击敌人。为了充分发挥火力,机枪手站高了位置。

一名机枪手倒下了,另一名又迅速补上。经过一场天昏地暗的厮杀,他们终于打退了敌人的进攻。山坡上躺满了强盗的尸体,足有六七百具。中国军人也伤亡了数百名,战壕里到处可见阵亡将士的遗体。

惨烈的战斗进行到11日,中国军队已经感到防守十分困难。高致嵩把预备队第五二八团和附属的一个工兵营全部用上了。他手中再没有一兵一卒可以增补,而日军却源源不断地得到增援。

这是一场不公平的较量。

当一群敌人冲到阵地前沿的时候,高旅长将手臂一挥,高声喊道:"弟兄们冲啊!"说着带头冲出了战壕。士兵们都端着刺刀,奋勇冲向敌群。

刺刀的撞击声和"啊""啊"的惨叫声,交织成一片。不一会儿,山冈的土地已被鲜血浸透。

中国军人的勇气,使侵略者胆战心惊。敌人的进攻又一次被击退。

12日下午,雨花台的战斗进入白热化。敌人出动了飞机、大炮和数千步兵,分三路杀向雨花台的山冈。

高致嵩知道大局已经无望,但是,强烈的爱国心和军人的责任感,驱使他镇定指挥,宁死不退。阵地上喊杀声震天,血肉横飞。

在硝烟弥漫中,不知什么时候,喊杀声逐渐停息,枪声也开始稀落。在混战中,高致嵩将军和他的部属全部战死在他们坚守的阵地上。

将士们的血,染红了瑰丽的雨花石。

他们宁死不屈、英勇抗敌的事迹,永远是一曲激动人心的壮歌。

12. 血战中华门城堡

战火中，古老的中华门城楼巍然屹立。这座由明代开国皇帝朱元璋下令建筑的城门，庄严壮观，南北长128米，东西宽90米，前后共有四重城门，筑有23个藏兵洞，号称可以藏兵三千，堪称世界之最。内外秦淮河水，横贯城门前后，更增加了古城堡的军事价值。

中华门原名聚宝门，位于南京城的正南方。传说是用了富商沈万三的聚宝盆奠基，才得以建成。传说总是优美动人的。这里究竟埋藏了多少宝贝，人们不得而知。可是今天，在保卫首都的硝烟烽火中，这里真正聚集了一批中华民族的优秀儿女。他们用誓死保卫祖国的钢铁意志和自己的血肉之躯，筑成了抵御敌人的新的长城。他们是民族的瑰宝。

负责守卫中华门城楼的，是第八十八师和第五十一师部队。这是两支刚从淞沪血战中走出来的部队。他们已经和日本强盗战斗了三四个月，消灭了数以千计的敌人，自己也倒了数千战士。

12月9日，中华门城下第一次出现了敌人的踪迹。城外街道两旁的民房，大多被炮火轰塌，熊熊的烈火，到处蔓延。恬静的秦淮河，被炮弹击起一个个冲天的水柱，激荡的河水在痛苦地呻吟。

一股冲到秦淮河边的日军，在他们后方炮火的掩护下，凶猛地冲上了临时搭起的军便桥，守卫中华门城楼上下的第八十八师官兵，用猛烈的火力阻止他们的前进。只见敌兵一个个从桥上摔到河里，河面溅起阵阵血水。但是，还是有近百名日军侥幸冲过桥来。冲过来的敌人迅速散开，在城堡下抢占沙包工事，架起机枪建立桥头阵地。更多的敌人，源源不断地向河边开来。

中华门告急！

守卫中华门古堡的勇士们，没有畏惧。

城墙下，守军从左右两翼，组织了反攻。交叉射击的机枪火力，打得敌军抬不起头来。日本士兵用作掩护的沙包，被击起浓重的尘烟。

"轰！""轰！"突然在城门前爆发了两声沉闷的巨响。两捆集束手榴弹从高高的城楼上甩下，不偏不倚，正好在敌军中间炸开。

日本士兵残缺的肢体，连同泥沙，被高高地抛向天空。涂有太阳标记的钢盔和军旗在空中乱飞。

"冲啊！杀啊！"中国士兵举着步枪挥动着大刀，从两边一拥而上，奋勇地冲杀过来。

又是一场血的较量。

伤亡惨重的日军，没有能够抵挡住中国军人的冲击。他们重又退过河去。

许多中国士兵在这次冲锋中，献出了宝贵的生命。他们用自己的鲜血，保卫了自己的守卫阵地。

10日，灰漾漾的空中，飞过一串串的炮弹。日军占领了雨花台部分阵地，从那里架设的重炮不断地向中华门城楼轰击。

古堡在炮火中震颤。

随着一阵炮火的轰击，一群日军步兵在两辆坦克的掩护下，又向秦淮河上的军便桥冲来。

"步兵炮瞄准敌坦克射击！"第五十一师三〇六团团长邱维达下令。

"轰！轰！轰！"

一排炮弹准确地飞向敌人的坦克。此时坦克正缓缓地行进在临时搭起的军便桥上。

"扑通！"一辆敌坦克掉入河中。河水绽开一个大大的波浪。

另一辆坦克也受了伤，歪歪斜斜地在桥上挣扎。正在这时，它又被一发炮弹击中。它在失去平衡之后,终于也重重地栽下河去。

城堡上,机枪雨点般地射向便桥。日军步兵在失去乌龟壳的掩护后,一批批地被击毙在桥上。河水中浮起了一片敌人的尸体。污浊的血,使秦淮河水变成了酱紫色。

几十名日本兵,踏过同类的尸体,又冲到了桥北。

"加强连出击!"邱团长命令早已准备好的一个加强连,向立足未稳的敌人发起冲锋。

勇士们端着刺刀,舞着大刀,吼叫着冲向敌群。雪亮的刺刀立即变得血红。有的士兵和敌人扭抱在一起,进行生命的最后搏击。河边留下了数十具敌人的尸体。

城堡下也流淌着中国勇士的鲜血。

中华门得到了短暂的安宁。

那雨花台日夜不停的连续激战,日军飞机没完没了的轰炸,预示着这座首都的南大门,已岌岌可危。

南京卫戍军副司令长官罗卓英是在战斗激烈进行的关键时刻来到南京城就任的。

这位毕业于保定、黄埔两个著名军校的蒋介石嫡系将领,曾率领第十五集团军及其第十八军,在淞沪战场浴血苦战。上海失陷后,他与第三战区前敌总司令陈诚同去皖南前线,布置新的战场。

蒋介石不可一日无陈诚,陈诚不可一日无罗卓英。可是,12月5日晚,在日军已经潮水般地涌向南京城郊的时候,蒋介石打破了这一格局。他电令罗卓英立即赴南京就任新职。罗卓英暂时离开了陈诚。

这是蒋介石在离开南京前走的最后一着棋。罗卓英成了蒋介石在南京搬动的最后一颗棋子。走完这一步,蒋介石便放心地飞往江西。

罗将军于8日到达南京,与唐生智、刘兴一道,在唐公馆里办公。此时的南京城,早已被没完没了的飞机轰炸声和隆隆炮声所淹没。古城正经受着巨大的灾难。

11日下午,罗卓英中将带着中校参谋王晏清,到城南的前沿阵地观察。他们从设在铁道部的卫戍长官部,驱车经过山西路、鼓楼、新街口,直抵中华门。沿途的十字路口都已堆起沙袋。商店关门歇业。炮弹的爆炸声震耳欲聋,老百姓的嚎哭声撕心裂肺。

中将从中华门的东侧,登上已有600年历史的城楼。敌人肆虐的炮火,已经把城楼摧残得千疮百孔。城楼上下躺着不少第八十八师士兵的尸体。烈士们有的牙关紧咬,有的怒目圆睁。他们带着民族的深仇大恨,离开了战斗的岗位。

"把弟兄们的遗体安葬好,好好照顾他们的家属。"将军对身旁的王晏清参谋说。他的语调悲愤而冷静。

这时,中华门城外正进行着激烈的战斗。中日双方的部队,都在枪林弹雨中运动。不时有士兵在前进中倒下。

罗卓英沿着城墙边走到城门附近。他沉着地举起望远镜向城外望去。日军狙击手从城外射来的子弹,"嗖嗖"地从他耳旁飞过。

"南京是总理陵寝所在地,如果不战而弃,我们将无面目见总理于地下。"罗卓英放下望远镜,向城外凝视片刻,严肃地对身边陪同的第八十八师军官说。

"我们必须同敌人决一死战。人生总有一死,我们死在南京,葬身钟山之下,必为后代所敬仰,还可以教育后人。"将军继续以深沉的语气,作出训示。

正当罗卓英巡视完前沿阵地准备登车返回的时候,突然城楼上一片混乱,紧跟着响起了机关枪猛烈的吼叫声。

罗卓英命令迅速查明情况。

不一会,作战参谋慌张地从城墙上下来报告说:"大约有300名日军,乘着中华门城楼被轰炸后的混乱,强行登上城头,有的已经窜入城内。"

"不要惊慌。命令城墙前沿严密封锁,不得再让敌军窜入;城内立即进行巷战,务将所有进来的敌人全部消灭。"罗卓英镇定地指挥。他那从容的态度,干净利索的命令,显示出惊人的勇气和力量。

经过一阵激烈的巷战,那些窜入城内的亡命之徒,如瓮中之鳖,迅速就歼。

战火纷飞的中华门,重又恢复了正常的战斗秩序。几百具日军的尸体及钢盔、武器,都成了中国军人辉煌的战果。

中华门城防,在12月12日经历了它自抗击日军以来最危险、最艰苦的时刻。

这一天,从拂晓起,震耳欲聋的炮声便代替了黎明时的宁静。一发发重磅炮弹,落在高大的城墙上。坚固的城墙外壳被震裂,成千上万的碎石块在空中飞舞,泥沙从城墙的缺口处涌下。

30余架敌机在中华门上空盘旋。一批批的炸弹和传单,同时从飞机上落下。

炸弹在宽厚的城墙顶上掀起巨大的气浪。钢筋水泥的工事,在重磅炸弹的轰击下坍塌。

传单也是炸弹。它的爆炸力是无形的,能够崩裂人们脆弱的神经和意志。但是,它们在中华门城头并没有发挥什么作用。中国军人甚至不屑把它们捡起一看。五颜六色的纸片,如同撒向这座英雄城的彩条。

时近正午,一小股日军冲到城墙脚下。他们将两只竹梯连接起来,靠向城墙,奋力向上攀登。可是,还达不到城墙顶部,大约还差6米。爬在最上面的日本兵,急出了一头大汗。他处在既不能上、又不能下的危险境地。

忽然,一件东西在他眼前一晃,给他提供了一线希望。原来是一株生长在墙缝中间的小树,正在随风摆动。他顺着这棵小树,踩上墙砖的突出部位,终于登上了城墙顶。

当这名强盗慌慌张张地将一面太阳旗插上中华门西边城墙一角的时候,正好是12月12日的正午12时。如果按照日本的纪元计算,1937年正好是昭和12年。这四个重叠的"12",令人惊奇。也许,这对于中国人来说,是一种不祥之兆。

中国守军立即向这一小股敌人猛烈开火。与此同时,一群日军从这里源源攀登而上。很快,他们在这里架起了机枪,建立了临时的据点。

"报告团长,城墙西段已被数十名日军突破,情况万分危急,请求支援。"三〇六团团长邱维达,在团指挥所接到前沿阵地的告急电话。

"坚决顶住,不准后退一步!"邱团长严厉命令,接着又补充说,"我马上派兵来支援你们。"

"胡营长,你立即组织100人敢死队,去西段突破口支援,限1小时内,将突入敌人全部肃清!"邱维达命令三营长胡豪。

形势紧急,军令如山。

胡营长到预备阵地,向正在随时待命的官兵们号召:"弟兄们,城墙前沿已被一批敌人突破,不怕死的站出来,跟我到前面去!"

战火中,谈不上什么温良恭俭让。这就是最有力的动员。

胡豪话音刚落,就从队伍里站出了一二百名英武的士兵。他粗略地点出100名身强力壮的,说了声"跟我来!"敢死队就这样组成了。

胡营长率领的敢死队,是一支生力军。正当前沿阵地将要抵挡不住的时候,他们似神兵天降。几名机枪手迅速占据有利地形后,立即组织了猛烈的火力。在机枪的掩护下,敢死队员奋力冲击。他们先向日军投去一排手榴弹,然后又乘着手榴弹爆炸的硝烟,端着刺刀、举着大刀,向敌人冲杀过去。

城墙上进行了一场激烈的生死搏斗。厮杀的士兵不时从20

米高的城墙上摔下来。中国士兵在自己的阵地上进行反击,精神振奋,有恃无恐。

日本兵因为没有退路,高大的城墙,上得来,却下不去。所以他们像疯狂的野兽一样,拼死抵抗。

"弟兄们,敌人跑不了啦,把他们全部消灭光!"胡豪手举驳壳枪,激励士兵们歼灭残存的敌人。

垂死挣扎的敌人,发现了胡豪是敢死队的指挥员,立即向他射击。一颗子弹飞来,击中了胡营长的头部。他倒下了,再也没有起来。

城头上日军,在又被消灭了一批之后,最后的十几名,放下武器,举起了双手。

古城虽已危在旦夕,但在中华门城头上的反击,仍然十分成功。这正是中华民族不屈不挠性格的体现。

13. 蒋介石命令撤退

12月11日中午12时,在四周一片混乱的枪炮声中,唐生智办公室里的电话铃急促地响起。副官报告唐生智,是顾祝同副司令长官从江北给他打来的电话。

"唐司令长官,委员长已经下令,要南京守军撤退。你赶快到浦口来,我要胡宗南在浦口等你。"电话中传来顾祝同那清晰的苏北口音。

"前线如此紧急,被突破的地方很多,如何撤退?"看来,唐生智对于全城撤退,并无思想准备。他用浓重的湖南口音反问。

顾祝同焦急地说:

"这些我管不了,反正今晚你务必撤退过江。"

"不行啊,有许多事情应该向各部队长交代清楚,才能撤退。不然,以后的责任,由谁来负?"挑着卫戍司令长官重担的唐生智,不能不想到他手下的10余万大军。

"你留个参谋长交代一下就行了,今晚赶快过江吧!"顾祝同仍然强调唐生智必须今晚过江。

唐生智终于提出了自己撤退的时间表:"最早也要到明晚才能撤退。我不能只顾一人的死活,不顾军队。"

"敌人已到六合,情况非常紧急。"

"今晚要我过江是不行的。"

这场艰苦的通话,就这样结束了。

下午,通讯参谋给唐生智送来了一份蒋介石的撤退令,电文是:

  唐司令长官:如情势不能持久时,可相机撤退,以图整理,而期反攻。中　真侍参。

顾祝同电话中传达的意旨,终于以正式命令的形式,出现在唐生智的面前。既然是最高统帅的命令,那就不能以个人的好恶而加以取舍,只能坚决执行。

唐生智开始沉思。上山容易下山难。这么多部队,扑上去倒也便当,要在敌人的炮火下撤退,就不那么容易了。

数小时后,夜幕已经落下,唐生智接到了蒋介石发来的第二份撤退令,内容与前电完全一样。

次日凌晨3时,唐生智把副司令长官罗卓英、刘兴,参谋长周斓以及参谋处长廖肯、参谋处科长谭道平等人,召集到自己的住处。

"现在复廓阵地已有多处被击破,城垣已经无法守卫,委员长有命令,叫我们撤退。"唐生智以低沉的声音说,接着又对几位参谋官员吩咐,"你们赶快去准备一份撤退命令。"

大家的心情都十分沉重,谁也没有吭一声。撤离首都,这对于中国军人来说，实在是一种痛苦和耻辱。

参谋长周斓，根据唐生智的指令，带着几位参谋人员，到一边去起草撤退令及相关的文件了。

当天下午5时，唐公馆门前，车水马龙。卫戍部队中师长以上的高级将领都被召集到唐公馆来参加军事会议。不过，在战事危急、通讯不灵的情况下，有一些部队的指挥官并没有接到通知，或者未能赶到。

"南京现已十分危急，少数敌人业已冲入城内。在各位看来，以为还有没有把握守卫？"唐生智首先向大家提出问题。

大家彼此面面相觑，气氛十分紧张。

唐生智等待了几分钟，见没有人发表意见，便宣读了蒋介石昨天两次发来的撤退令。他要周斓参谋长将印刷好的南京卫戍总部撤退令"卫戍作命特字第一号"，发给每人一份。撤退的原则是"大部突围，一部渡江"。

撤退时间选择在当天下午6时至次晨6时之间。规定除第二军团可就地渡江外，只有第三十六师、宪兵部队及各直属部队，可于下关渡江；其余各野战部队均需自原阵地处，冲出重围，向皖南集中。

"要塞炮和运动困难的各种火炮、弹药、通讯器材，都要彻底销毁；突围中要注意破坏沿线公路、桥梁。"周斓参谋长叮嘱说。

自我破坏，这本是部队在紧急情况下的一条原则。因为只有这样，部队才能轻装，同时又不致资敌。但是，自己的武器，要自己亲手毁坏，感情上是难以接受的。

会场上又是一阵令人难以忍受的沉默。唐生智缓缓地站起身来，以激昂的声调高声说：

"战争不是在今日结束，而是在明日继续；战争不是在南京卫戍战中终止，而是在南京以外的地区无限地延展。各位应当记住今日的耻辱，报仇雪恨！"

将军停顿了一下，又向部属们交代：

"各部队应指定统帅的长官。如果因为部队脱离掌握，无法指挥时，可以同我一起过江。"

说到这里，唐生智对书面的撤退命令，又作了一项重要的修正：

"第八十七师、八十八师、七十四军、教导总队，如不能全部突围，有轮渡时可以过江，向滁州集结。"

是什么原因使得唐生智随意地作了这么重大的修正？不得而知。但这个修正，来得太唐突了。一下子使渡江的部队增加了两倍多，共5个师，这是江边本已十分紧张的渡船所无法承受的。它注定了要结出一颗无法下咽的苦果。

会议进行的时间很短，没有商讨，也没有不同的意见。几十分钟，会议便匆匆而散。

悲剧即将发生。

随着夜幕的降临，南京城从此开始了一段漫长的黑夜。

唐生智的撤退令一下，把千军万马都招呼到挹江门外、长江边来。他的随意性太大了，竟于召开会议的顷刻之间，口头决定增加5个师的部队，从下关渡江。

从理论上来说，渡江比突围安全，渡江是退向自己的后方。无人阻挡；突围则需要杀开一条血路，冲击敌人的包围圈。但是，就南京当时的情况来说，人多船少，大部分部队根本寻找不到一条渡船。大军拥挤在宽阔的扬子江边，反倒陷入了绝境，这比冲出重围的损失，大得无可估量。

古语说：一失足，千古恨。唐生智的这一失着，的确引来了千古之恨。

在下关维持秩序的第三十六师宋希濂部队，开始时还执行着不准通行的禁令。他们时而将城门完全关闭，时而打开其中的一扇，并且不时向天空鸣枪，以维持混乱的秩序。

高大厚实的挹江门,垒满了沙袋。它原是用来阻挡敌人的,可是现在,它却成了大军撤退的一道障碍。至多只能打开一扇城门。在兵荒马乱之中,要想有秩序地搬开数千只沙袋,打开另一扇城门,这已是梦想。

随着黑夜的来临,挹江门口涌起了千军万马组成的狂潮。

"砰!砰!"两颗子弹从拥挤的人群头顶上飞过。第三十六师的士兵在竭力维持秩序。

"他妈的,同他们拼了!"一名被挤得透不过气来的士兵,举起步枪,要和维持秩序的部队火拼。

"兄弟,你可千万不能这样。留着子弹同日本鬼子去拼命才是好汉!"旁边的一名士兵劝解说。

人群中,一辆马车被挤翻在地。马在嘶鸣,挣扎,车辆横在路中间。士兵们艰难地越过车身、踩着马向前拥去,没有人将妨碍行走的马和车拉开。实际上,也没有人有这个力量去排除这个障碍,唯一的办法是承认现实,努力从它身上翻越过去。

拥挤的马路上,不独车辆无法前进,就是人与人之间也无法转动。许多士兵不得不抛弃了车辆、行李和武器。

一位身临其境的外侨形容当时的惨景说:

> 去下关和江边的路上,情形狼狈异常,堆满了中国军队所抛弃的来复枪、子弹、皮带、军装、汽车、卡车等等。无数的车辆燃烧着,一片可怕的大火场。通下关和江边的城门已经关闭,恐怖万分的士兵纷纷用绳子、绑腿布、皮带和布条吊下城墙,许多人跌死了。

更为凄惨的景象,发生在江边。

使尽浑身解数才来到江边的士兵们发现,浩荡的江水,一望无际;寒风中,江潮汹涌。那江水冲击岸边发出的巨大响声,似乎在告诫人们:"没有船只,休想过去!"

昏暗的月光下,零零落落的小黑点在江中移动。有的是高价雇来的民船,有的是士兵们临时扎成的简易木筏,还有的士兵单人抱着一块木板在水中挣扎。

长江,此刻成了生和死的分界线,渡船,则成了跨越这条可怕的分界线的唯一希望。人们为了争夺渡船,不惜开枪火拼,谩骂声、哭叫声,交织成一片。

参谋长谭道平这样描述:

一只船刚靠近了岸,便有一群人跳跃上去,冒失的坠入江里,也没有人来理会他。几百只手紧拖住渡船的船缘,不给它开驶。他们认为也只有上了船,迅疾地离开江南才可以得到安全。船里的人们怒骂着还站在岸上不让他们开驶的人群。船里有几个弟兄,把枪向天空鸣射,但是有什么效用呢?在生和死的边缘上,除了上船,什么都是死的邀请。水手经过了好多的说话,竭力把船撑动,可怜,有好多人,还紧攀着船沿,随着渡船驶到江里,也有的跌在水里,随着江水流向东方。

长江,孕育了中华儿女。如今,她又张开双臂,把她的儿女都拥在自己的怀抱中,不管是死的,还是活的。她在哭泣,在呐喊。她把无限的泪水注入大海,她愤怒的呼声冲上遥远的天际。

这是民族的悲剧,国家的仇恨。母亲和儿女都不会忘记。

14. 最后战斗长江边

在日军对南京城发起的最后攻击中,地处东北方向的乌龙山进行了英勇顽强的抵抗。

乌龙山横卧于长江边,因唐代在山上建有乌龙庙而得名。不过,由于山岭绵延起伏,长满郁郁葱葱的常青树木,远远看去,也恰似一条乌龙。龙背并不算高,最高处才72米,但山势险要,沿江横亘,扼八卦洲东端的三叉江口,实为阻止敌军溯江而上的重要战略据点。

乌龙山要塞,古已有之。如今的要塞,包含两座炮台。一座是古老的"龙台",自清末沿用至今,设有老式的大炮;一座是现代化的"甲一台",设有4门八八式高炮。徐源泉率领他的第二军团,驻守在乌龙山脚下。

随着镇江城的失陷,日本军舰开始向乌龙山水域靠近。

12月10日下午,扬子江波涛汹涌,水面上烟雾朦胧。在乌龙山炮台指挥官的望远镜里,敌人的兵舰由一个个的小黑点,逐渐现出了张牙舞爪的原形。

"开炮!"当敌舰进入7000米射程以内的时候,指挥官一声令下。

一阵猛烈的炮弹,从古老的龙台和新修的甲一台飞向敌舰。

乌龙呼风唤雨,喷火吐烟。它怒吼了。

敌人也不甘示弱,他们向乌龙开炮还击。

江面上炮声隆隆,浓烟滚滚。炮弹的爆炸,使江水沸腾。敌舰被逼得步步后退,一直退到了乌龙山大炮的射程以外。

11日,乌龙山南面又遭到敌军来自陆地的进攻。上有飞机,下有坦克、大炮,敌人把上万发的炮弹倾泻在乌龙山阵地上。

中国军队在炮火中顽强拼搏,浴血奋战。

中央通讯社从战地发出了一条电讯:

> 敌自十一日上午三时起,屡向我乌龙山以南阵地猛攻,发炮已达万发,飞机不断投弹,更以坦克车数十辆掩护其步兵前进,我阵地几被全毁,血肉横飞,敌我伤亡均极惨重。

军团长徐源泉下令:一部退入乌龙山要塞,一部占领乌龙山外围阵地,缩短战线,与要塞共存亡。

当日历翻开到12日的时候,乌龙山的局势进一步严重。南面的敌人,继续向前进击,不断收缩包围圈;江面上的敌舰,乘势上驶,用重炮轰击炮台,古龙台首遭不测,甲一台的高炮也遭到严重破坏;另一支由山田旃二旅团长率领的部队,从镇江出发,沿着沪宁线和长江边,也向乌龙山扑来。

战斗异常激烈,龙台已经沉默,甲一台还在继续战斗。

"轰!"一声猛烈的巨响。一发敌炮弹落到江中,江水溅起高高的水柱。

"这是敌人刚刚运到的重野炮在试射,弟兄们,打!"李诚中台长,根据丰富的炮兵作战经验,果断地指挥甲一台士兵还击。

李台长话音一落,马上飞出一阵排炮,准确地击中了敌人的炮兵阵地。望远镜中,敌人阵地一片火光,士兵们在四散奔跑。

不一会,敌人的重炮试射完毕,炮弹开始落在炮台四周。李诚中马上下令:

"停止射击,注意隐蔽!"

乌龙山不再还击,只有敌人的炮弹,在漫无目标的爆炸。

等到炮台摸清了敌炮准确的位置后,立即进行轰击,使敌人无法还手。

他们一直坚持到傍晚。在强弱悬殊的态势下,总台命令:将炮闩拆下投入江中,人员乘舟渡到江北。甲一台在射完最后一批炮弹后,中止了射击。

在炮火纷飞的江边,一名防守要塞的野炮连中士班长,走到一匹马旁深情地抚摸着马背,把脸紧紧地贴在它身上良久,才依依不舍地离开,用枪对准它,闭上双眼连开两枪。不会说话的"战友"倒卧在血泊之中。士兵们也都含泪杀死了战马。接着,他们又把一门火炮推入江中。勇士们的泪水,随着长江的波涛,滚滚东流。炮兵怎能没有大炮!炮兵怎能不开炮!

最后撤离乌龙山的部队,是第二军团。他们被分割困守在乌龙山一隅,与城里电讯不通,联络中断。

这天下午,军团长徐源泉一遍又一遍地向唐生智发出求援急电,但是一直得不到回电和支援。

子夜时刻,敌人加紧了从水上和陆地的攻击。夜幕笼罩下的乌龙山,炮声隆隆,火光熊熊;呼啸的北风,吹得芦苇和树枝发出哗啦哗啦的声响。

"再向总部呼叫!"徐源泉亲自命令无线电收发报台。

没有回音。

此时此刻,卫戍总部早已撤离铁道部,踏上了北撤的路程。

突然间,山下一片人声嘈杂。原来是一批从上游撤退的散兵和20余只民船。他们给乌龙山带来噩耗:南京已经失陷!下关江边大军拥挤,无法渡江!

徐源泉当机立断,用高价雇下了这批民船,安排好掩护,全军立即就地过江。他的决断,正好符合了唐生智的指令:第二军团就地渡江。

夜幕给他们提供了掩护。

天助人愿,从13日凌晨起,刮起了东风,江面上朦朦胧胧。一只只木船,乘着东风,穿梭于大江之中。远处的敌人,看不清江面上发生的事情。

上午7时,这支部队已经渡江完毕,集结于江北望江亭、通江集。清点将士,全军团共有近12000名官兵安全渡江;而4 000名官兵,则牺牲在乌龙山下。这是南京卫戍军各支部队中,牺牲最少、安全撤离人数最多的一支。

一小时后,敌军便水陆两路占领了乌龙山。

遍体鳞伤的乌龙,在铁蹄下呻吟。

骄横的敌舰,从乌龙山江面开过,直驶下关。

在江水滔滔的下关江边,由宪兵副司令兼首都警察厅厅长肖山令,在极其艰险困难的情况下,指挥了一场惊心动魄的拼死战斗。

12月12日夜晚,肖山令经过彻夜奋斗,完成了全军撤退的善后工作,把一部分宪警部队带到江边。此时已是深夜。这里人声鼎沸,渡船稀少,为了争抢渡船,江面上不时传来零星的枪声。

"弟兄们,我们不能站着等死。大家解开绑腿,寻找木材,扎木筏过江。"肖山令果断地指挥。

指挥官一声令下,宪警官兵和其他部队的散兵,立即动手,忙碌起来。他们真的扎起了木筏,并且迅速而有秩序地往返接送待渡的官兵。

黑暗渐渐退去,天空的星星也失去了光辉,黎明已经来临。

北风阵阵,寒冷彻骨。滔滔江面,晨雾茫茫。人们看不清对岸的建筑物,也看不清随波逐流的木筏,但是都在耐心地等待。

突然,中山大道上响起了密集的枪声。有士兵惊呼:

"不好了,鬼子来了!"

"鬼子来了,快逃啊!"

散乱的士兵,群龙无首,惊慌失措。人们就像热锅上的蚂蚁,到处乱拥,找不到一块安全的地方。

"弟兄们,不要惊慌,我是宪兵副司令,大家服从我的指挥!"肖将军挺身而出,毅然挑起指挥乱军的重担。

混乱的人群立即安定下来。

看到人群已安定下来,他接着说:"现在前有大江,后有追兵,我们已经没有退路。唯一的办法是击退这一股敌人,死中求生!"

"对,我们要用手中的武器同鬼子拼!"

"我们宁死也要拼他一个两个!"

士兵中发出一片赞同声音。

肖山令的镇定指挥发挥了作用。他毕竟佩戴着少将军衔。江边的人群中,没有比他再高的军衔。士兵们开始原地卧倒,准备还击敌人。

下关江边第一次成为战场。这也是最后的一次。中国军人的机枪和手榴弹,迫使骄横的日军停止前进。敌人的迫击炮弹,激起漫天的泥沙和水珠。

"宪兵弟兄们,你们和我留下来掩护,其他部队的弟兄赶快往两边疏散!"肖山令见敌人来势凶猛,不可久战,便指挥部队退却,而由自己率少量宪兵担任掩护。

中国军人像潮水一样,撤向西边,肖山令率部堵住敌人的追兵。

弹雨中,一串子弹击中肖山令。将军倒在了血泊之中。他口中还在喃喃地说:"弟兄们,顶住……再顶一阵……"

这是一场悲壮的战斗。肖山令虽然没有能够抵挡住日军的进攻,也没有能够避免大批士兵被血腥屠杀,但是他指挥的抵抗,显示了中国军人不屈不挠的品格,他用生命捍卫了中国军人的荣誉。

15. 唐生智艰难过江

12月12日傍晚,一辆黑色的美国轿车,缓缓开出唐公馆。刚刚下达了撤退令的唐生智,准备乘车去卫戍司令部作最后的检查、部署。

可是,中央和中山北路上水泄不通,已经挤满了潮水般的官兵,车辆根本无法通过。

"钧座,卫戍司令部怕是去不成了。街道上这么多混乱的人群,汽车进得去,出不来,反会误了大事。"副官向唐生智解释说。

"唔,那就直接开往海军码头吧!"唐生智无可奈何地说。

于是,轿车掉转方向,准备由中央路出和平门,驶向海军专用码头。可是,此刻的南京城,到处是人,特别是通往江边的道路,更是人山人海。轿车开进了浩浩荡荡的人流之中。车窗上虽贴有卫戍司令部的特别通行证,较少地受到戒严部队的留难,但在密密麻

麻的人群中,也只能一寸一寸地移动,开开停停。在这里,鸣号、叫喊、命令,都已经丝毫不起作用。倒是要听到一些士兵的谩骂:

"都到什么时候了,还要拿架子,乘小汽车!"

"人都挤不出去,还坐什么车?"

唐生智半是没有听清,半是装糊涂。他只好闭目养神,等待像乌龟一样的车爬行到江边。

唐生智在撤退令中,把卫戍司令部与特务排,安排在6次渡江中的首批,开渡的时间是下午6时。可是,等他艰难地赶到煤炭港附近的海军码头时,已是8时正了。

他终于登上了一艘小火轮。这是参谋长周斓做的一件好事。唐生智真的是"破釜沉舟"了,他没有为自己留下一条船。几天前,周斓硬是把江防司令部运送人员和军需品的一艘小火轮扣了下来,停泊在煤炭港。这件事要是被唐生智知道了,他必定会命令这艘船立即离开码头。事到如今,他也不再追究自己乘坐的轮船是怎么来的了。

唐生智登船不久,副司令长官罗卓英、刘兴也在参谋人员的陪同下,赶到码头。

江边人声鼎沸,为争抢船只发出一阵阵的叫骂声

城南方向,枪炮声愈来愈紧。燃烧弹燃起的大火,映红了天空。

海军码头的小火轮,早已升火待发,马达发出"哒哒哒哒"的响声。

"钧座,轮渡的时间安排很紧,是否启程?"副官上前请示唐生智。

"噢,余副参谋长、廖处长还没有上船吧?我们是不是再等一下。"唐生智不放心他手下的两名主要幕僚:卫戍军副参谋长余念慈、参谋处长廖肯。

大家在焦灼中又等了1个小时,还是不见余、廖二位来。唐生

智盼咐说：

"已经9点了，开船吧！"

小火轮鸣笛一声，离开了喧嚣的码头，在茫茫的黑夜中，向对岸驶去。

唐生智回首南岸，听着那成千上万名部属的喊叫声，望着那自己誓死保卫的南京城，愧恨交加，默默无语。

小火轮行驶的速度十分缓慢，因为江中到处是漂浮着木筏、抱着木板挣扎的士兵以及已经淹死在江中的士兵的尸体。

突然间，从北岸响起一声清脆的枪声。接着有人喊道：

"唐司令长官有令，任何船只、人员不得靠岸！"

原来，胡宗南的第一军还在执行已经过了时的不准渡江的命令。

唐生智这才想起，自己下达撤退令的时候，没有及时通知江北的部队，将原来不准渡江的命令撤销。现在懊悔、遗憾都已经来不及了，紧要的是使渡船安全靠岸。

"喂，船上坐的正是唐司令长官，不要开枪！"副官们拼命地叫喊。

小火轮终于艰难地靠岸了。岸上的士兵们好奇地注视着唐生智一行高级指挥官，狼狈下船登岸。

浦口只剩下少数的留守部队，也没有汽车在这里等候。唐生智、罗卓英、刘兴、周斓等人，只好沿着铁路线，准备步行到滁州。对于这批将军们来说，要靠两条腿走这么远的路，真是一场灾难！

行不多久，从花旗营方向传来了枪声。参谋人员判断，这是江浦的日军正向浦口方向包围过来。

"我们是不是先到六合，再去三战区顾副司令长官的驻地扬州。"周斓参谋长建议说。

"好吧，那就先去六合、扬州吧。"唐生智已经没有别的选择，只好赞同。

"哎呀,我实在走不动了。你们是否可以帮我找部车子来?"没走多远,身体虚弱的唐生智向他的部下求援。

这真是一个天大的难题。深更半夜,又是在荒僻的农村,到哪里去寻找汽车呢?

一位姓陈的副官,好不容易从农民家中,寻到一辆板车。农民连这辆板车也死活不肯借,因为这是他们一家唯一的运输工具,好在有钱总能解决问题。副官用高价买下了这辆车。

"钧座,只好委屈您了,就请先坐上这辆车吧。我们再注意寻找汽车。"陈副官说。

唐生智正准备上车,用手电筒一照,发现车上还残留着许多牛粪,连声说:"这如何可以坐呢!这如何可以坐呢!"

陈副官知道唐生智走不了太远,因此仍将破板车拖着,随队前进。

果然,又走了几里路,唐生智几乎要瘫倒在地。他实在走不动了,回过头来问陈副官:"你寻着汽车没有?"

"报告钧座,连汽车的影子也见不着。要坐车,还是那辆板车。"

唐生智叹息道:"我带兵20来年,大小经过百余次战斗,还从来没有像今天这样狼狈!"说罢,便无可奈何地坐上了那辆沾满牛粪的板车。

黑夜中,南京城淹没在一片火海和爆炸声中。那烛天的火光、震撼人心的巨响,显示出一副凄惨与失败的景象。

唐生智身下的板车,不时发出刺耳的吱吱声。他靠了这部肮脏的板车,到达六合,然后才又乘上顾祝同留给他们的汽车,直奔滁州。

16. 广东军突出重围

在唐生智下达"大部突围,一部渡江"的撤退命令后,真正杀开一条血路,冲出重围的,只有广东部队的两个军:由叶肇统率的第六十六军和由邓龙光指挥的第八十三军。

12月12日晚,他们编队向太平门进发。

位于城东的太平门,是从陆路突围的重要关口。太平军曾在这里与曾国藩的湘军激战。二次革命中讨袁军也曾在这里重创袁军。此时此刻的太平门,却被成千沙袋堆塞着,打不开城门。两支广东部队第六十六军第八十三军成千上万人马,麇集在这里,无法出城。

堵击敌人的障碍,如今却成为阻挡自己撤退的障碍。

正当人们焦急万分、束手无策的时候,忽然有一位身佩少将军衔的指挥官,骑在高头大马上,用地道的广东话喊道:

"一五九师的弟兄们,你们辛苦一下,迅速将沙包拆除,我给你们请赏!"

此人名叫罗策群,广东兴宁人,保定军校六期生,现任一五九师副师长;因为师长谭邃有肺病,已先期过江到江北,由他代理师长。

混乱中就怕群龙无首。只要有人站出来指挥,部队就能凝聚成一股战斗的力量。

罗师长一语既出,下面团、营、连长,纷纷指挥自己的部队去移动那堆积如山的沙包。人群中立即闪开一条通道,让背负着沙袋的士兵顺利通过。其他师的士兵,也纷纷上前接应。

大约经过1个多小时的奋战,沙袋堆成的小山被移走了,城门打开了。

又是一阵拥挤。绝处逢生的士兵,争先恐后地涌向城外。

"轰!""轰!"两颗地雷突然在人潮中爆炸。这原是用来对付敌人的武器,如今却在中国士兵的脚下响起。人群中传来受伤士兵的叫骂声。

"工兵到前面探路,做好标记!"工兵出身的罗策群师长,果断地命令本师工兵。

工兵们奉命在前面探索地雷。一时找不到作路标的石灰,便每隔1米左右,用一小堆白米做标记。夜幕下,建制混乱的部队就凭借那点点的白米堆,小心前进。

阵阵寒风吹来,路边的树林发出沙沙的响声。远处不时传来一串串的枪声。遥望城中,到处是烛天的火光。这支包括2个军、4个师的广东部队,就靠着低低的广东话,把素不相识、也看不清面孔的人们联系到一起。一条长龙般的队伍,移向南京城的东北部。

10时许,部队行进到岔路口。这里是通向南京、栖霞、马群、仙鹤门等地道路的交叉点。称作"岔路口",实在是名不虚传。

突然间,前方响起了几声清脆的枪声,接着就是手榴弹和轻机枪的声音。广东部队与日军的前锋部队相遇了。

黑夜中,部队混乱了。与日军正面接触的部队后退了;距离日军较远的部队,各自寻找安全的地段,穿过了公路。

"弟兄们,敌人是一支小部队,冲过去就是胜利!"罗策群根据日军的枪声,判断他们的人数不多,高声指挥部队冲锋。

"丢那妈,冲呀!"士兵们呼喊着发起冲击。

可是,混乱的冲锋,几次都没有成功。日军的机枪仍在疯狂地扫射,阻拦着大军的通过。

罗师长火了。他一纵马,高扬马鞭大呼:

"跟我来,几大就几大,唔好做衰你呀?"(广东话,不要丢脸的意思)便一马当先地冲了过去。

将军的声威,振奋了人心。又是一阵"丢那妈,冲呀!"的喊杀声。一些手中没有武器的官兵,也乘势喊叫着,冲上了山坡。

日军终于被冲垮了。他们有的横尸荒野,有的狼狈逃窜。

可是,罗策群师长也倒在了混乱的人群中。他手中仍紧紧握着马鞭,身上流淌着鲜血。

士兵们将师长草草埋葬在路旁。他们带着对师长的崇敬和深深的怀念,重新征战在茫茫的黑夜中。

在漆黑的夜晚,这支部队每人左臂缠上白毛巾,作为夜行军中识别的标记。"丢那妈"的口令,不停地在人流中传诵、呼号。这是撤退浪潮中最整齐的一支队伍。

13日凌晨,在昏暗的月光下,尧化门城外的荒山野冢,显得分外凄凉。呼啸的北风,发出刺耳的尖叫声。在仙鹤门、东流镇一带,广东部队又一次同日军交火。敌人虽然带着大炮,但在黑暗中,敌我交叉,炮火不能发挥作用。中国军人已经没有别的选择,只有杀开一条血路,才能冲出重围。他们端起刺刀与敌人肉搏,见到左臂上没有缠白色毛巾的,就狠狠地戳过去。两个军的规模不算小,中国部队的人数占了优势。

"弟兄们冲啊,趁天亮前,我们一定要冲过敌人的封锁线。"夜色中,一位看不清面孔的指挥官,大声呼喊。

漫山遍野都是"冲呀"、"杀呀"的喊声,天地为之震动。

中国军人终于踏着血迹斑斑的道路,踩着看不清楚的尸体,冲过了又一道封锁线。

拂晓,东方已经发白,黎明的曙光驱走了黑暗。广东部队的官兵们,拖着疲惫的身体,抵达空山、狮子山一带。

突然,前哨又响起了枪声。他们立即抢占山头,进入了现成的战壕里。

不一会儿,敌人发起了冲锋。这是一群大股的敌人。前锋有数十辆坦克车开道,天空有二三十架飞机助战。这里发生的战斗,是南京守军撤退中规模最大的一次。

广东军人架起了轻重机枪,顽强抗击敌人的进攻。他们一次次地组织反冲锋,用集束手榴弹和炸药包,消灭敌人的坦克、铁甲车和汽车。山头上躺满了双方军队的尸体。燃烧的车辆,腾起冲天的火焰。

战斗的目标和战场形势,迫使中国军人采取新的战略战术。他们处于突围之中,战斗不能持久,必须速决,只要冲出去就是胜利。

他们开始一股一股地,从不同的地点突出重围,各自占据一个小山头,边打边退。日军顾此失彼,堵不胜堵。不过,中国军人也付出了沉重的代价。一批批伤亡的士兵,再也不能跟随部队撤退。冲出去的部队,也失去了建制,三五成群,溃不成军。

溃军之中,有两股较大的势力。

一股由第一六〇师参谋处长钟汉柏率领。

在13日晚队伍被冲散后,钟汉柏身边只剩下了9名通信兵。他们边与小股日军战斗,边收容沿途散兵,一天下来,聚集到100余人。15日,人数达到300多人。当晚,在小丹阳附近,与本师营长陈剑光、团军需主任辜国华率领的700余人汇合,一时声威大震,共达千人以上。此时部队的建制已经混乱。他们临时组成"江南游击支队"一、二两支队。钟汉柏率第一支队共700余人,在敌后转战半月,并不断发生伤亡、落伍、散失,至1938年1月1日到达徽州时,仅剩420余人,携轻机枪8挺、步枪172支、驳壳枪50支。

另一股由军参谋处上校处长郭永镳率领。

14日,郭永镳开始在句容九华山山脚下设立收容站。他以一个完整的建制连为骨干力量,又不断收容了一些散兵。但是,因为没有经费来源,这么多人的生活、给养发生了困难。

郭永镳一筹莫展。一天，一位少尉军官来到收容站。

"你叫什么名字？是干什么工作的？"郭永镳随口查问。

"报告上校，军部军需官翁永年前来报到。"

"军部军需官？"郭永镳眼睛一亮，"你有现款吗？"

"有1万元。"翁永年边说边从包袱中取出崭新的法币。

翁军需官的到来，使郭永镳队伍的军需、食品、化装便衣等问题，都迎刃而解。

这支队伍在九华山、高骊山地区，经过半个多月的收容，一共发展到1300多人、三四百支枪。他们于1938年1月10日，抵达安徽宁国集中。

两支广东队伍，经过半个多月的艰苦转战，到达皖南后方的，共有第一六○师4000余人、第一五九师的一二千人。

他们从血路上杀出。

他们曾经溃散，但是，他们在抗日的旗帜下，又重新聚集起来。

17. 松井石根挥师入城

随着唐生智撤退令的下达，10余万大军在少量部队的掩护下，开始撤离阵地，大部向江边麇集，一部就地突围。

12月12日晚，位于中山北路上的南京卫戍军总部、军政部、交通部等重要军事机关，都按照唐生智的部署，放火焚烧。

第三十六师的工兵营长肖兆庚，指挥工兵们将整桶的汽油、煤油，泼到这些坚固的建筑物上，经点燃，立即升起熊熊烈火。一幢幢高楼大厦，火苗飞蹿，映红了灰暗的天空。

四周城垣的战斗，一直继续到深夜。城楼上时断时续地响起机枪声和手榴弹的爆炸声。

这是守卫南京城最后的抵抗。

中国军人对古城贡献出最后的一份忠诚。

许多勇士倒下了。高高耸立的古城堡,缓缓流动的秦淮河,将永远铭记他们的赤胆忠心。

12月13日凌晨。城垣上的战斗渐渐停息。中国军队有组织的抵抗结束了。日本强盗举着太阳旗,发出阵阵的狞笑,登上了金陵城头,开进了明朝皇帝建造的城门。

"13",这个西方人最忌讳的不吉祥数字,果然在中国的首都又一次应验。黑色的13日,给南京人民带来了厄运和灾难,宣告了南京城的失陷。

由柳川平助中将指挥的第六师团和第一一四师团,以成群的坦克为先导,隆隆开进中华门和水西门。

师团长吉住良辅号令他的第九师团和第三师团的一个先遣队,蜂拥登上了光华门的城头。

被称为"黑色帐篷"的第十六师团,夺取了紫金山,从中山门和太平门闯入古城。

第十三师团的山田梅二旅团长,率领着一个支队,翻过乌龙山和幕府山,攻入城北的和平门。

侵略者的战车,从南京军民的尸体上隆隆驶过。和平的马路,变成了一条条"血路"。

随军记者铃木二郎记述了光华门附近马路上的惨景:

> 通向光华门的马路两侧都是长长的壕沟,里面填满了烧得焦烂不堪的尸体,铺在马路上的许多木头下面,也有的尸体,手脚飞出在外,活像一幅今世的地狱图。
>
> 我看到履带发出转动声音的坦克,无情地压在上面飞驰而过。尸体的臭气和硝烟弥漫的气味一起散发出来,犹如置身于焦热的地狱、血池的地狱。

上午10时,第十六师团的第三十旅团,由旅团长佐佐木到一指挥,以1个中队的轻型装甲车开道,从中山门向下关挺进。这是8年前中山先生灵榇经过的圣洁的路线。如今,侵略者却沿着它,耀武扬威,屠杀生灵。他们向聚集在江边和挣扎在江水中的军民疯狂地发射了15000发子弹。

稍后,谷寿夫指挥的第六师团前锋,从中华门扑到下关江边,参加了对江边人群的屠杀。

下午2时,日本海军第十一战队,扫清了乌龙山以东江面上的水雷,溯江而上,向正在江面上行驶的船只和泅渡者,猛烈开火。江水翻起阵阵红色的血浪。

两小时后,从江北岸的浦口传来枪声。由国崎登旅团长率领的1个支队,自12月2日从广德出发,经过10天的迂回作战,渡过长江,沿江北岸直插江浦、浦口。浦口的失陷,使中国军人渡江的最后一线希望宣告破灭。

日军的各个师团,按照一周前通告的《攻占南京城要领》规定,各派1个联队的基干部队入城"扫荡"。实际上,各个师团开进城的部队,何止1个联队!他们"扫荡"的目标,是已经放下武器的中国军人和手无寸铁的无辜居民。

南京城在焚烧,在流血,在呻吟,在哭泣。

当天,日本上海派遣军向东京发回占领南京后的第一份战报:

我进攻南京城的军队已于今天傍晚占领了该城。江南的碧空中,夕阳映照着城头的太阳旗,军威大振紫金山。

东京的报纸,套红印出了特大的新闻标题:

"南京攻克"。

"多么令人欣喜!全体国民必将热血沸腾!"

"南京翻开了历史性的光辉一页"。

东京在沸腾,在狂欢。

两天后,中国的军事统帅蒋介石,在武昌发表了《为我军退出南京告国民书》。蒋介石说:

中国持久抗战,其最后决胜之中心,不但不在南京,抑且不在各大都市,而实寄于全国之乡村与广大强固之民心。

这是国民党、蒋介石的"持久战"思想。国共两党都主张持久抗战。尤其是在首都失陷的时候,不能不长中国人的志气,灭敌人的威风。

可是,首都南京——扬子江畔的一颗明珠,从此跌入污泥。数十万南京同胞,惨遭屠戮。南京的历史,从此翻开了黑暗、痛苦的一页。

12月13日,当数十万南京市民从睡梦中醒来的时候,一切美好的希望都已破灭,陌生的太阳旗,垂挂在高大建筑物上;手持刀枪的日本士兵,操着哇哩哇啦的外国话,在街道上横冲直撞。昔日悬挂在天空的金色光环,被厚厚的灰暗云团遮盖起来;地面上流淌着同胞的鲜血,黄土地变成了黑红色。天变了,地变了,人也变了。这里变成了一个阴森可怕的世界。

上午,大队的日军,携带着各种屠杀生灵的武器,以坦克为先导,分别从中华门、光华门、中山门等地蜂拥入城。他们一进城,便开始了烧、杀、淫、掠。和平的居民,成了他们射击的目标;无辜的妇女,成了野兽的猎物;商店、民宅,是强盗抢劫的场所;繁华的街道,被纵火焚烧。

放下武器的中国士兵,首先成为日军屠杀的对象。尽管庄严的国际法规定了不准杀害俘虏和放下武器的士兵,但是,强盗的逻辑,不谈国际法。他们毫无人性,无法无天。

一名叫做外贺关次的卫生队担架兵,在这一天的日记中写道:

33联队的一个大队转入进攻,一边逼近手举白旗的敌人,一边继续进行射击。途中,遇到二、三十名败残兵卒,便枪杀或刺杀了他们。在南京南门车站,工兵队的胆大妄为者刺杀或绑成十字地刺杀了中国兵70名左右。城外,留有许多躺在敌人的尸体堆里,发出痛苦的呻吟声,最后通过我们的手,送他们上西天者,不知其数。

疯狂的日本兵,在市内主干道中山路、中央路上,架起机关枪,向着惊恐奔跑的难民们射击。成群的老人、妇女、孩子和混杂在人群中的伤兵,随着枪声,倒卧在血泊中。马路和街巷里,顿时血肉狼藉,尸体纵横。日本强盗践踏着中国同胞的尸体,继续他们的射击和刺杀。

12月13日,日军开始了世界近代历史上最大规模的屠杀。

12月13日,南京人开始蒙受自己历史上最深重的灾难和耻辱。

12月15日下午1时许,一架日本军用飞机在句容机场降落。身材矮小瘦弱的松井石根,缓缓走下舷梯,步入早就等候着的一辆黑色轿车,在几辆军用吉普车和满载荷枪实弹士兵的卡车簇拥下,从机场直驶汤山。

日本华中方面军司令官松井石根大将,从方面军司令部所在地苏州飞来,准备到占领不久的中国首都南京,主持定于17日举行的"入城式"。

汤山距南京城约30公里,其温泉素有"冬夏常温"、"四季如汤"的美名。传说在远古英雄后羿射下的9个太阳中,有一个落在了汤山东南麓的泉洞里,所以这里的泉水温暖如汤。古往今来,它曾吸引了无数的文人雅士、达官贵人,慕名前来一试。清代著名文学家袁枚曾作《沐汤山》一诗,形容它"方池有水是谁烧,暖气腾腾类涌潮"。民国时期的考试院长戴传贤更称赞它:"天地钟灵气,清泉沸似汤。濯缨兹已足,养拙更何乡?"

如今,在隆隆的炮声刚刚停息的时候,汤山温泉的盛名,又把攻打南京的罪魁松井石根吸引过来。

松井大病初愈,他把自己进入南京的出发地选择在汤山,决心尝试和享受一下这温泉的灵异和舒坦。他在16日的日记中写道:

此日住汤山镇。此地有著名温泉,蒋介石别墅曾建于此。

别墅已焚毁,然俱乐部房屋尚存。众久未入浴。今日入浴,颇感舒畅。"

17日正午,松井石根乘汽车从汤山出发,1时25分抵达中山门外,改骑一匹鼻子上长着一条白色条纹的栗色骏马。他麾下的两名主要将领上海派遣军司令官朝香宫鸠彦王、第十军司令官柳川平助,早已率参谋人员在这里迎接。

两军的数万名部队,分列于从中山门到国府路国民政府的道路两侧,接受最高司令官的检阅。

一些市民,也被强迫立于道旁,手持小太阳旗,木无表情地向这位侵略军首领表示"欢迎"。

在军号声中,松井骑在高头大马上,由朝香宫和柳川陪同,趾高气扬地踏进了南京城。数万名疯狂的士兵,爆发出歇斯底里的欢呼声。2时许,松井等人抵达国民政府。

一批海军将领,早已从挹江门入城,站立在国民政府大门口,等候松井一行的到来。他们当中有:侵华的"中国方面舰队"司令长官长谷川清、"上海海军特别陆战队"司令官大川内传七和第三水雷战队司令官近藤英次郎。

数十架陆海军飞机,以大编队,在南京上空盘旋示威。

松井、朝香宫、柳川、长谷川4人,在国民政府前庭场地的中心位置上,一字排开,主持升旗仪式。官兵们唱起日本国歌。

一面血红的太阳旗,在数十万南京市民的咒骂和哭泣声中,慢慢升起。

日本官兵们面朝东方,遥向天皇敬礼。

身材矮小的松井石根,用微弱的尖嗓门带头三呼"大元帅陛下万岁"。他自己在日记中叙述:"盖因百感交集,及至第二声已难以发出,然余更鼓足勇气,以洪亮高亢之声呼第三声,全体和之,历史性庆典遂告结束。"

当太阳旗升上杆顶之后,便由师团长以上的高级指挥官集体摄影。接着,参加仪式的队长以上军官,共饮天皇所赐的御酒。一时间,群魔乱舞,丑态百出,在一片疯狂的喧嚣声中,海军方面的最高指挥官长谷川清拉开了嗓门,再次三呼"大元帅陛下万岁"。军官们跟着声嘶力竭地掀起了一阵"万岁"的声浪。

在国民政府前的仪式结束之后,松井石根一行,穿过南京市的主要街道,接受成千上万士兵的欢呼。他们下榻在位于虹桥附近的豪华的首都饭店。晚上,松井在这里举行了盛大的宴会,来庆祝他们侵占南京的胜利。

当这批侵略军的头目,陶醉在攻占南京的胜利之中的时候,南京人民正经历着他们历史上最为悲惨和痛苦的时刻。5天来,大约已经有10万名南京同胞,惨死在侵略者的机枪和刺刀之下。

对松井石根来说,侵占中国南京,是他一生事业中最为"辉煌"的时刻;然而,正是在这个时候,一根无形的绞索,已经套在了这名恶魔的脖子上。

18. 两少尉比赛杀人

南京沦陷前夕,当日军已经攻到南京近郊的时候,日本新闻界大肆报道了两名日军少尉比赛杀人的消息。

他们都是凶残的日军第十六师团中片桐部队里的下级军官。一个叫向井敏明,26岁,山口县人,任炮兵小队长。另一个叫野田毅,25岁,鹿儿岛人,是富士山大队的副官。

两名刽子手在攻向南京的途中,从无锡开始进行灭绝人性的"砍杀百人大竞赛",以谁先杀满100人为胜利。11月29日,当他们到达常州时,向井已砍杀了56人,野田则砍杀了25人。

在常州火车站前,向井敏明按着手中的"关孙六"宝刀,得意洋洋地对记者说：

"照这样的话，用不着杀到南京，大概到了丹阳，大爷我就会劈掉一百个了！野田是输定了！你们看：大爷这把刀，劈掉了五十六个，刀口才只有一点点缺痕。"

野田也不甘示弱，说：

"等到了丹阳，一定会拿出'大记录'来，到那时可就够你们瞧的了。"

12月2日，向井与野田已随部进攻到丹阳县城。两人杀人的数字，都已有了大幅度增加。12月4日《日日新闻》就此刊发了专文报道：

全速前进！

刀劈百人竞争的经过

〔浅海、光本两特派员三日发自丹阳〕相约到南京为止，"刀劈百人竞赛"，业已开始的××部队最前锋片桐部队富士山部队的青年军官向井敏明、野田毅两位少尉，自常州出发以来，奋战继之以奋战，到十二月二日进入丹阳城为止，向井少尉劈死八十六，野田少尉砍掉六十五，双方已进入犹如短兵相接的激烈竞争中。

向井显得特别骄傲。他的刀口因杀人太多，已经有所损坏，但他仍狂妄叫嚣，用它还可以再劈杀一二百人。他说：

"野田那小子，快要赶上来啦！可不能大意啦！在陵口镇，我劈到了一个家伙的骨头上，使我的'关孙六'刀刃砍坏了一点，不过，继续用它劈上一两百人，还不成问题。"

12月5日，向井与野田在距离南京45公里的句容前线又碰面了。阵地上枪声不断，火光熊熊，中日双方部队正在这里展开激战。

"你已经杀了多少人？"向井挥舞手中的军刀问。

"78人。"野田回答时,把军刀用力地向脚边的泥土中扎进。

"你不行,我已经杀了89人。"向井得意地说。

"那也还没有满100人啊。幸许我会在你的前面,先达到杀满100人的目标。"野田分辩说。

"那就走着瞧吧!"出生山口的向井敏明,说话时充满了自信,他相信自己在这场以中国人的生命作为筹码的游戏中,将成为胜利者。

于是,这两名嗜杀成性的刽子手,同时举起手中的军刀,表示比赛继续进行。

当天,他们的这一比赛情况,便被随军记者浅海和光本用快讯发回国内。快讯的标题是:"刀劈百人的大接战/勇壮!向井、野田两少尉。"

两名刽子手在进军途中,逢人便砍,不分男女老幼,因为只要被砍死的是中国人,他们各自的记分牌上便可多得一分。屠杀平民百姓是最方便的,他们手无寸铁。许多难民,就这样成了强盗刀下的冤鬼。

12月10日,向井与野田在硝烟弥漫的紫金山脚下相遇。这里已是枪林弹雨的世界,炮弹和炸弹爆炸的巨大声浪,震撼着山谷。孙中山先生的陵墓远远隐约可见。这里已经接近南京城垣。

野田:"喂!大爷砍了一百零五啦!你小子的成绩如何?"

向井:"老子是一百零六喔!你看看我这刀。"他举起已经砍缺了口的军刀,洋洋得意地指给野田毅看。

"怎么会砍成这个样子?"野田不解地问。

"噢,这是我把一个中国人连钢盔带身躯劈成了两半个。哈哈,真有趣,就是砍坏了我的刀!"向井带着骄傲和惋惜的口气说。

野田也不甘示弱地说:"你别高兴得太早。我们比赛的条件是谁先杀满100人,现在我们都超过了100人,但是分不出究竟是谁先杀满一百的。"

向井杀人的数字已经两次超过了对手,当然神气十足。他毫不在乎地说:"那就继续比赛下去吧,看谁先杀满 150 个人。"

"好,一言为定!进了南京城,有的是人!"野田答道。

这两个杀人不眨眼的恶魔,在约定了新的杀人目标之后,哈哈大笑。

向井在紫金山下,向记者表示:

"这次与野田之间开展的竞赛,真是一种新鲜玩意。彼此都突破了杀 100 人的记录,但又互不知晓,实在是件很有趣的事情。"

他们在紫金山麓的新约定,再次被随军记者浅海、铃木及时发回国内,消息的标题是:"'刀劈百人'的超纪录/向井一○六——一○五野田/两少尉更延长赛程"。

当这一消息在日本各地传开的时候,向井与野田已经抡起砍缺了口的屠刀,走进了一个更大的屠场,去杀戮南京人民的血肉之躯。

19. 他们从尸堆中爬出

镜头之一:

夜幕下的秦淮河,数千具尸体横七竖八地堆在岸边。尸体上一簇簇火苗,在寒风中凄惨地抖动。

古老的秦淮河中,一半是水,一半是血。血是要凝固的,河水已经不再流动。万籁俱寂。这寂静,是用数千生命的结束换来的。

突然,那密密麻麻的尸堆中间,有了点动静。有一双颤抖的手,从一具尸体下面伸出来,吃力地推开这具尸体。接着,露出了一个沾满了血污的人头。

他的眼睛里射出了恐怖的目光,挣扎着从尸堆下面爬了出来。

他不是幽灵,是一个有血有肉的、还活着的人,名叫伍长德。

伍长德,27岁,是一名交通警察。他有一个幸福、美满的家庭。南京沦陷前夕,他把父母、妻子和儿子送到了苏北,自己则因有公职在身,奉命留在南京维持秩序。日军进城后,伍长德与其他一些警察,一起避入司法院难民收容所。

按照国际公法,由"国际委员会"维持中立的难民区,应该受到保护。但是,在日本侵略军的刺刀与铁蹄下,南京城没有一块和平安全的地方。

城陷的第三天,天色阴沉,寒风呼啸。

中午时分,伍长德和其他约2000名难民,被一群日本士兵驱赶着,从难民区里走出来。昔日繁华的中山路上,店门紧闭,没有行人。路边被放火焚烧的房屋,在冒着缕缕余烟。

在难民队伍的前面,几辆卡车满载着全副武装的日本兵和一排排令人胆寒的机关枪。被押解的人们,眼睛里现出了惊恐、疑虑的目光。他们并不知道要被押到什么地方去,也不知道等待着自己的是什么命运。

下午1点钟,队伍到达了南京城西面的汉中门。日本兵命令大家面朝古城堡汉中门的门楼就地坐下。两名日本兵手中拿着一根长绳,一人牵着绳子的一头,从难民中圈出100多人来。他们被大批手执钢枪、刺刀的武装士兵押着,走出城外。

这100多名男男女女,被强迫着向秦淮河的河堤下面走去。在河岸的西面,早已架好了12挺机关枪。随着领队日军的一声口令,突然间,12挺机关枪都"哒哒哒"地响起来。从机枪口中,喷出的罪恶子弹雨点般地射向人群。人们凄惨地呼喊着、惊叫着,一排排地倒在了血泊之中。很快,这100多人便在硝烟弥漫中结束了他们的生命。机关枪口散发着烟气。几个被子弹打得奄奄一息的人,在尸堆中滚动着、抽搐着。接着,又是几个点射,尸堆便平静下来,不再有任何动静。

紧接着,第二批有 100 多人又被押到了河边。他们已经听到了刚才恐怖的枪声,他们见到了眼前同伴的尸体,因此也明白了自己的归宿,难民们有的高声怒骂,有的则恐怖得瑟瑟发抖。不管他们的精神状态如何,谁也没有能逃脱死亡的命运。双手沾满了中国人民鲜血的日本士兵,则把人们在死亡前的惨景当做新鲜的玩意来观赏。他们在一旁哈哈大笑。

南京城的和平居民,就是这样被日军一批批地屠杀着。

当杀到下午 5 点左右的时候,伍长德也被圈了进去。死神召唤到了他的头上。

伍长德被押上河堤后,知道自己已经在劫难逃,便情不自禁地向前紧走了几步,扑倒在乱尸堆上,说来也巧,就在这时,枪声响了,人们接二连三地倒下去,伍长德被埋到了别人尸体的下面。

机枪声和步枪声响了一阵之后,人们的惊叫声、呻吟声也停止了。四周一片寂静。他感到尸堆上面有人走动,并且听到日本兵讲话的声音。突然,脊背上挨了一刀,火辣辣地疼,鲜血顺着衣襟流了一身。原来,这是日本强盗的刺刀,穿透了一个未断气的重伤者的身体,刀尖又扎到了他的身上。他不敢动弹,更不敢哼一声,只好默默地忍受着钻心的疼痛。

接着,在又屠杀了两批人之后,日本兵便在尸体上面架上木架,浇上汽油,进行焚烧。尸体被烧得吱吱作响,一股浓烈的烟雾和焦臭味,熏烤得伍长德难以忍受。

年轻的警察慢慢地从尸堆中钻出以后,见夜幕已经降临,再侧耳细听,确认附近已经没有了日本兵,便偷偷地沿着河边爬到水西门旁。他在一座无人的小屋里,忍饥挨饿,躲藏了 10 天,才逃进了难民区。

镜头之二:

这里是一座输送煤炭的港口,名叫煤炭港。它原本是一片黑色的世界,现在,却变得一片血红。几千具血肉模糊的尸体,密密麻麻地布满了这里的江滩。

有一群人,打着旗帜,穿着古怪的衣服,来到尸堆中间。旗子上以及他们深蓝色褂子的前胸后背上,都印有红色的"十"字符号。他们是世界红"十"字会南京分会组织的埋尸队。

队员们无声地将自己同胞的尸体,一具具地抬到附近的沟渠中掩埋。

"哎呀!疼死我了!"当队员们抬起一床毛毯裹着的"尸体"时,毯子里发出了痛苦的喊叫声。

毛毯被打开后露出了一个满身血污的青年人。他的大腿被子弹打穿,左手手指被打断,面色苍白,目光凝滞。

他没有死,是一个活着的人。

他叫陈德贵,是躲在"和记洋行"里避难的难民。

12月14日,在嗥叫着冲进南京城的日本侵略军中,有一支200多人的队伍,最先来到位于长江边的"和记洋行"。这是一家英国商人开办的鸡鸭禽蛋加工厂。此时,英国商人早已离开,工厂也已停工。

日本兵将陈德贵与其他难民共3000余人,关进一座大仓库。他们在这里度过了饥寒交迫的一天一夜。

第二天清晨,仓库的门被打开了。

"现在到工地去干活,每10个人一组出去!"一个翻译向大家传达日军的命令。

站在靠近门口的10个人,被第一批推了出去。不一会儿,从不远的地方,传来一阵枪声。

难民们正惊悲间,仓库的门又打开了。又推出去10个人,又是一阵枪响。

陈德贵在第三批被带了出去。这时他已经明白:自己正在走向死亡。那些暂时还留在仓库里的人,除了在精神上要受到更多的折磨而外,并没有任何生存下去的希望。

陈德贵走出仓库门口,见到一片恐怖、可怕的情景:两队日本士兵,斜举着刺刀,虎视眈眈地监视着每一个从他们身边走过的难民。在难民们的后面,则由几名端枪的日本兵押着。

他们被押到长江边。长长的江堤上,排列着30多名举枪待放的日本士兵。

这哪里是"工地"?明明是一个刑场和屠场。

当陈德贵被驱赶着站到江水里时,在他身边已经横七竖八地躺着一片尸体。他知道,生命即将结束,日军马上就要开枪。一股仇恨的烈火和求生的欲望,驱使他在枪响之前,一个猛子栽进江里。刚好,有一列火车倒在江中。他趁势躲进了火车肚里。

枪响了,与他一批押出的难民,都倒在了江水中。

陈德贵有机会亲眼看到,和平居民们每10人一批,被枪杀在江边的情景。尸体堆成了小山,鲜血染红了江水。

这样的屠杀,从早晨一直进行到傍晚。还有六七百人没有来得及枪杀。日本兵着急了,叽里咕噜地叫了一阵,便把余下的难民,一起押到江边,用机枪狂扫。

枪声停止了。3000名活生生的中国人,变成了3000具僵硬不动的尸体。

当夜幕将这些尸体覆盖的时候,日军带着野兽般的狞笑,离开了屠场。

陈德贵实在忍受不住江水的寒冷,便趁着黑夜,摸上岸来。他拣起一条破毯子裹在身上。由于抖动,被从栈桥上经过的日本兵发现,射来子弹,击穿大腿,击伤左手。

在度过了一个漫长的黑夜之后,他得到了红"十"字会的营救。

镜头之三:

12月16日傍晚,北风呼啸,宽阔的中山北路上,亮着昏暗的灯光。这原是为运送中山先生灵榇而修筑的一条马路。几千名无辜的南京市民,被凶残的日军解押着,行走着他们一生中最后的一段路程。

走在队伍最前面的,是一支全副武装、手持日本国旗的日军士兵;接着,是30多名放下了武器的中国士兵和警察;再后,则是由5000人组成的长长的市民队伍。难民中有穿着僧服的和尚,有绿衣邮差。队伍两旁,是端着刺刀的日本兵。他们如狼似虎,不停地吆喝着,或用枪托敲击着走不动了的市民。军马驮着30多挺机关枪,随队而行,令人毛骨悚然。走在队伍最后的,是骑着高头大马的日本军官。他们神情跋扈,脸上露着狞笑。

队伍艰难地行进到中山码头以后,日军便令中国老百姓沿长江边坐着,谁也不准乱动。几十挺机关枪一字排开,每隔数十步即有一挺。在机关枪的旁边,还有数十名日本士兵,举着步枪,枪口直指坐在江边的中国难民。

突然,"乓"的一声枪响,带动了所有机关枪与步枪一齐开火。随着枪声响起,一大批一大批的人倒下了。受伤未死的人,在地上滚动着,挣扎着,呻吟着。暂时没有倒下的人,本能地奔跑着,惊叫着,哭喊着。一些人纵身跳入长江中,很快便被滔滔的江水淹没。

"与其被鬼子打死,还不如投江一死算了!"36岁的担架队长梁廷芳心想。于是,他闭上眼睛,猛地跳入江中。不料江边水浅,只深及大腿。生的欲望,促使他没有再向深处走去,而是伏身水中,难民们也跟着纷纷向江水里跳去。

日军见有人跳江,遂以雨点般的机枪,射向江面,并且不断向江中投掷手榴弹。江水激起一个个水柱。血淋淋的尸体,人头、手臂、断腿星星点点飘浮江边水中。

梁廷芳只觉得肩头一麻,一颗子弹从他后肩窝打进,由前肩窝穿出,血如泉涌。他很快便昏死过去。

日军在屠杀完5000多难民以后,便在尸体上浇上汽油,放火焚烧。他们端着刺刀,不断在岸边巡回,见有重伤未死的人,便戳上一刀。

扬子江边重又恢复了宁静。除了火苗发出咝咝的蹿动声外,就是日本士兵那沉重的皮靴声。

几个小时以后,日军离开了杀人场。一轮明月,在血海的上空,放射着惨淡的寒光。

梁廷芳从冰冷的江水中苏醒过来。睁眼向江边一看,皎洁的月光下,只有如山一样堆积的尸体。他仔细看看周围,尽是尸体,有的还保留着临死前那恐怖、痛苦的形状,有的则被烧得焦头烂额,面目全非。

他扒开身边的尸体,吃力地爬上岸来。此时他身上的棉衣、棉袍,已经浸透了江水,成了一套沉重、冰冷的"水袍"。经寒夜江风一吹,更觉冰冷彻骨,浑身瑟瑟发抖。肩头的伤口,疼痛钻心。

后来,他又躲在电灯厂附近的一间草房里艰难地熬过了三天三夜,总算是得以死里逃生。

20. 妇女惨遭蹂躏

1938年元旦刚过,位于市中心的鼓楼医院,接收了一名血肉模糊、奄奄一息的妇女。外籍医师检查她的伤口后,吃了一惊:她面部被划了一道深深的刀痕,红色的皮肉翻了过来;脖颈和脊背上被砍了无数刀,鲜血淋漓;阴部被糟蹋得肿胀破烂,目不忍睹。

"太残忍了!太残忍了!"医师轻轻摇动那长着金黄色头发的脑袋,蓝色的眼珠中,流露出了同情和痛惜的目光。

那妇女面色苍白,双目微闭。她经受了太大的痛苦,此时此刻,似乎已经并不感到怎么痛苦了。她愈是安详,人们的心灵愈是被深深地刺痛。

她是住在难民区内铜银巷6号的一位难民。几天前,被日军抓到一所伤兵医院中。

"衣服,通通的洗,干净干净的!"几名日本士兵取来一大堆肮脏和沾满脓血的军衣、纱布,命她洗净。日本兵的汉语虽不通顺,但她都能够明白,无非是要她洗完、洗干净,不能偷懒。

这位妇女洗了一件又一件。开始时,手指在冰冷的水中冻得疼痛,过了一会儿,也就麻木了,只知道机械地搓洗。

她只能吃到很少一点儿食品。没有水喝,就捧起冰凉的自来水喝几口。一天下来,腰酸背痛,又饥又渴。虽然如此,她的心里还是有几分庆幸。因为做这种苦役,毕竟比遭到日军的强奸和屠杀要好得多。

天黑了。夜幕应该是奴隶们躲避劳累的保护神。

她被安置在一个单人房间中居住。房间里放了一张木床,床上被褥齐全,床前又拉一布幕遮挡。这虽是一个设备极为简陋的房间,但是,她满足了。既已身陷虎穴,当然要求不会太高。

这位劳累了一天的妇女,正准备反插上门销,好好地恢复一下白天的疲劳。不料门被推开了。一名长着络腮胡的日本兵,带着野兽般的狞笑,急急匆匆地闯入房间。

"啊,花姑娘,快活快活的!"那士兵强行命她脱光衣裤,并把她按倒在床上,干起了无耻的事情。

妇女惊恐地呼叫和躲避着。然而,被饿狼扑倒的羔羊,无论如何也逃脱不了厄运。

在暴力的胁迫下,她遭到兽兵的强奸。这时,从幕布外面又传来了一群士兵的嘈杂声。他们已经争先恐后地拥进房间,站在布幕外面排队,等候着发泄兽欲。

这位可怜的妇女,刚刚忍受完第一个兽兵的蹂躏,第二名兽兵便已经来到跟前……

周而复始。这女子成了日本士兵轮流发泄兽欲的"工具"。

女子在痛苦地呻吟。她的精神和肉体再也难以承受成群的野兽般的残暴蹂躏。

兽兵们却在狞笑。他们肮脏的灵魂和躯体都在蹂躏中得到了满足。

就这样,一夜间有二、三十名日本兵进来轮奸。那妇女被糟蹋得阴部肿胀,血污满床,神志恍惚。

当次日黎明来临的时候,她又要开始重复昨日沉重的劳作。整整一天,她又拖着疲惫、伤痛和饥饿的身体,去不停地清洗衣服和绷带。

夜晚,野兽伴着黑暗,同时来临。日本兵像一头又一头的野兽,有永远发泄不完的兽欲。这一切,灭绝人性和惨无人道的灾难,都要由同一名中国女子承受。

她的身体受到摧残而疼痛更加难忍的时候,日军兽兵对她的折磨却仍在一天天继续着。

这里无异于一座魔窟。她在魔窟中要经受无休无止的折磨。

女子仰望着天空翩翩移动的白云和自由飞翔的小鸟。她渴望自由,盼望着早日离开这人间地狱。这里的白天可怕,但黑夜比白天更可怕。

元旦过后,她果然盼到了离开魔窟的一天。

可是,她再也没有想到,等待自己的,却是一场灭顶之灾。她因为被糟蹋,阴部肿胀、溃烂得太厉害了,已经不能再起到"工具"的作用,野兽们无法再使用她了。

她被反绑起双手,押到一所荒凉冷落的学校里。两名日本兵端起刺刀,向这个被折磨得精疲力竭、步履艰难的柔弱女子连连刺去。

"啊,啊,疼死我了!妈呀!"她凄惨地哭叫着。被害者的哭叫没有使刽子手手软。她的后颈和背部被一连刺了8刀。疼痛使她在地上不停地翻滚,随着滚动,鲜血把一大片土地染红了。

不一会儿,这女子停止了翻滚,躺在地上不动了,只能瞪着眼,张着嘴喘粗气。一名刽子手对准她那痛苦、失血的面孔,猛刺一刀。鲜血顿时从面颊上涌出,顺脸流下。

这一刀把可怜的女子,从昏昏沉沉之中唤醒。她重又恢复了疼痛的感觉,两只手用力地抠进泥土中,手臂在不停地颤抖。另一名日军又向着那颤动的臂膀,用力地戳了一刀。臂膀不再抖动了。女子僵卧在荒凉的土地上。

两名刽子手以为她已经死了,便若无其事地扬长而去。

就是这个多灾多难的女子,后来被送进了鼓楼医院,竟然奇迹般地活了下来。不过,她的头颈再也不能灵活地转动。她那痛苦的遭遇和遍布全身的10条刀痕,记载了日本侵略军野兽般的罪恶,记载着中华民族的灾难和仇恨。

忠厚、善良的老刘,带着自己的妻子和天真可爱的女儿,居住在水西门城墙边一座破旧的房子里。战争的硝烟,已令他们丧魂失魄。城陷后,日军的烧杀抢掠,更使他们一家三口,不敢出大门一步。

一天下午,厄运终于降临到老刘一家人身上。一伙日军闯进了他们居住的破屋。才十四、五岁的小女儿躲避不及,被日军发现。

"哈哈,花姑娘!"日本兵不约而同地把贪婪的目光集中到小姑娘的身上。

"妈妈,我怕!"小姑娘惊恐地偎依到妈妈的怀里。在她幼小的心灵里,妈妈是一尊万能的保护之神。只要有妈妈在,就可以不受任何的攻击和侵害。

"棉被的有?这里的摆开!"这伙日本兵叽咕了一阵,强迫老刘从房间里取出棉被,用手指点,铺放在堂屋中心的地上。

老刘机械地搬出棉被,铺放开来,但并不知道他们究竟是要干什么。

"花姑娘,衣服的——不要!"一名留着八字胡的日本兵,边说边强令小姑娘将身上的衣服脱去。

此时此刻,那一对善良的夫妇已经完全明白了野兽们的意图,他们双双跪下哀求说:

"皇军,她还小,饶了她吧!"

做母亲的更不忍心看着自己心爱的女儿被敌人糟蹋,她无可奈何地乞求:

"皇军,就让我来代替她吧!"

这是一个多么可怜、多么屈辱的要求啊!然而,在"野兽"面前,又有什么道理和人性可讲呢!他们想到的事情,就会不顾一切地要做。

小姑娘有生以来第一次见到自己心灵中至高无上的"保护神"竟然保护不了自己,并且屈辱到如此地步。她无法理解眼前发生的这一切现象。她继续本能地呼叫着:

"妈妈,我冷,我不脱衣服……"

"死啦死啦的!"日本兵嗥叫着,用刺刀威逼小姑娘,并且动手强行将少女的衣服脱光。

一名兽兵上前把小姑娘按倒在棉被上,迫不及待地干起了无耻的事情。小姑娘又哭又叫,双腿乱蹬。

站在一旁的日军命令老刘夫妇各人抓住女儿的一只脚。

"不能啊,不能啊,她还是个孩子!"老刘夫妇哭泣着,跪在地上苦苦哀求。灭绝人性的兽兵们,对这对老实巴交的夫妇拳打脚踢,并把刺刀尖逼到他们的背上。他们只好紧闭双眼,把手轻轻地放在女儿的脚上。

小姑娘发出了凄厉的惨叫声。这声音是在告诉跪在一旁的父母已经发生了什么事情。它像利剑一样刺透了父母的心,使他们肝肠寸断。他们也跟着哭叫得更加厉害。

兽兵们则在这一家人的哭叫声中,逐一地扑到小姑娘的身上,去尽情地发泄兽欲。

老刘忍受着精神上巨大的创痛,劝慰女儿:

"孩子,再忍着点,马上就没事了!"

他一分一秒地期待着最后一名野兽快点发泄完毕,让女儿早点跳出苦海。

好不容易熬到最后一名日军的兽行结束了。此时,小姑娘的声音已经嘶哑,身上尽是血水。她全身都已经瘫软了。老刘夫妇俩正准备将女儿扶起,为她穿好衣服。突然,一名日军指着老刘大声吼叫起来:

"你的衣服的不要!"

老刘莫明其妙,颤抖地脱去了自己的衣服,仅仅留下了贴身的衣裤。寒冷和惊吓,使他瑟瑟直抖。

"衣服的不要!"日军指着他身上仅存的衣服,还要他脱去。

老刘只好顺从地脱光了自己的衣服。只见日本强盗用手比划着刚才强奸的动作,命令他说:

"你的快活快活!"

"啊,这太残忍了! 这不是人的行为!"老刘心想。他低垂着头,没有做出任何行动。

强盗们挥舞着手中的军刀和刺刀,不达目的,决不罢休。

当刀锋已经抵近老刘脖子的时候,一种对死亡的恐惧和求生的本能,使他向着瘫软在地的女儿靠近了一些。他被逼着弯下腰,伏向女儿的身体。这肉体,是自己亲生的骨肉;这血管里,流动着自己遗交给她的血。她看到女儿下身红肿出血,脸色苍白,已经奄奄一息。

猛然,这位父亲重新站了起来。一种人的尊严,父亲的尊严,驱走了对死亡的恐惧,停止了对生的追求。

"杀死我也不干!"他勇敢地抗争。

野兽震怒了。他们不能容忍猎物的反抗!几把刺刀同时刺向赤身裸体的父女俩。每扎进一刀,他们便发出"啊"的一声惨叫。他们就这样凄惨地死去了。

强盗们最后又掳走了少女的母亲。

一个家庭就这样毁灭了。活着的被抓走了,等着她的将是无休止的折磨和灾难;死去的饱尝了人世间难以想象的凌辱和折磨,倒卧在血泊中。

上午9点钟,6名日本兵突然闯入李秀英躲藏的一个地下室里。他们手执武器,眼睛里放射出野兽般贪婪的目光,口中不断呼喊着"花姑娘,花姑娘",一下子抓了10多名年轻的妇女。21岁的李秀英也在这群羔羊般的妇女之中。从日军那迫不及待的神色中,李秀英断定,无需走出地下室,她们就会遭到野兽的污辱和蹂躏。

"不,宁死也不能让野兽的邪欲得逞!"李秀英暗自思忖。她咬咬牙,猛地一头向墙壁撞去。她只觉得眼睛里冒出了一片金星,记忆便中断了。

李秀英撞得头破血流,昏倒在地。日本兵则忙着利用别的妇女去发泄兽欲,无心顾及这名重伤昏死的女子。

当李秀英重新睁开眼睛的时候,她的头部已由父亲用纱布包扎好。受伤的部位,疼痛钻心。她在经历了这场生与死的抉择之后,人生观有了改变。饱受恐怖和伤痛之苦的李秀英感到:在野兽的暴行面前,自杀是弱者的表现,自己自幼和父亲学过武术,打斗起来不比男子汉差,所以应当和兽兵去拼。

李秀英思想的变化,代表了坚强的中国妇女的共同意志和精神。侵略者使得受欺凌的人民坚强起来,勇敢起来。人民从灾难和痛苦中受到了教育。他们除了起来反抗和斗争,没有别的出路。

中午时分,刚刚苏醒不久的李秀英,又一次遇到了厄运。3名日本兵再次闯入地下室。

"男人的滚开!"

"花姑娘大大的好!"

一名日军恶狠狠地把男人都赶走,留下了李秀英和另外两名妇女。看来,他是一名头目,有权对猎获物进行分配。在他的指挥下,两名日本兵将两名妇女押到隔壁房间去发泄兽欲。日军头目将头部带伤、但却俊秀端庄的李秀英留着自己享用。

"哈哈,花姑娘,害怕的不要!"小头目说着,便上前来解李秀英的纽扣。

此时的李秀英与几个小时以前已大不相同了。她再也不愿白白地死去,而要使敌人也付出相应的代价。她一把握住挂在日军腰间的刺刀手柄。日军大吃一惊,几乎是本能地将她松开,用一只粗大的手勒紧她的手腕。

李秀英也不甘示弱,低头猛咬日军的手臂。那头目痛得哇哇直叫,发出了水牛般的嗥叫。

隔壁的两名士兵闻声奔跑过来,端起刺刀向着李秀英身上乱戳。李秀英仍紧紧地握住日军身上的刀柄。她与那名日军扭打成一团,在地上滚来滚去。日军头目身体粗壮,力大无比;李秀英有武术功底,指法有数。在扭打中,日军头目并没有占到上风。

但是,一名徒手扭滚着的女子,经不起另外两名持刀强盗同时发起的攻击。她的脸上、腿上、背上被戳得遍体伤痕,鲜血淋漓。李秀英清楚:自己在这场搏斗中已是必死无疑;但是,也要叫侵略强盗尝尝中国人民的厉害。于是,她拼命用两手卡住日军的脖子。她要在临死前,亲手消灭一个敌人。然而,就在她处于最有利的位置死死按住敌人的时候,她的肚子上被赶来助战的士兵戳进了一刀。李秀英松开了双手,失去了知觉。凶狠的日军又在她身上乱戳了一阵,悻悻而去。

李秀英的父亲,一个老实、善良的中年男子,看着血肉模糊的女儿,想到她一天两次受到如此的摧残,泪流满面,痛不欲生。他与邻人,对着僵卧在血泊中的李秀英,摇头叹息。

"没有希望了,埋……了……吧……"父亲拼命地摇动着女儿的身体,断断续续地向邻居们说。

他们在五台山旁,草草地挖了一个土坑,拆下一扇门板,作为担架。李秀英被抬上担架,身上蒙上了一床被单。

"哎……"担架抬出地下室后,一阵凉风吹过,被单下面发出了微弱的呻吟。

"秀英,秀英!秀英还活着!"父亲又惊又喜,呼叫起来。

李秀英果然没有死。她被送往鼓楼医院。经医生检查,她身上被刺了30多刀。第二天,她流产了,胎儿已经怀了7个月。这个勇敢的女子,九死一生,经过了200多天的医治,才恢复健康。不过,在她的肌体上,永久地留下了累累疤痕。这道道伤痕上,凝聚着她的一段悲惨经历。

21. 纵火抢劫毁古城

南京城被日本侵略军攻陷后,简直是一片火的世界。在炮弹、炸弹和燃烧弹的爆炸声中,一幢幢建筑物被击中起火。日本强盗进城后,又疯狂纵火,使千年古都遭受烈火的无情吞噬。

城陷之后,南自中华门,北至下关,沿着日军攻占全城的路线,到处都燃起了熊熊烈火。自12月20日起,日军又开始了有计划的全城纵火暴行。每支部队都配备了卡车,在焚烧一座建筑物之前,先把值钱的东西悉数抢走,然后付之一炬。为了点火,还配发给各部队铝热剂燃烧棒和一种用可燃性化学物质浸渍过的纸条。

在日本军官的指挥下,士兵们手执火把,走街串巷,鬼影憧憧。他们认为要放火的房屋,先由头目在门上画一记号,随后即由士兵逐一按号纵火。他们在房屋上浇以汽油和其他特制的化学溶液,一经点燃,虽泼水也不能熄灭。

安全区副总干事费区,在12月20日这天的日记里写道:

> 野蛮、残暴,无休止地继续着。市内最重要的商店街太平路已经全部焚毁殆尽。我亲眼看见许多日本陆军的大卡车装着他们放火之前从商店内抢劫的东西。我还目击一群日军正在建筑物上点火。我曾驾驶小汽车去基督教青年会旁边,青年会大楼已经起火燃烧,那是不久前被点燃的。当夜,我通过我家的窗户往外看,总共有十四处大火,有的大火波及相当大的地区。

第二天,留在南京的22名外侨,联名上书日本大使馆,强烈要求制止日军有计划的放火暴行。

他们呼吁:"纵火暴行必须立予制止,使残余部分不再遭无情的或有组织的焚毁。"

他们警告:"劫掠放火,愈演愈烈,市面僵滞,国际委员会所存米粮,仅足维持一星期!"

无数的商店、住宅和街道,在烈火中毁灭。

内桥一家享有盛名的"金玉兴"回民饭菜馆,就是千百家被焚毁商店中的一家。一日,来了30多名端着刺刀的日本兵,杀气腾腾地冲进饭菜馆。他们先把6000多块银元和其他贵重物品抢劫一空,又用刺刀挑起挂在墙上的"太斯米"(清真饭馆的标志)和名人字画,点火焚烧。接着,几名士兵将随身携带的燃烧弹向楼上掷去,随着几声轰轰巨响,火花四溅,全楼燃起大火。3个小时后,"金玉兴"成了一堆废墟。瓦砾中冒着缕缕余烟,寒风中闪烁着点点星火。名盛一时的菜馆,是金姓回民几代人的心血,顷刻间化为灰烬。

1个月后,中央社记者以"大火遍全城"为题报道了日军在南京城恣意纵火:

> 首都沦陷,敌军进城,炮火之余,又大施纵火,到处狂烧猛烈之巨火,浓烟日夜笼罩于全城,亘一月之久。此空前大火,使全城居民无时不在惊骇恐怖中,其延烧区域,计有中华路、夫子庙、朱雀路、太平路、中正路、国府路、珠江路及陵园新村等地带。所有高大建筑及商店房屋,均付之一炬。断垣残壁,焦土无限,凄惨情况,目不忍见。

古城在烈火中呻吟。

怒火在南京人民心中燃烧。它将最终焚毁日本侵略者在中国的罪恶统治。

日本侵略军在疯狂纵火的同时,还恣意抢劫,什么都要,什么都抢。

对于这种野蛮的抢劫,身在南京的中外人士,有目共睹。

金陵大学的美国教授贝德斯博士说:

> 开始占领南京时,约有5万名日本兵从难民那里拿走了许多被褥、厨房用具和副食品。在占领后6个星期内,他们几乎侵入了市内的所有建筑物。银行的保险箱,特别是德国人保管的私人保险箱,被他们用乙炔割开了。有时我看到,长达三分之二英里的辎重队拿走了老百姓的红木家具。

军医蒋公谷目睹日军动用一切运输工具,来搬运抢劫到的物资。蒋公谷形容说:

> 我每见到他们部队移动时,后面必定踢踢踏踏跟着许多破汽车、烂的人力车、牛车、小车和驴子,都满载着,外面拿油布遮住。这掩耳盗铃的办法是欺蒙不了众人耳目的,谁都晓得这是抢来的贼赃呀!

在如此大规模的抢劫中,他们没有选择,见物就抢,抢到都要。有一次,30名日军在鼓楼医院及其护士宿舍中抢劫的物品就有:

自来水笔6支、法币180元、手表4只、绷带2包、电筒2只、手套2副和绒线衫1件。抢红了眼的强盗,做的是无本生意,连最不显眼的琐碎生活用品也抢。

一名日本兵,借在外侨家中检查之机,顺手将一颗小纽扣拿起藏在怀里。那外侨见了,上前一步,将纽扣取过,转而赠送给他,并讽刺地说:"这就作为对你辛苦的报酬吧!"日本兵红着脸,唯唯地收下了。

历史记下了这场大浩劫中南京市民的损失:

器具:2400多套又30.9万件;

衣服:5900多箱又540万件;

金银首饰:1.42万两又6300多件;

书籍:1800多箱又14.86万册;

古字画:2.84万件;

古玩:7300多件;

牲畜:6200多头;

粮食:1200万石。

尽管这已是一串惊人的数字,但仅从它的列项上就可以看出,它是多么的不完整。南京人在这场浩劫中的损失,永远也无法统计清楚。

古老的南京城,在浩劫中被摧残得遍体鳞伤、肢体残损。到处是断垣残壁,满目是焦土瓦砾。

从内桥往南,直至中华门城楼,是一条笔直的中华路。早在1300年前的六朝时期,它就是都城的御道。朱元璋称吴王时,曾经把王府设在这条街上。国民政府奠都南京后,耗资16万元,将这条路扩建、拉直,冠以"中华"路名。新建的中华路成为绸布、钟表、糕点和金融业汇集的闹市区。如今,北段从内桥到三山街口,已尽成废墟;南段自三山街到中华门,每隔两三家,就有一段瓦砾场。中华路上的房屋,70%被大火烧毁。这条以"中华"命名的街道,被破坏得面目全非。它的命运,不正象征着中华民族面临的灾难和厄运吗!

与中华路平行的另一条商业街是太平路。6年前,它刚刚在花牌楼大街的基础上扩建而成。这里商店云集,车水马龙。但是,城陷后,这条繁华的街道,被日军烧去了90%! 太平路并不太平。它和南京城的命运一样,名为"宁",但并不安宁。

秦淮河畔的夫子庙一带,是南京重要的商业区和文化区。这里人烟稠密,商业繁华,文化鼎盛,素有"六朝金粉"、"十里珠帘"的美名。以夫子庙为中心的建筑群,重楼叠阁,雄伟堂皇。它的布局与结构,都居东南各省之冠。巍峨庄严的大成殿,显示了南京人民悠久的文化传统和超群的建筑智慧。日军占领后,纵火烧毁了整个夫子庙繁华地带。金粉楼台尽作焦土,六朝居、奇芳阁、得月楼等著名老店均付之一炬,规模恢宏的大成殿荡然无存,秦淮小公园成了杀人的刑场。夫子庙四周,东至龙门街,西至瞻园,南至秦淮河对岸的石坝街,全成废墟。大石坝街50号著名中医兼词学家石云轩家中,被日军抢去名贵书籍4大箱、字画古玩2000多件。军阀孙传芳曾出价7万银元购买石家藏书,遭到拒绝。日本强盗不费分文,抢空了这个书香门第。石家的三进宅院,化为灰烬。

城北的下关,因有长江、秦淮水运之利,而成为商品集散中心。自明初设立龙江宝船厂后,此处更因建造巨船而闻名于世。民国时期,又添津浦、沪宁二铁路在这里交会,商业更趋繁华。1930年,修建了30米宽的热河路,两旁商店鳞次栉比,使下关地区继中山大道之后,又增添了一条现代化街道。南京沦陷后,下关江边,成了日本侵略军主要的杀人屠场,中山、首都、三北、抬商等码头,都被烧毁。江面上穿梭似的船只不见了,剩下的是一江东流的愁水;街道上熙熙攘攘的人群不见了,见到的是成堆的尸体、如渠的血水。当时到下关采访过的日本记者长野郎说:

"下午7点天将黑时,到达南京下关车站。几个月以前还以首都大门自诩的下关车站,现在也烧光了,片瓦无存。"

以"牛首烟岚"跻身于清代"金陵四十八景"之中的牛首山,是佛教圣地,是中、日佛教信徒推崇的"牛头禅法"的发源地。建于六朝的幽栖寺,气宇轩昂的大雄宝殿深藏在高山峻岭之中。这里翠谷丹崖,风景绮丽。日军攻占牛首山后,将满山古树砍伐一空,千年佛寺付之一炬。

著名的金陵古城,经日本侵略军浩劫,变得满目疮痍。它的毁坏和凄凉,正如元代萨都剌词所写:"寂寞避暑离宫,东风辇路,芳草年年发。落日无人松经冷,鬼火高低明灭。"

22. 斗顽敌宁死不屈

一个阴暗的早晨,由一名青年驾驶的卡车被日军截住。日本兵令青年人蹲在地上,双手抱头。一把锋利的刺刀正好对准着他的后背。为了让青年人知道现实的危险,看押者故意用刺刀尖点点他的背部,好像在说:"敢动,就戳死你!"

一群日军忙不迭地将一箱箱机枪子弹搬上卡车,一直堆到满满一车。

司机名叫梁志成,是个19岁的小伙子。在南京沦陷后腥风血雨的日子里,他开着车,跑的地方多,亲眼目睹成千上万的同胞被日军屠杀后抛尸街巷荒野;他的胸中填满了仇恨的烈火。梁志成暗下决心:自己的车,只能为南京人民做好事,决不帮日军做一件事!

"快快的开到下关!"双手抱头的梁志成,猛地被日军拉起,推进驾驶室,一名日本军官坐在他旁边的位置上,用手枪对着他说。

"狡猾的不许,死啦死啦的!"日本军官瞪着一双凶狠的眼睛,晃动着手枪,威胁地说。

梁志成心想:自己面前摆着两条路。一条是拒不开车,自己将被日本人杀死;一条是把子弹送去下关,让鬼子大量屠杀自己的同胞,自己可能会活着。

"不,我是中国人,决不能帮助鬼子做事!"梁志成横下了一条心。

说时迟,那时快。梁志成猛地转身一拳,将坐在旁边的日本军官击倒,军官的手枪掉在驾驶室里。他猛扑过去,双手紧紧卡住军官的脖子。这是一场生死搏斗,卡死了日军官,他就是死也够了本。

那名凶狠骄横的军官,过低地估计了中国人的反抗精神。当他用手枪威逼着梁志成开车的时候,完全没有想到,中国人还会反抗。他只能"啊,啊"地呻吟和挣扎。

"啊,中国兵,中国兵!"已经爬上车厢押解军火的几名日本兵,听到驾驶室里的殴斗声,惊叫着慌忙跳下卡车,前来助战。

一名手持马刀的日军,爬进驾驶室,举刀对着梁志成一阵猛砍,连砍了十几刀。梁志成浑身上下,鲜血淋漓。开始,他还能咬紧牙关,用力地卡住日本军官的喉管,想在自己死前,杀死一名敌人。但是慢慢地,他感到天旋地转,眼前的景物模糊了,耳边的嘈杂声遥远了。他终于不由自主地松开了双手,昏死过去。

那名被梁志成卡住喉管的日军官,挣扎着站起来,深深地吸了一口气,眼睛里布满了血丝。他从驾驶室的地下捡起手枪,对着梁志成开了一枪。

"砰!"一颗子弹,钻进了梁志成的肩头。遍体鳞伤的梁志成,被摔出驾驶室,一动不动地躺倒在地。

这批日军,只好扔下卡车和昏死的梁志成,悻悻地将子弹搬往别处。

下午,一阵寒风将重伤的梁志成吹醒。他见到自己的卡车仍停在那里,但车上的子弹已经不见了,驾驶室里和地面上尽是鲜血。他那苍白的脸上露出了一丝微笑。他想:他做了一名堂堂正正的中国人,他没有做对不起同胞的事情。

此刻,他大口大口地喘着粗气。满身的伤口,像无数把钢刀同时刺进肉里,疼痛钻心,黄豆大的汗珠顺脸流下。

梁志成利用傍晚的夜幕,咬着牙,挣扎着爬回自己家中。一夜间,他几度昏迷,浑身火烧火燎地疼痛,艰难地熬过了一个漫漫的长夜。

第二天拂晓,东方已经透出黎明的光亮,白昼即将驱走黑夜,梁志成的生命却到了尽头。他知道自己已经不行,便断断续续地对守在旁边的姐姐说:

"姐姐……我……至死也没有……帮鬼子……做过……一件事……"说完,便闭上了眼睛。

也许他还想说什么,但是,生命已经画上了句号。这是一个鲜血的句号,光荣的句号。那垂危中的最后一句话,是他生命的最强音。为了能够无愧地说出这句话,他付出了年轻的生命。面对这样的英雄,日本强盗为之颤抖,中国人民为之骄傲。

在长江北岸的一片芦苇荡中,一名中国青年同一个日本士兵,在河水中扭成一团,进行着生死搏斗。那青年水性好,在水中占了优势,不时将日本兵的脑袋按到水里。几个回合下来,被按在水中的日本兵已渐渐不支,失去了抵抗的能力。青年人将头露出水面,用手抹去脸上的水珠,深深地吸了一口气,露出了胜利者的微笑。

突然,从近处芦苇中响起一阵枪声。那中国青年经过艰苦拼搏,刚刚泛起的笑容消失了,随着身体的下沉,水面上现出了一个血色的波纹……

那中国青年名叫范有林,家住江北浦口农村。日军占领南京后,他和妈妈带着两个妹妹,背井离乡,躲藏到赵家桥附近的芦苇荡中。附近的镇子就叫长芦,也许,这地名也和这里一片茂密的芦苇丛多少有些关系吧。芦苇荡确是在险情下隐蔽的好地方。因此,在这里躲藏着许多远近地方的村民。

一天,范有林正同妈妈、妹妹在附近的芦苇滩上活动,忽然听到远处传来"突突突突"的汽艇声。他抬头一看,果然有一艘日军的汽艇由南向北疾驶过来。

"我们已被敌人发现了,你们快躲到芦苇丛中去,我在后面掩护。"范有林果断指挥。

他根据日军汽艇行驶的方向,为妈妈和妹妹指点了比较安全的躲藏地点。临分手时,他特别叮嘱说:"告诉乡亲们,鬼子来了,要注意隐蔽!"

"站住!逃跑的不许!"汽艇上的日军发出了吼叫。

范有林故意站在一处明显的地方,吸引日军的注意,好让妈妈、妹妹和乡亲们有足够的时间转移、躲藏。他清楚地看到,一面太阳旗挂在船头上,三四名日军持枪站立。一个看起来像军曹的头目,在叽里咕噜地向同伙们吩咐什么。

"请问皇军有什么吩咐?"等汽艇靠近岸边后,范有林沉着地同日军答话。

"你的好好的带路,那边中国兵大大的有!"军曹命令范有林上船为他们带路。

"是!"范有林胸有成竹,但表面上一点不露声色。

芦苇荡中,河水深浅交错。范有林故意把汽艇引向一处地势复杂的水域。"突突"开进的汽艇,突然停住了。

"快快的前进!"军曹命令。

"报告,这里水浅,艇已经搁浅。"驾驶兵向军曹报告。

军曹着急了。他用日本话迅速作了部署,大概是命令其他的士兵在原地加强监视,由他先过河去察看。

"你的用力的背,大大的有赏!"军曹命范有林背他走过浅水,到另一块芦苇滩去。

"是,谢谢皇军!"范有林的态度恭恭敬敬。

他小心翼翼地背起军曹,弯曲前进,有意摆脱了后面日军的监视,走到靠近深水的地方。他心想,决不能把鬼子带到芦苇深处去。那里聚集着许多乡亲父老。

于是,他使劲将身体一歪,把背上的军曹摔入深水中。

"啊——"军曹发出一声凄厉的惨叫。接着便是一场你死我活的水中搏斗。

军曹的惨叫声惊动了后面的日军。他们闻声慌忙跳入水中,追向出事地点,并且在范有林刚刚露头深舒一口气的时候,向他射去了一梭罪恶的子弹。

范有林为了保护乡亲而献出了自己的生命。日军汽艇也因为军曹的受伤而中止了正常的巡逻。

23. 雄鹰猛袭日机场

1938年1月25日。

沦陷了一个多月的南京城,还处在恐怖的血腥屠杀之中。被血水染红了的扬子江,在低声哀歌。

500里外的江边都市武汉,已经进入全面戒备状态。它正严阵以待,防止日军溯江而上进行侵略。

两辆擦拭得雪亮的黑色轿车,在一座漂亮、雅致的庭院门口停下。一位中国空军将军把两名苏联空军军官引进大门。几名迎候在门口的中国军官向来人立正行礼。

这里是蒋介石在武汉的官邸。

在一间宽敞、明亮的大厅里,中国空军前敌副总指挥毛邦初将军,将苏联空军志愿队高级顾问日加列夫和轰炸机联队长马琴介绍给蒋介石。

"你们辛苦了,请坐!"蒋介石起身从制作精细的红木长桌后面走过来,和两位苏联军官握手。

"日加列夫先生,马琴先生,据可靠人士告诉我们,日本人在南京集中了大批轰炸机和战斗机。显然,他们最近就要袭击我们的目标。我希望空军能提前给南京机场一次打击。"蒋介石在通过翻译同苏联军人寒暄了几句之后,便用浙江官话谈起了正题。

"委员长先生,我已经通过毛将军建议,希望能组织战斗机为轰炸机护航。"马琴认真地重复他已经提出过的建议。

"马琴先生,您的建议我已经知道。我们正在考虑这个问题,但是现在还没有这个可能。"蒋介石回答时,面带难色。待翻译译完后,他莞尔一笑,将话锋一转说道:"我知道,贵国的CB轰炸机有较强的自卫火力,飞行速度比日本九六式驱逐机还快,飞行员都骄傲地称它叫'喀秋莎'。相信你们即使没有战斗机护航,也一定能够胜利完成这次轰炸任务。"

蒋介石的话激起了苏联军官的自尊心与自信心。马琴与日加列夫都不约而同地笑了起来。

日加列夫顾问低声向马琴问道:"最早什么时候能够出动?能派出多少架飞机?"

马琴意识到,自己应当向中国的最高统帅报告这些问题。他抬起头,胸有成竹地向蒋介石报告说:

"苏联空军志愿队明天就可以派出3个中队CB飞机,去轰炸南京机场。"

"啊,太好了!有关执行这次作战任务的具体问题,你们还可以同毛将军直接联系。祝你们成功!"蒋介石站起身来,同日加列夫和马琴握手道别。

一次对日本侵略者机场的空袭行动,便由中国最高军事当局同苏联空军志愿队指挥官当面商定。

26日清晨,由联队长马琴亲自率领的3个中队共20余架"喀秋莎",从南昌机场升空,编成楔形队形。飞机携带了10吨左右的爆破弹和燃烧弹,以南京机场作为第一轰击目标,南京东南的铁路为备用目标。几名正在接受驾驶CB轰炸机训练的中国飞行员,也参加了这次空袭行动。

两个月前,马琴曾经率队驻扎在南京机场,多次升空和日本空中强盗作战。现在,中苏两国的飞行员,又一次飞临他们熟悉的长江、钟山上空。那呈方形平顶状的方山,矗立着高大烟囱的发电厂,重又映入眼帘。

南京的上空聚集着浓密的10级云量。马琴指挥中苏两国的飞行员穿过云层,向着南京机场俯冲轰炸。

南京机场的停机坪上,整齐地排列着涂了红色太阳标志的敌机。敌人毫无准备。机场一片宁静。

"轰!轰!"

随着两声惊天动地的巨响,机场上升起了巨大的火舌和一团团黑烟,噼噼啪啪的爆炸声连续不断。停机坪上激荡着强烈的爆炸气浪,机场周围笼罩在一片浓烟烈火之中。

加足了油的日本轰炸机在爆炸。

机场油库在燃烧。

离机场不远的弹药库腾起了红色的焰火。

日本人措手不及。他们没有估计到中国方面的攻击来得这么迅速。

中苏飞行员在没有遇到抵抗的情况下,完成了对大校场机场的轰炸。他们驾着雄鹰,从芜湖以东飞越长江,开始返航。

他们的身后地面正燃烧着熊熊烈火。那持续不断的爆炸声,如同欢送英雄的礼炮,又像赞美英雄业绩的颂歌。

忽然,十余架日本战斗机尾随而来,全速追击。战斗机最大的特点是行动灵活、加速快。

CB机沉着应战。每架CB机上都装有5挺自卫机枪。一场激烈的空战,打得难解难分。

在日机的首次攻击中,有两架被击落,冒着黑烟,坠入波涛汹涌的长江之中。

日军在调整阵势后,又发起了第二次攻击。在这次交火中,中苏飞行员又击落了两架敌机,而苏制CB机也有一架被敌机击中。

在安徽省水网交错的土地上,跌落下一架已经断裂了的CB轰炸机。机上的一名中国飞行员和数名苏联飞行员全部遇难。他们把自己的生命,贡献给了抗击日本侵略者的正义事业。

当马琴所率的3个中队CB机凯旋南昌机场、受到中苏高级指挥员隆重而热烈的欢迎时,一大群日本士兵正默默地在南京机场搬运他们血肉模糊的尸体和飞机的残骸。他们显得狼狈而恐惧。

在熊熊燃烧的抗日烽火中,苏联空军勇士也为中国的反侵略正义事业作出了积极的贡献。

24.总领事馆毒酒事件

1939年6月10日夜晚,日本驻南京总领事官邸内灯火通明,小轿车排了一长串。崛公一总领事在这个初夏的周末之夜,举行大型宴会,招待昨天刚由国内飞来南京的日本外务省次官清水。被邀出席的还有:日本华中派遣军副参谋长铃木宗作少将,海军大佐泽田、中佐田中,警察署长内藤四郎;汪伪国民政府行政院长梁鸿志,伪立法院长温宗尧、伪绥靖部长任援道、伪外交部长廉隅、伪南京市长高冠吾等人。

7时35分,在宾客大致到齐之后,崛公一以东道主的身份,起立举杯。满座宾客随即一同站起,将斟满酒的杯子高高举起。

"我提议,为清水次官的到来,为圣战的节节胜利,为女士们、先生们的健康干杯!"崛公一面带微笑,将满杯白酒一饮而尽。

"干杯!"

"干杯!"

宾客们随之在一片"干杯"声中,也喝尽了这礼节性的首杯酒。

一时间,宴会厅里群魔乱舞,不时发出叮叮当当的碰杯声。一些日军军官和大小汉奸,酒兴大发,喝了一杯又一杯。

突然,有一名会品酒的小喽啰大喊起来:"这酒味道不正,当心毒药!"

这一喊,惹得宴会上一片恐惧和惊慌。不少人也跟着呼叫:"这酒确有刺鼻怪味!""我早就觉得味道不对头!"

崛公一收敛起脸上的笑容,紧绷着面孔命令:

"书记官船山、警察署长内藤,你们速去厨房检查余下的陈酒!"

"哈依!"船山、内藤领命而去。

不一会儿,船山、内藤前来报告说:"经过检查,今天的陈酒中,确有异味,恐不宜再饮。"

总领事崛公一紧锁眉头,一脸怒容地宣布:

"停止饮酒!"

一些前来捧场的下级军官和大小汉奸,为了打破这尴尬的局面,故作镇静地继续品尝菜肴,以保全崛公一的面子。但是,好景不长,大约只过了一刻钟,便开始有人呕吐起来,不一刻,中毒的反应愈来愈严重。有口舌麻痹的,有行走困难的,有头晕栽倒的,有神志不清的。

警察署长内藤开始头脑还比较清醒,忙碌地指挥警察加强警戒、封锁通道和对中毒人员进行抢救。但时隔不久,他也因毒性发作,瘫软在地。

书记官船山在奉命检查厨房余酒后,便瘫倒下来。他与另一名书记官宫下,中毒最重,脸色死灰,口吐白沫,被送往医院后不久,就命归黄泉。

总领事崛公一和外务省次长清水,也昏迷不醒,被紧急送往医院抢救。

一时间,这夜幕笼罩下的总领事官邸中,停满了从同仁会医院、有安医院、金城医院、慈惠医院和日本陆军各医院派来的救护车以及从警察署开来的警车。刺耳的汽车尖叫声,喧闹了一整夜。

铁蹄下的南京人民,从这彻夜不停的警笛声中知道,日本侵略者又遇到了大的麻烦。他们的心中暗自庆幸。敌人的痛苦,正是被压迫人民的欢乐。

就在日本总领事官邸内乱作一团的时候,在水西门城外的新河口,一条木船把一位二十五六岁的青年人送过了夹江。他瘦高个儿,高高的鼻梁,圆圆的眼睛,头梳短发,身着白色上衣、黑色长裤,机灵地穿过江心洲,又连夜雇船到了江北。

这位青年人,就是日本领事馆饮酒中毒事件的主谋者詹长麟。他和29岁的哥哥詹长炳都是日本领事馆的仆役。他们目睹日本侵略者对30万南京同胞的残暴屠杀,心中早已燃起了复仇的怒火。

6月8日,在崛公一总领事向驻宁日军头目和大小汉奸发出请帖,准备于10日宴请清水次长后,詹长麟就在哥哥的共同策划和协助下,利用奉命买酒的机会,把大量阿托品放入刚买回的4瓶老陈酒中,然后又把盖口封好。10日晚宴会开始前,他又奉命为宴会温酒,便把毒酒灌入一只只日本式的温壶中。他对另一位仆役玉山说:

"现在每只温壶中只有半壶酒,如果一次灌满,酒味就会不好,等宴会开始时再灌满。"

玉山点头称是。这时,詹长麟用手捂住腹部,面呈痛苦的表情,说:

"我肚子有点痛,出去吃点药,等一会就回来。有什么事,请你帮个忙。"

詹长麟就这样,既放置好了毒酒,自己又提前逃出了虎口。他的哥哥,他们的眷属、孩子等,也都提前逃到了江北。后来,他们一家辗转平安到达了上海。

中毒事件发生后,日本侵略军出动了1000多名宪兵和警察,画图行文,搜捕詹氏兄弟及其家属,但是一无所获。

半个月后,詹氏兄弟给崛公一总领事写了一封公开信。信中说:

> 我们既然做了此事,就不怕死,如果被你们捉住,愿为多数被你们蹂躏的人们报仇雪耻,死而无憾。像我们这样的劳动者,除以这样的死作为代价之外,没有比这更光荣的。

这是两名普通中国百姓的声音。这也是全体中国人民的声音。正义的吼声,惊天动地,给日本侵略者以当头棒喝。

崛公一手捧着詹氏兄弟的信,只觉得,自己是坐在一座随时都会喷发的火山口上。

25. 军统特工谋刺汉奸

事情发生在汉奸汪精卫当上伪国民政府主席之后不久。

喧闹的下关火车站月台上,一列由上海开来的快车徐徐进站。刺眼的强烈灯光,划破了刚刚降下的夜幕。

两名头戴礼帽、身着长衫的旅客,各自手提一只皮箱,随着拥挤的人群,步出车站。他们在车站广场,稍稍驻足环视了一下四周。没有什么异常的情况。

"黄包车!"他们中的一人,抬手呼叫来两辆黄包车。

"先生,请问到哪里?"黄包车夫问。

"中央饭店。"乘客边跨上车子,边随口答道。

此刻南京城已是万家灯火。大饭店、电影院、大商场的门口,都亮着彩色的电灯和醒目的标志。两辆黄包车一先一后地走过山西路、鼓楼和新街口,然后向东直奔坐落在利济巷口对面的中央饭店。

这两位神秘客人的到来,并没有立即引起汪伪特务机构的注意。他们是国民政府军事委员会调查统计局派来的特工人员,名叫黄逸光、黄征夫。"二黄"奉命潜入南京,暗杀汉奸汪精卫。

黄逸光在抗战前曾见过汪,并与他合拍了照片。现在他带上了照片,准备先以此前去与汪叙旧,然后再寻机动手。

黄征夫略施小技,将房间里的衣橱巧妙地造成夹层,把带来的特工器材全部藏入。他的藏匿技巧,达到了天衣无缝的程度。

为了更好地隐蔽,"二黄"住在中央饭店,不向重庆、上海发报,没有向任何人吐露来宁的目的。他们只是在外围活动,寻找能够见到汪精卫的机会。

可是,在国民政府与汪伪政权之间紧张、激烈的特工战中,你中有我,我中有你。这是一条看不见的战线,是一场没有硝烟的战斗。

一日,汪精卫突然将特务头子、伪政治警卫总署署长马啸天召到家中。

"你知道黄逸光到了南京吗?"汪精卫神色严峻地提问。

"知道,他与另一人同行,已在中央饭店住了多日。"马啸天的回答也算是精明。

"你知道黄逸光来南京的目的吗?"汪精卫的追问咄咄逼人。

"报告钧座,我们正在调查。但是……还没有准确的结果。"马啸天已经发觉,自己的工作落到了主子的后面。他的神情开始紧张。

"他是重庆方面派来的,目标就是我。"汪精卫气得脸色铁青,提高了嗓门说,"立即派人侦查逮捕,要突然袭击,务必搜出罪证。"

"是。"马啸天没有再说什么。他又惊又恼。惊的是自己的工作竟然出了这么大的纰漏,恼的是国民政府军统竟钻到了自己的鼻子底下。

马啸天迅速派第三处处长姜志豪,带领人马前往中央饭店突击搜查。姜志豪在汪伪特工总部中实任侦行科科长,专司侦训、保卫、侦察、行动、检查等职。凡发现可疑、敌对分子,都由他指挥实行侦察、逮捕、初审、用刑等行动。

这次姜志豪奉命前来搜查、逮捕"二黄",便衣特工人员把中央饭店里里外外严密监视起来。

此时恰逢黄逸光外出,只剩黄征夫留住店中。

正在房中闲坐的黄征夫,突然听到一阵急促、沉重的敲门声,情知有变,随手将写有准备联络人员姓名、住址的字条,搓成一团,塞进口中吞下。

他从容将房门打开。

"不许动!"一支乌黑的手枪,已经对准他的胸口。

一群特务冲进来,翻箱倒柜,连席梦思床垫和抽水马桶都仔细搜遍。没有发现任何可疑的器具。

姜志豪气急败坏。他凭着自己干特务的经验,断定房间里必定藏着特工器材。于是,他用铁锤将所有橱壁、墙壁逐段敲打,终于在衣橱的夹层中发现了他所要寻找的东西:4英寸穿甲手枪1支,达姆弹10发,照相机1架,小型电台1座,密码本1册。

特务们兴高采烈。黄征夫的脸上表现出深深的遗憾。

没过多久,黄逸光外出归来。他还未跨进自己的房间,便被两名彪形大汉死死抱住。他被捕了。

当马啸天再次来到汪精卫官邸,报告将"二黄""人赃俱获"时,他眉飞色舞,洋洋得意。

"黄逸光枪决,黄征夫收押。"汪精卫听完侦察报告后,淡淡地对"二黄"的命运作出了最终的裁决。

黄逸光终于在南京的古老城墙边倒下。他为谋刺汉奸头目而死。历史将不会忘记每一个为抗击日伪而献身的人们,不管他们的身份和经历有多复杂。

当历史的车轮前进到1943年的时候,中国人民的抗日战争,正经历着前所未有的困难。大片国土沦丧,国共摩擦加剧,日伪军加强在各个战场的进攻。

沦陷区仍是战场和火山。国共两党仍在为抗击共同的民族敌人而斗争。

1月14日,在南京繁华的夫子庙贡院东街新亚舞厅门口,"轰"的一声巨响,爆炸了一颗定时炸弹。正在舞场内寻欢作乐的4名敌人被当场炸死,另有舞女数人受伤。另一枚放置于舞厅楼梯口的炸弹,尚未爆炸,被宪警人员取走。

炸弹的实际杀伤效果是有限的。但是,它那扩展到社会各界和人们心理上的冲击波,却是无限的。

日伪军队和汉奸头目,惶恐不安,如坐针毡。

南京人民拍手称快,大受鼓舞。

夫子庙的炸弹爆炸案,使日本侵略者大发雷霆,命令汪伪政权限期破案。

经汪伪特工总部南京区大小特务,严密排查了与爆炸案有关的所有单位、个人和线索,他们从炸弹的型号分析,它来自重庆国民政府军统,而作案者很可能住在夫子庙附近的旅社中。

当天傍晚,夫子庙地区突然宣布戒严,汪伪的警察、宪兵全副武装把通往夫子庙的所有路口一概予以封锁,凡形迹可疑者,一律拘留候审。

特务们分成若干小组,将戒严区内的大小旅社逐一搜查。任何一个住店的旅客,都要经过仔细的盘查、核对证件。

"报告处座,在状元境一家旅社中,搜得一批炸弹、炸药和氰化钾毒剂。"一个特务头目向伪政治警卫总署三处处长姜志豪报告。

"噢,炸弹是什么型号?"姜志豪惊喜地问道。

"与白天爆炸的炸弹属于同一型号。"

"房间里住客是什么人?"

"名叫强一虎,自称是从上海来南京经商的。"

久历特务生涯的姜志豪,满心高兴,知道"大鱼"已经落网,可以请功邀赏了。他命令道:

"把强一虎及所有可疑器材,一并带回审查。"

军统特工人员强一虎被戴上手铐,押上警车,关进宁海路看守所。

作为特工人员的强一虎,十分了解特务的手段,心中不免产生了几分恐惧。那种司空见惯的刑讯逼供,他虽看过千百遍,却一遍也没有亲身领教过。不过,念头一转,强一虎又感到欣慰。白天安放的炸弹,已经有了战果和很大的社会效果;通过伪特工总部南京区警卫大队分队长刘良,对南京区区长马啸天家中施放的毒药氰化钾,也已顺利放进供马食用的味精瓶中。想到这里,他在心脏突突跳动的同时,脸上露出了一丝微笑。

然而,毒杀特务头子马啸天的行动进行得并不顺利。诡计多端的马啸天,眼见许多特务、汉奸被刺杀,对于自己的衣、食、住、行,都特别谨慎小心。他前几天就已经发现,厨房的味精瓶里被放进了氰化钾,但不露声色,只是把破获此案的任务秘密地交给姜志豪及其助手杲强民负责。

强一虎被逮捕后,杲强民侦知强曾与刘良有所接触。他向马啸天报告说:

"局座,能进入贵府厨房的人员,屈指可数。卑职认为,分队长刘良可能与放毒案有关。"

"唔,我也是这么想。立即对刘良重刑拷问。"尽管刘良算得上是马的心腹人物,但马啸天此刻也毫不手软。

经过秘密审讯,刘良供认了下毒案乃为强一虎指使。

强一虎被判死刑,立即枪决;刘良被判无期徒刑。

一声枪响,强一虎倒在血泊之中。历史并没有过多地宣扬这位军统特工人员。但是,他为抗击敌人而死,却是千真万确的事实。

26. 新四军痛歼日寇

抗战爆发后,刚刚组建起来的新四军,于1938年5月,由粟裕率领先遣支队进入苏南敌后战场;随后第一支队张鼎丞所部,亦于六七月间,先后进抵句容、江宁、溧阳、溧水、当涂地区。在南京大屠杀发生后,新四军一直活跃于金陵城下,同日伪军浴血奋战在南京四郊。

1938年7月10日清晨。大地刚刚在晨雾中苏醒,田野还是一片宁静。南京东郊新塘西边的公路上突然扬起一片尘土。两辆日本军用卡车向着新塘镇飞驰而来。另有7辆军车与它们相隔大约100米,随后跟进。卡车上共乘坐着100余名日伪军,他们携带着轻重武器,神气活现地驰骋在这片被他们征服了的土地上。

"哒哒哒哒……轰!"突然,从公路两边低矮的山冈和密密的丛林后面,向着行进在后面的7辆卡车,射来了密集的机枪和步枪子弹,手榴弹也不断地炸开。

几名日军士兵还没有弄清发生了什么事情,已经魂归西天。

中间的一辆卡车被炸坏了轮胎,只好就地停了下来。各辆卡车上的日军士兵迅速跳下车,就地卧倒,进行还击。

伏击日军车队的部队,是新四军第一支队第二团二营的部队。他们已经在山冈草丛中埋伏了三天三夜。日晒夜露,蚊虫叮咬,丝毫没有减弱指战员们的战斗意志。他们一心要打击日本侵略者,要为死难的同胞复仇。

新四军战士射出的每一颗子弹,都凝聚着深沉的仇恨。

配合新四军作战的当地游击队,都是日本侵略军南京血腥大屠杀的见证人。他们目睹自己生长的土地为侵略强盗践踏,亲见父老兄妹为野蛮的兽兵杀戮蹂躏。游击队员决心向敌人讨还血债。

中国军人的武器简陋,但是接连不断扔过来的手榴弹却很有杀伤力。敌人被炸得抬不起头来:

半小时后,敌人的援兵来了。有数辆坦克为先导的三百多名步兵,从汤山方向赶来。一大队挥舞马刀的骑兵由句容扑向新塘。顷刻间,二十余架日机从南京飞临公路上空。

勇士们边打边撤。神枪手不断将骑兵从马背上打落坠地。公路上被炸毁的汽车在熊熊燃烧,浓烟直冲天空。

当火红的太阳洒遍大地的时候,战斗结束了。日军的两辆汽车成了一堆废铁,瘫在公路上。四十多具日伪军的尸体,横七竖八地躺了一地。

1940年初夏,南京南部赤山脚下,田野里稻子一片青绿,山坡上树木葱葱,路边的海棠吐出了红艳艳的花朵。这里的山乡,属于南京人民。新四军第二支队一部在这里为保卫人民的土地和劳动成果而战斗。

明朗的天空突然飘来一块乌云。一支属于日本侵略军南甫旅团冈本联队的一个加强中队,来到湖熟镇增设据点。

5月14日,一百四十多名日军拖着九二式步兵炮,离开据点,沿着河堤向三岔镇开去。赤山是他们的必经之地。

新四军二支队副司令员廖海涛,早就命令部队随时作好伏击敌人的准备。这位小学教员出身的青年将领,虽然才三十岁出头,但是在他十多年的战斗生涯中,已经身经百战。他看中了赤山的优越地形,决心在这里出其不意地打击敌人。

"轰!轰!"日军向着赤山顶上的山庙打了两炮,进行试探。

廖海涛背上手枪和望远镜,登上了赤山西北的一个小山坡,仔细观察敌情。

"通讯员!"廖海涛一面用望远镜监视敌人,一面紧急呼叫通讯员。

"有。"通讯员万福来在身边应道。

"通知三营及其他部队,立即准备战斗!"副司令员下达了战斗命令。

"是。"万福来随即跑步前去传达命令。

战斗命令迅速逐级传达到埋伏在山村中的每一个指战员。大家摩拳擦掌,准备严惩这伙气焰嚣张的敌人。

当日军中队趾高气扬地走到赤山脚下时,黄玉庭营长果断指挥:"打!"

"哒哒哒……"

"轰轰轰……"

一时间,机枪、步枪、掷弹筒、手榴弹等所有火器都吼叫起来。山坡下硝烟弥漫。敌人被打得晕头转向,哇哩哇啦地胡乱喊叫。堤埂上躺下了一批血肉模糊的尸体。

日军头目指挥部队散开、卧倒,并架起九二式步兵炮,向山上一气发射了二十多发炮弹。山坡上土石崩裂,草木燃起了浓烈的烟雾。

"打!狠狠地打!"教导员范钦洪一声厉吼。

又是一阵雨点般的机枪和手榴弹倾泻到公路上。

"四班,跟我来!"王树德排长一挥手,带领一个班的勇士向敌人的后侧迂回过去。

不一会儿,集中在一个凹形坟地里的日军,遭到了密集火力的前后夹击。他们无路可逃,只能在抱头鼠窜中狼狈地死去。

战斗临近结束。在一座拱桥下面还有10多个日本兵被四面包围。他们走投无路,但又不肯投降。中队长吉田手持军刀,指挥部下负隅顽抗,并等待援兵。

敌人像一群疯狗,先拼命地发射九二步兵炮;炮弹打完了,就用机枪猛射。

为了迅速消灭这股顽抗的敌人,又不造成新的损失,廖海涛副司令员命令参战各连,把手榴弹全部集中起来,束在一起,向拱桥下面投去。

随着一阵雷鸣般的轰响,拱桥下不再有任何的枪声和动静。吉田中队长和他的部属全部报销在这一声惊天动地的巨响之中。

战斗结束了。阵地上红色的军旗在招展,指战员们振臂欢呼。那140余名敌军,除了两名像落水狗一样成了俘虏外,其余全部被击毙在赤山脚下。

1941年4月16日,日军扬州警备司令部纠集了仪征、天长、扬州三地的伪军,共700余人,由汉奸引路,从扬州出发,经过谢集与樊集,前来偷袭正在六合金牛山地区休整的新四军二师第十二团。

17日拂晓,在灰漾漾的晨雾中,日伪军从樊集出发,向第十二团驻地前进。狡猾的敌人避开正路,从田间小路,匍匐爬行,悄悄摸到三营的驻地万云和丁岗。

新四军第十二团刚刚在谢集、甘泉山一带打了大仗,指战员们太疲劳了,对于敌人的偷袭没有准备。经过激烈的战斗,三营从万云、丁岗阵地撤了下来。

"送上来的敌人,一定要消灭光!"四旅副旅长梁从学狠狠地说。他是当地新四军的最高指挥官。

梁从学迅速与第十二团团长杜国平、政委许海珊制定了反击方案:首先抢占五里墩高地,控制金牛山制高点,然后夺回万云、丁岗阵地,全歼这股入侵的敌人。

7时30分,当火红的太阳已经高高升起的时候,4挺分别架在五里墩高地和群众屋顶上的机枪,同时吼叫起来,猛烈的火舌直冲敌群。

"同志们,杀敌的时机到了,冲啊!"三营营长许万炳率两个连队趁势向敌人冲杀过去。

阵地上杀声震天,硝烟滚滚。

新四军战士们上起了刺刀,冲向敌阵,与敌人进行殊死的肉搏战。他们气势磅礴,一往无前,使敌人成批地横尸阵前。许多勇士也在拼搏中献出了自己年轻的生命。

万云、丁岗被收复了。日军被赶到一块叫做陆家凹的狭小凹地中。形势变得对新四军极为有利。但是,要聚歼顽敌,需要有十倍于敌人的勇气。古语云:"困兽犹斗。"与困兽搏斗决非易事。

突然间,只见一阵寒光闪烁,新四军的一个大刀班,在手榴弹的掩护下,挥舞特制的长把大刀,杀入敌阵。他们好似从天而降。刀柄上鲜艳的红绸闪闪飘动,战士们的英姿令敌丧胆。他们如猛虎下山,把敌人打了个措手不及。跟在大刀班后面的,是如潮水一般的部队。经过一场激烈的厮杀,敌人死伤了一百多,凹地里满是日伪军的尸体和哭天叫地的轻重伤员。可是,新四军8名英勇的大刀班战士,也在这场恶战中捐躯。

金牛山一战,新四军大显神威,日伪军闻风丧胆。东拼西凑起来的一支日伪混合部队,经过半天的战斗,死伤500余人,被俘30余人。新四军缴获39挺轻重机枪、40余支步枪、2个掷弹筒及大批弹药物资。

活跃在金陵城下的新四军,向日本强盗讨还了血债。

高高屹立的金牛山,成了南京人的骄傲和日本侵略者的坟墓。

1943年8月的六合县桂子山区,蝉鸣蛙叫,稻谷金黄,沉甸甸的稻穗随风摇曳,饱绽绽的玉米如宝石裸露。正当农民们准备开镰收割之际,一支由大队长小田率领的日军300余人,从南京开来,驻扎在离桂子山不远的八百桥;加上由伪区长洪琪带领的300多名伪军,敌人的总兵力约有600余人。

驻扎在桂子山一带的抗日人民武装,是新四军二师五旅第十三团和地方武装东南支队。

8月17日拂晓,新四军侦察参谋周本荣,率领几名侦察员打死了两名日军,将敌人诱出巢穴,使其向新四军驻地攻袭过来。

"赶快抢占制高点!"周参谋命令道。

侦察员们迅速占领了桂子山主峰和山脚下的丁家山头。他们用随身携带的手榴弹、手枪和刚刚缴获的步枪,牵制住敌人的兵力,好让主力部队赢得时间。

敌人以猛烈的火力,向山头发起进攻。

山坡上硝烟弥漫。侦察班战士居高临下,以一当十,顽强抗击敌人的攻击。

新四军五旅副旅长罗占云果断部署:二营从左面抢占丁家山头;一营从右边取道杨庄打援;三营担任预备队,去上刘一带监视东南方向。

1小时后,在山峰坚持的侦察班奉命后撤,并把敌人引向既设阵地。

"我来掩护,你们赶快后撤!"周本荣决定把危险留给自己。

"哒哒哒!"一串机枪子弹飞来,夺去了侦察参谋年轻的生命。

敌人以为侦察班的后撤是新四军被打败了,便张开大嘴准备一口把退下来的侦察员们都吞掉。可是,他们高兴得太早了。他们遇到了新四军主力部队两个营的猛烈袭击,一下子乱了阵脚。这时他们才醒悟过来:自己遇到的敌人并不是小股游击队,而是成建制的新四军主力部队。

新四军武器简陋，全凭着机智和勇敢，硬打、硬压，连续冲锋，把敌人压到丁家山头。他们已经没有退路，只有死死地守住这个狭长的小山头。

新四军二营的一个排，已经冲到了丁家山头的半山坡，但是只剩下了3个人，再也无力进攻了。五连的战士，身背红缨大刀，勇敢地向山头发起了6次冲锋，都没有成功。一批批勇士，含恨倒在了山坡上。

就在这千钧一发的时刻，只见一个巨大的身影，"嚯"的一声从田坎下腾起。他发出了地动山摇的呼喊声："同志们，冲啊！"接着，便激起了一阵冲击的旋风。他，就是二营营长吴万银。战士们随着营长的喊声，纷纷再次跃起，向敌人的山头冲去。

吴营长不顾身上多处负伤，挥舞一把大砍刀，见敌人就劈，边劈边冲。有营长带头，战士们个个奋勇杀敌。寒光闪闪的大刀在空中飞舞。雨点般的手榴弹在敌丛中爆炸。

敌人顽抗的意志终于在无畏的勇士面前崩溃了。他们在火力的掩护下，拖着、抬着一具具残缺不全的尸体；来不及抬的尸体，就割下一条胳膊带走。日伪军最后狼狈地逃向八百桥。

这一战，敌人伤亡了300多人，日军官佐占其一半。

日本侵略军在南京这片土地上，欠下的血债太多了。反抗他们的侵略，向他们讨还血债，是南京人民的神圣权利，这种反抗和斗争，直至侵略者被逐出中国才会停止。

27. 侵略者的可耻下场

南京人民和全中国人民，浴血拼搏8年，终于赢得了抗日战争的最后胜利。这是和平、公理和正义的胜利。滚滚向前的历史车轮,碾碎了侵略者的迷梦。车轮的后面,留下了一条长长的、触目惊心的血迹。

1945年8月15日正午12时,日本裕仁天皇向全体国民广播了《停战诏书》。这一时刻,日酋中国派遣军总司令冈村宁次,正哭丧着脸,率领他的部属,在南京总司令部大院内,列队面朝东方,低垂着头,聆听天皇的广播。他们不能不痛苦地接受这个严酷的现实:日本失败了,投降了,日本军队成了中国人的俘虏!

9月9日上午,中国战区日本投降签字仪式在南京原中央军校大礼堂隆重举行。

8时52分,中国陆军总司令何应钦在全场瞩目之下,由礼台后方休息室走进会场,坐在受降席的中央位置;随同何应钦入受降席的中国将领还有海军总司令陈绍宽上将、陆军副总司令顾祝同上将、陆军总司令部参谋长萧毅肃中将、空军代表张廷孟上校。

在中国受降主官入席后,日本中国派遣军总司令冈村宁次及其幕僚,手持军帽,着军便服,神情沮丧地在王俊中将引导下,进入指定位置。冈村居中,左边是中国派遣军总参谋长、陆军中将小林浅三郎、中国派遣军总参谋副长、陆军少将今井武夫以及小笠源清中佐;右边是中国方面舰队司令长官、海军中将福田良之,台湾军参谋长、陆军中将谏山春树以及三泽昌雄大佐。他们在投降代表席上,排成一横列,向何应钦致一鞠躬敬礼。

何应钦微微欠了一下身子说:"坐下吧!"接着,他看看手表,又对着那些手端相机、急不可耐的记者们说:"现在离9点还有5分钟,你们可以拍照。"

成群的中外记者,立即蜂拥到会场中央,分别对着受降席、投降席和来宾席,各自抢拍了这一具有重大历史意义的隆重场面。

9时正,受降仪式正式开始。

"日本军代表,将证明文书交来本席查验!"何应钦威严地命令。

小村浅三郎默默地离开座位,将大本营授予冈村宁次代表签降的全权证书,双手呈交。他低垂着头,双手由于情绪的激动,微微有些发抖。

在强烈的灯光照耀下,何应钦当场展阅证书,并把它留下。他将中文本的日军降书两份,交由萧毅肃中将,送至冈村宁次面前。冈村起立,双手承接。

小林开始起立站在一旁磨墨。

冈村匆匆翻阅降书内容后,提起中国式毛笔,先后在两份降书上签字。签字后,他缓慢地伸手,从右口袋中取出一枚圆形水晶图章,小心翼翼地在自己的名下加盖了印章。

全场与会者屏住呼吸,鸦雀无声地注视着冈村的一举一动,就连他翻动降书的沙沙声音,也能清楚地听见。这是一个伟大的时刻。为了换取这瞬间的宁静,南京人民和全国人民付出了高昂的代价。8年的轰响和喧闹,凝聚成此刻绝对的肃静。

冈村签字、盖印后的降书,由小林双手呈交何应钦。

何应钦签字、盖章后,取其中一份,由萧毅肃交付冈村。冈村宁次再次起立,恭敬地接受。

整个受降仪式进行了1刻钟。9时15分,何应钦在将中国战区最高统帅蒋介石关于日军投降的第1号令交付冈村后,庄严宣告中国战区日本投降签字仪式结束。

1946年10月3日,南京大屠杀要犯、前日本侵略军第六师团长谷寿夫在由日本引渡来华后,被从上海押来南京小营战犯拘留所。他将接受中国政府国防部审判战犯军事法庭的审判。这是日本战犯在中国土地上受审的最高级别。

南京是一片血染的土地。当年,谷寿夫率部曾在这里对南京人民进行血腥的屠杀。如今,白骨犹存,坟冢累累,千万名死难同胞的冤魂，决不能饶恕这个罪大恶极的刽子手。谷寿夫一想到身在南京，便如坐针毡，心惊胆战。

对谷寿夫的审讯，把南京人民的思绪又带回到1937年底那个令人心碎的日子里。南京城沸腾了。如果让杀人魔王蒙混过关，就对不起千千万万死难的亲人。人们纷纷带着自己的血泪陈述和证物，向法庭控诉和揭发谷寿夫的滔天罪行。

怒火中烧，铁证如山。

审讯中，励志社的千人礼堂，座无虚席；大门口还挤满了来自四面八方的人群。人们从广播中收听军事法庭的公审实况。80余名中外人士出庭作证。证言都是控诉。证人们声泪俱下。

法庭内外，人们在愤怒地高呼："绞死他！""把他千刀万剐！"

谷寿夫面对群情激奋的场面，绝望地低下了头。他的双腿开始颤抖。

1947年3月10日，由石美瑜为审判长、连同4名审判官组成的军事法庭，以"三十六年度审字第一号"文件，对战犯谷寿夫案作出了严正的判决：

> 谷寿夫在作战期间，共同纵兵屠杀俘虏及非战斗人员，并强奸、抢劫、破坏财产，处死刑。

1个半月后，国民政府主席蒋介石于4月25日亲自签批了判处战犯谷寿夫死刑的代电。电文称：

> 查被告谷寿夫在作战期间，共同纵兵屠杀俘虏及非战斗人员，并强奸、抢劫、破坏财产，既据刑证据明确，原判依法从重处以死刑，尚无不当，应予照准。

蒋介石的批文，就是对谷寿夫执行死刑的命令。

26日上午9时3刻，谷寿夫最后一次被押上军事法庭。他身着黄色军便服，足穿黑绒棉鞋，未戴帽，步伐略现蹒跚。检察官陈光虞问明姓名、年龄、籍贯后，将三封亲属来信，交谷阅读。此时，谷寿夫仍以为是一次寻常的审讯，不知死期已至，仅展信匆匆一阅,便卷起收入衣袋,以待回到囚室再仔细阅读。

这时,陈光虞检察官突然厉声正色道:"战犯谷寿夫,现在向你宣读国民政府主席代电。"

谷寿夫慌忙立定,两手下垂,低首聆听。他听完蒋介石批准执行死刑的代电后,脸色死灰,神情木然,知道死期已到。

"谷寿夫,你对家属和身后有什么嘱咐?"陈光虞检察官问道。

检察官的问话,将谷寿夫从迷糊中惊醒。这显然是临刑前的问话。谷寿夫停顿了几秒钟,低声说:

"请给我纸笔。"

拘留所的管理人员在递给他一支铅笔和几张十行书写纸的同时,又递过一支香烟。

恶魔在生命的最后一刻,声颤体摇,泪光闪烁。他深深地吸了一口烟,遂提笔给妻子梅子写了一封动情的遗书:

我身虽化异域,但魂终仍返君前。现在是4月26日的正午,我向你致诀后,便将永别,愿各位都能幸福。现在我还能站着向各位叙别,但没有一会儿,我便要长倒下去。这是不幸的,但也是命运……最亲爱的梅子,永远的再会罢。请将我的遗骸火葬后,骨灰拿回去。我不害怕,会护家幸福。愿上苍祝梅子长寿,永远的再见!

写罢,谷寿夫用颤抖的手,从怀中掏出一只白绸小袋,交给管理人员,说:

"这里面有我的头发和指甲,请交给我的家属留作纪念。"

昔日杀人不眨眼的恶魔,在自己行将就戮的时候,两只眼睛里泪水汪汪。

管理人员又送来谷寿夫在狱中的衣物,交他处理。谷寿夫给自己换上黑呢制服,穿上黑色皮鞋,戴上礼帽和白手套,并细心将衣物分作两份,一份要求寄回国内家中,一份赠给狱中"难友"。

11时10分,检察官宣告退庭。谷寿夫被宪兵押上汽车。前有警车开道,警笛一路长鸣。囚车前后都有武装部队押解,阵容十分威严。沿途成千上万名市民驻足观望,欢呼雀跃。

11时3刻,囚车驶抵雨花台刑场。数万名淋湿了衣服的群众,冒着大雨,以热烈的掌声,欢呼恶魔末日的来临和对遇难同胞的深切悼念。

在市民们的一片欢呼声中,谷寿夫已渐失知觉,两眼茫然。两名宪兵将他扶下车时,他已瘫软难行。

几名新闻记者上前为死囚拍照。谷寿夫脸色死灰,呆若木鸡。

11时50分,行刑宪兵除去谷寿夫所戴礼帽,以手枪从脑后射击,一枪毙命。子弹由后脑进,从嘴里飞出,门牙被击落。断了气的谷寿夫,一头栽倒在泥泞之中,污血与泥水混在了一起……

雨花台,曾是谷寿夫率部驻扎并大肆残害和平居民的地方。这里的累累白骨,是恶魔血腥屠杀的铁证。如今,这名十恶不赦的战犯,终以一摊秽血,祭奠了9年前死难的南京军民。

日本宣布投降后不久,原日军华中方面军司令官松井石根即被宣布为甲级战犯嫌疑,需入狱受审。

1946年3月5日,双手沾满中国人民鲜血的松井,被逮捕关入东京巢鸭监狱。

经过2年零8个月的调查、审讯,共开庭423次,1948年11月4日,远东国际军事法庭开始对25名甲级战犯进行判决。

上午9时半,审判长、澳大利亚昆士州最高法院院长韦勃爵士郑重宣布:"本官现在开始宣读远东国际军事法庭的判决。"

来自美国、中国、英国、苏联、法国、荷兰、新西兰、印度和菲律宾的审判官端坐台上。中国的审判官,是44岁的国民政府立法院外交委员会主席梅汝璈。

松井石根等25名甲级战犯,在武装士兵的看押下,坐在受审位置上,静静地接受这决定命运的宣判。

厚厚的英文本判决书,长达1218页。审判长韦勃直到11月12日才将这份判决书宣读完毕。

松井石根被判,犯有远东国际军事法庭对日本甲级战犯公诉书中控告罪状的第552页,即:"罪恶地不设法保证遵守对待战俘和被拘留平民的规则,或不设法制止对战俘和被拘留平民所犯的战争罪行。"

12日下午,宣判进行到最后阶段,即对25名甲级战犯进行逐个判决。法庭内的气氛一下子紧张起来。

"松井石根"——审判长韦勃点到了松井的名字。

松井颓然起立。他用一种无可奈何、木无表情的姿态,来掩饰内心的惶恐和惧怕。在他的左右,各站立着一名威武的美国军人。

"根据判决有罪的罪状,远东国际军事法庭处你以绞刑。"韦勃宣判道。

松井石根对于生的希望和追求,最后破灭了。他轻轻地将头点了两三次,便转过身来,默然退下。

被判处了死刑的松井,在巢鸭监狱里艰难地度过了他生命中的最后10天。他不断诵读《观音经》和《碧严录》,以此来填补他过度空虚的内心世界。

12月22日深夜11时30分,松井石根与土肥原贤二、东条英机、武藤章四人,同一批从关押他们的巢鸭监狱号子里被押出。他们身穿美军绿色工作服,双手加铐,铁链绑腿。

11时40分,四名死囚步入临时设置的佛堂。由花山信胜法师带领他们念经、上香。

"请诸位留下你们的亲笔签名。"花山和尚提出了一个与刑事判决无关的要求。

松井等人一一用带着手铐的右手,握起毛笔,写下了自己的名字。此时此刻,他们所做的每一件事,都带有终结的性质,都是生命中的最后一次。

11时50分,松井等人做完宗教仪式,被押赴刑场。士兵捧来四杯葡萄酒。松井等人端起酒杯,稍喝了一点儿。

这时,8名威严的美军士兵来到他们身边,每两名士兵挟持1名死囚,步入刑场。

"祝你一路顺风,进入极乐世界!"花山和尚同他们一一握手,低声祝愿。

松井等4人,顺从地走上绞刑架,并把头伸进索圈。

12月23日凌晨零时1分30秒,美军上校菲立普下令:"行刑开始!"

4名死囚在死亡之前都经受了绞勒的巨大痛苦。松井石根又是4人中经受痛苦最长的一个。他经受了12分30秒的绞刑。

零时14分,军事法庭的特聘法医,宣告南京大屠杀元凶松井石根已正式死亡。

这是一个振奋人心的消息。千万个南京家庭,将用这条消息,去告慰亲人的亡灵。

安息吧,元凶已经伏法!

CHANG CHENG ZHUANG GE

长城壮歌

（下）

《长城壮歌》编写组 编

河南大学出版社
·开封·

序　言

　　20世纪三、四十年代的中国抗日战争,是"战争史上的奇观,中华民族的壮举,惊天动地的伟业"。(毛泽东《论持久战》)

　　这场战争,震发于1931年"九一八事变"的隆隆炮声,展开于1937年"七七卢沟桥事变"的熊熊战火。从局部到全面,乃至1945年取得最后胜利,历时14载。

　　14年间,我们中国一改近代以来一盘散沙、被动挨打的旧颜,如雄狮怒吼,如火山爆发,使蕴积几千年的民族情感、爱国主义精神重新激荡高扬。为了抗日救国,中国共产党倡导建立了抗日民族统一战线,并在这面旗帜下国共两党遵循"兄弟阋于墙,外御其侮"的古训,捐弃前嫌,携手抗战。全国各族、各界、各党、各派以及海外华侨,迅速聚集起来,结成了广泛的抗日民族统一战线。所有不愿做亡国奴的炎黄子孙,地不分南北,人不分老幼,都成为抗日的一员,有钱出钱,有枪出枪,有力出力,有粮出粮,有专门技术出专门技术,万众一心,共赴国难,中华大地,到处都成了埋葬侵略者的战场。

　　三、四十年代的日本,其军力、经济力和政治组织力均在世界前列,是东方的头号强国。中国则是在半殖民地半封建社会蹒跚的贫弱之国,内外交困,举步维艰。但是,我们中国地大、物丰、人多,日本则地狭、物乏、人少;中国是正义的一方,日本则是野蛮、非正义的一方。14年间,中华民族发扬勇猛、顽强、机智的传统精神,持久抗战,坚忍不拔;"正面"、"敌后",两相配合;运动战、游击战、阵地战,交相为用;地道战、地雷战、破袭战、麻雀战等"土打法",也应时而生,齐放异彩。就这样,中国的抗日战争,变惨烈为神奇,演出了一幕幕精彩威武的活剧。悲壮的战略防御,以空间换取了时间;艰苦的战略相持,构筑起政治、经济、军事、外交综合性抗敌固垒;决战决胜的战略反攻,使凶悍的日本帝国主义成为强弩之末;贫弱的中国则一跃成为举足轻重的世界"四强"之一。

中国的抗日战争是世界反法西斯战争不可分割的重要组成部分,并为世界反法西斯战争的胜利作出了巨大的民族牺牲和重要的历史贡献。中国人民不会忘记,在最艰苦的日子里,我们得到了世界上许多国家、人民的同情和支援。世界人民也不会忘记,在关键时刻,中国人民总是一马当先,勇挑重担。1931年,是中国人民打响了反法西斯的第一枪,揭开了世界反法西斯战争的序幕。1940年,当德国法西斯进攻英、法,需要它的日本伙伴出击太平洋给予配合时,是中国战场拖住了日本的后腿,致使太平洋战争向后推迟。1941年,当德国进攻前苏联,需要日本"北进"以形成对前苏联的夹击态势时,仍然是中国战场使日本不能拔腿北向,致使前苏联能够集中力量反击,并进而追击到德国柏林,促成了欧洲战场的迅速结束。

与此同时,长期艰苦的抗日战争,使中国人民的政治觉悟和组织能力得到迅速提高,人民武装力量也由抗战前的5万余人,增长到130余万人,并拥有104万平方公里的根据地。这些都构成了中国新民主主义革命能在其后4年之内迅速取得胜利的重要因素。

中国的抗日战争,壮哉!奇哉!伟哉!它是一曲悲壮的战歌,一次又一次的激烈战斗,组成了它高亢的音符,亿万中华儿女用鲜血和生命谱写了它激昂的乐章。

东北抗日联军最早点燃了中国的抗日烽火,他们14年孤军奋战于北国敌垒,爬冰卧雪,不休不眠,为抗日战争作出了巨大牺牲。

"一·二八"上海抗战、长城抗战、察绥抗战等,皆处在艰难的局部抗战时期,悲曲壮歌,震撼中外,为中华民族和中国军人赢得了荣誉,为整个抗日战争增添了光彩。

淞沪会战、南京保卫战、太原会战、徐州会战、武汉会战等,规模之宏大,态势之雄奇,举世罕见,无不向中外宣示:中国的抗日战争将在人类战争史上演出空前伟大的一幕;日本帝国主义冲进这些城市,就像一头野牛陷入了巨大的火阵。

平型关战斗,凶恶的日军板垣师团遭到痛击,中国取得全面抗战兴起后第一次大捷,令骄横的板垣为之胆寒,怯阵多日,不敢妄动。

长沙会战,日军三进三退,遗尸遍野。

百团大战,使敌人后方闻风丧胆。

滇缅之战,中国抗日军队攻城夺路于异国他乡,声威远震……

我们永远记得,那一个个惊心动魄的抗敌故事,一个个威震敌胆的英雄:茫茫长白山,双手持枪于冰天雪地的杨靖宇;滚滚牡丹江,翻波击浪的八名抗联女英豪;卢沟桥畔,挥舞大刀的赵登禹;忻口阵地上,身先士卒的郝梦龄、刘家麟;滕县城内,血肉模糊的王铭章;宝山街巷,逐屋肉搏的姚子青营;巍巍太行,狼牙山崖的五壮士;枣宜之地,"不死不已"的张自忠;缅甸密林深处,泥血斑斑的戴安澜……

无数的战斗,无数的英雄,都体现了中华民族自尊、正义、不畏强暴、勇于献身的优秀品格和爱国精神。这些品格和精神,就是中国抗战胜利的保证。正如1938年毛泽东在延安追悼抗敌阵亡将士大会上说的那样:

中华民族决不是一群绵羊,而是富于民族自尊心与人类正义心的伟大民族,为了民族自尊与人类正义,为了中国人一定要生存在自己的土地上,决不让日本法西斯不付重大代价达到其无法无天的目的。我们的方法就是战争与牺牲,拿战争对抗战争,拿革命的正义战对抗野蛮的侵略战;这种精神,我们民族的数千年历史已经证明,现在再来一次伟大的证明……郝梦龄将军等的热血是不会白流的,日本强盗之被赶出中国谁能说不是必然的?(党德信、杨玉文《抗日战争国民党阵亡将领录》,解放军出版社1987年8月版,第38页)

2010年是中国抗日战争胜利65周年,也是世界反法西斯战争胜利65周年。抗日战争已经过去了半个多世纪,但是,抗日战争所体现的中华民族的优秀品格和高度的爱国主义精神,将永远激励我们中国人民的自尊、自信、自豪、自强。这些品格和精神随中华民族几千年的历史而来,还将随中华民族今天和明天的生存发展而生存发展。有这些品格和精神在,中华民族的生生不息、不断强盛"谁能说不是必然的"?

让我们来珍惜这可贵的品格和精神吧,把它们发扬光大,使它们在新的时代发放更加绚丽的光彩,鼓舞我们全国各族人民去为建设有中国特色的社会主义而努力奋斗!

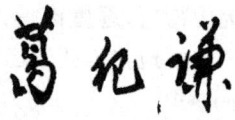

2010年3月25日

目　录

焦土热血——枣宜会战纪实

1. 战火烧向鄂西北 ·················· 5
2. 李宗仁调兵遣将 ·················· 8
3. 豫南战斗 ························ 12
4. 鄂北烽火 ························ 16
5. 钟毅为国捐躯 ···················· 24
6. 襄东狼烟 ························ 32
7. 枣阳反击 ························ 38
8. 张自忠率部出征 ·················· 44
9. 张自忠尽忠报国 ·················· 61
10. 为总司令报仇雪恨 ··············· 79
11. 襄阳之战 ······················· 89
12. 陈诚上阵 ······················· 96
13. 大洪山歼敌 ····················· 103
14. 保卫宜昌 ······················· 108

威震华北——百团大战纪实

1. 命令从这里发出 ·················· 123
2. 烽火绵延5000里 ·················· 134
3. 鏖战狮垴山 ······················ 146

4. 战火中的日本小姑娘 ················· 158
5. 举国欢腾庆初捷 ··················· 170
6. 红旗插上榆社城 ··················· 181
7. 涞灵之战 ······················ 193
8. 将军泪弹关家垴 ··················· 206
9. 力量的源泉 ····················· 218
10. 历史的见证 ···················· 230

滇缅军魂——中国远征军纪实

1. 太平洋战端 ····················· 243
2. 美国派来了参谋长 ·················· 245
3. 蒋介石亲临缅甸 ··················· 248
4. 仰光无光 ······················ 255
5. 同古喋血 ······················ 260
6. 谁在操纵远征军 ··················· 267
7. 仁安羌大捷 ····················· 274
8. 东线战事 ······················ 284
9. 归途断绝 ······················ 294
10. 名将殉国 ····················· 303
11. 兵败野人山 ···················· 312
12. 印度整训 ····················· 316
13. 再战缅北 ····················· 318
14. 史迪威扛起卡宾枪 ················· 324
15. 血染孟拱河谷 ··················· 330
16. 奇袭密支那 ···················· 339
17. 强渡怒江 ····················· 346
18. 杂牌第八军 ···················· 350
19. 浴血腾龙 ····················· 355

20. 犁庭扫穴战八莫 ……………………………………… 359
21. 龙陵回马枪 …………………………………………… 363
22. 芒友会师 ……………………………………………… 366

焦土热血

——枣宜会战纪实

李占才 著

图1 在枣宜会战中牺牲的中国军队第三十三集团军总司令张自忠将军

图2 中国士兵正在用重机枪向日军扫射

1. 战火烧向鄂西北

古老的中国有条江,它的名字叫长江。在长江中游、江水两岸,分布着一体相连的三座重镇,那便是汉口、汉阳、武昌。鸡鸣听三镇,三镇紧相连,构成九省通衢的大武汉。清朝末年,开始修筑铁路,从京城北京到汉口修筑了一条南北大干线,取名"京汉铁路"。国民党建立南京国民政府后,改北京为北平,于是这条铁路线也更名为"平汉铁路"。与汉口一江之隔的武昌,也有一条铁路南下通达华南重镇广州,是为"粤汉铁路",黄金水道长江穿流而过,两条铁路沟通南北,武汉成了华中交通枢纽和战略要地。

在武汉长江上游的北岸,有一条支流叫汉水,又称襄河。襄河以东、长江以北、平汉铁路以西的鄂北、豫南地区是大平原。除鄂豫两省交界处横卧一条桐柏山脉,襄东有座海拔1000多米的大洪山以外,这里一马平川,历来为兵家必争之地。

1938年10月下旬,日军占领武汉之后,中国第五战区部队以一部兵力留置豫鄂皖边区担任敌后作战,主力则退至鄂中、鄂北及豫南地区,据守于洑阳、宜城间汉水两岸,东经大洪山外翼随县城亘信阳外围之线,与日军保持接触,不断袭扰日军,使武汉地区的日军不得安宁。

1939年4月中旬,日军大本营开始把战争由长江中游推向汉水流域,发动对鄂北、鄂西的进攻,试图消灭中国第五战区主力,进而威逼四川。5月1日,日军第十一军司令官冈村宁次率十多万精兵,采取两翼包围和中央突破的战略,沿襄花公路(襄阳至花园)和京钟公路(京山至钟祥)进犯随县、枣阳地区。

第五战区主力和第一战区一部,以纵深阵地阻击、消耗日军,展开随枣会战。中国守军英勇顽强，奋勇杀敌。但日军正面进攻利用襄花公路沿线均为平原的有利地形，发挥机械化部队的优势，坦克开路，步兵随后冲锋。中国守军缺乏重武器，用血肉之躯，利用战壕和散兵坑，一寸土地一寸土地地死拼硬顶，甚至毫不畏惧地攀登到敌坦克上向坦克车内扔手榴弹。但是，血肉之躯终难抵挡敌人坦克、大炮的攻击，中国守军死伤累累，敌人坦克所到之处，战壕几被压平，守壕士兵大部牺牲。尾随坦克后面的日军步兵蜂拥而至，用轻重机枪密集扫射，中国守军正面阵地上的官兵伤亡殆尽。5月7日随县陷落。

沿京钟公路进攻的日军，也遇到中国守军的顽强抵抗。日军占领钟祥之后，沿襄河东岸北犯，于5月7日占领枣阳。

两路日军对中国守军采取大包围之势，试图将第五战区主力消灭在桐柏山下的随枣之间。中国守军节节抵抗，逐次防御，发现日军的包围意图后，迅速撤出日军包围圈，随后调整部署，组织反攻。

5月18日，日军全线撤退，中国守军尾随追击，19日收复枣阳。除随县仍为日军占据之外，日军其余进攻部队均撤回平汉铁路沿线和鄂中地区，中国守军乘机扩大战果，恢复原来的阵线。中日双方重又回复随枣会战之前的态势。随后，中国守军继续加强对日军的袭扰，以消耗疲惫日军。

1939年冬，在最高统帅部的统一部署下，第五战区展开"冬季攻势"作战。许绍宗的第二十九集团军和张自忠的第三十三集团军挺进到襄河东岸大洪山地区，向钟祥、洋梓的日军发起攻击，虽然未攻下钟祥、洋梓等日军据点，但袭扰疲惫了日军。

第五战区冬季攻势作竣，给日军一定打击。日本"中国派遣军"司令官西尾寿造，为了防止日军在武汉突出地区布防的第十一军再次遭到中国军队大规模的攻击，决定集中兵力向武汉西北的枣阳、唐河、新野地区实施攻击，企图击溃第五战区的主力部队，以解除武汉西北外围地区的威胁。

1940年4月10日,日军大本营向侵华日军下达命令,令第十一军进攻枣阳、宜昌。侵华日军第十一军司令官园部和一郎按照2月份制订的《会战指导方策》和4月份制订的《作战计划大纲》,进行具体的作战准备,并着手进行枣宜会战的部署。日军大本营还抽调一些部队增援第十一军,集中到园部和一郎手下的军队有7个师团、4个旅团,总兵力近10万人,投入到江北参加枣宜之战的部队也在5万兵力左右。日军计划枣宜作战分两个阶段进行,第一阶段首先打击汉水以东、平汉铁路以西、新野和唐河以南枣阳地区的第五战区主力;第二阶段再由枣阳以西的襄阳、宜城和天门以西的沙洋镇一带渡过汉水,攻占南漳、远安、荆门、当阳、沙市、江陵、宜昌,以封锁川江出口,威胁四川。

5月初,日军第十一军司令官园部和一郎指挥所属部队正式发动枣宜会战。日军兵分三路,向鄂北、豫南、鄂西进犯。右路日军由信阳、明港向桐柏山、唐河进犯;中路日军由随县沿襄(阳)花(园)公路向襄阳进犯;左路日军由钟祥向枣阳进犯。日军企图以中路兵力吸引第五战区主力,左、右两翼采取包围之势,将第五战区主力部队围歼于枣阳附近。其计何其毒也。

气势汹汹的日本侵略军恶狠狠地扑向第五战区主力防区,鄂北、豫南、鄂西地区,狼烟四起,烽火连天!缓缓而流的汉水再次掀起恶浪,一望无际的黄土地再次被鲜血浸染,战争罪犯们再次向爱好和平的人民举起了屠刀,把战火烧向汉水流域……

第五战区再次面临战争的洗礼。

2. 李宗仁调兵遣将

日军发动对鄂北、豫南地区新的进攻，中国最高统帅部于4月中旬便侦知敌军动向，立即展开反击准备，确定第五战区以主力守备汉水以东经大洪山、桐柏山直至信阳以北的明港一线；另控制机动兵力于河南省的叶县与确山地区，准备于适当时机从正面和侧翼打击进犯之敌。日方部署攻击，中方部署防御，双方剑拔弩张。枣宜会战如箭在弦上，一触即发。第五战区部队为枣宜会战中国守军的主力，第五战区防区为枣宜会战的主战场，第五战区受敌进攻首当其冲，遵照最高统帅部的部署，第五战区司令长官李宗仁及时部署，调兵遣将，积极御敌。

李宗仁（1891～1969），字德邻，广西人，1891年8月13日出生于广西临桂县西乡的一个自耕农家庭。幼时读书长进不大，便入广西陆军小学、陆军速成学堂"习武"，成绩出类拔萃。毕业后进入军界，他作战勇敢，将兵得法，率部披荆斩棘，南征北战，终成为新桂系首领。1926年投入广东国民革命阵营，所部编为国民革命军第七军，并率部参加了北伐，战功赫赫。1927年4月12日，蒋介石发动"四·一二"反革命政变，李宗仁追随蒋介石"清共"，背叛了国民革命，随之卷入新军阀混战的漩涡，陷入内战的泥潭而不能自拔。在新军阀混战过程中，李宗仁、白崇禧等新桂系胜时即问鼎中原，败时则退守广西，多次与蒋介石较量，均以失败告终。但李宗仁生性倔犟，虽九死而不气馁，青山常留在，东山复再起，牢牢地控制住广西，与白崇禧等精诚团结，和衷共济，开发广西，建设广西，经营广西，把广西建成桂系势力进可以为基石、退可以为据点的堡垒。李宗仁、白崇禧等新桂系集团成为国内举足轻重的实力派。

1931年的"九·一八"事变后,面对日本帝国主义的侵略扩张,李宗仁主张抵抗日本侵略,并乘机以抗日相号召进行反蒋。李宗仁提出了著名的"焦土抗战"说,即主张"宁为玉碎,不为瓦全","与其听任敌人蚕食而亡国,毋宁奋起而全面抗战以图存"。"焦土抗战论"曾产生一定影响,李宗仁成了著名的主战派将领。作为一员名将,李宗仁在沙场驰骋多年,金戈铁马,战功赫赫,但李宗仁并不以此为荣,国内战争,同室操戈,兵连祸结,生灵涂炭,他感到于国于民皆非益事。抗战爆发,对日作战,为民族而战,为国家而战,才真正算得上履行一个军人为国为民尽忠尽力的责任。李宗仁高喊抵抗日军侵略多年,抗战爆发后,即被最高统帅部委以第五战区司令长官重任,英雄终于有了用武之地。李宗仁决心恪尽职守,才能证明他主张抗日不仅仅是口头上的,也是实际行动上的。李宗仁接受第五战区司令长官时就暗下决心,一定要用对日作战的实际行动,来证明他李宗仁是名符其实的主战派、抗日派。

李宗仁正式接任第五战区司令长官时,正值华北丢失、淞沪溃退、南京朝不保夕之际,最高统帅部和李宗仁本人都充分估计到日军一旦占领南京,必将南北夹击,相间用兵,抢占津浦线。第五战区的防区北至济南黄河南岸,南达浦口长江北岸,东自长江吴淞口向北延伸至黄河口的海岸线,包括山东及长江以北的江苏、安徽两省的大部,重点是保卫津浦线。日军占领南京后攻击的目标是津浦线,第五战区首当其冲,是当时正面作战的主战场。第五战区防区辽阔,但兵力有限,而且大都是"杂牌部队",武器装配较差,战斗力较弱。李宗仁受命于危难之中,但他抗战决心大,精心部署,认真指挥,充分发挥所属部队抗战的积极性,并注重利用民心民力在以徐州为中心的鲁南、皖东北、苏北战场,英勇顽强地抗击日军,取得了台儿庄大战的胜利。徐州会战坚持了5个多月,彻底粉碎了日军侵华速战速决的狂妄计划,在一定程度上也杀伤了日军的有生力量,还成功地组织了徐州突围,为抗战保存了实力。

随后,李宗仁指挥第五战区部队参加武汉保卫战,其间因病到武汉治疗休养曾离开前线一个多月。当武汉会战最为紧张之际,他又重返前线,指挥部队作战。

武汉失守之后,李宗仁率第五战区部队退守鄂北、豫南和鄂西地区,继续坚持抗日,不断地袭扰日军。1939年5月,李宗仁指挥第五战区部队与日军在大洪山脚下,桐柏山之麓、汉水之滨进行浴血奋战,给进犯之敌以一定杀伤。随枣会战结束后,日军大部退回原占领区,李宗仁遂指挥第五战区部队继续与日军保持接触,并发动了冬季攻势作战。

当时,在第五战区中,津浦路以西、平汉路以东为敌后游击区。李宗仁留派廖磊集团军以大别山为依托坚持在鄂豫皖边区进行抗日游击战争。廖磊病逝之后,由李品仙接任。平汉铁路以西、汉水两岸是第五战区主力防区,在豫南地区还控制有机动兵团,这一地区共有兵力6个集团军,21个军,56个师。最高统帅部侦知日军对枣宜地区进攻的部署之后,赋予第五战区的任务是:以确保宜昌、沙市地区,屏护中枢重庆门户为主;保持鄂北地区,巩固中枢外翼,并待机反攻武汉。李宗仁根据第五战区所承担的作战任务及战场形势,决定总体上采取守势作战,但要不失时机地侧击日军。李宗仁的具体部署如下:

(一)郭忏的江防军,辖萧之楚的第二十六军、周苗钧的第七十五军、李及兰的第九十四军、李延年的第二军,后又增加彭善的第十八军、宋肯堂的第三十二军等部,在荆门、沙市、宜昌一带布防。如果日军进攻宜昌、沙市,在沿江方面,江防军即依航线阻塞及江防设备封锁长江水道,以阻止日舰的活动。在汉(口)宜(昌)公路正面,如果日军强渡汉水西进,即乘日军半渡或立足未稳之际而击破日军;日军如大举进攻,即依既设阵地节节抵抗,逐次消耗日军,待日军深入至当阳附近攻势疲惫之后,全力与援军协同转为攻势,一举将日军压迫于沙市以北湖沼地带而歼灭之。战区机动兵团适时进击汉宜公路,与江防军协同作战。

(二)张自忠的第三十三集团军和王缵绪的第二十九集团军组成右翼兵团,由张自忠任总司令。右翼兵团担任高石牌、宜城间汉水西岸及大洪山阵地的守备任务。第三十三集团军辖五十五军、五十九军、七十七军;第二十九集团军辖四十四军、六十七军。

(三)由黄琪翔任中央兵团总司令,辖黄琪翔的第十一集团军、孙震的第二十二集团军,因孙震有事请假回川,由黄琪翔暂兼第二十二集团军指挥之责。第十一集团军辖三十九军、八十四军;第二十二集团军辖四十一军和四十五军。中央兵团担任大洪山东北翼经随县城西侧至桐柏山东南麓间的布防守备任务,如日军进攻鄂北地区时,要求中央兵团以大洪山、桐柏山为两翼依托,竭力阻止日军;如果日军突进至枣阳附近时,则与增援部队协同,转为攻势,击破日军;万不得已时,退守襄樊及汉水、唐白河西岸之线待机反攻。战区机动兵团适时进击枣阳附近与中央兵团协同作战。

(四)孙连仲的第二集团军为左翼兵团,辖三十军、六十八军。左翼兵团担任桐柏东南至信阳外围间的布防守备任务。

(五)李品仙的第二十一集团军为大别山游击兵团,辖七军和四十八军。游击兵团担任鄂东、皖中敌后作战,应在战役打响之后,向信阳以南的平汉铁路沿线进行牵制性攻击,以支援平汉铁路以西正面战场的作战。

(六)战区直辖部队为汤恩伯的第三十一集团军,辖二十九军、十三军、八十五军、九十二军、骑二军等部。除骑二军驻屯于黄泛区以南周家口、阜阳一带担任警戒外,其余各军作为战区机动兵团,驻屯于南阳东北地区,准备协助襄花公路方面之作战。

(七)主战场如果在长江北岸汉水以西地区,江防军为作战主力,右翼、中央、左翼各兵团应全力出击,以策应江防军作战;主战场如果在汉水以东鄂北地区时,中央兵团为作战主力,江防军及右翼、左翼兵团应各以有力部队出击，以策应中央兵团之作战。

（八）第五战区司令长官部设于鄂西北老河口。

李宗仁部署就绪，各部奉命立即行动，积极准备御敌。

3. 豫南战斗

日军第十一军司令官园部和一郎是只狡猾的老狐狸，由于他手头上用于进攻枣宜地区的兵力不足，他便在长江以南地区佯攻，拉开要向江南中国守军大打出手的架势，试图借以迷惑中国守军，然后暗度陈仓，在长江以北和平汉铁路以西地区秘密集结军队，发起突然袭击，打中国第五战区部队一个措手不及，以收奇袭之效。殊不知，中国统帅部和第五战区早就看出了园部的狐狸尾巴，已调整部署，认真准备，严阵以待，随时准备痛击进犯之敌。

日军的进攻准备基本就绪之后，第十一军司令官园部和一郎正式向部队下达了5月1日开始进攻的命令。28日，园部将指挥所移设应山。5月1日，日军正式发动了"襄东进击战"，中国守军奋起反抗，"枣宜会战"的战幕全面拉开。日军第一阶段的进攻，由"北方兵团"和"南方兵团"分别展开攻势。

日军北方兵团的进攻分为3路。右路日军进攻驻防河南确山、竹沟地区的第五战区副司令长官兼左翼兵团总司令和第二集团军总司令孙连仲所属的刘汝明第六十八军等部；中路日军进攻驻防明港、平昌关、小林店等地的第二集团军的池峰城第三十军等部；左路日军沿襄花公路及公路两侧向西进犯，进攻黄琪翔第十一集团军所属第八十四军等部。日军南方兵团沿京钟公路向北、向西进犯，向大洪山方向攻击，进攻中国守军右翼兵团张自忠的第三十三集团军、王缵绪的第二十九集团军各部。

5月1日，日军发动攻击之后，由山胁正隆指挥的敌第三师团，在空军配合下，从信阳以北分两路进攻，在长台关、游河地区与中国守军发生激战。中国守军是第二集团军刘汝明的第六十八军。刘汝明是原西北军冯玉祥的老部下，参加过徐州会战，徐州突围时属殿后部队，仗打得很艰苦。随即又参加了武汉会战守卫大别山北麓的战斗，武汉会战结束后，退守豫南，防守信阳以北平汉铁路两侧地区。刘汝明六十八军有一定战斗力，但属地方杂牌部队，武器装备较差，而且部队减员之后补充方面远远不如蒋介石嫡系的中央军。这样一来，刘汝明在作战中就有意无意地有了保存实力的想法。当日军沿平汉铁路向北进攻时，刘汝明督部抵抗，在长台关、游河防线与日军发生激战，战况激烈，双方都有很大伤亡。刘部武器装备劣于日军，而日军又有飞机配合作战，故刘部阵地多处被日军突破，渐呈不支之势，刘汝明不得不下令部队后撤。日军遂乘机突破刘汝明军的防线，长驱直入，大肆进犯。日军当日即占领了明港、狮子桥、小林店地区，并继续向西推进，5日，占领了泌阳。

中国最高统帅部急令汤恩伯第三十一集团军由河南省叶县附近地区南下，到泌阳以北地区，对向西挺进、攻势猛烈的敌第三师团作侧面攻击。汤恩伯是蒋介石的嫡系亲信，汤部是甲种军整编部队，部队足员，装备比较精良，有较强的战斗力，对日军有一定威慑力。但汤恩伯为人骄横，刚愎自用，蒋介石之外的将领很难驾驭这匹烈马。抗战爆发之后，汤恩伯率部转战华北战场和华东战场，在徐州会战和武汉会战中，所部隶属于李宗仁的第五战区，应当说汤部也打了一些硬仗，尤其在台儿庄大战中，立有战功。但对于第五战区司令长官李宗仁的指挥总是不太顺从，他每一行动都直接电告蒋介石，却很少向李宗仁报告情况，对李宗仁的指令，也要请示蒋介石准许之后再执行。有时对李宗仁的指令置若罔闻，我行我素，与李宗仁的关系不甚融洽。武汉会战之后，汤恩伯部退守鄂北、豫南地区，直属最高统帅部，在攻势作战和随枣会战、枣宜会战中配合第五战区作战，有时隶属于第五战区作战，但一直是作为统帅部的机动兵团使用的。

汤恩伯部奉命进入泌阳以北地区之后，为日本侵略军第十一军所侦知，园部和一郎急令山胁正隆率第三师团全速攻击前进，迅速占领泌阳以西唐河。兵员充足的汤恩伯集团军，对日军有一定威慑力，敌第三师团师团长山胁正隆没有执行园部和一郎的命令迅即向西挺进，他认为与汤恩伯集团军作战，必须慎重，应先做好充分准备。因而他命令所部在泌阳暂驻，加强侦察和作战准备；同时对沿途各点的部队，作了相对集中，构筑防御工事，对汤恩伯部可能发动的攻势作顽抗的准备。

汤恩伯第三十一集团军部队在泌阳地区与敌第三师团先头部队接触，并发生激战，取得小胜。汤恩伯小试牛刀，初战告捷，却没有乘胜扩大战果，在泌阳至明港之间的马谷田、黄岗、毛集、邢集一线与孙连仲第二集团军协同作战，侧击日军，袭击日军已经拉长的后方战线，或切断日军退路，或吸引日军一线进攻兵力，打乱日军部署。如果这么打的话，北线中国守军就能把握战局发展的主动权，给进攻的日军造成被动，甚至可以围歼孤军深入之敌。但是，骄横自负的汤恩伯没有加强与孙连仲第二集团军的联系，初战小胜之后，便原地集结，立足于自保，根本就没有扩大战果、主动攻击的打算，使良好战机失之交臂，甚为可惜。

日军第三师团师团长山胁正隆在泌阳集结、观望两日，看出了汤恩伯不思进取的破绽，觉得汤部原地踏步对日军第三师团根本就构不成威胁，便于5月7日早晨指挥所部继续西进。日军与防守唐河的第二集团军部队发生激战，第二集团军部队拼死抵抗，虽给日军一定杀伤，终未能挡住日军攻势。日军突破中国守军防线，占领了唐河镇，随即向唐河西南地区推进，当晚到达黑龙镇、郭滩、施庵一线。8日，日军第三师团主力推进到新野，与从南路沿汉水东岸北进的第十三师团骑兵部队及从中路由随县经厉山、净明铺、兴隆、枣阳进攻过来的第三十九师团主力在这一地区会师。

与此同时,隶属于日军第三师团的石本贞直支队,由信阳出发,向信阳西北进攻,沿桐柏山北麓攻击前进。孙连仲第二集团军的池峰城第三十军在这一线设防,与进攻之敌发生激烈战斗。池峰城是台儿庄大战的名将,台儿庄战役时,池峰城是守卫台儿庄的第二集团军第三十军第三十一师师长。池峰城下令拆掉台儿庄运河渡桥,背水一战,以誓与台儿庄共存亡的英勇气概和顽强精神,率部拼死抵抗日军的进攻,与敌展开逐巷逐屋血战,台儿庄城虽丢失四分之三仍坚守不退,并多次组织敢死队袭击突入到城内的日军,终于坚持到最后关键时刻,为夺取台儿庄大捷创造了必不可少的前提条件,池峰城也成了轰动一时的抗日名将、民族英雄。武汉会战以后,孙连仲第二集团军退守豫南地区,池峰城升任第三十军军长。为防御日军对鄂北、豫南的进攻,池峰城部奉命在平汉铁路西、桐柏山北麓地区布防。

日军石本贞直部由信阳向西北进攻的路线直指池峰城第三十军防区,池峰城督率各部与日军激战,在南湾、游河、吴店、小林店等地战斗呈白热化状态,双方都有伤亡。但由于池峰城部守军分散设防,被动防御,而日军主动攻击,武器装备又好,因此池峰城部虽进行了顽强抵抗,但终未能挡住日军的攻势,第三十军防线被日军攻破。日军长驱直入,5月5日占领了桐柏县城,7日占领了平氏。该路日军占领平氏后,与北面唐河一带的第三师团主力、枣阳方面的第三十九师团取得了联系。

豫南战斗,以日军步步推进、中国守军节节退守而告终。

4. 鄂北烽火

　　1940年5月1日,日军正式发起向第五战区正面的进攻,自鄂中汉水沿岸、大洪山外翼至鄂北随县、豫南信阳外围之线,全面进入作战状态。日军攻击的重心仍为枣阳地区。襄河以东的鄂北地区,烽火迭起,战斗如火如荼,异常激烈。

　　日军发起进攻前,在鄂中钟祥以下的汉水东岸,准备了大量渡河器材佯作渡河攻击的姿态,以牵制中国江防军及右翼兵团在汉水西岸的部队。其主力则由襄花公路及由钟祥向北分两路推进,向枣阳地区展开钳形攻势。沿襄花公路是日军主攻方向。日军第三十九师团及第六师团的第十一旅团,在第三十九师团师团长村上启作的指挥下,配属200多辆战车,由随县、应山沿襄花公路向西北猛扑。

　　布防襄花公路一线的是第五战区中央兵团,总司令黄琪翔深受战区司令长官李宗仁的器重。黄琪翔以第十一集团军为守备主力,把第八十四军的3个师布防在襄花公路正面,在随枣间襄花公路两侧作纵深防御配备;把第三十九军摆在第八十四军的后右侧,作为第十一集团军的预备部队。第二十二集团军虽然配属中央兵团,但在襄阳、樊城一带,作为战区总预备队使用。第十一集团军的右翼是第二十九集团军,布防区域以大洪山为基地,守备汉水以东、钟祥以北地区。第十一集团军的右后方是张自忠的第三十三集团军,守备汉水以西沙市、荆门一带。第十一集团军左翼是孙连仲的第二集团军,守备桐柏山北线地区。

　　第十一集团军原是广西军队,是李宗仁一手编练起来的队伍。抗战爆发后,广西部队出桂抗战,特别能战斗,屡屡建立战功。第五战区划定后,因为李宗仁出任第五战区司令长官,所以广西军队陆续从淞沪战场调拨到第五战区归李宗仁指挥。当时广西部队编为第十一集团军和第二十一集团军,李品仙任第十一集团军总司令,廖磊任第二十一集团军总司令。武汉会战结束后,廖磊的第二十一集团军留在平汉铁路以东依托大别山开展敌后抗日游击战争,廖磊任豫鄂皖边区游击总司令,兼安徽省主席。李品仙为第五战区副司令长官,仍兼第十一集团军总司令,所辖部队进行了调整,第三十一军调属第十六集团军,划归第四战区;徐州会战后期组建出桂抗日的第八十四军归第十一集团军指挥。第八十四军军长由夏威担任,随后由原第三十一军副军长兼第一三一师师长的覃连芳接任。1939年10月,廖磊病逝,李宗仁为了让广西部队仍为广西将领所指挥,不致使广西部队涣散,向最高统帅蒋介石建议,由李品仙接替廖磊的职务,李品仙所遗的第十一集团军总司令之职由另一新桂系将领夏威接任。蒋介石考虑到由桂系将领指挥广西军队更为灵便,利于作战,同意了李宗仁的建议。旋即,改任黄琪翔为第十一集团军总司令,随后夏威出任第十六集团军总司令,调离第五战区。

黄琪翔(1898~1970),字御行,广东梅县人。早年先后就读于广州陆军小学、湖北第三陆军中学、保定军官学校。毕业后在北洋军中供职,后投身于国民大革命行列,参加了北伐战争,建有战功。北伐战争后期出任国民革命军第四军军长。大革命失败后,在汪精卫策动下,他曾追随张发奎发动了反蒋的广州事变。抗战爆发后,愿赴国难,效力沙场,于1937年10月出任朱绍良为总司令的第九集团军副总司令,旋即改任张发奎为总司令的第八集团军副总司令,1938年2月改任军委会政治部副主任。按派系划分,黄琪翔属于粤系汪派,但他并不愿追随汪精卫降日,仍属抗日派将领。黄琪翔虽然不属新桂系将领,但两广向来相近,大多数时候尤其联手反蒋时,实乃两位一体,密不可分。李宗仁与黄琪翔交情不薄,而且北伐战争之始黄琪翔为国民革命军第四军中的团长时,带兵作战十分勇猛,屡建战功,声誉颇佳。千军易得,一将难求。李宗仁欲借他山之石为我所用,启用"将才难得"的黄琪翔,既笼络了部分粤系势力,尤其利于从汪精卫旧营垒中分化出一批"抗战派"来,又得到统领广西军的将才,增加桂系实力,而且举荐属于粤系的黄氏,又可避"垒山头"之嫌,减少蒋介石的一些猜忌,真乃一举多得,何乐而不为呢!

1939年11月26日,军委会正式任命黄琪翔为第十一集团军总司令之后,黄便立即赴任视事,指挥所部参加了冬季攻势作战。1940年4月,为部署抗击日军对枣宜地区的进攻,统帅部向第五战区增兵,第五战区制订作战计划,调整兵力,第十一集团军除仍辖原广西军第八十四军之外,还辖新从第一战区调入的刘和鼎的第三十九军。第八十四军既是第十一集团军的老底子,又是广西军,因此为第十一集团军的基干部队。1939年6月随枣会战结束后,即由莫树杰接替覃连芳任第八十四军军长。枣宜会战尚未打响,第五战区积极备战,第十一集团军为中央兵团的主力,第八十四军则为第十一集团军的主力。

莫树杰领受任务之后,按照第五战区司令长官部和第十一集团军总司令部的部署和指示,对第八十四军的防务作了如下部署:第一七四师、第一八九师为第一线部队,面对随县、应山方面的敌军进行防御;以第一七三师为总预备队,控制在第二线;第八十四军司令部及军直属部队驻唐县镇附近的夏家湾。

第一八九师师长凌压西率谢振东第五六五团、王佐民第五六六团、周天柱第五六七团、白勉初补充团,占领高城、大竹山至滚山之线,为左翼地区守备队,师部及师直属部队位于杜家湾附近。

第一七四师师长张光玮率苏武扬第五二一团、周敬初第五二二团、陆龙第五二〇团、秦汉补充团,占领滚山至两水沟之线,为右翼地区守备队,师部及师直属部队位于厉山附近。

第一七三师师长钟毅率凌云上第五一七团、李俊雄第五一八团、伍文湘第五一九团，占领净明铺附近的乔家水寨一带。

各部受命进入阵地后，积极构筑工事，加强防御战备。

5月1日，日军发动进攻，八十四军阵地首当其冲。第八十四军算得上久经沙场的部队了，曾多次与日军交锋，已经了解日军的基本战法，尤其1939年5月的随枣会战，曾在襄花公路沿线阻击日军，获得丰富的作战经验。而枣宜会战打响后，日军沿襄花公路的进攻，简直就是随枣会战的再版。还是这段阻击阵地，还是昔日的老对手，日军还是使用飞机大炮轰炸、坦克开路、步兵冲锋的故伎发动进攻。第八十四军借鉴过去的作战经验，针对敌军的战法进行阻击。在构筑工事时，就充分注意到了这一点。在阵地工事前沿，堆积黄土作伪装工事，借以吸引敌军的炮弹。利用一些小土丘，挖成前后参差不齐的散兵坑，泥坑后面死角之处，构筑能容一班士兵的掩蔽部，并与散兵坑互相联络，以便散兵坑中的士兵轮换更替休息。每个小土丘的两侧，构筑轻机枪掩体各一个，并使其射线在阵地前面构成十字火网。日军发动进攻之后，果然是先用飞机对八十四军阵地狂轰滥炸，继用大炮猛烈轰击。日军还升空一只大型气球，在高空观察中国守军阵地情况，为其飞机、大炮指示轰炸目标。八十四军第一七四师和第一八九师正面阵地被敌炮连续轰击两个多小时。由于守军阵地工事构筑得比较巧妙，日军第一番轰炸、射击的炸弹和炮弹，大部分落在伪装工事上。散兵坑内的中国守军官兵，乘敌轰击伪装工事之机，人人动手在坑底挖一斜洞藏身，躲避敌人炮火。因此日军虽然连续轰击2个多小时，但中国守军伤亡不大。日军以为经过连续两个多小时的猛烈轰炸和炮击，中国守军即便未死伤殆尽，也早被吓跑，坚守阵地的官兵不会太多了。于是，便发动步兵以密集队形向八十四军阵地冲锋。八十四军官兵先不射击，放日军接近。日军见中国守军阵地上毫无动静，就更加狂妄，号叫着蜂拥冲向中国守军阵地，待日军冲到八十四军阵地前有效射程以内,各散兵坑内和各掩体内的轻重机枪和步枪等突然一齐猛烈射击,日军遭此突如其来的火力打击,死伤累累,剩下来的也大呼小叫地往回逃。

日军攻击受挫,便以百倍的疯狂施行报复,集中炮火纵横交错、梳篦式地向八十四军阵地倾泻炮弹,由左向右、由右向左、由前向后、由后向前,敌炮循环往复地将八十四军阵地犁了数遍,正面阵地几乎没有巴掌大的完土,工事掩体大部分被炮弹摧毁,守军官兵伤亡惨重。随后,日军以机械化部队开路,发起更大规模的冲锋,第一七四师和第一八九师阵地多处被敌军攻破。第八十四军军长莫树杰向全军官兵下达命令:没有命令,即使只剩一人,也不准擅自撤离阵地,违者军法从事。广大官兵同仇敌忾,咬紧牙关坚持,与日军搏斗了两昼夜,多次打退敌人的进攻,阵地虽然有所收缩,但一直坚持正面阻击敌人。守军官兵看到日军坦克在阵地前横冲直撞,如入无人之境,个个义愤填膺,怒火中烧,纷纷跳出战壕,爬上敌人坦克,往敌人坦克车里扔手榴弹,不少勇士牺牲在敌坦克车下,也有的与敌坦克同归于尽。多数阵地,皆与日军展开白刃相搏。双方都有很大伤亡。

战斗进行到5月4日,日军虽经连日猛攻,给中国守军很大伤亡,但终未突破第八十四军正面防线,无法继续前进。日军遂改变攻击路线和攻击目标,专从山地向八十四军大竹山、滚山两重要据点进行地、空联合轮番猛攻。中国守军阵地上的所有工事全被炸平,防守大竹山的一个营伤亡过半,防守滚山的一个营伤亡殆尽。两个重要据点剩下的兵力已无法继续坚持,于5月4日夜撤退到净明铺至厉山一带的第二线阵地。

第五战区和中央兵团指挥部、第十一集团军司令部,指示第八十四军正面阻击务必坚持7天,大竹山、滚山据点丢失,整个正面防御阵线被撕破两大缺口,情况十分危急。莫树杰急令第一七四师、第一八九师立即组织突击队,进行夜袭,务必收复大竹山、滚山等重要据点。第一七四师、第一八九师闻命而动,立即组织突击队,向日军发起反冲锋,血战一夜,战况异常激烈,但由于缺乏重武器,更无飞机、坦克相配合,未能收复失去的据点,形势对八十四军极其不利。

5月5日,日军向八十四军第二线阵地发起进攻,并派遣一支骑兵由第一八九师第二线阵地的左翼向高城地区疾进,试图截击第一八九师的后路。一八九师担心被敌包围,遂放弃第二线阵地,向军部所在地夏家湾附近撤退。唇亡齿寒,一八九师后撤,八十四军阵地全线崩溃,一七四师、一七三师主力也随之后撤至唐县镇之线。恰在此时,第八十四军司令部得悉左翼桐柏山北麓友军阵地亦被日军突破,日军骑兵正全力向西推进。八十四军司令部判断,日军是想对八十四军采取大包围,把八十四军围歼于枣阳地区。为迅速摆脱日军包围,八十四军经请示第十一集团军司令部同意,立即实行总撤退。八十四军以第一七三师为后卫,掩护主力先向枣阳集中,以便再作下一步的打算。

第八十四军军部与一八九师一部在军长莫树杰的直接率领下,沿桐柏山南侧撤退经鹿头镇,于5月6日到达枣阳东郊附近集结;第一七四师及第一八九师一部沿襄花公路经唐县镇、随阳店向枣阳撤退,也于5月6日到达枣阳附近。两路大军到达枣阳附近后,李宗仁立即命令他们在枣阳城郊占领阵地,阻击西进之敌,以确保襄樊。

负责后卫的部队第一七三师与日军发生激烈战斗,伤亡惨重,防线被冲破。日军继续西进,直攻枣阳,第一七三师滞留敌后,与八十四军军部失去联系,在敌后坚持抗敌,战况异常激烈。

日军以机械化部队为先导,沿襄花公路继续西犯,5月7日到达枣阳城南和城北地区,随即发起对枣阳的攻击。日军先对城西郊第八十四军阵地作牵制性攻击,把主力摆在枣阳城北面。第八十四军军部判定日军是试图对枣阳采取合围之势,以便把八十四军围歼在枣阳附近地区。八十四军从正面一线刚刚撤退下来,许多部队刚刚占领阵地,还未来得及构筑或加固工事,当军部判定日军的合围意图后,犹如惊弓之鸟,立即决定放弃枣阳,再行撤退。

第八十四军军部命令所属部队第一七四师和第一八九师(第一七三师已失去联系)主力迅即脱离火线,全线后撤。5月7日即日军发动攻势的当天下午,八十四军主力已从枣阳附近撤退,当晚到达枣阳西北杨家垱一带宿营。负责后卫的第一七四师周敬初的五二二团和第一八九师白勉初的补充团与进攻枣阳之敌发生激战,当主力撤出敌军包围圈之后,后卫部队也突围撤退,被日军冲散,未能随主力转移。枣阳城于5月8日陷于敌手。

撤到杨家垱附近的第八十四军,5月8日拂晓渡过唐白河又向邓县撤退,9日、10日先后到达距第五战区司令长官部驻地老河口仅六七里远的光化附近集中。当时战区司令长官部只留作战处在老河口,其余部门及人员均已越过襄河向石花街转移。长官部估计日军可能派出一支精兵袭扰老河口司令长官部,所以已派出一支部队在老河口东面25公里左右的竹林桥一带布防阻击敌军,当八十四军部队撤退到光化之后,长官部又令八十四军派出两个团增援竹林桥一带的中国守军,以掩护战区司令长官部的安全。

果然,日军骑兵部队约2000人,越过唐白河,直扑老河口。经过中国守军的拼死阻击,日军未能得逞,遂退回唐白河东岸。

旋即,日军集结兵力,从双沟、张湾之间强渡唐白河,进犯樊城。樊城守备部队由中央兵团总司令、第十一集团军总司令黄琪翔直接指挥,第十一集团军所辖刘和鼎的第三十九军两个师,与日军沿唐白河隔河对战,由于日军空军、机械化部队、骑兵、步兵等联合兵种作战,攻势异常猛烈,第三十九军阵地多处动摇,黄琪翔急调第八十四军一八九师火速增援。一八九师连夜赶到,投入战斗,稳住了中国守军阵脚。但日军从双沟、张湾间强渡唐白河成功之后,第三十九军阵脚再次大乱,既不坚决抵抗,又未和八十四军一八九师联系便匆忙向樊城东郊撤退,使一八九师陷入孤军作战的险境。黄琪翔令一八九师迅速转移到樊城北面布防,负责确保樊城及第十一集团军总司令部的安全。

第一八九师向樊城北面阵地转移,日军尾追不放,紧紧咬住。当一八九师到达樊城北面既设阵地时,喘息未定,日军便发起对樊城的全面攻击。中国守军右翼部队第三十九军节节后退,第十一集团军总司令部也仓皇撤离樊城,向老河口方向退去。樊城已成为一座空城,但当夜日军因不知城内虚实,不敢入城,却派出一支部队由城北向西挺进。第八十四军一八九师已和第三十九军及第十一集团军总部失去联系,见日军向西挺进,生怕日军抄了后路,便急急忙忙向太平镇方向撤退。第一八九师先头部队刚到太平镇,便接到战区司令长官部的命令,要求八十四军不得再往后撤,应调头全力向樊城推进,投入反攻作战。八十四军坚决执行命令,按照战区司令长官部的部署,各部立即展开反攻作战。

第八十四军及以第八十四军为主力的第十一集团军乃中央兵团的主要阻击部队,在襄河东岸阻击战中,仗打得十分艰苦,伤亡也较大,但仅仅十几天工夫,就丢失了一线、二线、三线……阵地,一退再退,一直退到鄂西北老河口第五战区大本营的门口,虽不能说是一触即溃、望风而逃,但起码不能说是打了胜仗。除了避免了被日军围歼、为抗战保存了有生力量之外,其他防御目标一个也没达到。一线防御阵地坚守 7 天的任务,仅坚守了 4 天多时间,而枣阳连一天也未坚守下来。这主要是因为在强敌疯狂进攻面前,只想保存实力,缺乏背水一战的决心和勇气,所以,也就难以打出漂亮的防御战了。

5. 钟毅为国捐躯

第八十四军布防襄花公路正面守卫时,第一七四师和第一八九师为第一线守卫部队,布防在凉水沟亘塔儿湾、万家店间以东高地;第一七三师为第二线守卫部队,布防在净明铺公路两侧高地。当第一线部队后撤时,作为第二线防卫部队的第一七三师负责后卫,仗打得十分艰苦,掩护主力部队撤退之后,他们便与总部失去联系。在撤退途中,部队被打散,师长钟毅壮烈牺牲。在八十四军正面防御战中,一七三师仗打得异常惨烈,牺牲最大,给日军杀伤也最多,算得上是一支英雄部队,悲壮之师。

钟毅(1901～1940),乳名必魁,号天任,广西扶南长和乡(今扶绥县扶南乡)长沙村人,生于1901年11月4日。早年曾就读于广西省立第三师范学校,未毕业,后入旧桂系军阀开办的韶关讲武堂学习。从此,他弃文从武,步上军旅生涯。钟毅从讲武堂毕业时,正赶上新桂系崛起、旧桂系衰败之际,钟毅投效新桂系,历任上尉连长、少校营长、中校营长等军职。1926年,钟毅追随李宗仁参加北伐,因战功被提升为上校团长,算得上是李宗仁的爱将。1934年钟毅入陆军大学特别班受训,学满3年,十分刻苦,成绩优异。1937年夏从陆大毕业,正赶上抗战爆发,为报效祖国、效力抗战疆场,钟毅立即回桂军报到,出任第三十一军第一三八师四一四旅少将旅长。随后,广西军队出桂抗战,钟毅所在部队北上抗日,参加了津浦南段防御战,后转战淮河两岸,多次作战,屡创敌军。徐州会战结束后,钟毅率部进驻鄂东,参加了武汉保卫战。武汉会战结束后,钟毅被晋升为第十一集团军第八十四军一七三师师长,加中将军衔,成为广西军中的重要将领。

钟毅受命一七三师为襄花公路正面防线的第二梯队时，全师有3个步兵团及师直属部队，3个团的番号分别为五一七团、五一八团、五一九团。钟毅命五一七团占领净明铺南侧高地，五一八团占领净明铺北侧高地，五一九团作为师预备队使用，控制于乔家水砦附近地区。钟毅要求各部队认真构筑防御工事，并带领苏联军事顾问逐一检查，全师防御工事构筑较好，火力点的选择、火网的构成都符合实战要求，钟毅和苏联顾问都感到比较满意。

5月1日，正面第一线防御战正式打响，5月4日，一线部队向枣阳附近撤退，钟毅奉命率一七三师由净明铺移唐县镇附近占领阵地，掩护军主力撤退。一七三师成了撤退中的后卫部队，第二线阵地未作有力抵抗即放弃西撤，钟毅的一七三师精心构筑的净明铺一带二线阵地工事，也未派上用场便丢弃了，甚是可惜！

钟毅奉命率部到达唐县镇附近后，即命五一七团占领唐县镇西侧公路以南高地，五一九团占领公路以北高地，师部及五一八团布置在万福店附近地区。第八十四军各部撤退通过唐县镇、唐王店一线后，日军尾随而至，追到唐县镇东，即遭到第一七三师的英勇阻击。第一七三师预先已派出一些力量较强的班、排，占领唐县镇东端及唐县城以西附近的村庄，抢构了一些御敌工事，当日军追抵唐县镇东端时，各村庄守军依据既设阵地顽强地打击敌人，使日军处处遭到袭击，无法前进。日军集中大炮，向唐县镇及附近村庄猛轰，并用坦克开道，由东向西猛冲，一七三师将士勇猛顽强，拼死抵抗，除象鼻山阵地被敌军战车攻陷之外，其余阵地岿然不动。日军愈攻愈猛，守军愈战愈勇，激战到下午5时左右，因一线撤退部队已安全突围，钟毅命唐县镇附近负责掩护的一七三师撤退。令五一九团掩护五一七团先行撤退，然后再全部撤出战斗。但五一九团未遵令执行，又不通知五一七团，竟擅自先行仓皇退走，致使五一七团左翼受敌攻击，无法安全撤出战斗。五一七团团长凌云上即抽得力部队到左翼掩护，才使五一七团主力得以撤退。钟毅命令凌云上所部撤向枣阳东北鹿头镇东端高地,以掩护军主力的转进。

掩护部队撤出战斗以后,天色已晚,天黑如墨染,伸手不见五指,咫尺不辨物体。部队离开公路,行走乡间土路,不时有人跌倒。跌进路边的麦田还好,没有大的伤痛,爬起来再走;如果跌进路边水沟或者秧田,一身泥水,再继续行军,就极为狼狈,苦不堪言。因天太黑,一不留神就有掉队、岔道的危险。一位叫王壮强的班长,为防止班内士兵掉队,用绑腿带把全班战士串联起来,鱼贯而行,果然奏效。凌云上团长发现之后,在全团推广这一做法。各班串联一起,由班长在前边领路,班与班保持行军距离,不时互相招呼,避免了掉队,并一定程度地加快了行军速度。到次日拂晓,部队到达了目的地——鹿头镇。

凌云上率五一七团夜行军途中,曾接到第十一集团军总司令黄琪翔的电令,命该团就近选择阵地,节节抵抗日军,以苦撑10日为限。黄琪翔越级直接指挥到团,令凌云上犯难。凌云上在心里盘算:让我们团脱离军、师而独立作战,补给问题怎么办呢?不执行军、师关于掩护军主力转移的命令,打破了军的整体作战计划,行吗?集团军与军、师三个婆婆,两种指令,到底执行谁的指令好呢?一时又与各级长官联系不上,无法请示,实在令他左右为难。思量来思量去,凌云上最后决定仍向师部指定的地点前进,待到达目的地后再和军、师取得联系,以决定下一步的行动。

5月5日,第一七三师各部到达鹿头镇附近,立即占领阵地,构筑工事,作掩护军主力撤退的战斗准备。日军攻击部队绕过鹿头镇,直扑枣阳城下。第一七三师终日严阵以待,准备痛击进犯之敌。但日军却未经过他们设置的掩护阵地,直到黄昏时分,也没有发生战斗。实际上日军已经突前,一七三师的方位已在敌后。针对这一战场形势的变化,钟毅认为守株待兔已无可能,决定全师转移。钟毅迅速拟定了转移方案,作出转移部署:左纵队按五一九团、师部及师直属部队、五一八团的顺序行动，由鹿头镇附近出发，经清凉寺、太平镇吕堰驿以北附近地区集结待命；以五一七团为右纵队，由鹿头镇经清凉寺北侧，沿桐柏山南麓道路，经太平镇北端及小河街，向吕堰驿北侧附近地区集结待命。

5月5日黄昏，一七三师各团均从鹿头镇出发，按指定路线向吕堰驿方向转移。当夜微风细雨，一直未停，天黑如黛，道路泥泞，行军速度极其缓慢。左纵队殿后部队五一八团与师部失去了联系，行至清凉寺附近时，发现清凉寺以西20公里通太平镇的道路上有日军40多辆战车在运动，而且侦知枣阳西北15公里地带，已有日军骑兵出没，五一八团前进路线受阻，改为靠北边的路线行进，这样一来便和右纵队行进中的五一七团挤到一条道上，造成拥挤难行。过小河街时，五一八团开始靠西南行，走原定路线，但仍无法和师部取得联系。李俊雄团长率部行进途中，突然与一股日军遭遇，经过激战，五一八团被冲散，李俊雄团长率领一部与团主力失去联系，在太平镇西15公里左右的唐河东岸又遇到大队日军，被团团围住，经过激烈战斗，除一部突出重围找到团主力归队之外，大部壮烈牺牲，李俊雄团长以下60多人被日军俘虏。

凌云上所率五一七团，经过小河街后，因五一八团回靠原定路线行走，道路不再争挤，行军速度加快。天将黎明，五一七团发现所经过的村庄均有日军宿营，找到当地未逃亡的老乡打听，才知道头天下午已有四五千名日本骑兵来犯，分驻在前方各村庄内。凌云上派出侦察小组四处侦察，证实附近村庄均有日军，五一七团已钻进日军宿营区之内，日军对五一七团形成自然包围圈。天明之后，日军发现了这支中国军队，便毫不客气地对这股"不速之客"发起围攻。凌云上毕竟久经沙场，富有作战经验，他沉着镇定，临危不乱，迅即指挥一部占领阵地，掩护部队向山中撤退。山脚下到处是麦田，麦子正在抽穗灌浆，当时的麦子又多是高杆品种，因此麦田成了部队可以利用的天然掩护物，五一七团在凌云上指挥下，迅速撤到祈仪镇以南的大山里。凌云上立即派兵把守、警戒各入山道口，对撤出的部队进行整理。

凌云上正在整理队伍，五一八团副团长彭挺华率五一八团主力也来到山里，与五一七团会合。凌云上随即派部队掩护五一八团在山里整理队伍，并立即和军部、师部联系，但屡呼不应，无法取得联络。最后终于和第五战区司令长官部取得联系，凌云上把五一七、五一八团的情况电告李宗仁。李宗仁指示，五一八团划归凌云上指挥，由凌云上率领五一七、五一八团部队调过头去，向敌后攻击，奋力杀伤敌人，打乱敌军部署。李宗仁还指定战区司令长官部的一个电台与凌云上联络，由战区长官部直接指挥凌云上部的行动。凌云上奉命之后，立即与五一八团副团长商定行动方案，迅速率部向敌后挺进。

与此同时，钟毅师长亲自率领的左路纵队，通过清凉寺10公里左右，后卫部队五一八团因左侧受日军威胁，北靠桐柏山南麓小道行走，与师部脱离联络，无法取得联系，致使左路纵队减少了一个团的战斗力量。钟毅率左路纵队通过太平镇到达苍台以北5公里左右的唐河东岸时，遭遇到大队日军。激烈的遭遇战起之突然，左路纵队没有准备，又处在唐河东岸的开阔地带，战局形势和地理环境对左路纵队极其不利。左路纵队一下子乱了阵脚，陷入各自为战的局面。五一九团作为前锋部队，与敌激战之后，大部分突围继续向西行进。在混战中，钟毅师长身边只剩下警卫连三四十名手枪兵，钟毅率领这些手枪兵沿唐河岸南行，试图寻找突破口向西突围，不料当钟毅将军率领这一小股兵力到达苍台镇以北2公里多的河曲中，再次遭遇日军大队骑兵。一经交战，日军发现钟部均系手枪兵，断定内中有中国守军的高级官员，便蜂拥而至，里三层外三层，把钟部小股部队围了个水泄不通。钟毅孤军无援，陷入绝境，他率随从士兵，拼死冲杀，也无法杀出重围。大家围定钟毅，把自己敬佩的师长护在中间，面向四周敌军，抱定杀死一个够本、杀死两个赚一个的信念,视死如归,勇猛杀敌。冲上来的日军一个个被打倒,钟毅身边的士兵也一个个倒下去。经两个多小时激战,钟毅所部还活着的有战斗能力的官兵已不足10人,钟毅带领大家继续还击日军。这时,他的右胸已中弹,鲜血浸透了他的军衣,染红了他身下的土地……但他仍顽强地射杀冲上来的日本兵,他自己也不清楚他到底杀伤了多少敌人,只知道他的弹夹已空,枪膛里只剩下最后一粒子弹了。

在此危急时刻,钟毅镇定自若,他对身边幸存的士兵说道:"吾等身为军人,当此危急存亡、间不容发之际,正宜奋命抵抗,万不得已,当留一弹自戕,勿为敌俘,遗羞华胄。"说罢,他纵身上马,伏扑马背,冲入附近的芦苇丛中,然后下马,将随身携带的日记、诗稿、作战文件和私章等物,全部掩埋起来。此时,日军已将钟毅置身的芦苇丛团团围住。钟毅仰望苍天,疾声高呼:"杀敌!报仇!!"他从容地举起手枪,饮下仅剩的一颗子弹,为国捐躯。钟毅所率的三四十名官兵,除二三名士兵得以生还外,其余全部壮烈牺牲。

钟毅殉国之后,最高统帅部、第五战区司令长官部命令前线部队找回钟毅忠骸,装殓入棺,运到第五战区司令长官部举行祭奠仪式,然后经宜昌水路运往重庆,沿途军民自发设奠迎祭。6月9日,钟毅灵柩运抵重庆,蒋介石亲率军政要员和各界代表到码头迎灵。次日,国民政府在重庆南区公园举行钟毅烈士公祭大会,与会者为中华民族失去一位优秀儿子、抗战勇士而悲恸。许多报刊都报道了钟毅的抗日事迹和殉国经过,对钟毅闪光的人生之旅给予高度评价。当年8月5日,钟毅遗骸由重庆运回他的家乡广西桂林,公祭3天,然后葬于尧山南麓抗战阵亡将士公墓。在河南省苍台镇钟毅烈士殉国处,筑有钟毅烈士衣冠冢和纪念碑。中华人民共和国建立后,钟毅烈士墓保存完好。人民政府又拨专款,对钟毅墓进行修缮,时常有人到墓前凭吊。为中华民族的解放事业作出过奉献和牺牲的先烈们,永远活在中国人民的心中!钟毅烈士为

中国的抗战大业流尽最后一滴热血,值得国人永远景仰。

　　钟毅所率的一七三师五一九团主力突围成功,五一七团和五一八团留在了敌后,由五一七团团长凌云上指挥,在敌后袭击敌军。五一七、五一八团在回头向敌后挺进途中,遇到八十四军从枣阳撤退时负责殿后而后来未能跟上主力部队的一七四师周敬初的五二二团和一八九师白勉初补充团一部,李宗仁指示这两个团归白勉初统一指挥,协同凌云上所率的两个团向敌后进攻。

随后,白勉初、凌云上商定,由白勉初率补充团一部及五二二团由桐柏山南麓向太山庙前进,并在随县、厉山、太山庙等地区活动,相机打击敌人;凌云上率五一七、五一八团经桐柏山东进到达吴山店,在枣阳唐县镇、净明铺等地区活动,寻机袭击敌人。行动方案确定之后,各部立即行动,按既定路线向敌后挺进。

5月9日,白勉初部到达太山庙,五一八团到达枣阳附近,五一七团到达唐王店,当晚各部均向附近敌军发动攻击。五一八团夜袭枣阳日军兵站,突击部队由北门城墙爬入城内,出其不意地袭击日军的运输部队,击毙日军马30余匹,俘获日军马4匹,缴获部分军粮。五一七团夜袭兵站,以一个加强营的兵力,由唐县镇东端发起进攻,因为唐县镇东端高地日军设有碉堡两个,街市上也做有巷战工事,五一七团攻击部队缺乏重武器,所以从晚上22时发起攻击,打到午夜过后1时许,除一部分部队突入到街市进行巷战外,大部兵力未能攻入,日军外围碉堡未能攻破,日军略有伤亡,攻击部队伤亡10余人。攻击受阻,无法进展,遂撤出战斗。随后,凌云上派五一七团第三营营长率6个连在唐县镇以西2公里左右公路两侧高地设伏,准备袭击日军运输队。部署完毕,天已黎明。

10日上午11时左右,日军汽车80余辆由唐县镇向前行驶,渐入伏击圈,其先头车辆到达被事先破坏的公路处,被迫停了下来,凌云上立即发出信号,命令伏击部队集中火力攻击日军。日军每辆汽车上正副驾驶兵各携步枪一支,日军运输队长立即吹响紧急集合号,集中起来一百七八十人,凭借汽车顽抗。经伏击部队猛烈攻击,击毁敌汽车30余辆,伏击部队也伤亡40多人。凌云上随即率部转移。

11日，第五二二团在太山庙前通厉山的公路上设伏，击毁日军汽车16辆，焚毁日军军粮甚多。

此后，第五一八团以吉家河以北山地为根据地，出没于枣阳、随阳店间，破坏公路交通；第五一七团活动于万福店、唐县镇、净明铺之间，破坏公路，游击敌军；白勉初率五二二团和补充团活动于太山庙、厉山、凉水沟之间。

这支挺进到敌后的部队，坚持游击作战，袭扰了日军，并极大地威胁了敌后交通。日军集中一部兵力，对这支游击部队进行"扫荡"，由于这支部队精干，行动敏捷，使日军的"扫荡"屡屡扑空。凌云上、白勉初所部一直在敌后坚持到5月16日才奉命撤回归队。第一七三师由栗廷勋继任师长，参加枣阳反击战。

6. 襄东狼烟

日军在北路发动进攻的同时，南路兵团第十三师团及第六师团一部在第十三师团长田中静一指挥下，配属20多辆战车、40多架飞机，由汉水东岸的钟祥发动攻势，向北攻击前进。在汉水东岸地区布防的是张自忠第三十三集团军和王缵绪第二十九集团军的部队。

第二十九集团军属川军部队，由王缵绪任总司令，下辖第四十四军，由王缵绪兼军长；第六十七军由许绍宗任军长。均系乙种军编制，每军两个师。王缵绪出任四川省政府主席，第二十九集团军总司令由第六十七军军长许绍宗代，第四十四军军长由廖震担任。第二十九集团军在武汉会战中伤亡惨重，武汉会战后许绍宗率残部撤退到汉水以西、长江北岸的当阳地区休整。许绍宗清点部队，全集团军人员损失过半。王缵绪请示蒋介石同意，由四川顺营师管区征补兵员,将第四十四军、第六十七军原来存放在四川的武器军火重新补充第二十九集团军,又经过半年多时间的休整训练,基本恢复了元气。

第二十九集团军在当阳休整之际,即奉第五战区司令长官李宗仁之命在当阳及其附近地区布防。集团军总司令部设在当阳的河溶镇,部队防区右接沙市江防军郭忏部,左接钟祥第三十三集团军张自忠部,沿襄河东西两岸守备,重点在西岸设防。许绍宗令第四十四军军部设在荆门的后港,担任第一线防务;第六十七军为总预备队,控制于河溶和荆门地区。担任第一线防务的第四十四军军长廖震部署所辖第一四九师守备沙洋地区,并以一部守备襄河东岸的杨家峰。第一五〇师守备马良地区,并以一部守备襄河东岸的旧口。

1939年1月,日军一部沿汉(口)宜(昌)公路西犯,日军飞机对沙洋地区狂轰滥炸。守备沙洋地区的第一四九师奋起抗击,击落敌机一架,7名机组人员跳伞后试图渡襄河东逃,被守军拦截击毙。在襄河东岸,日军的进攻得手,2月间占领京山、钟祥、旧口等地,第四十四军遂于日军隔襄河对峙。

5月初,随枣会战打响,第四十四军第一五〇师奉命渡过襄河,向东岸的日军实施袭击,在"黑流渡战役"中,伏击了日军一个中队,打死打伤日军30多人,并缴获了一些武器弹药。随后作战失利,日军突破第二十九集团军、第三十三集团军部队的防线,沿襄河东岸北犯,进占枣阳。日军撤退之后,中国守军尾随追击,襄河东岸恢复随枣会战前的状态,形成对峙局面。

1939年冬,按照最高统帅部的统一部署,第五战区司令长官李宗仁组织了"冬季攻势"作战,第二十九集团军奉命先派出一个加强团,东渡襄河,深入敌后破坏日军交通、通讯设施,袭扰日军据点。许绍宗令廖震组织部队执行这一敌后突袭任务,廖震令第一四九师四四七旅八九三团团长李秋率所部,另配属一个步兵营一个机枪连,于10月下旬渡过襄河,深入到京山和皂市地区,炸毁了汉宜公路和京钟公路的一些桥梁,破坏了汉宜公路和京钟公路专用电话线,并袭击了钟祥的东兴和京山的北关。随后,李秾部陷入日军重围,战斗异常艰苦,在当地共产党人领导的抗日游击队大力配合和民众的有力支持下,李秾率部与日军周旋,终于突出重围。主力撤到襄河西岸,李秾率后卫部队向北突围,进入大洪山地区。年底,第二十九集团军渡过襄河,挺进到大洪山地区,开展"冬季攻势"。第二十九集团军和第三十三集团军奉命攻击钟祥之敌,第三十三集团军先攻钟祥以北的洋梓,第二十九集团军先攻钟祥东北的汪家河和王家岭。由于集团军将主攻任务安排到军,军再安排到师,师再安排到旅,旅再安排到团……实际担任主攻的部队兵力有限,加之缺乏重武器,更缺乏对日军攻坚作战的信心,因此,攻势进展总是有限。第三十三集团军攻击部队久攻洋梓不下,与日军形成对峙;第二十九集团军攻击部队虽攻占了王家岭,但汪家河也是久攻不下,形成对峙局面。

1940年1月,日军向第二十九集团军和第三十三集团军反扑,攻势极其猛烈,第三十三集团军参加"冬季攻势"作战的部队退守长寿店、丰乐河地区;第二十九集团军退守客店坡、三阳店地区。李宗仁令第二十九集团军总司令部设在大洪山西北张家集,所属部队右接第三十三集团军,守备大洪山地区。国民政府迁移重庆,西南地区成了中国抗战的大后方,四川成了大后方的基地,地位日益提高,由蒋介石亲自兼任四川省政府主席。王缵绪不再担任四川省主席,而且自从他离开第二十九集团军,二十九集团军由许绍宗代行总司令职务后,他就一直担心许绍宗形成尾大不掉之势,因此他失去四川省主席职位后,便急急忙忙出川,返回他的部队。他非常明白,如果长久脱离队伍,队伍不再属己驾驭,那将失去真正的发祥根基。王缵绪回到第二十九集团军,立即重掌总司令职,并开始排挤许绍宗及其"势力"。王缵绪通过蒋介石令许绍宗回渝述职,却不再让许绍宗回第二十九集团军,后由蒋介石发布命令委任许绍宗为汤恩伯集团军副总司令。脱离自己的部队供职,这实际是削去了许绍宗的兵权,将他置于嫡系中央军的直接控制之下。许绍宗不愿就职,便一直居家赋闲。许绍宗所遗第六十七军军长之职,王缵绪报请统帅部委任佘念慈担任;第四十四军军长也改由王缵绪亲信王泽浚担任。这样,王缵绪认为许绍宗的势力已被剪除,第二十九集团军完全置于他的控制之下。王缵绪离开四川返回第二十九集团军时,还把四川保安团队编成4个旅,列入第二十九集团军建制,由王泽浚率领出川,担任宜城地区襄河西岸的防务。王缵绪对大洪山地区第二十九集团军主力也调整防务部署。以第四十四军为守备队,右接第三十三集团军骑兵第九师守备的跑马寨,沿牦牛岭、青峰山、双峰观、王家岭、三阳店之线布防,军部设于袁家台;第六十七军为预备队,控制于张家集、长岗店地区,军部设于竹林港。

与第二十九集团军防区毗邻的是第三十三集团军的防区。第三十三集团军以张自忠的第五十九军为基干队伍,张自忠第五十九军作战屡立战功,先升编为第二十七军团,继升编为第三十三集团军,开初第三十三集团军仅辖第五十九军,继之辖曹福林第五十五军和冯治安的第七十七军,成了第五战区的主力部队。武汉会战结束后,第三十三集团军奉命退守汉水两岸地区布防。1939年5月随枣会战时,第三十三集团军与第二十九集团军编为右翼兵团,由张自忠任总司令。两个集团军防区相邻,唇齿相连,互为表里,任务也基本相同。第三十三集团军第五十九军刘振三的第一八○师和第七十七军王长海的第一三二师在襄河东岸抗击日军,随后张自忠亲率第五十九军黄维纲的第三十八师和第七十七军吉星文的第三十七师以及第五十五军许文耀的第二十九师等部投入战斗,重创日军。当日军撤退时,张自忠率部又紧紧咬住不放,尾追攻击,收复失地。随枣会战结束后,第三十三集团军受到最高统帅部和第五战区司令长官部嘉奖,并发给奖金10万元。张自忠总司令将奖金全部分配给各参战部队,将功劳归于全体官兵,给各参战部队有功人员提升一级,大大激发了广大官兵的爱国热情和作战积极性。随枣会战中,第三十三集团军伤亡也很大,会战结束之后,除留一部分兵力在襄河东岸坚持外,主力撤到襄河西岸荆门、宜城地区休整。

  1939年冬季攻势作战中,第三十三集团军以五十九军的三十八师和七十七军的一三二师为挺进襄河以东地区的主攻部队,其中黄维纲所率第三十八师战斗相当激烈。第三十八师主攻目标是先攻占日军罗家陡坡、万水寨两据点,再攻占黄家集,进击董桥,切断钟祥和洋梓镇的日军退路,并乘胜攻占洋梓镇,协同友军攻击钟祥之敌,如达目标,再继续向京山、汉口方向挺进。黄维纲接受任务之后,召开排以上干部会议,进行战斗动员,并作了战斗部署。黄维纲以张文海的一一二团主攻罗家陡坡;以杨干三的一一三团佯攻万水寨;以一一四团栾升堂的第三营攻击黄家集至洋梓公路上的日军联络据点观山头,阻挠黄家集与洋梓间的日军交通联络,掩护主攻部队右翼的安全,策应主攻部队顺利展开。栾升堂率领第三营经过3天激战,攻克了观山头,随后又率部坚守观山头阵地,粉碎了日军一次又一次的反扑,杀伤了日军有生力量,第三营先后伤亡官兵100多人。第三十八师首次攻击目标基本达到,但随即协同友军攻击洋梓镇日军重要据点时受阻,双方形成对峙局面。

  1940年1月,日军组织反攻,第三十三集团军和第二十九集团军参加冬季攻势作战的部队接连失利,但在整体退却中,第三十八师一一四团栾升堂的第三营在王家台子战斗中,打得相当顽强、艰苦。战斗最激烈时,张自忠亲自打电话给前敌指挥官栾升堂:

  "栾升堂,你守的王家台子阵地特别重要,这个阵地守住守不住,关系到当前全军的胜败,你要顶得住,守得牢,要子弹有子弹,要炮弹有炮弹，援军马上就到前线，援军到达后归你指挥。"

随后援军第一一三团龚玉成的第三营开到王家台子阵地，立即投入战斗。两营官兵没有辜负张总司令的期望，守住了阵地，重创了日军，栾营死伤殆尽，龚营也伤亡过半。

日军报复性反攻被粉碎之后，双方恢复冬季攻势作战之前的态势。第三十三集团军在襄河东岸的部队驻防丰乐河、长寿店、跑马寨地区。

枣宜会战打响后，日军南路兵团由钟祥向北进攻，与第三十三集团军守备部队发生激战，突破第三十三集团军防线，5月3日攻占了长寿店。日军由长寿店继续北犯，为截击敌军，张自忠调整部署：由黄维纲统一指挥第七十七军第一七九师和第五十九军第三十八师，分别由普门寺经青石桥、马家集向田家集，由丰乐河以北地区经耗子岗向田家集追截北犯之敌；第五十九军第一八○师由张家集向马家集、清水桥追击北进日军；骑兵第九师由佟家集向仙沄口追击北进日军；河防部队各以一个团兵力分别由沿山头、塘港渡河对南新集、洋梓附近敌军袭扰；第五十五军第二十九师固守汪家店、蔡家集、白庙厂、土地岭、青风山以东，由隘口相机对长寿店南北之敌进行追击；第五十九军第三十八师补充团、第五十五军七十四师的一个团、第二十九师的一个野战营，担任蒋家滩、转斗湾、利河口、安家洲河防；第七十七军第一三二师以一部占领普门冲以东，以主力扼守利河口、桐木林、由家嘴各地区；第七十四师（欠两团）为总预备队，位于由家嘴附近。

第三十三集团军各部按照张自忠的部署，立即行动起来，开始堵截、追击北犯的日军，并在敌后进行袭扰。但日军攻击部队不顾中国守军的侧后袭扰，集中兵力正面突破，全力向北攻击。第三十三集团军部队堵、追、扰、防，分散于敌前、敌后、敌侧，无法集中优势兵力正面阻敌，正面防线终为日军突破。5月6日，日军占领了丰乐河，并攻破第二十九集团军部队防线，占领了集团军总司令部所在地张家集，集团军主力退守大洪山西北要隘。日军南路兵团继续北犯，长驱直入，先头部队7日到达枣阳以西滚河北岸的张集，骑兵部队快速北上占领了新野，与北路日军会师。

各路日军疯狂进攻，中国守军节节退守。日军迅速推进到枣阳以北、西北地区，完成了第一阶段作战目标。但日军深入到中国守军防区腹地，战线拉长，后方又不稳定，这也为中国守军反攻、围歼深入之敌创造了战机。

7. 枣阳反击

当各路日军疯狂进攻、中国守军一线防线皆被攻破的时候，李宗仁于5月6日调整了作战部署，重新划分了各部作战区域。把第二十九集团军调归战区直接指挥，担任大洪山游击根据地作战，并令该集团军分别西进北上，侧击京钟、襄花两公路进犯之敌。将豫鄂边区游击总指挥鲍刚部、指挥战区第一游击纵队曹文彬部划归左翼兵团孙连仲总司令指挥，担任桐柏山游击根据地作战，并令其积极行动，即时向西南侧击襄花公路北窜之敌。江防军（欠七十五军）仍执行原任务，但应以有力部队渡河，向皂市、京山方向威胁敌军后方，策应左翼兵团作战。右翼兵团（欠二十九集团军）仍以一部固守襄河西岸，主力在襄河东岸地区，与中央兵团围击经长寿店北窜之敌。中央兵团指挥第八十四军、四十一军、四十五军，于现阵地极力阻止敌人，迟滞敌人西进。不得已时，应以确保襄、樊为目的，于枣阳东面之线逐次抵抗，而后以主力转移唐白河西岸一线，以一部留置襄河东岸枣阳以北地区，求敌侧背而攻击之，与右翼兵团及大洪山游击军协同作战。第四十五军一二七师即将大洪山守备任务移交给第二十九集团军，然后归还建制。左翼兵团指挥第二、第三十一两集团军及九十二军(李仙洲部),并指挥桐柏山游击队,于青台、桐柏、泌阳以东附近之线,用正面攻击及三面包围的方法围歼进犯之敌于桐柏、确山之间。万不得已时,可逐次转移到唐河西岸之线,巩固南阳,迎击进犯之敌。第七十五军、第三十九军(欠一师)先向快活铺、宜城间前进,归战区直辖。并重新划分了江防军及右翼、中央、左翼兵团作战区域。

应当说李宗仁调整的部署还是比较周密的,但只可惜为时已晚,突破中国守军防线的日军长驱直入,迅即占领枣阳,并推进到枣阳以北及西北地区,而且各路日军在这一地区会师,日军第十一军司令部及敌酋园部和一郎认为第一阶段作战任务已经完成,且大军深入,后方战线拉长,处处受到袭扰,因而于5月8日夜下令停止进攻,作第二阶段的作战准备。在唐河、新野的日军5月9日后撤南返。

枣宜会战的第一阶段,日军发动进攻的时间、出动的兵力、进攻的路线、到达的地点等,几乎与1939年的随枣会战一模一样,中国统帅部及第五战区长官部判断日军也将和随枣会战一样到达枣阳及其以北、西北地区后,即行全面撤退,因此,部署中国守军乘敌回撤之机围追歼灭敌军。

5月10日,蒋介石向李宗仁等发出"训令",指出:"鄂北之敌经我多日围攻,粮弹殆尽,必将向原阵地退却。""第五战区应乘敌态势不利、退却困难之好机,以全力围攻捕捉歼灭之于战场附近,而后即向应城、花园之线追击。"并作出如下部署:江防军之李及兰第九十四军全力进袭花园、孝感,遮断平汉铁路交通。王缵绪第二十九集团军全力转向随县、唐县镇间进袭,遮断襄花公路交通。张自忠第三十三集团军以主力先向唐县镇、枣阳间进攻,遮断襄花公路,再转攻敌背后。江防军之周嵒第七十五军迅即东向枣阳方面进攻。孙连仲第二集团军和汤恩伯第三十一集团军迅即南向随、枣地区截击敌人。刘汝明第六十八军和王赞斌第七军袭击信阳,

"如奏功,准悬赏五十万元"。张自忠、周喦、孙连仲、汤恩伯各部应确实取得联络,协同作战。蒋介石还分析道:敌主要退路只有唯一的襄花路,而该路雨后车辆不能运动。因而希望各部努力进击,必能收获空前战绩,并明确指出:以往湘北、粤北诸役缺乏有计划的追击,致战果不良。此次我们各部战力健在,应乘胜穷追,扩大战果。其作战不力、不能完成任务者,自总司令以下,应予处罚。

为贯彻统帅部围歼日军的作战部署,李宗仁立即调兵遣将,组织枣阳反攻,要求所部把进犯之敌歼灭在樊城以东的枣阳地区。为此特令第二集团军、第三十一集团军及第九十二军,由北向南迂回压缩明港、泌阳、唐河、新野一线之敌;第三十九军、七十五军由樊城以北并列攻向枣阳;第三十三集团军、第二十九集团军从大洪山区由南向北压缩,包围枣阳地区之敌。并令第九十四军深入到敌后京山、皂市、应城、云梦地区;第七军与鄂东游击队袭击信阳以南铁路沿线柳林、李家寨、鸡公山车站附近日军,以策应主力在枣阳地区作战。

第五战区各部队及配属第五战区作战各部遵奉统帅部及第五战区司令长官部的命令,立即行动,展开枣阳反击战。右翼兵团总司令张自忠作出歼敌部署,还率部过河亲征(下一节专门叙述)。左翼兵团总司令孙连仲、中央兵团总司令黄琪翔、江防军总司令郭忏也都分别作出歼敌部署,督部奋力向前,围歼日军。

第三十三集团军拟定出大洪山、向枣阳以南地区进攻的作战方略被日军特种情报渠道侦知,日军便立即集中2个师团的兵力,至大洪山地区堵击。孙连仲第二集团军便乘机向日军发动攻击,在泌阳以东地区,包围了敌第三师团独立工兵第八联队,敌第十一军总部急调军直属战车团、石本贞直指挥的3个步兵大队、小川权之助第二一六联队前往增援,双方在泌阳以东地区展开激战。同时,第三十三集团军先头部队已东出大洪山,接近应山至枣阳的公路,将和在东部桐柏山的第二集团军、第十一集团军一部汇合,切断日军由枣阳向南的退路。敌第三师团从唐河、新野向枣阳撤退途中,其右侧部队大城户三治第二十九旅团在樊城东北双沟、大店一带被汤恩伯第三十一集团军第十三军张雪中部包围。战场形势对中国守军极为有利。日军为改变被动局面,于5月14日决定对集结在唐河、新野地区的第五战区主力进行再次攻击。于是,中日双方在枣阳及其附近地区展开对攻战。

5月中旬,第五战区枣阳反击战取得了一定战果。江防军作战地区,李及兰第九十四军军部和第一二一师14日在余家庙击溃日军400多人,随即挺进到天门县皂市西北王家场附近;第一八五师挺进到雷公店,先头部队到达烟墩店。萧之楚第二十六军第三十二师一部12日袭击了潜江县东15公里左右的毛家嘴,歼敌60多人,缴获步枪23支、轻机枪一挺。上述各部,继续袭扰日军。

在京钟公路沿线地区,第三十二师15日在丰乐河东北截击南窜之敌2000多人,经过激烈战斗,毙伤日军甚众,敌大部退回马家集,改向东南的张集撤走。三十二师乘胜追击,一部在长寿店西北、主力向长寿店以东截击日军。第三十三集团军特务营、骑九师、第七十四师14日与日军在方家集激战竟日,15日日军增加30余架飞机、20余门大炮,猛烈攻击,夺路逃窜。第三十八师、第一七九师14日击溃方家集东南新街之敌以后,继续向南追击。

在襄花公路沿线地区,第二十二集团军一二五师一部与第十一集团军八十四军一部进攻唐县镇,14日下午与敌激战于杨林湾、破山口一带,毙敌50多人。第八十四军一部击溃随县尚市日军的反攻,毙敌中队长以下200多人,焚毁日军汽车40多辆。第二十二集团军第一二七师13日在枣阳以南30公里左右的唐家店、石堰档等地,分别截击南溃之敌,斩获甚多,残敌1000余人向茅茨畈溃退。逃敌先头部队200多人14日晚在茅茨畈以南约20公里的长岗店遭到第一二七师和第二十九集团军一六一师各一部的截击,该敌大部被消灭。第一二七师一部13日攻占槐树岗,毙敌 100 多人,并乘胜追击,15 日挺进到枣阳东南兴隆集。第一七三师和第四十五军一部 16 日在唐王店西端截击了从枣阳开出的日军 100 多辆战车和汽车,炸毁日军战车、汽车多辆。

在豫南方面,第六十八军除留一个团围攻长台关之外,主力向西绕攻信阳。第九十二军主力 16 日到达江家河附近,随即向随县西北的厉山、唐县镇挺进。第三十军三十一师 15 日夜攻占枣阳西北杨家档,毙敌 300 多人,缴获甚多,残敌向杨家档东南刘家寨溃退,三十一师乘胜追击,并派出一部向枣阳挺进。15 日,日军 2000 多人向枣阳西北约 35 公里的程家河反攻,第十三军八十九师击溃日军,并与第三十一师一部于 16 日攻克程家河东南七房岗,缴获甚多,随后沿公路向东南追击。第十三军二十三师一部 14 日攻克太平镇西北湖河,毙敌 200 多人,缴获步枪 50 多支、重机枪 4 挺。鲍刚部 15 日在尚市附近击毁、缴获敌军汽车各 10 余辆。汤恩伯第三十一集团军对被围之敌发动攻击,14、15 两日,毙敌 3000 余人,缴获军马 50 余匹、步枪 50 余支、机枪 8 挺,第三十一集团军也伤亡 2300 多人。

从鄂东向西进攻的部队,5 月 8 日攻克大悟县东南 35 公里左右的王家店及麻城以南的白果庙;9 日攻克信阳以南铁路线上的东双河、柳林,并将附近公路予以破坏。游击第四纵队 5 月 8 日攻克鸡公山,并袭扰新店、武胜关日军。

日军处处被动,处处挨打,敌酋园部和一郎认识到,从枣阳继续南撤,难以摆脱中国守军的追击,遂改变计划,决定分两步撤退。首先,撤至樊城、枣阳一线,待中国守军追击迫近时,再突然反击,向北推进至邓县、老河口附近,以击溃第五战区主力;然后,再突然快速后撤至樊城枣阳一线,作下一步进攻宜昌的准备。日军按照这一阴谋诡计,实施退却中的反攻。第三师团 5 月 19 日突破第五战区部队近距离包围,由枣阳攻击北上,渡过唐河,经新野、果园,于 21 日突进到邓县以南地区。第十三师团由樊城东南峪山、黄龙档一带向北突进,于21日到达老河口东20公里左右的张集、竹林桥附近。敌第三十九师团由樊城东南方集、霸王地区向北突进,推进至樊城东北地区。

面对日军的突然反攻,第五战区部队再次让开正面,对敌实行侧击,并以一部继续在敌后袭扰牵制日军,同时派出侦察部队和警戒部队,搜集掌握日军动向。

日军第三十九师团村上启作部进抵樊城东北约20公里梁家嘴附近,村上启作命先头部队第二三三联队渡过白河北上。敌第二三三联队为侦察渡河点,于20日傍晚派3名侦察人员潜入白河南岸芦苇丛内,观察河宽、水速、河岸坡度、渡口方位及河对岸动静,有一人立于芦苇丛中用望远镜观察对岸情况时,正巧被隐蔽在对岸芦苇丛中的汤恩伯第三十一集团军前哨部队发现,汤部断定日军当夜将在附近渡河,仍隐蔽不动,致使日军侦察员作出"对岸并无情况"的错误判断。汤部调集兵力,在日军可能渡河地段的对岸设伏,准备随时狠狠打击渡河之敌。

5月20日,农历四月十四日,皎洁的月光洒在白河两岸。夜深人静,万籁俱寂。偷渡的日军第二三三联队在联队长神畸哲次郎率领下,从白河南岸梁家嘴附近徒涉白河。当日军行至河中心时,埋伏在白河北岸汤恩伯第三十一集团军的轻重机枪、步枪、掷弹筒、迫击炮等一齐开火,实施猛烈射击,敌第二三三联队联队长神畸哲次郎以下300多人当场被击毙,该部日军伤亡过半,残部狼狈逃窜。

第五战区部队士气旺盛,在正侧面的部队不断寻机痛击日军,在敌后的部队也积极行动,袭扰日军,切断日军的供应线。日军虽已进入白河以北地区,但并未捕捉到中国守军主力决战,未达到击溃第五战区主力的目标,而后方却多处挨打,不得安宁。针对这一情况,敌第十一军司令官园部和一郎于21日下午命令各部立即返回樊城、钟祥间的汉水东岸地区,进行西渡汉水作战的准备,并调集九江、南昌地区的一些部队,增援襄东战场,准备参加以进攻宜昌为目标的第二阶段的作战。

日军暗中酝酿更大的罪恶征战计划,新的恶战即将发生。

8. 张自忠率部出征

当日军南路兵团沿襄河东岸地区向北进攻,突破第三十三集团军及第二十九集团军部队的正面防线,长驱直入枣阳地区之际,襄东频频告急,第五战区右翼兵团总司令兼第三十三集团军总司令张自忠决定亲自率部渡河东征,追击日军,扭转襄东战局。

张自忠,字荩忱,山东临清县人,生于1891年。早年曾先后就读于临清县高等小学堂,天津政法学堂,济南法政专门学校。1914年秋投军,在陆军二十镇三十九协八十七标车震部当副兵。1916年车震兵败,解甲归田,张自忠经车震介绍投入冯玉祥军营。张自忠吃苦耐劳,作战勇敢,深受冯玉祥的器重和栽培,由差遣兵、排长、连长、副营长、营长、团长、旅长、师长,一直升到副军长。1930年中原大战,西北军战败,冯玉祥通电下野,西北军大部接受了蒋介石的"改编"。张自忠率西北军第六师退避晋南,拒绝接受蒋介石的改编,与西北军旧部宋哲元、赵登禹、刘汝明等联合,接受张学良的改编。退到山西的西北军残部改编为陆军第二十九军,宋哲元任军长,冯治安任三十七师师长,张自忠任三十八师师长。

1931年"九·一八"事变爆发之后,日本侵占中国东北,中日民族矛盾上升。二十九军抗日情绪高涨,经常以日军为假想敌,加紧进行军事训练。宋哲元还以"宁为战死鬼,不做亡国奴"为口号,激励官兵随时准备"效命疆场"。

1933年3月,日军侵占热河后又进犯长城,中国军队奋起抵抗。二十九军奉命参加长城抗战,任务是抢占喜峰口,阻敌前进。张自忠任二十九军前敌总指挥,指挥部队在喜峰口与日军展开激战。阵地得而复失、失而复得多次,双方反复拉锯,战况异常激烈。张自忠组织有力部队,夜袭敌军,切入日军营地,用大刀片、手榴弹勇猛杀敌,重创日军,后又调动部队对当面之敌实行夹击,致敌损失惨重,战线动摇,被迫撤退。喜峰口抗战,激战7个昼夜,终以日军的失败而告终。接着,张自忠又指挥部队在罗文峪、山楂口、马兰峪等处与进犯日军展开激战,消灭日军6000人以上,保住了喜峰口、罗文峪、马兰峪长城沿线阵地,把进犯之敌赶到长城以外,取得了自"九·一八"事变以来北方战场的首次胜利。宋哲元、张自忠、赵登禹（赵旅为喜峰口战役主力）、冯治安（二十九军前敌副总指挥）等人成为被人们传颂一时的抗日民族英雄。

1935年,日本侵略势力直逼华北,对察哈尔连连挑衅,在河北不断制造事端,华北危急,中华民族面临新的挑战。日本侵略者加紧策划"华北自治",一小撮民族败类乘机在河北各地组织汉奸政权。6月28日,汉奸白坚武自称"正义军总司令",率领一批流氓土匪袭击北平。北平城防空虚,时执掌北平军分会工作的鲍文樾（何应钦回南京）惊慌失措。宋哲元高级谋士、挚友萧振瀛以北平军分会委员的身份向鲍文樾建议,调二十九军平定白坚武叛乱。二十九军奉调平定了叛乱,并一举控制了平津两市和河北省。不久,宋哲元被南京国民政府先后任命为"平津卫戍司令"、"北平绥靖公署主任"、"冀察政务委员会委员长",宋还兼任河北省主席,张自忠被任命为察哈尔省主席,秦德纯为北平市长,萧振瀛为天津市长。

萧振瀛自恃有功于宋哲元,当上天津市长后,勾结日本人,争权夺利,引起二十九军将领的不满。1936年5月宋哲元免去萧振瀛的天津市长职务,命张自忠接任天津市长。张率其部三十八师到天津赴任。根据《辛丑条约》规定,中国军队只能住天津周围20

里以外，城内只能住少量保安队。三十八师部队皆住在城外，城内只有师特务营改编的保安队维持治安。外侮之下，失权受制，这件事对张自忠产生一定刺激。

张自忠主政天津，处于蒋、宋(哲元)、日三方矛盾斗争的漩涡之中。天津五方杂处，情况复杂，又是日本华北驻屯军司令部所在地，摆在张自忠面前的内政外交处处是棘手问题。日本侵略者欲扩大侵华，制造华北事变，不会放过首当其冲的天津，便努力控制、利用张自忠，想通过宋哲元、张自忠等地方实力派，抵制南京国民政府的势力深入华北。南京国民政府自1935年国民党五全大会之后，对日态度转向强硬。日本对华侵略扩张的步步升级，严重危害了国民党统治集团的利益，国民党政府必然进行抗争。但是，国民政府、蒋介石并不是要立即与日开战，总希望能通过妥协退让的办法，缓和中日矛盾，解决中日间的摩擦和冲突。既希望借助宋哲元的势力在华北作为国民政府与日本之间的"缓冲"，与日进行周旋，不致使华北沦为汉奸之手；但同时又担心宋哲元走得太远，真的与日本勾结起来。因此，对宋既拉亦防。宋哲元为保持二十九军的势力和地盘，既不愿当汉奸，又不想与日方闹僵；既不愿脱离国民政府，又想多争得一些"自主权"。试图"借"日本势力，抵制国民政府中央势力对华北的深入；"借"国民政府，排斥日本侵占华北，从而达到保全地位、地盘和集团利益的目的。用宋哲元自己的话说，就是：对中央绝不说脱离中央的话，对蒋介石绝不做他个人玩弄的工具，对日本力求表面亲善，绝不屈服投降。因此，对日方面，采取了"舍小利而保大权"的方针，加强对日交涉，缓和对日关系，谋求日方对二十九军的容忍。张自忠作为宋哲元的部将，有着共同的利害关系，他赞成宋哲元处理蒋、日关系的原则和方针，并身体力行地推动这一方针的贯彻实施。在对日关系方面，有时宋哲元不便出面的时候和地方，则由张自忠出面代为斡旋。1937年4月，日本邀请宋哲元访日，宋担心日方胁迫他签订卖国协定，婉言谢绝访日,改派张自忠率参观团赴日本观光作"亲善"访问。在日期间,张自忠始终没做有失国格、有辱人格的事情,他个人也没有与任何日本人作任何接洽,还以提前归国相要挟、迫使日方关闭了名古屋国际博览会的伪"满洲国"馆,降下伪"满洲国"旗。5月末,张自忠率团归国。

宋哲元、张自忠的对日"亲善"受到舆论谴责,引起人们的怀疑和不满。"宋日合流"、"张自忠是亲日派"之说,广为流传。时为山东省主席的韩复榘,也对宋、张颇有微词,当张自忠从日本回国,路过济南时,韩复榘向部下嘲讽张自忠是"朝日归来"。连张自忠的部下也对张很不理解,曾当面询问张:"现在舆论对你抨击,国人对你唾骂,连我们都不知道你葫芦里装的什么药?"张自忠郑重回答说:"目前华北的危机关系国家民族的存亡至大。我国军队究竟准备到什么程度?本军仍散住在各处,尚未集中,在和平尚有一线希望、牺牲未到最后关头之时,只有本着'我不入地狱谁入地狱的精神',牺牲小我,顾全大局,忍受目前的耻辱……好在是盖棺论定。成功成仁,将来一定有好机会的。和平绝望之日就是我们牺牲的最后关头,把我张自忠的骨头轧成碎粉,用化学分析分析,看有一点汉奸气味没有?"

宋哲元主政华北,张自忠主政天津期间,尽管与日方周旋,表示"亲善",但确实未曾签订过一件丧权辱国的协定或条约,而且一直表示不脱离"中央",始终未在华北自治协定上签字,尤其不同意二十九军撤出华北,应当说未失民族气节。但在中日民族矛盾激化、举国抗日情绪高涨的情况下,宋、张对日"表面亲善",不符合时代潮流,不合乎民众心愿,遭到谴责和毁誉,也在所难免。

"七七"卢沟桥事变爆发时,宋哲元正在老家山东乐陵,张自忠由天津赶到北平,会同二十九军高级将领一面电请宋哲元速返,一面调动军队布防,作固守卢沟桥阵地的准备,同时又开始对日交涉,并拒绝了日方的非分要求。但是,张自忠还是非常希望事变能够和平解决的，为了维护本集团的利益，他也反对无限制扩大战事。卢沟桥事变爆发后，前线将领何基沣等人商定，加强卢沟桥一带兵力，计划乘日军大部兵力尚未到达之际，于10日夜袭丰台敌军。张自忠从何基沣的电话中了解到这一攻击计划，明确表示反对，他在电话中当即对何说："你们要大打，是愚蠢的。现在要紧的不是打仗，而是和平解决。"随即，张自忠通过军部向前线将领发布命令：只许抵抗，不许出击。

宋哲元7月11日到达天津，谋求事件的和平解决。此时日军大部还未调到平津前线，为迷惑宋哲元以赢得时间大举增兵、部署全面进攻，日方便与宋哲元玩弄起和谈阴谋。宋哲元派张自忠、张允荣与日方议定三条，作为解决事变的条件。三条协议大意是：(1)第二十九军代表向日方道歉，处分"负责人"，负责防止类似事件的发生；(2)中国军队不驻防卢沟桥城郭及龙王庙；(3)彻底取缔蓝衣社、共产党及抗日团体。宋哲元认为"谈得很好"、"和平解决已无问题"。宋哲元对"和平"抱有太大的幻想，以致疏于军事上的部署和准备，贻误了战机。当日军部署就绪发动全面进攻时，二十九军仓猝应战，处处被动，损兵折将，一败涂地。仅仅两天的工夫，平津全部沦陷。宋哲元受到舆论的抨击，而张自忠受命与日方谈判，又代表宋哲元在协定草约上签字，更落了个"亲日派"的臭名，所受抨击更甚于宋哲元。

7月底，日军发动全面进攻，张自忠决心全力抗战，用实际行动洗刷自己"亲日派"的臭名。但是，宋哲元却要他留在北平"与日本周旋，以拖延时间收容部队，稳定时局"。28日下午，宋哲元率部撤离北平之前，再次找张自忠面谈，宋对张说："我今晚就走，明天你就和日本接触，好维持局面，谈得好的话，二十九军兴许还能返回天津，谈不成也不要紧，只要能拖延几天就行。这一切，以后我会代你剖白的。"宋当场写下手令，委托张代理冀察政务委员会委员长、北平绥靖公署主任、北平市长等职，代行宋哲元的一切职权。次日,宋到保定后曾给蒋介石发电呈报:"所有北平军政事宜,统由张师长自忠负责处理。"但此事事关重大,如果接受这一"任务",作为中国军事将领,中日两国开战,不率兵效力疆场,却留在敌人占领的区域,与敌人"接触"、"周旋"、"谈判",那就不仅仅是"亲日派"的"骂名"了,肯定会被国人骂为"汉奸"的,这等于往自己头上扣屎盆子。张自忠久经沙场,阅历丰富,何尝不明白这一点呢!所以当宋哲元交给他手令时,他拒绝接受。宋哲元迷恋于与虎谋皮,幻想与日周旋可以拖延时间、收容军队,保住二十九军,因此他执意要张自忠留下,便气哼哼地对张说:"我们二十九军是有令必行,你们平日口口声声说服从我,怎么在此重要关头竟不服从呢?"宋哲元如此"将军",张自忠被逼到了"死角"。张自忠是注重情义的热血男儿,愿意为上司分担"艰难",而且也非常看重二十九军的命运,为了尽力维持二十九军不散、不垮,为了对得起长官,只能"下地狱"了,他不得已哭着接受了宋哲元之命。当他送别宋哲元等人时,拉住秦德纯的手,满含热泪,期期艾艾地说:"你同宋哲元成了民族英雄,我怕成了汉奸了。"其内心有难言的苦楚和隐衷。张自忠留在了北平,同时他又给他的三十八师的主要将领写信,要求他们服从指挥,团结抗战,狠狠地打击"日寇"(三十八师主力在天津作战)。

7月29、30日,张自忠接管了冀察政务委员会等机关,并改组政委会,吸收一些亲日分子参加,以便与日方接触、谈判。但是,日本帝国主义侵略中国旨在殖民中国、灭亡中国,要在日军的刺刀底下谋求"自主"权利,确实是与虎谋皮,无法办到。张自忠接受了一项本不该接受的毫无指望的"任务",碰壁便是自然而然的了。张自忠要以冀察政务委员会的名义,"对等"式地与日方谈判,这是根本办不到的。日本要的是汉奸傀儡政权,不承认张自忠改组的冀察政委会,因此根本不与张自忠谈判。而且,张自忠的三十八师正在天津与日军作战,日方便认定张自忠肯定是"抗日积极分子",

不把张作为可以利用的人物。日方不但拒绝与张自忠交涉,还要求张从速解散冀察政务委员会。此时的张自忠,心中非常苦闷,但也"如梦方醒":自己陷入了极其危险的境地。8月6日,张自忠声明辞去一切职务,躲进东交民巷东口的德国医院。9月上旬,张自忠化装逃出北平,几经辗转,到达济南。张的故旧,不少人劝他不要去南京,去南京凶多吉少。张自忠的回答是:"纵使国人不谅,中枢也可能将我置之典型,我还是要去的!在这样的时候我们还能为自己个人打算吗?若这样,我早就会不让国人怀疑我了。"言下之意,我留在北平背黑锅,也不是为了我自己啊!在抗战大氛围下,即便"置之典型",我也不足惜。他毅然赴南京,"负荆请罪",听候中央处置。蒋介石对张自忠给予慰勉,但鉴于舆论的压力,给张撤职查办处分,暂留南京。时京、沪舆论对张自忠"擅离职守,不事抵抗"多有谴责,"吁请中央严予惩办,以儆效尤"。南京街头,竟有标语,骂张自忠为汉奸。统帅部也有人主张对张自忠组织军法会审。一时群情激愤,张自忠百喙莫辩,陷入极度苦闷之中。

张自忠羁留南京,引起西北军将领和旧部的不安。张自忠的三十八师已于8月中旬扩编为五十九军,该军将士强烈要求张自忠归队指挥作战。第一集团军司令宋哲元、第一战区司令长官程潜以及原西北军将领冯玉祥等多人向中央说项,请中央放张自忠归队。李宗仁到南京以后,从张自忠的旧部中了解到张"为人侠义,治军严明,骁勇善战",并断定张"不会当汉奸"。李宗仁特邀张自忠面谈,更深信张自忠乃燕赵慷慨悲歌之士,便对张说:"我希望你不要灰心,将来将功折罪。我愿向委员长进言,让你回去,继续带你的部队!"

张自忠表示:"如蒙李长官缓颊,中央能恕我罪过,让我戴罪图功,我当以我的生命报答国家。"

李宗仁没有食言,向何应钦、蒋介石等人为张自忠说情,建议放张归队"戴罪图功"。11月末,统帅部同意张自忠归队,担任五十九军军长。张离开南京时曾向李宗仁辞行,向李宗仁表示谢意,并发誓言:"我张某有生之日,当以热血生命以报国家,以报知遇。"张自忠重返部队,重返战场以后,决心在战场上以杀敌报国、舍身成仁来证明自己的"清白"。

张自忠是在冯玉祥手下成长起来的将领,受冯玉祥的影响很深,除了爱国家、爱团体之外,就是体贴士兵、关心士兵、爱护士兵。张自忠慷慨轻财,常常把自己的薪饷用到士兵身上,并时常与士兵吃在一起,睡在一起,喜欢和士兵拉家常、谈笑话,对自己手下的官兵每人的性情、特长、能力、思想以及家庭状况,都能了如指掌。下属和士兵遇到困难,他都不遗余力地给予帮助。因此,张自忠深受所部官兵的信赖和爱戴。张自忠对部下又有严的一面,严格训练,严格要求,尤其在军纪方面,要求极其严厉。管束部下,不仅说服教育讲道理,有时还会骂人、打人。由于他治军严字当头,以爱为本,使他的部队有极强的凝聚力,战斗力很强。张自忠的情绪,对他的部队感染力很大。他抱定坚决抗日、以死报国的决心,而且不厌其烦地、千遍万遍地向部下传播这种情绪,致使他的部队抗日激情更加高涨。同时,跟随张自忠的官兵也很理解张自忠的心情,他们发誓张指向哪里就打到哪里,决不贪生怕死,一定要打硬仗、打漂亮仗、打胜仗,为张军长争气,向国人证明五十九军是抗日的部队,是能打仗的部队。

张自忠重返第五十九军时,第五十九军编在第一战区战斗序列。旋即,徐州会战打响,日军南北夹击津浦线,南路日军进抵蚌埠,淮河防线频频告急。军令部急调张自忠第五十九军增援徐州会战正面战场,划为第五战区战斗序列,归李宗仁直接指挥。张自忠景仰李宗仁,李宗仁为张自忠的归队曾进行过斡旋,因此张自忠对这次调动颇感称心。张自忠接到命令后,立即率部从商丘附近的防地出发,开赴徐州,向第五战区司令长官李宗仁报到。第五战区战况正酣,李宗仁正在用兵之际,张自忠部的到达,犹如雪中送炭。李宗仁命张自忠率五十九军驰援淮河防线。张自忠立即率部奔赴淮河前线。于学忠五十一军与日军血战，多处阵地被敌突破，淮河防线岌岌可危。张自忠率部迅即投入战斗，勇猛顽强地击溃敌军，将进犯之敌赶回淮河以南。随后配合友军在南线出击敌军，稳固了淮河防线。然后把淮河防务交与第五十一军，奉命北调，支援津浦北线，在滕县、邹县一带抗击日军。

北线日军疯狂南攻，其中坂垣师团占领青岛后由胶济铁路南下，准备与由沿津浦路南下的矶谷师团会攻台儿庄，但在临沂遭到庞炳勋军团的强有力阻击。日军集中兵力猛攻庞军团防线，庞军团只有5个团兵力，难以阻挡日军攻势，阵地多被日军突破，临沂在危急中。前线十万火急，求援电报接二连三地打到李宗仁手中，李宗仁一时无得力援兵可调，便想到了张自忠五十九军这支能打硬仗的部队，但调张自忠援助庞炳勋也有令李宗仁为难之处，张自忠与庞炳勋同属西北军旧部，在国民党新军阀混战过程中，庞炳勋为形势所迫曾背离冯玉祥投降蒋介石，张自忠信守忠义，认为庞炳勋背冯降蒋"人格"低下，因此羞于与庞为伍，在张部调入第五战区时，张自忠曾明确表示，不愿意与庞炳勋在同一个战场作战，除此之外，保证指向哪里打向哪里。战局的进展和变化，需要张自忠率部去援助庞炳勋，如果张自忠心存芥蒂不能释然，张、庞便不能精诚合作，临沂保卫战便不好打。救援临沂刻不容缓，战局利益高于一切，李宗仁急招张自忠，说明临沂危急的实际情况，要求张自忠捐弃前嫌，率部增援临沂。张自忠当即表示，绝对服从命令。张自忠立即率部沿临（城）枣（庄）支线东下，然后北上，一夜急行军180多里，赶到临沂前线，立即投入战斗，与庞炳勋部精诚团结，通力合作，粉碎了日军的进攻，并取得反攻的胜利，获得临沂大捷。从3月中旬到4月中旬，张自忠部参加临沂保卫战，并成为临沂保卫战的主力部队，英勇顽强地抗击日军坂垣师团部队的进攻，一度阻止坂垣师团南下，造成矶谷师团孤军深入之势，为中国守军血战台儿庄并取得台儿庄大捷创造了条件。第五十九军也伤亡过半,付出了沉重代价。张自忠勇猛顽强的战斗作风,果断精细的指挥艺术,尽忠效国、誓死抗敌的不屈精神,不计个人恩怨,与各部精诚团结、通力合作抗日的高尚品格,给世人留下良好的印象,成了传颂一时的抗日名将、民族英雄。张自忠也因功升任第二十七军团军团长,仍兼任第五十九军军长。

张自忠率部稍加休整之后又投入战斗,在徐州突围阶段,张自忠率部负责殿后。他身先士卒,亲自率手枪营负责后卫掩护,使部队安全撤到豫东指定地区集结。随后张自忠率部参加武汉会战,在潢川及大别山北麓与敌浴血奋战,屡建战功,张自忠被提升为第三十三集团军总司令。武汉会战结束后,张自忠奉命率部退守汉水两岸地区,继续抗击日军。张自忠所部是第五战区主力,在汉水两岸布防,参加了随枣会战和冬季攻势作战,给日军以重大创伤。

随枣会战时,张自忠部第三十三集团军为第五战区右翼兵团主力之一,担任大洪山南麓、京钟公路与襄河两岸的防务。战事最紧张时,张自忠曾亲临汉水西岸前沿指挥部指挥作战,派部队渡过襄河抄袭日军,粉碎了日军围歼第三十三集团军主力的阴谋,杀伤了日军有生力量。张自忠的部下十分敬仰和赞赏张自忠的指挥能力和风度,称张自忠为"活关公"。随枣会战后,张自忠7月间曾赴重庆述职,在重庆停留1个多月,因惦念前线战局和部队,便离渝返回防地。他在离开重庆时向冯玉祥将军辞行,十分诚恳地说:"不管怎么样,我都要拼命干一场,做个榜样给人看看,也给先生争口气。活要活个样子,死我也要死个样子,我觉得我的路越走越光明。"

1939年冬季攻势作战最紧张之际,张自忠率部过襄河痛击日军。张曾亲自到前线指挥战斗,大大鼓舞了官兵斗志和士气,粉碎了日军的反扑,稳固了襄河东岸防线。

张自忠带兵,不仅关心下属官兵疾苦,热诚待人,和广大官兵打成一片，给部下以和蔼、亲切和温馨，还严字当头，严格管束部下遵守纪律，绝不许骚扰民众。张自忠率部每到一地，都十分注意搞好与当地民众的关系，注重关心当地民众疾苦，努力改善当地民众生活。如徐州突围时，有一名士兵牵了农民一头牛却不照数付给脚钱，与老乡发生争吵，这个士兵蛮不讲理，出言不逊，大骂老乡，影响很坏，被张自忠发现，张命令把这个违纪士兵就地枪毙，在场围观的官兵个个不寒而栗，胆战心惊。打骡子马惊，杀一儆百，这对严肃军纪有着巨大的震慑力。张自忠还派人给老乡赔礼道歉，在场的民众无不感动得热泪盈眶。张自忠教育部下常说的一句话就是："老百姓就是咱们的爹"，"动了老百姓的一草一木就要枪毙"。张自忠的总司令部设在鄂北偏僻小镇转斗湾时，张自忠见许多难民衣不遮体，沿街乞讨，非常难过。他常微服私访，发现特别可怜的难民，即开张条子让难民去军需处领几个活命钱。当时抗战已进入最困难时期，军队给养也非常困难，救济难民，是广大官兵勒紧腰带节省出来的，如果不是心中装着民众，真正把民众视为父老，那是很难做到的。张自忠的总司令部驻夏家湾时，见当地人吃不洁净的河水，传染病肆虐，就发动官兵把一眼年久失修被泥土堵死的古泉挖掘出来，使之重新流出清澈的泉水，并在泉水旁挖掘出一个大蓄水池，解决了小镇的饮水困难，还在蓄水池旁盖了一所浴室，军民无不拍手称快。

张自忠治军，严肃军纪的另一表现是对作战不力的部属决不迁就姑息，一定严肃处理。如台儿庄大战后期，张自忠率部在郯城抗敌，第一八〇师三十九旅在大王庄阻敌，阵地被敌军攻破，张自忠非常气愤。该旅旅长祁光远追随张自忠多年，与张自忠的感情深厚，但张自忠仍严责祁光远，告诉祁"患难多年，军法无情"，撤销了祁光远三十九旅旅长职务，并对三十九旅实行整训。张自忠自己的抗战决心和以死报国的信念是坚定不移的。徐州会战后张自忠在致胞弟张自明的一封家信中写道：

吾自南下参加作战，濒死者屡矣。濒死而不死，是天留吾身以报国耳。吾久在兵间，能习劳。或疲惫之极，转念当此国家民族生死存亡关头，吾幸而得为军人，复幸而得在前线，出入枪林弹雨之中，而薄有建树，吾形虽劳苦，心则至慰也。方今寇益深矣，国益危矣，吾辈军人责亦重矣。吾一日不死，心尽吾一日杀敌之责；敌一旦不去，吾必以忠贞至死而止。吾既以身许国，家事非吾所暇问，且家中有弟负责整顿教养，吾何虑焉……

字里行间，饱含着对国家、对民族挚诚的爱，流露出以身报国的坚强信念。张自忠还十分注重对官兵进行爱国主义教育。张自忠的总司令部设在汉水西岸地区时，他在司令部设立"中山室"，自己捐资5000元，购置图书、报刊，鼓励官兵看书读报，以增长知识。还组织士兵学习文化，在司令部旁盖起几间草房作为教室，组织官兵上课学习文化知识，进行爱国主义教育。张自忠还亲自为官兵讲课，他的课总是讲得深入浅出，津津有味，兴趣盎然。有一次他的课是以问答式开场的，他首先问道：

"弟兄们，大家见过牛和马走路吗？"

听课的士兵回答："见过。"

"牛和马走路用几条腿啊？"

"四条腿。"

"你们走路用几条腿啊？"

"两条腿。"

"如果有人强迫你们用四条腿走路，把你们当牛马使唤，你们愿意吗？"

"不愿意！"

"亡国奴的生活可是连牛马都不如哩！大家知道谁想让我们当亡国奴吗？"

"日本鬼子，汉奸。"

张自忠提高音调,大声说道:"对,鬼子、汉奸要我们当亡国奴,要我们当牛作马,我们要想不当亡国奴,不当牛作马,就要赶走日本鬼子,杀尽一切汉奸卖国贼,就要抗战到底。你们说是不是啊?"

"是!"大家异口同声地回答。

这样的课讲得生动活泼,很利于激发官兵的爱国、抗战热情。

张自忠不仅善于打仗、能打硬仗,还善于带兵治军。

1940年5月1日,枣宜会战打响的当日,张自忠部署各部应敌之后,给所属将领写了一封亲笔信,信中写道:

看最近之情况,敌人或要再来碰一下钉子。只要敌人来犯,兄即到河东与弟等共同去牺牲。国家到了如此地步,除我等为其死,毫无其他办法。更相信,只要我等能本此决心,我们的国家及我五千年历史之民族,决不至于亡于区区三岛倭奴之手。为国家、为民族死之决心,海不枯,石不烂,决不半点改变。愿与诸弟共勉之。

同时,张自忠又给第三十三集团军副总司令兼第七十七军军长冯治安写了一封信,信中说:

佟(麟阁)、赵(登禹)死于南苑,宋(哲元)又死于四川,(原29军)只余你我与刘(汝明)数人矣。我等不知几时也要永别。我等应即下一决心,趁未死之先,决为国家、民族尽最大努力,不死不已!如此就是死后遇于冥途,亦必欢欣鼓舞,毫不愧作。

大战在即,张自忠认为抗战的最后胜利只能用热血和生命去换取,每一个军人都应报恪尽职守、为国效死的决心去奋斗、去拼搏,其忠贞效国之情,日月可昭。

当襄东战事紧张、战局吃紧时,张自忠5月6日调整兵力,部署对北犯敌军的堵截和追击。同时,为了督部力战扭转战局,狠狠打击北窜之敌,张自忠不顾身患痢疾和众将领的劝阻,决定渡过襄河到前线指挥作战。张自忠作出渡河亲征的部署和准备,并通知前线各部自己的动向及联络方法,然后给第五十九军全体指挥员及第三十三集团军副总司令兼第七十七军军长冯治安分别写了信。致第五十九军指挥员的信写道:

今日之事,我与弟等共有两条路可走:第一条是敷衍,一切敷衍,我对弟等敷衍,弟对部下也敷衍;敌人未来,我们对敌是敷衍的布置;敌人即来,我们也是敷敷衍衍地抵抗,敷衍一下就走。这样的做法,看起来似乎聪明,其实最笨;似乎容易,其实更难;似乎近便宜,其实更吃亏。因为今天不打,明天还是要打;在这里不打,退到任何地方还是要打。平定是一样的平定,牺牲是一样的牺牲。所以这条路的结果,一定是身败名裂,不但国家因此败坏于我们之手,就连我们自己的性命,也要为我们所断送。这就等于自杀,所以这条路是死路,沉沦灭亡之路。我与弟等同生死、共患难十余年,感情愈于骨肉,义气逾于同胞,我是不忍弟等走这条灭亡的死路。弟等夙识大体,明大义,谅必也绝不肯走这条死路。无疑地我们只有走另一条路,就是拼。我们既然奉令守这条线,我们就决定在这条线上拼,与其退到后面还是要拼,我们不如在这条线上拼到底,拼完算完,不奉命令绝不后退。我与弟等受国家豢养数十年,无论如何艰难,我们还拼不了吗?幸而我们的拼能挡住了敌人,则不仅少数的几个人,就连我们全军也必然在中华民国享有着无上的光荣,我们的官兵也永远保持着光荣的地位。万一不幸而拼完了,我与弟等也对得起国家,也对得起四万万同胞父老,我们没有亏负了他们的豢养,我们也不愧做了一世的军人。所以这一条路是光明的,是我们唯一无二应该走的路。我与弟等参加抗战以来,已经受了千辛万苦,现在到了最后一个时期,为山九仞,何忍功亏一篑。故唯有盼弟等打起精神,咬定牙根,拼这一仗。我们在中国以后算人抑算鬼,将于这一仗见之。

张自忠这封长信，发自肺腑，感人至深。火热的心肠，诚挚的情感和通晓大义的正气，催人泪下，激人向上，大大激发了广大指挥员的奋斗勇气和拼命精神。张自忠致冯治安的信写道：

因为战区全面战争之关系及本身之责任，均须过河与敌一拼，现已决定于今晚往襄河东岸进发。到河东后，如能与三十八师、一七九师取得联络，即率该两师与马师，不顾一切向北进之敌死拼。设若与一七九、三十八师取不上联络，即带马之三个团，奔着我们最终之目标（死），往北迈进。无论做好做坏，一定求良心得到安慰。以后公私均得请我弟负责。由现在起，以后或暂别，或永离，不得而知。

由此看出，张自忠是抱着必死的决心率部出征的。张自忠每次出征之前都写下类似遗嘱的文字，幸还以后再烧掉。为了祖国的抗战大业，张自忠早已把生死置之度外。正是这种拼命报效祖国、誓死与敌相拼的精神和品格，才使他保持了顽强的战斗作风，打了一个又一个硬仗、苦仗、胜仗。

张自忠一切安排妥当之后，当晚率领自己身边仅有的一支机动部队马贯一的第七十四师3个团及总司令部特务营，冒雨从快活铺出发，由宜城北垭口东渡襄河，挺进到襄东地区，直接参加对敌作战。

张自忠率部到襄河东岸以后，先与第三十八师取得了联系。5月8日夜，张自忠亲赴三十八师战地指挥部，召集干部会议，分析了战局情况，部署新的作战计划。张自忠最后总结道："最近几天打了几次仗，都是小的接触，这一次我带领弟兄们到敌人后方去，要伏击敌人，打击敌人，目的是消灭敌人的有生力量，遏制敌人的进攻，最近一个时期要把第五战区的局势稳定下来，然后积蓄力量，伺机反攻。"

当晚，第三十八师冒雨向枣阳地区推进，第三十八师以一一四团范仑山部（欠一营）为前卫，师部、第一一二团张文海部及第一一三团杨干三部为本队,第一一四团第三营为后卫,向前推进,张自忠率总部随后跟进。由于是山地行军,山间小路仅能容一路纵队行进,行军队列排列很长。张自忠走在总部特务营前,紧随第三十八师后卫营。张追上后卫第三营营长栾升堂,详细了解该营兵力和装备情况。张自忠问道:"你们营这一次参战人员有多少?"

栾升堂回答:"全营共有官兵695人。"

张自忠又问:"共携带多少弹药?"

栾答:"步兵每人带步枪子弹200发,手榴弹4枚,枪榴弹2枚;轻机枪每挺带子弹2000发;重机枪每挺带子弹8000发;迫击炮每门带炮弹150发。"

张自忠很高兴:"你们能带这么多子弹,确实动了不少脑筋,很好。咱们这一次到敌后作战,补充不容易,你们考虑到多带弹药,这是有远见的。尽管你们带了许多弹药,但还是要教育士兵,打起仗来要尽量节约子弹。"

9日凌晨,部队行进到梅家高庙,前锋搜索队发现前方2公里左右的大路上有大队日军由东向西行进。张自忠得报后立即命令部队迅速隐蔽,并与第三十八师师长黄维纲亲临前哨观察敌情,迅即作出判断:日军队伍中有许多乘马人员,有几部电台,有大量行李和辎重,有许多非战斗人员,战斗部队不到全部行军队伍的三分之二,可以肯定日军队伍是一个指挥部及其附属部队。第三十八师是支有战斗经验的部队,全师上下士气旺盛,数量上又多于日军,而且是轻装行军,指挥灵活,又熟悉附近地形。因此,张自忠决定,立即对日军实行邀击,争取打垮日军指挥部,以获取重要军事情报。

张自忠下了作战决心之后,立即作出进攻部署,下达攻击令。令第三十八师一一二团、一一四团迅速就地展开,用闪电式战法袭击敌人行进中的队伍。第一一二团重点袭击日军指挥部,即乘马人员和电台;第一一四团重点袭击日军作战部队。命令下达之后,各参战部队犹如离弦的弓箭,利用有利地形飞速冲向日军,张自忠、黄维纲亲临前线指挥。攻击部队突然出现在日军面前,各种轻重武器一齐开火,打了日军一个措手不及。第一一二团狙击手一下子就把日军10多名骑马的军官打落马下,非亡即伤。轻重机枪第一轮射击即射杀日军20多匹战马,骑马者落马步行,死马堵塞道路,阻碍了日军的行动。中国军队从中间突破之后,又分向敌行军队伍的两端冲锋。敌辎重兵因行动受阻,死伤最多。敌战斗部队为保护指挥部和重要物资,拼命反扑。双方短兵相接,重武器无法使用,步枪、刺刀大派用场,战场上的各个角落都发生着激烈的战斗。中国军队越战越勇,杀得敌人鬼哭狼嚎,经过4个多小时激战,打死打伤敌军千余人,缴获了一些武器弹药和战马,还有一批军用地图及文件。第三十八师攻击部队有些连队急于活捉日军军官、抢夺日军电台,前进速度太快,其他连队一时未能跟进,使之孤军陷入敌阵,增加了伤亡。第三十八师一共伤亡500余人。

张自忠率部亲征,与日军狭路相逢。狭路相逢勇者胜,能征善战的张自忠,指挥能打硬仗的第三十八师,一举歼灭不期而遇的日军。耀武扬威成纵队列行军的日军,魂飞魄散,大部伤亡。所剩无几的残兵败将,抱头鼠窜。命归黄泉的日兵,成了日本军国主义者的炮灰,使国内的母亲失去了儿子,妻子成了寡妇,孩子成了孤儿,酿成辛酸和悲楚。但罪恶之源在于驱使他们当炮灰的军国主义者,在于发动侵略战争的十恶不赦的战争罪犯。至于那些践踏中国和平热土后为虎作伥、滥杀无辜、烧杀淫掠、无所不为者,则罪有应得,死有余辜!侵略者终究逃不脱正义的惩罚!

9. 张自忠尽忠报国

张自忠率部出征,指挥第三十八师痛击狭路相逢的日军,取得梅家高庙大捷。随后,张自忠命令所属各部在襄河以东地区的部队,坚决执行第五战区司令长官部关于对敌反击的部署,立即展开对进犯日军的攻击作战。5月10日,张自忠打电报给重庆军事委员会委员长蒋介石,报告第三十三集团军的战况。电报全文如下:

重庆委员长 蒋:

报告:(一)职率三十八师、七十四师追击北窜之敌,于今晨追抵峪山、黄龙档一带,即向双沟、吕堰镇之敌攻击前进。

(二)新街、白庙、方家集一带共有敌约千余名,经职沿途扫荡连日激战多次,毙敌军甚重。我三十八师亦伤亡团副邓文光等官兵约300余人,我七十四师伤亡约百余人。

(三)我一八〇师前由梁家集、熊家集一带向西北追击北窜之敌,沿途与敌激战,曾数度为敌包围伤亡较重,现仍继续追击中。我一七九师、骑九师现今在马家集、田家集一带切断敌交通。

(四)我二十九师(属第五十五军)、三十七师(属第七十七军)渡河部队,现已将京钟路及洋梓南北交通完全切断,并袭击敌之各据点颇多斩获,生俘伪军5名。

谨闻

职 张自忠 蒸(10日)辰

随即,张自忠把在襄东地区能够直接指挥的部队编为两个纵队,以第三十八师和第一七九师编为左路纵队,由第三十八师师长黄维纲统一指挥;以第七十四师、第一八〇师和总部直属部队编为右路纵队,由张自忠直接指挥。5月10日,左路纵队两师之众在田家集以北地区集结,张自忠命令他们向枣阳、襄樊间挺进,选择有利地形,伏击由枣阳西犯襄樊的敌军,采取各种有力措施,消灭敌军有生力量。张自忠原拟自己率右路纵队,策应左路纵队作战,北向攻击寻机歼敌,但由于第一八〇师刘振三部迟迟未到指定集结地点,致使纵队行动延缓一日。当时第五战区司令长官部已部署"枣阳反击",5月12日张自忠接到第五战区司令长官李宗仁的命令,要他迅速组织部队截击沿襄河东岸南窜之敌。张自忠即令黄维纲率左路纵队向田家集、新街一带截击敌军,左路纵队已经向北出击,两个师全面展开,回截日军,但集结、运动需要一定的时间。为了抓住稍纵即逝的战机,紧紧咬住日军,为各路大军反击并歼灭南窜之敌创造条件、赢得时间,张自忠立即率领总部直属部队及第七十四师3个团全力向方家集、南瓜店一带推进,成为截击日军的先锋部队。

此时,沿襄河东岸南窜的日军,已在第三十三集团军的背后占据了襄河东岸的主要据点,截断了第三十三集团军的后方补给线,第三十三集团军东征时所带弹药、给养所剩无多,襄河东岸地区自抗战相持阶段到后来一直处于中日双方交战地区,就地筹集弹药给养十分不易,这给第三十三集团军坚持在襄东地区对敌作战带来极大困难。5月14日凌晨,张自忠率部抵达方家集附近,发现方家集已被日军占据,大部日军在控制方家集据点的日军掩护下,正向西南方向行进。张自忠立即命令第七十四师进攻方家集日军据点,并令骑兵绕至西南山口,攻击日军侧背,以求拦腰截击行进中的日军,钳制日军主力。

方家集日军负隅顽抗,第七十四师多次发起冲锋均未奏效,日军有时反倒以攻为守,端起机枪发起反冲锋,第七十四师攻击部队多有伤亡。张自忠异常愤怒,决心打掉敌人的嚣张气焰,下死命令务必攻克方家集。张自忠亲临前线督战,令攻击部队集中所有机枪、迫击炮，向敌阵发起猛烈射击，终于压倒敌人火力。随即不给日军留丝毫喘息机会，便吹响冲锋号，第七十四师攻击部队奋勇向前，冲入敌阵，与日军展开激烈肉搏。战至中午，方家集日军被全歼，方家集遂为第七十四师控制。

当时张自忠身边的兵力，第七十四师还剩2000人左右，骑兵只有五六百人，加上总部手枪营，总兵力仅3000人左右。起初，日军未把这支部队放在眼里，只以少数兵力留守方家集。全歼方家集日军，行进中的日军被拦腰斩为两段，日军被迫停止行进，掉过头来夹击方家集中国军队。日军来势凶猛，集中一切炮火猛烈轰击，又配以飞机低空扫射，方家集前后左右顿成一片火海。张自忠多次带手枪营到第一线增援，中国守军异常顽强，打退日军多次进攻。

激战到黄昏时分，疯狂了一天的日军似乎疲惫倦怠了，停止了进攻，战场上枪炮声稀疏下来。燃烧了一天的战场获得短暂的喘息。战场上到处残垣破壁，满地碎砖烂瓦，尚未燃尽的可燃物仍冒着缕缕青烟，地面之上似乎已经没有生灵，一片焦土，满地血污，在残阳西风中显得格外凄惨。血战了一天的中国军队，一天来粒米未进，滴水未饮，此时方才躲在残破的掩体里或弹坑中，稍微放松一下绷紧的神经，均匀地喘上几口气息，嚼几把随身携带的唯一可以充饥的干粮——炒黄豆，填填肚子，喝两口所剩不多的清水润润火烧火燎的喉咙和干裂的嘴唇……

张自忠蹲在掩体后，一面与部属们一起嚼炒黄豆，一面思谋新的作战腹稿。拼杀了一天，官兵饥渴，疲惫不堪，但日军也是血肉之躯，难道就不疲乏？两军交战，贵在坚持一下的努力之中，谁能咬紧牙关坚持到最后，谁便能赢得胜利。想到这里，张自忠布满血丝的双眼闪烁出坚毅的光芒，他把手中剩下的几粒炒黄豆向地上一甩，大手一挥高声叫道："打！不让狗日的小鬼子喘息，趁着月黑头，摸小鬼子的营。"

张自忠立即组织几支精干攻击队,在夜幕的掩护下,冲进敌阵,放排枪,甩手榴弹,拼刺刀,打得日军乱作一团,鬼哭狼嚎。扰乱了敌阵、杀伤了日军之后,各攻击支队敏捷地撤回自己的阵地。日军惊魂稍定之后,也组织部队攻击中国守军,中国守军沉着应战,顽强抗敌。双方反复攻击,恶战整整进行了一夜。

日军想一下子歼灭张自忠部,扫清南窜的阻碍,结果恶战了一天一夜却未能奏效;想甩下张自忠部继续南撤,却又摆脱不了张自忠部的纠缠,难除后顾之忧。真是欲进不能,欲退不得。第三十九师团师团长村上启作恼羞成怒了,严令所部务必尽快扫清方家集附近的中国守军。

15日一大早,日军以百倍的疯狂,发动对张自忠部更大规模、更加猛烈的攻击。日军集中了20多门大炮,调集30多架飞机,向张自忠部阵地轮番轰击,多处阵地被夷为平地,但日军炮火飞机轰炸之后随即发起的步兵冲锋,则全被中国守军打退。几乎已成平地的阵地,一旦日军步兵接近,无数隐蔽起来的火器便会突然喷出火舌,打得敌人像甩草捆子一般的纷纷倒地;躲藏在弹坑内的中国守军犹如从地下弹出跃起,扑向敌人,把仇恨的刺刀捅向敌人胸膛,将未被火器射杀的敌人刺倒在坑坑洼洼的掩体之前。日军经过三番五次的攻击,终也未能得手,才知道遇到了难啃的硬骨头。战至中午,仍无进展,张自忠部倒不时地组织精干小部队反击敌人。日军无心在方家集一带恋战,以主力撤出战斗,夺路向南逃窜,执行既定的撤退方案。

5月15日下午4时许,张自忠给蒋介石发出电报,报告战况(这是张自忠在战场上发出的最后一封致蒋介石的电报)。电文如下:

  即到。渝 委员长蒋:
  影密。报告:
  一、职昨率七十四师、骑九师及总部特务营,亲与南窜之敌约5000余名血战竟日,创敌甚重。晚间敌我相互夜袭,复激战终夜。今晨敌因败羞愤,并因我追击,不得南窜,遂调集飞机30余架、炮20余门,向我更番轰击,以图泄愤,并夺路南窜。我各部经继续六、七次之血战,牺牲均亟(极)重大,但士气仍颇旺盛,现仍在方家集附近激战中。二、我三十八师、一七九师昨已将新街敌数百名击溃,当将新街克复,现仍继续向南追击中。三、据报,残敌一部约千余人,因被我各处截击,现企图沿襄河东岸南窜,已饬三十八师、一七九师努力截击中。

谨闻。职张自忠叩。删(15日)申。

15日夜,由于大部日军退去,方家集方面战场上沉寂下来,张自忠考虑到仅靠炒黄豆充饥难以使官兵保持体力支撑频繁的战斗,遂命令部队趁战斗暂停抓紧时间煮饭。同时,立即派出几支小队,侦察日军动向,以便制订下一步作战计划。稍倾,侦察兵回报,日军主力向西南撤退,前锋已越过南瓜店。张自忠得知日军主力南逃,极有可能南归钟祥或西抵汉水渡河窥伺襄西,他愤怒地吼道:"追!决不能让这些乌龟王八蛋溜掉!"为了不使截击敌军的计划功亏一篑,张自忠不顾自己身边兵力有限,决定率领身边部队率先追击,紧紧咬住,不使日军南逃或西进,以便调动部队围歼之。兵贵神速,还未等饭煮熟,官兵仍然饥肠辘辘,张自忠下令停止造饭,除留少部兵力在方家集正面牵制日军外,其余全部轻装上阵,立即出发,越过方家集,直追日军。张自忠召集总部直属部队,作了简短的战斗动员:

"弟兄们,我和大家一样,都是肉体凡身,也很累,也很饿。但敌人要从我们鼻子底下溜掉,去残害更多的老百姓。贪图一顿饱饭,一夜歇息,就会失去战机,将付出更大的牺牲,更多的流血。我们不如咬紧牙关,勒紧腰带,打起精神,追击敌军,咬住敌军,消灭敌军!等打完这一仗,我一定犒赏大家,让大家睡它三天三夜,吃它个酒足饭饱。弟兄们,为了打赢这一仗,咬紧牙关,鼓足拼劲,出发！"

官兵的士气被激发，热情被点燃，追随所敬佩爱戴的总司令，毫无怨言。部队又斗志昂扬地出发了。

5月15日，农历四月初九，月牙儿稍现即逝。张自忠率部上路时，月牙儿已隐逝西天，天很黑，道路十分难走。队伍行进之中，前方发现一大簇黑影，好像一个小村庄。张自忠命令部队绕开村庄前进，队伍刚转入岔道，不料前方黑影里突然窜出几条火舌，顿时枪声大作。原来是日军行进的队伍，并不是村庄。张自忠当即令部队全部卧倒。不发一枪，不作声响。黑暗之中，敌人乱放了一阵枪，未见动静，便停止放枪，继续赶路了。

张自忠率部5月16日凌晨到达南瓜店附近，发现日军仅以少部兵力留守南瓜店一带，大部仍继续向西南方向转移。张自忠立即命令部队向南瓜店附近的日军发起攻击，并派出部队继续尾追南窜之敌。

日军第三十九师团始终摆脱不掉张自忠部的追击和袭扰，知道遇到了强劲对手，意识到紧紧咬住他们不放的这支部队不是一般部队，很可能是条"大鲨鱼"。早在张自忠率部东渡汉水指挥襄东地区部队攻击日军时，张自忠第三十三集团军总司令部利用电台与襄东地区各部建立联系，并指挥各部的行动，日军第十一军情报机构根据第三十三集团军司令部电台的发射功率、周率、拍发电码的手法、与上级及下属电台联络呼号和方法等，并通过电波测向，一直掌握着第三十三集团军总部无线电台的对外联络情况，并根据电台一般均设在司令部驻地附近的常识判断张自忠第三十三集团军总司令部大致位于宜城东北10公里附近地区，敌第十一军司令部不断地将这些情报通报给第三十九师团，并令空军配合第三十九师团向这一带附近地区搜索和攻击，伺机寻找第三十三集团军总司令部给予围歼。日军的这一阴谋，张自忠及第五战区司令长官部未能识破，张自忠杀敌心切，率部紧紧咬住日军不放，力求截击或拖住南窜之敌,为围歼日军创造条件。日军既想狠狠打击对其穷追不舍的中国军队,又想寻找第三十三集团军司令部予以歼灭性打击,而且已意识到紧追他们的部队不是一般部队,决定对这支部队实施报复性打击。这样一来,张自忠在追杀日军过程中,无意中中了日军的阴谋诡计,面临优势日军的集中攻击,以寡敌众,压力极大,处境极其险恶。

当张自忠率部抵达南瓜店附近对敌发起攻击的时候,日军第三十九师团主力立即调过头来,向张自忠部杀了一个回马枪。日军集中优势兵力,以饿虎扑羊之势,疯狂地扑向张自忠部,恶战骤然来临了。

张自忠虽身处险境,但他临危不惧,沉着坚定地指挥战斗。他率随从参谋人员爬到附近的一个山头上,认真观察敌情和附近的地形,发现右翼鸡鸣山已被日军占领,日军距第三十三集团军总司令部所在地即中心阵地仅隔两个山头,日军占领鸡鸣山后势必全力向中国守军的中心阵地推进,情况十分危急。张自忠急令第七十四师两个团抢占周围山头阵地,尤其加强鸡鸣山与中心阵地间两座山头的守备力量,坚决堵截阻击日军由鸡鸣山方向发起的攻势。同时命令骑九师速至两乳山的东西一线,控制南瓜店以西至宜城的交通;总部直属的第四四〇团郑万良部占领杏儿山,对南瓜店东南方向进行警戒。

日军第三十九师团主力经紧急调动,于16日早上已完成了对张自忠战术上的包围。张自忠的应敌部署尚未就绪,日军便发动攻势,开始炮击南瓜店及张自忠设在罗家榨屋的第三十三集团军指挥所,日军步兵分路进击,与中国军队展开激烈的阵地争夺战,并以迂回包抄之势向南瓜店一带合围。中国守军猛烈反击,与敌展开激战。各部都很清楚,由于兵力单薄,无法构筑纵深防线,在他们阵地的背后就是总部指挥所,张总司令正在那里誓死督战,后退必将使总部暴露在敌人的枪口之下,因此是没有退路的。所有官兵抱定拼死抵抗的决心，勇猛顽强地抗击日军。阵地上枪炮声震耳欲聋，喊杀声此起彼伏，直打得硝烟遮日，天昏地暗。日军不断地从西南面、北面增兵，投入兵力5000多人，仅大口径火炮就有20多门。敌第十一军司令官园部和一郎这只诡计多端的老狐狸，指挥第三十九师团师团长村上启作这只凶残的恶狼，试图把南瓜店地区夷为平地、炸成焦土，并杀灭这一带的一切生灵！张自忠和他的战友们以及未能逃避的中国平民面临着灭顶之灾。

5月16日，天气晴朗。日军桑名卓男的第三飞行团轰炸机队连续出动飞机对中国守军阵地进行狂轰滥炸，阵地上成了一片火海，一切能燃的都化作灰烬，阵地被炸得弹坑累累，而且许多地方被烧成褐红色。真是一片焦土，满目疮痍！

面对强大敌军的攻击和猛烈炮火的摧残，中国守军没有屈服，没有后退。广大官兵抱定打死一个够本、打死两个赚一个的死战决心，只要还有一口气，就拼足这口气狠狠打击敌人。子弹打光了，甩手榴弹；手榴弹打完了，拼刺刀；刺刀挑弯了，抢枪托；枪托砸断了，扔石块。人人浑身是胆，个个勇猛无比。在硝烟中，在火海里，在弹坑间，在焦土上，这批优秀的炎黄子孙，一次次打退敌人的进攻，创造了可歌可泣的英勇事迹，谱写了抗日战争的光辉篇章。但是，中国守军毕竟是以寡敌众，武器装备、兵力又劣于敌军，血肉之躯终难阻挡钢铁炸弹的密集轰击，一个又一个的勇士倒下了，一排又一排勇士牺牲了，阵地一点点地被侵夺，日军的包围圈越缩越小。

张自忠始终在罗家榨屋旁的一座山头上观察战况，指挥作战，发现哪儿有险情，战斗特别危急，就派身边的参谋人员或者副官带领特务营的兵力前往增援，以稳住阵脚。战至上午10时左右，张自忠身边仅有特务营的一个连兵力，而敌军的包围圈却已经缩得很小。张自忠已经意识到处境的险恶，虽然已经急调第三十八师、一七九师由新街方向前来增援，但日军的密集包围已经形成，攻势极其猛烈,援军半天之内无法到达,仅凭南瓜店附近的现有兵力,要想坚守住哪怕最后一片阵地,都是极其困难的。被困在日军包围圈中的中国守军,兵力过于单薄,伤亡惨重,弹药极其缺乏,如果死守,可能会全军覆没。如果撤退突围,可以保存部队兵力,但截击南逃之敌的计划将化作泡影,连日来的追击和苦战将付之东流。而且,作为战将,临阵退却,临危逃跑,张自忠是誓死不为的。看来张自忠已抱定以死报国的坚定信念,早将生死置之度外,他决心与官兵生死与共,一定要坚持到最后。只要能坚持到天黑,夜间日军的飞机、大炮无法发挥威力,步兵攻势只能引起混战,不可能完全摧毁中国守军阵地,那么第三十八师、一七九师援军就能到达,在日军的包围圈内守住了支撑点,援军一到再从日军背后发起攻击,战局就会大大改观。尽管凭眼下的战斗状况及兵力情况看,要坚持到天黑似乎很难很难,但有百分之一的希望就要尽百分之九十九的努力,决不放弃歼灭敌军的一线希望。下定决心,坚持到底,这就是具有钢铁般意志、磐石般性格的张自忠的必然选择,但为了多保留一些人才,他把身边的顾问、参谋、副官尽量支派到危险相对少些的地方去,一些追随张自忠多年的参谋和副官却始终不肯离开张自忠,愿意和他生死与共地战斗在一起。

守卫杏儿山阵地的第四四〇团多是新兵,缺乏作战经验,不知节约使用弹药,弹药所剩不多,回击日军的枪声渐渐稀落。日军抓住这一薄弱环节,集中一部兵力,猛攻杏儿山,第四四〇团阵地多处被日军攻破,眼看就要坚持不住了。在此危急时刻,张自忠率领身边仅有的一连卫兵(属特务营,皆为手枪兵),跑步增援杏儿山。

杏儿山只是一个小山包,除了南边有一部分连着前面的山峰外,其余全部是光秃秃的,无险可守,守军阵地全部是散兵坑和坑道,多数被敌军炮火击毁。第四四〇团就要坚持不住之际,见总司令亲率一连手枪兵来增援,斗志大增,纷纷跳出散兵坑与冲上来的敌军拼杀,以一当十,犹如神助,威武无比,终于打退了敌人的冲锋，稳住了阵脚。日军虽然暂时退去，但却发现山包上中国守军不但很薄弱，且有许多手枪兵，料定上面必是中国守军的司令部或者有司令官之类的大人物，于是便集中更多的兵力，向杏儿山两翼延伸，并派出一部迂回到杏儿山北面，对杏儿山这个弹丸阵地采取密集包围之势。张自忠立即派总部特务营营长杜兰喆率所带的一连手枪兵向北面之敌冲杀过去，由于这些"亲兵"的勇猛顽强，终于杀退了北面的日军，杏儿山北面保留了缺口，使敌军对杏儿山的合围之势暂时未能构成。但是，手枪连已伤亡严重，杜兰喆营长也身负重伤，因失血过多而壮烈牺牲。

战至正午，张自忠左臂受伤，他只用手按了按伤口，顾不上包扎，便继续指挥战斗。午后1时许，日军将20多门火炮排列在张自忠部正面阵地前沿1500米左右的山头上，连续不断地猛烈轰击。张自忠身边一位副官被炸死，代理参谋长吴光辽双腿被炸伤。张自忠身边的参谋人员哭劝张自忠从山头上撤离，从北面缺口转移到山脚下面指挥作战。张自忠坚决不同意撤离，他说："我奉命截击敌人，决不能叫敌人给打退了。"张自忠明白，此时此刻撤退下去有生还的希望，但只要他一退下去，整个阵地将被日军占领，维持支撑点以造成歼敌之机的一线希望将化为乌有，那么他宁可舍去自己生还的希望，也要力争歼敌的一线希望。张自忠誓死不退，确实把全体官兵的斗志和勇气激发到了最大限度，人人视死如归，勇猛地抗击敌军，没有一个人向后退却。

血战进行到下午2时半左右，张自忠所在的中心阵地南面最近的一个山头阵地被日军攻破，守军全部壮烈牺牲。附近的阵地也大都被日军攻破，一些幸存的官兵，互相传递信息：总司令就在山包上！大家不约而同地、自觉自愿地由中央阵地北面的缺口涌上张自忠所在的小山包，向张自忠靠拢，参加保卫总司令的战斗，觉得能与总司令在一起战斗到最后，哪怕是牺牲了，也值得。张自忠坚守的小山包成了中心战场的最后阵地。张自忠身边的勇士们，个个将生死抛到九霄云外，一心只想杀敌，打退了敌人一次次的进攻，阵地前也留下无数日军尸体，密密麻麻，遍布半个山坡！阵地上，中国守军也伤亡惨重，受伤者，不管轻伤重伤，凡能动的，都继续坚持战斗，直到生命的最后一息；凡牺牲者，都顾不上掩埋，烈士的遗体也密密麻麻地布满山头。整个山头早已成为焦土。仅凭这双方留下的密密麻麻的尸体，就可以想见战斗进行得何等惨烈！

日军已经四面包围了张自忠部中国守军的最后阵地，并凭借南面的山头阵地向"最后阵地"上坚持抵抗的中国守军射击。张自忠右胸被子弹洞穿，血流如注，仍从容镇定，坚持指挥杀敌。

战至下午4时许，张自忠部守军几乎伤亡殆尽，山脚下仅剩的几个手枪兵仍继续与敌人进行肉搏，山头上所剩官兵不约而同地围住张自忠，人人都想用自己的血肉之躯阻挡敌人的子弹，保护敬爱的总司令。日军已从四面山坡向山头发起冲锋，满山遍野全是敌人，子弹犹如暴雨般密集，张自忠身边的勇士们倒下一个又一个，倒下一排又一排，最后仅剩随从参谋副官数人。张自忠看着生龙活虎般的士兵一个个倒下去，看着山头堆满弟兄们的尸体，心如刀绞，牙齿咬得嘎嘣嘣响，他一字一顿地说道：

"弟兄们，咱们的血不会白流，报仇自有后来人！"

突然，张自忠牙关紧闭，扑倒在地。张自忠全身负伤6处，失血过多，阵阵剧痛他连眉头都未皱一下。一阵昏厥，终使他站立不稳，倒了下去……

迷迷糊糊地，张自忠仿佛回到儿时，山东省临清县唐家园老家，少小离去，老大不归，魂牵梦绕，念想啊……儿时顽皮，父母操碎了心，愧疚啊……投笔从戎时，母亲不同意，怕当兵太吃苦，儿走千里母担忧呀！"我什么苦也不怕，我只想做个顶天立地的人！"自己当着母亲的面拍着胸脯说的话，还记忆犹新，这可是鞭策自己的"诺言"呀！一诺值千金，戎马生涯，虽不能说已干出轰轰烈烈的大事业，但为国家、为民族效死疆场，总可以告慰母亲的在天之灵吧……哦，敏慧，贤惠的发妻，虽由母亲做主娶你为妻，但自从你嫁到张家之后，对我张自忠，对我们全家，付出的太多太多。南征北战常在外，家全靠你支撑，孩子全靠你哺养大，没有你，哪还有家？我又怎可能无牵无挂地征战疆场？你年长我一岁，一直待我像大姐姐般的体贴入微，相敬如宾几十年，我给予你的太少太少。我，真对不住你呀，让我从心底喊一声"谢谢"吧！……你——保重，千万千万要多多保重啊……噢！自明，我的好兄弟，家事，就全拜托你啦……冯（玉祥）老将军，您对我的栽培之恩，终生未忘，我不但跟您学习如何带兵打仗，还学习如何做人，学到了许多许多……我，没有辜负您的教诲，没有使您失望吧……哦，蒋委员长——李长官一职，这次未能完成截击敌军的任务——看样子——也、也不能继续效力疆场了，就请、请原谅吧……

　　一阵激烈的枪声使张自忠清醒过来，他看到六七个日本兵已经冲上山头，正在两三百米外猫着腰向这边靠近，由于不知这边的虚实，十分小心谨慎，推进速度很慢。但张自忠身边能够还击敌人的战士却已寥寥无几了，张自忠明白，为国尽忠的时刻到了。他十分坦然，非常镇定，从上衣口袋里掏出笔和纸，向第五战区司令长官部作最后一次报告：

　　　　职率七十四师及骑九师一部和特务营，与南窜之敌连日激战，今晨敌增飞机30余架、炮20余门助战，现在方家集以南之南瓜店正在激战中。又三十八师铣（16）日将敌击溃，占领新街，敌数千人因我到处堵截，企图沿襄河东岸南窜，已饬属努力追击中。

　　写完之后，张自忠把钢笔插入上衣口袋，把纸片折叠起来。此刻，高参张敬正用手枪向冲到前面的敌人射击，多处负伤的副官马孝堂爬到张自忠身旁，扯下衣服给张自忠裹伤。张自忠把写有"最后报告"的纸片塞在马孝堂的手中，握着马孝堂的手，含笑说道：

"我对国家、对民族、对长官,良心平安。大家要杀敌报仇!"说罢,他用力猛推马孝堂,马孝堂未加提防,骨碌碌滚下了山坡,成了张自忠坚守的中心阵地上唯一的生还者。滚到山坡下的马孝堂回首山头,看到了悲壮的一幕⋯⋯

坡顶上几个日本兵已冲到张自忠前面10米左右的地方,有两个日本兵同时举枪刺向张敬,张敬被刺死倒地。就在此时,只见张自忠突然一跃而起,抡起手枪,"啪!啪!啪!"一梭子复仇的子弹射向近在咫尺的敌人,最前面的几个日本兵应声倒地。张自忠子弹已经打光,他扔掉手枪,准备拾起面前的一支步枪,但就在此时,新冲上来的一个日本兵扣动了罪恶的扳机,张自忠捂着肚子,猛然向前扑去,随即他又站立起来,但晃了几晃,又倒下了。冲在最前面的一个日本兵,端着枪向倒下的张自忠刺去,张自忠突然向旁边一滚,日本兵刺空,张自忠就势抓住日本兵的枪头,又站立起来,并一脚踢在日本兵的下裆处,就势夺过枪来,抡起枪托砸在日本兵的脑袋上,日本兵脑壳崩裂,浆液四溅,一命呜呼!但就在此时,出现在张自忠身后的日本兵举起了罪恶的枪托⋯⋯

张自忠受到致命一击,一个趔趄,他忙把手中的步枪拄在地上,倚住身体,怒目圆睁,高呼:"杀敌,报仇!"吓得日本兵纷纷后退,不知所措。

张自忠的呼声微弱了,停止了,但他依然倚枪站立着,犹如一尊顶天立地的雕塑⋯⋯

许久许久,张自忠伟岸的身躯才訇然倒地⋯⋯

将军的身躯倒下了,英雄的军魂升华了。一代名将,抗战英雄,不朽!

张将军倒下了,大地为之悲恸,苍天为之哀鸣,大洪山为之垂泪,汉水为之呜咽⋯⋯

许久,许久,惊呆了的日本兵才敢小心谨慎地一步步向张自忠倒下的地方靠近。一个日军少佐来到张自忠遗体前,仔细端详了

足足一刻钟,然后弯下腰来搜查张自忠的上衣口袋,想从中找到能够证明死者身份的物品,但他失望了,口袋中既无身份证件、名片、笔记本之类的东西,也没有金银石玉之类的饰品,更无分文现金。少佐正在失望之际,见到张自忠胸前挂有一支钢笔,忙伸手抽出,一看上面刻有"张自忠"三个字,不觉两眼放出惊异的光来,情不自禁地连连后退,倒吸了几口凉气。少顷,这位少佐复又近前几步,再次端详安静地躺在地上的满身满脸都是血和泥的伟岸身躯,然后他"啪"地一个立正,恭恭敬敬地对着张自忠的遗体行了个军礼。随即,他转过身来,对着自己的同伴声音颤抖地高喊:

"ちょうじちゅう(张自忠)！
ちょうじちゅう！"

所有的日本兵立即围拢上来,少佐一声口令,全体日本兵向着张自忠遗体毕恭毕敬地行军礼。

日军第三十九师团参谋长专田盛寿大佐听到张自忠阵亡的消息,立即赶到现场。张自忠将军访问日本时他曾经与张有过结识,认识张自忠,他想亲自验证阵亡者是否确实是张自忠。当他见到张自忠的遗体、目睹张自忠阵亡的现场时,不由得肃然起敬,情不自禁地双膝跪地,为张自忠整理了一下上衣,满脑子武士道精神的专田盛寿,非常敬仰张自忠的勇猛刚烈和忠诚,他令部属找来担架,把张自忠的遗体抬到山下15公里左右的陈家集附近,并从就近民家寻得棺材,亲自目送入殓,予以礼葬,用木牌立了一个墓碑,上书：

支那军总司令张自忠将军の墓。

第五战区司令长官部和重庆最高统帅部惊悉张自忠殉国的噩耗,立即陷入沉痛和悲恸之中,严令第五战区右翼部队,要不惜任何代价,夺回忠魂遗骸。蒋介石在致李宗仁的电报中强调："战争胜负,兵家之常,不足为虑。而忠烈遗骸,如不觅得,实为我全军上下终身之遗憾无穷,望特注意。"

第三十三集团军副总司令兼第七十七军军长冯治安得悉张自忠总司令殉国的噩耗后,立即动身由驻地普门冲赶往第三十三集团军总部驻地快活铺,一面部署各部继续执行原作战任务努力作战,一面指挥部队寻找张自忠遗体。

一直跟在张自忠身边作战、最后关头被张自忠推下山坡的少校联络副官马孝堂,连同其他未战死的伤兵被日军俘获,日军即用刀将所有伤兵一一砍死,马孝堂头部被砍两刀,脑膜已露出,幸未致命。日军又将被砍杀的尸体堆在一起,点火焚尸。日军万万没有想到其中还有存活者,点火之后便离去。马孝堂死里逃生,爬到附近民家,被民众救护起来。马孝堂是南瓜店血战中追随张自忠战斗到最后的唯一幸存者,被俘之后他又目睹了日军对张自忠将军的下葬。在新街方面的第三十八师、一七九师由新街赶到南瓜唐附近时,南瓜店血战已经结束,得悉张自忠壮烈殉国的消息,众将士义愤填膺,怒火中烧,立誓要为总司令报仇,并立即对日军展开勇猛攻击,经几昼夜激战,击溃日军。当地群众用簸箩抬着身负重伤的马孝堂找到反攻到南瓜店附近的中国守军,在马孝堂的指引下,终于寻回了张自忠的遗骸。

　　张自忠的忠骸送到襄河西岸宜城快活铺之后,敬重张将军的官兵争相为他把伤口重新洗净包好,换上内衣,穿上军服。重庆来电,军委会已追晋张自忠为陆军上将。于是,又为张自忠佩挂了上将领章,佩上短剑,殓入楠木棺材,在宜城公祭3天。第三十三集团军官兵和当地群众,凡参加公祭者无不悲声痛哭。随后,张自忠的灵柩运抵宜昌。民生轮船公司派"民风"号客轮,义务将灵柩由宜昌运送重庆。沿途巴东、巫山、云阳、万县、忠县、涪陵等地群众,都在江边举行了隆重的公祭仪式。运送张将军灵柩的客轮所过之处,两岸供桌不绝,香烟袅袅,群众自发地跪倒在地,呼天抢地,悲恸欲绝。张将军的英名,被成千上万痛哭失声的群众呼喊、默念……张自忠,忠胆义骨,为国捐躯,成为人们心中不朽的英雄。张将军用自己赤胆忠心报效祖国的实际行动,洗刷了抗战爆发前后泼在自己身上的污水,在人民心底树起了一座不倒的丰碑!将军的在天之灵定会得到慰藉,可以含笑于九泉之下了。

　　5月28日,张自忠的灵柩运抵重庆朝天门码头,蒋介石率军政要员及各界人士臂挽黑纱迎候在江边。灵柩一到即举行了隆重的接灵仪式,灵柩下船时由蒋介石亲自执绋,蒋介石扶棺悲恸不已。随后,举行公祭和盛大的葬礼,忠骸被葬于北碚梅花山。

　　最高统帅部决定向张自忠遗属颁发抚恤金10万元,对张自忠子女给资教养成年,以慰忠魂,并令军令部将张自忠生前事迹及殉国经过整理出来,备作史料,同时宣付国史馆,以示国家笃念忠勋之意,并供后人永远缅怀。蒋介石还通电全国将士,号召大家效法张自忠,精忠报国。

全国各地,先后都举行了追悼和公祭张自忠的大会或仪式。国共两党要人及各界著名人士纷纷为张将军作词题挽,数不胜数。

蒋介石的题词是:"杀身成仁";

毛泽东的题词是:"尽忠报国";

冯玉祥的题词是:"荩忱不死"(张自忠字荩忱);

朱德和彭德怀的题词是:"一战捷临沂,再战捷随枣,伟哉将军精神不死;打到鸭绿江,建设新中国,责在朝野团结图存。"

张自忠将军殉国之后,各方均不敢将这一噩耗告诉张夫人李敏慧女士。李敏慧与张自忠的结合是中国传统的封建包办婚姻,由双方家长做主,二人结为夫妻,当时李敏慧17岁,张自忠只有16岁。二人结婚以后,互敬互爱,相敬如宾。30多年风雨同舟,相濡以沫。无花前月下,卿卿我我,一个戎马倥偬,一个持家教子,亦少朝朝暮暮长相守,但其情之浓炽,其义之深纯,是诸多恋爱婚姻者所无法比拟的。自古有情未必不丈夫,两情相悦又岂在朝朝暮暮?30多年张李二人的夫妻情感,虽如涓涓细流,却异常清澈甘甜;犹如鱼水相济,水乳交融……二人恨未同日生,相通相印的两颗心早已许诺只愿同日死矣!春江水暖鸭先知,张自忠投身抗战沙场,随时准备以身报国的念头非一日形成,李敏慧对此早已深知,也早有思想准备。张自忠牺牲2个月后,李敏慧得知将军殉国消息,她镇定自若地料理安排好各项家事,然后绝食而死,时年51岁。以身殉夫本不足取,但李敏慧之死难道仅仅是为了殉夫吗?张自忠之忠烈,李敏慧之笃情,确实堪称千古之绝唱。

张自忠将军是抗战以来第一位牺牲于战场的集团军总司令,也是抗战期间战死沙场的唯——位集团军总司令。为表彰张自忠将军为国尽职的忠勇精神,国民政府不仅追晋他为陆军上将,还在湖北荆门为张自忠树立了记功碑。把他挥师杀敌并最后牺牲的地方——湖北省宜城县改为自忠县。自忠县东北15公里长山建有张自忠将军衣冠冢和纪念碑，附近各地张自忠将军转战过的地方，张公祠、自忠楼、自忠渠等随处可见。抗战胜利后国人还分别在上海、武汉、济南、徐州、天津、北平等各大城市设立了"张自忠路"。张自忠的事迹和纪念张自忠的文章、题词等被编成多种书刊出版。张自忠烈士的英名将永垂青史。

中国共产党人对张自忠将军给予高度评价，表现出诚挚的景仰。除了毛泽东、朱德等人的题词外，周恩来在1943年5月16日张自忠将军殉国三周年纪念日为《新华日报》撰写的纪念张自忠的社论最具代表性：

张荩忱上将于民国二十九年五月十六日在襄樊战役中殉国，至今整整三年。在这三年中，每当前线战况紧张、部队浴血奋战之际，便很容易联想到抗日以来的殉国将士，而尤易怀念到举世景仰的张荩忱上将……张上将是一方面的统帅，他的殉国，影响之大，决非他人可比。张上将的抗战，远起喜峰口。十年回溯，令人深佩他的卓识超群。迫主津政，忍辱待时，张上将殆为人之所不为。抗战既起，张上将奋起当先，所向无敌，而临沂一役，更成为台儿庄大捷之序幕。他的英勇坚毅，尽为全国军人楷模。而感人最深者，乃是他的殉国一役。每读张上将于渡河前亲致前线将领及冯治安将军的两封遗书，深觉其忠义之志、壮烈之气，真可以为我国抗战军人之魂……

张上将之殉国，不仅是为抗战树立了楷模，同时也是为了发扬我们民族至大至刚的气节和精神。中国历史上，多少名人伟将，在抵御外族侵略时，杀身成仁，见危受命。张上将之殉国，便是发扬了这种民族气节的传统。这种生死不苟、大义凛然的民族气节，乃是抗日战争中所需要的宝贵精神。尤其是在抗战接近胜利而艰危过于往常时,更需要这种精神。不动摇、不妥协地来咬紧牙根,牺牲一切,以度过中华民族解放之最后一段的艰苦行程。

……

周恩来对张自忠的评价是公允的,敬仰之情反映了国人缅怀英烈的心声。张自忠属于中华民族,张自忠是中华民族的英雄,张自忠是爱国主义的典范,张自忠是后人的楷模,将永远激励我们热爱我们的国家,保卫我们的国家,建设好我们的国家。

10. 为总司令报仇雪恨

第三十三集团军总司令张自忠为国捐躯的消息在该集团军中传开之后,广大官兵无不悲痛欲绝,义愤填膺,立誓要为总司令报仇,完成总司令未竟事业,狠狠打击日本侵略者。官兵们编的复仇歌中唱道:"海有枯,石有烂,死也忘不了南瓜店!"第三十三集团军士兵手册上写道:"是谁杀了总司令?此仇不报不是人!"广大官兵把对张自忠的沉痛哀思、深切怀念转变为对日本侵略者的强烈仇恨,凝聚为杀敌报仇的巨大动力,决心顽强战斗,勇猛杀敌,血债要用血偿还,一定要用日本侵略者的头颅和鲜血来祭奠张总司令的在天之灵!

张自忠殉国之后,第三十三集团军由副总司令冯治安指挥,旋即军委会升任冯治安为总司令。张自忠所遗五十九军军长之缺,由第五十九军三十八师师长黄维纲升任。冯治安也是原西北军将领,是张自忠患难相济、荣辱与共的亲密战友;黄维纲是张自忠的忠实部下,多年相处,二人之间情深意笃,既是上下级,又亲密无间如同手足一般。因此,作为第三十三集军总司令和第五十九军军长继任者的冯治安和黄维刚,为张自忠将军复仇之心更切。尤其第五十九军第三十八师,是张自忠将军直接带出来的队伍,张自忠曾先后担任第三十八师师长、第五十九军军长多年,与之血肉相连,第三十八师将士为自己是张自忠的"正宗旧部"而自豪,对张自忠的情更浓、义更重,为张自忠将军报仇雪恨的决心更大,心情也更为急切。

黄维纲率左路纵队赶到南瓜店附近时,南瓜店血战已经结束,张自忠已经阵亡,左路军第三十八师、一七九师以无比的愤怒,立即展开对日军的勇猛反击。经过两昼夜激战,日军被击溃,纷纷撤离南瓜店一带。第三十八师和第一七九师尾追不放,恨不能一下子咬住日军主力,打它一个稀巴烂。但日军数路窜逃,一时无法捕捉到主力。第三十八师追击到吴河营,第一七九师追击到王家湾,沿途经过方家集、南瓜店,所过之处满目凄惨,遍地尸骸,血迹斑然,更增添了守土将士的义愤,决心捕捉日军主力一决雌雄,一定要狠狠打击日军,让日军用血的代价来偿还这笔血债。正在此时,冯治安向左路军发出电令:"要为张总司令杀敌报仇!"

当晚,黄维纲得到准确情报,在陈家集、吴河营以北有日军活动,大部队近日内将从这一带通过。黄维纲立即作出抗击日军的统一部署:第三十八师为右翼,守备排山至灌子口以南之线;第一七九师为左翼,守备霸王山、吴河营右接排山之线;骑兵第九师为总预备队。各部立即进入阵地,抢构工事,严阵以待,准备迎头痛击窜犯之敌。

各部奉命立即抢占阵地,加紧构筑工事。中国守军部署刚刚就绪,工事尚未完成,日军大部队即到,随即向中国守军阵地发起猛烈攻击。从19日至21日,激战三天三夜。日军在飞机、大炮配合下,集中兵力,从三面对中国守军阵地展开钳形包围,攻势异常猛烈。中国守军一线兵力有两师之众,另有一个骑兵师为预备队,左右策应,甚为灵便。3个师的兵力比较集中,加之官兵报仇心切,坚决与敌决一死战,前仆后继,勇猛顽强,同仇敌忾,众志成城,用血肉之躯筑起了一道打不垮的阻敌长城。虽然霸王山、排山、罐子口等阵地曾多次被日军突破,但战场上的中国守军异常勇猛,哪儿有险情,勇士们就冲向哪儿;哪儿出现缺口,战士们就堵向哪儿。日军始终未能得逞,一次次进攻均被中国守军击退,无法突破中国守军整体防线,自己却造成重大伤亡。在中国守军阵地前,日军遗尸累累,不敢恋战,无心死啃硬骨头,便绕过黄维纲所部署的蒺藜阵,按照第十一军司令部的既定作战计划,向西南窜犯,靠近汉水,准备下一阶段的渡水作战。

　　旋即,黄维纲接到冯治安的命令:"日军已占领双沟镇,其先头部队不断窜扰张家湾以东地区,令第五十九军(欠一八〇师)及第一七九师切断双沟镇日军后方补给线,相机占领双沟镇。"黄维纲接令后,立即部署部队,向双沟镇方向进发。以第三十八师为第一梯队,第一七九师为第二梯队,骑九师为预备队,各队间保持一定距离搜索前进,对于左、右、后各方要严加警戒,准备随时能应付战斗。黄维纲亲率第一梯队进发,以第一一四团为前锋,该团又以能打硬仗的栾升堂第三营为前卫营,率先向双沟镇以东地区搜索前进,以第一一二团为右侧卫,对东面严密监视,搜索前进,掩护军部右翼的安全;以第一一三团为本队,在军直属部队后跟进,并派一部兵力为左侧卫,掩护军部左翼的安全。

　　栾升堂率第三营为全军前哨部队,接令后即刻准备就绪,立即出发。当行进到狮子山附近时,接到第一一四团团部转达的第五十九军军部命令:"敌情有新的变化,着栾营就地停止,在当地选择有利地形,占领阵地,构筑工事,务于明日拂晓前做好一切作战准备,敌如来犯,立即予以迎头痛击。"

　　栾升堂接到命令后,立即令所部停止前进,就地待命。随即他又命各连迅速派出警戒哨,对敌方实行严密警戒,并在现场划分了各连的警戒区域。然后,栾营长率各连连长一同侦察地形,研究阵地配备,规定了各连的任务,并根据所侦察的实际地形,决定了工事构筑计划,着重对防空防敌炮轰击作了相应的安排。

狮子山地处大洪山脉,周围全是高山峻岭,以狮子山为最高峰,易守难攻,是比较理想的防御阵地。栾升堂根据前低后高的地形特点,决定采取纵深配备,第一线各连以一线、二线、三线式占领阵地,构筑工事,避免、减少敌军炮火伤亡。具体部署是:王占元第七连配属重机枪一排在狮子山北面,面向北方占领阵地;闻庭山第八连配属重机枪一排面向东方占领阵地,并派一个排附重机枪一挺占领东北方向约半公里左右的制高点,作为前哨阵地,以消灭第七、第八连阵地前的死角;谷在德第九连为营预备队,派出一排占领狮子山制高点。命令各部进入阵地后,立即抢构工事,限令翌日拂晓前先完成跪射掩体及匍匐交通壕,然后再逐步加深工事。

第二天黎明,各连排工事均按计划完成,但并未发现敌情,于是继续加强工事。第三天凌晨4时许,侦察人员探到日军动向,日军先头部队已经进抵山下各村。栾营长立即用电话向第一一四团团长樊仑山作了汇报,并要求团长将迫击炮连迅速调到狮子山第一线阵地,配合三营作战。樊团长答应了栾营长的请求,立即派迫击炮连火速赶赴狮子山一线阵地,迫击炮连到达之后,被配置在第七连的第一线阵地上。恰在此时,又有侦察员上山报告敌情,说是日军正在山下几个村庄的空地上集合,看样子像是等待分配驻地。山下的几个村庄已在迫击炮射程之内,根据侦察员探明的日军集合点位置,栾升堂令迫击炮连立即向敌人集合点射击。突如其来的炮击,打了敌人一个猝不及防,村边上的一些柴草堆被炮弹打着起火,犹如照明弹一般,可以看到敌人到处乱窜的惊慌失措的狼狈情景。位于前哨阵地的马攀会排,对敌人的逃窜情形看得一清二楚,待部分日军进入该排有效射程之内,马攀会命令轻重机枪一齐开火,打的敌人死的死、伤的伤,有幸暂免死伤者纷纷抱头鼠窜。

日军遭此突然袭击,伤亡了不少人马,恼羞成怒,立即整理队伍,决定实施报复。大约两小时后,日军榴弹炮开始向守军前哨马攀会排阵地发起轰击。马排长十分机敏,料定日军吃亏之后必然报复,必然先行炮击,估计日军在不明中国守军阵地虚实的情况下,第一轮炮击时间可能较长,因此当日军发炮之际,马排长只在阵地上留下监视哨观察日军动向,其余全部后撤到安全地带隐蔽起来,以逸待劳,以静制动。马排长利用战斗间隙,再次鼓动大家要勇猛杀敌,并说:"敌人这一次炮击时间可能要长一些,我们要用新的打法消灭敌人。我把重机枪隐蔽在全排右翼位置,待敌步兵攻击时,我们不还击,等敌军进入我们有效射程以内时,仍不还击,让敌人摸不清我们的虚实。为了迷惑敌人,当敌炮停止攻击、敌步兵发起进攻时,大家进入阵地要尽量利用地形隐蔽前进,不要暴露我们的目标。进入阵地后,步枪一律上刺刀,手榴弹盖全部打开,等到敌人进到距我们五六十米远时,听命令一齐投掷手榴弹,轻重机枪也一齐射击,争取一举把敌全部报销掉。剩下的敌人如果胆敢继续攻击前进,我们就和他们拼刺刀;如果掉头逃跑,轻重机枪一齐扫射,叫他进不能得逞,退无法逃脱。"

果然不出所料,日军连续炮击了1个多小时,方才停止炮击,发动步兵冲锋。200多名日兵向马攀会排阵地发起进攻。由于敌人不明中国守军虚实,冲锋速度很缓慢,一开始时犹如蜗牛爬行一般,一个个日本兵端着枪,猫着腰,一面放枪,一面战战兢兢地向上爬行,一步三停,互相观望,唯恐走在前面先挨枪子儿。日军距山头阵地200米时,不见中国守军动静;推进到100米时,仍不见中国守军动静。日军以为中国守军已被炮击伤亡殆尽,剩下的可能早已逃跑,便放开胆量,跑步前进,争立头功。日军冲锋速度加快,而且现出狂妄的原形,不再猫腰隐蔽前进,又是喊又是叫,争先恐后地向上冲锋,很快进到距马排阵地60米之内,马攀会一声令下,轻重机枪一齐开火,一排排手榴弹飞到敌群中爆炸。日军血肉横飞,死伤累累。剩下的敌人掉头连滚带爬地向山下逃跑,马排长指挥轻重机枪猛扫逃敌。一场激战从开始射击、投掷手榴弹到结束战斗前后不到半小时,200多名日军绝大部分被消灭了。

日军吃了大亏,以更大的疯狂炮击中国守军阵地,随后出动500多名步兵,向马攀会排前哨阵地及第七连阵地同时发动进攻。中国守军沉着应战,放敌军进入有效射程内,集中迫击炮、轻重机枪等一切火力猛烈射击,并用手榴弹猛炸,经一个多小时激战,打退了日军进攻。下午日军又调动600多名步兵发动第三次进攻,也被击退。

狮子山之役首战告捷,日军被打死打伤500多人,第三营守军仅伤亡70多人,缴获步枪30多支、子弹4000多发。

当夜,受到重创的日军未再敢轻易发动进攻,而是调整兵力,谋划对中国守军发动更大的攻势。

一位老乡冒险跑上狮子山,向中国守军传送情报。经第三营营长栾升堂仔细盘问,了解到老乡的根底。此人姓张,65岁,双沟镇人,老伴已故,家里有儿子、儿媳和一个孙子,共4口人。儿子是双沟镇民团团丁,5月初日本鬼子第一次闯进双沟镇时,有一天晚上有两个鬼子兵调戏侮辱妇女,被民团给收拾掉了。这下惹了大祸,日军全面出动,逐户搜查,见了男人就杀,残暴至极。老人的儿子被日军杀害,儿媳抱着孩子向村外逃跑,也被日军乱枪打死。老人也被日军抓去,本要杀死,幸亏一个乡亲认识翻译官,翻译官说了好话,老人幸免于死,被留在日军中当马伕。这次趁日军失败之机,他得以逃脱,来找中国人的队伍。张老汉报告说,山下附近村庄住满了日军,番号是三十九师团。据一些汉奸说,要打大仗,怎么打法就不知道了。栾升堂听了张老汉的报告后,认为这个情报非常重要,他招待张老汉吃了饭之后,立即派人把张老汉送到第五十九军军部。黄维纲询问张老汉之后,认为张老汉所讲与自己派出的侦察兵侦察到的情况吻合,可以证实日军确实正集结大部队,准备采取大动作,而且可能进犯汉水,窥伺襄西。黄维纲把所得情报及自己的分析立即电告冯治安和李宗仁,旋即便接到第三十三集团军和第五战区司令长官部命令,令黄维纲立即率部撤到汉水以西,准备在襄西阻击日军。

黄维纲接到西撤命令后,立即部署撤退,令第一七九师在前,第五十九军军部和骑九师随后,第三十八师殿后,从狮子山左侧一条隐蔽小路撤退,由刘家集渡口过河。为保证撤退的安全,黄维纲特令殿后部队第三十八师以正在坚守狮子山阵地的栾升堂营负责掩护,并亲自给栾升堂打电话,安排任务。黄维纲电话中对栾升堂说:"全军撤退,派你这个营担任掩护,必须掩护到明晨5点你们才能撤退。当前敌情紧张,渡口上船只又少,撤退需要时间,你们这个营任务艰巨,全军(欠一八〇师、附一七九师)能否安全渡过襄河,全靠你们这个营了,希望你和官兵们讲清楚,一定要尽最大努力,完成这个光荣的任务。"

栾升堂立即回答道:"谢谢军长信任。我们绝对不辜负军长和全军官兵的嘱托,请军长放心。"

栾升堂深知掩护大部队撤退任务非常艰巨,担子非常沉重,必须要用鲜血和生命作代价来堵击敌军,才能掩护大部队撤退,而且大部队撤退之后,又是渡过汉水撤到襄西,后卫营必然落在敌后,再想渡河西撤,在敌人的夹缝中又没有其他部队掩护的情况下,将非常困难;留在襄东敌后打游击,仅一营兵力,掩护战斗之后兵力肯定大大减员,那么处境将非常艰险。而且,第五十九军抗战以来多次与强敌对垒,打过许多大仗、硬仗,习惯于大兵团作战,习惯于阵地战,缺乏小分队作战和游击战的经验,敌后游击是该军的弱项。栾营所面临的困难不仅是客观上处境的艰险,还有主观上敌后小分队游击作战经验不足,而且官兵对这种战法有畏难情绪。因此说,栾营负责殿后掩护,任务是极其艰巨的,处境是极其险恶的。栾升堂营长也充分认识到了这一点,但为了全局,为了大部队,栾升堂以"我不下地狱谁下地狱"的气概和精神,毫不犹豫地接受了掩护任务。

　　栾升堂受命于危难之中，令黄维纲大为感动。黄维纲率部撤退经过栾营阵地时，又约见栾升堂，他语重心长地对栾说："抗战以来，你们营打过多次硬仗，正因为这样，往往派你们营攻击在前，撤退殿后，你这个营我是信得过的。军事上有很多牺牲少数保护多数的例子，现在情况紧急，为了全军安全撤退，我不得不把重担子交付给你们。军部拨给你们一部电台，到必要时你们自己想办法，愿意到哪里就到哪里，到达安全地方以后，再用电台和军部联系，咱们再见吧！"说到这里，黄维纲十分动感情，两只眼睛里充满了热泪。栾升堂的情绪受到极大感染，饱含热泪、一字一哽地向黄维纲保证："请军长放心，我们一定完成任务！"

　　撤退的队伍离开了狮子山阵地，黄维纲走在队伍后面，一直拉着栾升堂的手。不得不分手了，黄维纲把栾升堂的手紧紧地握住，许久没有放开……警卫人员催促黄军长快上路，栾升堂也请军长上路追赶队伍，黄维纲欲言又止，终于急匆匆离去，却又一步三回头，心中纵有千言万语，口中却仅仅重复着"再见"、"珍重"4字，复杂的情愫和沉重的嘱托都凝聚在他那一颦一蹙的眼神中了……直到一峰巨石挡住他远去的身影……

　　黄维纲率部离开之后，栾升堂查看了全营阵地，布置加强了一些薄弱工事，并分别向各连官兵传达了军部交给的艰巨而又光荣的任务，勉励大家努力作战，一定要完成掩护全军撤退的任务。

　　黄昏时分，日军开始炮轰狮子山中国守军阵地。从炮声判断，日军动用了10多门重炮，敌炮轰击了一个多小时，便发动步兵冲锋，栾营官兵利用有利地形，仍然采取后发制人的防御办法，待日军冲到有效射程以内，予以迎头痛击，充分发挥轻重机枪和手榴弹的威力，打退了日军进攻，并伤亡日军近百人，缴获轻机枪2挺、步枪23支，全营官兵仅16人受伤。以较小的代价，换取了较大战果，显然是地形极为有利、阵地工事构置合理帮了大忙，但全体官兵沉着镇定、勇猛顽强的作战经验和战斗作风,应当是取胜的主要原因。

日军已侦知中国守军一部出狮子山左侧由刘家集渡口西撤,为了把襄河东岸的中国军队围歼于襄东地区,日军急于追击堵截向西撤退的中国守军,但狮子山是附近山峰的制高点,控制在中国守军手中,犹如卡住了日军前进的咽喉,不拿下狮子山,日军无法翻过山脉追击中国西撤之兵。一天多来数次攻击,都未能攻下,看来狮子山守军决非弱敌,难以对付,但不啃下这块硬骨头,又确实是上天无路,入地无门,插翅难行。因此,日军不顾山区作战大部队无法展开、中国守军已占据有利地形、不易夜间攻击的客观现实,于当夜11时左右又硬着头皮再次发动对狮子山栾营阵地的攻击。

日军采取惯常伎俩,仍然先行炮击,集中了10多门重炮,集中对栾营第一线吴凤阁第七连阵地轰击。敌炮一响,吴连长只留3名监视哨在阵地上观察日军动向,他率领其他官兵立即后撤到安全地带。留在阵地上的3人,均被敌炮炸伤,但没有一人离开岗位。待敌炮向后延伸射击、敌步兵发起冲锋时,监视哨及时向吴连长发出信号,吴立即率领全连跑步进入阵地,大家把手榴弹保险盖全部打开放好,等敌步兵冲到阵地前50米左右时,一齐投掷手榴弹,轻重机枪也一齐射击。日军的攻势再次被瓦解,只在阵地前留下70多具尸体,便仓皇逃下山去。第七连缴获轻机枪3挺、步枪60多支。

午夜过后,日军又向狮子山第七、第八两连阵地发动炮击,连续打炮40多分钟,但只令少数士兵作试探性攻击,未敢再发动大规模进攻。凌晨4点多钟,栾营已基本上完成了掩护任务,趁着天未放明日军不敢发动大规模进攻之机,栾升堂部署守军撤退。他命令第一线各排以有效火力向试探性攻击之敌射击,压制住敌人的进攻,然后逐步向狮子山以西转移。以第九连两个排固守狮子山,另以一个排阻塞通往后方的道路,借以迟滞敌人前进。第七、第八连迅速撤出战斗,在狮子山西面集结,准备撤退。5时许,第五十九军军部电令栾营撤退,已准备就绪的第七、第八连立即撤离狮子山。恰在此时,日军又开始炮轰狮子山顶,并记取一天一夜来攻击失利的教训,派出一部日军绕攻狮子山尾部,试图切断狮子山上中国守军的退路。但是为时已晚,第七、第八连已安全撤离,留在阵地上的第九连在山顶居高临下,对日军的行动看得清清楚楚,待敌人前进到狮子山尾部时,即以轻重机枪猛烈射击敌人,这股敌人伤亡很大,无法立足退走。

  黎明,日军再次炮轰狮子山阵地,准备发动更大规模的攻击。敌酋第三十九师团师团长村上启作下了死命令,务必在8点钟之前拿下狮子山阵地。负责殿后的第九连完成了掩护任务,准备撤退,按照事先约定,打了三发红色信号弹给已经先行率部撤退的营长栾升堂报信。未曾料到3发红色信号弹收到了意想不到的效果,日军发现山头阵地升起3颗红色信号弹,误以为中国守军要发动反攻,立即停止炮击,部署部队准备迎战,第九连乘此机会,迅速撤离战场,追上栾升堂第三营主力。第三营直奔襄河,神不知鬼不觉地安全撤到襄河西岸归队。

  攻击狮子山的日军调整部署,准备迎击中国守军的反攻,却迟迟不见动静,一时有点丈二和尚摸不着头脑了。少顷,日军集中炮火,再次猛轰狮子山阵地,一直打到天色大明,日军步兵才发动攻击,200米、100米、50米⋯⋯山头阵地上毫无动静,但日军仍不敢大意,过去的进攻均是逼近阵地时中国守军才还击的,因此他们以为这次仍将是一场恶战,进攻的日军仍然战战兢兢。待扑到山头阵地,发现空无一人,中国守军已无影无踪,日军个个气得面部发青,高呼上当。不仅仅是浪费了炮弹,更主要的是失去了战机,让第三十三集团军在河东的部队安全撤到了河西。煮熟的鸭子竟飞走了,怎能不让日军垂头丧气呢!为此,日军第十一军司令官园部和一郎把第三十九师团师团长村上启作狠狠地责骂了一通。

11. 襄阳之战

负责襄阳守备任务的部队是隶属第五战区的中央兵团和作为战区总预备队使用的第二十二集团军。第二十二集团军属川军部队,抗战爆发后该部在总司令邓锡侯、副总司令孙震率领下出川北上抗日。第二十二集团军下辖第四十一、第四十五两个军,均属乙种军编制即二二制编制。武器装备极差,不但缺乏重武器,而且兵员不能人手一枪。枪支又非常杂乱,多四川自造,还有不少鸟铳之类的土枪。兵员不足,武器缺乏,战斗力自然很差。第二十二集团军出川开赴山西战场,立即投入娘子关战斗,部队伤亡过半。娘子关失守之后,第二十二集团军部队缩编,每旅编留一个战斗团。撤退途中,一直未得到补充的第二十二集团军见到一座晋军军火库,便破门而入,擅自补充起来。这下可戳了马蜂窝,阎锡山火冒三丈,暴跳如雷,大骂川军军纪败坏,致电蒋介石,要求将第二十二集团军立即调出第二战区。蒋介石同意调出第二十二集团军,意欲调往第一战区,但征求第一战区司令长官部意见,第一战区不同意接收。蒋介石气不打一处来,骂第二十二集团军成事不足,败事有余,令将其调回四川让其"称王称帝"去吧!一时间,第二十二集团军不能打仗、军纪败坏的恶名传扬开来,形象极差,且陷入无处投效的尴尬境地。在此之际,第五战区司令长官李宗仁因第五战区急需用兵,表示愿意接收第二十二集团军。于是,第二十二集团军调赴第五战区,参加徐州会战。

第二十二集团军正在报国无门的境况下,被第五战区接收,终于又有了用武之地,决心效力沙场,用勇猛杀敌的实际行动来改变人们对第二十二集团军的不良印象。投入津浦北线战场后,在滕县保卫战中,英勇顽强,打出了军威,打出了声望。前敌总指挥、第四十一军一二二师师长王铭章率3000多名守城将士,坚守滕县,"决以死拼,以报国家",誓与城池共存亡。全体官兵同仇敌忾,众志成城,前仆后继,勇猛杀敌,屡屡挫败日军攻势,杀伤大量日军有生力量,最后弹尽援绝,滕县失守,王铭章以下全体官兵壮烈牺牲,以身殉国,为中华民族的抗日战争谱写了一曲惊天地泣鬼神的悲壮之歌,为第二十二集团军增添了无限光彩。

滕县之役,第二十二集团军再次受到重创。武汉会战结束后,第二十二集团军随第五战区主力调赴鄂北地区,一面休整队伍,一面布防御敌。枣宜会战打响之前,第二十二集团军总司令孙震因事请假回川,当大战爆发之际,李宗仁指派中央兵团总司令、第十一集团军总司令黄琪翔兼代第二十二集团军总司令。

当抗战爆发后,各地方部队纷纷开赴抗战前线,共赴国难,但由来已久的以募兵制为主组建起来的地方实力派武装,带有浓厚的地方色彩。最高统帅蒋介石充分注意到这一事实,一般仍将地方军队置于本籍或本派系将领的领导之下,这样指挥起来便于驾驭。此外,当时指挥系统中各级指挥部的建立一般以主掌长官为转移,长官晋升或调迁,长官属下的原总部包括直属部队也随之"晋升"或调迁,形成一个指挥部尤其高级指挥部,始终跟随一个长官的现象。出现这种现象的主要原因是各级参谋、幕僚人员,皆由主掌长官聘任,参谋幕僚人员只能以主掌长官的转移为转移。

黄琪翔并非川军将领,兼代川军第二十二集团军总司令,这是李宗仁的大胆举措。抗战进入到1940年,各地方军队已在抗日战场与其他地方军队及"中央军"并肩战斗多年,地方色彩有所淡化。李宗仁等一些高级将领在部署作战编组战斗序列时,也有意无意地打乱一些原指挥系统,甚至替换隶属或变更将领,以收地方军队地方色彩更为淡化之效。当然,李宗仁指令黄琪翔兼代第二十集团军总司令,也有想通过自己所信赖的黄琪翔更灵便地指挥和驾驭川军之意。但是,后来的实践证明,李宗仁此举并非成功。地方军队的地方色彩虽有所淡化,但根深蒂固的东西岂可能一朝一夕去之无踪无影,作为川军的第二十二集团军临阵易将,事起仓促,将兵之间缺乏融洽和沟通,将不知兵,兵不知将,很难指挥灵便和拼死效命。再者,黄琪翔兼代第二十二集团军总司令,根据惯例并未接管第二十二集团军总司令部,而是由黄琪翔的第十一集团军总司令部兼代指挥第二十二集团军的职能,当时第十一集团军总司令部又是黄琪翔"中央兵团"总司令部,真可谓一个机构多种职能了。而第二十二集团军总司令部,并未因总司令孙震告假而停止运作,实由第二十二集团军参谋长陈宗进领导继续行使指挥第二十二集团军的职权。枣宜会战打响后,黄琪翔的一职多能的指挥部设在襄阳城内,原设在樊城的第二十二集团军总司令部由参谋长陈宗进率领由樊城移驻襄阳以西15公里的泥嘴镇。对于第二十二集团军来说,有两个直接指挥其行动的总部,对来自黄琪翔总部的命令不能违,对来自陈宗进第二十二集团军总司令部的命令则更愿效命,实战中难免发生重叠指挥,造成一些不协调甚至矛盾、混乱的现象。

第二十二集团军辖有第四十一、第四十五两个军,分别辖有第一二二师、一二四师和第一二五师、一二七师。第四十一军军长一直由孙震兼任,未再成立军司令部,也未设置副军长一职,军部的一切事务皆由第二十二集团军总司令部兼管。孙震请假回川后,临时指定第一二四师师长曾苏元暂行代理第四十一军军长职务,协助曾苏元指挥全军部队的是第一二四师师部,仍未另成立第四十一军军部。该军第一二二师师长为王志远。第四十五军军长陈鼎勋,所辖第一二五师师长王仕俊、第一二七师师长陈离。枣宜会战打响之后,作为战区总预备队的第二十二集团军在战斗紧张之际被分别投入战场参加战斗,第四十一军一二四师和第四十五军一二五师曾参加襄花公路北侧、桐柏山南麓的对敌阻击战,但旋即便败退下来,未能起到扼敌前进、扭转战局的作用。当日军南路兵团沿襄河东岸向北推进,与第三十三集团军和第二十九集团军发生激战并突破中国守军防线,占领大洪山西麓长寿店、张集、丰乐河诸据点及距襄阳仅45公里远近的襄河重要渡口流水沟时,第五战区司令长官部急调位于襄阳以东25公里双沟镇附近的第二十二集团军第四十一军一二二师驰赴流水沟北田家集,支援第三十三集团军作战,合力阻击日军北进。第一二二师战斗力非常薄弱,不仅装备很差,而且所辖3个团中有两个团的战士是刚从四川补充、训练尚不足3个月的新兵,内中1个团还缺少1个营。第一二二师奉命奔赴田家集附近,与北进日军发生激战,激战一昼夜,力不能支,败下阵来,退回双沟镇。

枣阳反击之后,樊城克复。樊城与襄阳隔襄河相望,一衣带水,连为一体,因此人们多习惯称之为襄樊,实为两镇一城。到5月下旬,第二十二集团军第四十五军被留置在大洪山区进行敌后抗日游击战争,第四十一军的第一二二、第一二四师和军直属独立团,在襄阳、樊城附近,负责襄樊防卫。

黄琪翔虽然深得李宗仁信任,但独当一面率军对日作战经验不足。而且日军发动枣宜会战进攻时间和推进区域与随枣会战极其相似,日军又声东击西,有意掩盖其渡过襄河西攻宜昌的作战目标,这就为正确判断日军的战略意图增加了难度。当日军5月初开始发动进攻时,黄琪翔部署作战任务时曾向部下强调:敌人绝不会进入大洪山隘口,不会越过大洪山以西。及至敌人攻占了大洪山、越过大洪山西麓时,黄琪翔又非常肯定地判断:敌人绝不会渡过襄河右岸(即西岸、南岸)。日军推进到枣阳、樊城,并深入到唐河、新野后,随即回撤,这与1939年的随枣会战完全相同,第五战区组织枣阳反击,这使黄琪翔更坚定了自己的判断,认为日军不会渡过襄河作战,因此对位于襄河右岸的襄阳及襄河防卫未作周密计划和认真部署,未能预先构筑防御工事。对位于襄河左岸、唐河西岸的樊城防务,也较疏忽。经过枣阳反击及其此后的混战,日军一面部署部队回撤,一面明修栈道暗度陈仓,集结兵力于襄河左岸,准备渡河作战。到5月底,北路日军渡过唐河、白河南下,与南路日军会师,抢渡襄河已昭然若揭,黄琪翔才匆忙命令第四十一军沿襄河右岸自小河与王缵绪第二十九集团军防区相衔接,至襄阳城约30公里的河川布防,同时在襄阳、樊城设防。

第四十一军代军长曾甦元接到黄琪翔布防襄河及布防襄阳、樊城的命令后,即令第一二二师担任自小河亘刘集、欧家庙至襄阳城南门襄河右岸的河防任务,第一二四师担任襄阳、樊城的城防任务。军直属独立团原驻襄阳以东襄河右岸8公里左右的东津湾,仍驻防原地,作为前进据点,与襄樊构成掎角之势。

第一二二师师长王志远领受河防任务后,即令副师长兼第三六五团团长胡剑门指挥第三六五、三六六两个团担任河防任务,第三六四团只有两营新兵,控制在襄阳南关作为师预备队,师指挥部设在襄阳南门外周公庙。第一二四师对襄阳、樊城防务未作坚守的部署,各城只部署一个营兵力防守,以一个团兵力(第三七二团,团长卢高暄)控制在第一二二师河防部队的后边,作为河防部队的后援,师部及其余部队则驻襄阳至南漳大道上距襄阳约10公里的习家池及其附近地区。

5月31日即农历4月25日夜,正是月黑头,天黑得伸手不见五指,日军乘天黑夜暗抢渡襄河。他们首先在襄河东岸集中炮火猛轰襄河西岸小河以南第二十九集团军、小河以北第一二二师第三六六团阵地,继而惨无人道地施放毒气,接着开始强渡。日军渡河部队使用的是改装上动力机的船只,速度较快,他们乘着夜色,向对岸疾驰。

襄河西岸的中国守军河防阵地多为临时构筑,比较简陋,大部分被日军炮火击毁,但守军仍在残破的阵地上顽强抵抗。由于日军施放毒气,中国守军因无防毒面具,纷纷中毒,使抵抗能力减弱。当日军渡河船只出现时,在黑黢黢的夜幕下,中国守军看不清敌人使用的是什么渡河工具,只见河面上影影绰绰的有许多庞大的黑影,发出轰轰隆隆的巨响,直向河这边驶来。第一二二师三六六团团长陈择善自作聪明地慌忙向师部报告:"敌人使用大批水陆两用坦克向我强渡猛冲。"师部接到报告后,既未到前线观察又未作认真分析,便急报黄琪翔。黄琪翔已得到日军施放毒气掩护强渡的报告,本来就已经有些慌张,担心河防有失襄阳不保,此时又得到日军使用大批水陆两用坦克渡河的报告,更加惊恐万状,料定无法阻挡日军渡河,便急急忙忙带着指挥部人员及警卫部队,出襄阳西门向谷城撤退。6月1日,日军首先从第二十九集团军的新四旅与一二二师三六六团的小河、刘集附近突破中国守军防线,渡过了襄河。

驻在襄阳西北15公里左右泥嘴镇的由参谋长陈宗进率领的第二十二集团军总司令部,虽距前线比黄琪翔远一些,又知第二十二集团军归黄琪翔指挥,但他们一直关注着所属旧部的布防和战斗,各旧部也一直不断地把战况报告给第二十二集团军总部,因此陈宗进暂负总责的第二十二集团军总部仍能遥控和驾驭第二十二集团军各部。陈宗进得到前方报告:日军强渡襄河,突破河防,占领了襄河西岸,小河、刘集均已落入敌手。陈宗进了解所部第一二二、一二四师的战斗力,估计日军渡过襄河后,势必北向进攻襄阳,靠第一二二、一二四师兵力,不但无法阻止日军攻势,而且处境危险,将有全军覆没之忧。但若弃守后撤,没有命令又不能擅自行动。正当陈宗进进退两难、急得像热锅上的蚂蚁一样六神无主之际,得到黄琪翔已率部撤离襄阳的报告,陈宗进忙率随从到路口迎候黄琪翔,向他报告前线战况,"请示"行动办法。黄琪翔当即写了一个手令:即着第四十一军退守泥嘴镇至南漳之线,扼敌西进。

第四十一军代军长曾甦元接到后撤命令后,立即率领自己的第一二四师向南漳撤退。第一二二师师长王志远所率该师师部及师预备队第三六四团（只两个营）驻襄阳南关，虽然已经知道日军突破河防占领襄河西岸，第一二四师已向西撤退，军直属独立团也已撤过河西，但因未接到撤退的命令，仍留在襄阳南关原地未动。由于黄琪翔的指挥部、警卫部队及第一二四师防守襄阳城的一营兵力均已撤走，襄阳城内无兵可守，成为一座空城。第一二二师师长王志远发现这一情况后，即令在襄阳南关的第三六四团进入襄阳城内布防，王志远把第一二二师师部也迁入城内。黄琪翔得知这一情况后，即令第一二二师守备襄阳城。

渡过襄河的日军马不停蹄地分兵进击，其主力沿襄阳至宜城的公路向宜城方向推进，一部向北直扑襄阳。6月1日上午9时许，日军兵临襄阳城下，随即发动攻城。他们集中炮火猛轰襄阳城墙，并向城内延伸轰击。第一二二师师部及第三六四团都有所伤亡。由于日军攻势猛烈，众寡悬殊，中国军队不敢恋战，遂由西门撤出，第三六四团退至西关外真武山、周公山一带高地，第一二二师师部退至城西5公里左右的云万山。日军随即进入襄阳。

第二十二集团军总司令部参谋长陈宗进得悉在襄阳以西与敌周旋的第一二二师仅有两营新兵，立即命令由东津湾撤到泥嘴镇的第四十一军直属独立团迅即开赴万山附近，归第一二二师师长王志远指挥，与第三六四团合力拒敌西进。

日军西渡襄河的目的不在于夺占襄阳，最终目的是为了南下攻占宜昌，以威胁重庆。因此，日军占领襄阳后，并未作久占襄阳的打算，更不愿分兵固守襄阳，他们只在襄阳城内和四郊村庄进行了肆无忌惮地抢掠烧杀和奸淫，随即便放弃襄阳追随已渡过襄河的大部队南下了。

6月1日夜，第一二二师师长王志远接到黄琪翔转来的蒋介石关于"死守襄阳"的电令，黄在电文后面附加命令："等因奉此，着第一二二师师长王志远立率所部即日克复襄阳为要。"

王志远不敢怠慢,于6月2日拂晓,亲率郑道东的军直属独立团为前锋,反攻襄阳城。前进途中,未遇日军,及至到了襄阳西门,才知日军已由南门出城,正向南漳方向转进。独立团先头部队直奔南关,试图阻击日军,正遇到日军殿后部队,随即展开战斗。日军且战且走,并以强大的火力在城南5公里左右的岘山隘口布置了掩护阵地。城南关至岘山之间是开阔地,郑团追出城南关试图接近岘山,却被日军火力所阻,前进不得,遂停止追击。

6月2日,中国军队收复襄阳城。当日下午,左翼兵团总司令、第二集团军总司令孙连仲亲率第三十军部队从谷城方向前来救援襄阳,行至城西5公里万山村附近时,第一二二师师长王志远前往迎接,报告襄阳已经克复,日军攻向南漳的情况,孙连仲即率部向襄阳西南转进。黄琪翔在谷城得到襄阳日军转向南漳的消息后,急令第一二四师布置南漳城防,务必固守南漳。从襄阳攻向南漳的日军于6月3日展开对南漳的攻击。第一二四师等守城部队顽强抵抗,因日军攻势猛烈,守军力不能支,南漳遂告陷落。由于日军的大目标是南下攻取宜昌,因此并未在此久留,便于6月4日撤离南漳,转向荆门方向推进。

12. 陈诚上阵

日军突破襄河防线,襄西告急,中国海陆空军最高统帅部军事委员会于日军渡河的当天,即6月1日上午9时,拟定出《襄河西岸作战紧急部署方案》,立即采取一些应急措施,急急忙忙调整兵力,以应付战局的突然逆转。

当天下午3时半,军委会举行紧急会议,专门讨论襄西作战紧急处置办法。会议由委员长蒋介石主持,参加者有:参谋总长何应钦、军令部长徐永昌、政治部长陈诚、后方勤务部长俞飞鹏、侍从室第一处主任张治中、办公厅代主任商震、代次长刘斐、总顾问福尔根等,会议针对敌情变化和各部守军所处的位置,议决应急措施和调整兵力部署如下:

(一)令四十一军(孙震部)死守襄、樊,以待三十军(孙连仲部)之到达,应予重赏,如放弃襄、樊,应法办。

(二)令七十五军(周碞部)进守南漳。

(三)令肖之楚军以一小部留守汉水右岸原阵地(四十一师、三十二师、四十四师、五十五师之各一部),余撤守十里铺南北之第二线阵地,并控制有力预备队于左翼后(荆门、远安中间地区)。

(四)七十六师、十一师、无名师均守备董市、当阳主阵地。

(五)令李及兰军经大洪山,归还江防军序列。如渡襄河困难,即协助王缵绪集团,以大洪山为根据地,袭敌后方。

(六)汤恩伯指挥三十一集团军及九十二军,由北向南攻击襄花路之敌,如敌主力渡过襄河时,应进出大洪山,攻敌之背后。

(七)孙连仲指挥三十军、四十一军、八十四军、七十五军,先固守襄、樊、南漳,而后由北向南击,牵制敌人由宜城南下。

(八)第五战区分为左、右两兵团。左兵团辖孙连仲、孙震、汤恩伯、刘汝明各部,兵团长由李长官兼任。右兵团辖冯治安、王缵绪及江防军各部,兵团长派陈部长诚兼任。

(九)黄总司令琪翔,暂调长官部襄助。

(十)一〇三师调常德,五师调宜都方面,归还新编十一军(郑洞国部)建制。

(十一)襄河两岸应尽量掘开堤防,构成泛滥,由郭司令负责实施具报。

会议结束之后,蒋介石立即打电报给李宗仁、孙连仲、汤恩伯、郭忏,并抄送陈诚,根据军委会会议精神,发布了作战命令。除重申会议决定的措施和部署外,还增加一项新的内容,即令驻重庆的第十八军第一九九师立即以轮船输送，推进到秭归，巩固江防军侧后方，归江防司令郭忏指挥。

军委会所采取的应急措施中，最主要的一项是调派时任军委会政治部长的陈诚上阵，将所有参战部队划分为左、右两个兵团，由陈诚兼任右兵团兵团长。枣宜会战的重心已经西移，中国守军以保卫宜昌为中心的襄西防御战，战场处在右兵团防区，参战部队主要是右兵团，左兵团则主要是配合作战。由李宗仁兼左兵团兵团长，由陈诚兼右兵团兵团长，这既是统帅部对枣宜会战第二阶段战事的重视，也是让陈诚承担重任，独当一面，全面负责襄西战斗，以求挽救极其险恶的战局。枣宜会战中国军队本由第五战区司令长官李宗仁统一指挥，现在虽然名义上各部仍归李宗仁指挥，但划分两个兵团，由李宗仁亲自兼一个兵团长，调一位级别上并不逊于李的、又是蒋介石亲信的，且在统帅部供职参与军机大事的政治部长陈诚兼另一个兵团长，而且是承担主要任务的兵团长，或多或少可以看出一点蛛丝马迹，统帅部对李宗仁指挥的第一阶段作战并不十分满意。而且战事重心已转移到宜昌方面，李宗仁的第五战区司令长官部却在老河口、石花街，指挥宜昌地区作战，确实鞭长莫及，很不灵便，有必要在宜昌地区另设一个高级别的指挥部，就近指挥各部作战。

陈诚奉命上阵，确属临危受命，自己也以受命于危难之中自居，凭他的资历、级别和个性，是绝非俯首听命于李长官的。李宗仁想驾驭陈诚，确实不太容易，李自己也知道这一点，没有对陈过多地指指点点。陈诚保持着与统帅部、与蒋介石的直接热线联系，当仁不让地承担起统筹指挥襄西战斗之重任。当然，这项任务决不轻松，是极其艰巨、极其困难的，说他陈诚临危受命也并不过分。陈诚所面临的确实是险恶的战局，他抓到手中的不是软软的、甜甜的麦芽糖，而是多刺的蒺藜！为挽救危局挺身而出，为抗战御敌披挂上阵，这还是值得推崇的。不过，要打赢这场恶仗，仅凭通天热线和尚方宝剑是不够的,还要看他陈诚调兵遣将、运筹布阵的真功夫。

陈诚(1898～1965),字辞修,浙江省青田人。早年毕业于浙江省立第一师范学校,旋即入保定陆军军官学校第八期炮科学习,1922年军校毕业后到浙江陆军第二师第六团当见习官,后随邓演达入粤军第一师,担任连长。第一次国共合作实行后,黄埔陆军军官学校创立,陈诚到黄埔军校先后担任特别官佐(侯差)、炮兵队区队长、炮兵队长,随即参加东征,任连长、营长。北伐战争开始后,陈诚在蒋介石为总司令的北伐军总司令部任参谋,旋即出任团长、副师长、师长,直接率部征战沙场。蒋介石分裂国民革命阵营,另起炉灶,在南京建立国民政府,陈诚受命出任南京警备司令。中原大战中,陈诚率部参战,被蒋介石擢升为第十八军军长。陈诚既与蒋介石属浙江同乡,又长期在蒋介石手下供职,善于揣摩蒋介石的心思,处事待人深受蒋介石赏识。尤其经蒋夫人宋美龄介绍娶其干女儿谭祥为妻之后,又多了一个"乘龙快婿"的身份,越发大红大紫起来。在国民党的官场中,他游刃有余,也就更加如鱼得水,一路顺风、顺水、顺势,步步高升。抗战爆发后,陈诚率部参加淞沪抗战,为左翼军总司令,并于11月中旬升任第三战区前敌总指挥。1938年1月出任军委会政治部长兼任武汉卫戍总司令。统帅部为部署武汉大会战,特设立第九战区,由陈诚出任战区司令长官,陈诚还兼任湖北省政府主席,武汉会战期间全面负责长江以南地区(包括江北岸田家镇等要塞)及武汉守备的军事总指挥。武汉失守之后不久,陈诚即随蒋介石到重庆,专任军委会政治部长,第九战区司令长官由薛岳代理(后来正式继任)。1939年10月,为防御日军进攻湘西,统帅部再次设立第六战区,委陈诚出任战区司令长官。第一次长沙会战结束后,陈诚返回重庆,第六战区司令长官由商震接任。1940年4月,第六战区撤销。陈诚追随蒋介石不仅步步高升,而且面临重大战事,战局处于危急关头,蒋介石总会起用陈诚,让陈诚披挂上阵,去独当一面,以求挽救危局。陈诚有时也会不辱使命,或取得重大胜利,或缓解危局减轻损失。但是,随着陈诚地位的不断上升,陈诚虽在主子面前全无傲骨(甚至缺乏骨气),在部下面前则多有傲气,加之陈诚大红大紫,也必然遭人忌恨、非议和不服气。况且他也不是心胸宽阔、"天下为公"之辈,往往会给"不顺眼者"小鞋穿,甚至公报私仇,凭借手中的权力不惜利用战事来排斥、削弱、打击与他有宿怨的人。这样一来,陈诚既难以体察下情,又很难与同仁和睦相处、融洽关系,这对指挥作战尤其独当一面的指挥作战,是极其不利的。不能集思广益,就很难调动方方面面的积极性;不能兼听则明,就必然偏信则暗;不能一视同仁、善待下属,就难以真正得到所有下属的拥戴和效命。可以说,此一时彼一时也,当初陈诚官场尚未一帆风顺、地位尚未高高在上之时,他还较为谨慎,尚能关心下属,身先士卒,带兵打仗多有建树。但此时的陈诚,作为蒋介石的亲信和重要干将之一,在官场上如鱼得水,在战场上却远远不能驾轻就熟、运作自如了!

　　襄西告急,宜昌危在旦夕!宜昌位于三峡东口之北岸,号称川鄂咽喉,战略地位十分重要。西去5公里多是南津关,扼西陵峡入口,自此以西,南北两岸均为崎岖绵延的崇山峻岭,江面狭窄,易守难攻,是拱卫四川、拱卫陪都重庆的天然屏障。但若三峡出口宜昌不守,日军既可利用宜昌封堵三峡出口、封锁四川,又可利用宜昌这一川鄂咽喉的重要位置而窥伺重庆,威胁重庆的安全。而且,自武汉失陷之后,宜昌的水陆交通枢纽地位更为突出,由水路川江下行经宜昌去长沙以达东南各省,由陆路北上去襄樊,以达豫、陕,是第一战区、第五战区与第九战区、第三战区联系的重要中转站,也是上述战区后勤补给的交通枢纽。因此,宜昌的战略地位极其重要。万一宜昌不守,必将影响到全局,统帅部对宜昌所面临的危机十分不安,也非常重视。所以蒋介石再次起用陈诚,让其披挂上阵,以解宜昌之危,以稳定襄西战线。

陈诚参加了6月1日下午军委会紧急会议,会议决定调他赴宜昌前线指挥作战,他当即表示愿意接受这一艰巨任务。会后他即打点行装,动身赴任。陈诚乘船顺水而下,6月2日抵万县。陈诚在万县时就根据所得到的敌情报告,对右翼兵团之作战进行了部署,指出:"右兵团以确保宜昌、击破渡河西犯敌人之目的,应以沿襄河各守备兵团,利用既设阵地,逐次消耗敌军,另以有力兵团于襄河东岸攻击敌侧背,同时于当阳及其迤北地区控制至少一军之兵力,相机击破过河之敌。"

与此同时,统帅部向宜昌方面调派援兵,以增加中国守军的作战力量。调第九战区郑洞国的新编第十一军(辖第五师、荣誉第一师、新编第三十三师)急速北上,加强宜昌江对岸的江防和宜昌防务。调彭善的第十八军(欠第十一师、辖第十八师和第一九九师)由重庆驰援宜昌防务。

陈诚6月3日晚抵达宜昌,他立即深入了解敌情,了解前线战局发展状况,于6月5日根据敌我双方情况作出具体御敌部署,并将作战部署电告蒋介石,其电文如下:

即到。重庆　委员长蒋:

粉密。极机密。

(一)敌情:泗港、多宝湾、沙洋、旧口各附近,自昨夜3时起,敌企图强渡襄河,刻与我守军激战中。又由宜城、武安堰方面动作之敌,其先头已进至转斗湾、胡家集及刘侯集南侧各附近,正与我三十三集团激战中。

(二)本兵团部署如下:本兵团以确保宜昌,并相机歼灭已渡河之敌之目的,以一部利用襄河及既设阵地,逐次消耗敌军,最后固守董市、当阳、远安一带主阵地,同时以有力部队,滞阻由宜城、武安堰方面南下之敌,以主力保持于当阳、远安间地区,相机求敌而歼灭之。

(三)江防军司令部郭忏指挥第二军(七十七师、无名师)、二十六军(三十二师、四十一师、四十四师、附十一师)、五十五师、一二八师、新十一军(第五师、荣一师、新三十三师)及要塞特等部队,应仍依既定部署,以一部守备襄河西岸,拒止敌之渡河,另以一部守备十里铺南北之第二线阵地,逐次消耗敌军,而后依情况,转移于董市、当阳间主阵地而固守之。其第二军应控制于当阳以北地区,策应各军作战,待敌深入,与三十三集团军协同,转取攻击侧击深入之敌。第十一军以荣一师担任公安、松河间江防,第五师到达后,担任杨林寺、宜都间守备,新三十三师应担任宜昌直接守备。

(四)三十三集团总司令冯治安仍指挥五十五军、七十七军、五十九军等部,除以一部守备河防外,应以主力于乐乡关、仙居一带以北地区,拒止由宜城、武安堰方面南下之敌,而后依情况向荆门、仙居之线转移,构成对东北正面,相机协同江防军转取攻势,击破突进之敌。

(五)二十九集团应与汤集团联络,向钟祥方面之敌攻击,切断京钟路之联络。

(六)九十四军仍暂归汤总司令指挥,跟踪追蹑,相机在宜城附近渡河,求敌之侧背而攻击之。

(七)一九九师即开宜昌以北之两河口以北地区集结,暂归职直辖。

(八)作战地境:第九战区与江防军间同前;江防军与三十三集团间为洋坪、观音寺、掇刀石、李家集、马良集(不含)、下洋港、义和集相连之线,线上属三十三集团;又,三十三集团与左兵团间为歇马河、江右堰、武安堰、小河、方家集相连之线,线上属三十三集团。

(九)各部队阵地转移及而后转取攻势,均须候令行动,并应随时密切联络。

谨电鉴核。职陈诚。微(5日)未(14时许)。战。印。

[宜昌]

蒋介石对陈诚的作战部署表示满意,并决心要在宜昌地区狠狠地打击深入的敌军,争取包围歼灭挺进到宜昌地区的日军。蒋介石在尚未接到陈诚的电报之前,就已给李宗仁、陈诚、孙连仲联名打了电报,命令:"敌军此次渡过襄河,进攻荆、宜,我正面部队充足(过于乐观),且阵地坚强,必可予敌以致命打击。望仿鲁(孙连仲)兄速督所部,向南挺进,击敌侧背,完成此次包围大歼灭战。如敌已占宜城,则我军只用一部监视,主力仍一意向南挺进。成败胜负,全在此举。望激励所部,努力奋勉,达成使命勿误。"

从蒋介石的训令和陈诚的作战计划看,他们对战局仍抱乐观态度,不仅要确保宜昌,而且还试图前堵后追,把渡过襄河西犯的日军围歼于宜昌地区。但是,要落实作战计划,不仅需要把握住战机,更需要参战各部积极用命,努力作战。实际上宜昌附近属丘陵地带,易攻难守;中国守军江防军主力北调襄樊地区,正面阻敌兵力不足;且防御工事全部正面向东,未估计敌军会从北面进攻,因此现有阵地存在先天漏洞;北线、东线左翼兵团连日作战,大部都处于疲惫状态,追击敌军的推进速度不可能很快,协助右翼兵团围歼敌军的攻击力不可能很强。对这些不利因素和潜藏的危机应当有足够的、清醒的认识,尽管较为乐观地估计战场形势和制定较高目标的作战计划有激励部队积极作战的用意,但过于乐观、不切实际的计划将导致更大的失败。

13. 大洪山歼敌

陈诚以军委会政治部长身份兼任第五战区右兵团兵团长,由重庆赴宜昌,立即调兵布阵,积极应敌。右兵团仍为第五战区战斗序列，名义上归第五战区司令长官李宗仁节制和指挥，但陈诚实际独当一面，全权负责指挥右兵团所辖各部作战，并对与右兵团作战相关的其他部队发号施令，整个襄西战场全由他运筹和指挥。他直接保持与最高统帅部及军委会委员长蒋介石的热线联系，只向第五战区司令长官部和司令长官李宗仁通报一些重要情况，并不向长官部和李宗仁请示问题。李宗仁仍为第五战区司令长官，辖左、右两个兵团，指挥襄东、襄西两个战场，但实际上他兼左兵团兵团长，只负责指挥左兵团作战。为了会战的大局，李宗仁没有计较"名分"去与陈诚争权，而是心甘情愿、尽职尽责地指挥左兵团各部积极作战，全力配合襄西战场的作战。在陈诚制订右兵团作战计划、进行襄西战场作战部署的同时，李宗仁也拟定出左兵团作战计划，及时下达了作战令。李宗仁的作战部署是：

（一）第二集团军总司令孙连仲，指挥第三十军、第七十五军、第八十四军、第四十一军，以主力展开于南漳、茨河（谷城县境内、汉水西岸）一线，以一部从汉水东岸渡河，配合阻击汉水西岸之敌，并牵制日军南下。

（二）第三十一集团军总司令汤恩伯，指挥第九十二军、第九十四军、第四十五军及鲍刚游击队，各以一部在枣阳以北及桐柏附近，与敌保持接触，主动以果敢行动，越过襄花公路，进至大洪山地区，攻击敌之背后。但第九十四军应相机由大洪山地区，归还江防军建制。

（三）第六十八军军长刘汝明，指挥所属及各游击队，固守小林店（湖北随县境内西北）至长台关（河南信阳以北约20公里平汉铁路车站）一线，监视信阳之敌，掩护汤恩伯第三十一集团军之左侧背。

（四）作战分界线：

第二集团军与第三十一集团军之间为新野、程家河（樊城东北唐河东岸）沿唐河入汉水之线，线上各点属第三十一集团军。

第六十八军与第三十一集团军之间为泌阳、吴城（桐柏县境内）、杨柳河一线,线上属第三十一集团军。

（五）第十一集团军（预备集团军）总司令黄琪翔,指挥第三十九军为第三十一集团军之预备队,位于光化附近口。

（六）兵站总监部及交通处,应按以上部署,安排补给、卫生、交通、通信保障。

枣宜会战已进入第二阶段,即宜昌保卫战,主战场在右兵团方面,左兵团的中心任务是袭扰敌军,牵制敌军,以配合右兵团作战,因此两个兵团之作战都属于宜昌保卫战的组成部分。陈诚、李宗仁调兵遣将、部署宜昌保卫战时,日军第三师团已于6月1日凌晨渡过襄河,占领了襄阳,并随即挥师南下。敌军第三十九师团6月3日占领宜城。襄西告急,因此宜昌保卫战是在极其危急的情况下仓猝部署的。各部奉命后还未来得及充分准备和从容加强阵地,一些被调动的部队还未到达指定位置,日军便发动了更为疯狂的攻势。

当渡过襄河的日军第三、第三十九师团向宜昌方向推进了一定距离,并威胁沙洋镇附近中国守军第二十六军及第九十四军五十五师后方时,日军第十一军司令官园部和一郎命令控制在沙洋镇以东地区的田中静一第十三师团按照预定计划于6月4日夜,从旧口、沙洋镇一带发起渡河作战。中国守军河防部队第二十六军、第九十四军各一部奋力抗敌,阻敌渡河,双方激战竟夜,终因日军攻势猛烈,守军伤亡惨重而后撤,南路日军遂渡过襄河,进入襄西。敌第十三师团另一部也于6月5日从沙洋以南、泽口以北的王场地区突破中国守军襄河防线,渡过襄河,随即北向与第十三师团主力会合,向西挺进,与北路日军相呼应,会攻宜昌。南路日军第十三师团由沙洋向西推进;北路日军第三师团从南漳攻向远安,第三十九师团从宜城攻向荆门。

进入襄西的日军发动对宜昌地区攻击的同时,在襄东地区的日军也积极行动，对西进日军给予策应和配合，为加强枣宜战场的兵力，日本第十一军司令官园部和一郎把驻咸宁地区的天谷直次郎第四十师团调赴鄂北，该部敌军到达鄂北后，担任随县至枣阳的沿途守备，为策应西路敌军渡河作战，该敌极力维护随枣间的交通运输。当日军第三、第三十九、第十三师团先后渡过襄河之后，开始会攻宜昌，襄西地区北路日军为加快推进速度，采取"黑瞎子掰苞米"式的战法，占领一座城市和要地，随即放弃，瞄准宜昌继续全速前进。这样一来，不仅襄河以东的北部地区，即枣阳、唐河一带的日军全部撤走或转进襄西，而且襄河以西地区的北部，即襄阳地区也已没有日军。敌第四十师团留在随枣间维护交通已无意义，因此敌酋园部和一郎令第四十师由枣阳后撤，在随县附近集结，然后南下在大洪山地区寻找中国守军作战，以牵制中国守军不能向襄西调动，从而使襄西日军得以全力进攻宜昌。敌第四十师团奉命后于6月5日在随县附近集结，准备南下。但该敌的动向被第五战区司令长官部侦知，李宗仁立即调兵遣将，要把该敌消灭在大洪山区。

李宗仁6月8日下达作战令，令第三十一集团军第十三军张雪中部由防地南阳附近立即南下，进抵随县附近，尾追敌第四十师团；尾追敌第十三师团的莫树杰第八十四军由钟祥附近向东北方向挺进，截击敌第四十师团；在大洪山区的王缵绪第二十九集团军则主动攻击敌第四十师团。要求上述各部积极作战，务必将敌第四十师团包围歼灭在大洪山区。各部奉命立即行动，对由随县南窜的敌第四十师团采取大包围之势。

日军第四十师团由随县西进，进入大洪山区后，遇到第二十九集团军的强有力抵抗。第二十九集团军利用山区的有利地形，层层设防，逐次抵抗，不断地消灭日军。6月13日，当该部日军到达六房嘴大山区时，遭到第二十九集团军强有力阻击，经过激战，一部日军逃窜，一部日军被团团包围未能逃脱。被包围的日军困兽犹斗,在敌第四十师团师团长天谷直次郎的率领下,横冲直撞,却始终无法突破中国守军的包围圈。

李宗仁得到第二十九集团军紧紧咬住了日军一部的报告之后,立即命令附近的部队加强合围日军的力量,采取纵深布兵的方式,逐渐压缩包围圈,令各部勇猛作战,坚决消灭被围困的敌军。中国守军不断压缩包围圈,从不同侧面轮番向被困之敌发动攻击,日军负隅顽抗,战斗异常激烈。激战进行了6天6夜,被困日军的食品、弹药全靠日军空投。由于地处山区,日军飞机不敢飞得过低,而且低空飞行会遭到中国守军地面火力的袭击,高空投掷食品、弹药,落点不易掌握,许多空投物品落入山崖无法拾取,也有不少落入中国守军阵地。当时天气已很炎热,日军得不到补充,病、饿、死、伤者很多。中国守军的包围圈越来越小,围敌部队越增越多,攻击冲锋越来越猛,被困日军死伤累累。该部日军战斗减员和非战斗减员已过大半,战斗力很是微弱,面临全军覆没的灭顶之灾。

敌第四十师团师团长天谷直次郎连续打电报给第十一军司令官园部和一郎,请求救援。园部手上已无机动兵力可以调遣,急电命令天谷组织突围。天谷直次郎在强烈的求生欲望的支配下,督率残部冒死突出重围。中国守军怀着对日军的刻骨仇恨,勇猛地阻击敌军,复仇的子弹和枪刺,射向、刺向敌人的胸膛,大量地杀伤了突围日军。日军突出重围的大多负伤,其师团长天谷直次郎也身负重伤,死里逃生,侥幸捡回一条老命。

在日军主力攻向宜昌、战局发展对日军有利而对中国守军极为不利的形势下,中国守军取得大洪山围歼日军一部的胜利,真是大快人心。这次胜利,对侵略成性的日军的疯狂进攻是一个有力的回击!它大长了中国守军的士气,大灭了日本侵略者的威风!

14. 保卫宜昌

正当襄东大洪山围歼敌军一部取得重大胜利之际，襄西战场战局却不断恶化。当日军抢渡襄河、襄西告急时，李宗仁、蒋介石急令抽调到北线作战的江防军第七十五军周嵒部、第九十四军李及兰部立即回防宜昌地区；蒋介石又令第十八军彭善部由重庆急速船运出川，增援宜昌前线；蒋介石还特批陈诚之请：陈诚指挥的右兵团所需粮秣弹药等后勤供给，改由重庆军委会直接补给。

第十八军军部设在重庆，6月3日接到统帅部的紧急命令后，立即部署所属部队出发。第十八军辖第十一、第十八、第一九九师，第十一师原调在第九战区作战，枣宜会战打响之后不久，统帅部即令第十一师方靖部由湖南长沙驰赴枣宜战场。第十一师经常德、津澧，长途跋涉，于5月中旬抵当阳地区布防；第十八、第一九九师在重庆近畿，负责重庆警备任务，彭善军长安排的行军次序是：第十八师、军部及军直属部队、第一九九师。6月5日，第十八师在师长罗广文率领下，由北碚驻地出发，乘木船至重庆川江码头，改乘轮船顺江而下。船队行至云阳观音滩时，遭到敌机轰炸扫射，有一艘轮船被炸伤，多人受伤，轮船上的高炮部队，以猛烈交叉的火力射击敌机，击落敌机1架，其余敌机仓皇逃遁。被击落敌机的飞行员，跳伞逃生，坠入长江，在奉节附近江面被中国守军俘获，解送重庆。

船队进入三峡，第十八师师长罗广文在船上召开连长以上军官会议，作战斗动员。罗师长讲道："这次我师奉命增援宜昌作战，时间仓促一些，从接到命令到出发，仅两天的时间，连集合开会部署下命令都来不及，只有移到船上来开会，边走边开，各种作战准备,有些不周到的地方,一一提出来,立即弥补充实。司令部各处按职责迅速将在重庆领到的武器弹药装备器械等,在到宜昌前发到连,充实第一线部队。这次作战,就地势来说,有有利的一面,也有不利的一面。有利的一面是西靠大山,南临长江,侧背无虑敌情。但我们是背水阵,无退路,是不利的,历史上背水阵打胜仗的不乏先例。我们要有置之死地而后生的气概,奋勇作战,为民族存亡而战,战斗到最后,无令不准后退。我们必须全速前进,一级装备进入阵地。"罗师长讲话之后,由师参谋长赵秀昆把宜昌外围地形、交通道路状况以及敌情等作了详细介绍,然后把各团及师直属战斗部队和配属的高炮营的任务、占领阵地的位置、态势、战场联络、战斗准备和工事构筑要求等,以命令形式下达。

6月8日夜,第十八师率先抵达宜昌,随后彭善所率第十八军军部及军直属部队,宋瑞珂所率第一九九师也陆续到达宜昌。彭善立即作出具体部署:以第十八师担任宜昌城的守备;以第一九九师控制于宜昌西北南津关、小溪塔地区,掩护第十八师左侧并作为机动兵力使用。军部设在川江隘口南津关以东镇境山西北的前坪。负责守备宜昌的第十八师进入宜昌之后,师长、师参谋长等连夜勘察宜昌城郊地形,随即决定以第五十四团守备城区,并作巷战准备;以第五十二、第五十三两团担任宜昌前沿阵地的守备任务,右自长江江岸,左到镇境山。镇境山是一处孤立的高地,居高临下,可以瞰制四面,其西南面是飞机场,因此镇境山成为宜昌阵地的要点,山上筑有半永久性工事,第十八师师指挥所便设在这里。各部按师长的部署和命令,立即进入阵地,积极加强阵地工事。

与此同时,奉令回防的原江防军第七十五、第九十四军(欠一师)也到达当阳以北地区。但日军在其前方正发起对当阳、宜昌的进攻,使之无法越过日军而进入当阳、宜昌阵地。

渡过襄河的北路日军分两路向南进攻,一路沿襄河西岸襄阳、宜城、荆门的公路南下;一路循南漳巡检司、远安之道,向荆门、当阳攻击。南路日军渡过汉水后向西攻击。中国守军守备汉水阵地的萧之楚第二十六军腹背受敌，被迫放弃汉水第一线阵地，占领沙市、后港、拾回桥、建阳驿第二线既设阵地，左与驻防河溶一带的第九十四军五十五师相衔接。第二十六军匆匆忙忙由一线阵地撤退下来，又匆匆忙忙进入二线阵地，而且既设阵地向东正面的工事多不适用，兵力配备、火力组织又未经过实地侦察和周密计划。日军占领一线阵地后便马不停蹄地继续突进，直逼萧部二线阵地，激战接踵而至，经过几天几夜的激战，萧部及五十五师虽伤亡很大，仍勉力苦撑。

与此同时，第三十三集团军及第二十九集团军一部阻击北路日军的进攻，由冯治安继任总司令的第三十三集团军及王缵绪第二十九集团军一部，虽经奋力抵挡，终因日军攻势猛烈，未能挡住日军攻势，被迫退向西部山地。李延年第二军在荆门、观音寺之线迎击由东、北两面攻来的日军，双方战斗空前激烈，李延年部不支，退至远安附近，荆门、观音寺失守。日军占领荆门之后，不给李部留喘息之机，继续对李部发起进攻，同时，以有力部队进攻当阳。当阳地处头冲，是保卫宜昌的重要屏障。第十一师方靖部奉命坚守当阳，该师的部署为：以第三十三团守备当阳南正面，第三十一团守备当阳北正面及西北面的九子山高地，第三十二团守备当阳东正面；以补充团为师预备队，控制于当阳至城西长坂坡间。

当阳自古是兵家必争之地，传说赵子龙曾在长坂坡的万马丛中单骑救主，张飞也曾在当阳桥头喝退曹兵。时光流入20世纪40年代，炎黄子孙们又要在这里抗击蹂躏中华民族的"倭寇"。第十一师各部按照师部的作战部署进入阵地，加强防御工事，严阵以待，准备迎击日军。

当守备观音寺一带的李延年第二军第七十六师被迫由观音寺向西撤退后，当阳裸露在日军面前，敌军便于6月9日凌晨发起向当阳的进攻。第十一师将士奋起抵抗，打退了敌人一次又一次的冲锋,双方都有较大伤亡。正当当阳保卫战激战正酣之际,下午2时许,第十一师师长方靖接到第二十六军军长萧之楚的电话,萧军长向方师长通报河防方面的战况:第五十五师河溶以东的阵地被日军突破,电话中断,负责指挥该师的萧之楚已无法与该师师长杨勃联系;日军突破河溶五十五师阵地后,正由河溶向鸦雀岭方向急进。鸦雀岭在当阳与宜昌之间,既是宜昌的重要门户,又是扼当阳后路的重要基地,一旦鸦雀岭有失,当阳处境将相当危险。萧之楚还告诉方靖,第二十六军正面激战甚烈,也难以坚持下去,可能要撤退,希望方靖根据当阳战场的实际情况决定第十一师的守、退问题。

日军对当阳的攻击一次比一次猛烈,方靖决定狠狠打击敌人,不到万不得已,决不放弃当阳。日军从北、东、南三面猛攻,许多阵地被日军突破,守军与敌人展开肉搏,争夺阵地,一些重要阵地失而复得,得而复失,往复多次。尤其当阳西北九子山高地,争夺最为激烈。血战到黄昏,第十一师虽然仍坚守着当阳城,并杀伤了敌人大量有生力量,但自己的伤亡也很严重,有些部队已伤亡殆尽,失去战斗力。鉴于左右两翼友军均已撤退,当阳已成为孤城,加之第十一师伤亡严重,方靖电请撤退获准后,便率第十一师残部放弃当阳撤向大峡口、风洞河一带山地占领阵地,联系第二军部队,继续拒敌深入。

萧之楚第二十六军在第二线阵地苦战了几日之后,渐呈不支之势,便放弃第二线阵地继续撤退。全军由江北岸董市、白洋、红花套、古老背等渡口,渡到长江南岸,脱离了江北战场。这样一来,沙市至宜昌之间成了不设防地区,屏障宜昌的门户洞开,宜昌完全暴露在日军面前。日军直扑宜昌城下,8日夜刚进入宜昌防御阵地的第十八军两师之众,没有获得喘息之机,未来得及熟悉地形、加强工事,便仓猝应战。从6月10日开始,大战集中在宜昌近郊进行。

6月10日，日军第十三、第三、第三十九师团开始会攻宜昌。日军从古老背、鸦雀岭、双莲寺分3路进兵，直扑宜昌城下，逼近第十八师阵地。日军先以小股部队进行冲击式武力侦察，并不断地炮击第十八师阵地。11日拂晓，日军发动全面攻击，用飞机、大炮轮番轰炸、炮击中国守军阵地，许多阵地工事被毁，守军有所伤亡。随后日军从东山寺南北及镇境山以东三个方面发动步兵冲锋，中国守军拼力抗击，局部阵地上展开肉搏，战况极为激烈。战至近午，第五十二团阵地城郊至镇境山中间一段被日军突破，敌人利用这一突破口，向位于城西北的飞机场攻击，致使防守城区和防守郊区的部队被分割开来。

第十八师师指挥所设在镇境山上，镇境山与市区已被日军隔开，师指挥所与守城部队联络中断。当夜幕降临之际，日军集中炮火向镇境山猛轰，大有炸平镇境山之势。镇境山阵地，硝烟弥漫，弹片横飞，师参谋长赵秀昆在师长不在的情况下，惊慌失措，率领第五十三团放弃镇境山阵地，撤过黄柏河。

战场是血与火的炼狱，可以检验一个人的勇敢和忠诚。在抗日战场上，无数勇士为了国家和民族的利益，把生死置之度外，浴血奋战，前仆后继，直到流尽最后一滴血。宜昌城内的守军就是这样。面对日军的凌厉攻势，宜昌城内第十八师邓萍所率的一个营在既无援兵又无退路的危急情况下，顽强抵抗，誓与城池共存亡。一直坚持到12日16时左右，全营将士除重伤昏迷者被俘外，其他人全部壮烈牺牲。宜昌，这座川鄂咽喉重镇陷落敌手。

宜昌保卫战仅经一天战斗，宜昌城便告陷落，令蒋介石大为震惊。当蒋介石得报宜昌失陷的消息时，气愤之极，摔碎了茶杯，掀翻了坐椅，狠狠地骂了一通"娘希匹"。但摔东西骂娘只能"消消气"，却无法改变战局，他不得不面对宜昌陷落的残酷现实。他清楚地知道，靠大发雷霆是解决不了根本问题的，必须立即组织部队反攻宜昌,方可扭转宜昌战局。他命令统帅部的高参们积极行动起来,迅速制订出反攻宜昌的方案。6月13日凌晨,蒋介石签发了致李宗仁、陈诚、孙连仲、汤恩伯的联衔密电,下达了反攻宜昌的作战命令:

(一)右兵团应占领三游洞及以北三合岩、两河口阵地,迅速收容各部,并掌握有力部队,参加汤恩伯部队反攻宜昌。

(二)第三十军、第七十五军、第八十五军及第九十四军,统归汤恩伯指挥,以一部攻占荆门,以主力由远安、观音寺之间攻击宜昌方面之敌。

(三)第九十二军应猛攻钟祥方面之敌,阻敌增援补给。

(四)各部应不顾一切,猛力进攻,不可失机。

(五)为协同动作,汤总司令与陈兵团长取得联络后,各部即归陈兵团长统一指挥。

宜昌失陷的当晚,陈诚把右兵团指挥所移到太平溪。陈诚虽然知道各参战部队都有不同程度的伤亡,而且已经激战月余,十分疲惫,继续战斗困难重重,但仍然激励广大官兵誓与日军血战到底。陈诚调整阵容,积极对敌采取攻势作战。6月14日,陈诚正式下达了反攻宜昌的作战命令,命令江防军司令郭忏仍指挥原属各军,以李延年指挥第二军、第十八军为攻击军,由南津关、小溪塔、关庄场、宋家嘴之线,向宜昌及龙泉铺、土门垭与双莲寺、鸦雀岭及其以南攻击,要求先包围宜昌东侧的日军,并将该敌歼灭。如果日军向东撤退的话,攻击军应迅即由当阳以南向东挺进,与汤恩伯集团军协同歼敌。并令新十一军郑洞国部除守备江南之外,立即抽派三个团以上的兵力渡到江北,攻占沙市、江陵、万城、江口、董市、白洋等沿江要地,并尽力向敌后挺进以牵制日军兵力。还命令汤恩伯指挥所属各军,并配属第五十五军,由峡口、焦家堤、当阳、沟溪河、荆门各北侧地区之线,向跑马岗、石子岭、半月山、河溶镇、张家口、团林铺、十里铺以南攻击,如果敌人主力在当阳以南时,应立即向右旋回;如果敌人主力向东北转移时,则与李延年部协同聚歼之。陈诚要求各参战部队发起攻击以后,应迅即以雷霆万钧之势,向敌强击,务必把襄河以西的日军"压迫于长江、襄河间而歼灭之"。

蒋介石接到陈诚电报所报告的作战部署后,随即复电陈诚,对作战部署作了一些调整,其要点如下:

(甲)指挥系统:(一)宜昌方面之江防军分成两部,第二军、第十八军及其他在北岸各部归李延年指挥;在长江南岸各部队归郭忏指挥,郭到南岸;以上李延年、郭忏两部均直接归陈兼兵团长指挥(恐李延年指挥部队过多,陈兼兵团长对该方面应多负责任)。(二)北正面,周嵒可指挥第七十五军、第三十军,并归汤恩伯指挥,汤恩伯直接指挥的第五十五军、第八十五军、第九十二军、第九十四军,均归陈兼兵团长统一指挥。(三)已令李长官调第九十二军至襄河西岸,归汤恩伯指挥,参加宜昌方面攻击。该军在钟祥方面作战任务,由李长官调第四十一军主力接替。

(乙)作战要领:(四)担任宜昌攻击各部,应确实协同联系,准备周到,以整然态势攻击敌人……(七)攻击开始时机,为避敌空袭,以下午4时左右为宜。在攻击开始之前,由空军出动,轰炸敌主力所在位置,轰炸之后,立即开始攻击……

在最高统帅部的统一策划和部署下,陈诚积极组织部队,准备发起对宜昌地区日军的总反攻。在总反攻开始之前,各部为进入总攻准备位置,展开对日军的局部攻击。为了截断汉宜公路日军后方交通运输线,第九十四军第一八五师奉命于6月13日拂晓向鸦雀岭攻击前进。该师第五五四团涂焕陶部率先到达公路,未发现敌人,便立即在公路两侧占领有利阵地,准备打击过路日军。第五五四团官兵进入阵地后不到一小时,一队日军即由东向西开来,进入有效射程之后,第五五四团团长涂焕陶一声令下,各种火器一齐吐出复仇的火舌,手榴弹也随即甩向日军队列。日军突遭伏击,措手不及，许多"鬼子兵"还没搞明白是怎么回事便一命呜呼。这股行进中的日军眨眼工夫伤亡殆尽，还未送命的便抱头鼠窜。

　　日军吃了大亏恼羞成怒，纠集部队，由东西两个方向，扑向第五五四团阵地，展开报复性攻击。日军集中强大的炮火，猛轰第五五四团阵地，因为临时占领的阵地仅仅利用一些地形而已，没有强固的工事，第五五四团在猛烈的炮火攻击中有较大伤亡。恰在此时，第五五三团赶到，立即在五五四团左翼延伸，占领公路北侧的有利地形，集中火力，猛击日军侧翼。日军也随之调转方向，向第五五三团发动进攻。日军以6辆轻型坦克开路，冲向第五五三团占领的阵地。第五五三团团长杨伯涛非常机敏，急令第二营重机枪连派出两挺重机枪，由山头转移到山脚，寻找有利地形为掩护和依托做好射击敌坦克的准备。因为山顶上的重机枪射击敌坦克时，子弹和坦克成锐角，发生跳弹，对坦克构不成危害和威胁，因此敌坦克也毫不害怕，一路肆无忌惮地横冲直撞。但当敌坦克进入预伏在山脚下的两挺重机枪的有效射程之内后，两挺重机枪一齐开火，瞄准敌坦克猛射，由于重机枪的位置与坦克处于同一平面，子弹和坦克成直角，时速大，穿透力强，能够穿透轻型坦克的下部和履带等薄弱部位，日军冲在最前面的坦克被击中，瘫在原地无法再动，后边的坦克被挡住道路，不能前进，纷纷停下。跟在坦克后面的敌步兵急忙在公路南侧抢占阵地，与中国守军展开对射。趁此机会，第五五四团也把阵地移到公路北侧，与五五三团相连。第一八五师师长方天率师指挥所随第五五三团行动。战斗打响之后，方师长一直在火线阵地后面不足100米的一个小山包上指挥战斗，对鼓舞士气起了相当大的作用。战斗一直持续到入夜时分，日军乘天黑遁去，第一八五师参战部队也奉命转移阵地。

　　在宜昌保卫战中，第十八军第一九九师基本上还没有使用，第十八军军长彭善令第一九九师担任反攻宜昌的主力军。6月14日，第一九九师便开始向宜昌逼近。15日，第一九九师发起对宜昌日军的反攻。该师师长宋瑞珂令第五九六团为右纵队，由金家堤出发，沿川汉路基直趋飞机场，包围镇境山之敌；第五九五团为左纵队，在川汉路基东侧，向大娘子岗、东山之敌攻击前进；第五九七团以一部占领馒头嘴及其附近低线高地，佯攻镇境山，吸引山上日军，该团主力为预备队，控制于南明山南麓待命行动；师指挥所设在南明山西部制高点将军岩。

各部奉命积极向前推进，第五九六团推进到镇境山南端，第五九五团推进到二娘子岗高地，随即围攻镇境山日军。第一九九师师长宋瑞珂在将军岩制高点上对战况看得一清二楚，他清醒地认识到，日军占据镇境山，中国守军便无法进入宜昌，要反攻宜昌，必先占领镇境山为支撑点。但山上设有半永久性防御工事，在没有炮兵协同作战的情况下，白天硬攻，不仅会伤亡很大，而且难以奏效，于是宋瑞珂决定采取夜袭。他令第五九五团、五九七团各挑选100名勇士组织成"奋勇队"，每队分成5个战斗组，派有作战经验的连、排长任组长，尽量携带手榴弹。第五九五团"奋勇队"以罗映斗营长任队长，由镇境山东麓摸上去；第五九七团"奋勇队"由胡强营长任队长，由镇境山东北角摸上去。当夜，两队10组奋勇队开始"摸营"，到16日凌晨，均已摸到山上日军阵营中，他们先是勇猛冲杀，继而与日军展开肉搏，战况极其惨烈。天将拂晓，日军增援反扑，奋勇队伤亡过半，余者被迫撤回，人人血迹斑斑，个个伤痕累累，虽未攻下镇境山，也堪称英雄豪杰！

日军第十一军原作战计划规定，攻占宜昌之后，各部仍返回原驻地，以保持该军始终处于机动作战的态势。6月12日，日军占领宜昌的当晚，日军第十一军司令官园部和一郎命令进攻宜昌的三个师团从速整理态势，做好回返的准备。参谋长青木重成发出指示：准备在新占领区驻留一周，此间对中国原有各项军事设施进行彻底破坏。敌第十一军发动枣宜之战以来，已经历时一月有余，由于中国守军的顽强抗击，该部日军已经伤亡一万多人，而且部队相当疲劳,在这种状态下,日军又侦知中国守军正在加紧反攻准备,因此,决定迅速回撤。6月15日,敌国派遣军总参谋副长本多政材下令占领宜昌的三个师团撤回原驻地休整。日军撤退时,将宜昌城内的房屋尽数烧毁,还炸毁了桥梁,锯断了电线杆,并将无法带走的兵器、弹药、粮食、服装、汽车等全部付之一炬。

　　陈诚得知日军撤退的情报后,立即命令各部迅速追击日军。但是,撤退中的日军17日7时突然接到停止撤退、返师宜昌的命令,遂将后队改为前队,跑步返回宜昌。由于中国守军未估计到撤退的日军会突然返回,大部分部队都进入追击日军的位置,进驻宜昌的部队兵力薄弱,更未做再战的准备,因此当日军再攻宜昌时,中国守军招架不住,当日12时30分左右,宜昌再陷于日军之手。

　　日军再占宜昌,令陈诚十分恼火,遂于18日发起了对日军的全面总反击。各部按照既定部署,展开对日军的猛烈攻击。第十八军一九九师在反攻宜昌时,多次冲入城郊敌阵,攻击日军,并连续组织夜袭,杀伤了日军的有生力量。第二军、第七十五军、第九十四军等部在当阳、鸦雀岭一带反攻日军,因日军拼命抵抗,进展不大。在江南的新十一军第五师、荣誉第一师各一部由枝江百里洲渡过长江,向问安寺、半月山攻击前进。其他各部都进入攻击位置,全力反击日军。同时,第三、第九战区及李品仙所率第七军、鄂豫游击队等部也都发动对日军的攻势,以牵制日军,策应襄西反击战。

　　激战连续进行了6天6夜,双方伤亡都很大。枣宜会战已进行将近两个月,双方都很疲惫,日军在宜昌地区集中了三个师团的兵力,缺乏重武器的中国军队,在伤亡减员严重又极其疲惫的情况下攻击力减弱,难以将日军全部歼灭或击溃以收复失地。鉴于这一态势,蒋介石于6月24日下令停止"反攻宜昌"作战,"各以一部与敌保持接触,不断袭扰牵制敌人为要"。至此,枣宜会战结束。

　　枣宜会战中国守军丢失了一些城市和地区,但消灭了日军大量有生力量,有利于长期抗战。而且,日军战线拉得更长,敌第十一军已无机动兵力,驻守宜昌地区更显兵力不足,只以第十三师团驻守宜昌,第三十九师团驻守江陵、沙市,独立混成第十八旅团驻守当阳、荆门,保持一些重要据点。武汉至宜昌的长江水路交通,日军仍无法完全控制,只掌握监利至公安一段水路,其余仍为中国守军控制。从整个战局来看,襄西宜昌地区的日军,孤军深入,处在中国军队的战略包围之中,中国军队不断地发动攻势作战,从战略上说,日军陷于被动之中。

枣宜会战结束不久,统帅部于7月重设第六战区,由陈诚出任司令长官,长官部设在恩施。第六战区辖鄂西、湘西、鄂南、川东等地区,宜昌地区划入第六战区防区。陈诚组织部队,不断袭扰宜昌地区日军,并于1941年9月28日至10月11日,为策应第二次长沙会战,发动了对宜昌的反击作战,虽未能最终克复宜昌,但重创了日军。

侵略中国的日军已陷入中华民族英勇抵抗的人民战争的汪洋大海,末日即将来临。中国第五战区、第六战区的部队不断地打击襄河东西两岸困守据点的日军,日军占领这些地区后,未得到一日之安宁,伤亡不断增加,处境岌岌可危。

1945年8月15日,日本宣布无条件投降,中国抗日军民展开全面反攻,中国失地重新回到中华民族的怀抱。

中华民族的抗日战争取得了伟大的胜利。发动侵略战争的日本帝国主义玩火自焚,落了个彻底失败的可耻下场。

前事不忘,后事之师。历史告诉未来,一切炎黄子孙都应当热爱自己的民族和国家,尽忠于自己的民族和国家。大和民族的后人们,也不应当再逞强好斗,侵略他国,给他国人民带来灾难,最终也未给本民族人民带来多少福音。玩火者必自焚,侵略者必灭亡,这是历史提供的教科书,不可不读。

威震华北
——百团大战纪实

张 绛 著

图 1 彭德怀副总司令亲临前线指挥作战

图 2 狮垴山战斗中八路军的机枪阵地

图3 一二九师某部指战员在寿阳榆次间对正太铁路进行大破袭

图4 一二九师三八六旅陈赓旅长(带照相机者)、周希汉参谋长(前面穿大衣者)在榆社前线指挥作战

1. 命令从这里发出

1940年8月20日晚。

尽管已是立秋过后,但"秋老虎"也确实厉害。闷热的天气,压得华北地区的人们喘不过气来。有经验的老人都在嘀咕,一场大雨将要来临。许多人都拿着蒲扇,赤膊走到路边地头、门前屋后,聊天纳凉。

时针刚刚敲过10下。突然,隆隆炮声、枪声,从绵延5000里的华北大地响起。特别是那贯穿晋中地区的正太铁路两侧,火光四起,更为激烈。

急促的电话铃声,几乎同时惊响了驻守在石家庄、阳泉、太原的日军独立混成第八旅团、第四旅团和第九旅团司令部的总机。

日军独立混成第八旅团长水原义重少将、第四旅团长片山省太郎中将等,听到八路军全线出击的消息,惊慌失措,猝不及防。层层上报,消息很快传到北平日军华北方面军总部。据日军《华北方面作战记录》记载:"盘踞华北一带的共军,于1940年8月20日夜,一齐向我交通线及生产地区(主要为矿山)进行奇袭。特别是在山西,其势更猛","此次袭击,完全出乎我军意料之外,损失甚大,需要长时期的巨款方能恢复"。

1940年8月20日,这个令人难忘之夜,拉开了震惊中外的百团大战的序幕。

百团大战,开始并不是部署百团人马参战的,它是随着战役态势的发展而形成的。最初的酝酿还得从摧毁敌人交通线的破袭战开始。

初次酝酿

进入抗日战争的第三个年头,国际、国内的形势更加复杂、严峻。

在国际上,德国法西斯在以闪击战的战术打败英、法联军,席卷欧洲大陆之后,英、法为保存自己,积极策划"东方慕尼黑"阴谋,不惜以关闭滇越铁路和滇缅公路相要挟,促使中国和日本"媾和";美国也步英、法的后尘,通过在北平燕京大学任校长的司徒雷登,去重庆规劝蒋介石对日妥协。

在中国战场上,日本帝国主义为实现其侵略中国、称霸亚洲的狂妄野心,进一步加紧实施对国民党蒋介石的软硬兼施策略。一方面,按照其所谓"桐工作"计划,派遣今井武夫、铃木卓尔等在香港、澳门与蒋介石的代表会谈,并商定在长沙举行更高层人士的接触,以推进诱降活动;另一方面,在军事上,发动宜昌战役,扩大对重庆的空袭,扬言进攻四川,以武力胁迫蒋介石就范。

由于日军发动的"扫荡"、袭击,国民党顽固派制造的"摩擦"、挑衅,中国共产党领导下的八路军、新四军和抗日根据地人民,面临着空前严重的局面。正如中共中央正确分析的那样,1940年中国正处在"空前投降危险与空前抗战困难的时期"。

如何贯彻中共中央、中央军委的指示,扩大和巩固抗日统一战线,揭露、打击日伪顽固势力,战胜困难,把抗日斗争推向更加深入,这是八路军特别是高级将领们共同思考的问题。

1940年春。

在晋东南武乡县沟岭环抱的王家峪村落凤坪下,有一座四合头的窑房院落。这里便是八路军前方总部几位领导人的住处。正面是房东住的三孔窑洞,东房是朱德总司令的住室,西屋为彭德怀副总司令的办公室,南房是左权副参谋长的住室。一天,朱德、左权来到彭德怀的办公室。朱德说:"进入1940年,我们除了对付国民党顽军的挑衅以外,日军在华北加紧推行的'囚笼政策',也将给我们带来更大的困难。"

彭德怀说:"国民党的少数'摩擦专家',都是豆腐,对付他们根本不在话下。问题是日军在华北推行的'肃正建设计划',大搞什么'铁路为柱,公路为链,碉堡为锁',真是太猖狂了。我们决不能让敌人在我们的国土上耀武扬威,逞凶逞强,一定要给他们点厉害看看。"

左权接着说:"对,打破敌人的'囚笼政策'的关键,就是要破坏敌人的交通线。"

朱德进一步分析道:"交通战对战争关系极大。敌人新的筑路行动,具有战略和战术上的重大意义。我们丝毫也不能忽视。"

事实也正是如此。

晋冀豫地区的铁路、公路纵横交错。东有平汉,南临陇海,西有同蒲,北靠正太。地处太行山区的八路军前方总部所在地,正好被框在由铁路构成的"口"字里。形势更为严峻的是,日军又赶修了北起太谷白圭镇、南到晋豫交界的晋城县的白晋铁路,与河南焦作相连接。日军还企图修筑西起临汾、东经长治、直抵邯郸的临邯铁路。那样,晋东南抗日根据地将要被分割为四,变成一个"田"字。这还不算,日军的更大野心是,在河北省原有贯穿南北的平汉、津浦线以外,再抓紧抢修德(州)石(家庄)和沧(州)石(家庄)2条铁路,并计划修筑济南、大名至邯郸铁路,这样连同北宁铁路,冀南抗日根据地亦被分割在"目"字形的"囚笼"之中。

彭德怀开始思考发起一场大规模的破袭交通战。他的想法得到了朱德、左权的赞同。左权还以参谋长的特有职能,从战术上考虑:敌人在各交通线上分段建立碉堡据点,企图使用"引点成线,集线成面"的战术,守卫可防,出击有路,以保证交通畅通,适应军事、经济侵略的需要;我们则采取全面破袭交通的战术,目的是做到"截线拔点,以面挤面",拔掉路边敌人据点,毁坏沿线铁轨、路基,打破"囚笼",达到歼灭敌人之目的。

八路军前方总部领导人准备发动破袭交通战的构思,正在深入酝酿议论的时候,遵照毛泽东提出的"有理、有利、有节"的斗争策略,中共中央、中央军委决定开始反摩擦斗争。破袭交通战的议论,就暂时搁置起来。

英雄共识

从3月5日到8日,在朱、彭正副总司令的领导下,由第一二九师和晋察冀军区的支援部队,共计13个团的兵力,胜利进行了磁(县)武(安)涉(县)林(县)战役,全歼顽军朱怀冰3个师,反摩擦斗争取得了重大胜利。

4月初,在武乡县王家峪八路军前方总部举行了反摩擦斗争经验总结会议。第一二九师师长刘伯承、政委邓小平、三八五旅旅长陈锡联、三八六旅旅长陈赓以及率部南下参加反摩擦斗争的晋察冀军区司令员兼政委聂荣臻、冀中军区司令员吕正操等参加了会议。尽管春寒料峭,但是指挥反摩擦斗争取得巨大胜利的将军们,喜悦之情似乎已交融在春意盎然之中了。

彭德怀再次提起了交通破袭战的构想。他首先对反摩擦斗争的胜利评述说:"其实,国民党军队也不是铁板一块。去年11月,我们从延安回太行山,路过西安、洛阳的时候,就感觉到反共的气氛很浓。我们过三原时,两个国民党特务竟明目张胆地检查和扣押我们乘坐的大卡车。我命令逮捕了那两个家伙,并质问道,'你们是奉了谁的命令,要检查和扣押我十八集团军副总司令的卡车?'随后,我把他们押解给程潜,要求他严厉惩处。"

彭德怀又说道:"在程潜的住处,我当面指着靠反共起家的何绍南鼻子说,'你就是汪精卫,在陕北做尽了坏事,破坏八路军的抗日后方。'我又说,'今天谁要是反共,他如果先放第一枪,我们就立即放第二枪,这就叫礼尚往来,还要放第三枪。'程潜急忙插话说,

'放第三枪就不对了。'"

彭德怀接着说："这说明中央的决定是正确的。我们必须正确执行集中打击反共顽固派和扩大抗日统一战线。程潜就是赞成我们可以打第二枪的嘛！"彭德怀和在座的将军们都笑了。

说到这里，彭德怀又转话题道："我们打击了朱怀冰，可是现在敌人又在继续造谣，说什么'八路军是游而不击'呀，是什么'专打友军，不打日本'呀。我心里一直憋着一肚子火，我们备受日本帝国主义欺凌的中华民族，该给日本侵略者一点厉害了。我和朱老总、左权参谋长原来议论过，想搞一次大的交通破袭战，有些想法，今天想听听各路诸侯的意见。"

第一二九师师长刘伯承说："我同意朱老总所说的，要从战略和战术上去认识交通战的意义。"接着，他形象地比喻说："敌人'以战养战'政策的推行，必须依靠交通来支撑。从这一点上说，铁路、公路对于日军，就好像人体上的大小血管，据点则好比淋巴腺。倘若我们到处开展交通斗争，切断敌人的大小血管，一方面可以阻止敌人输送中国人民的膏血去营养自己，使它日趋消瘦枯朽；另一方面，可以使我们的丰富资源尽归己用。"

刘伯承习惯地用手扶扶眼镜，坚定地说："倘使我们完全切断敌人的大小血管，使其无法伸展于中国乡村，来吸吮我们的血液，把敌人完全困厄于城市之中，这样便可以缩短乡村战胜城市的过程，使抗战的最后胜利早日到来。"

听完刘伯承师长精辟而形象的分析，血气方刚的陈赓旅长说："我看，对正太铁路，我们已经打过好多次，这一回我们干脆集中力量，把它彻底打掉如何？"深谋远虑的聂荣臻司令员说："要彻底打掉正太铁路，我看目前还不大可能。因为我们打掉了，敌人还会修起来的。不过，如果能打断它一个时期，那对我们也是十分有利的。"

第一二九师政委邓小平表示完全同意大家的看法，并从政治的高度补充说道:"我们为了粉碎敌人的'囚笼政策',如果把破袭交通线这一仗打好了,不仅能够巩固和扩大抗日根据地,克服投降危险,振奋全国军民抗战胜利的信心,提高我军的战斗力,而且对国际反法西斯斗争也会产生重大的影响。"

真是英雄所见略同,将军们对于打一场大规模的交通破袭战取得了共识。

彭、左决策

彭德怀为了进一步敲定对破袭正太铁路的打法,还专门听取了部分团以上干部的意见。一天,他在王家峪自己的办公室兼卧室里,和聂荣臻司令员亲切会见了参加歼灭朱怀冰部归来的南下支队指挥员。

彭德怀高兴地拉住南下支队司令员陈正湘和政委刘道生的手说:"你们仗打得真好,立了大功。祝贺歼灭顽六十九军、九十四军、鹿钟麟部和王靖国部 4 万多人的伟大胜利。这一仗了不起,粉碎了他们消极抗日、积极反共的阴谋。"接着,彭德怀双眼微闭,笑着说:"今天,我请你们来,一方面是听听你们的汇报,另一方面是想向你们谈谈我想了很久的一个打算。"说着,彭德怀走到挂在东墙上的军用地图跟前,继续说道:"为了粉碎日军在华北推行的'囚笼政策',回击国民党顽固派诬蔑我们八路军、新四军'扩军不少,游而不击'的无耻谰言,打击投降派,我想用 20 个团左右的兵力,破袭正太铁路,叫敌人半年至少两个月不能通车。这样一来,咱们晋察冀和晋东南抗日根据地就连成一片了。咱们黄崖洞抗日兵工厂的枪支弹药,就可以运到北岳区。晋察冀的粮食、棉花也能运到晋东南,两地就可以通过交流,解决物资、装备缺乏的问题了。"聂荣臻司令员笑着插话道:"破袭正太铁路这一仗,彭老总是早就胸有成竹了。"

彭德怀还让左权参谋长到第一二九师,进一步征求部分指挥员对破袭正太铁路打法的意见。据一二九师三八五旅旅长陈锡联回忆,左权转达彭总想让一二九师和晋察冀军区所部分别从南北两面夹击正太铁路时,有的同志建议,两面夹击不如两部各打一段,即将正太铁路截成两段,一二九师和晋察冀军区分别负责东西段的破袭。这个建议得到彭德怀、左权的高度重视,并被采纳。

春回大地。华北地区一场大的战役犹如茁壮春芽将破土而出。但是,就在这个时候,国内形势出现了新的变化。国民党顽固派继在华北地区掀起一股反共浪潮之后,又在华中疯狂进攻新四军,形势非常严重。中共中央、中央军委要求华北八路军各部,要采取谨守防线的措施,尽量避免与国民党军队发生军事冲突,使山西、河北两省暂时保持平静的局面。这样,中央可以从八路军中抽调足够的力量,南下华中,支持新四军的斗争。朱德、彭德怀坚决执行中央的战略部署,发动组织交通总破袭的计划,再度搁置下来。

1940年4月下旬,朱德总司令根据中央决定,离开王家峪八路军前方总部,先后在晋城、洛阳会晤了国民党第一战区司令长官卫立煌,然后返回延安。八路军前方总部的工作,由彭德怀、左权直接承担起来。

华北战场的暂时平静,敌我双方都出现了一些新的情况。日军进一步推进其"囚笼政策",加强铁路、公路沿线设防控制。为防范根据地和游击区抗日军民对交通的破坏,除搞什么"护路队",日夜巡逻"报平安"之外,甚至还到处张贴布告,规定哪一个村庄附近挖沟一条,即罚群众款50元;哪个村的护路范围内,电线杆被砍一根,也要罚群众款10元。交通线附近的群众怨声载道。

眼看敌人在铁路、公路两侧不断延伸修筑据点,扩大占领区,八路军少数指战员和地方干部,不敢领导群众进行斗争,反而向后退缩。个别地方还出现了敌人到村里明目张胆地抢劫群众财物也得不到应有打击的情况。

华北的形势，和入夏的沉闷大地一样，令人窒息。6月，日蒋秘密和谈加快了步伐。日军进攻宜昌，轰炸重庆，再给蒋介石以军事压力。据日本军方战后公布的有关材料称："在昭和15年(1940)6月中旬以后约一个月时间内，的确出现了似乎事变将行解决、日中两国最接近的一刹那。所以如此，应该说是在八年抗日战争中，蒋介石感到危机最严重的，实际上是在宜昌失守的时候，加上陆海航空部队猛然轰炸重庆，重庆方面和平气势高涨，只有中国共产党军坚持反对和议，于是中共突然发动了'百团大战'。"当然，尽管这是日本军方后来才悟出的结论，而且并不准确全面，但也说明了一些问题。

促使彭德怀最后决定发动破袭战的另一个重要原因，就是日军准备进军西北作战的方向估计。据情报部门提供，日本大本营多次密谋打通"西北通道"，日方认为"西北共产地区，是以苏联的支持为背景，如果英、法支持的重庆政权一旦破灭，将来在此可能留下抗日力量，与此直接接壤的方面军，今后需要对之采取万全对策"。1940年5、6月间，日军发动的"晋南作战"，炮火已经迫近黄河。中共中央《关于时局趋向的指示》中也指出："现在日寇正准备向昆明、重庆、西安等地进攻。"彭德怀对日军将进攻西北深感不安，十分担心。如果日军侵占西安得逞，截断延安党中央与全国各地的联系，后果将不堪设想。尽早发起破袭战，对敌人进攻西安的企图和部署必将起到重大的牵制。另外，随着日军"囚笼政策"的推进，华北抗日根据地大片地区迅速变成游击区，到7月份，仅剩下太行山的平顺和晋西北的偏关两个县城。彭德怀面对这种严峻的局面，更加坚定了迅速发起一场大的破袭战的决心。

1940年7月，八路军前方总部已经从武乡县的王家峪迁回群峰环抱的砖壁。这里地势险要，只有村前土门哨口一条小道，盘旋而上。当地群众有"自古砖壁路一条，土门一把村难到"的民谣。八路军前方总部就设在东面依山，南、北、西三面临崖的一群庙宇里。虽然已经进入炎热的伏天,但山区的天气还十分凉爽。一天,彭德怀来到左权参谋长的卧室,再次谈起正太铁路的大破袭问题。彭德怀回顾了几个月来对破袭战的几次议论,分析了近期时局的发展,说道:"我看,最近日军占领宜昌以后,又狂轰重庆,这是在诱蒋的同时,又在逼蒋就范。另外,从种种迹象表明,日军有加快进军西北的意图。"左权接着说:"有关情报提供,敌人有'8月进攻西安','截断西北交通线'之说。在蒋介石的电报中,也有'敌在太原集中两师团之兵力,渐增强晋南,准备进攻洛潼'的言词。"

彭德怀用手一挥,果断地说:"为了打击敌人的企图,配合晋南及华中各友军作战,保卫大西北,挫败敌人妄图消灭我华北抗日根据地的阴谋,我看抓紧组织一次大规模的破袭战,已经不能再拖延了。"

左权说:"对,现在是该下决心的时候了。我想,除了原来酝酿的正太铁路破袭战以外,对平汉、同蒲等重要铁路和公路线也不要放过。这样,可以牵制敌人对正太铁路的增援,确保正太铁路大破袭的彻底胜利。"

彭德怀高兴地走到左权跟前,轻轻地拍着参谋长的肩膀,笑着说:"好,那就劳驾你再辛苦一趟了。你马上到担负破袭正太铁路主攻任务的第一二九师和晋察冀军区走一趟,把总部的作战腹案告诉他们,再次听听他们的意见。"

据一二九师参谋长李达回忆,7月中旬,左权来到一二九师师部驻地辽县(今左权县)桐峪,向刘伯承、邓小平等师部领导传达了彭德怀的意图和设想。刘、邓认为利用青纱帐的天时地利,正是作战时机,表示完全赞同,并当即叮嘱李达说:"打破敌人'囚笼政策',这一着棋太好了,彭总的设想很好。正式作战命令下达之前,一切战役准备工作,你们可以提前搞。"

左权在一二九师师部住了一宿,对战役的具体部署和李达参谋长进行了深入的交谈,左权在返回砖壁八路军前方总部以前,又听取了晋察冀军区聂荣臻等高级指挥员的意见。

彭德怀认真听取并采纳了各兵团领导的意见。现在,历经半年多的思考酝酿,大破袭战终于进入了实施阶段。彭德怀和左权都十分兴奋。但是,越是在激战前夜,作为最高指挥员的彭德怀越是镇静。他叮咛左权和作战科的同志说:"经过这几年的交通战,尽管我们取得了许多毁坏敌人道路、夺取敌人据点的经验,可敌人也搞了不少突击筑路、严密防御的花招。因此,大破袭这一仗,我们只有采取出敌不意的打法,才能达到我们设想的战役目的。"

五 道 命 令

7月中旬,左权在他那不大的办公室兼卧室里,开始制定作战方案。今天,我们来到武乡县太行山革命根据地纪念馆,望着那发黄的《百团大战战役部署略图》,仿佛又回到了当年彭、左共同部署、指挥百团大战的那个岁月。

在昏暗的煤油灯下,一连几个通宵,左权的眼睛熬红了。他的夫人刘志兰深知左权的脾气,他在工作的时候,是专心致志、"六亲不认"的。刘志兰只是默默地给他端上开水,便悄悄地抱着不满周岁的女儿离开,生怕打扰左权的工作。

7月21日,左权突然高兴地从夫人手中接过女儿,不住地在小脸上亲起来。刘志兰笑着说:"忙了几天,该休息一会儿啦。"左权说:"休息?咱们的小宝贝又快该去坐木箱啦。"原来,当时因为作战频繁,左权几乎终日在前线或作战科电台旁边,八路军前方总部又是敌人"扫荡"的目标,为了安全,武乡县王家峪的老乡专门钉了一只小木箱,环境一紧张,群众就把左权的女儿放在木箱里,端着往山上转移,这已经成为习惯了。刘志兰看着左权的表情,已预感到一场大的战役就要开始了。

7月22日凌晨,八路军总部以朱、彭的名义向聂荣臻、贺龙、关向应、刘伯承、邓小平发出了《战役预备命令》,并报中央军委。

《预备命令》强调,"我军应以积极的行动,在华北战场上开展较大胜利的战斗,破坏敌人进攻西北计划,创立显著的战绩,影响全国的抗战局势,兴奋抗战的军民,争取时局好转,这是目前严重的政治任务。"

《预备命令》规定此次战役的目的是"彻底破坏正太线若干要隘,消灭部分敌人,恢复若干重要名胜关隘据点,较长期截断该线交通"。同时,要求各兵团对其他各重要铁路线,特别是平汉、同蒲等铁路,"应同时组织有计划之总破袭,配合正太铁路战役之成功"。

《预备命令》要求直接参加正太铁路作战之总兵力,应不少于22个团,其他各铁路线配合作战的兵力,由各兵团自己决定。为保证这次战役行动的秘密,《预备命令》特别规定:"战役政治保障计划另告。在战斗发起前,严格保持秘密准备(未完成以前,战役企图只准告知旅级首长为止)。"

遵照八路军总部的《预备命令》,各参战部队立即进入临战状态。第一二九师在和顺县石拐镇设立了前线指挥所,邓小平政委亲自阐述破袭正太铁路的重要意义。他强调说:"我们对正太铁路破坏得越彻底,我们就越主动。这一仗必须打好,坚决粉碎敌人的'囚笼政策',巩固和扩大我们的抗日根据地。"晋察冀军区司令员聂荣臻立即指派副参谋长唐延杰前往四分区组织侦察,并亲自率领司令部南下,成立前线司令部。第一二〇师师长贺龙、政委关向应也对如何配合正太铁路破袭战,专门进行了研究部署。

经过半个多月的准备,各参战部队完成了地形、敌情的侦察,兵力的部署,爆炸破袭器材的准备以及对敌宣传品的印刷,兵站的建立,粮秣的筹集,民兵的组织等。参战军民提出了"不留一根铁轨,不留一根枕木,不留一座桥梁"的响亮口号,并进行了短期的破路训练。

8月8日,八路军总部继发出《侦察重点与注意事项》和《战役政治工作指示》之后,又下达了《战役行动命令》,同时发出了《破坏战术之一般指示》。《行动命令》对各部的战斗任务作了明确规定:晋察冀军区以主力10个团,破袭正太铁路阳泉(不含)至石家庄(含)段,重点为阳泉至娘子关段;第一二九师以8个团附总部炮兵团1个营,破袭正太铁路阳泉(含)至榆次(含)段,重点为阳泉至张净段,另以1个团之主力位于潞城、襄垣之间,阻击向正太铁路增援之敌;第一二〇师以4~6个团,负责破袭忻县以北之同蒲铁路和汾(阳)离(石)公路,以主要兵力置于阳曲南北地区,阻敌向正太铁路的增援。另外,再以1个团进入榆次南北地区,配合第一二九师作战;总部特务团集结于下良、西营地区待命。

《行动命令》还规定,凡参加战斗的各部,统由总部直接指挥,并重申,其他地区的有关铁路、公路,各兵团也要抽出足够之兵力进行破袭,相机收复某些据点,阻击可能向正太铁路增援的敌人。战役定于8月20日发起攻击。

谁也想象不到,八路军总部直接指挥、震撼中外的百团大战的作战命令,就是从这山峦起伏的山西省武乡县砖壁村的小庙里发出的。

2. 烽火绵延5000里

1940年8月20日,山西省武乡县砖壁八路军前方总部。

午后2时,太行山区的天气,真是风云多变。闷热的天空,一阵狂风之后,雷声大作,大雨倾盆而下。彭德怀、左权及参谋处作战科的同志来到总部会议室——万圣堂。这殿堂虽然年久失修,显得有些破旧,但那雕梁画栋、斗拱飞檐,仍依稀可见,不失古代建筑的风采。

彭德怀看大家都依次坐下以后说:"正太铁路破袭战,今天晚上全线开始。我们再议一议看还有什么问题没有?"

左权首先说:"今天上午,我们又与刘、邓、聂、贺、关各部进行了联系,再次强调总攻的时间定为晚10时整。据各部报告,所有参战部队都已经陆续向预定位置集结,一切行动都秘密进行,没有发现敌人方面有什么异常动向。"

彭德怀说:"好。请作战科的同志再电告各部,要他们一定注意气候变化,三晋地区的气候变幻莫测,部队要有各种准备。"左权接着说:"报务员要认真、仔细检修报务设备,保证战斗打响以后的通讯畅通。"

报务员小高、小于站起来,齐声答道:"首长放心,养兵千日,用兵一时嘛,这顺风耳可灵呢!请首长静候胜利的消息吧!"说着还调皮地做了个鬼脸,彭德怀、左权和在场的人都笑了。

晚饭以后,彭德怀还是习惯地来到庙中的一棵小榆树旁,端详一番。这还是一年以前,八路军前方总部刚从王家峪搬到砖壁村时,他从山上连泥捧回的一株榆树苗,如今已经长到膝盖那么高了。雨后的榆树,更显得青葱挺拔,生机盎然。彭德怀望着那围在四周的野玫瑰,不由想起有一次,朱老总看见他正浇榆树苗时,指着树苗笑着说:"这很好啊,等抗战胜利以后建设新中国,这株树就长成栋梁之材啦!"现在,朱老总已经回延安,要打好破袭正太铁路的重大战役,彭德怀深感个人肩上的担子更重了。

晚上8点多钟,彭德怀、左权都提前来到了参谋处作战科。10点钟以后,阵阵电话铃声、喊话声,划破了这寂静的山区夜空。听到一个个战况报告,彭德怀那紧锁的双眉舒展开来,他的心也好像飞到那硝烟弥漫的华北战场。

喜讯像雪片一样,铺天盖地地飞来。

——晋察冀军区第一军分区第三团猛袭井陉煤矿;第四军分区第五团突近天险娘子关。

——第一二九师第三八五旅、三八六旅、新编第十旅、决死队第一纵队,向正太铁路阳泉至榆次段展开全线破袭;新编第一旅袭击平汉铁路安阳县丰乐车站。

——第一二〇师三五八旅一部,破袭忻县县城至三交镇公路;山西新军整编第一师一部,进袭五寨县城。

……

绵延5000里的战场上,枪炮声响彻了华北大地。现在,让我们按照八路军总部发出的战报,去看看几个激烈的战斗场面吧!

奇袭娘子关

世称"天下第九关"的娘子关,地处山西、河北交界的咽喉。"京畿藩屏"4个大字镶嵌在关头的正中央。娘子关火车站紧靠绵山脚下,背靠温河,南临桃河,再向南望去,那高耸的望海楼就在山顶。娘子关地势险要,堪称雄关。

1937年10月,日军占领娘子关后,在国民党原来修筑的旧有工事上,又加修了4个堡垒。在附近的娘子关村、磨河滩村都加驻了一部分日伪军。

担任主攻娘子关至乱柳段任务的是晋察冀军区的第五团、第十九团。战士们分别在五团团长陈祖林和十九团团长李和辉、政委林接标的率领下,从东西两路潜入娘子关地区。战斗打响以后,五团战士首先突入娘子关村,解决了村里的伪军。外围扫清以后,开始向娘子关关隘发起攻击。关内驻防的日军,耳闻枪声四起,仓促应战。

午夜24时整,日军娘子关警备队队长池田龟市手下的一名中队长,率领日军20人乘摩托车从东面的地都村巡逻返回。他们在娘子关火车站下车,中队长宣布完注意事项,刚要准备解散的时候,突然遭到从西路过来的十九团的袭击。日军20名士兵,听到枪声,吓得急忙钻进车站候车室,企图凭借坚固的建筑固守。恰在这时，日军归国部队第一批800人乘坐的军车，驶抵娘子关车站。这些由炮兵、辎重兵、卫生兵组成的混合队伍，在炮兵大尉等4名军官的带领下，慌忙跳下火车。他们随身都没有携带武器，又都归国心切，哪有心思参战。只见黑压压地挤满站台，毫无战斗力。这时，主攻娘子关关头的五团战士，听到火车站的厮杀声，也转身集中火力向火车站射击。日军士兵虽多，但终难抵挡我军从东西两个方向的夹击，不是被击毙，就是夺路而逃。

五团和十九团的战士们，在解决了娘子关车站之敌后，再次集中火力，猛攻娘子关关隘。娘子关有东、南两座关隘，相距不到100米。两座关隘上的敌军相互呼应，依仗坚固的工事，负隅顽抗。

经过3个多小时的激战，五团战士从关隘的西北方向，沿着古长城脚陡峭的山路，攀崖而上。三连的突击班冒着敌人密集的火网，率先解决了敌人的碉堡。接着，两座关隘上的敌人堡垒都被摧毁。英勇的战士们高喊着"缴枪不杀"，登上了天险娘子关。东方天空鱼肚泛白的时候，红旗已高高飘扬在娘子关关头。受到日本侵略者3年压迫蹂躏的娘子关群众，看到八路军高举的红旗，激动得流下了热泪。

一直在前线指挥攻关战斗的晋察冀军区聂荣臻司令员，高兴地跟随战士们登上了娘子关。他站在被炸毁的碉堡上，用望远镜向西望去，那清澈的温河、桃河，那横跨河上的磨河滩大桥，都尽收眼底。这时，站在身边的唐延杰副参谋长，向司令员报告说："刚刚接到报告，磨河滩大桥经工兵和群众一夜破坏，桥身一端已经坠毁。"聂荣臻笑着说："这真是有人打狼，有人扒窝，够敌人受的了。"聂、唐2人转身向东方望去，红日已冉冉升起，随军记者看见远眺的聂司令员，抢拍了一帧他威武地站在娘子关上的珍贵照片。

娘子关战斗的胜利，保证了铁路破袭的实施。

我们翻阅当年八路军总部印发的近400份战报，在第3号战报中,对于娘子关战斗是这样记述的:"20日晚,我郭××部(即晋察冀军区第二军分区司令员郭天民)陈(即五团团长陈祖林)、林(即十九团政委林接标)两团进袭娘子关,连克附近碉堡数座,继续将娘子关的大部分房屋及周围要隘占领,并毁火车2列,破路40余里。娘子关西磨河滩及附近之敌亦被我击溃,歼敌共300余,残敌退守娘子关东南堡垒与房屋内,我正继续肃清残敌,缴获正在清查中。"

卢家庄之夜

就在晋察冀军区攻击娘子关的同时,按照八路军总部的命令,负责破袭正太铁路阳泉以西的第一二九师,也全线发起攻击。在八路军总部第1号战报中记述道:"20日晚,我陈旅(即三八六旅旅长兼太岳军区司令员陈赓)之谢团(即三八六旅十六团团长谢家庆)攻击卢家庄(寿阳以西),连克碉堡4座,守敌70余退守碉房,复被我围歼消灭殆尽。我完全占领卢家庄,缴获步枪53支、轻机枪2挺,生俘敌兵3名,卢家庄东西10里以内铁路桥梁完全被我破坏。"

指挥卢家庄战斗的十六团团长谢家庆,是一位精明果断的指挥员。战斗开始以前,他亲自带领营、连、排干部,化装后秘密地来到卢家庄地段侦察敌情。在紧靠火车站边的卢家庄村,他向乡亲们详细询问了车站附近的地貌、设施、日伪军驻防人员等。他还亲自潜入铁路边,查看地形,连多少铁轨、枕木都摸得一清二楚。

卢家庄村有50多户群众,村的南头是东西流向的潇河,平时流量不大,雨季则河水暴涨。村东是火车站,日军在周围修筑了4个碉堡,还构筑了外壕和铁丝网。驻守卢家庄的是日军原田大队的一个中队,计有日军40余人,伪军20余人。

谢家庆团长返回驻地后,立即召开会议,研究部署作战计划。他说:"这卢家庄四面环山,地势险要。战斗打响以后,破袭铁路的队伍必须跟上,尽快行动。尽管兄弟部队都分段展开破袭,但破坏铁路一定要迅速。我们破坏得越彻底,我们就越主动,战果就越大。"

谢家庆接着下达战斗命令说:"我们用5个连,外加配机关炮1门,负责主攻卢家庄;另外用2个连队加配工兵一部向西榆次方向游击,监视和牵制敌人,并主要负责这一段铁路桥梁的破坏;另一个连队向北游击警戒,保护侧翼;其余的4个连为预备队,待命行动。"

夜9点多钟,谢家庆亲自率领从北侧进攻的2个连队,经潇河前进。时值雨季,水流湍急,战士们为避免被河水冲倒,都手拉手地涉水过河。过去小河,便看见了敌人设在村北的碉堡的灯火。爆破组的战士,抱着炸药包,匍匐着向碉堡爬去。一声巨响,碉堡被炸开个大缺口,毫无察觉的敌军士兵,被突然从天而降的八路军吓得魂飞天外。哨兵已被我军击毙,还没有摸清大小头的碉堡里的敌人,都成了俘虏。卢家庄迅速被我军占领。谢家庆命令部队,立即组织火力,向东面的火车站进击。

从东南方向进攻卢家庄火车站的3个连队,沿着崎岖山道,很快靠近仅距500米的敌人的2个碉堡。这2座碉堡和村北的碉堡不同,它背靠高山为屏障,前临正太铁路。这里的战斗异常激烈。敌人企图仗着有利地形,据守顽抗,等待援军。他们哪里知晓,西面的卢家庄村已被我军占领,整个正太铁路此时也已经瘫痪。四连会讲几句日语的战士,向困守碉堡内的日军喊话,规劝他们放下武器。顽固的日军,继续抗击。四连战士克服恶劣的不利环境,连续组织爆破,激战1个多小时,终于从敌人手中夺回了这2座碉堡。残敌纷纷向火车站逃去。至此,卢家庄的4个敌人碉堡,全部被我军攻破,火车站的守敌已成瓮中之鳖。

临近午时12点,十六团的5个连队从东西两个方向,合力围攻火车站。困守在火车站的几十名日军,在中队长的指挥下,匆忙加固工事。他们把石头砌成的车站候车室的窗户，都用沙包堵起来，在储存弹药的仓库外面加岗加哨。但是，这一切都已无济于事。十六团5个连队的战士，像猛虎一样，朝火车站扑来。爆炸的手榴弹火光，几乎映红了半边天。

敌中队长判断，这次进击的八路军绝不是"土八路"、"游击队"。一会儿，敌人便招架不住了。为了保存实力，敌中队长率领残部向西边的卢家庄村奔去。谁料，卢家庄村早已被我军攻占，现在已经成为十六团前线指挥所了。

敌中队长等还没有进到村头，就遭到十六团战士的堵击。被打得晕头转向的中队长，不敢恋战，急忙叫喊着又退回车站。恰在此时，从东面进攻的连队战士，先头排已经冲入车站，两军相持，敌军毫无抵抗之力。敌人在混乱中节节败退，麇集在车站北面的几间房子里顽抗。房子虽然不高，但都是由巨石砌成，手榴弹很难奏效。

谢家庆团长见此情景，急忙命令采用火攻。战士们从敌军退走以后的卧室里，找来几床被褥，浇上汽油，点燃后向屋内投去。一时烟雾弥漫，熏得敌人喘不过气来。不得已又破门而逃，来到西北面的仓库里困守。

谢家庆团长见此情景，高兴地喊道：

"敌人钻到火药库里啦，三连长，快，快，对准仓库猛烈轰击。"

敌我双方相持不到10分钟，仓库内军火、汽油遇燃爆炸，房顶冲天而起。残敌变成了没头的苍蝇，到处乱撞，又向旁边的学校窜去。

夺取康家会

康家会在从静乐经忻县至太原的公路线上，敌人在这里设有汽车站、粮秣站，是日军独立混成第九旅团步兵第三十九大队守备的一个重要据点。

担负攻占康家会任务的是第一二〇师以张宗逊为旅长的三五八旅。

8月20日黄昏,三五八旅某团五连、六连战士,在团政治部副主任的率领下,爬过长满野草的荒山,来到土地堂村集结。这里距康家会只有15华里的路程。

团政治部副主任向大家作了战前动员。他说:"我高兴地告诉大家,今天晚上,咱们八路军要向盘踞在华北的日本侵略者发起大规模攻击,不是我们一个团、一个营的孤立行动,而是整个华北战场。我们主要是配合主攻正太铁路的兄弟部队行动。我们的任务是彻底摧毁康家会敌人据点,截断静乐公路。"

"我们已经摸清了敌人兵力,在静乐县城有两三百鬼子,最近的石河据点,只有几十个人。这场战斗我们是完全有把握取得胜利的。"

战士们听过指挥员的动员,个个摩拳擦掌,有的系鞋带,有的捆绑腿,有的磨刺刀。五连一排一班长周富贵高声喊道:"鬼子就是躲在铁壳里头,我们也能把它撬开抓出来!"说得大家都笑了。

一会儿,由熟悉地形的老乡当向导,带领2个连的战士,开始出发了。他们爬下山腰,向一条小沟走去。天慢慢黑下来了,又像是要下雨似的,十步以外的地方就什么也看不清了。

战士们把随身带的小壶等都捆绑好,避免发出撞击声,大家都屏住呼吸,连咳嗽都不敢出声。为防止掉队,大家一个扶着一个的肩膀朝前走。因为走出小沟,便到静乐公路上了。行进了半个多小时,大家看见前面像是有一条白色飘带,平铺在那里,这就是静乐公路了。再往前看,那隐隐烁烁的灯光,便是康家会。

按照战斗部署,五连战士向村子里摸去,负责解决村里的那座碉堡;六连的一部分战士攻击山坡上的敌人碉堡,另一部分战士绕道到村西头,以堵截敌人的去路。

五连一排长带领投弹班、刺刀班的20多名战士,跟着向导向村里街心穿插进去。刺刀班的战士都把刺刀插上,准备随时迎战敌人。刚刚走了半条街,碰上了敌人设置的铁丝网。一班长周富贵举起身上背的锄刀,连砍几下,立即闪出一条通道来。20多名战士迅速通过铁丝网,向前冲去。谁知刚刚前进了十来米又碰上了一道拦路铁丝网。周富贵连声骂道:"他妈的!我看你还有几道拦路虎!"说着,举起锄刀又砍下去。霎时间,只听四周铃声大作,震响了静静的夜空。这是敌人安装的防止跨越铁丝网的一种装置。

20多名战士都趴在地下。只听在不远的地方,日军用生硬的中国话喊道:

"什么人的干活?"

周富贵哪里顾及这些,连忙又用锄刀辟出一条路来,战士们默不作声,冲过了铁丝网。躲在西头一个小碉堡里的敌人,黑暗中见没有人答话,扳起机枪扫射起来。战士们也不还击,径直朝前面的大碉堡奔去。周富贵第一个接近碉堡,见并无敌人射击。他摸到碉堡的一道门前,向里面投了一颗手榴弹,仍不见动静。他爬进碉堡,划根火柴一看,里面空无一人。原来,狡猾的敌人在大碉堡的东侧又构筑一座小碉堡,隐蔽在房群之中,一般不容易发现。

五连长看到不远处敌人的射击孔,急忙命令战士躲进大碉堡内,一律不准还击。敌人射击一阵子,见没有人回击便停止射击,大胆地点起火柴,吸起烟来。日军小头目一面用手中的香烟在空中画着圈,一面洋洋得意地说道:"他们,八路游击队的,没有力量,占不久的,哈哈!"

这一切,躲在大碉堡里的20多名五连战士,都听得清清楚楚,大家都不做声,只等迂回到村西头的六连战友到来之后,合击歼灭这伙暂时得意忘形的敌人。

小碉堡西边的枪声响起来了。五连长高兴地说:"六连的战友已从村西边冲过来了。"他命令机枪手把机枪架在碉堡上,高声喊道:"同志们,打啊,我们和六连的战友们已经把敌人包围起来了。"

五连新战士小翟猛地抱起一捆柴火,冲到小碉堡前,把柴火堆起来,点起火来。趴在旁边房上的鬼子,受不了烟熏火燎,纷纷龟缩进小碉堡内顽抗。

营长率五连的战士也进了村里。他命令司号员吹起了冲锋号。冲在最前面的仍是一班长周富贵。周富贵和战友快接近小碉堡的时候,忽然闻到一股奇异的气味,顿时眼睛不住地流泪,睁不开了。不知是谁喊了一句:

"快,敌人放毒气了,快用毛巾捂住嘴。"

有经验的五连长高喊:

"同志们,不要怕,不要紧!这不是毒气,是敌人放的催泪弹,继续往前冲啊!"

周富贵第一个从东面爬上了小碉堡。他弯下身子,一连从射击孔向碉堡内投了几颗手榴弹。随着手榴弹的爆炸声,小碉堡里的枪声停了。

六连的战士也来到了碉堡门前,想要冲进碉堡。周富贵纵身从上面跳了下来,忙用手拦住说:

"不要急,等一等,看里面还有活的没有?"

说话间,从碉堡内又射出几发子弹来。周富贵接连又扔进2个手榴弹,里面不做声了。几个战士持枪冲进碉堡,还有一个活着的鬼子,拿起砖头向冲在前面的战士头上砸来,被战友发现,顺手把这家伙捆了起来。

战士们点亮了马灯,开始清理战利品。除了活捉的2名日军外,其余敌人都被歼灭了。地上堆满了大米、白面和油桶。康家会被我军攻占了。

天刚亮,距离康家会5里的砚湾口,又响起了激烈的枪声。闻讯从静乐县城增援之敌,又中了我军的埋伏。

关于康家会战斗的经过与战果,第一二〇师师长贺龙曾以酉电报八路军前方总部,电文称:

"我张旅(即张宗逊任旅长的三五八旅)哿(20日)晚攻击康家会(静乐东),激战至马(21日)晨,将敌全部歼灭。是晨,静乐敌千余、汽车20辆来援,被我击溃。此役共毙敌200余,缴获迫击炮2门、重机枪2挺、轻机枪23挺、步枪百余支、手枪10余支,毁汽车2辆,俘日兵10余名。现我仍在宁武与忻县西冯城与敌激战中。"

广袤平原破袭战

在破袭正太铁路的同时,八路军总部对贯穿华北地区的南北大动脉——平汉铁路的破袭,也十分重视。在研究制订作战方案时,彭德怀就深深感到,搞好对平汉铁路的破袭,一来可以对敌人的交通运输予以致命打击,二来也可以牵制、阻滞敌人的增援,确保正太铁路破袭战的彻底胜利。

按照八路军总部发布的《战役行动命令》,将石家庄以南的元氏为分水岭,元氏以北至卢沟桥段之平汉线,由晋察冀军区负责;元氏以南至河南安阳段的平汉线,由第一二九师负责。总部要求晋察冀军区和第一二九师都"分派足够部队宽正面地破坏袭击之,阻击可能向正太线增援之敌,相机收复某些据点"。

平原地区的铁路破袭,任务更加艰巨。这里既没有起伏的山峦作屏障,敌人的防御也十分严密。就拿邢台至内丘的60里的地段来说,敌人除在2个县城、3个火车站重点设防以外,在铁路的两旁还修筑大小据点13个,驻防日伪军1000余人。平均计算起来,每4里路就有碉堡1座,100米远就有1所哨棚。另外,在铁路两侧,敌人还胁迫老百姓,普遍挖掘7尺深的壕沟,都安装上铁丝网,并不准老百姓种植高秆作物。每天夜晚,敌人还从邻铁路的各村庄强派群众5人,沿铁路巡防,如果没有发现什么情况,也要拿着特制的木牌到碉堡里去报告"平安无事",由敌伪军加盖印鉴,才算交差。

担任邢台至内丘段破袭任务的是第一二九师某部特务团。他们遵照师部的命令，在沿路村庄群众的帮助下，完成了侦察敌情工作，与此同时，还依靠各村秘密党组织的帮助，把民兵和青壮年都组织起来，每10个人编为1组，由1名特务团战士带领，待破袭战打响以后，分组上铁路，或扒铁轨、抬枕木，或破坏铁路涵洞、桥梁等。

特务团团长根据敌情，决定首先强攻邢台火车站。邢台守敌约400人，分别驻防在县城和火车站等处。火车站的日军不足100人，城里有日伪军300多人。从邢台火车站向北约16里的路面，敌人没有设置据点，是一个空白区。特务团团长决定从火车站北面，由北向南，发起攻击。同时，部队还和火车站电务班工人取得联系，让他们配合这场破袭战。

8月20日晚，埋伏在铁路东侧的特务团战士，迅速向铁道靠拢。按照事先计划，以火车站的灯光熄灭为开始行动的信号。20时整，电务班值班人拉下电闸，顿时火车站一片黑暗。接着，枪声四起，特务团战士齐向火车站冲去。

火车站守敌的小队长，急忙抓起电话想与县城队部联系，他怎知道电话线路已被工人切断。无奈何，小队长便率领几十名日军士兵聚集在行李房，拉上铁门，企图固守待援。一连战士从北面突入车站，简直如入无人之境，很快包围了困守在行李房里的日军。激战半小时，日军小队长等全部被歼灭。龟缩在火车站南面碉堡里的敌人，也被特务团的战士分割包围，他们眼看着火车站丢失，也无法前进一步。

随着火车站被特务团占领，先行组织好的破路队，快速开始破路。他们拆掉铁轨，先扔到路边，再撬掉枕木，一根根堆积起来，把铁轨放在上面，倒上汽油，点燃起来。这样，依次向前推进，待到天快亮时，扒掉的枕木已燃成灰烬，那铁轨也烧得变形，有的已成为

"麻花"了。

冀察热地区,在冀察热辽挺进军萧克司令员的指挥下,平西军分区所部出击平绥线;平北军分区由冀察热绥地区向前伸展,延至北平(今北京市)近郊,直达西直门外,北平市民都可以听到枪炮声。

烽火在 5000 里华北大地上燃起,就连美国合众社 8 月 24 日发自北平的消息也称:"自华军部队在河北、山西开始大规模的进击后,北平附近之华军,亦实行响应,甚为活跃,北平人民大为震动,平津铁路昨已不通,闻蓟县已为华军克复。"

3. 鏖战狮垴山

我们从石家庄乘火车沿正太铁路西去,途经阳泉的时候,在左侧的高山上,可以看到一座冲向天穹、形似利刃的建筑,那就是百团大战纪念碑。

百团大战纪念碑耸立在距阳泉 4 公里的狮垴山上。碑上分别镌刻着徐向前、薄一波、彭真的题词:"参加百团大战的烈士们永垂不朽!""百团大战抗日战争中最光辉的一页,必将载诸史册永放光芒!""战绩辉煌,永垂史册!"

百团大战纪念碑建在狮垴山上,有它特殊深远的历史意义。当年鏖战 6 昼夜的狮垴山战斗,就在这里展开。这里记载着日本侵略者的残暴罪行和可悲下场,也埋葬着流尽最后一滴鲜血的中华健儿的英骨。

我们站在狮垴山山顶,阳泉市一览无余。我们再转身看那陡峭的山谷,黑黝黝地望不到底,真是万丈深渊。火车即便从前方驶过,也看不见车身,只能听到呼啸而过的机车的轰鸣。

历史把我们带到了火红的战斗岁月。

夜占狮垴山

阳泉地理位置重要，而且煤炭资源蕴藏丰富。日本侵略者占领华北以后，就将日军独立混成第四旅团部设在这里。为了掠夺资源财富，驻防日军除了武力胁迫广大矿工，不管死活地挖煤干活以外，一些日侨也陆续来到这里，或开设店铺，或雇工挖煤营利，阳泉日趋繁华。

8月20日晚，一阵小雨过后，阳泉的街上又热闹起来。歌舞厅、咖啡馆的霓虹灯，刺耳的音乐，加上醉眼朦胧、口中哼着歌曲的日军士兵，阳泉简直成了侵略者的世界。

日军炮兵中队长中岛来到酒吧间。士兵见是上司到来，都彬彬有礼地起立让位。中岛傲慢地坐下，端起酒杯说道："刚才，接到从石家庄独立混成第八旅团部打来的电话，说是他们那里，近来有'土八路游击队'活动，而且多在铁路沿线，要我们注意提高警觉，严加防范。我看，大家不必惊慌，咱们在阳泉已驻防、经营两年多了，不会遇到什么麻烦的。"说着，将酒一饮而尽。

酒吧间又喧闹起来，一会儿，一名士兵慌张地进来，说是有重要情况报告。中岛起身来到隔壁房间，那士兵报告说："刚接到西北大南沟福田少佐打来的紧急电话，他们发现有八路军在北垴、南山一带迂回，看样子正向狮垴山进发。"中岛听后，霎时脸色大变，急忙走出酒吧，乘车向火车站南侧的日军警备队队部驶去。

中岛走进独立步兵第十五大队大队长德江光中佐的办公室，看见他正在焦急地接电话。

"喂，你是狮垴山哨所吗？"

德江光接连呼喊，对方却无人回答。他摔下话筒，听着窗外越来越大的雨点声，冲着中岛说道："狮垴山哨所电话已经中断，看样子他们那里遇到麻烦了。"

中岛习惯地从上衣兜里取出怀表一看,已是夜晚10点半了。

八路军第一二九师师长刘伯承、政委邓小平对攻占狮垴山十分重视。在和顺县石拐镇召开的战前会议上,刘伯承指着地图说:"按照总部部署,我师主要担负阳泉至榆次段的正太路破袭任务。阳泉以东,就是聂荣臻司令员负责的地段。战斗打响以后,我们打好阳泉狮垴山这一仗,对兄弟部队也是个有力的支援。"

邓小平政委问担负攻击狮垴山任务的三八五旅旅长陈锡联道:"你们准备得怎么样?根据敌情分析,抢占狮垴山倒不会有多大问题,因为敌人在那里布置的兵力并不十分强。关键是抢占以后,坚守狮垴山将是一场恶战。我们控制了狮垴山,等于我们基本上掌握了阳泉东西铁路破袭的主动权,敌人一定会拼命反扑夺回这个制高点的。"

刘伯承接着说:"攻占狮垴山,贵在神速,黎明前必须抢占山头,给敌人以措手不及。"

陈锡联旅长说:"我们已命令七六九团和十四团,担任这次主攻任务。指战员的士气都很高。郑国仲、孔庆德两位团长都表示,决心打好我部破袭正太铁路的头一个硬仗。"

攻击狮垴山的战斗,是在隐蔽、迅猛突击中展开的。风雨中,各连战士在一二九师政治部主任卢仁灿和郑国仲、孔庆德团长的指挥下,冒雨在泥泞光滑的山石路上,向狮垴山攀登。防守狮垴山的敌人确实不多。因为哨所是在山上,人烟稀少,条件简陋。平时都是驻守阳泉城内的日军,轮流到山上执行防务的。这时,在雷声、雨声中,龟缩在哨所里的敌人,还分辨不清枪声来自哪个方向的时候,仓皇应战。几个企图顽抗的敌人被击毙,其余都当了俘虏。一营二连的几名战士,在闪电中,看着被俘的几名敌人被大雨淋得像泥人似的低头站在那里,戏笑着说:"这一下子,大大的'皇军',真成了大大的'黄军'了。"

正如一二九师刘、邓首先判断的那样,午夜刚过不久,英勇的七六九团、十四团健儿就占领了狮垴山主峰。各团立即对如何击退敌人反扑,进行了部署。一营负责防守王家峪、小铁炉沟一带;二营负责大铁炉岭、柴家沟的防御;三营作为预备队。同时,还派出二营第七、第八连和三营第十二连进至铁路以北及阳泉外围,乘敌人还没有发现的时候,主动打击敌人,以策应狮垴山的防御。

再说驻防阳泉的日伪军和日侨,雨声中只听到狮垴山方向有枪声,也不知发生了什么情况。中岛中队长本来打算率队向狮垴山方向支援的,可又听到报告说,铁路南北都有枪炮声,也不敢轻举妄动。他只好向第四旅团长片山省太郎报告,等待指示行动。片山旅团长也正在为情况不明而着急,便在电话中告诉中岛说:"这次共军行动,绝非是一般的小股骚扰。我已向北平报告,现又值大雨不停,你们暂时不必出击,待天明以后,再向狮垴山进发。"

拂晓之前,枪声渐渐稀疏。只有破路的工兵和民工,冒雨跃上铁路,开始实施破坏。

中岛丧命

21日拂晓。急促的电话铃声,惊醒了日军炮兵中队长中岛。电话是阳泉警备队德江光中佐打来的,他在电话中告诉中岛:"你不必惊慌,从获得的情报看,此次八路军行动,动作面很广,但兵力分散。现在,我们乘共军还未站稳脚跟的时候,立即夺回狮垴山。我已经派一个小队出发。天亮以后,你们注意街道巡逻、维护治安就是了。"

这时,几乎彻夜未眠的中岛,才稍稍松了口气。

凌晨5点40分,日军20余人向狮垴山发起第一次反攻。七六九团三营的战士早已乘夜挖好了工事,严阵以待。敌人先是以密集的炮火轰击,接着是步兵冲锋。三营战士深知这是敌人进攻的惯例,他们安全地躲在掩体里,不动声色地待敌人接近射击圈时,猛然枪声大作,敌人在泥泞中纷纷后退,仓皇逃窜。

听到第一次反攻失利的消息,德江光中佐大为震惊。他自忖夺回狮垴山并不像自己想象的那样简单,这是他任阳泉警备队长2年来,从未遇到的共军队伍。为了不受到旅团长片山中将的指责,德江光和中岛商量,从狮垴山的左侧再发起一次反攻。

中岛主动向警备队请战道:"我们炮兵中队昨夜就已经集结待命,对付土枪土炮的游击队,我还是有把握的。"

德江光摆摆手说:"我看暂时还不用你们。你们倒可以增配几门大炮,协助步兵冲锋。"

21日上午10时。日军从左侧第二次向狮垴山发起反攻。驻守阵地的十四团战士,听到兄弟部队凌晨已经打退了敌人反扑的消息,表示决不让敌人从自己的阵地上得到一点好处。敌人的炮火虽然比第一次轰击的时间加长,步兵也增加到80多人,但是还是战败而退。

在5个小时内的2次反攻均已失利,德江光中佐深深感到,如果再夺不回狮垴山,自己将无法向旅团部交代。这时,他又接到旅团长片山中将的电话,告诉他阳泉以东的娘子关已被八路军攻占,井陉新矿亦被突破。阳泉以西的卢家庄车站也被共军占领。最后,片山在电话中还告诉他,在这种形势下,夺回狮垴山就显得更为重要了。

德江光中佐听了以后,逐渐有些惊慌了。他急忙召集中岛等军官开会,研究部署第三次反攻狮垴山的战斗。

这一次,日军调集了150余人。在战术上,吸取前2次失败的教训,采取分进合击的打法。敌军一部从正面向狮垴山进攻,另一部则向西峪等地迂回,绕到狮垴山背后,企图使我军腹背受敌。

德江光中佐谈过作战方案以后,拱手向中岛中队长说道:"此次反击,事关重大。整个部署,我已向片山旅团长报告,并得应允。我打算请你率队100人,从山后实施突破。共军经过我军正面和侧面的两次进攻,他们一定会想到我们会重新组织力量进攻,也可能会考虑到我军会采取两面夹击的战术。所以,你率迂回部队一定要抢时间,早日到达后山。"

德江光中佐的话倒真是说对了。

三八五旅旅长陈锡联将军已经充分估计到敌人的动向,他和孔庆德、郑国仲团长决定,命令七六九团的第一、第三营和十四团的第三营,全部出动,以迎头痛击敌人的再次进攻,并提醒他们特别要警惕敌人从后山偷袭阵地。

午后3时,敌人开始了向狮垴山的第三次反扑。

大雨仍下个不停。

驻防在西峪的十四团三营战士,最先发现敌人向山背后迂回。营长立即向团指挥所报告。正在前沿指挥所的陈锡联旅长高兴地说:"好!完全没有出我们所料。让三营的战士不要急于反击,放敌人继续前进一段。我们把敌人置于三面包围之中后,再集中火力歼灭他。"

敌军率队从后山爬进的正是炮兵中队长中岛。他平时虽然骄横跋扈,盛气凌人,但打起仗来,却十分小心谨慎。他想这次采取的是迂回偷袭的战术,切记不要莽撞行事。从进入狮垴山地区,他总是先派几名便衣侦察,前去探路,然后才肯大队深入。中岛虽然狡黠,但适逢大雨,十四团的战士又隐蔽巧妙,直至100名日军处于我军三面夹击之中,枪声大作的时候,中岛才发现自己被包围了。

中岛命令部队立即分散,选择山石、大树,就地卧倒,仓促应战。子弹从三面射来,日军士兵惊恐地缩成一团。中岛声嘶力竭地大喊:"快快分散,选准目标,坚持抵抗。"

中岛的一举一动,被三营战士发现。一名战士举枪点射,子弹穿过中岛胸部,当即丧命。这时,日军士兵见中队长被击毙,乱纷纷地且战且退。泥水中,留下了中岛等40多具敌军尸体,其余狼狈逃去。

中岛之死,宣告敌人向狮垴山的第三次反击彻底失败了。在不到24小时的短暂时间内,七六九团和十四团的勇士们,强占和固守狮垴山,连续击退敌人的反扑,站稳了脚跟,保证了阳泉地区破袭铁路的胜利展开,受到了第一二九师刘伯承、邓小平首长的高度赞扬。

不屈的战士

日军阳泉警备队在3次反扑狮垴山失利之后,22日又纠集200余人,从燕子沟方向,依仗炮火掩护,再次发动攻击,同样又遭到惨败。

独立混成第四旅团长片山中将在连续攻夺狮垴山失利之后,每天如坐针毡,真是度日如年。他心里非常明白,狮垴山被共军占领一天,就意味着正太铁路的破坏增加一日,无论在军事上、经济上的损失都是巨大的。

8月23日,片山动员阳泉全部守军,再加上日侨中能够参加战斗的人员,准备再战狮垴山。他还专门和驻防石家庄的独立混成第八旅团联系,在电话中,他告诉旅团长水原义重少将说:"共军占领狮垴山已近4天,我部几次反击都未得手。今天,我已动员组织全部力量,共计800余人,再次攻夺狮垴山。为了确保此次战斗胜利,请你们增派飞机,轰炸共军阵地,以支援地面部队作战。"

狮垴山阵地又经历了一场战斗的洗礼。日军从四面出击,陆续占领了我军没有设防的小山头。面对超过前几次数倍的敌人,七六九团和十四团的战士们英勇无比,涌现出许多可歌可泣的英雄事迹。1940年11月30日的重庆《新华日报》上,以《我们并未失掉一条枪》为题,报道了随军记者采访的这次战斗的有关片断。在当时的历史条件下,报道中抹去了部队番号和指战员姓名。现在,我们按照参战部队的军史,如实补上,以寄托我们对这些英雄的哀思与怀念。

狮垴山的炮火,已猛烈地巨响了4天,左翼部队以极大的顽强性继续防守着。敌人集中了1100多人和20多门重炮,10数架重轰炸机,每天向我阵地实行残酷轰炸。

沿着狼峪的大山沟,××主力部队的×连(实为七六九团的预备队二营六连)正在向狮垴山急进。他们准备从敌人的左翼猛插过去,以迅雷不及掩耳的手段,切断敌之迂回线,使×团(实为十四团)的右翼可以自由地延伸……

整个的情况很难了解,据侦察员回来报告,前面山上发现敌人,约有四五十的样子。为了开辟增援的道路,连长决定冲过去。道路既险峻又泥泞。右边是峭壁千仞的高山,左边是深不可测的深渊,只有占领北面的高地,把前边山上的敌人压下去,才能及时赶到指定的地点。

副连长带一排,指导员带二排,连长带三排,向对面猛冲过去。

当第一排扑到半山腰时,敌人的子弹袭来。一排在副连长的紧紧掌握下,不开枪,斜刺里向侧掠过。当敌人惊愕的刹那间,机警地突过了敌人的阵地。

敌人的实数并不是那样少,左右侧,陡然涌现出500多敌兵,像钳子一样向二、三排合击,这两个排是陷入包围圈以内了。

队伍迅速展开的时候,三面的敌人都已接近了。两旁山上,猛然竖起了太阳旗。

"啊哈,缴枪的!"敌人呐喊着。所有的枪口都向着不到50米的凹地活动圈内瞄准。"我们缴过枪吗?同志们!"年轻的何文奎连长,左手撑起指挥旗,右手挥动着乌黑发光的驳壳枪。那枪里,不住地喷射着火花。他的眼睛紧紧瞪视着枪下的敌人,勇敢地从正面向敌人冲上去,80多个战士成了一股洪水,一齐喊着"不缴枪",同时也挺着身子冲上去。

弹雨从上面下来，8个战士倒下去。机枪的子弹穿过连长的胸部，但是伟大的力量让他挣扎起来。他举起了拳头，咬着牙喊了一句："我们弟兄没有缴过枪呀！冲！"便含笑摔在碧茵的草地上了。

队伍拉回来，弟兄们默默地从连长身边走过，留下一个伙伴搬动连长的尸体。

"啊哈，缴枪的！"从四面的山上发出野兽似的狂嗥。

二排长头上的血，流到脸上，染红了上衣，他终于将连长的驳壳枪和6条长枪拖了回来。

"我们缴过枪吗？"战士们从未想到把自己的枪，用自己的手送给敌人。

敌人只能用火力威胁，敌人干什么？用白刃解决战斗吗？我们战士们手中长长的尖锥形的刺刀，他们很早就领教过的了。

指导员的命令低声传了过去："攻占对面的高地！"让敌人看看我们健儿的顽强性吧！

84个声音汇成一声巨吼，向敌人冲去。

年轻的指导员右手的指挥旗挥向前去，一颗子弹穿过右臂，他将旗子递给左手，侧着身，更猛烈地挥动着旗子前进。第二颗子弹穿过左臂，英雄的血染红了周身，铁的意志使他把旗子交给牙齿，光辉的指挥旗衔在嘴上挥动。第三颗子弹又穿过了颚部，可是啊！伟大的血的身影并没有摔倒，他终于引领着怒潮般的队伍爬上了高地，就在拔去了太阳旗的地方，六连的队伍又集合起来。

"我们牺牲了连长和30个战士，但是我们并未失去一条枪！"

读完这篇战地通讯，使人激动万分。这只是狮垴山激战的一个场面，像六连连长何文奎、指导员唐顺兴这样英勇的战士何止成千上万!

就在狮垴山激战的第 4 天,亲临前线的三八五旅政治部主任卢仁灿肩部也负了伤。他吊着绷带,带伤指挥战斗,直至将敌人的进攻击退。

主动转移前的最后战斗

8 月 25 日,是狮垴山战斗白热化的一天。

连续 6 次的反攻失利,日军独立混成第四旅团长片山省太郎再也坐不住了。他气急败坏地当面训斥阳泉警备队队长德江光中佐说:

"狮垴山已经被共军占领 5 天了,你们的仗是怎么打的?你这个队长还想干不想干啦!"

德江光自知理亏,低下头来,只是不言语。

片山提高嗓门吼道:"今天,我再从独立第十一、第十二两个大队中,各抽一个中队增援攻打狮垴山。我已经向太原方面报告,请求增派飞机支援,如果再攻不下狮垴山,我看你怎么向司令部交代?"

德江光中佐立正报告说:"请旅团长相信,我德江光攻不下狮垴山主峰,绝不活着回阳泉警备队部。"

连续几天的阴雨,开始逐渐停下来。

敌人出动 100 余架次飞机,对狮垴山我军阵地进行轮番轰炸,地面上又以密集的炮火,向狮垴山射击。我们用"弹落如雨,土焦石焚"来描述当时的场面,丝毫也不过分。

防守在主峰左侧的七六九团三营战士,阵地被炸毁,有的战士被飞起的黄土碎石,埋在壕沟里。三班长小李从土里爬起来,睁开眼一看,战友们个个都成了土猴儿。平时爱说说笑笑的战士二虎,摸了摸眼睛,冲着班长说:"这狮垴山要是花果山就好了。你领咱到那水帘洞里一转,洗个凉水澡该多好啊!"

班长笑着说:"几天前,你还说那被雨水淋透的'皇军',成了'黄军',今天咱们倒也成了土猴儿啦!"

二虎说:"不,那不一样。敌人是败下阵来的落汤鸡,咱们可是占山为王的'齐天大圣'啊!"

战士们谈笑着,整理好衣服、武器,等待着上来的敌人。连长下达命令说:"各班战士都不要急于开枪,要注意节约子弹,等敌人爬到跟前时,再射击。"

战士们个个睁大眼睛,屏住呼吸,注视着面前匍匐向上爬来的敌人。突然,敌人停了下来。战士们正在纳闷的一刹那,敌人从左侧连续发射毒气弹,最前沿的战士顿时被呛得难以忍受,头晕目眩。新战士还没有经历过化学武器,一时不知如何是好。三班长高声大喊:"快用毛巾把嘴捂起来投掷手榴弹,驱散毒气!"

战士们急忙用随身带的毛巾,捂住嘴巴。可是,就在这一会儿工夫,敌人冲上了阵地,一场白刃战开始了。

一班长老李,老家在东北黑龙江哈尔滨市郊区。日本侵略者蹂躏了他的家乡,他的父母亲都惨死在敌人的刺刀之下。现在,他看见端着刺刀上来的敌人,怒火万丈,一连挑杀了3个鬼子。在班长老李的率领下,一班战士和敌人殊死拼杀,终于把冲上来的敌人压下去了,但是班长老李和5名战士却光荣牺牲了。

5天的狮垴山战斗是艰苦的。十四团的一个连队,在激烈的战斗中,只剩下了几名战士。但是,红旗仍然在阵地上飘扬。

日军阳泉警备队长德江光中佐并没有履行他的诺言,在抛下了50多具日军士兵的尸体以后,又兵败阳泉。

25日晚,三八五旅旅长陈锡联来到狮垴山前线阵地,在听取了孔庆德、郑国仲2位团长的汇报以后,对七六九团、十四团战士坚守狮垴山5昼夜的战斗给予了高度赞扬,他说:

"5天的战斗是异常激烈艰苦的。我要特别告诉同志们的是,大家用鲜血赢得的胜利,绝不是仅仅在狮垴山阵地上。就在你们浴血奋战的5天里,在兄弟部队的配合下,阳泉东西两端的铁路被彻底破坏了,铁轨被扒掉了,枕木被烧毁了,桥梁被炸断了,这是给敌人的致命打击。"

陈锡联接着说:"按照总部的部署和师部的命令,你们坚守狮垴山的任务已经完成。另外,我们据截获的情报,日军又在调遣部队,增援狮垴山。为此,我们决定,明日凌晨,你们从狮垴山主动转移,准备接受新的任务。"

接着,陈锡联和孔、郑2位团长具体研究了转移方案。

26日凌晨,狮垴山暂时一片沉静。七六九团战士悄悄地离开阵地,向西南方向转移。担任掩护转移任务的十四团三营战士,警惕地注视着前方。突然,敌人从西侧又发起攻击,由于我军正在秘密转移,日伪军并未遭到阻击,于是,敌人狂喊着占领了山顶的一座小庙。三营长望着奉命转移、正在行进中的兄弟部队,心想如果任凭敌人继续向前推进,必将对转移中的兄弟部队,造成巨大的威胁。自己作为担任掩护主力转移任务的指挥员深深感到个人责任的重大。他果断地决定,向山顶的小庙迅速出击,在我军未全部安全撤出狮垴山阵地以前,决不让敌人占领一寸土地。

登上狮垴山山顶小庙的日军,正在为5天来所企求的胜利欣喜若狂的时候,面对冲锋上来的十四团三营战士,慌忙应战。脚跟尚未站稳的日军,虽然拼命抵抗,但终不堪三营战士的猛烈攻击,掉头向山下逃去。二班长从庙前的桅杆上,扯去"太阳旗",迎着东方朝霞,升起了红旗。

26日上午,三营战士在兄弟部队全部安全转移之后,离开了鏖战6昼夜的狮垴山阵地。

今天,我们站在中共阳泉市委、市人民政府1987年7月,为纪念抗日战争爆发50周年,在狮垴山竖立的《狮垴山战斗纪略》碑前,那激荡人心的碑文的最后一段写道:

英雄的七六九团和指战员血染疆场,坚守阵地,保证了我一二九师对正太路西段的大破袭,使敌交通陷于瘫痪。为扩大战果,拔除铁路沿线据点,我军奉命于26日凌晨转移。至此,狮垴山战斗画上了句号。

4. 战火中的日本小姑娘

井陉煤矿位于石家庄西部太行山脉东麓的低山地带,周围群山环抱,蕴藏着丰富的煤炭资源,有"北方最良的煤田"的美誉。井陉煤矿东距石家庄约50公里,西靠娘子关,与山西接壤。

1937年10月11日,井陉矿区被日军占领。为了掠夺煤矿资源,日本侵略者对占领前由德国人经营的井陉矿和靠北洋军阀段祺瑞起家的正丰矿,最初实行军事管制,后又分别改矿名为"兴中公司井陉采矿所"、"兴中公司正丰采矿所"。1938年,日本侵略者又决定成立"北支开发会社"(即华北开发公司),作为掠夺华北工矿业的"国策公司"。

日本侵略者统治下的井陉煤矿,矿工不仅在政治上受尽欺凌压迫,在经济上饱尝剥削敲诈,在生产上毫无安全保障,恶性事故不断发生。1940年3月22日,井陉矿新井五段西北巷发生瓦斯大爆炸,死伤了800多名煤矿工人。3天以后,正丰矿又发生透水事故,100多名矿工被活活淹死井下。

挣扎在死亡线上的井陉煤矿工人,日夜盼望打倒日本帝国主义,誓死不当亡国奴,争取早日翻身解放。

1940年8月20日,在破袭正太铁路的大战中,八路军攻占了井陉煤矿,一扫侵略者的威风,煤矿工人扬眉吐气,露出了胜利的微笑。

破袭井陉煤矿的战斗是艰苦的,在涌现出许多令人敬仰的英雄的同时,也发生了一起激动人心的抢救、保护日本小姑娘的传世佳话。

司令员前线侦察

1940年8月初,在河北省阜平县一个普通的山村里,晋察冀军区司令员主持召开军区高级干部会议。

会议传达了八路军总部决定发起正太路破袭战的命令,并就如何贯彻进行了具体研究。刚刚从前线赶来的第一军分区司令员杨成武,特别兴奋。军区部署将参加这次破袭战的18个步兵团、1个骑兵团(又2个骑兵营)、3个炮兵连、1个工兵连和5个游击支队,分别组成左、右、中央3个主力纵队。杨成武作为中央纵队的总指挥,将担负破袭娘子关至微水段铁路及其两侧的任务,并以井陉煤矿为重点。这位能征善战的将军,最高兴的就是领受战斗任务,组织指挥打仗。

杨成武不等军区高级干部会议结束,就命令所属部队要在战前秘密侦察敌情,进行攻坚训练,准备爆破器材以及建立兵站,贮存粮秣,发动群众,准备打仗等。

军区干部会议一结束,吃过早饭,杨成武便和随行人员骑马离开阜平,沿着崎岖小道,直接向井陉方向奔驰。他们到达滹沱河北面西柏坡附近的一个小村子里,杨成武召集参战部队指挥员开会,就攻打井陉地区的战斗,作了具体部署。杨成武决定,破袭卢花岭至获鹿一线铁路的任务,交给第三军分区二团团长肖思明;把攻击北峪、马峪的任务交给冀中军区十六团团长盛治华;主攻井陉煤矿的任务由第一军分区三团团长邱蔚担任。

杨成武在下达各团任务的命令时,心里也有些嘀咕。现在已经是8月17日了,距离总攻的时间只有3天,而有的参战部队还在几百里地之外呀! 但是,他想了一想后,坚定地相信,铁打脚板的八路军战士,一定会按预定的时间,赶到指定位置的。

果然不出杨成武所料,8月20日白天,参战各部队都秘密到达自己的位置,有的部队则是以日行百里的速度开拔的。下午4时,杨成武带领的前方指挥所人员和3个团的领导干部,来到距离井陉煤矿只有十几华里的地方,一起察看井陉煤矿及其周围的地形。在这里,可以隐约望到那高高的烟囱和风车房,听到运煤列车的汽笛声。

杨成武用望远镜反复观察部队出击目标的位置。当他看到一切如常,判断敌人并未发现我们的行踪时,高兴地笑了。他告诉三团长邱蔚说:

"我们第一步长途奔袭是成功了。下一步战斗,我看就让一营攻打新矿,二营攻打老矿,三营打贾庄炮楼。"

邱蔚点点头,表示完全同意司令员的决定,并立即进行了布置。杨成武在各营传达战斗命令的时候,向邱蔚说:"现在离发起攻击,还有几个小时,我想到煤矿附近再看一看,以便选择好突破口。"

邱蔚和几位参谋都不同意,他们说:"前面距敌人太近,一旦暴露,撤退都困难。司令员,你别去了,让我们去吧。"

杨成武执意要去,邱蔚和团部的几个人无可奈何,只好找来几身便装。杨成武换上便衣就和团长邱蔚及几个侦察员,化装成当地老百姓,朝井陉煤矿方向走去。

天色已临近黄昏,杨成武一行顺利地走过一段路程,距离矿区越来越近了。为了不暴露目标,杨成武和侦察员们,在苍茫暮色中匍匐前进,一直爬到矿区边缘。他们屏住气,仔细地观察,连矿警走动换岗都看得一清二楚。

杨成武和邱蔚返回以后,心里感到更踏实了。杨成武说:"这次战斗事关重大,我看前方指挥所就设在离新矿二里地的那个小村子里吧!"

夜色全部笼罩矿区的时候,各营战士已经来到自己的阵地,等待发起攻击的战斗命令了。蓦地,矿区的电灯全亮了,昏暗的远方,显出星光点点。一营长赖庆尧清楚地知道,许多战士还没有看见过电灯,他轻声地传达一个口令:"喂,同志们,往下传,叫土包子,上来看看电灯。"命令传下,带来一串串笑语,几天急行军的疲劳,也随着消逝了。

突进井陉新矿

夜 10 时整,各参战部队向井陉矿区发起攻击。

隐蔽在东王舍村的一营四连战士迅速向新矿(现井陉煤矿一矿)出击。开始,战斗十分顺利,经过十来分钟的激战就攻下了敌人设置的第一座碉堡。

四连长命令各班,继续由西北往东攻击,面前又遇到了 2 个异常坚固的碉堡。2 个碉堡建筑在土山上,碉堡外是铁丝网和深沟。沟外还有一堵装有电网的高墙。战斗打响以后,敌人凭着坚固的设施,躲在碉堡里拼命向外射击。

看着敌人从碉堡内射出的火舌,四连长沉着地命令大个子战士刘金山说:

"冲上去!你把鬼子的电网和铁丝网,给我统统砍断!"

刘金山抽出背上那口锃亮的大锄刀,为了防止触电,又用两层破蓝球胆皮把手裹起来。一切准备停当以后,他对战友说:"我的手榴弹打完了,谁先让给我两个?等我破坏了电网和铁丝网,我就投掷手榴弹。只要手榴弹一响,你们请冲啦!"

刘金山说着把战友们递过来的手榴弹往腰里一掖,高举锄刀,利索地抓住梯子,爬上墙头,把电网砍断,敌人还没有完全反应过来的时候,他已经跳过壕沟,砍断铁丝网,把手榴弹扔了出去。恰巧在这时,他被敌人的子弹射中,倒在了地上。战友们望见碉堡里火光四起,怒吼着冲上前去,一举歼灭了碉堡内的守敌。

四连长走到刘金山跟前,轻轻地抚摸着他受伤的头部,只见刘金山含笑着说:"连长,我的两个手榴弹又打完了。"

现在该向敌人的最后一座碉堡——中心碉堡进攻了。这个碉堡里的敌人,不但比前面2座碉堡里的人多,而且墙壁厚,几排射孔都很小,还可以用活动铁板遮蔽。

这时,二班长命令战士小吴说:

"像刚才刘金山那样,把中心碉堡外的铁丝网砍断!"

小吴迅速背起一口锄刀,扑向铁丝网,手起刀落,铁丝网被砍开一道口子。可是,正当他越过铁丝网前进的时候,碉堡里射出的一排子弹,击中了他插在腰间的手榴弹,一刹那间,火光一闪,手榴弹爆炸了。

二班长"啊"了一声,迅速和几个战士冲上去营救,敌人一排子弹射过来,又倒下了几名战士。二班长拼尽全力,把负伤的小吴背了下来。

战友们看见小吴的腹部,被炸开了一个大洞,鲜血一直流着。脸色苍白的小吴说:"班长,同志们,你们不要管我,快把那个大碉堡拿下来!"说完便牺牲了。

一排的战士望着牺牲的战友,高喊着"为战友报仇!"又一次冲向碉堡,但又未能奏效。

敌人负隅顽抗。从侧面攻击中心碉堡的二排六班战士,打得只剩下了一个人。只见那个战士一面高喊着:"六班还有人在!"一面跳下战壕向前冲去。

东方已经泛白。杨成武司令员得知攻打中心碉堡的战斗十分艰苦,便命令三团长邱蔚,重新组织力量,集中兵力,坚决拿下这个最后据点。

听到团部要重新部署火力,三连连长沈万玉跑到营长赖庆尧面前,表示要参加攻打中心碉堡的战斗。三连的请求被批准了,其他参加攻击的连队也都向中心碉堡靠拢过来。

三连长沈万玉问战士们:

"你们怕不怕死？"

战士们齐声回答："不怕！"

沈万玉高声喊道："不怕死的就跟我来，敲掉那座碉堡！"

几个连队的火力一齐向碉堡射来。重新组织起来的爆破突击队，前仆后继地冲上去，终于把大碉堡炸开了一个缺口。接着，十几个英勇的战士跃到碉堡跟前，用枪封住碉堡的每一个射孔，敌人已是束手无策了。

战士们从缺口钻进碉堡，与敌人展开了肉搏，守敌全部被击毙。战士们在欢呼胜利的时候，突然发现，自己敬爱的连长沈万玉紧握驳壳枪，倒在了血泊里。

天已经大亮了。在歼灭了中心碉堡的守敌以后，三团完全占领了东王舍村新矿。接着，在煤矿工人的帮助下，对井陉新矿实施了大破坏。据1940年9月5日，八路军总部发表的公报称，该矿的所有机房均被破坏无遗，计"大绞车2台，水滤大发动机3台，水泵10台，炼钢炉15个，炼铁炉10个，风车5台，大机器18部，所有电器装置完全炸毁。烧毁机器油87000余斤，炸毁矿内房屋228间，炸毁矿内铁路6里，毁铁轨1600余条、枕木12000余根，铁桥4座"。

据被俘的日本工程师说，只此一矿，日本侵略者就损失1亿日元，即使再运来全套机械设备，也需半年以后才能复工。

战火中的日本小姑娘

我军攻占井陉新矿，引起敌人的疯狂反扑。日军从石家庄增派飞机，向井陉矿区轰炸，又增调炮兵部队，向新矿炮击。

晋察冀军区司令员聂荣臻来到了前线指挥所，由于破袭井陉煤矿战役的目的已经实现，他和杨成武等研究后，根据形势的发展，决定三团各连队迅速转移。这时，三团一营营长正率队向老矿进发，听到立即转移的命令，还有些想不通。但是，军令如山，只有按命令向东南撤退。

三营一连战士在行进到新矿火车站时,听到那仅有三间站房的浓烟滚滚的车站里面传来了哭泣声。原来,这个小小的火车站被日军炮火击中而起火,火焰已经升到了房顶。

二班长小于带领2个战士,冒着浓烟,纵身跳进房内。烟熏火燎,他们眼睛睁不开,气喘不过来。小于让2个战士用毛巾捂住嘴,顺着哭泣声摸去。在东墙角,他们发现了2个孩子偎依在一个大人身旁。小于喊道:"快,你们先把这大人和孩子背出房去。"2名战士一个背起大人,一个用双手抱着2个孩子,冲出了屋门。

小于顺着墙边,来回走了一遍。脚下突然碰到了什么,他弯下身子一看,原来是躺在地上的一名妇女。他用力推了几下,妇女一动也不动。小于用手放在妇女的脸部,试探她是否还有气,当他确认妇女已经死亡以后,才最后冲出了房门。

三营长来到燃烧着的车站门外,看见躺在地上的那个大人,头部和身上多处受伤,鲜血直流,急忙让卫生员给他包扎。再看站在他身边的那个女孩,大约有五六岁,怀里还抱着个婴儿,只是不停地哭泣。

一会儿,从井陉煤矿俘房的那个日本工程师来到这里,经他和那位小姑娘谈话,很快弄清了这大人和孩子的身份。受伤躺在地上的是车站副站长加滕清利,身边是他的2个女儿,孩子的妈妈已经被炸死了。

加滕清利经过抢救,眼睛慢慢睁开了。他望着身边的八路军战士,开始有些颤抖。后来,他又看见站在面前的井陉新矿工程师,便抬起那只好手,吃力地指着身边的2个孩子。因为伤重,他已经不会说话了,意思是拜托照顾一下孩子,便闭上眼睛死了。

战火中救出一对日本孤儿的消息,很快传到了杨成武司令员的耳朵里。乍一听到,杨成武顿时想起了自己终生难忘的一幕惨剧:一名日军中佐,当着中国婴儿母亲的面,竟一手将刚出生几天的婴儿举起,一手提着指挥刀,将无辜婴儿活活剁成肉块。这还不算,他还残忍地把碎块扔进磨盘里,命令士兵,在婴儿母亲的啼哭声中,把婴儿磨成了肉浆!

杨成武悲愤地想,日本法西斯分子残害了我国多少孩子啊!而现在面对的现实是,三团一营战士冒着生命危险,抢救出来的2个日本女孩,她们也是日本侵略者发动的非正义战争的牺牲品啊!

"请通知三团邱蔚团长,好好照顾那两个日本女孩,利用战斗间隙,把她们送到前线指挥所来。"杨成武像指挥战斗一样,下达了这样一道命令。

2个日本女孩被安全地送到了前线指挥所。据杨成武后来回忆说:"我一看,稍大的那个约五六岁,穿着一件又脏又破的小连衣裙,头发乌黑,圆圆的、漂亮的小脸蛋上挂着泪珠,一双大眼睛闪着惊惧不定的光,令人爱怜。小的那个,最多只有一岁,右肩胛受了轻伤,此时,她合着睫毛长长的眼睛,已经在战士怀里睡着了。她那又白又胖的小脸上,时不时地轻轻抽搐着。唉,可怜的娃娃,梦中也不得安宁。日本军阀的侵略行径,使他们本国的婴儿也在为战争流血啊!"

"我叫人给这两个日本小姑娘弄点吃的东西来,并给那个负伤的婴儿重新进行了包扎。"

稍事安顿以后,立即向晋察冀军区前线指挥部聂荣臻司令员进行汇报。聂荣臻在电话中连声说:

"很好,很好!三团战士做了一件很有意义的好事。你们要把孩子照顾好,你们那里距前线太近,等孩子吃饱以后,派人把她们送到我这里来。"

晋察冀军区前线指挥部驻在洪河漕村,距中央纵队指挥所不太远。不到半天工夫,三团战士便把2个女孩送到了聂荣臻身边。他看到2个女孩,先抱起那个受伤的婴儿,仔细看了看包扎好的伤口,表示十分满意,并特别叮嘱医生和警卫员说:

"你们到附近村子里看看,有没有正在喂奶的妇女,赶快给孩子喂喂奶。"

聂荣臻又拉住那个稍大点的小姑娘的手,开始,小姑娘还有点胆怯,聂司令员拿过警卫员刚洗干净的一个梨子,送到小姑娘手里,她才腼腆地笑了。

一会儿,按照司令员的吩咐,炊事员端来一盆热稀饭。聂荣臻把小姑娘抱在怀里,用小勺喂她,女孩慢慢显得不那么拘束了。

怎样处置这2个日本小姑娘呢?据聂荣臻后来回忆,当时的想法是,"孩子是无罪的,应该很好地安置她们。至于究竟怎么办,我考虑,或是由我把她们养起来,或是把她们送回去。我想,如果养起来,激烈的战争不知何时结束,边区的环境不仅艰苦,而且敌人扫荡频繁,部队经常转移,照顾两个小孩子,将有不少困难。再说,两个孤苦伶仃的孩子留在异国他乡,大的五六岁了,已经开始懂事,留下来她很可能会伤感的。她们失去了父母,只剩姐妹二人,不在本国的土地上,将来也会给她们造成痛苦。送回去,爸爸妈妈虽然死了,她们家里总还会有亲戚朋友可以照应吧,想来想去,我决定还是把她们送回去。"

聂荣臻为了把2个日本小姑娘经井陉安全地送到石家庄日本军方,周密地进行了安排。一方面,他让地方党组织找到一位可靠的老乡,准备一副挑子,把2个女孩放在筐里,一头挑一个,还专门在筐里放了许多食品、梨子;又亲笔给日本官兵写了一封信,晓之以理,诉之以情,申明大义。信的全文是:

日军军官长士兵诸君:

日阀横暴,侵我中华,战争延绵于兹四年矣。

中日两国人民死伤残废者不知凡几,辗转流离者,又不知凡几。此次惨痛事件,其责任应完全由日阀负之。

此次我军进击正太线,收复东王舍,带来日本弱女二人。

其母不幸死于炮火中,其父于矿井着火时受重伤,经我救治无效,不幸殒命。余此伶仃孤苦之幼女,一女仅五六龄,一女尚在襁褓中,彷徨无依,情殊可悯。经我收容抚育后,兹特着人送还,请转交其亲属抚养,幸勿使彼辈无辜孤女沦落异域,葬身沟壑而后已。

中日两国人民本无仇怨,不图日阀专政,逞其凶毒,内则横征暴敛,外则制造战争。致使日本人民起居不安,生活困难,背井离乡,触冒烽火,寡人之妻,孤人之子,独人父母。对于中国和平居民,则更肆行烧杀淫掠,惨无人道,死伤流亡,痛剧创深。此实中日两大民族空前之浩劫,日阀之万恶罪行也。

但中国人民决不以日本士兵及人民为仇敌,所以坚持抗战,誓死抗日者,迫于日阀侵略而自卫耳。而侵略中国亦非日本士兵及人民之志愿,亦不过为日阀胁从耳。为今之计,中日两国之士兵及人民应携起手来,立即反对与消灭此种罪恶战争,打倒日本军阀财阀,以争取两大民族真正的解放自由与幸福。否则中国人民固将更增艰苦,而君辈前途将亦不堪设想矣。

我八路军本国际主义之精神,至仁至义,有始有终,必当为中华民族之生存与人类之永久和平而奋斗到底,必当与野蛮横暴之日阀血战到底。深望君等幡然觉醒,与中国士兵人民齐心合力,共谋解放,则日本幸甚,中国亦幸甚。专此即颂

安好

聂荣臻

八月二十二日

当日午后,一位40多岁的农民,挑起2个女孩,怀揣聂荣臻司令员的信函,途经井陉,傍晚即到日军封锁区。他凭着机智和勇敢,安全通过,次日上午便和日军独立混成第八旅团之官兵接上头,顺利完成了任务。

谁也没有料到,井陉煤矿战斗中的这段插曲,在40年后竟奇

迹般地演衍出一段中日人民团结友谊的佳话。

元帅与美惠子

把2个日本小姑娘送走以后,聂荣臻司令员心里一直挂念着她们。不久,日本独立混成第八旅团部,在看到2个女孩和聂荣臻的信函以后,特复信聂荣臻,对八路军的人道主义表示衷心感谢。

岁月流逝,不管是战争年代,还是社会主义革命和建设时期,每当聂荣臻元帅想起这桩往事,总还是为那2个日本小姑娘是否安全回国而担心。

1980年,人民日报发表了姚远方《日本小姑娘,你在哪里?》的报道,再次提及这件感人肺腑的往事。文章在中国和日本引起了巨大反响。日本《读卖新闻》记者还按照报道提供的线索,经过认真地查找,终于在九州找到了那个大点的小姑娘。她名叫美惠子,和丈夫开一家小杂货铺营生。当年才5岁的女孩,如今已经是3个孩子的妈妈了。

《读卖新闻》等日本报刊详细登载了美惠子姊妹近乎传奇的故事,日本人民看后非常感动。许多参加过侵华战争的旧军人感慨地说:

"当年,我们参加了侵略中国的不义战争,而八路军却如此拯救日本小姑娘,并且惊动了聂荣臻元帅。我们要向中国人民道歉,要永世传颂八路军的人道主义精神。"

消息传到了已经80高龄的聂荣臻元帅耳边。元帅对那2位小姑娘还记忆犹新。连日来,日本人民,特别是一些参加过侵华战争的旧军人,纷纷致信给他,有的还寄上礼物,表示感谢和祝福。

不久,美惠子一家来到了中国。她到了那个朝思暮想的井陉煤矿和那个小小的火车站。她置身于矿工和老百姓之中,听到了许多有关她父母和自己童年的往事。她多次偎依在邻里老大娘的怀里,失声痛哭起来。

最使美惠子终生难忘的是聂荣臻元帅听说美惠子来到中国,专门安排接见了她。在一间朴素的接待室里,美惠子等候幸福时刻的到来。她此时的心情十分不平静,一来自己是一个日本孤女,会得到元帅接见这样的殊荣;二来是坐在这间普通房间的一般沙发上,感到中国真是了不起,身为10亿人口大国的元帅,居室条件还这样简单平常,这是其他任何国家所难以比拟的。

聂帅在询问了美惠子一家的情况后,说道:

"我记得,那年你还有一个妹妹,现在情况怎么样了?"

美惠子回答说:"承蒙恩帅的关照,那年我和妹妹都平安到了石家庄。妹妹病情严重,在石家庄医院住了不久,便死了。"

聂帅听到这里,沉默了一会,又问美惠子:

"你到底叫什么名字呀?我记忆中,那时你说是叫什么'兴子',这是怎么回事?"

美惠子对聂帅的惊人记忆,由衷地敬佩。她急忙回答说:

"后来我才知道,当时您问我叫什么名字,由于我年幼,又加上害怕,我就说了句'兴子'。其实,'兴子'的发音和'死了'的发音十分相似,我是不知道怎么回答,只知道说'妈妈死了'。翻译就由此认为我叫'兴子'了。"

聂帅听着,连连点头。从当年紧跟自己寸步不离的日本小姑娘,到今年已是3个孩子母亲的美惠子,给他留下了很好的印象。

美惠子忙从提包内取出一盒干贝,虔诚地双手拱送给聂帅,说道:"这是我来中国以前,北海道的渔民专门托我带来,献给您老人家的,同时也表示对中国人民的祝福。"

美惠子接着说,自己来中国以前,许多当年参加过正太路作战的日本旧军人再三表示,他们对不起中国人民,非常抱歉。

听到这些,聂帅拉住美惠子的手,深有感情地说:

"让我们化干戈为玉帛吧,日本民族是勤劳智慧的民族,愿中日两国人民世世代代友好下去,永不兵戎相见。"

会见以后,聂荣臻元帅在自己撰写的回忆录中,意味深长地写下了这样几句话:

今天的美惠子,纯朴善良,给我留下了很好的印象。没有料到,百团大战中这个小小的"插曲",40年后,竟成了中日人民友好的佳话。

5. 举国欢腾庆初捷

以正太铁路为主要战场的交通破袭战,轰动了全国,震惊了日本军事当局。

短短的几天,晋察冀军区所部攻占了娘子关,破坏了井陉煤矿;第一二九师连续取得卢家庄、狮垴山、桑掌、铁炉沟等战斗的胜利。正太铁路基本为我军控制,铁路、桥梁、隧道遭到大规模破坏,正太铁路的交通运输陷于瘫痪;第一二〇师先后攻克了北龙泉、康家会、阳方口等日军据点多处,切断了同蒲铁路北段和忻(县)静(乐)、汾(阳)离(石)、太(平)汾(阳)等公路;冀南军民破袭了平汉铁路元氏至安阳段;冀中、察东军民除破袭本地区的部分交通外,还一度袭入唐山市,攻占部分据点;太岳军区破袭了白晋铁路和同蒲铁路南段。

正太铁路的破袭战使日本侵华当局十分惊恐。在日本华北方面军向陆军省的报告中的有关"遭受损害的恢复情况"的栏目内,他们也不得不承认:

石太铁路破坏极为严重,规模之大无法形容,敌人采取爆炸、焚烧、破坏等方法,企图对桥梁、轨道、通信网、火车站设施等重要性技术性设备,予以彻底摧毁。在进行破坏时,隐蔽伪装得十分巧妙。

其实，从开始动用 22 个团的兵力，发起以破袭正太铁路为中心的战斗，发展到有 105 个团参战的百团大战，彭德怀副总司令和左权参谋长也是没有完全料及的。绵延 5000 里和 40 余万人参加的百团大战，正是顺应民心、同仇敌忾、抗击日本侵略者的具体体现，是一曲中华民族不甘屈辱、抗击外侮的爱国主义凯歌。

百团大战的命名

8 月 21 日，正太铁路破袭战已经进行了整整一天。一直守候在砖壁八路军总部作战室的彭德怀、左权，看到从各地传来的一份份捷报，心情无比激动。彭德怀告诉左权说："你一定要在明日中午以前，将正太路全线和其他各路所有参战部队的兵力和战斗情况，设法弄清，以便尽快向中共中央军委和国民政府军事委员会报告。"

左权心里十分清楚，彭总所以提出及时向中央军委报告，是他一贯遵守组织纪律的表现，至于要向国民政府当局报告，则是在国共第二次合作形成以来，他重视统一战线，注重和友军关系。

22 日午饭以后，彭德怀、左权来到总部司令部作战室，彭德怀问道：

"这次我军实际参战的部队有多少？"

作战科科长汇报说：

"截止到昨夜 12 时的统计，计正太路 30 个团，平汉线卢沟桥至邯郸段 15 个团，同蒲线大同至洪洞段 12 个团，津浦线天津至德州段 4 个团……共计 105 个团。"

左权笑着补充说："按参战部队归属统计，计晋察冀军区 39 个团，第一二〇师 20 个团，第一二九师 44 个团，总部 2 个团，这真是百团大战啊！"

左权转身对作战科的同志说：

"实际参战人数，你们尽快再核对一下。"

彭德怀接着说："我看不管一百多少个团参战，干脆就把这个战役叫做百团大战好了。我们总部原来设想参战的部队，只有22个团，现在实际参战部队超过了100个团，这说明了什么呢？"

彭德怀坚定地、豪迈地自己回答道：

"这正说明大举破袭正太铁路的决策，完全符合中共中央克服困难，克服投降危险，争取时局好转的指示精神，反映了我军广大指战员和华北人民抗日情绪高涨，强烈要求沉重打击日本侵略者的共同愿望。"

当天下午，从砖壁八路军前方总部向延安和重庆发出了2份电报。电报中第一次使用了"百团大战"的名称。发给中共中央军委的电报，和往常一样，由彭德怀、左权署名：

聂、贺、关、刘、邓并报军委：

正太战役我使用兵力约百个团，于20日晚开始战斗。序战胜利已经取得。这次战役定名为"百团大战"。这是华北抗战以来，积极主动大规模向敌进攻之空前战役，应加紧扩大宣传。此间除有专电发重庆转蒋（介石）、何（参谋总长何应钦）、陈（政治部部长陈诚）、徐（军令部部长徐永昌），发西安转办公厅，并发延安外，每日还有战况及论文广播，希注意接收，以便统一扩大宣传。

彭、左养午

发给蒋介石的电报，是以第十八集团军总司令朱德、副总司令彭德怀的名义，先发到当时驻重庆的第十八集团军参谋长叶剑英处，然后再由叶剑英转送的。电文如下：

委员长蒋钧鉴：

（一）奉委座迭次电称，敌在太原集中两师团之兵力，渐增强晋南，准备进攻潼洛；又据职部各兵团迭次报称：关外之敌向关内增加，津浦及冀中、冀南敌陆续南移，向陇海东段集中，似有进攻潼洛、犯我西北、断我西北国际交通线之企图。（二）

为打击敌人的企图，配合晋南及华中各友军作战，保卫西北，打破敌消灭华北抗日根据地、实行这一政策的毒计，职部决心以组织百团兵力，对正太线进行大规模的进攻战，限期截断该线，彻底毁灭铁路交通及主要公路线，进行大规模的破坏，截断其交通，以彻底粉碎敌寇进犯西北之企图，争取整个战局之好转。百团大战已经历一月余之准备，但恐电报机密不密，恐有泄漏，故未早报，特此申明……大战已于8月20号20时开始，战斗序战胜利，已全部取得正太全线交通截断，大战正在发展中，战况请见战报。请分电各战区、各友军部队，抑制当前之敌，以利大战之进展。

谨电奉闻。

职朱德、彭德怀养

从此，"百团大战"迅速传遍全国。8月23日，《新华日报》（华北版）以专版刊登了第十八集团军总司令部参谋处提供的华北交通总攻击战第一号《捷报》。

8月30日，延安出版的中共中央机关报《新中华报》，在头版显著位置发表了《八路军展开百团精兵大战》的消息，公布了第一批《百团大战要报》。

听到百团大战序战的伟大胜利，延安沸腾了，华北沸腾了，中华大地沸腾了。

延 安 祝 捷

革命圣地延安，是作为中国抗日战争中流砥柱的中国共产党领导机关所在地。

中共中央高度评价了百团大战的胜利。9月10日，中共中央在向全党发出的《关于时局趋势的指示》中指出，"我党50万大军积极行动于敌后（尤其是此次华北百团大战役），则给了日寇以沉重的打击，给了全国人民以无穷的希望。"中共中央北方局和八路军总部联合发出电报，要求把9月10日至17日定为百团大战宣传周，"在华北各地进行普遍的统一的庆祝活动"。

连日来，延安人民奔走相告，争相传阅《新中华报》上刊载的《百团大战要报》，大街小巷贴满了庆祝百团大战胜利的彩色标语。歌咏队、秧歌队涌上街头，尽情地唱啊，跳啊，全城沉浸在一片欢腾之中。

9月20日，延安各界人民举行的纪念"九一八"九周年暨庆祝"百团大战"胜利大会，把祝捷活动推向了高潮。

大会会场设在青年体育场。大会主席台前悬挂着领导指挥百团大战的朱德总司令、彭德怀副总司令、贺龙师长、聂荣臻司令员、刘伯承师长等的画像。东西两侧分别挂着《百团大战形势图》和《百团大战战绩初步统计表》。为悼念在百团大战中牺牲的将士，台前摆满了花圈，四周还张贴了许多悼念烈士的挽联。其中，吴玉章的挽联写的是："八路光荣思猛士，百团大战振人心"；陕甘宁边区党委的挽幛是："百团大战开创抗日新成绩，万众振奋追念烈士有余哀。"

下午5时，庆祝大会隆重开始。中共中央、中共中央西北局、陕甘宁边区政府的领导同志亲临出席。参加大会的有延安各机关的工作人员，大中小学师生，各工厂、商店的工人、店员，民众自卫军和市民、郊区农民共2万余人。

大会首先通过主席团成员名单，他们之中有毛泽东、朱德、洛甫、王稼祥、陈云、任弼时、邓发、董必武、吴玉章、茅盾、陈宏谋等。接着，陕甘宁边区政府副主席高自立致开幕词。他在讲话中概述了召开这次大会的三点意义，即是纪念"九一八"东三省沦陷9周年、庆祝八路军百团大战的胜利和追悼及慰问百团大战中阵亡和光荣负伤的战士。

高自立兴奋地说："百团大战是抗战以来，相持阶段中第一次的更大规模的反'扫荡'战役进攻，我们谨向八路军致热烈的慰问，向领导百团大战的蒋委员长、毛泽东同志、朱彭正副总司令致崇高的敬礼！"

高自立请八路军政治部主任王稼祥讲话。

王稼祥论述了抗战3年来的形势后说，在抗战进入了空前困难的第四个年头，八路军以百团雄兵，向敌人作主动的积极的战役反攻，破坏敌人的交通，拔除敌人的据点，消灭敌人的有生力量，获得很大的胜利。

王稼祥从两个方面评价百团大战的伟大意义说，其一是"对敌后抗战来说，我们反攻了敌人，收复了失地，振奋了华北的人民，使青天白日满地红的国旗插在已经沦亡了的国土上！我们摧毁了敌人的据点，扩大了我们的根据地，锻炼了八路军"。其二是"对全国抗战的影响来说，日寇正企图早日结束中日战争，实行南进政策，目前正准备大举进攻我大后方。百团大战的胜利，打击了日寇的侵略企图，打击了我国某些人士的悲观失望情绪，大大振奋了全国人民，使大家知道抗战胜利是有把握的"！

王稼祥讲话刚刚结束，会场上突然一片喧哗，原来，人们发现朱德总司令到会场来了。大家都热烈地鼓起掌来。不知是谁带头喊道：

"请朱总司令讲话！"

于是，"欢迎朱总司令讲话"的喊声，席卷整个会场。人们自动地让出一条通道来，请朱总司令登上主席台。

主持大会的高自立副主席用手示意，让鼓掌欢呼的人群平息下来，宣布请朱总司令讲话。

朱总司令还是穿着那身灰布军装，扎着绑腿，微笑着说道："我刚去鄜县回来。昨天在鄜县的文庙，由鄜（县）甘（泉）警备区举行的万人庆祝百团大战胜利大会上，我已经讲了话。今天回到延安，看到这激动人心的热烈场面，我就再讲几句吧！"

朱德着重讲述了百团大战第一阶段的经过和战绩。他说：

"这次大战,还没有包括八路军的全部,山东方面的部队还没有参加,参加的只是在晋察冀绥的八路军和决死队,一共105个团。这次进攻的主要目标是正太、同蒲、平汉、津浦4条铁路和许多公路。8月20日夜间8点钟,这105个团一起向敌人出击。这样整齐的步伐,在八路军也还算是第一次。各地方都打起来了,敌人还不知道,弄得惊慌失措。这说明我们的军事技术还相当高,105个团运动着,敌人一点也不察觉。这次的战役反攻,获得成绩最大的是正太路,正太路差不多完全给我们破坏了。尤其是井陉煤矿,被我们彻底毁坏了,敌人损失奇重,全部说来,敌人至少要损失数千万元。破坏了的铁路至少要等两个月,甚至半年之后才能修筑起来。"

朱总司令讲话以后,全场爆发出暴风雨般的掌声。

刚到延安不久的国民政府军事委员会派驻第一二〇师的联络参谋陈宏谋先生,看到这激动人心的场面,也登台讲话。他首先对自己被选为大会主席团成员,表示衷心的感谢,接着,他感慨地说:

"八路军自民国二十六年(1937年)从陕甘宁边区开赴前方以来,参加了山西保卫战,配合了徐州会战、武汉会战,坚持了敌后的反'扫荡'战;留守部队胜利地完成了河防战、治安战,这都是由于朱彭正副总司令的正确指挥,同志们的艰苦奋斗,广大人民的热烈拥护,才能打这样的胜仗。开首就来一个平型关大捷,此后收复失地,创建抗日根据地,发动群众在华北牵制了敌人很大的兵力;现在又来一个百团大战。百团大战的初步结果已是伟大的,如正太路不能通车,井陉煤矿彻底破坏,百团大战还要继续扩大战果,求得更大的胜利。"

陈宏谋先生特别强调:"目前,应当加强团结,改善国共关系,集中力量,克服困难,就一定能驱逐日寇,还我河山。"他最后激动地高喊:"我站在军事委员会的立场,向延安党政军民各界领袖及同志致敬!"

庆祝大会在一致通过了《致国民政府军事委员会电》、《致朱彭总副司令电》和《致东北抗日联军电》三份通电后,胜利结束。

沸腾的大后方

百团大战初战告捷的消息,对由于国民党当局妥协与投降而导致的人心惶惶的大后方人民,是极大的鼓舞,对国民党当局是一个极大的震动。

当时,朱德总司令还兼任第二战区副司令长官,百团大战的《战报》,都以第十八集团军朱德、彭德怀正副总司令的名义,通过驻在重庆的第十八集团军参谋长叶剑英转呈国民政府当局。

8月23日,朱彭正副总司令继向蒋介石电告百团大战战况后,又向国民政府军事委员会呈报一份《百团大战战役部署略图》。军令部在收到这一份《略图》以后,经过与日本军方广播的消息,对照核实,确认无误,遂提出审核意见,并报参谋总长何应钦。审核意见称:

据敌8月24日播音宣称:我军破坏京汉及正太铁道,计被破坏铁桥10处,铁路10余处;又据朱、彭总副司令梗电报告,乏驴岭至地都段铁路及隧道、桥梁、碉堡、电线,悉被我破坏,并占领井陉煤矿,所有矿井机器全部炸毁。两相对照,均属相符,拟复勉并将实施情形通令各战区参考。当否乞示。

面对八路军在辽阔的华北大地上,向日军进击的胜利,何应钦只好在军令部的呈文上,批了个"可"字。

蒋介石在看到报告以后,也发出嘉奖电称:

朱副司令长官、彭副司令:

迭电均悉。贵部窥此时机,断然出击,切断华北交通,予敌甚大打击,特电嘉奖。除电饬其他各战区积极出击,以策应贵部作战外,仍希速饬所部,积极行动,勿予敌喘息机会,彻底断绝其交通为要。

百团大战的胜利,使国民党各战区的爱国将领,受到极大鼓舞。他们纷纷致电,表示祝贺。

8月25日,第一战区司令长官卫立煌最早致电朱德副司令长官。电称:"查敌寇陆续增兵,企图'扫荡'华北,截断我西北国际交通,兄等抽调劲旅,给以当头痛击,粉碎其阴谋毒计,至深佩慰!除已饬各部迅速动作,配合贵部作战,完成兄等歼敌大计外,特电奉复。"8月28日,卫立煌再次致电朱德总司令称:"贵部发动百团大战,不唯予敌寇以致命之打击,且予友军以精神上之鼓舞。"

在大后方的重庆,尽管国民党新闻当局竭力阻挠、限制有关百团大战的真实情况报道,就连驻重庆的《新华日报》,他们也规定凡在报纸上出现"百团大战"、"八路军"和"第十八集团军"等字样,一律改为"××大战"、"×路军"和"××集团军"等,但是,中华民族同仇敌忾、抗击外侮的心是连在一起的,出现了许多后方人民支援、慰劳百团大战将士的感人事迹。

9月6日,《大公报》发表社评《瞻望北方胜利》,热烈欢呼道:"北方在打胜仗,这将是秋季会战的前奏;北方在打胜仗,这将是大河黑水的儿女打回老家的先驱!我们站在抗战司令台(重庆)上,遥瞻故乡的胜利,这胜利与各战场的胜利汇合,将使疲战的敌军根本溃灭!"

9月9日,重庆《新华日报》首次在第二、三版刊登了邸华的长篇报道《百团大战在华北》,引起极大轰动。

9月12日,《力报》发表社评《学习华北胜利的光荣模范》,文章最后高呼,"让我们用全线出击,响应华北的胜利,粉碎敌寇的新攻势。"

9月19日,《新华日报》发表了题为《华北百团大战的历史意义》的社论。社论中公开披露了朱德、彭德怀正副总司令和参战的八路军将士,对重庆人民连续遭到日军轰炸的关切和慰问,电文中说:"我军在蒋委员长领导之下,为粉碎敌寇新的进攻,集中大军开始向正太、平汉、同蒲等路大举进攻……(朱)德等谨代表敝军全体将士向重庆全市同胞慰问,并以现正进行之大战胜利,贡献于重庆全市被难同胞之前,以报复敌之残暴兽行,而为被难同胞雪恨。"重庆人民读到这感人肺腑的言语,对浴血奋战在华北地区的八路军将士更加敬佩,纷纷主动捐款、捐物,慰劳前方将士。

《新华日报》每日都要收到全国各地的捐款和慰问电。今天,我们重读《新华日报》上的部分报道、读者来信,仍情深感人,催人泪下。如"华北百团大战出击,捷报频传,全国共奋。桂各界纷纷捐款慰劳×路军,渝汽车公司职员捐送血汗钱";

"华北大捷激励前线战士,百团大战兴奋后方同胞";

"工人纷纷捐款,慰问八路军。百团大战坚定抗战必胜信心,工人生活虽苦不忘民族利益";

"东北工人捐款,慰劳×路军。百团胜利实慰九年愁肠,东北逃难工人不忘故土";

"慰华北百团大战将士,谁把日本强盗赶走,谁就是好兄弟"。

一批捐款工友在慰问信中说:"中国旧的长城是一天一天地坍塌下去了,可是新的长城,却由你们的血肉建立起来了。这座新的长城,不但成为华北的屏障,而且像坦克车一样,勇猛地向前奔驰着,在不久的将来,他将把我们的敌人——日寇,驱逐到鸭绿江的那边去!"

一位四川成都的读者在来信中说:"最近,成都市关于抗战团结诸问题的谣言,流传很甚。无知市民竟有不察谣言来源,轻易信任,或为之散布者。在这时候,××集团军大规模向敌进攻,迭克要地。捷报传来,足以兴奋全国同胞,鼓励全国军人,对坚持抗战不啻一兴奋剂,而对敌伪谣言攻击,投降妥协分子阴谋活动,以及那些对抗战前途抱悲观情绪者,正是一当头棒喝。我所兴奋万分而致流下热泪者,那原因就此。"

一位职员在来信中说:"将士衣着单薄,装备不足,杀敌致果,亦正有待全国同胞所协力支持者。现在谨将我低微薪给下所省国币3元，作为我个人慰劳××集团军全体将士缝制寒衣之用，并致慰问之意。"

扩大战果建新功

百团大战打响以后，由于是华北全线出击，在突然猛烈的攻击下，正太铁路沿线日军一连几日联络中断，情况不明，完全陷入被动混乱之中。但是，随着逐步查明情况以后，日军华北方面军便紧急调遣部队，进行疯狂反扑。

在正太铁路东段，日军抽调5000余人，增至石家庄、娘子关及其以北地区，配合独立混成第八旅团向晋察冀军区部队反击；敌人在正太铁路西段，也抽调第三十六师、第三十七师、第四十一师团各一部，配合独立混成第四、第九旅团，向第一二九师反扑。日军企图从东西两方，合围我军，重新打通正太铁路。

彭德怀、左权针对敌情的变化，对我军的战斗部署也作了相应调整。基本原则是晋察冀军区和第一二九师各留部分步兵团，坚持在正太路东西段打游击，主力则分别转入正太路南北地区，在运动中寻机歼灭敌人有生力量。

9月2日，日军8000余人合击正太铁路南侧安丰、马坊地区的第一二九师。形势十分严峻。这时，第一二九师师部就在卷峪沟，正是敌军进攻的目标。在刘伯承、邓小平的指挥下，第一二九师以4个团的兵力英勇抗击敌人。为了掩护师部领导机关安全转移，三八六旅参谋长周希汉率第十六团和第三十八团占领了羊儿岭，并在这里坚守15个小时，毙敌300多人，使进击的敌人寸步未前，直至胜利完成掩护任务后，按照刘、邓首长的命令，才转移到南圪墶一带集结待命。

进击的敌人并不死心。9月5日，日军第三十六师团之永野大队500余人，由太谷进犯榆社双峰镇。骄横的日军怎么也没有想到,永野大队的孤军突入在军事上是绝对切忌的。刘伯承师长抓住这个有利战机,命令三八六旅陈赓旅长率七七二团和决死一纵队二十五团,由北向南围歼该敌。同时,又命令刚刚结束卷峪沟激战的三八六旅参谋长周希汉,火速率十六团、二十八团由南向北夹击该敌。9月6日,陈赓所部将敌包围在榆社双峰地区。日军永野大队困兽犹斗,企图凭借优势火力,依托山地顽抗,以待增援。陈赓指挥各团指战员,几经冲锋,将敌压缩在一个狭小的小高地和河沟内。入夜,我军发挥夜袭的特长,从南、北两个方向进击,与敌短兵相接,兵刃相见,彻夜激战,至27日拂晓,日军无力抵抗,除少数逃窜以外,大队长永野中佐以下400多人被我歼灭。与此同时,活动在正太铁路东段的晋察冀军区第三团和第四军分区特务营等部,再度袭击了娘子关和井陉煤矿,有力地牵制了敌人。

9月14日,八路军总司令部和野战政治部发出百团大战第一阶段总结,就自8月20日至9月10日的20天内战绩,分项进行公布,计毙伤日军4385名、伪军1800名,缴获步马枪1770支、手枪530支、轻机枪10挺、其他军用物资无数;破坏铁路625里、公路1530里、桥梁78座、火车站19所,炸毁隧道8处、碉堡67座、煤矿2个,收电线480600斤,毁电杆121610根等。

我军在百团大战第一阶段作战中,由于战役部署周密,准备工作充分,严格保守了军事机密,部队行动迅速,取得了重大胜利。就在延安军民庆祝百团大战胜利的前后,彭德怀正在酝酿部署即将开始的第二阶段的战斗。

6. 红旗插上榆社城

9月初,武乡县砖壁八路军前方总部。

彭德怀来到左权的办公室，一起议论刚刚收到的第一二九师战况报告。彭德怀高兴地说："陈赓不愧是一员虎将，双峰这一仗打得真漂亮，一举歼灭日军400余人，应该给他们记上一功！"

左权说："这也说明，总部对形势的估计和调整部署的决策是完全正确的。"

彭德怀接着说："我看，我军对正太铁路的破袭，已经捅到了敌人的痛处。敌人必将调集兵力施行报复，向我进击。下一步战斗将是更为艰苦了。"

左权说："为了消灭敌人，下一步战役的重点，是否可以考虑放在歼灭交通线两侧及深入到根据地的敌人。"

彭德怀思考一会儿说："是的，现在，我们是该将主力跳出正太路的圈子，在南北两侧，开辟战场，必要的时候还可以夺取他几个县城。"

于是，彭、左一致同意，以总部的名义在9月10日宣布百团大战第一阶段结束。同时，积极制订第二阶段战役部署。彭德怀又叮嘱左权说："各参战部队已经打了半个多月的仗了，在第二阶段战斗开始以前，应适当休整，你马上电告聂、贺、关、刘、邓，请他们自行安排一下。"

嘉奖与9.16命令

和顺县石拐镇第一二九师前线指挥所。

刘伯承师长、邓小平政委、李达参谋长、政治部主任蔡树藩等正在开会。李达汇报说：

"刚才接到总部左权参谋长来电，转达彭总的意见，说是正太路破袭战斗基本结束，拟准备开始第二阶段战斗。各部可利用这段时间，总结前段战况，并适当休整一下。"

刘伯承问道：

"总部对第二阶段的打法，有什么部署没有？"

"左参谋长说,初步考虑我部的任务是,摧毁平辽公路,相机夺取和顺、辽县等县城。具体作战命令,尚正在拟定中。"李达回答说。

邓小平政委接着说:

"百团大战的序战胜利,是各部队指战员英勇奋战取得的。我们在休整总结期间,对有功人员正好进行一次表彰奖励,以激励下阶段战斗取得更大的胜利。具体办法,请政治部蔡树藩主任提个初步意见。"

蔡树藩说:"我们政治部初步议了一下,关于奖励对象,这次奖励主要是营级及其以下军政干部和战士,至于团以上的有功干部由师部拟定。奖励采取物质和荣誉奖励相结合。物质奖励为一等奖衣服一套,布鞋一双,毛巾一条;二等奖为衣服一套,毛巾一条;三等奖为布鞋一双。"

听到这里,刘伯承师长感慨地说:

"我们这些奖品和英雄们对中华民族的贡献,简直不成比例。就拿三八五旅七六五团在8月31日攻打落摩寺那一仗,激战5个多小时,我军仅以牺牲7人、10多人负伤的代价就歼敌50余人,缴获山炮1门、轻重机枪3挺、步枪20多支。这样的战斗堪称模范战斗,我看奖励他们一个金元宝,也不算多嘛!"停了一下,刘伯承又补充说:

"对了,奖励一定不要忘记伤员,凡是重伤的统统按一等奖,轻伤员都按二等奖奖励。"

邓小平政委意味深长地说:

"将来,打败了日本侵略者,人民的国家建立起来,让我们的子孙后代,再看看他们父辈当年是怎样浴血奋战的,是怎样对待荣誉问题的,还真是有意义的喽。"

刘伯承师长说:"物质奖励就这样定吧,荣誉奖励一定要搞好。我想,一是所有奖状都由师部制发;二是师部印制百团大战纪念册,以团为单位,全体得奖人员合影一张,获一等奖人员合影一张。这些照片统由各旅负责送交师部,都列入百团大战纪念册。"邓小平补充说:"各团的政治机关一定要负责将获奖人员的真实功劳事迹,作出书面记述,一并汇交师部,以便列入百团大战纪念册。"

为了严肃认真地对待这次嘉奖活动,决定以师长刘伯承、政委邓小平、参谋长李达、政治部主任蔡树藩、副主任黄镇的名义,于9月6日下达了《一二九师关于百团大战给奖问题的命令》。

9月16日,八路军总部以朱德、彭德怀、左权的名义,发出了《百团大战第二阶段作战命令》。《命令》对各参战部队规定了具体战斗任务,其中"作战部署"的第四条为:"一二九师以收复榆社、辽县(今左权县)之目的,开展辽榆地区斗争,并以有力一部不断破袭白晋路北段。"

接到总部的命令以后,第一二九师召开了总结百团大战第一阶段战果和第二阶段战役动员大会。师部决定在9月23日晚11时,发起榆(社)辽(县)战役,并就具体任务进行了部署。

在双峰战斗以后,一直患眼疾的三八六旅参谋长周希汉,在刘、邓首长的关心下,一直住医院治疗。他听说百团大战第二阶段战斗即将开始,再也住不下去了。他瞒着刘、邓首长和医务人员,提前回到了旅部所在地——榆社以南的宋家庄。陈赓旅长看见周希汉,高兴地拍着他的肩膀说:"你回来得正好,现在榆辽战役就要开始了。"

周希汉笑着说:

"我在医院躺了十几天,那日子可真难熬啊。我就是眼睛红肿,看东西有点吃力。可是我能吃能喝,浑身都是劲。我晚上做梦还想着打日本鬼子呢!"

陈赓关切地问:

"你的眼睛,现在情况怎么样了?"

"视力没有一点问题,你那腮帮上的胡子,连几根都看得清清楚楚。"周希汉说着,和陈赓捧腹大笑起来。

接着,不等周希汉休息,2位战友便开始研究起攻打榆社的具体部署来。陈赓介绍情况说:

"从榆社到辽县的公路段上,敌人共设有榆社、沿壁、管头、石匣等7个村镇据点,均由独立混成第四旅团的池边大队驻守。他们对防守这条楔入我根据地的公路段是下了大本钱的。所有据点都修筑了坚固的碉堡工事,配备了较强的武器和兵力,关卡重重,戒备森严。遵照刘、邓首长的命令,我旅和决死一纵队共4个团组成左集团,负责攻取榆社城、沿壁、王景三个据点;以三八五旅并指挥二十三团为右集团,攻取管头、红崖头等据点,并派一部扼守辽县以西之狼牙山,阻击辽县可能西援之敌;另以新十旅分布在和(顺)辽(县)线上,破路袭敌,牵制并阻止昔阳、和顺可能增援之敌,进行配合作战。"

周希汉高兴地说:"这第二阶段战役又是一场硬仗啊!"

陈赓说:"你没有回来以前,我有个初步想法,准备以三十八团攻取王景据点,二十五团攻占沿壁据点,七七二团和十六团攻取榆社县城。现在,你回来了,看看有什么想法。如果你同意,咱俩各带一路,你指挥打榆社县城,我直接指挥攻打王景、沿壁两个据点。"

周希汉向来佩服陈赓旅长的指挥艺术,什么也没有提,只是说了句:"战斗马上就要打响了,我得马上和七七二团、十六团取得联系啊。"

两攻榆社城

9月22日上午。

周希汉参谋长首先听取了七七二团团长郭国言、十六团团长查玉升关于榆社城敌情的介绍。

榆社城是榆辽公路上敌人侵入太行抗日根据地的最前沿据

点。守敌为日军藤本中队,敌军除分遣一部分驻沿壁、王景2据点以外,驻守榆社的日军有220余人,伪军60余人;配备有山炮2门、曲射炮1门、重机枪2挺、轻机枪6挺、掷弹筒4个。城内及四郊都设有明碉暗堡,火网密布,粮食、弹药贮备充足。

周希汉是个急性子,听了以后说道:"耳听是虚,眼见为实。我们现在就到榆社城附近看一看。"

周希汉和2位团长及侦察员都换上便衣,乔装农民,有的背着粪筐拾粪,有的拿着镰刀割草,分别环绕榆社城郊进行侦察。为了稳妥起见,抗日政府还和城内的伪维持会取得联络,他们表面上应付日伪政权,暗地里却和我抗日政府有关系。周希汉等人经过侦察,亲眼看到榆社城的地形设施,易守难攻:城北门没有城关,分散着一些小沟和坟堆,没有什么障碍物,进攻部队不便隐蔽;城东门是通往辽县的公路,敌人筑有2座碉堡防守;南门外挖有战壕,并在城墙外的一个小高地上,建了一个哨所;西门城关较大,而且居民房屋距离城墙较近,便于部队隐蔽,四关相比之下,西门城关对攻城部队稍为有利。

周希汉根据现场观察,经报请陈赓旅长同意,把攻城重点放在西关,决定七七二团1个营附山炮1门,主攻西关西南角,2个连攻击城南敌哨所,并派1个连伏击敌人退路,1个营为预备队;命十六团1个营附机关炮1门,攻击西关西北角,分散日军火力,同时派1个营在北门佯攻,并派1个连用火力封锁东门外的敌人碉堡,以配合七七二团攻占西关。

23日晚11时,在第一二九师师部的统一号令下,榆辽战役打响了。各作战部队向攻击目标同时发起冲锋。

三八六旅及归其指挥的决死一纵队2个团向榆社、沿壁、王景3个据点按时发起了进攻。周希汉参谋长在率七七二团、十六团向榆社县城的前进途中,因为个别连队纪律不严,隐蔽不够,在行动中有声响,个别村庄的夜狗狂叫起来。犬吠声惊动了敌人,引起了敌人的注意。敌军加强戒备,以密集的火力,封锁了我军的进攻路线。

七七二团和十六团的战士,有的按时到达了攻击地区,但因地形不利,未能发动攻击;有的虽然发起了进攻,因敌人已有防范,虽经终夜激战,但进展缓慢,仅占领了西关靠城墙脚下的几排房子,并使我军造成一定伤亡。在这种情况下,周希汉立即命令各团暂缓前进,就地修筑工事,以小部队坚守,主力暂时隐蔽,待令再攻。

24日拂晓。

周希汉不顾一夜激战的疲劳,及时和2位团长总结了首战失利的经验教训,主要是攻城行动过早暴露,引起了敌人的警觉;同时,我军组织得不好,火力比较分散,没有控制住敌人。会后,周希汉冒着敌人炮火,利用各种地形、地物,匍匐着摸到敌人前沿阵地,认真、仔细观察了敌人明暗火力点的位置和碉堡的射孔排列,并据此重新组织火力,且规定了严格的攻击纪律。

为了确保进攻胜利,周希汉又同七七二团、十六团的团长和政委,深入连队,检查了我军的火力布置。他们高兴地发现,2个团的战士对第一次攻击的失败,都认真进行了总结反思。为了准确射击,战士们把敌人的火力点、射击孔都编了号,对号排列我军的火力;炮兵把炮抬到离西门50米的一座楼上,直接对准敌城门楼火力点;轻重机枪和特等射手的射击位置,都选到距离敌人枪眼、射孔最近的地方,保证做到弹无虚发,枪枪射准目标。

在九连的阵地上,周希汉问战士们:"坚决攻下榆社城,你们有决心没有?"战士们高呼:"有!"周希汉说:"好,你们抓紧做好战前准备,下午4时30分,发起第二次进攻!"

第二次强攻打响以后,由于布置严密,分工明确,各种武器一齐开火,子弹向敌人横扫过去。猛烈的进攻,压得敌人招架不住,几乎无力反击。正在这时,4架敌机"嗡、嗡"飞过来,低空轰炸扫射,同时,聚集在各据点的敌人,狗急跳墙,大量施放毒气,企图阻击我军进攻。

但是，这一切都已经无济于事。突击队的战士们，在我方密集火力的掩护下，一鼓作气，架起云梯，身披用水渗透的棉被，攀上城关，突入4丈多高的母堡，把敌人的防御阵地撕开一个口子后，又向两侧扩展。终于，我军攻克敌核心阵地西北角和西关的碉堡，并胜利占领了西关。

这时，天已临近傍晚。为了巩固已占阵地，给夜间再攻做好准备，周希汉命令各团暂停进攻，构筑工事，防敌反扑。借助晚霞的余晖，周希汉登上西关城楼，进一步仔细观察了城内敌情。龟缩在城里的敌人，以榆社中学为核心构筑了大小11个碉堡，形成互相支援的交叉火力网。除了中间唯一的一条路与东门相通外，其他都是沟壕环绕、边沿阻绝、高低不等的地坎，低则10米，高的达35米。

周希汉清楚地知道，要攻破如此坚固的核心据点，确实不仅需要精密的火力组织，而且要有高昂的斗志和不怕牺牲的精神。他利用午夜发起第三次攻击的前夕，召开了各团连以上干部会。他在会上说：

"榆社中学的敌核心据点，是抢占榆社城的关键。我们必须充分估计可能遇到的各种困难，接受前两次战斗的经验教训，特别是要克服轻敌麻痹的情绪，坚决拔掉最后这个钉子。"

将军星夜进榆社

王景、沿壁是在榆社县西公路上的敌人的2个据点。攻取王景据点的是决死一纵队三十八团，决死一纵队二十五团担任攻击沿壁据点的任务。

23日，三八六旅旅长陈赓同三十八团团长蔡爱卿率各连战士，隐蔽来到王景村外集结。据侦察，敌人在王景村筑碉堡1座，原来守敌30多名，近日又增派40多人。防御工事坚固，碉堡外设有外壕、铁丝网。武器配备精良,计有迫击炮、掷弹筒、轻重机枪等。

蔡爱卿团长感到能在战功卓绝的陈赓旅长直接指挥下进行战斗,内心既兴奋又踏实。战斗打响之前,他向旅长汇报说:"我准备用一个营的兵力,首先发起攻击,主力部队暂时在王景西南地区待命,以后视战况发展再做处置。"

陈赓笑着说:"好啊,你这位决死队的团长,仗打得越来越活了嘛!只有六七十名鬼子,咱们一个营的力量足够对付他们啦。"

是夜11时30分,三十八团向王景发起第一次攻击。担任主攻任务的十连连长,从各排精选出智勇双全的8名优秀战士组成突击队。黑夜中,他们以敏捷的动作迅速砍断铁丝网,逼近敌交通壕。敌人发觉以后,仓促应战后退守碉堡内。这时,因后续部队未能及时跟上,30多名敌人又向碉堡外我突击队反冲锋,突击队勇士勇猛射击,接着,第九连、第十连赶到,虽歼敌数人,但未能攻下碉堡。天已经发亮,营长只得留下少数兵力监视敌人,命令各连退至王景村休整。

陈赓旅长、蔡爱卿团长来到战士中间。陈赓鼓励大家说:"突击队打得不错,真是一路冲杀,开出一条血路。困兽犹斗,敌人冲出碉堡反扑,两军相持,也是兵家常事。大家要认真总结经验教训,以利再战。"

蔡爱卿说:"陈旅长是在给我们以鼓励。我看,我们再进攻时,突破口可以再多几个,让敌人来个难以招架。也可以来个虚虚实实,给敌人来个迷魂阵。"说得战士们都笑了。

24日黄昏,发起第二次攻击。第十连、第十一连从碉堡东面西面佯攻吸引敌人,第九连沿正面进攻。由17名战士组成的突击队,在连长王长有的带领下,用锄刀砍断铁丝网,飞速越过60多米的开阔地,与敌人展开白刃格斗。敌人招架不住,复退至碉堡内顽抗。

冲在最前面的副班长杜福林,眼疾手快,乘敌人在混乱中向碉堡里钻的时候,将一枚燃烧弹投入碉堡,霎时,熊熊烈火从碉堡底部直蹿而上。除4名守敌乘火苗刚起时跳出碉堡被突击队员生俘以外,其余60余名敌人,不是被击毙,就是葬身火海。

站在王景村头临时指挥所内的陈赓旅长,火光中看到九连突击队员,将红旗高高摇摆,高兴地向蔡爱卿说,:"这个碉堡端得好,打得干净利索。我一定向总部报告,九连应受到嘉奖。"后来,百团大战结束时,八路军总部对王景战斗传令嘉奖,并授予三十八团九连锦旗一面。

陈赓正在和蔡爱卿研究抓紧清理战场的时候,又接到沿壁据点被攻取的报告。担任攻占沿壁据点的决死一纵队二十五团,由于敌人已经发现我军意图,有所戒备,所以,当第一连越过铁丝网、壕沟,接近碉堡的时候,敌人突然施放毒气,一连战士大部中毒,首次强攻暂时受挫。次日凌晨6时,再次发起攻击,激战2小时,连续强攻7次,守敌终于难支,除少数几名残敌逃脱外,其余10余名均被击毙。

陈赓考虑王景、沿壁据点的攻克,必将会给进攻榆社城的七七二团、十六团以极大的鼓舞,于是决定星夜赶到榆社城,把这2个战场的胜利消息带过去。

陈赓和警卫员到达榆社前沿阵地的时候,已是晚上10点多钟了。这时,周希汉和各团团长、政委正在开会,研究组织第三次攻击核心碉堡部署。周希汉见陈赓旅长到来,先请他向大家讲话。陈赓笑着说:

"我刚从王景那边过来,人家决死一纵队三十八团、二十五团,已经攻占了王景、沿壁,三十八团毙敌60余人,生俘4名,打得非常漂亮。他们说要向八路军老大哥学习,你们打不下榆社怎么办?"周希汉和在场的团长、政委都说:"没问题,我们一定能攻下榆社。"陈赓说:"好!那就看你们的喽!"

23时30分,第三次强攻开始了。友邻部队的胜利,激励着战士们,冲锋号声中,炮弹像长了眼睛似的颗颗击中敌人的工事,轻重机枪、步枪子弹把敌人碉堡射击孔周围,打成了马蜂窝,一排排手榴弹炸得敌人抬不起头。接着,突击队战士们背着锄刀,跃出战壕,一鼓作气冲了上去。十六团五连一排长,连破5道铁丝网,为冲锋部队开辟了道路。另一批战士抬着用几个梯子接起来的云梯,登上了30米高的峭壁,迅速突破了敌人阵地,攻占了碉堡群。

残敌退到榆社中学里,在4架飞机的掩护下,依托着一个高大的碉堡和围墙,一次又一次地大量施放毒气,负隅顽抗。处在下风的攻击部队战士中了毒,就连在指挥所里的陈赓旅长也中了毒。一个个感到头晕眼花、咳嗽、流泪、流鼻涕,非常难受。毒气影响了部队的继续攻击,周希汉参谋长当机立断,命令部队暂时停止进攻,擦脸、洗手进行消毒。为了陈赓旅长的安全,同志们要他到后方指挥所去。陈赓拒绝说:"我要看到你们打下榆社才走!"

红旗插上榆社城

2天来,七七二团和十六团的战士,3次强攻榆社,敢打敢拼,不怕牺牲,前面的倒下去,后面的跟上来,高昂的士气彻底压垮了敌人,战斗也取得很大的进展。

陈赓对攻打榆社的战斗是满意的,但是对待敌人的现代化武器装备,单凭硬拼还是不够的,于是,他和周希汉、各团团长商量,为了尽快夺取全面胜利,各团要抓紧开一次"诸葛亮会",让大家总结一下前3次攻击的经验教训,并对如何解决龟缩在榆社中学里的守敌,出主意、提建议。陈赓还具体建议,"诸葛亮会"要一直开到基层连队,实际上又是一次战斗的动员会、誓师会。

"诸葛亮会"开得非常热烈、活跃。在各团综合汇报时,光攻打榆社中学的战斗方案,就有十几个。陈赓、周希汉认真听取了汇报,他们特别注意到,大家比较集中的看法是,守敌藤本中队长现在还没有被我军击毙,残敌猬集在核心阵地榆社中学里,一定会垂死挣扎,顽抗到底。加上核心阵地工事坚固,敌人火力集中,易守难攻。如果我们仍然按前3次硬攻,不仅我军伤亡要大,也很难奏效。

陈赓从中插话说:

"如果硬攻不行的话,大家提出什么具体建议没有?"

七七二团副团长查玉升说:"战士们想的办法可多了,什么'引蛇出洞'啦,'里应外合'啦,'困敌致死'啦等等。不过,我们对三连提出的一个方案,倒觉得很有价值。"

陈赓、周希汉急忙问道:"他们有什么高招?"

查玉升说:"他们说,这两天打仗,我们都是在地上明处打,现在,已经把敌人压缩到狭小的天地里。如果咱们能从地下打,反正咱们和敌人相距不远,从地下挖出一条暗道来,直通敌人大碉堡下面,再把炸药送过去,那一炸,非把碉堡掀个底朝天不可。"

陈赓高兴地说:"真是三个臭皮匠,赛过诸葛亮啊!我看这个办法可行,让三连指战员再细致具体想想,同时派人测量地形,选择最好的坑道位置,立即开始作业。明天晚上以前,咱们一定把敌人彻底消灭!"

七七二团抽调善于坑道作业的战士开始挖掘坑道。对于如何运送炸药,他们又想出个绝招儿:找来一口棺材装炸药,一来容积大,二来木头又防潮、防撞击,三来体积细长,便于坑道推进。

陈赓高度评价指战员们的智慧,风趣地说:"好啊,就让敌人在自造的乌龟壳里,用上咱们送给他们的棺材,上西天去吧!"

战士们经过日夜奋战,挖了近一个昼夜,到25日16时45分,坑道作业胜利完成。突击队的战士把成捆的炸药装在一口大棺材里,通过地道安全输送到敌人碉堡的下面,点燃导火线,炸药在地下爆炸,真是惊天动地,犹如闷雷滚过低空,又像整个榆社城发生了强烈地震。巨大的烟柱直冲天际,敌碉堡在爆炸声中顷刻崩塌,化为乌有,变成一堆废墟。

随着一声巨响,第4次强攻开始了。突击部队趁着大地震荡,奋勇出击,杀声冲天,打进敌核心阵地,和残敌展开了白刃格斗。藤本中队长在碉堡崩陷之时,当场被炸身亡。爆炸声中,幸免未死的日军20多人,见队长已死,哪有心思恋战,纷纷向东狼狈逃窜,恰遇我十六团战士,故而亦被歼灭。据八路军总部第105号《战报》公布的此次战果为:"敌400余名全部消灭,俘日军10余名,缴获山炮3门、平射炮4门、迫击炮5门、轻重机枪10余挺、掷弹筒20多个、步枪200余支、有线电话机10余架、马40余匹、军用文件甚多。"

4天激战,4次强攻,榆社城解放了。26日黎明,红旗插上了榆社城头。陈赓旅长穿上缴获的日军军官服,双手合捧日军指挥刀,和周希汉参谋长等在战场上留下一张合影。今天,我们看着这帧照片,尽管几天的激战,陈赓那满腮的胡须又浓又长,但从他那张口大笑的表情,完全可以想象到当时的喜悦。

榆社作为百团大战第二阶段中我军计划攻占的4个县城中唯一占领的县城,震动很大。国民党第二战区司令长官阎锡山于9月29日,就八路军攻占榆社城密电蒋介石、何应钦称:"晋东,有日,朱德部陈赓旅攻占榆社,毙敌400余,俘获甚多。"

7. 涞灵之战

百团大战第二阶段的主要战场,在第一二九师攻打榆社城的同时,八路军总部命令晋察冀军区的参战部队,重点破击涞源、灵丘境内的公路,并夺取这2座县城。

涞灵地区的战略地位极其重要,敌我双方争夺十分激烈。日军的一些据点,已经深入到晋察冀抗日根据地的内部,进行涞灵战役的目的,就是要拔掉敌人的一些据点,使抗日根据地更加巩固。

遵照八路军总部的指示,晋察冀军区聂荣臻司令员组织了涞(源)灵(丘)战役,先后下达了《组织涞灵战役的作战命令》和《涞灵战役的攻击部署》。命令决定以5个步兵团、2个游击支队、1个骑兵营和1个特务营组成右翼队,统由杨成武指挥,首攻涞源并歼灭附近之敌;另以2个步兵团、1个游击支队组成左翼队,由邓华指挥,先打增援涞源之敌,而后在右翼队的协同下,向灵丘及其附近敌人据点发起攻击。

从9月22日起,至10月10日结束的涞灵战役,以歼敌1100余人的巨大战果,谱写出一曲正义战胜邪恶、人民是胜利之本的乐章。

惊魂未定守涞源

在涞灵地区的日军为驻蒙军独立混成第二旅团(司令部设在张家口)和第二十六师团(司令部设在大同)各一部共1500余人,另有伪军1000余人。在正太路破袭战发起以后,涞灵地区的敌人为加强戒备,相继增加了兵力,仅涞源城就增至500余人。城外东团堡、白石口、三甲村等敌人据点,也都增加到百人左右。同时,纷纷加固工事,储备粮食,严加警戒,以防备我军的突然袭击。

历史有时竟是那样的巧合。日军担任涞源守备的竟是小柴中佐。此人和担任八路军右翼队总指挥的杨成武将军并不陌生。一年以前,也就是在涞源这个地区,被日军誉为"名将之花"的伪"蒙疆驻屯军"总司令兼独立混成第二旅团长阿部规秀中将,就是由杨成武将军率师在黄土岭战斗中击毙的。此事轰动了整个日本,《朝日新闻》以《名将之花凋谢太行山》的通栏标题,连续报道了3天,痛称"自从皇军成立以来,中将级将官的牺牲,是没有例子的"。事后,正是小柴中佐亲笔致信杨成武将军,苦苦表白:

麾下之部队武运亨通,常胜不败,鄙人极为钦佩。现鄙人有两件事求教:一是请通知敝人在黄土岭、雁宿崖被麾下部队生俘的皇军官兵的数目、军职、姓名及他们的生活近况;二是战死的皇军官兵是否埋葬?埋在何处?可否准予取回骨灰,以慰英灵?

真是冤家路窄。这次涞源之战,小柴又与杨成武相逢了。不过,可谓"吃一堑,长一智",今日的小柴也在和八路军的作战中,变得聪明多了。日军除加强涞源城的戒备之外,重点又加强了城外三甲村、白石口、东团堡等据点的防务,特别是对东团堡,专门派驻了由170余名士官生组成的教导大队。这一切,都为我军夺取涞源城增加了一定难度。

9月中旬,杨成武率参加井陉地区战斗的三团和二团,返回晋察冀军区一分区。略作休整之后,即奉命向涞源地区进发。杨成武作为右翼军总指挥决定一分区第一团团长宋玉林攻取涞源城,三分区第二团团长唐子安攻击三甲村,一分区第三团团长邱蔚攻取东团堡。由于一年前,指挥击毙日军中将阿部规秀的战斗,杨成武曾经住过涞源和三甲村,也到过东团堡察看地形,对这几个地方的村镇都很熟悉,打起仗来根本用不着看地图。他决定把前方指挥所放在三甲村附近内长城的一座烽火台上,这里虽然距东团堡有七八十里,而离涞源县城不远,3个攻击点中,不用望远镜就能直接观察到2个,位置十分理想。

9月22日夜10时,攻击涞源、三甲村、东团堡的战斗同时打响。立在三甲村附近烽火台前方指挥所的杨成武,彻夜未眠,密切注视着战况的发展:

——向涞源城进攻的第一团,由于敌人火力很猛,一夜激战,虽然攻占了涞源城的东关、西关和南关,但是涞源大部分敌人并未被消灭,多缩进城内固守;

——第二团虽然曾经一度冲入三甲村和中庄两个地方,但是

遭到敌人的猛烈反击,后又被迫退出;

——第三团经过彻夜激战,虽攻占了东团堡西南角炮楼,打开了突破口,但是敌人异常顽固,不时地组织反冲击,敌我仍在相持中。

其他攻击插箭岭、白石口、王喜洞、摩天岭等据点的兄弟部队,都无重大进展。

天色已经大亮。杨成武听完各团战斗情况的汇报,陷入了沉思。他深深感到,仗如果这样打下去,将对我军十分不利。他向分区的几位领导表示了自己的看法:

"目前,我们的兵力过于分散,造成了我们进攻受到挫折。我考虑,应该按照集中优势兵力,各个歼灭敌人的方针,是否将战斗部署适当改变。我想,可以留一部分兵力监视涞源县城的敌人,集中几个团的兵力,先扫除城外的敌人据点,最后,再握住拳头攻取涞源城。"

在场的一分区副司令员高鹏、政治部主任罗元发等都表示同意。杨成武又说:"既然大家没有意见,改变部署这样的重大决策,事不宜迟,我们马上请示聂荣臻司令员。"聂荣臻获悉后,立即复电,同意改变部署。

23日的白天,涞源县城的战火逐渐平静。这反倒使警备司令小柴中佐更加紧张起来。他深知自己的对手杨成武将军,是一位具有雄才大略、善于用兵的指挥官,顿时,去年阿部规秀中将命丧黄土岭的景象又呈现在眼前。突然,他连续接到三甲村、东团堡打来的电话,那里战斗激烈,迫切恳求小柴中佐能立刻派兵驰援。狡猾的小柴,惧怕再蹈阿部规秀孤军深入的覆辙,暂时按兵不动。

惊魂未定的小柴中佐,拿起话筒,向张家口独立混成第二旅团新任旅团长人见与一中将报告:"涞源战况紧急,望火速派人增援。"

攻取三甲村

三甲村紧靠涞源县城郊。

23日,战斗部署尚未调整的时候,担任攻击三甲村的二团,已将三甲村敌人4个碉堡攻占1个。攻击部队虽然由于敌人反扑,暂时停滞下来,但团长肖思明还是多一个心眼,他留下一个班坚守这座碉堡,等于在敌人腹地安了颗钉子。

在烽火台指挥所的杨成武,高兴地对肖思明说:"好啊,那个碉堡一定要控制好,可别让它丢喽。我已经通知一团,让他们派三营立刻前往三甲村,配合你们战斗。另外,再给你们配备一门山炮,一定要把三甲村拿下来!"

下午,一门从敌人手中缴获的山炮,运到三甲村外。杨成武专门交代肖思明说:"这门山炮还没有瞄准镜,炮弹也很少,你们顶多打3发。"肖思明笑着说:"行,只要有这玩意,吓也得把鬼子吓一跳!"

肖思明和二团战士,把山炮当成宝贝似的擦得干干净净,校正好炮筒方向,向敌东山碉堡连发了2发炮弹。谁知一发炮弹也没有命中,可碉堡里的敌人就吓得从碉堡里跑了出来,向涞源县城逃去。肖思明急忙命令一营长吴生荣率队冲击,随即占领了东山碉堡。

傍晚,奉命从围攻涞源县城前线调来配合攻击三甲村的一团三营战士,在副营长张英辉率领下,利用暮色悄悄涉过拒马河,赶到三甲村。他们和二团一起,把三甲村团团围住。接着,开始向敌人发起攻击。

张英辉带领三营的3个连队包围了一座小山,用锄刀劈开铁丝网,逼近敌人的第三座碉堡。突击班的战士接近碉堡后,不停地投掷了几百颗手榴弹,硬是把碉堡炸开了一道口子。垂死挣扎的残敌,逃到最后一座碉堡里,拼命抵抗。他们把轻重机枪、步枪通通从射击孔里伸出来,向外射击。二团一名叫遂志任的班长冲上去,用手握着敌人伸出来的枪管,一使劲儿把一支三八步枪拔了出来。在二团和一团三营的猛烈攻击下,至24日凌晨,三甲村150多名敌人,除20多名日军和50多名伪军当了俘虏以外,其余全部被歼灭。

太阳已经冉冉升起来了。秋天的红叶像一团火似的映红了山巅,在硝烟弥漫的战场上仍很迷人。杨成武站在烽火台上,远眺三甲村,耳听枪声渐渐稀疏,笑着向副司令员高鹏说:"三甲村的战斗该结束了。咱们散散步,到那里去看看吧。"于是,2位司令员从烽火台前方指挥所来到了三甲村。沿途只见战场上硝烟还未散尽,到处是敌人的尸体、枪支弹药和成堆的罐头、酒与饼干。杨成武向肖思明说:"抓紧清扫战场,估计敌人绝不会轻易罢休,涞源县城的敌人,一定要出来增援反扑的。"肖思明说:"我已经命令各连抓紧打扫战场,维修工事,准备消灭增援的敌人。"

说话间,敌人的飞机已在上空盘旋,平时爱说笑的高鹏说:"怎么样?报丧的已经来啦。"不远的地方,已经响起敌人的炮弹爆炸声。肖思明忙说:"请司令员快走,我们会收拾再来送死的敌人的。"

杨成武、高鹏回到烽火台指挥所时,涞源县城的敌人已经饿狼似的窜出来了。杨成武站在高处的隐蔽室里,居高临下,可以清楚地看到100多名敌人端着枪,从远处村外的小盆地里正向三甲村逼进。孤军深入的敌人,胆战心惊地向四面胡乱射击着,看见没有人抵抗,便大声嘶吼着向村子冲去。

肖思明团长指挥二团战士,坚守阵地,不动声色,只等敌人临近村子跟前时,才予敌人以还击。只听团长一声令下,阵地上的各种武器一齐开火,冲到前头的日军就像倒栽葱似的纷纷倒地,后面的日军慌忙掉头溃退。

这一切,杨成武看得清清楚楚。他给高鹏说:"你看肖思明指挥打起仗来,还真有点道道咧!"高鹏连连点头。不久,肖思明就从二团调任晋察冀军区第三军分区参谋长,这是后话了。

敌人见第一次冲锋失利,小队长荻村面对后退的士兵,鸣枪威胁道:"往前冲!谁敢再往后退,统统毙了的!"日军士兵在荻村的驱赶下,再次向前冲去。和第一次冲锋一样,敌人又是留下十几具尸体,掉转头逃了回去。

荻村小队长看2次进攻三甲村都没有成功,急忙向涞源城内的警备队长小柴中佐报告,小柴大怒,喝令荻村要不惜一切代价,坚决把三甲村夺回来。同时,小柴向荻村打气说:"我已经和张家口旅团部联系,请求他们速派飞机,支援地面作战。你们要向东团堡的士官教导大队学习,决不能让八路军攻占三甲村。"

荻村小队长不敢违背小柴中佐的命令,歇斯底里大发作,狂吼着逼着日军士兵连续向三甲村冲锋,身不由己的日军士兵像绿头苍蝇似的,一会儿被驱向东面,一会儿又被赶到西面,乱撞一通,三甲村的我军阵地,仍岿然不动。最后,残敌只好灰溜溜地返回涞源城。

敌人的飞机飞来了,低空盘旋着,眼看大势已去,只好胡乱扔下几颗炸弹,掉头飞去了。

血战东团堡

东团堡位于涞源县城东北40公里处,是日军供应线上的重要中转站。它与王喜洞、摩天岭等据点相呼应,成为日军在涞源、宣化公路上楔入我抗日根据地的一个大支撑点。

敌人在东团堡构筑的是坚固的环形工事,内外有三层大碉堡、地堡、围墙、外壕,并设有铁丝网、鹿砦等。守敌是日军独立混成第二旅团的一个士官教导大队,共170余人,全是从日军连队中挑来受训的士官,不仅战斗经验丰富,而且武士道精神十足。大队长名叫井出,原任大队长为甲田。我军攻打东团堡时,恰好他们2人正在办理交接手续,都在东团堡。翻译官为金井,是朝鲜人,他曾多次和我地下工作人员接触,对我们抗击日本侵略者表示过同情。

夺取东团堡的战斗十分艰苦,是一场血战。

杨成武在我军攻克三甲村,连续拔掉中庄、白石口、下北头等敌人据点以后,深知攻打东团堡的三团将面临极为严峻的考验。

英勇的三团战士,在邱蔚团长的指挥下,经过两天两夜的浴血奋战,已经攻占了东团堡西南角的敌人炮楼,三营主力也已突入,守敌被迫麇集于一座地主大宅院的核心工事里,但顽固的敌人仍不时地组织反冲锋,已经是几进几出,敌我双方处于拉锯之中。

24日,上午8点多钟,40余名敌人向九连阵地扑来。九连连长率全连战士沉着应战,等待敌人离我阵地只有40米时才突然开火,把敌人击退。三排战士还利用敌人败退的时机,跃出阵地,夺取了一座暗堡。

日军甲田大队长不甘败退和丢失暗堡,亲自率队向我一排扑来。甲田赤膊上阵,举着战刀,冲在最前面。一排长于勇带领全排与敌人展开肉搏,他一个人就接连刺死4个日本兵,不幸自己的头部也被刺伤。最后,于勇捂着受伤的头部,孤身冲入敌群,勇敢地拉响手榴弹,与日本兵同归于尽。面对这样的八路军战士,甲田大队长也心惊肉跳,不得不缩进核心工事里。

中午,杨成武打电话向邱蔚询问东团堡战况时,这位充满阳刚之气的男子汉,却抑制不住内心的激愤,声音都变得嘶哑了。邱蔚在电话中说:

"今天上午,九连的阵地连续血战3个多小时,战士们英勇顽强,一连打退敌人6次反冲击,敌人连甲田大队长都亲自出马了,可仍然败阵而去。不过,咱们也付出了血的代价。一排长于勇壮烈殉国,我亲眼看见三排的战士,在同敌人的肉搏中,全部牺牲。那时候,我真想恨不得冲上去,杀他几名鬼子才解恨。"

杨成武半晌沉默不语。他想,攻打东团堡真是个硬仗,敌人还

没有被歼灭,我们就牺牲了一些优秀的指战员,三团党总支书记、老红军干部杨志德,在前天也阵亡了。"

杨成武考虑,三甲村等敌人据点都被攻占,对邱蔚的压力不小,再加上战友牺牲,便告诉邱蔚说:

"你的心情,我是完全理解的。可是,你作为一名指挥员,越是在这个时候,越是要冷静、沉着。要告诉连排干部,东团堡的日军都是士官以上军官,都是受过专门训练的,对付他们,一定要多动脑筋。今天下午,你们在全团再开一次动员会,号召大家都为夺取东团堡献计献策。8点钟,再向敌核心工事发起一次总攻。"

夜晚,东团堡又经历了一场血战。

二营七连首先向敌人盘踞的地主大院东门攻击,一排战士用炸药包炸开东大门,并迅速占领2座房屋,保证了连队主力占领围墙东南角碉堡。与此同时,九连、十二连也突破围墙,相继占领了西南、西北2个碉堡。

十二连的战士在攻击西北角碉堡时,那碉堡足有3丈多高,40名战士抬着大梯子,在火力掩护下,奋勇往前冲。当刚把梯子靠上碉堡时,三班长王国庆就背着二十几颗手榴弹,顺着梯子往上爬,眼看已经接近碉堡顶部,准备往里面塞手榴弹的时候,却被敌人的子弹射中,挂在梯子上牺牲了。这时,十二连党支部书记黄祥气红了眼,又背着二十几颗手榴弹爬上梯子,他把王国庆身上的手榴弹解下来,合在一起塞进了敌人的碉堡,四五十颗手榴弹在碉堡内轰然爆炸,碉堡里的敌军全部被炸死了。

甲田大队长看东南、西南、西北几个碉堡接连被八路军夺去,便命令残敌退缩至唯一的东北角碉堡内,负隅顽抗。他命令大量施放毒气,致使三团战士大部中毒。指战员们戴着用水浸过的口罩,前仆后继,继续冲击,许多战士又倒在了血泊里。邱蔚团长见此情景,想起杨成武司令员的嘱咐,便命令暂时停止进攻,继续包围敌人。

为了瓦解敌人，邱蔚除让懂点日语的战士向敌人喊话外，又专门找来东团堡武装部的地下党员赵杰，请他设法往东团堡走一趟。赵杰冒险进至地主大宅敌碉堡外，托人进去说是有人要见金井翻译官。一会儿，金井从碉堡里出来，赵杰看四面无人，便将一封信递给他。信中分析了东团堡守敌的困境，望他能从中帮助我军夺取最后胜利，立功赎罪。金井看过信后，便撕成碎片，放在嘴里咽下去了，然后，金井又返回了碉堡。

25日上午，东团堡战场暂时出现一段寂静。一会儿，一架从张家口方向飞来的敌机，企图给东团堡守敌增援打气，接连投下几箱东西。三营战士看着第一个降落伞徐徐落下，正好落在敌人的铁丝网以外，正在三营阵地前沿的团长邱蔚向营长陈宗坤说：

"派侦察参谋刘贵带上两个侦察员，去把敌人空投的箱子弄一个回来，看看里面装的啥东西。"

刘贵和2名侦察员匍匐着爬到铁丝网前，顺利地扛回来一个木箱子。他们打开一看，顿时喜出望外，原来装的全是子弹。战士们再仰望天空时，飘落下来的几个降落伞，竟都落在了我军的阵地上。

陈宗坤营长刚才还向杨成武司令员直接报告，由于伤亡过大，要求补充兵员、弹药，这时又露出了笑容。他大声喊道："真是老天爷有眼，敌人不但给我们送来了子弹，那降落伞布，正好给大家添个小包袱皮。"

暂时休战中的白昼是最难熬的。尽管邱蔚团长命令各营除留部分战士监视被围的敌人外，大家都要抓紧时间休息，准备晚间再战，可战士们在没有全部歼灭敌人以前，谁也不肯搁置下手中的武器。

突然，从敌碉堡上传来几声枪声，战士们一看，原来从敌营垒里逃出来一个人影，被敌人哨兵发现，连打了几枪。

来人径直朝三营阵地跑来，走近一看，正是气喘吁吁的金井翻译官。他见到邱蔚团长,连忙行了军礼,报告说:"太君只剩下27个人了。他们正把机枪、掷弹筒堆在一起,浇上汽油,准备跳进火里,统统死啦死啦的。"

事后得知的情况是,25日下午,三团再次从四面猛攻时,日军准备突围。甲田大队长眼看大势已去,就让士兵把碉堡内存放的粮食、物资和枪支弹药集中堆放在一起,洒上汽油,命令所有活着的人员都跳入火中自焚。有一个士官生不愿自焚,甲田气急败坏地挥舞指挥刀,将此人的肚子挑开,以杀一儆百。目睹这一切的金井翻译官惊恐异常,便在打入东团堡内的我地下工作人员马奎的带领下,趁机溜了出来。

邱蔚团长听到这个新的情况,当即向杨成武司令员报告,杨成武在电话中大声喊道:

"邱蔚,赶快命令部队冲进去,要不鬼子放火一烧,就缴不到那些机枪、掷弹筒了。"

机不可失,三团战士立即从四面八方展开进攻。这时,27名日军残敌踉跄地爬到房顶上,疯狂地饮酒,高唱《君代国歌》,跳着武士道舞,哭一阵,笑一阵,跪地向东方遥拜,最后,一个个跳进燃烧的大火中。

三团战士冲到熊熊大火旁边时,日军官兵已全部烧死,部分武器也被烧坏了。战士们在乡亲们的帮助下,急忙弄来脸盆、黄土救火,还是缴获了不少轻重机枪和100多支步枪以及大批的弹药、罐头和粮食等物资。

1940年10月,我军主动转移后,日军涞源警备队长小柴来到了东团堡战场。这个法西斯分子面对残垣断壁和烧焦的黄土,站在军国主义的立场上,咬牙切齿地写下了一首《东团堡警备队长恨歌》。尽管全篇散发着为法西斯匪徒、武士道精神歌功颂德和对八路军的刻骨仇恨,但仍然难以掩饰这位败军之将的虚弱、恐惧之情。

《长恨歌》在开头写道：
行军西征涞源县，路越一岭叫摩天。
围绕长城数万里，西方遥连五台山。
南到白石山更大，东与易州道相连。
千山万水别天地，有座雄岩紫荆关。
接着，在叙述日军被困入绝境之后，惊呼：
突击不分昼和夜，决战五日星斗寒。
穷交实弹以空弹，遥望援兵云貌端。
万事休唯一自决，烧尽武器化灰烟。
烧书烧粮烧自己，遥向东方拜宫城。
高齐唱君代国歌，决然投向盘火里。
英魂远飞靖国庭，壁书句句今犹明。
一死遗憾不能歼灭八路军，
呜呼团堡士壮烈肃然千古传。

有人把《长恨歌》送给了杨成武司令员，这位被小柴在歌中攻击为"精锐倾尽杨成武"，看后笑着说：

"读了《长恨歌》，我想，日本帝国主义者不停止对中国的侵略，那么，他们的《长恨歌》是永远写不完的，现在只是开始！"

从涞源到灵丘

东团堡战斗的胜利标志着我军已将涞源日军外围的10个据点完全攻取。涞源城基本成为一座孤城。

涞灵战役开始时，日军独立混成第二旅团旅团长人见与一中将率作战指挥所在蔚县，他屡次接到驻守涞源的小柴急电，望能派员支援，人见与一一来是其2个步兵大队，连同炮兵、汽车2个中队，尚在从安北、包头、固阳地区回防途中，他手中虽尚有一个第三大队，可是又害怕步其前任阿部规秀孤军冒险深入被击毙的后尘，所以，迟迟不肯派兵增援涞源。但是，到了9月28日，从包头等地回防的部队已经返回,人见与一便纠集3个步兵大队和1个炮兵中队,总计3000余人,在飞机、坦克配合下,乘汽车急速向涞源增援,并于当日进抵涞源县城。至10月1日,原被我军攻克的大部分据点,复又被日军占领。在这种情况下,杨成武奉命放弃夺取涞源,率领右翼队向灵丘、浑源方向转移。

从10月7日起,涞灵战役的主战场转向灵丘、浑源地区。以邓华为总指挥的左翼队在右翼队的配合下,经过2天激战,先后攻占了南坡头、抱风岭、青磁窑等日军据点。但是,10月9日下午,大同日军又抽调1000余人增至浑源,并继续向灵丘地区进犯。同时,在冀中易县、保定、定县一线,也发现大量敌军活动。

晋察冀军区聂荣臻司令员陆续收到各出击部队战况和各情报站的报告,他估计,敌人有可能趁我主力在灵丘、浑源、广灵地区作战的时机,向我边区大举进攻。于是,聂荣臻电告杨成武、邓华各参战部队,立即转移至适当位置休整备战,涞灵战役于10月10日结束。

为期18天的涞灵战役,一些战斗打得相当漂亮出色,如歼灭东团堡日军士官教导大队,震惊了整个侵华日军。同时,为策应涞灵战役,冀中军区以主力10个营发起的任(丘)河(间)大(城)肃(宁)战役,取得了歼日伪军1500多人、攻克29个据点、破坏150公里公路的巨大胜利;但是,由于百团大战第二阶段的作战意图,被我一分区《抗战报》(35期)于9月22日社论中泄露,日军已有所戒备。为此,我军在战斗中也付出了惨痛的代价。

8. 将军泪弹关家垴

百团大战第一、第二阶段结束以后,日军集中兵力向华北山地和平原抗日根据地进行多路残酷的报复性"扫荡"。遭受八路军打击最重的日军第一军司令部在向华北方面军司令部的书面报告中,疯狂地叫嚣"各纵队应分别配工兵,令其携带炸药燃料,并且要教导他们如何进行破坏",以"烧光敌根据地"。10月11日起,日军第一军以独立混成第四旅从辽县一带,以第三十六师团一部从潞城一带,2路共约1万余人,南北呼应,向辽县、涉县、潞城、武乡"扫荡",重点是进攻中共中央北方局、八路军总部所在地的麻田、王家峪、砖壁、左会等地区。

针对这种新的形势,八路军总部遂改变原拟定再组织一次大规模向敌进攻的设想,于10月19日,以彭德怀、左权的名义发出《百团大战后反"扫荡"计划》。于是,百团大战进入以反"扫荡"为中心的第三阶段。

不带路条不能走

敌人的"扫荡",首先从太行开始。

10月中旬,日军以3000余人,采用什么"捕捉奔袭"、"辗转快剔"、"铁壁合围"、"梳篦战术"等,向浊漳河两岸的太行抗日根据地进行报复。

10月29日,原由武乡出发的敌三十六师团冈崎大队,在东犯我黄崖洞兵工厂,遭到八路军总部特务团的截击以后,又回蹿显玉村。大队长冈崎等400余名敌军,拖着100多名伤员,赶着沿途抢来的400多匹骡马,在打算返回武乡的途中,来到了关家垴地区。

关家垴位于太行抗日根据地的腹心地区,在八路军总部所在地砖壁村的正北13华里。这里山岭起伏,沟壑纵横。关家垴是在群岭环抱中的一个山冈,山顶是一片几百米方圆的平地。它的北面是断崖陡壁,下面是一条深沟;南面相间两个山坡与柳树垴相连;半山腰有一个小村庄,顺山势呈北高南低,分散地住着都姓关的50多户人家,约有180口人。

听到冈崎大队进入关家垴地区的消息,彭德怀高兴地向左权说:"好啊,冈崎这家伙竟敢打到咱总部门前了。我们正好在关家垴干它一仗,干净、彻底地把他吃掉。"

左权也笑着说:"这送到门上的肥肉,可不能不吃啊。我看抓紧和刘、邓研究一下,趁敌人还没有站稳脚跟,打他个措手不及。"

第一二九师师部所在地刘家嘴,距八路军总部不远,彭德怀、左权和刘伯承、邓小平当即就如何部署关家垴战斗、歼灭冈崎大队进行了具体研究。关家垴战斗由总部彭德怀亲自指挥,参战部队为总部特务团,第一二九师的三八五旅七六九团,三八六旅七七二团,新编第十旅及决死一纵队的二十五团、三十八团等部队。

彭老总决定,参战部队分为4路合围关家垴之敌:第一路是总部特务团和三八六旅分别部署在关家垴的东北和东南侧;第二路是三八五旅的七六九团部署在关家垴西北,与第一路并肩攻击敌人;第三路是决死一纵队二十五团和三十八团,从柳树垴向北推进,压住敌人左翼;第四路由新十旅,由西向东推进,封住敌人西进的道路。四路劲旅,犹如四把锋利的尖刀,直插向关家垴的冈崎大队。

围歼关家垴冈崎大队的战斗,总部定于30日凌晨4时开始。

29日下午,参加战斗的各团,陆续从四面八方进入自己的位置。正当我军向前推进的时候,狡猾的冈崎大队长抢先占领关家垴高地,迅速构筑了工事。敌人从山腰村庄老乡的房屋上,拆下了门窗,筑成掩蔽部;又在山顶小平地里,利用坟包建立了机枪阵地,架起了几挺机枪;还挖掘了许多单人掩体,借以存身射击,另外,敌人清楚地看到西南方向仅1里多地的柳树垴高地,位置十分重要。于是,派出100多名日军,乘我决死一队2个团向前推进的时候,抢先占领了柳树垴。这样,有利地形都被敌人控制,冈崎大队长企图凭借关家垴、柳树垴2个互为依托、互相策应的高地,与我军以死相拼,固守待援。

彭德怀从砖壁八路军总部亲自来到前线指挥战斗。他将指挥部设在关家垴东北韩登坡的一个坟地里，在几棵大松树下，搭起了临时草棚。彭老总指挥战斗，总是习惯地要在战斗打响前，亲自到前沿阵地转一转，了解一下部队的工事布防、武器弹药、士气精神等。下午2点钟，彭德怀上身披着件土著的短皮外套，裹着绑腿，从指挥部走下坡去。临行前，他告诉左权参谋长说：

"你到前面，先让他们把电线架好，检查一下。我到几个山坎里转转。鬼子杀人放火，抢劫老百姓，这还了得！坚决消灭这一路敌人！"

接着，彭德怀翻身骑上那匹黑骡子，往前面奔去。刚到山沟转弯的地方，他看见有几个炮兵正坐在那儿休息，炮被搁在那里，拉炮的骡子卧在旁边。彭德怀转过脸去，向炮兵喊道："你们炮兵班长呢？排长呢？快把炮拉到村对面石门山上去！"炮兵急忙从地上站起来，只见彭德怀摸着阔大的下颚，继续说道："知道吧，这是总司令的命令！八路军的炮兵不能辜负人民的期望！"

几位炮兵望着向前走去的彭老总，心里想，这围歼关家垴敌人的战斗可真是一场硬仗啊！彭老总都亲自到前沿阵地来了。他们急忙赶着骡驮向前边的山头走去。

一会儿，彭德怀来到了决死一纵队三十八团的阵地。蔡爱卿团长和全团战士听说总司令来了，都高兴极了。刚刚从左会山赶来参加关家垴战斗的战士们，一见到敬爱的彭老总，急行军的疲劳全都一扫光了。彭德怀环视了一下河滩上的队伍，用洪亮有力的声调向大家说："同志们，你们决死队，要向谁决死呀？"

"向日本鬼子！"战士们齐声回答。

彭老总满意地一面笑着，一面用手指着关家垴说：

"好！前面打枪的地方，有600多鬼子被我们包围了。我们今天要消灭他们，你们就是要向他们去决死！"接着，他又形象地比喻说："我们抗日根据地有一条规定，那就是凡没有带路条的人，就不能让他走。这一股敌人,是在百团大战前两个阶段受到沉重打击之后,匆匆忙忙地抽调了3个师团的兵力,窜到我们抗日根据地,妄想分路向我进行报复'扫荡'的,现在被我军包围在关家垴了。他们没有带路条,同志们,你们说能让他们走掉吗?"

"不能!敌人不投降,就坚决消灭他!"

彭老总的战前动员,一下子激发起部队的战斗情绪,各团战士都斗志昂扬地等待着总攻的命令。

黎明前的总攻

彭老总把聚歼关家垴冈崎大队的总攻时间定在凌晨4时,是经过认真思考选定的。一是敌人进入关家垴地区以后,又是抢占高地,又是构筑工事,一直忙个不停,凌晨是最难熬的时刻;二是毛毛细雨下个不停,漆黑的天空,正利于发挥我军的夜袭优势;三是凌晨激战,可以有效地避开敌机的轰炸和炮火射击,抑制敌人的优势。当时,新华日报华北版记者们,正是在整个关家垴战斗采访结束后,才悟出彭老总的决策是多么英明啊!

总攻没有打响以前,在总部指挥所里,左权参谋长又是一个不眠之夜。他一直注视着关家垴、柳树垴敌我双方势态的变化,准备随时应付突发事变。凌晨4时,关家垴附近的枪声稀疏,预示着一场更大的暴风雨即将来临。

左权参谋长用电话发出了开始总攻的命令。战斗主要集中在关家垴和柳树垴阵地的争夺战。根据总部的部署,以配置在关家垴西北、西南2个小山头上的大炮轰击为信号,四支劲旅分别向敌人发起进攻。

争夺关家垴山包是这次歼灭战的关键。在山包里的关家垴村,由于老百姓已疏散转移,敌人的一个小队携带4挺机枪,利用山包2块坟地,筑成了防御工事。

从东北方向攻击的总部警卫连战士,在总攻之前,就神不知鬼不觉地跃上了关家垴山包。黑夜中,战士们像一条线似的,鱼贯而上。只见2名敌哨兵,抱着枪困倦地踱来踱去,三班长瞅准哨兵刚刚转过身去的机会,一个箭步,跳上土坎,用刺刀结果了哨兵的性命。这时,总攻的号声吹响,杀声四起,各路战士同时冲了上来。

土坎坟地里的敌人突然发现八路军战士已经冲了上来,慌忙在坟头边的临时阵地里拼命抵抗。警卫连连长唐万成看见敌人都蜷缩在坟地里,急忙从身边一位战士手中夺过一挺机枪,对准坟地连珠炮似的射击,全连战士就在这挺机枪的后面跳跃前进。与此同时,兄弟连队的战士也已经奔袭到敌人阵地的侧翼。三面机枪的火力,同时向坟地射击,坟地里的土块被炸散开来,滚滚尘土遮盖了地面。敌人连头也不敢抬,丝毫无力招架,便把机枪一丢,从土冈上滚下坡去。

正面坟地里的敌人被击退以后,左侧窑洞里的敌人又把机枪集中起来,一排排子弹从侧面射过来,企图阻止我军前进。警卫连唐连长一声高喊:"一班随我来,消灭机枪!"冲了过去。战士们听到连长的喊声,都掉转身来,像猛虎似的朝左侧扑去。顽固的敌人拼命还击,前面的战士倒下去了,后面的战士又冲上来,终于,窑洞被炸开了。从窑洞里钻出来的20多名敌人,仍持枪顽抗。"轰隆隆"又是一排手榴弹爆炸声,窑洞前面一阵烟雾,什么也看不见了。

警卫连唐万成连长就这样率领战士,一个窑洞一个窑洞地夺取,可敌人的机枪仍不时地从另一个窑洞响起。唐连长跳上一个斜坡,干脆把机枪架在上面,居高临下地向窑洞扫击。正当他打得起劲的时候,突然敌人的一排子弹打过来,唐连长右臂负伤,机枪失落并顺坡滚到了敌人的窑洞面前。冲在前面的排长南海斌看在眼里,急在心头,说时迟,那时快,立刻扑上去,硬是从十几名敌人的眼皮底下,把机枪夺了回来。

从西北和东南方向进攻敌人的七六九团和七七二团也取得了重大进展。七六九团在团长郑国仲的指挥下,从西北方向冲向敌人高地。一营的战士一个接一个地攀崖而上,接着便和敌人展开手榴弹加刺刀的短兵相接,经过2个多小时的白刃格斗,占领了第一线阵地的几处高地。该团向关家垴迂回的二营,占领了村子里的一部分房屋。

天亮以前,关家垴的守敌,经各部队通力围歼,死的死,伤的伤,已损失过半。残敌一部分据守在山顶一块阵地,一部分退入村里的窑洞中,凭据坚固的工事,继续顽抗。我们和敌人各占半个山壁,半排窑洞,形成对峙局面。

关家垴西南面的柳树垴,战斗也十分艰苦。

总攻开始以前,决死队的战士们从山腰摸过来。三八六旅政治部主任苏精诚站在小路边,亲自向跑步前进的战士们做政治鼓动工作,他说:

"同志们,我们要给老百姓报仇!对面友军已经夺取了关家垴,我们要把柳树垴夺回来,把敌人消灭在沟里!"

柳树垴窑洞口外的敌人正在蠕动着。跑步前进的决死队战士们从南面小路抄过来。他们转过了山脊,出现在敌窑洞面前。冲锋号一响,为首的十几名决死队员准备向敌人投掷手榴弹,但早已有戒备的敌人,先是用掷弹筒射击,接着是机关枪、步枪的子弹狠命射来,烟雾弥漫中的决死队战士无法前进,暂时退了下来。

隐蔽在仅250米远的总部指挥所里的左权参谋长,举着望远镜,把阵地上的一切都看在眼里,急得用他那浓重的湖南话说道:"啊唷,跑步怎么来得及啊,差一股劲儿!"

天色大亮,尽管决死一纵队二十五团和三十八团的勇士们几经冲锋,消灭了少数敌人,但柳树垴阵地仍在敌人手中。

血染的山道

30日上午,毛毛细雨淅沥地下着,激烈的地面战斗暂时停息下来,但首次总攻的硝烟仍未散去。战士们有的隐蔽在临时挖掘的战壕里,有的利用地物匍匐在小土坎的一侧,警惕地注视着前方敌人的动态,准备下一次冲锋。

敌人的飞机开始出动了,从南面飞来的4架敌机,两前两后,在关家垴上空盘旋。由于敌我双方阵地处于交织状态,敌机投下的一些炸弹,有的竟落在自己的阵地上,而投下的一些食品罐头,不少倒落到了我们的阵地上。

下午4点,在总部的统一号令下,我军向敌人发起了第二次总攻。冲锋号从四面响起,部队分路向敌人冲击。和首次总攻不同的是,我军加强了炮火阵地。炮兵团架在山头上的8门迫击炮,在誉满全军的神炮手赵章成的指挥下,准确地向关家垴敌人盘踞的最后地段轰击。据从山上跑下来的民夫说:"八路军的大炮打得真准,简直像长了眼睛一样,一下就把鬼子打乱了。趁敌人混乱的时候,我们瞅了个空子,才算逃出了虎口。"

从北面的山屹梁向关家垴进攻,只有一条山间小道。为了攻上关家垴,七七二团和七六九团的指战员伤亡都很惨重。

第一次总攻开始以后,七七二团一营接近敌前沿阵地的时候,发现只有一条30厘米宽、40米长的山间小路与之相通。如果敌人固守防御,只用一挺机关枪进行火力封锁,我攻击部队就根本过不去。

七七二团一营一、三、四连和决死一纵队三十八团,趁敌人尚未发觉前,突然顺着山道向敌发起猛烈攻击。由于我部队动作迅速勇猛,连续攻到第四、第五台坎时,双方形成对峙局面,我军攻不动敌人,敌人也压不下我们。这时,天将黎明,就在这狭窄的山道上,展开了激烈的肉搏战。由于敌人凭占有利的地形,我军几经冲锋,都没有什么进展,而且付出了血的代价。

冲在最前面的七七二团一营三连,连长刘显模光荣牺牲,全连50多名战士,只剩下指导员李正银和2名伤员。

跟进的七七二团一营四连,参加战斗的68名指战员,攻占到第5台坎时,连续打退敌人十多次反扑,四班长高保华一人就向敌人投出60多枚手榴弹。三排副排长兰树清在头部和右腿负重伤后,仍强忍着伤痛向敌人投出3个炸弹,当他刚把第3个炸弹投出时,右手又被敌人子弹打穿,他还向指导员郑加平说:"指导员,我们右侧面有敌人一个机枪阵地,正前面有敌人两挺机枪,都被我们炸弹打哑了。"后来,这位勇猛的副排长因流血过多而牺牲,但直到停止呼吸时,右手的第4个指头上还挂着十来个手榴弹拉火线。

30日下午2时,在这条血染的小山道上,战斗越来越艰苦。一营参战的3个连队,仅剩下二十几人,实力最强的四连,也只有13名指战员了。在这种形势下,四连为配合兄弟部队又连续出击了3次,人员又有伤亡。顽固的敌人除了以轻重机枪构成火力网以外,步兵还躲在单人掩体里以冷枪射击。四连机枪班长孟长根就是这样牺牲的。为了消灭左侧小坟堆上的敌人机枪火力点,孟长根右手提着机枪,左手抱着个弹匣,弯着腰一口气跑到了那个小坟堆跟前,将机枪往小坟堆上一架,正准备向敌人火力点瞄准时,突然,前面不远的单人掩体里的敌人放了个冷枪,一发子弹射中了孟长根头部,他倒下去了。

下午4点,总部发起第二次攻击时,一营营长蒲大义问第四连指导员郑加平:"你们连还有几个人?"郑加平回答说:"连我和文化教员还有4个人。"营长难过地说:"第一、第三连也只剩几个人了。"就这样,英雄的一营一直屹立在自己的阵地上。

第二次总攻开始后,七六九团二营八连,在炮火的掩护下,连续又攻下3个土坎,但当接近第四个土坎时,却被敌人的一挺92式重机枪压制得抬不起头来,接连攻了2次,都没有成功。为了消灭这挺机枪,连长王恒忠提着手榴弹,带领一个突击组从侧面摸了上去,谁知他们刚一登上土坎,就被敌人发觉,一排子弹扫过来,王恒忠当场牺牲了。

战士们听说自己朝夕相处的连长牺牲了,都气急了,高喊着要提着手榴弹冲上去,和敌人拼个死活,为连长报仇。指导员说:"为连长报仇,是咱们大家的共同心愿。但是,大家不能蛮干,咱们要研究个办法,消灭敌人。"

一班长提出了用挖地道的办法,大家都一致同意。于是,战士们带着满腔怒火,将坑道一直挖到敌人重机枪阵地附近,然后,猛冲上去,刺刀直戳敌人的机枪手,夺取了92式重机枪,扫清了前进障碍,部队胜利攻占了关家垴。

在第二次总攻中,攻击柳树垴的勇士们,沿着首次进攻的路线,经过反复和敌人的白刃格斗,占领了高地。至此,日军冈崎大队长以下400余人被歼灭,残敌被压缩在一个狭小的村角里。

31日下午,日军纠集1500余人,从黄崖洞增援关家垴。八路军总部考虑,我军歼灭冈崎大队主力的任务已经完成,决定主动转移,撤出战场。残敌在援兵的接应下,拖着同伴的尸体,仓皇逃出关家垴。

亲临前线的将军们

关家垴歼灭战是百团大战第三阶段中最为悲壮的一场血战,是在彭德怀、左权、刘伯承、邓小平、陈赓等将军们的直接指挥下进行的。

关家垴战斗打响以后,总部指挥所先设在韩登坡,后又移至峥垴山。在整个战斗进行中,指战员都经常在自己的阵地上看到彭老总的身影。10月30日,总部第二次总攻发起之前,敌我双方为争夺阵地,进行了激烈的肉搏战。正在峥垴山指挥工事里的彭老总,听到前方的战况,像一只怒吼的雄狮,高呼着"与阵地共存亡"的口号,只身来到战士跟前,指挥如何防止敌人轰炸与作战。他还带着电话兵把总部指挥所推进到最前沿的战壕里。

在武乡县八路军太行纪念馆里,珍藏着由当年随军记者拍摄的一幅彭老总在关家垴前沿阵地的照片,还是那件土著的皮上衣,腿上扎着绑腿,双手托扶着望远镜,正在聚精会神地观察前沿地形与敌人的火力部署。今天,我们凝视着这帧照片,读着跟随彭老总征战的李懋之将军在纪念彭德怀元帅诞辰90周年时写的那首《西江月·忆彭总》:

彭总胆略超人,
决心全歼寇军;
挥师血战关家垴,
威名中外震惊。

将士勇猛冲杀,
英雄屡建奇勋;
巍巍太行竖丰碑,
青史千古留名。

左权参谋长一直随着总部指挥所行动。10月30日上午,4架敌机轮番在关家垴上空轰炸时,一发炮弹在指挥所旁边爆炸。用茅草搭起的指挥所,开了个"天窗",绵绵细雨从窟窿里飘洒下来。警卫员郭树保一边卷起军事地图,一边关切地向左权将军建议:"参谋长,再往后面退一退吧!"

左权严厉地瞪了小郭一眼,没有吭声。只见他用毛巾把溅在电话机上的尘土和落在上面的雨水拭净,用布把电话机包好,又俯身抓起了一件衣服,大声向警卫员命令道:"指挥所马上转移,再往前走!"说着,迎着细雨径直朝前方走去。一会儿,左权来到不久前才从敌人手中夺回来的一座傍崖的破窑洞里,让警卫员赶快布置,新的指挥所又向前移动了百十米。正当小郭展开地图的时候,一个参谋急急忙忙跑进来报告说:"参谋长,您爱人来信了,您是不是看一下?"一向不喜欢在指挥战斗的紧急时刻被干扰的左权,把信件往口袋里一塞,高声喝道:"这时候,你应该向我汇报的是战斗的情况!"

31日,左权在指挥所里听到在最后的激战中、冈崎大队已被歼灭，残敌已被压到一个小山沟、我军已胜利攻占关家垴的报告后，高兴地放下话筒，走出了指挥所。

在通往关家垴前线的小路上，车水马龙，人来人往。新华日报华北分馆的记者，正在散发《关家垴杀敌致果！冈崎大队歼灭殆尽！》的油印捷报，记者突然发现左权将军来到了群众中间。只见他端着一碗挂面汤，来到一副担架跟前，一匙一匙地喂一位重伤员，并再三嘱咐担架队的老乡，要慢走轻放，照料好伤员。目睹这一切的新华日报记者的眼睛湿润了。

刘伯承、邓小平一直在关家垴前线，因为担任关家垴歼灭战的正是第一二九师的主力部队。他们坚决执行总部的命令，尽管3天强攻，部队伤亡很大，但在他们亲临前线的鼓舞下，战士们始终保持着饱满的精神，高昂的斗志。刘伯承是一位严于治军的军事家。就在我军攻占关家垴以后，他便和师参谋长李达亲临关家垴山头，察看日军的工事是怎么构筑的。刘伯承下到战壕里仔细看了一遍，发现在战壕的两侧，还挖了许多单人掩体（俗称猫儿洞），每个"猫儿洞"里能隐藏1～3人。刘伯承向李达说："我们别小看这几个'猫儿洞'，还是很不好对付的。我们的许多战士，制服了敌人织密的火力网，却倒在这'猫儿洞'里射出的冷枪下。敌人的办法我们也可以学习嘛！"

关家垴激战，陈赓将军的内心最不平静。作为军人，他坚决执行命令，仗打得勇猛也很艰苦。在发起第二次总攻之前，他陪彭老总来到了前沿阵地，恰好遇到他们旅七七二团一营营长蒲大义。蒲大义看见首长，立正行了个军礼。陈赓在听到一营3个参战连队只剩下几个人的时候，沉默了半天。站在旁边的彭老总关切地问陈赓道："七七二团究竟怎么样？"陈赓回答说："七七二团打是没有问题，就是没有兵了。"说到这里，声音都嘶哑了。

彭德怀也沉默了。停了一会儿，他坚定地说："随后抓紧时间补充！"

英雄有泪不轻弹,此时此刻,陈赓将军眼含泪珠地点了点头。

9. 力量的源泉

百团大战的伟大胜利,表明了中国共产党及其领导下的八路军,是抵抗日本侵略的中流砥柱,同时,也表明八路军是扎根于人民群众之中的人民军队,人民的支持,是八路军无往不胜的保证和力量的源泉。

朱德总司令在《扩张百团大战的伟大胜利》一文中,在分析百团大战所以取得重大成果的条件时,第一条就是"我们能够以人民为基础,依靠发动华北千千万万广大人民的人力物力,团结一致,自力更生,来对付敌人"。

彭德怀副总司令在《谈百团大战的伟大胜利》一文中,特别强调"敌占区内外人民的对敌斗争,对于我们战争的胜利有极重大的关系"。

聂荣臻司令员在《关于百团大战对晋察冀社记者的谈话》中说:"这一战役进攻,不仅仅是部队的作战,而是全华北的广大的民众都参加了战斗的。他们不仅仅运输、抬担架、送茶送饭,并且有许多民众都直接地参加到团里营里去,担任破坏和牵制敌人的任务。"

刘伯承师长在《关于百团大战的谈话》中说:"这次胜利,是在华北的八路军、决死队协同民众在一起并肩作战艰苦奋斗的结果,其密切配合亲密团结的精神,应该成为全国抗日军民共同作战的模范。"

人民的力量是不可战胜的,就连日军也不得不承认。在百团大战中受到打击最重的日军第一军参谋朝枝繁村大尉回忆道:"八路军的抗战士气甚为旺盛,共产地区的居民,一齐动手支援八路军,连妇女、儿童也用竹篓帮助运送手榴弹。我方有的部队,往往冷不防被手执大刀的敌人包围袭击而陷入苦战。"

罄竹难书敌暴行

日本侵略者为了巩固其在华北地区的统治,除了积极推行"囚笼政策"、"治安肃正"等以外,更为凶狠、残暴地对根据地人民实施"烧光、杀光、抢光"的"三光政策"。日军华北方面军就曾对所属日、伪军下达了这样的命令:"凡是敌人区域(指抗日根据地)内的人,不问男女老幼,应全部杀死,所有房屋,应一律烧毁,所有粮秣,其不能搬运的,亦一律烧毁,锅碗要一律打碎,并要一律埋死或投下毒药……"仅据日军三十六师团自己供认,他们所属的二二二联队一大队就组织了 2 个放火中队、一个撒毒小队,从 1940 年 10 月 2 日到 11 月 30 日短短月余的"扫荡"中,在太行山区就"杀死两三千人,沿途的房子也都烧光,抢掠得到的财物,堆积如山"。

日军在华北的暴行,真是罄竹难书。我们仅看一看在百团大战期间,日军推行"三光政策",制造的几起惨案,就实在令人发指。

西峪村坐落在昔阳县城东南 15 公里的群山环抱下,南北两面高山相峙,地势险要,中间一条长沟蜿蜒而过。西面通昔(阳)和(顺)公路,东面达昔(阳)皋(落)公路,是连接东西的交通要塞。抗日战争开始以后,村里就秘密建立了中共党支部,接着,农救会、青救会、妇救会、自卫团、儿童团相继成立,抗日救国斗争开展得有声有色,成为昔阳县对敌斗争的模范村之一,也成了日军的心腹之患。

1940 年 11 月 18 日,在百团大战第三阶段的反"扫荡"中,昔阳日军宪兵队队长清水利一,率领宪兵队、警备队、警察所和青岩头、留庄等村"棒棒队"共 300 余人,于黎明前,分兵 2 路,向沉睡中的西峪村包抄过来。一路骑兵穿街而过,堵住村东出口,随后南北两山之敌压顶而来,把西峪村四面围住。日军遂以开会为名,挨门逐户赶人。民兵王殿义等见势态紧急,便拔刀与敌人厮拼,杀出一条血路脱险,自栓义等在突围中壮烈牺牲。

这时,枪炮声,打砸抢声,日军、汉奸咆哮声,响彻全村。一会儿,全村男女老幼都被强行赶到村东三角粪坑边的场地里。有一个小孩吓得哭喊起来,被杀人成性的日军当场劈成两半,投入粪坑内。日军汉奸声嘶力竭地威胁群众,要大家说出村里的共产党员、抗日干部,群众怒目而视,无人答话。

日军恼羞成怒,架起机枪,命令开枪扫射。在这千钧一发之时,共产党员、妇救会主席刘金荣挺身而出,高声喊道:"我就是共产党员,我就是妇救会主席!你们愿杀就杀,愿砍就砍,不准伤害老百姓!"清水利一欣喜若狂,进一步逼问她说出其他抗日干部,刘金荣斩钉截铁地说:"就我一个!"敌人把她吊在一棵大树上,用枪弹击穿了她的手掌,用皮鞭打得她遍体伤痕,但终未从她口中得到半个字。清水利一自己动手,杀害了刘金荣。刘金荣的壮烈殉国激励着所有在场的群众,李正明等人奋起反抗,与日军进行徒手搏斗。丧心病狂的清水利一命令向手无寸铁的群众开枪扫射,并投掷多枚手榴弹,顿时血肉横飞,哭声震天,惨不忍睹。全村男女老幼300多人,除29名青年男女被捆绑准备带到县城外,其余尽遭杀害。敌人将遇难群众尸体统统扔入三角粪坑内,以土石掩埋。日军离村时,又放火烧毁房屋400多间,赶走牲畜100多头。被带到县城的青年中,22名男青年亦被杀害,7名妇女均遭蹂躏践踏,年仅16岁的刘瘦妮被日军折磨而死。

西峪村经过这次浩劫,有25户死绝,共有386人遇害,这就是震惊太行的西峪惨案。为了揭露日军惨无人道的暴行,在西峪村建立了纪念碑,中共中央副主席、全国人大常委会委员长叶剑英元帅亲笔题写了"西峪惨案纪念碑"。

在和顺县城西35公里的峡谷山洼里的榆树湾,山岭起伏,交通闭塞,利于隐蔽。八路军一二三医院就设在这里,100多名在百团大战中负伤的八路军、决死队指战员正在这里养伤。

日军在"扫荡"中,连这个偏僻山村也不肯放过。1940年10月21日,日、伪军400多人,黑夜从县城出发,于凌晨6点多钟,偷偷将榆树湾包围。村里除部分村民临时脱逃和上山打柴的医务人员以外,150多名轻重伤员和50多名群众都被围在村内。穷凶极恶的日军进村以后,挨门逐户进行搜查,当发现伤病员住的房子时,日军丧心病狂地把房屋点燃,伤员被活活地烧死在屋里。勉强爬出来的少数轻伤员,也都被打死在院里或街头。然后,50多名群众被统统逼到村东北头一所房子里,日军点燃炸药包,一声巨响,无辜群众全被炸死。日军临走时,又将300多间房屋烧毁,赶走牛驴70余头,制造了榆树湾血案。

日本侵略军的烧杀抢掠给华北人民带来巨大的灾难。仅据太北区(太行山北部)不完全统计,从1937年10月到百团大战前夕,日军就屠杀了6万余人,烧毁了10万多间房屋。在1940年的秋季"扫荡"中,日军所到之处,更是火光连天,尸横遍地,仅太岳地区的沁源一县被害群众即达5000多人,被抢被杀的牲畜近万头。

光荣的战地动员会

为了把人民组织起来抗日,支援八路军发动的百团大战,晋察冀边区军民创造性地建立战地动员委员会,这一组织在动员组织人民支援百团大战的工作中,发挥了重要的作用。

奇袭娘子关、破袭井陉煤矿的战斗,都是在晋察冀第五专署辖区内进行的。战役开始以前,聂荣臻司令员接见了第五专署的邵专员,向他说道:

"敌人在咱晋察冀抗日根据地,烧杀抢掠,无恶不作,广大人民群众早就要求给侵略者以有力打击,严厉惩治。八路军总部决定要我军区部队主动出击,对正太铁路东段进行破袭,夺取敌据点,截断其交通线。五专署要很好组织,担负起支援前线的重要使命。"邵专员坚定地回答说:"请司令员放心,根据地人民早就盼望八路军应该给敌人点厉害看看,给咱受害的老百姓报仇啊!"

邵专员回到五专署以后,经过和分区党委领导研究,决定建立战地动员委员会(简称战动会),作为战地动员支援前线的最高组织。邵专员在各县抗日民主政府的县长会议上布置说:

"为了支援前方作战,从专署到县、乡都要层层建立战地动员委员会,它的任务有4条,那就是一要保证参战部队的给养供给;二是人力动员,民兵参战;三是慰劳前线,鼓舞士气;四是及时传送情报和胜利的消息。"

邵专员停顿了一下,又强调说:

"在这次战斗主要战场的平山、井陉、平定各县,不仅县乡,就是各村都要成立战地动员委员会。所有各级战动会,都要由各级领导直接担当主任,以保证任务的落实。"

会议以后,各级战动会迅速建立起来。据新华日报华北分馆记者报道,各级战动会设有正副主任,下分民兵指挥、军需、慰劳、宣传、联络5个部,另外还有一个总务处和招待所。各交通要道还设有粮站、菜站、水站、慰劳站、交通站等。如慰劳站,一部分人在战场服务,一部分人在后方交通线上,还建有演剧队、歌咏队、洗衣队、喂饭队、烧水队等,真是机构健全,照顾周到,服务到家。

百团大战开始前夕,聂荣臻司令员亲笔给五专署邵专员写了封信,希望尽快帮助筹备粮秣。邵专员立刻通知各县战动会,发动民众,每人背30斤粮食,安全通过敌人的封锁线,集中送到了前线。平定县战动会为支援攻打娘子关,动员各村群众,整整忙了一夜,各家各户都磨面、烧水、烙饼子,8月20日下午,满载大饼的小车队涌向了五团的驻地。军区各参战部队战士笑着说:"这真是一打仗,倒比平时吃得更好了。"

8月21日,百团大战打响的第2天,由于整天大雨,参战部队战士的鞋子经泥水一泡,大多都坏了。"前线急需一万双鞋"的消息,迅速传到各县战动会。平山县早有准备,立刻筹齐了分配定额,灵寿县一时还凑不够数,县长李耀慈听说后,二话没说,带头先把自己脚上的鞋子脱掉,一时老百姓都纷纷响应,前线急需的一万双鞋,很快都送到了战士手中。

聂荣臻在就百团大战对晋察冀社记者的谈话中,高度评价战动会说:"这次五专区的党政军民共同组织战地动员委员会,是起了很大作用的,它保证了这次战役的一切动员和组织,保证了前线的胜利。"

太行山区武乡县窑湾村有个妇女接待站。窑湾村南是八路军总部所在地的砖壁,村西的中村是八路军兵工厂,村北是三分区部队医院,总部特务团又驻在离村仅5里的左会村。就在这个四面紧邻八路军重要机关的窑湾村,有一位普通妇女胡春花。在战斗频繁的岁月里,八路军、游击队经常进进出出,在村里食宿、休息,胡春花和姐妹们义不容辞地建立起接待站,承担起接待转送的任务。

百团大战的第三阶段,10月25日,日军进犯黄崖洞兵工厂,窑湾村的民兵都到前线参战去了,胡春花领导的妇女担架队任务更重了。她们从前线抬着伤员往三分区医院送,在羊肠小道上,尽是石头,可真难为妇女们那双小脚啦。胡春花和薛春梅抬一副担架,没有走几里路,就摔了好几个跟斗。为了让伤员稳当些,不致摔下担架,她们几组人互相配合,在特别难走的地方,就4个人抬着一个担架。上山的时候,胡春花在前面干脆跪着走。她只有一个心眼,个人吃点苦、受点罪不算啥,千万不能让伤员再受罪。

胡春花她们妇女担架队正在山沟行进中,突然敌机俯冲过来了。"轰隆"一声,一颗炸弹在离她们不远的地方爆炸了。胡春花急忙看看担架上的伤员,好险呀,一块弹片从伤员身上盖的被子上擦过去,留下了一个大窟窿。转眼间,敌机在空中转了个圈,又朝

她们扑来。胡春花急忙将伤员放在一条小干渠里,待到飞机俯下投弹的时候,她翻身扑在了伤员身上。随着一声巨响,烟雾灰尘笼

罩了小山沟。春梅从地上爬起来,看见春花趴在那里一动也不动,还以为出了什么事情,便急忙爬到她身边,大声呼唤:"春花姐,春花姐!"胡春花慢慢睁开眼便问:"春梅,快看一下伤员同志。"春梅说:"伤员同志平安无事。"胡春花这时才支撑着坐了起来。她往自己腰部不舒服的地方一摸,当把手缩回来时,春梅吓呆了,"哎呀!血!血!春花姐你负伤了!快,让我看看!"胡春花笑了笑说:"没事儿,有点血就能算负伤?咱们快点走吧,要不,那狗日的日本飞机再来纠缠怎么办?走!"说着,胡春花在伤口处拍了拍,故意装着没事的样子,抬起伤员继续向前走去。

胡春花抬着伤员来到三分区医院,她又是看护伤员,又是帮助换药、洗绷带,又是给伤员洗衣服,缝缝补补,成了一名编外护士。

后来,胡春花在黎城县召开的太行群英会上,邓小平政委亲自授予她一面"拥军模范"锦旗,她的事迹传遍了太行山区。

兵民胜利之本

毛泽东指出:"动员了全国的老百姓,就造成了陷敌于灭顶之灾的汪洋大海。"边区各县抗日民主政府,都建立了民兵组织,最初名为自卫队,1940年"八一"时改名为民兵。百团大战期间,人民群众除了完成担架、慰问、接待、运输等任务外,广大民兵积极参加战斗,配合八路军作战。据太行区的不完全统计,太行区民兵参加百团大战总人数近6万人,共参战538次,对百团大战的胜利作出了巨大贡献。

在百团大战第一阶段的破袭交通战中,破坏铁路、桥梁、公路的任务基本上都是各地民兵完成的。战役开始以前,山西第三行政区专员公署和十八集团军太行纵队司令部发出联合命令,指示全区军民应密切协同进行破袭战,认真进行空舍清野。许多县参战和支前的民兵和群众,都由县委书记或县长带领,在前线随军行动。有的民兵组织还主动出击,破坏敌人交通及设施。榆社县的

3名青年抗日先锋队队员,潜入南沟火车站,烧毁敌汽油4000桶、车厢140节、炸毁机车8辆、汽车3辆。参加破袭平汉铁路邢台至内邱段的6000名民兵和群众,由分区参战部队率领,编组走上铁路,在"毁灭铁路就是消灭敌人"、"毁敌铁路饿死敌人"、"毁掉铁路好缴敌枪炮"等口号下,连续奋战3昼夜,将30公里铁路彻底破坏。

在百团大战破袭战中,锻炼成长起来的乔猴儿,被军民誉为"太行山中的破线王"。乔猴儿的母亲和弟弟都惨死在敌人迫害之下,1940年8月,他参加了民兵并担任割线组组长。他经常带领民兵闯龙潭、入虎穴、破铁路、割电线。特别是他那拿手的割电线,技艺高超,越干越精。至今太行还流传他"飞马举枪断电线"的故事。在百团大战后期反"扫荡"作战时,他只身下路摸敌情。在他沿铁路行进时,迎面碰上一个日军查线骑兵,他机智地将敌人推下山崖,夺了战马和步枪,朝火车站奔去。日军护路岗发现了,正要拿起话筒向火车站警务段报告,乔猴儿举起缴获的那支步枪,"叭、叭"几响,打断了铁路旁的3根电线,电话不通了。接着,乔猴儿以查线日军的身份,顺利完成了侦察任务。

在涞灵战役歼灭东团堡守敌的战斗中,东团堡村民兵赵宗,表面上是"维持村长",实际是农会主任。战斗打响以前,他陪着三团4名化了装的侦察员闯进东团堡侦察。恰巧,日军为宣扬什么"王道乐土"、"大东亚共荣圈",正强迫老百姓看无声电影,赵宗陪同侦察员乘机将敌人的人员、武器装备等了解得清清楚楚。突然,日军金井翻译官和侦察员走了个碰面,但金井见有赵宗陪同,心里完全明白了是怎么回事,便睁一只眼闭一只眼,没有向甲田大队长报告。战斗打响后,赵宗又亲自带路,向东团堡发起攻击。敌人被全歼后,金井翻译官再次和赵宗见面,点头哈腰地笑脸相陪,但是为了便于隐蔽,继续开展工作,赵宗寒暄几句,又去干他的"维持村长"了。

八路军总部所在地的武乡县,百团大战时,全县13万人中就有9万人参加了民兵、妇救会、儿童团等抗日团体,村村都建立了民兵武装。"村村像军营,人人都是兵,抗日根据地,一片练武声"的民谣,是当时全民抗战的真实写照。在1940年10月的关家垴聚歼战中,仅武乡东山区的20多个自然村,就有3200多名民兵、群众踏着泥泞的山道,冒着敌人的炮火,把几千担饭送到前沿阵地,又把近千名伤员抢救下来,送到野战医院。关家垴战斗结束后,在部队伤亡过大的情况下,又出现了母送子、妻送夫,踊跃参军的热潮。

万民哀悼民族魂

百团大战取得了伟大胜利,华北军民也付出了血的代价。据国民政府军事委员会军令部统计的战绩总结表,我军共阵亡官兵5890人,重伤官兵11700人,失去联络官兵307人。这些在百团大战中光荣负伤、殉国的将士,他们都是中华民族的优秀儿女,民族解放的战士,其中不少人是中国共产党优秀党员和八路军、决死队的优秀模范干部。

决死三纵队董天知政委是百团大战中牺牲最早的领导干部。他原名董亮,1911年出生于河南荥阳县一个书香人家。1929年从开封第一师范学校赴北平弘达学院学习。1930年,19岁的董天知加入共青团,任北平团市委组织部干事兼儿童局书记。1931年,因中共河北省委遭到破坏,他被捕入狱。5年的铁窗生涯,使他的意志磨炼得更加坚强。1936年9月出狱后,赴山西太原,先后任山西抗敌先锋队总队长、决死三纵队政治部主任、政委等职。

百团大战开始后,为配合我部队对白晋路南段的破袭,消灭潞城县之敌,董天知率决死三纵队向潞城集结,他选定地势险要、居高临下的王郭庄作为部队出击地。8月19日下午4时,决死三纵队先头部队50余人进入王郭庄,被该村日伪潜伏密探小组侦知,他们立即向潞城县密侦队长和日本宪兵队报告,日军遂决定派日军五六十人、伪保安一个中队百余人、伪警察30人、密察员10余人,分东西两路向王郭庄村进发。

20日夜二更,董天知率决死三纵队和第九团一部,来到王郭庄。部队尚未安顿就绪,即遭200多敌人的进攻。董天知带警卫排向西山石平岭方向抢占有利地形作掩护,将敌人火力引向自己,命大队主力从火力较弱的东北方向转移。他与28名警卫排战士3次佯作向西突围之势,坚持战斗3小时,至凌晨5时,决死三纵队主力安全转移,董天知和警卫排战士终因寡不敌众,壮烈殉国。

在石家庄华北烈士陵园的苍松翠柏中,静静地躺着许多为中国人民解放事业英勇献身的英烈。我们以崇敬的心情,沿着那石砌的排排墓拱走去,在右侧的墓地里,有一座墓碑上写着:

凌则之,原决死一纵队二十五团政治委员,四川省人。1937年入伍,1936年加入中国共产党,历任政治指导员、政治教导员、政治部主任等职。1940年百团大战牺牲。

最近,随着地方党史工作的开展,凌则之的生平事迹才逐渐被调查清楚。他原名凌家增,字季瑜,四川省屏山县楼东乡人。1937年3月,他被组织派往设在山西太原的军政训练班第十连学习,此后长期在决死队从事政治工作,先后任决死第一总队三大队十一中队指导员、三大队教导员、决死第一纵队三总队政治部主任等职,百团大战时任决死一纵队二十五团政委。

百团大战中,决死一纵队二十五团屡屡建功。攻马首车站,夺榆社沿壁,仗都打得非常漂亮。10月,日军在向太行区进行残酷的大"扫荡"中,凌则之奉命率二十五团坚守温庄阵地,和占据侯家峧的决死一纵队三十八团,负责从两面掩护驻在砖壁的八路军总部机关转移。

10月22日,进抵蟠龙之敌的先头部队200余人,在遭到三十八团的打击之后,又分兵3路,在飞机的掩护下,向温庄一线强攻。

凌则之指挥二十五团对来犯之敌猛烈反击,手榴弹、子弹急风暴雨般飞向敌群,敌人乱作一团,不敢前进。敌人在稍事调整后,又在重火力的掩护下,再次发起进攻。凌则之带领战士跃出战壕,冲向敌群,反复激战9小时,予敌以重大杀伤,胜利完成掩护八路军总部安全转移的任务。而年仅25岁的凌则之政委却献出了宝贵的生命。

指挥攻占正太路卢家庄战斗的第一二九师三八六旅十六团团长谢家庆,以打响百团大战破袭第一仗而闻名全军。这位英勇的团长,却在关家垴聚歼战中为国捐躯。

谢家庆,河南确山县人。1929年,18岁的谢家庆加入共青团,2年后参加工农红军,开始军旅生涯。1932年加入中国共产党,1937年赴延安抗大学习,后调任十六团团长。

百团大战中,谢家庆率领十六团,继攻克卢家庄之后,又参加了卷峪沟阻击战和榆社城攻坚战,都打得英勇顽强,屡建奇功。

在关家垴聚歼战中,谢家庆率十六团奉命夺取柳树垴。第一次总攻开始后,谢家庆率团强攻,一度攻占了柳树垴高地。但敌人不甘心失败,又几次发动反冲锋。经过几次激烈的枪战,在这块小小的阵地上的土被烧焦,树被烧光,阵地复又被敌人夺去。谢家庆意识到,柳树垴高地的争夺,直接影响到关家垴整个歼灭战的成败,于是,他亲自上阵与敌人展开手榴弹加刺刀的短兵相接的白刃格斗。经与敌人反复冲杀、肉搏,终于夺回了柳树垴高地,而谢家庆团长却长眠于这钢铁阵地上了。

将最后一滴血洒在百团大战疆场上的英雄,还有李和辉团长、吴隆煮副团长、李光升营长等优秀指挥员。陈赓将军生前,有一次曾经语重心长地向李达将军说:

"在百团大战中,我们的抗日将士英勇地打击敌人,多少好同志献出了宝贵的生命啊!我想,百团大战将来在历史上是无论如何也要写上一笔!"

10. 历史的见证

8月20日开始的百团大战,于12月5日胜利结束,历时108天。

在华北5000里的大地上,数十万八路军、决死队将士在广大人民群众的支援下,浴血奋战,共进行了大小战斗1824次,毙伤日军20645人、伪军5155人,俘虏日军281人、伪军18407人,日军投降47人,伪军反正1845人;破坏铁路474公里、公路1500公里、破坏桥梁、隧道、火车站260处;炸毁碉堡523个;缴获炮53门、枪5800余支。

12月10日,第十八集团军总司令部、野战政治部公布《百团大战总结战绩》,庄严宣告:"这一伟大而艰巨之大会战,以其兵力之大、地区之广,积极自主向敌进攻战术艺术之指导与组织,以及总结所获战绩之大等方面说来,百团大战实为我国抗战以来空前未有之大创举。敌后方游击战争空前未有之大创举!"

百团大战结束了,但围绕着百团大战带来的一系列耐人思索的问题,并没有结束。

蒋介石出尔反尔

8月24日,陪都重庆蒋介石的办公室。

日军飞机轰炸刚刚结束。蒋介石从战时防空洞里出来,心中憋着一肚子气,嘴里不停地骂着:"娘西匹,这几天是怎么搞的,天天钻防空洞,这空袭还有个头没有?"

他走进办公室,卫侍长帮助脱去衣帽,他便无精打采地一头倒在沙发上,顺手打开了收音机。

"北平消息,连日来华军对京汉和正太路实施破坏,计被破坏铁桥10处、铁路10余处。我华北方面军各部正组织迅速反击……"

蒋介石"啊!"了一声,急地从沙发上站了起来,躲避空袭钻防空洞的满腹怨气,顿时消失。他抓起电话机,急忙拨通参谋总长何应钦的电话,查询日方广播的真相。

实际上,一贯重视维护国共合作、团结御侮的朱德、彭德怀,在百团大战开始的时候,除向中共中央革命军事委员会报告外,通过八路军参谋长叶剑英已向蒋介石、何应钦和国民政府军事委员会军令部长徐永昌写了报告。此时,函件尚在转递办理之中。

待军令部经过核实,报经参谋总长何应钦批复的同时,第一战区司令长官卫立煌等也已将百团大战战况转报到了蒋介石手里。蒋介石看到朱德、彭德怀的报告,心情十分复杂。一方面,他出于消极抗日、积极反共的思想本质,对八路军竟有百团大战如此壮观之举,深感不安;可是另一方面,日军攻占宜昌,准备进军西安、昆明和对重庆的狂轰滥炸,使蒋介石如不再作出某些抗战的姿态,实难向全国人民交代。

蒋介石暗自思忖,这共产党、八路军也着实厉害。朱、彭的报告真是天衣无缝,难以挑剔。就连战役开始之前事先没有报告,也写道:"百团大战已经历一月余之准备,但恐电报机密不密,恐有泄漏,故未早报,特此申明。"于是,蒋介石在9月4日致电朱德、彭德怀"特电嘉奖",并于9月7日电训各战区长官司令部,要效法八路军游击战术:"查游击战术要旨即在准备充分、行动秘密与侦察周到,而基础则在对敌后各预区之民众参以组织与爱护,各战区应以十八集团军此次在正太、同蒲、平汉各路之游击破坏活动作为法则,拟定自本年9月起至12月之持久计划,加强敌后游击战。专以铁路、公路、水路各交通线与兵站、仓库、飞机场、汽车、汽油机等实施有计划、有组织之长期破坏。在此游击期间,其第一要义,务使敌军不能抽调其在各地区之部队,破坏其10月间秋季攻势,造成与我军有利形势。仰各战区迅即遵循本会迭次下达关于游击之训令,以及本会所示之趣旨,切切研究,拟定整个之游击计划。"

第一战区司令长官卫立煌、第二战区司令长官阎锡山等,均奉命策应百团大战。卫立煌指挥南路军一部进攻曲(沃)高(平)公路及白晋公路南段长治至晋城之日军,并断其交通;阎锡山之三十四集团军总司令胡宗南和其他一些军团之一部,都奔赴前线。为此,9月17日,蒋介石专门致电朱德:"自贵军出击后,即经电饬卫(立煌)、阎(锡山)两长官迅饬所部积极出动,以策应贵军作战方案。兹据卫长官佳电称,晋南我军全部已遵令于真日分向同蒲路南段翼城、晋城附近出击。仰贵长官仍本原定计划督饬所部积极行动,俾与晋南出击部队互相呼应,予敌更大打击为要。"

但是,从9月下旬起,随着国际、国内形势的变化,蒋介石又开始变卦了。9月27日,日本上台才2个多月的近卫内阁正式与德国、意大利结成法西斯同盟。这个一手制造南京大屠杀惨案、双手沾满中国人民鲜血的近卫文麿,一上台就梦寐建立"大东亚共荣圈",继派兵占领法属印支北部以后,更加积极推行其南进作战计划。这时,英、美企图利用中国抗战来遏制日军南进,遂改变他们原来牺牲中国利益的"东方慕尼黑"政策,积极支持中国抗战;而德国、意大利为了利用日本在亚洲钳制英、美,则力促日本南进,并相机劝蒋介石对日妥协和加入德、意、日军事同盟。蒋介石在这种错综复杂的国际环境中,在国内亲日派阴谋家和内战挑拨者的包围和压迫下,仍不打算改变其消极抗战、积极反共的路线,于是,暗中策划新的反共高潮,企图利用日军南进之机,集重兵"扫荡"八路军、新四军,消灭共产党及其领导的抗日武装和抗日根据地。

10月19日,何应钦、白崇禧以国民政府军事委员会总参谋长、副参谋长的名义,发出所谓"皓电",诬蔑八路军、新四军"破坏抗战"、"不服从军令、政令",同时,为消除百团大战在国内外造成的巨大影响,国民党中央宣传部也奉蒋介石的命令,发出指令称:"查近来报上常有记载'百团大战'字样,如19日《新华日报》所载,晋西近讯即载此事。此项名词及有关之新闻,以后应绝对禁止登载。"

蒋介石出尔反尔,对自己一月之前曾予嘉奖的百团大战,百般诋毁,引起了国内人民的强烈不满。

针对蒋介石日益暴露的对日妥协、消极抗战、积极准备发动新的反共高潮的阴谋,中共中央提出了"稳健地对付国民党的进攻。军事上采取防卫立场","政治上强调团结抗日"的对策。一方面,积极开展统一战线工作,动员党内外一切积极分子,向国民党、向军队、向各党派团体及各界人士,说明"剿共就会亡党亡国,投降必使中国四分五裂"的道理;另一方面,要求八路军、新四军和抗日根据地,必须坚持长期的独立自主与自力的抗日战争,准备应付任何严重的反共战争,粉碎日本与亲日派联合夹击的阴谋。正是出于这种全局斗争的需要,百团大战没有按实际结束的时间,对外宣布结束。直到12月22日,毛泽东、朱德、王稼祥还从延安致电彭德怀:"百团大战对外不要宣布结束,蒋介石正发动反共新高潮,我们尚须利用百团大战的声势去反对他。"

这份密电,既揭露了国民党蒋介石消极抗日、积极反共的嘴脸,也充分肯定了百团大战在全国人民心中的巨大影响和重要地位。

彭德怀刚直不阿

对于百团大战的认识与评价,在中国共产党内长期以来也存在一些分歧。如1945年在延安召开的华北工作座谈会和1959年的庐山会议上,有些同志包括直接参加百团大战的将领,对战役的规模、个别战斗的打法等,提出了一些意见。对此,作为百团大战直接指挥者的彭德怀,以坦荡的胸怀,严予律己,对战役中的某些失误，主动承担责任，并认真做了自我批评。

但是，功勋卓著的彭德怀元帅万万没有料到，在"文化大革命"中，指挥百团大战竟成为他的一大"罪状"。

1966年12月22日晚，经江青、康生策划，时任三线建设指挥部第三副主任的彭德怀在四川成都，被北京航空学院红卫兵抓走，27日被押解至北京。从此，在戚本禹直接控制下的"彭德怀专案组"，以莫须有的罪名，对彭德怀开始肆意诽谤与迫害。

彭德怀回到北京不久，就有几个红卫兵找他质问：

"抗日战争时期你干了些什么坏事？"

"打死了几万日本兵。"彭德怀安然地回答。

"为什么打百团大战？"

"打敌人嘛！"

"打百团大战不经中央批准，就是反对毛主席！"

彭德怀冷静地说：

"当时，要打百团大战，中央军委负责同志基本都知道。总部决定打百团大战以后，曾经向各区发电报，也上报了中央军委。毛主席很赞成这次战役。百团大战胜利的消息传到延安后，毛主席立即给我来电报嘉奖，说百团大战真是令人振奋，像这样的战斗还可以再组织一两次。"

1967年7月，彭德怀再次被押到北京航空学院一间大教室里，遭受批斗。这一次，除了红卫兵以外，江青、康生等又专门让一个出卖灵魂的"老干部"，控诉彭德怀指挥"百团大战如何破坏当时的革命大好形势"，"招致日寇的疯狂屠杀"，企图证明彭德怀是"假抗战，真助蒋，假功臣，真罪魁"。

听着这样的无耻诽谤，被斯诺誉之为"开门见山、直截了当、不转弯抹角作风"的彭德怀，实在是忍无可忍了，他挺身而立，突然反问道：

"我请问，'九·一八'日本侵占我东北是谁招致来的？'七七'

卢沟桥事变又是谁惹恼了侵略者?我再请问,日本鬼子对我同胞惨无人道的烧杀,难道只是在百团大战以后才开始的吗?"

面对彭德怀义正词严的反问,那个"老干部"哑然失声,一句话也答不上来了。接着,这家伙又声嘶力竭地喊道:"彭德怀,你太嚣张了!你敢翻庐山会议的案?"

彭德怀理直气壮地说:

"红卫兵小将们,庐山会议上是有一些同志就'百团大战'的问题,对我提出过批评,其中许多意见是好的。作为一个历史事件来研究,是可以的。但是,这次战役对于振奋我们民族抗战必胜的信心,对于打击日本侵略者的嚣张气焰,是有功的!功在我们党、在千万八路军战士,烈士们的鲜血绝没有白流,没有白流……"

彭德怀话还没有说完,便被几个人打倒在地,翻滚了几下,昏过去了。当他苏醒过来的时候,有个人拿出一份事先写好的所谓"向无产阶级革命派彻底投降的认罪书",让他签字。彭德怀喘着气说:"让我看一看!"他猛地用尽平生力气,站立起来,怒吼道:"我有罪!我罪在消灭了几万日本侵略者!"说罢又昏倒在地上。

当时在场的北京卫戍区警卫战士,次日在向"中央文革"的报告中写道:

昨天,北航开了三四十人的小会斗彭德怀。会上打了彭德怀,打倒7次。前额打破了,肺部有些内伤。明天还要斗。

彭德怀被抬回住处。据他的侄女彭梅魁回忆说:伯伯被打破头、打断两根肋骨,发高烧。但他在病床上仍然坚持写下了对百团大战的回忆,严正地斥问:"那些诬蔑百团大战的人,你们不仅替日本侵略中国作了辩护,也为蒋介石长期以来对我们党抗日丰功的诬蔑当了义务宣传员!你们呀!是些什么人呢?是无知,是无耻,还是别有用心?我很怀疑。"

1974年11月29日,76岁的彭德怀被迫害致死。生前,他多次给他的老警卫员景希珍说过:

"红卫兵都是年轻娃娃,他们不懂得历史,给他们讲清楚了,他们会明白的。百团大战当然也有不足的地方。但现在有人把这次战役说成是罪恶,这根本是不顾事实真相。打敌人罪在哪里?我看有的人是别有用心。不管它功过是非,历史是最好的见证。"

历史的结论

彭德怀在生命的最后岁月,曾经说过:"我们这个党呀,我们的国家,叫一伙国民党特务搞烂了。我相信我们这个党,不会总这个样的!"

历史是无情的,也是公正的。

1978年12月24日,中共中央为彭德怀彻底平反昭雪,举行了隆重的追悼大会。

1987年在隆重纪念中国人民解放军建军60周年的时候,由解放军军事科学院军事历史研究部编著的《中国人民解放军战史》,对百团大战作出了正确的评价:

百团大战,是抗日战争中我军在华北地区发动的一次规模最大、持续时间最长的带战略性进攻的战役。在这次战役中,我华北几十万军民齐心努力、前仆后继,同日本侵略者浴血奋战,充分表现了中华民族不屈不挠的战斗精神。

百团大战严重地破坏了日军在华北的主要交通线,使正太铁路停运一个多月,两次切断同蒲铁路北段,平汉、津浦、北宁等铁路和部分公路也遭到不同程度的破坏,拔除了敌人深入我根据地内的部分据点,歼灭了大量日伪军,缴获了大批军用物资,彻底破坏了敌重点掠夺的井陉煤矿,钳制了敌人大量的兵力,鼓舞了全国人民抗战胜利的信心,提高了我党我军的声望,锻炼了部队,并向全世界表明了中国共产党及其所领导的军队,是抵抗日本侵略的中流砥柱,是争取抗战胜利的希望所在。

1990年在百团大战胜利50周年的时候,邓小平亲笔为中国人民革命军事博物馆编写的《百团大战历史文献资料选编》题写了书名。

1991年在纪念中国共产党诞辰70周年的时候,中共中央党史研究室编著的《中国共产党历史》(上卷)在列举了百团大战取得的辉煌战果之后,写道:

> 百团大战使全国军民看到,八路军在极为困难的条件下,不仅发展壮大起来,而且能够给敌人以强有力之打击。这次战役振奋了全国人民争取抗战胜利的信心,以事实驳斥了顽固派对共产党、八路军之诬蔑,锻炼了人民军队,提高了共产党和八路军的威望,对坚持抗战、遏制当时妥协投降暗流、争取时局好转起了积极作用。敌人在遭受打击后惊呼"对华北应有再认识",并由华中增调兵力来华北,对华北抗日根据地实行"更大规模的报复作战"。

百团大战的伟大胜利,也受到了国际上反法西斯战线的高度评价。在那战火纷飞的年代,苏联《红星报》在评论中国军事时就指出:

> 华北之中国军队,目前正在山西省进行主动性之作战。第八路军正展开大规模之攻势。游击战在山东省与北平附近亦正趋于激化,中国人民始终表现高度之民气,对自身之力量具有信念。中国人民为自由独立,争取最后胜利而战,依然表现最大之决心而不能动摇。

美国著名记者史沫特莱对百团大战也作了这样的描述:

> 经过长时间的策划,朱德和彭德怀在1940年8月初发布最后命令,对日军展开百团大战……整个华北地区,从晋北山区到东海岸,从南面的黄河到北面的长城,都成了战场,战斗夜以继日,一连厮杀了5个月。一百团人打击了敌人在华北的整个经济、交通线和封锁网,战斗是炽烈而无情的。敌人占有的煤矿、电厂、铁路、桥梁、公路、车辆和电讯都遭到破坏。

在纪念世界人民反法西斯战争、中国人民抗日战争胜利65周年的时候,我们可以豪迈地说:

百团大战不愧为中华民族反侵略史上的光辉篇章,英雄们的战斗业绩将永远铭记在人民心中。

滇缅军魂

——中国远征军纪实

王晓华 著

图1 中国远征军第二〇〇师师长戴安澜将军。他曾率部取得棠吉作战胜利,1942年5月在突围战斗中光荣殉国,年仅38岁

图2 滇缅公路是中国与盟国的唯一战略补充线。图为滇缅公路上的九十九道拐

图 3　盟军驻印度总指挥史迪威将军在印度兰姆伽对驻印度部队讲话

图 4　奇袭密支那的战斗打响了,在炮火的掩护下,中国远征军战士勇猛地冲向日军阵地,经过苦战,占领了战略要地密支那

1. 太平洋战端

1941年12月7日（东京时间12月8日），太平洋的夏威夷群岛沉浸在一片安静而温馨的晨曦中，这是一个星期天的早晨。珍珠港内，停泊着美国太平洋舰队。除了航空母舰执行任务在外，一艘艘巨大的战列舰、巡洋舰、驱逐舰、炮舰、供应舰等都随着轻轻的海浪摇动着，像喝了醇酒一样陶醉着。港湾四周的几个机场上，停放着数百架战斗机、轰炸机，在初升的阳光下，闪烁着耀眼的银光。

星期六夜晚的欢乐刚刚结束，城市和水兵皆在沉睡之中，一派和平的景象。

当教堂中传来的悠扬钟声在群山间回荡之时，遥远的海天相连处，正隐伏着巨大的危机：以日本第一航空舰队司令长官南云中将率领的一支由6艘航空母舰为主体的舰队，经过近3000海里的长途航行，神不知、鬼不觉地出现在珍珠港以北约200海里处。第一批攻击飞机正向珍珠港上空扑去。

7时55分，183架日机组成第一攻击波，以迅雷不及掩耳之势飞达珍珠港上空，一时间，满天弹雨劈头盖脸落下，机场上、军港内立即燃烧起熊熊大火。被炸得七零八落的飞机残骸与遍体鳞伤倾斜下沉的战舰不时引发阵阵巨大的爆炸声。日本鱼雷机像黑色的乌鸦一样，呼啸着冲向美国战列舰，在几十米高度施放鱼雷，一艘艘战舰中弹起火，渐渐沉没。

8时55分，171架日机组成的第二攻击波又扑向燃烧的港湾，穷追猛打已经惨不忍睹的美国太平洋舰队。攻击又持续了一个小时，到处是燃烧的废钢铁和散落的成千上万的飞机残片，一个庞大的舰队不复存在。

日本偷袭珍珠港后，大本营陆海军部向全世界公告：帝国陆海军于8日凌晨在西太平洋同美英军进入了战争状态。

与此同时，日军将战火烧向了英军在东方的基地香港。

香港位于南海之滨，珠江口东侧，被称为英皇皇冠上的明珠。自1840年鸦片战争的隆隆炮声沉寂之后，这里便脱离了中国的版图，成了英国的殖民地。整整100年了，这里仍然吹拂着南海迷人的暖风，还没有再闻到战争的硝烟。

香港的夜生活光怪陆离。从太平山到北角码头，处处灯红酒绿，在数不清的夜总会、酒楼、赌场中，人们纵情声色，狂欢畅饮，乐而忘返。天色熹微，游人才拖着困倦疲惫的身子回家睡觉。

上午8点，因为是星期天，港岛的大部分居民还在睡梦中。此时，第一批空袭香港的日本轰炸机，发出巨大的吼声，进入香港上空。

日机如入无人之境，俯冲投弹，并用机枪来回扫射停泊在启德机场停机坪上的5架皇家空军飞机和8架民航飞机以及1架泛美航空公司的"夏威夷飞剪号"飞机，相继引起大爆炸，飞机全被摧毁。保卫机场的英军阵地上的数门高炮，未及还手，便被炸得飞上半空。

很多居民被爆炸声惊醒，纷纷跑到阳台上、马路上仰脸巡望，还以为是皇家空军在搞军事演习。此时，一排排的炸弹呼啸着从天而降，人们躲避不及，血肉横飞。

海面上，日本第二遣华舰队在旗舰巡洋舰"足柄"号率领下，大炮及鱼雷齐射，配合空军陆军进攻香港。

驻守华南的日军第二十三军司令官酒井隆中将，指挥第三十八师团五十一师的步兵联队、炮兵部队，在装甲车等掩护下，越过边界进攻新界与九龙；另一支日军从浅水湾登陆，向港岛攻击前进。

12月9日，香港华侨日报新闻："日本昨日凌晨向英美开战。

七时许即有日机突然出现于港空,并觅取目标投弹,全港军民即起而应付此闪电攻击,新界边界亦已有适当之处置。最高统帅英国远东海陆空总司令普咸将军,驻中国海军总司令黎屯联衔宣言:'我们已准备好了。'行政立法两局联席会议则揭示'行动重于空言',罗旭和爵士则吁请我侨一心一德对付共同敌人,并参加民众防卫部队。总督杨慕琦爵士并广播演讲,促请中英军民一致前进。"

12月18日,日军在猛烈炮火的支持下夺取城门水塘,切断了英军的水源,港岛北部七姊妹区又被日军偷袭成功。在腹背受敌的困境中,要塞中的英军挥起白旗,英香港总督杨慕琦在半岛酒店向日军投降。

在耶稣圣诞的那天,大英日不落帝国的臣民,在日本皇军的太阳旗下,被钉上了受难的十字架。

同一天,日军进攻马来西亚、菲律宾群岛、威克岛……整个太平洋上,从东到西都烧起了熊熊的战火。

日军进攻的下一个目标为缅甸。日军第十五军团司令官饭田祥二郎在泰国首都曼谷部署攻击缅甸的计划,准备以第二十五军的近卫师团、第五十五师团、第三十三师团做好攻缅准备,一旦拿下仰光和整个缅甸后,封锁中国和盟国的唯一补充线,进而进攻印度和中国云南。形势对中、英、美等国来说,异常危急,刻不容缓。缅甸,已成为同盟国在东南亚的最后一个堡垒。"保卫缅甸!"太平洋两岸的美中两国首脑罗斯福和蒋介石都意识到它的至关重要。

2. 美国派来了参谋长

山城重庆。黑漆漆、寒冷冷的冬夜,死一般的沉寂。昔日万家灯光的夜景,由于实行战时灯火管制,此时除了几条巨大的探照光,交叉逡巡在无月无星的天幕中,只有不屈的嘉陵江奔腾不息,呜咽着滚滚向前。

南岸的黄山,松林掩映中坐落着国民政府军事委员会委员长蒋介石的官邸。在壁炉暖烘烘的气氛中,他睡得很熟。

梦中,在港口码头上,停靠着巨大的美国轮船,起重机的巨大铁臂吊起了一门门重型大炮、坦克,满载美国军援的成队卡车向他开过来。他眉开眼笑,美国人支持我了,我终于能与日本对抗了。

"委座,委座,快醒醒……"侍卫长在急切地呼唤。

好梦消失了,大炮、坦克、卡车都随之消失了,只有窗外阵阵松涛在晨风中呼啸。蒋介石回到现实中,定了定神,不禁大怒。

"娘希匹,搞什么名堂?"

卫士长小心翼翼地说:"委座,中宣部董副部长来电话,有重要军情报告……"

蒋介石愤愤拿过电话。"董显光,有什么军情快讲!"他怒斥道。

董显光一反常态,用兴奋和急切的声音说:"委座,这下有盼头了,日本人昨天偷袭了珍珠港美国太平洋舰队,美国已对日宣战了。"

"什么?你再讲一遍!"蒋介石几乎不相信自己的耳朵,"好了,等了4年了,美国人终于卷了进来。飞机、大炮、坦克,要什么有什么……"

上午8时,蒋介石精神焕发,亲自主持国民党中央常委会特别会议。他说:"日本发动珍珠港事变,对美宣战,我国对日宣战,已无问题。现在主要问题是我国如何与美、英、苏等国建立军事同盟,进行统一反德、日的战争。我建议与美、英、苏、荷等国成立军事同盟。"

日本的南进政策,势必在太平洋上与美英等国发生军事冲突,而中国是当时唯一能钳制日军大量兵力的国家,因此,中国的战略地位日益提高。罗斯福总统决心改变以往不干涉日本侵华的方针,决定支持中国共同抗日。

12月31日,罗斯福致电蒋介石:

"为立即完成我等共同抗敌力量之联系与合作起见,今正在南太平洋战区成立最高统帅部……此项联合国在中国战区之共同活动,亦需有同样的统帅部……建议麾下负指挥现在或将来在中国境内活动的联合国家军队之责。"罗斯福推荐蒋介石出任中国战区最高统帅,使蒋介石受宠若惊。为了讨好美国并获取更多的援华物资,蒋介石向罗斯福要求派遣一名美国陆军将军出任中国战区蒋介石的参谋长。

命运之手像罗盘一样指向了史迪威。

约瑟夫·W.史迪威,1883年3月生于美国佛罗里达州的帕拉特卡,1900年考入西点军校,1921年到中国学习语言,后任美国驻北京公使馆武官,1929年返回美国,1935年又为美国大使馆上校武官,1939年重返美国陆军任职,1940年为少将师长,后很快为中将军长。他与美军参谋长马歇尔是同学、朋友,马歇尔推荐史迪威出任是职。

1942年元旦过后的一个早晨,一个高高瘦瘦、穿着陆军准将军服的老头走进了陆军参谋总长马歇尔的办公室。他的黑发中夹杂着灰白的头发,鼻梁上架了副眼镜,这就是史迪威。在一次意外事故中,弹药库爆炸,一块弹片严重地损伤了他的左眼,而右眼的视力也很糟糕。布满皱纹的面孔满是严峻。

马歇尔与史迪威握手后,说:"乔,太平洋那边,中国的蒋介石委员长向总统要求,让我们给他派出一个将军做他的参谋长,我们决定派你。"

史迪威嘟噜着:"你将用一只山羊做烧烤的祭品……"

"怎么?你不愿意接受这一职务?"

"好吧,我同意,任务是什么?"

马歇尔将文件递给史迪威说:"去协调中英双方的指挥权,消除分歧,保卫缅甸,保证滇缅公路畅通,这是通向中国唯一的运输线了。"马歇尔停顿了一下,突然想起:"对了,要掌握指挥权,给他们下达任务,钱不成问题。"

1月29日,美国陆军部发表了史迪威的任命,他身负六职,可谓"肩负了重任",即:中国战区参谋长、在华美空军指挥官、对华租借物资管理统制人、滇缅公路监督人、在缅甸的中美军队司令官、美军驻华军事代表。

史迪威说:"我的主啊,我肩负了重任。上帝将保佑我出征。"

3月初,史迪威在赴华途中被陆军部任命为中将,摆在他面前刻不容缓的艰巨任务是前往缅甸前线,指挥入缅参战的中国远征军。

3. 蒋介石亲临缅甸

重庆。1942年1月3日,中央社电讯:

我军事发言人于昨日出席中外记者招待会时,曾在答复某外国记者询问时称:中国军队为协助同盟军作战,已于日前奉命开入缅甸布防。

蒋介石任中国战区总司令后,决定派遣中国远征军开赴缅甸,协助英军保卫仰光和滇缅公路。保住运输线,就像保住了生命的血管,中国就可以源源不断地获得美国物资,以坚持抗战。

然而远征军在缅甸边境上遭到英军拒绝入境的通知。

英军总司令魏菲尔上将的殖民地意识非常强烈,他认为缅甸原是中国的藩国,自英国占领后,为其殖民地。英国人以其特有的傲慢蔑视中国人,魏菲尔瞪着他的独眼说:"大英帝国自治领地不需要穿草鞋、背老式枪的中国兵来保护,他们只会给我们带来麻烦。如果非要他们入缅,我看一个团,最多一个师担任护路就可以了,但他们的补给必须自行解决。"

一方要帮助保卫缅甸,一方冰冷冷地予以拒绝,蒋介石成了剃头挑子——一头热。然而日本大军已云集泰国边界,只等命令一下,即开进缅甸。

日军的咄咄逼人,使3个师的英印军、英缅军感到大难临头。傲慢是吓退不了日军的,英国人在危急关头软了下来,紧急要求蒋介石派精锐部队开进缅甸,并任命胡敦将军代替原英军总司令魏菲尔。

1月20日,日本陆军五五师团主力突破泰缅边界,向缅甸南方港口城市毛淡棉挺进。22日,日本大本营向饭田祥二郎中将的第十五军团下达了"与海军协同攻占缅甸重要地区"的命令,指示饭田祥二郎:"缅甸作战的目的,在于击溃缅英军,占领和确保缅甸的重要地区。为此应以第十五军团迅速到毛淡棉附近萨尔温江一线,做好作战准备以后,以主力从毛淡棉至勃固的公路沿线地区出发,迅速占领中部缅甸的重要地区。"

中国远征军一方,首先被允许入境的是第六军所属九十三师(师长吕国铨)。

1月22日,英军方允许第六军四十九师(师长彭壁生)入缅。

2月3日,中国军事委员会军令部二处以蒋介石名义致云南宜良第六军军长甘丽初指示入缅电:

限五小时到。宜良。甘军长。密

(1)着该军军部即开景东,原在该地第九十三师,担任湄公河之景东、景来间道路之地区防务。

(2)第四十九师即开腊戌,尔后向景东、景来间道路以西挺进。

(3)着暂五十五师集中畹町待命入缅。

(4)该军入缅后即归英方指挥。

(5)该军长宜先乘机飞腊戍,惟赴腊戍期确定后,应迳电胡敦将军,以便届时接洽,特电遵照,希将开拔日期先行电复,尔后各部行动仰隔三日汇报一次为要,中正。丑江亥。令一亨调印。

是日,英军允许第六军暂编五十五师(师长陈勉吾)入缅。

2月14日,军令部二处以蒋介石的名义致电昆明行营主任龙云、军事委员会参谋团团长林蔚、后方勤务部部长俞飞鹏及远征军第五军军长杜聿明等,令第五军入缅:

有线电。限五小时到。昆明龙主任、参谋团林团长、后勤部俞部长、杨林第五军杜军长,代电军政部后勤部:圜密:

一、据美代表团请求,仰光情况紧张,请派第五军迅速入缅。

二、着第五军即按二〇〇师、第九十六师、军部、新二十二师之顺序,以先头于铣(16)日开始汽车输送,先向畹町附近集中,候另令英车接运入缅;全军应于二十日内输送完毕。

限即到。昆明。龙主任、参谋团林团长、昆明探转第五军杜军长、代电军政部、后勤部。密

着第五军到畹町后,即由英车接运,继续输送至棠吉、同古中间地区集中,归胡敦将军指挥,除分令外,特电转饬遵照(对龙),遵照(对杜),知照(对林、军政、后勤)。中正。丑效辰。令一亨调印。

国门,畹町。

滇缅公路上到处可见首尾相衔的蒙着雨布载满物资的军用卡车和身穿草绿色军装、背着斗笠、足蹬草鞋的中国部队,浩浩荡荡,威风凛凛。

据中央社随军记者发自滇边基地的报道:

今日滇缅公路已非商运孔道,而为军运线,我军继续由此

入缅,军运全部卡车。每车二十五至三十五人,马四匹……军队蜿蜒进行达数里,烟尘相接,甚为大观。我军将士深知此次出国作战,不仅在捍卫祖国,且在争取盟邦胜利,保障和平。远征部队行动敏捷,闲暇即研究战况。战士们穿草绿色新军装配装整齐,时于车中高唱战歌,前后应和。沿途春阳朗朗,花树灿烂,益增乐趣。

这是自1894年甲午战争以来,中国军队第一次出国作战,无论长官士兵,一个个士气高昂,兴奋不已。

二○○师师长戴安澜坐在卡车驾驶室中,指挥全师前进,眼前雄壮的大军出国远征,使他壮怀激烈,再次路过国门畹町时,面对群山,想起诸葛武乡侯南征,诗兴大发,不觉口诵七绝二首:

其一

万里旌旗耀眼开,王师出境岛夷摧,
扬鞭遥指花如许,诸葛前身今又来。

其二

策马奔车走八荒,远征功业迈秦皇。
澄清宇宙安黎庶,先挽强弓射夕阳。

此时,日军已逼近仰光,占领了仰光东北100公里的勃固。

腊戍。中国远征军的基地,为滇缅公路缅北通向滇西的门户;离缅甸第二大城市曼德勒280公里,距离畹町177公里。

腊戍有老腊戍和新腊戍之分。老腊戍住户零落,店户多在公路两侧,房屋都用木板、铁皮建成,为典型的缅人建筑区。新腊戍在老腊戍西边4公里的山坡上,气候凉爽,市区多为西式和中式建筑。

1942年3月3日,蒋介石偕夫人宋美龄从昆明乘飞机到腊戍,视察缅甸战事,住进英国传教士波特先生的酒店。下午4时,蒋介石在波特大酒店召见入缅作战高级军官。

在二楼大厅等候委座接见的有商震、俞飞鹏、林蔚、周至柔、杜聿明、甘丽初、戴安澜、陈勉吾等人。

蒋介石军装笔挺、笑容可掬地从楼上下来,高级军官们同时立正。

蒋介石摆摆手:"大家坐。"

"我这次是专为缅甸战事而来的。这次出国作战,我派出了国军精锐第五军和第六军。这支机械化部队是我们花费了大量心血、金钱训练、装备起来的,只能胜利,经不起失败。"他看到了杜聿明,"光亭,你有信心吗?第五军、第六军都归你指挥,这个家要当好,有事多和我联系。"

杜聿明站得笔直,恭敬地说:"学生一定按照校长的指示办。"

蒋介石说:"国军入缅作战应注意三点:此次五、六两军出国作战,因地形生疏,习惯很不同,后方组织尚未完成,作为最高统帅,我心中颇难自安,因此亲来缅甸主持指导;此来发现许多优点,同时亦知有许多困难。入缅作战军之战术方面,由林次长负责指导。"林蔚赶快起立立正。

"后方一切部署,由俞部长负责指导。"俞飞鹏紧起立立正。蒋介石看看他们,语重心长地说:"务希谨慎从事。远征军的最高指挥官人选尚未确定,拟调卫立煌将军担任,杜军长副之。在卫未到任以前,暂由杜军长统一指挥。在国外作战,生活要简单,行动要一致,共甘苦同患难。不分彼此,不生意见,互相援助;精神要彻底团结,命令要彻底服从,不可以同学或朋友关系而稍有疏忽,如此乃能树立国军之信誉。此外我这次发现的最大缺点,即各级官长幕僚对于报告多虚伪而不确实;现代军队若一切命令通过报告,如报告不确实,不但不能指挥作战,抑且难以做人。以后在国外作战部队,一切均应实实在在,不可稍有虚伪谎报;盖确实则虽败亦胜,虚伪则虽胜犹败,况虚伪被人轻视,损失信誉关系至大。"

"目前情报多不确实,敌人兵力位置番号均不明了,我军入缅后,应对前方派遣侦探,愈远愈好,每日报告数次,有重要情况则应随时报告,对友军则应切取联络;兹特别提出入缅军之首要三句口号,为:侦察敌情,宣慰民众,联络友军。对此三点,应切实注意办到。"

蒋介石走到"缅甸敌我态势图"旁,接着说:

"现在情况与指导可分以下四种研究:

"1. 第五军之集中尚未完成,敌寇即已占领仰光时。

"2. 第五军在集中期间,敌人毫无行动,仍停滞于锡唐河两岸时。

"3. 我第五军之主力两师,已集中同古,而敌对仰光进占时。

"4. 我第五军主力未集中完毕,敌寇即攻占同古时。

"在第一种情况,应侦察占领仰光敌寇兵力之大小,以决定我对仰光反攻与否?若敌兵力小,则我可即行反攻;第二〇〇师尚须三四日方可开拔完毕,可兼开一部战车,以利作战;若敌占领仰光已久,其海、陆、空军已有联络,则我攻击困难;但敌兵力若在两师以内,则我仍可反攻。若有三师,则反攻不易矣。故第五军主力两师,仍应在后方集中,视情况而定作战方略。但同古之机场,应予固守。总指挥部可以设曼德勒或眉苗,惟英军总部在眉苗,则设于眉苗联络,较为良好;五军军部,可设于他希附近。

"在第二种情况,则应对培古河东岸之敌攻击或歼灭之。

"在第三种情况,其发生当在十日以后,此时如敌为一师,我应对其反攻。

"在第四种情况,则二〇〇师应死守同古,一俟第五军大部集中,即行反攻。"

蒋介石讲到这里,对二〇〇师师长戴安澜说:"戴师长,你要对第四种情况有充分的精神准备。由于英军不配合,我远征军已经陷于被动,很可能你师为先头部队,到同古后,要掩护全军集中。

应注意敌情侦察,并与友军联络,可多制缅人便衣,以便进入森林及敌后侦察作战。"

他又对杜聿明说:"杜军长,第五军对敌是攻是守,须视敌军兵力多少及占领仰光之久暂以为断。如敌兵力在一师以内,且刚占领仰光,我第五军已集中两师兵力,则可进攻;如敌兵力在两师以上,占领仰光时间又逾一周,则不宜强攻。我军此次在国外作战,可胜不可败;故在未作战之前,应十分谨慎,侦察敌情十分明了,一经接战,则不计一切牺牲,以期必胜;第五军之两师,应在畹町附近集中,以待军部及直属部队到达,一同入缅作战;作战之前,必须小心谨慎周到准备,对地形敌情详加研究,对友军及民众切取联络,决定作战以后,则应期必胜;否则,纵全部牺牲,亦所不惜,以保我国军之信誉及对外之信仰。

"以上所指示各项,务希详加研究,切实实施。"

商震插话:"委座,史迪威中将已从美国转中东经加尔各达到了这里。"

在蒋介石和商震的欢迎下,史迪威进了波特酒店。蒋介石对史迪威报以诚挚热情的欢迎。

蒋介石眉开眼笑地说:"将军阁下,你到缅甸担任远征军司令官,我是一百个放心。"

史迪威坦诚地说:"委员长,形势未必乐观,日军已包围了仰光,如仰光一失,滇缅公路入海口将被切断。"

蒋介石胸有成竹地说:"我最好的部队第五军正向缅甸南部开进,第二〇〇师为先遣部队已到达同古。如果仰光能守住,该部将掩护主力防守仰光。如仰光失守,该师将死守同古城,争取时间,待主力集中后反攻仰光。我准备下令给第五军、第六军两军长,归将军阁下指挥。"

4. 仰光无光

　　仰光。椰林掩映中的东方热带城市。该市西、南、东三面环水,西面有莱河,南面为仰光河,东面有勃固河和那摩眼河,处在一块不大的三角洲上。笔直的马路,两旁皆为缅甸式木楼,参差着英国式的红砖洋楼,别有特色。在蓝天和阳光下,最令人瞩目的是耸立在登谷达勤山冈上的雄伟壮丽的瑞大光塔,又叫大金塔。该塔有2500多年的历史,塔高112米,塔身全部用金箔贴成,在阳光下,金碧辉煌,犹如一座金山。塔顶金伞上有直径27厘米的金珠,珠上镶着5440颗钻石和1431颗宝石。塔上八面悬挂着1065个金铃和420个银铃,微风袭来,发出叮咚悦耳的铃声。大金塔建在十几米高的大理石铺成的平台上,周围矗立着4座中塔和68座小塔,众星捧月般环拱着平台中央的主塔。主塔基有4座大门,每座门前都有神态各异的石狮镇守,塔内供奉着玉石雕琢而成的坐卧佛像,护以石栏,显得庄严而秀丽。遍布四周的各种各样的小塔的佛龛中,都有大小不一的玉佛。在平台的西北角的亭子里,悬挂着1878年贡榜王朝缅王孟坑布施的一口大铜钟,钟重24吨,高3公尺,直径达4公尺,为世界上著名的大铜钟。

　　距离大金塔约3公里处是繁忙的港口,停泊着大大小小的运输船和油船,汗流浃背的运输工人在英军的监视下将船上的军用物资卸下,再装上卡车。港口上整齐排列着几百辆美国军用十轮大卡,等着装满军用物资,再沿着运输紧张、运量有限的滇缅公路转运到边境城镇腊戍,经过怒江上的惠通铁索桥,运往中国各战区。

　　由于日军即将进攻仰光,战争的气氛很浓,马路上不断有扛着枪的英印军士兵走过，各种军车川流不息。在机场周围，布满高炮和高射机枪，士兵们严阵以待。机场上，数十架皇家空军和美国志愿队飞机列队待飞。

大战前夕，英方走马换将，任命名将亚历山大替换缅甸英军总司令胡敦将军。

亚历山大将军是英军中最年轻的将军。在著名的法国南部敦刻尔克大撤退中，海岸上到处是遗弃的大炮和坦克，密集如麻的溃兵集中在码头上等待船只撤退。德军飞机俯冲和扫射，将英法军压迫在狭窄的海岸上，到处是死伤的人员和弹坑，充满着硝烟、恐怖与惊慌。亚历山大将军却穿着擦得锃亮的皮鞋和最时髦的马裤，在爆炸声中悠闲地吃早饭，并对果酱赞不绝口。他的镇定和勇敢精神，使丘吉尔首相非常佩服，说："他能用自己的信心感染周围的人。"

此次，亚历山大临危受命，于3月5日到达仰光机场。一下飞机，他就对前来欢迎的缅甸总督史密斯爵士说："我此次肩负的任务，是奉命坚守仰光。"他用一种自命不凡的神情指着机场周围的防空堡垒说："我认为一个优秀的军人不应该枯坐在钢筋水泥的防御工事中而自满。"他挥着拳头说："应该乘敌不备之时，尽量进攻！进攻！"

日军的先头部队正向仰光至普罗姆公路挺进，企图切断仰光通往北方的唯一通道。仰光有被日军包围的危险。亚历山大了解到局势的危险性后，他的信仰和自负伴随着早餐的牛奶、鸡蛋和面包吃进了胃里。他当即决定：破坏仰光城市设施，炸毁大炼油厂，迅速撤出仰光，沿仰光至普罗姆公路向北撤退。

3月7日，仰光上空浓烟滚滚，英印军士兵和逃难的人群、车辆缓缓向北撤退。码头上遗弃着10万吨的军用物资，包括972辆卡车的组装零件和5000个轮胎都付之一炬。

3月8日中午12时，3000名耀武扬威的日军在飘扬着的太阳旗下，进驻仰光。

中国远征军第二〇〇师正乘坐火车，沿缅甸南部平原，急如星火地赶往仰光以北的同古城。

日军从仰光向北追击英军，即将与远征军发生遭遇战。

3月18日黎明，200多名日军先头部队，骑着摩托车沿公路进入了皮尤河南岸12公里处的假设阵地。埋伏在这里的中国远征军二〇〇师摩托化骑兵团和五九八团步兵第一连的官兵，在林承熙团长的指挥下，一声令下，机关枪、步枪、手榴弹一起向毫无戒备、骄横狂妄的日军猛击。天色蒙蒙，尚未完全明亮，复杂而隐蔽的地形，突然的打击，使日军晕头转向，有的还没有明白打击来自何方，便做了异国冤魂。

自从日军进入缅甸，从毛淡棉到锡唐河，又到仰光，几乎没有遇到什么抵抗，一路长驱直进，这是第一次吃到苦头。混战3个多小时，日军抛下30多具尸体、19辆摩托车和20多支机枪、步枪，纷纷向南，沿公路两侧没命地狂逃。摩托化骑兵部队一面追击残敌，一面打扫战场。步兵敌尸的番号表明，该部为第五十五师团步兵第一一二联队的搜索队。我前哨连完成任务后，趁黑夜转移，埋伏于皮尤河大桥南岸阵地。

3月19日清晨，日军一部500多人向皮尤河大桥方向冲来。摩托兵开路，汽车数十辆紧随其后，渐渐进入二〇〇师五八九团前进部队预设的埋伏阵地。200公尺的大桥上几乎全是日军。

工兵将电钮猛然下按，"轰轰轰"几声，前面的汽车翻入河中，后续的卡车霎时拥塞于南岸的公路上。两岸枪声大作，在第一连排长王若坤的指挥下，十几挺机关枪从头到尾，向躲在汽车后抵抗的敌军猛烈射击，打得汽车像筛子似的抖动，不少敌人被打死，剩下的有的窜入森林，有的沿公路溃逃。一阵激战过后，敌军死伤官兵约200人，我伤亡士兵30余人。王排长下令检查敌人尸体，发现一名身挎皮包、望远镜的少尉联络军官，叫砍部一郎，从他身上搜获了日本侵缅兵力配备地图、重要文件和日记。被消灭的来敌系第五十五师团一一二联队的一个小队。中午时分，敌大队来援，炮兵首先轰炸第二〇〇师在皮尤河畔的警戒阵地，紧接着步兵发起冲锋，战斗持续到深夜，我部队撤回同古既设阵地。

3月19日，中国远征军副司令长官兼第五军军长杜聿明率参谋人员，从瓢背军司令部至同古，和戴安澜师长等在同古城视察地形，检查工事。同古城的工事构筑完全是坑道封闭式的堡垒，均用铁路枕木日夜施工，经10天时间修筑而成。

此时，同古序战已开始，在鄂克春的二〇〇师前进阵地前，日军先头部队五十五师团第一百一十二团步骑联合行动。由于接连二日遭到伏击，他们行动极为谨慎，东西两面向我军阵地正面搜索前进。当遭到射击之后，日军发现了二〇〇师前进阵地，兵力增加到千余人，在4门山炮的掩护下，展开攻击。

3月21日，日军6门大炮，整日轰击鄂克春前进阵地，敌机亦与之协同，轮番轰炸同古城。二〇〇师高射机枪、重机枪、轻机枪勇猛还击。战斗激烈之时，敌我在阵地上展开肉搏战，双方伤亡均很大，敌伤亡300余人，我伤亡140余人。敌援兵增至2000多人，战至傍晚，阵地屹然未动。

3月22日，日寇再次向我鄂克春阵地猛攻，另一路企图迂回，被我军击退。整日，双方发生激烈的炮战。

3月23日，拂晓至午后2时，敌一二一联队与一四三联队，在12门山炮、重炮的轰击下，以装甲车、战车为前驱，步兵在后，黑压压地出现在鄂克春前进阵地上。攻势一浪高过一浪，后方还有汽车往返输送援兵。敌空军出动30架飞机连续6次对阵地进行轰炸，二〇〇师警戒阵地一度被日军突破。戴师长命令第五九八团副团长黄景升率领第一营赶到皮尤增援警戒部队。黄副团长指挥步骑配合，向敌侧反击，击毁敌装甲车、战车各2辆、汽车7辆，将敌人的攻势压了下去。下午8时后，敌军再次发动猛攻，阵地再次被突破一部，敌我彻夜对战。这一天，是日军对我前进阵地攻击最猛烈的一天，从早到晚，阵地上都在厮杀。我五九八团中校副团长黄景升在战斗中中炮，壮烈牺牲，官兵伤亡很大。但阵地仍在我手中。这一天，敌远射程大炮还向同古城区射击，守城部队固守阵地。

敌军承认："第五十五师团自库代北进以来，在屋敦（即鄂克春）还是第一次与强敌遭遇。"

3月24日，敌炮空步兵协同向鄂克春、坦塔宾前进阵地正面发起猛攻。在步兵攻击之前，先以大炮向我阵地轰击，对森林绵密地带，使用轻重机枪武力搜索，探明未有埋伏后，利用步兵搜索前进。敌人在树上架设了轻机枪，向远距离的守军射击，将二〇〇师警戒部队压在战壕中抬不起头来，伤亡颇大。戴师长对敌情研究后，令各营重机枪连以高架设，向树上之敌扫射，打得树叶乱飞，敌机枪手纷纷栽下树来。戴师长又下令各部队用重机枪对阵地两侧森林做广角射击，使敌遭到很大伤亡，再也不敢爬在树上向我军射击了。

上午9时，日军另一部500多人，携小炮数门，从铁道以西迂回同古以北地区，进攻同古机场，企图包围二〇〇师。瓢背之第五军军指挥部与同古间电话被日军截断。同古城北的飞机场和公路亦遭到敌炮兵的猛烈射击。敌突击部队向机场守军发动袭击，防守同古城北阵地的第五九八团的一个营对敌侧袭，支援防守机场。此时，正在机场以北担任警戒的工兵团正在破坏铁路，遭到敌人袭击后，工兵团团长李树正仓皇失措，向后撤退，只留下五九八团一营与敌激战。下午8时，残余部队放弃机场，退入同古城。

5. 同古喋血

日军侦察得知第二〇〇师指挥所设在同古城北,调集骑兵约500人突袭,欲打掉指挥中枢,在师指挥所前,遭到掩护部队强有力的反击。

晚9时,戴师长率师指挥所从城北撤进城内,召集连长以上所有军官开紧急会议,以研究敌情与下一步作战方案。

戴师长说:"敌军对我正面连续发动几天的进攻,遭到失败,今天改变了战术,从左翼迂回同古城,占领了飞机场,切断了公路,破坏了我师与军部的联络线,企图从三面包围同古。我与军部的联系,只有靠无线电。我决定要坚守同古,完成掩护军主力集中的任务,为国家民族争光。我看,日本飞机大炮对城里进行狂轰滥炸,无线电有线电架设和通讯都有困难,决定将师指挥所由副师长高吉人率领,渡过锡唐河,设在河东岸。我留在城里指挥3个步兵团。"

高吉人说:"师长,我留在城里,你率师指挥部出城,保持与军部的联系。"

戴安澜摆摆手:"不要争了,就这样决定,我可以全力指挥全师的战斗。我命令,放弃鄂克春、坦塔宾的前进阵地,部队全部集结城里。"

是日,杜聿明连续二电,向蒋介石汇报战况,一是在中午12时,一是在午夜12时。

即刻到。委员长蒋:圜密。(表)1446军代

(一)同古正面之敌,于本晨展开大战,以炮空联合向我阵地猛攻,另以一部约五六百人,附小炮数门,于本日午前九时

由铁道以西向同古以北地区,拟包围我戴师,企图作战在飞机场。迄午后五时止,正面仍在鄂克春东西之线,侧后方仍在飞机场附近激战中。

(二)昨晚戴部坚守,努力歼敌外,并派骑兵一连及以装甲汽车输送步兵一团由北向南协攻,大挫迂回之敌。

(三)自上午九时,我瓢背、同古间电话被截断,惟戴师无线电随时可通。谨闻、瓢背职杜聿明叩。敬午。萍如。印。

限即到。CPM。委员长蒋:圕密。(加表)。(军代)。战报:

(一)袭击同古机场之敌,本下午五时后大量增援,攻势越烈。我伤亡惨重,午后八时机场卒告不守,且后方联络亦被截断。迄十二时止,全阵地仍在激战中,并不断向机场反攻中。

(二)除严限敬(24)即日恢复机场及联络线外,并伤切实遵照钧座意旨,激励士气,抱与城共存亡之决心坚持矣。谨闻。瓢背代司令长官杜聿明叩。敬亥。萍光。印。

3月25日拂晓,日军飞机30余架轮番轰炸同古城,大炮同时向同古城轰击,城里房屋多被炸毁。上午8时,日步兵分三路向同古城西、南、北三面发动猛攻,均被二〇〇师守军击退。敌方增兵,由同古旧城西北角向六〇〇团阵地进攻,企图将守城部队一分为二,从旧城区进击锡唐河,从而占领锡唐河大桥,切断我军东路经毛奇同瓢背军指挥部的交通线,又使城里部队与河东的师指挥部失去联系。坚守旧城的六〇〇团第三营营长王玖龄在激战中负重伤,情况万分危急,步兵指挥官郑庭笈当即命令第五九八团第二营向六〇〇团增援,与冲入城中的日军逐屋争夺,展开拉锯战。敌我两军相距仅二三十米,日军飞机大炮均无法轰击,转而对锡唐河大桥和东岸阵地进行轰击,使大桥部分桥面受到严重损坏,车辆无法通行。是日晚,二〇〇师各部不断以小分队夜袭,枪声彻夜不停。

蒋介石十分关心同古战况,致电杜聿明授以机宜:"侵缅之敌,仍有以主力向曼德勒进攻之企图。我军在目前应以第五军之二〇〇师、新编第二十二师及军直属部队在同古、彬文那间与敌作第一次会战。如会战不利,应行持久抵抗,逐次消灭敌人。"

是日,杜聿明着手实施同古会战计划,除令戴师坚守同古外,令新二十二师速向叶达西输送,并电复蒋介石:

委员长蒋钧鉴:三月二十三日夕九时手示敬悉。同古之敌已被我军吸引,拟即遵示以有力之一部击破当面之敌,然后转取攻势,予敌以致命打击,一举收复仰光。一切准备可于三十日前完成,恳即准第九十六师开平满纳(彬文那)作总预备队为祷。职杜聿明叩。有未。

3月26日,日军以第五十五师团第一一二联队、第一四三联队、第一四四联队从南、北、西三面向同古城内发动进攻,其主力仍向旧城西北角发起突袭。下午9时,日军向同古旧城进行大规模攻击,该处第二〇〇师第六〇〇团阵地再次被突破,我军遂退守同古铁路以东,继续抵抗。双方的部队仅隔一条铁路对峙,相距不到100米。由于犬牙交错,敌人的飞机大炮均没有派上用场,于是日军将前沿部队后撤200米,才派来飞机轰炸,随后又用大炮轰击,中国军队躲在掩蔽壕里不动,敌人轰击之后,步兵又上来冲锋,可是中国军队仍然不动,等到敌人冲锋到只有四五十米的时候,所有的机枪、手榴弹,便像狂风暴雨似的向着敌人攻击,敌人死伤过重,又退了回去。像这样的战斗,一日之内要反复多次。双方均有很大的伤亡。

是日,日军一部从同古以北机场出发,向北挺进至南阳车站,占领阵地,企图以一部对北叶达西方向取守势,阻击新编二十二师向二〇〇师靠拢,以集中主力消灭同古的第二〇〇师。

同时,日军第五十六师团在仰光登陆,饭田祥二郎命令第五十六师团火速增援同古。五十六师团长渡边正夫即命平井卯辅大佐指挥6辆装甲车、45辆运输车和400名士兵为先头部队,赶赴同古,大队人马尾随前进。

当第二〇〇师接防同古时,英缅军第一师便撤出同古,向同古以西的普罗姆集结布防,与同古的中国远征军互为犄角,以掩护远征军主力南下,在同古与彬文那间集结,发动会战,反攻仰光。在缅甸英军总司令的命令下,3月中旬,英缅军第一师(欠第十三旅)、英印军第十七师、英澳军第六十三旅和英军装甲第七师均布防于普罗姆一线。

3月27日,日军主力继续围攻同古,战事激烈。敌占城西,据铁路以西,第二〇〇师仍固守铁路以东阵地,与敌激战。同古以北,隐隐约约传来新二十二师援助同古部队的炮声。第二〇〇师第五九九团在团长刘少峰的指挥下,打退敌人多次进攻,但伤亡很大。

坐镇瓢背的杜聿明军长在上午9时电蒋介石汇报战况。

最机急。XQLA。委员长蒋:圊密。(加表)。

(一)同古之敌猛烈进攻,迄未稍止。我戴师仍固守同古铁道以东原阵地,与敌激战中。

(二)我新二十二师之一部已在同古北方克永岗(KYUNGON)附近展开,驱逐敌掩护部队,搜索前进中。但因输送关系,主力未能集结实施总攻。杜聿明叩。感已。印。

关于主力向同古集中问题,腊戍的滇缅参谋团参谋处处长肖毅肃亦于是日电蒋介石:

……新二十二师正向叶达西输送中,但以输送力太弱太缓,且英方所报输送状况亦不确实,本感(27)日恐不能集中完毕。但我攻击计划仍不变,仅攻击开始日期,势须延缓。

下午7时许,杜聿明再电蒋介石:

最机急。渝委员长蒋:夷密。(加表)。

(一)围攻同古之敌自九时攻击愈烈,我官兵沉着固守,即以严重打击,敌伤亡惨重,毫无进展。戴师刘团伤亡亦大。迄现在止，仍在原地与敌激战。

（二）午后，敌炮兵突然出动，并向北转移兵力，与我廖师在克永岗（KYUN GON）附近东西之线发生接触，伤亡二十余人，战况逐渐演进中……谨闻。飘背代司令长官杜聿明叩。感酉。印。

是日蒋介石复示腊戍军令部次长林蔚、杜聿明等，转中国战区盟军总部参谋长史迪威，授以机宜电：

最急。腊戍或眉苗转。林次长：光亭、毅肃廿五、廿六日各代电阅悉，甚慰。希转史参谋长与副司令长官：如情势不急，应待兵力集中后出击，切忌逐渐使用。中正。

3月28日，担任阻击任务的日军在同古以北要点已构筑工事，以图对叶达西方向取守势，阻止新编二十二师援助同古，与新二十二师主力发生激战。我方只有轻战车和炮战车各一部，其余重火器尚在腊戍待运，虽竭尽全力，战至午后，攻克南阳车站四周及部分建筑物，战车击毁敌炮兵阵地，获山炮1门及弹药文件甚多，但敌已占领了纵深阵地，而南阳车站坚固建筑物内的敌人，仍疯狂抵抗。攻击竟日，无有太大进展。攻城日军向戴安澜师猛攻，并施放糜烂性毒气弹。戴师伤亡虽重，因在昆仑关等战役中有过毒气战经验，士兵们取出毛巾，用尿浸湿，捂在嘴鼻上，对戴着防毒面具冲上来的日军猛烈射击，并丢集束手榴弹，打退了敌人进攻。上午10时许，敌轰炸机开始轮番轰炸我军阵地，掩护其战车突入戴师阵地，不停顿地向其正面与左翼强行攻击。第五九九团团长柳树人报告了危急情况。戴安澜对着电话用嘶哑的嗓子喊着："柳团长，你要死守这一个缺口！没有援军！没有补充！人打完了也要守！"第五九九团伤亡惨重，柳团长端着枪扫射着，坚持不退。有不少战士面对日军如潮的攻势，干脆脱光上衣，跳出壕沟，端着机枪横扫冲上来的敌人；有的手上提着一大捆手榴弹，在敌战车开过的一刹那，拉响导火索，与敌人同归于尽。从早到晚，激战白热化。

日军无法攻破同古城,傍晚其步兵穿着红衣黑裤打扮成土人或化装成缅甸农民,身穿筒裙,驱赶着牛车,车上满载着枪支弹药,上面覆以稻草,企图混入二〇〇师后方阵地,均被士兵搜查出并加以歼灭。开战以来,戴师官兵伤亡逾千人,但亦缴获日军步枪百余

支、轻机枪6挺、迫击炮7门、自行车数十辆、防毒面具多件。

是日中午12时左右,冒着枪林弹雨、带着满身泥土的戴安澜师长来到锡唐河桥东的师指挥所,还未及与副师长高吉人询问战况,指挥所处便遭到日军大炮的轰击。同古东南的敌骑兵,也迂回涉过锡唐河,向指挥所袭来。当大炮轰击了100多发炮弹后,灼热的气浪和弥漫的硝烟还未让人喘息过来时,敌骑兵已冲到指挥部外四五十米处。守在指挥所外的第五九九团第三营与师部特务连立即开枪,与敌展开一场殊死混战。很快,阵地上敌骑兵与我步兵搅和在一起,开始了肉搏。戴安澜立即要电话,打给同古城内的步兵指挥官郑庭笈:"敌人从同古南30公里处渡河,正向师指挥所攻击中,第五九九团第三营和师部特务连伤亡很重,情况万分危急。请五九八团派步兵两连向师指挥所增援。"不久,师指挥所与城中电话联系中断。敌骑兵已冲至指挥所外,"嗷嗷"叫声已在耳边。"决不能做俘虏,为国捐躯的时刻到了!"戴师长拔出手枪,准备殉国,被部下劝阻。指挥部的全体官兵,全部拔出枪对敌射击。士兵们见戴师长也在和敌人战斗,均奋不顾身,跳出战壕,用密集的手榴弹,炸死了大量骑兵。此时第五九八团两个连援兵从城中杀出,东西夹攻,午后将敌压迫于大桥东南对峙,并与第五九九团第三营取得联系,逐渐恢复原来态势。

杜聿明于是晚10时多向蒋介石报告战况:

即刻到。XQLA。委员长蒋:圜密。(加表)。战报:

(一)围攻同古之敌,自本晨来激增无已。十时后,敌飞机多架更番轰炸,掩护战车,纵横进出,炮兵则使用毒气弹,依其炽盛火力,向戴师阵地之正面及左翼不断强行攻击。战况之烈,战斗前所未有,我全体将士,仰遵钧座意旨,视死如归,虽伤亡惨重,仍坚守不退,迄现在犹在原阵地与敌激战中。

(二)廖师(即廖耀湘之新二十二师)自昨开始攻击敌前进部队,本日总攻以来,因敌已占领纵深阵地,且森林丛集,我军开始攻击,敌复向我反攻,敌我争夺竟日。我占领村落多处,予敌以严重打击,而仍不能迅速进展。

(三)余师(即余韶之第九十六师)本日因平满纳(即彬文那)火车出轨,阻碍输送一日夜之久,不能如期集结,打破整个计划……谨闻。瓢背副司令长官杜聿明叩。俭戌。萍。印。

6. 谁在操纵远征军

蒋介石的计划是以第二〇〇师不惜一切代价死守同古,以争取时间掩护远征军主力向同古一带集结。第二〇〇师付出重大的牺牲,抗击日军主力达十余天,仗越打越艰苦,而第五军主力却迟迟不能集中,第二〇〇师的处境危险异常。蒋介石预定的在同古与日军主力会战,以期反攻仰光的计划受到了严重的挫折。

英军这时已在普罗姆构筑防御阵地,与同古互为犄角。此时,如果中英军队一方出了问题,另一方必将失去阵地。

驻滇缅参谋团团长、一向以老谋深算著称的林蔚,这时向蒋介石提出了自己的意见:"……我铁道运输太弱,廖师今晚(28日)可在叶达西(YEDASHE)集中完毕,余师艳(29)日可到叶达西,三日内应取胜利之果。"但是林蔚的意思着眼点在下面,"如预期不能克敌,则请钧座来严令避免增兵,并着陆军暂五十五师(即第六军陈勉吾师)主力预入在彬文那。"

3月28日,林蔚从腊戌赶至眉苗,与杜聿明就战局交换意见后,是日深夜致电蒋介石:(一)保存戴师战斗力。(二)勉求调赴安全。(三)自彬文那以南先站住脚,集中力量,再定攻守。

在此问题上,杜聿明等人的意见与史迪威发生了冲突。史迪威将自己的司令部搬到了眉苗,与第五军军指挥部设在同一地区。

在日军主力包围同古的日子里,他每天在眉苗至彬文那的简易公路上来回颠簸,经常遭到日本飞机的轰炸与扫射。他一次又一次地在桌上铺开地图,向杜聿明和廖耀湘强调进攻的好处。他还驱车赶到腊戍,与参谋团林蔚、萧毅肃、商震等就战术、指挥和调动问题进行了长谈,又与负责滇缅路运输的俞飞鹏谈了后勤运输问题。

史迪威认为第二〇〇师仍应坚持不应放弃。而杜聿明则提出铁路运输一塌糊涂,职员们正在逃跑,彬文那以下既没有火车,也没有卡车,很难坚持。史迪威主张命令属下用枪押着职工,把火车开起来。杜聿明则担心火车的安全,提出难以保护火车,指出"所有的情况都不利于进攻"。史迪威不满:"怎样才能使新二十二师投入战斗呢?"双方发生激烈的争吵。最后,杜聿明用陕北话骂了一句:"狗娘养的美国佬!"走进自己的房间再也不出来了。

史迪威的参谋马丁带来了一个坏消息,他用英语悄悄告诉史:"英国人已开始从普罗姆撤退了。"

"这将引起可怕的后果。"史迪威说。中英两军共同防守同古——普罗姆一线,互为犄角,目的是掩护远征军南下。3月25日,蒋介石在重庆接见英军司令亚历山大时,明确指出:"如果英军能守住普罗姆,第二〇〇师则能守住同古。不论在任何情况下,必须坚持守住目前的阵线,这是最重要的。"亚历山大也向蒋介石保证过,并说要派驻普罗姆英军侧击同古日军,以减轻二〇〇师的压力,而现在才三天,英国人居然反悔了。普罗姆的动摇,势必影响整个阵线。

3月28日凌晨3时30分,史迪威赶到普罗姆,会见了亚历山大。

亚历山大告诉史迪威:"蒋介石同意英国人来指挥(包括史迪威的中国远征军)。"

史迪威告诉亚历山大:"蒋介石说,我是中国军队的总指挥,有权指挥第五、第六军。"

"这他妈的搞什么鬼?"二人几乎同时叫了起来,"我们谁也指挥不了谁!"

亚历山大耸耸肩说:"看来我有权指挥的只是英国的军队。"

史迪威摊开双手,摇摇头:"看来我谁也指挥不动,他们他妈的都不听我的。杂种,这一定是花生米搞的诡计,实际上,他一直在指挥他的军队。杜(聿明)、林(蔚)一直同他联系。"

其实,当亚历山大在重庆向蒋介石保证坚持普罗姆时,日军第三十三师团在师团长樱井醒三的率领下,已由西线开始进攻普罗姆了。荒木正二少将率领第二百十四联队、工兵三十三联军和山炮、远射炮大队组成先头部队,沿普罗姆大道北上。与英军交手仅一天,便打死英军500多名,俘虏了113名,缴获坦克22辆、装甲车30辆、汽车163辆和大炮20多门。亚历山大当即决定放弃普罗姆。

凌晨4时,史迪威离开了亚历山大的司令部,重新坐上吉普车。高低不平的路面,使他在车中左右前后摇晃。他无法休息,脑子里只考虑一件事,要说服参谋团长林蔚,蒋介石委以他指挥大权之事,林是知道的。

上午10时,史迪威的车到达瓢背,他顾不得旅途疲劳,立即与杜聿明讨论局势和明天的进攻。"他(指杜)已经接受了命令。想想我们已经失去了机会,这是谁的错呢?我们将绕过突出部,从三个方向切入——午夜时分给普罗姆去电话,让格鲁伯要求亚历山大进行一次真正的攻击,而不仅仅是一次胡闹。"

3月29日凌晨2时,普罗姆来电话,信息已递交。他们答应照办。是日,英军在普罗姆以南向日军发起象征性的攻击,英装甲部队进入庞得后,日军即在斯维当截断其退路,英军仓皇撤回普罗姆。

3月29日,新编第二十二师主力继续对南阳车站猛攻。敌军调来了增援部队,步炮联合,与新二十二师展开对攻,双方皆无进展。远征军游击司令黄翔部补充第二团之一部,由南阳车站以西勃固山脉的森林迂回同古附近,有一连曾一度进入永克岗机场。由于新二十二师等部的牵制,敌军对同古城区攻击压力减轻,仅为炮战,但锡唐河大桥以东之敌,对戴安澜师指挥部攻击甚为猛烈。敌人的目的是要包围歼灭二〇〇师的指挥机关。

郑庭笈在回忆录中写道:

二十九日拂晓,城里和师部指挥所电话中断,师指挥所情况不明,东岸枪炮声有时激烈,有时沉寂。第六〇〇团团长刘少峰和第五九九团团长柳树人问我戴安澜的情况,师部电话为什么不通。我说师长刚刚同我通过电话,在讲话中电话又断了。同古战斗进入最后的阶段。黄昏时东岸第五九八团第七连连长石磊派兵带来两名缅甸人,是戴安澜到同古后组织的缅甸人便衣队,他们带来了戴安澜给我的亲笔命令,并要他们为我当向导。命令要旨为:奉军长杜命令,要第二〇〇师于二十九日夜间从色当河东岸撤出同古城,沿河东岸到叶达西集中待命。撤退时部队由郑庭笈指挥,余在河东岸掩护。戴安澜。三月二十九日下午五时于师指挥所。

放弃浴血12天固守的同古,第五军军长杜聿明是经过深思熟虑的。他告诉史迪威:

"我决定令第二〇〇师于二十九日晚突围,以保全我军战斗力,准备在另一时间、另一地点与敌决战。"

史迪威不同意:"我们现在不是放弃同古,而是要立即命令新二十二师进攻。"

杜聿明说:"阁下,你听我解释:日军3月14日在仰光登陆的第五十六师团已陆续增援中路,28日已渡过锡唐河,迂回至同古以东;而我军第九十六师、战车炮兵等部队尚需一周以后始能集中;第六十六军何时集中难以预料。第二〇〇师已在同古连续苦战十二天,弹尽粮绝,但补给中断。日军在同古以北构成坚固据点,新二十二师攻击亦非一举可得。在此情况下,我军既不能迅速集中主力与敌决战,以解同古之围,而再相持下去,五十六师团之敌又势必增援同古,我们只能坐视第二〇〇师被敌歼灭;而日军将再对付二十二师、九十六师,对我军各个歼灭……"

史迪威激动地打断他:"先生,你过分地夸大了不利于我的成分。不错,目前我军遇到很大困难,但敌军也很困难。在这种情况下,就看谁能咬牙坚持住。英国人在普罗姆将以全部坦克全力发起攻击,你应该做一次真正的努力,在困难的情况下发动进攻,应该下令让廖师全力进攻。"

杜聿明断然表示:"不行,我们无法进攻。美空军志愿队虽经协定自27日起协同廖耀湘师发动进攻,但到今天,已经30日了,连鬼影子都没有看见。"

史迪威发火了:"你说的都是一大堆废话。二十二师要等待九十六师,九十六师要等待五十五师,一大堆借口。你们什么事情也不干,总是有借口,要拖延。不指挥进攻我在这里他妈的干什么?无所作为,我要辞职!"

杜聿明冷冷地说:"辞职你去找蒋委员长,别和我说。"

杜聿明的态度使史迪威火上浇油,大声嚷道:"是蒋介石委员长说 J. W. 史迪威可以指挥第五军和第六军。除非他现在免我的职,否则你必须服从命令。"

杜聿明说:"蒋委员长没有说让我服从葬送全军的命令。"

史迪威命令参谋窦尔登说:"你负责监督杜实施我的攻击命令。否则我要枪毙违反军令的人!"

"你当你是谁?美国佬。"杜聿明转身又回到自己的房间去起草撤退计划。

史迪威下命令:"第二十二师明晨六时,从前沿向前推进,向同古全力进攻。"又留下参谋人员监视执行命令,然后回到眉苗司令部。

杜聿明向廖耀湘下达了相反的命令：

新编二十二师于三十日晨六时向南阳车站之敌实行佯攻，牵制敌人，以掩护第二〇〇师主力向叶达西方向撤退。

又令戴安澜：第二〇〇师于二十九日夜经同古以东突围，主力撤出后，即将大桥破坏。

郑庭笈接到戴安澜的撤退命令后，立即用电话和第五九九团团长柳树人和第六〇〇团团长刘书峰两位商讨撤退办法，决定：

1. 以团为单位，派各团少校团副指挥伤兵与炊事班，利用锡唐河大桥到河东岸，向叶达西集中。伤兵过河后由师卫生队收容，送后方医院。

2. 第一线步兵营派出阻击组，向阵地当面之敌实行夜袭，掩护各团撤退。

3. 撤退时按第五九九团、第六〇〇团、第五九八团的顺序。第五九九团从大桥过河，其他两团一律徒涉。

4. 各营阻击拂晓前离开阵地，向河东归还建制。

是夜，阵地前的机关枪声、步枪声、手榴弹爆炸声响成一片，曳光弹和手榴弹爆炸的亮光映红了同古城。第二〇〇师各团相继撤出同古城。拂晓前，各营派出的阻击组完成任务后，也悄悄撤过河东岸。清晨，日军的炮兵又向同古阵地开始炮击。

上午10时，担任后卫的五九八团由缅甸人带路，有条不紊地撤向叶达西。在河东岸的一间草棚里，戴安澜迎接到郑庭笈，二人紧紧握手。郑庭笈汇报了撤退经过后，戴师长命令部队进入森林休息，准备夜间继续向叶达西集中。

30日晨6时，史迪威等候在电话机旁，突然铃声响了，他抓起电话，里面传来激烈的枪炮声，"感谢上帝，他们终于行动了。"联络员向史迪威报告说："新二十二师六五团和六四团已进入阵地，六六团在他们后面，大炮和坦克已做好准备。""这就好了，我如释重负。"史迪威写下了当时的心情。

随着第二○○师脱离危险,第二十二师的佯攻随即停止。

"卑怯的杂种,根本就没有进攻。前线平静无事,日本人没有反应,十足的懦夫。"史迪威用尖刻、粗鲁的言语骂人。

是日中午,在太阳旗的后面,大批日军进入了一片废墟的同古城。

第二○○师各团到达叶达西集中后,两名英国随军记者到了第五九八团团部采访步兵指挥官郑庭笈:

"将军,您是否能谈谈你部是如何撤出的?据我们所知,同古是一个平原地带,东面是锡唐河,北、南、西三面全是日本军队,在这种情况下居然全部都能平安撤出,原因是什么?"

郑庭笈笑着说:"我乐意回答先生们的提问。我军平安撤出的法宝,就是它!"他抬起脚,指指脚上的草鞋。

"您说是一双草绳编织而成的鞋子?"记者不明白。

"你们英国人不是称我们是'草鞋兵'吗?我们渡锡唐河时不用脱皮鞋,行动很方便,不就突围了吗?"郑庭笈加以解释。"而你们英军使用的是全套重型武器,吃罐头食品,携带钢盔和防毒面具,脚上穿着长筒鞋,不乘卡车就无法行军。"

"哈哈哈哈,郑将军,您很幽默,相比之下,我们英国部队军装很漂亮,大皮鞋,但士气却很低落。"记者说。

第二○○师撤出同古后,援军新二十二师师长廖耀湘命令正面佯攻以增援同古的部队,以大炮和坦克掩护,利用复杂地形,有计划地实行逐次抵抗,将正面敌军诱往中部彬文那预设阵地,远征军主力向彬文那集中,新的彬文那会战即将开始。

7. 仁安羌大捷

眉苗之夜，炎热得使人受不了。山区的蚂蚁很多，史迪威刚刚有睡意时，蚂蚁爬了一身，他咒骂着，拼命地拍打蚂蚁，折腾到后半夜。山风阵阵袭来，带来一丝丝的凉意，史迪威好不容易睡着了。凌晨3时多，史迪威的私人助手弗兰克·多恩少校进入房间，将史迪威叫醒。

"将军，快醒醒，梅里尔少校有紧急情况要来见您。"

史迪威抓起衣服边穿边说："叫他进来。"

梅里尔立正说："将军阁下，实在对不起，打扰了您的睡眠。"

史迪威着急地讲："你他妈的就别客气了，没有特殊情况，你也不会打扰我。说，到底发生了什么？"

"英缅军第一军团司令斯利姆向我们请求火速救援，他的部队在仁安羌陷入日军的包围。"梅里尔说。

史迪威立即光着脚下床，嚷道："多恩，去把他娘的罗（卓英）叫起来。天哪，我们所有的计划都被破坏了。"

罗卓英与史迪威紧急磋商后决定：

1. 立即取消彬文那会战计划。
2. 第二〇〇师乘火车赶往梅克提拉，再乘卡车赶往桥克巴当。
3. 第新三十八师一个团赶往敏建。
4. 第二十二师与第九十六师返回瓢背待命。

4月18日上午，第九十六师阵地前被日军炮火轰炸成一片火海，阵地上的泥土不断飞上天空，落下时，滚烫滚烫的。第九十六师士兵多被埋在泥土里，钻出时，端起枪便向冲上来的敌人猛射，横七竖八的尸体交叠在一起，分不清敌我，战斗之惨烈，前所未有。

敌军主力逼近,决战迫在眉睫。

指挥所电话铃突响,余韶接过电话,是第五军军长杜聿明打来的:"余师长,现我军右翼英军、左翼第六军战况紧急。我第二〇〇师、新编第二十二师须先援马格威,转赴棠吉救援。第九十六师应争取时间阻敌,不必作坚强的决战……"

余韶听此讯犹似晴天霹雳,第九十六师扬威彬文那的热望,顿成泡影。

由于西线英军被包围在仁安羌,东线日军攻破第六军罗依考阵地,并窜向罗依考以北,棠吉受到了极大威胁。史迪威与罗卓英紧急部署,在彬文那会战即将全面展开之机,发布了新的命令。

第五军杜军长聿明、第六十六军张军长轸:

一、放弃彬文那会战,改守杜克提拉、敏扬之线,准备曼德勒会战。

二、令第六十六军刘师(即新编第二十八师师长刘伯龙)固守曼德勒,先一步占领梅克提拉、敏扬之线,准备曼德勒会战。

三、令第六十六军孙师(孙立人之新编第三十八师)前方两团逐次阻敌,会合于乔克巴当,以棠沙为后路,节节阻敌前进。

四、令第五军先抽回第二〇〇师回占梅克提拉、瓢背一线,掩护主力转进。

五、以第九十六师在彬文那坚强抵抗当面之敌。

六、该军以棠吉为后方,准备在梅克提拉、他希、带侧打击北犯之敌。

蒋介石视察缅甸在眉苗与英军司令亚历山大谈话时,曾就西线问题进行过一番讨论。当时英军正欲对仁安羌油田以南、处于森林之中的要地普罗姆放弃防守(4月6日蒋介石与亚历山大谈话记录)。

蒋介石明确指出:"亚历山大将军,你必须竭尽一切办法,固守普罗姆。如能固守,我当派出一个师赶赴唐德文伊,自西南方面对敌军进攻,如此行动,方有遏制敌人前进之可能。我方必须有一个固守立足之地,而普罗姆乃最适当之立足地。"

蒋介石认为,从作战全局来看,若要反攻,中线、东西两线都要稳固防守,一旦哪一条线出了问题,都会导致全局的失败。

亚历山大当即表示不能固守,原因是普罗姆属森林地带,不适合英方坦克活动,而普罗姆以北的马格威及唐德文伊一带是平坦之区,能充分利用坦克,而当时英方尚有80辆坦克。

蒋介石的看法根本不同:"战胜敌人,不能只靠坦克。"他认为这是英军为向后逃跑的一种借口。他要求英方死守普罗姆,至少两天。就在蒋介石一再请求英军司令亚历山大死守普罗姆之时,英军在日军打击下已成惊弓之鸟。4月6日当天,日军第三十三师团先遣队刚推进至普罗姆一线,一阵猛烈的炮弹过后,硝烟尚未散尽,英印军第十七师阵地即发生动摇。7日,日军便轻而易举占领了普罗姆。这样,该地以北100公里的仁安羌便直接处于日军攻击的威胁之下。

仁安羌一带是缅甸西部重要的大油田区,每日产油百万加仑,是现代化战争离不开的重要战略地区。油田处于沙漠地区,只有仁安羌公路和伊洛瓦底江可以通达。普罗姆是其重要屏障,屏障一失,西线险象环生。

英军退往仁安羌以南马格威地区,准备抵御北进之敌,布置了坦克阵地。

日本第三十三师团以夺取仁安羌油田为目的,拟定了作战计划:

一、以步兵第二一三联队、山炮第三三联队、工兵第三三联队、独立速射炮第五中队为一路,在荒木大佐率领下,沿伊洛瓦底江左岸前进,进攻马格威。

二、以步兵第二一五联队、轻装甲车队、独立速射炮第十一中队、山炮第七中队、独立混成第二一旅炮兵为一路,在原田大佐率领下,攻击萨斯瓦、东敦枝方面的英军,掩护第三十三师团之右翼。

三、以步兵第二一四联队第一大队、山炮第三大队、一个工兵小队为一路,在作间大佐率领下隐蔽前进,直接袭击仁安羌,以截断英军后路。

四、第三十三师团直属部队尾随先头部队前进。

荒木大佐先头部队于12日沿伊洛瓦底江东岸突破英印军新榜卫、未昌耶等防线,14日先头部队通过马格威。原田大佐的部队突破英印军固守的科固瓦和萨特丹,击毁英坦克5辆,俘虏英印军157人,并掩护作间大佐的队伍向仁安羌以北迂回。

4月15日,英军司令亚历山大下令防守仁安羌的英缅军第一军团团长斯利姆立即破坏油田的所有设施,并紧急召见盟军中国代表侯腾,请求中国军队立即给予援助。

侯腾立即通过无线电,将西线发生的情况报告给重庆军事委员会军令部长徐永昌:

限一小时到。渝部长徐:HOB密。(加表)。

一、寒(14日)酉,敌先头部队沿伊洛瓦底江东岸通过马格威。

二、亚历山大将军已下令破坏油田。除呈林次长、罗长官外,谨闻。职侯腾叩。删丑。印。

仁安羌油田。巨大的爆炸声,烈火熊熊燃烧,乌黑的浓烟弥漫了整个油田上空,几十里外都能看见一团团翻滚的蘑菇云。高大的井架在爆炸中倾斜倒塌,巨大的储油罐遇到明火引起一连串的燃烧与爆炸。滚热的气温加上灼人的气浪,使仁安羌油田形成一片火海。

英军以坦克开道,第一师官兵和一批外国记者乘坐卡车或步行,缓缓向仁安羌以北地区撤退。

是日下午，中国远征军司令部召开紧急军事会议，部署如下：着令驻守曼德勒的第六十六军新编第三十八师之一一二团和一一三团开往纳特曼克与乔克巴当两地布防，负责支援英军和掩护正面第五军之侧背。曼德勒之防守任务由第一一四团的两个营负责，第一营仍留腊戍担任飞机场的警戒任务。

午夜，日军第三十三师团作间大佐部队已推进到仁安羌以东约五公里处，获悉英军一部连同坦克车、装甲车和卡车已撤至拼墙河以北，立即派出高延大队绕道英军后方，并迅速攻克了拼墙河北岸渡口，截住了英军北逃之路。4月17日，荒木大佐所部切断了马格威至仁安羌公路，攻占了马格威。这样日军从南北两个方向夹击，将英缅军第一师和坦克一营共7000多人包围在仁安羌周围。

是日深夜，驻滇缅参谋团团长林蔚向蒋介石报告了西线英军的危急情况：

限二小时到。委员长蒋：夷密。（加表）。

篠已电谅阅。综合杜（军长）篠辰、篠午各电：……英缅师主力现向述阳转进，一部沿宾河（拼墙河）两岸向乔克（CHAVK）方向转进中。昨夜戌时，有敌数百向仁安羌进攻，及深夜，有主力不明之敌由东绕至仁安羌之北方约七英里，包围英军运输车及战车一营、步兵一营，激战至晓，方突围出。又朱联络参谋篠申电：缅一军军长已令孙（立人）师之一一三团沿公路开赴仁安羌。职林蔚。篠亥。印。

蒋介石在这一晚上，对缅甸军情的急遽变化深感忧虑。他无法安睡，披衣而起，走到庭院之中。"庭院深深深几许？"他不禁仰头寻找在云层掩映中的上弦之月，想起宋代名将辛弃疾的词中名句："会使雕弓如满月，西北望，射天狼。"是啊，古人比喻得多么贴切，想象力又是如此丰富。下弦月如钩，上弦月如弓，弓拉满了，就成了十五的明月了。可是，我的强弓又在何方？能否出现一个惊人奇迹而力挽狂澜？我缅甸远征军的前景实令人担忧。东线不稳,西线英军又是如此不堪一击,如何是好……

宋美龄悄悄过来,给他披上一件外衣,柔声问:"达令,天很晚了,怎么还不睡觉？"

"睡觉？如此局面,我如何能高枕无忧。你知道吗？在仁安羌油田,7000多名英军被日军包围了,弹尽粮绝。日本人又切断水源,那是一个沙漠地区,没有水,怎样度日？更不要说抵抗突围了。英国人对日军已丧失了斗志,他们害怕日本人。"蒋介石忧心忡忡地说。

宋美龄微笑着说:"达令,英国人的事,由英国人去管,他们根本看不起中国人。如果他们能早一点让我军进入缅甸,或保卫仰光,怎么会有今天的下场？"她用手在脖子上抹了一个优美的自杀动作,"这是自食其果。"

蒋介石摇摇头:"达令,话是不错,可我现在身份不同,是四强国领袖之一。英国人不仁,我不能不义。见死不救、隔岸观火是不行的,亚历山大将军已请求我派兵援助了。"

宋美龄想起在眉苗那个神气活现、一副绅士派头的亚历山大:"当时他那样趾高气扬,与你争论关于依靠坦克打仗问题……"

蒋介石低沉地说:"不与他计较,要派兵增援他们。"

清晨5时许,蒋介石致电林蔚,命令派兵支援英军的电报发出:

> 即到。腊戍林团长:〇密。着新三十八师速以两个团增援英军方面,并具报为要。中正。

新三十八师师长孙立人是国军中最欧化的军人。他和第二〇〇师的师长戴安澜都是安徽皖南人,他的故乡是舒城,戴是无为人。早年在北京清华大学学习土木工程,成绩优异被保送美国印第安纳州普渡大学深造,获得工程学学士学位。然而他却转了志向,入弗吉尼亚军校学习军事,毕业后任中央政治学校训练班主任,后调入宋子文成立的财政部"税务警察总团",任该团"特种兵团团长"。

1937年8月,淞沪战役爆发,税警团参加战斗,在漫藻滨阻击日军时,孙立人中弹负伤,伤愈后归队。不久,该部在长沙改编成"新税警总团",孙立人任总团长,后调贵州都匀驻防。1941年冬,税警总团改编为新编第三十八师,旋隶第六十六军,参加中国远征军。第六十六军出国最晚,新编第三十八师是从贵州兴义进入云南,以汽车输送至缅甸腊戌,再乘火车于4月初抵达曼德勒和敏铁拉一带集结,于4月9日开抵曼德勒城,负责该城防御(该师尚有一步兵营作为参谋团卫队留在腊戌)。

接到援助仁安羌被围英军命令后,4月16日,驻防在乔克巴当的第一一三团星夜兼程,在第二天黄昏时分,到达拼墙河北岸,在距河渡口5英里处,进入准备攻击位置。当晚第一一三团即对占领渡口的日军展开了猛烈的攻击,喊杀声、枪炮声震耳欲聋。双方的炮弹、手榴弹不时映红半边天,曳光弹、各种枪弹交织成网,比节日的焰火还要壮观。

4月18日拂晓,第一一三团团长刘放吾亲率部队向渡口发起猛攻。孙立人师长从曼德勒赶到前线亲自指挥战斗,激烈的攻击战持续到中午,拼墙河以北之日军终于被肃清。英方被围部队求救电报接踵而来,要求第一一三团速速南渡拼墙河,以解英国军队之围。

师参谋长何钧衡负责与英缅军第一军团长斯利姆中将联系,答复说:"我军兵力太少,而且南岸为丘地,地形暴露,我军攻击正面太宽,又在仰攻位置上,如果攻势稍一顿挫,日军可能立即窥破我军实力,不仅不能解救英军,反而可能把第一一三团陷于危险境地。"

此时,英国的民族个性中的傲慢在日军的穷追猛打下早飞到英伦三岛去了,连亚历山大将军都承认了英军已完全丧失了作战的斗志,他对史迪威承认:"我的人很害怕日本人。"史迪威眼中显现出鄙视之光:"亚历山大还有点勇气吗?灾难和萎靡不振。"

斯利姆顾不得面子,拼命向新三十八师求援。

孙立人师长命令第一一三团肃清拼墙河北岸之敌后,暂停渡河作正面攻击。

刘放吾团长擦着满脸的汗水问:"师长,为什么不渡河攻击敌人?"

孙立人胸有成竹地说:"刘团长,你派出侦察小部队,在天黑之前用各种方法把当面的敌情和地形侦察清楚,我们晚上碰碰情况,再重新部署明天的攻击。"

斯利姆将军得知孙部停止行动后,立即用无线电与孙师长联系。

斯利姆不安地问:"孙将军,为什么不立即渡河而暂停攻击?"

孙立人回答:"我方只到达一个团兵力,第一一二团正赶往这一地区。明天拂晓,我部以第一一二团为左翼,以第一一三团为正面,同时进攻,一举解救贵军。"

斯利姆说:"孙将军,我对阁下的周密部署感到钦佩,但你要明白怎样才能使我的部队立即解救出来,这才是我最关心的问题。我刚接到包围圈里可怜的第一师师长斯高特将军的无线电告急电话,他的部队已经断绝了两天的粮食,尤其是水,在干涸的沙漠中一分钟也坚持不下去了,若是得知今天不能解围,便有立即瓦解的可能。我请求将军,今天无论如何要立即渡河,援救被围的第一师,时间不允许我们等到明天,明白吗?看在上帝的分上,帮帮忙!"

孙立人镇静地说:"将军阁下,既然贵部已忍耐了两天,请无论如何坚持最后的一日,中国军队一定负责在明天拂晓时发动进攻,将贵军完全救出来。请转告斯高特师长。"

斯利姆在犹豫不决时,斯高特又打来第二次告急的无线电话,说不能再等下去了,每一分钟都有人因干渴而倒下。斯利姆请其咬紧牙关,再坚持一下,明天就一切好起来了。当他安慰了斯高特师长后,又不放心地问孙立人:

"明天上午救出英军是否有把握?"

孙立人师长斩钉截铁地回答说:"中国军队,连我在内,纵使战到最后一个人,也一定要把贵军救出险境!"

4月19日拂晓4时,新编第三十八师第一一三团在山炮、重炮、迫击炮和轻重机枪的掩护下,渡拼墙河向仁安羌以南的日军发起进攻。敌军的阵地在炮火中颤抖,浓烟夹着火焰,直冲云霄。破晓时,左翼部队将敌军阵地完全攻占,战斗转进到山地里。日军据险疯狂地射击,并不顾一切进行反攻,第一一三团夺取的阵地又丢失了,于是部队又进行强攻,经过三失三得,反复肉搏厮杀,终于巩固了阵地。在激战中,第三营营长张琦负了重伤,仍裹伤大呼:"弟兄们,杀呀!冲啊!"直到流尽最后一滴血。士兵们更是英勇顽强,前仆后继,再加上主攻部队的山炮、轻重迫击炮和轻重机关枪猛烈的火力打击,日军溃逃了,从山坳里一直到油田边,到处是敌人的尸体。从拂晓4时到下午3时许,敌第三十三师团先头部队的抵抗完全被击溃,日军死伤500多人,终于退出了阵地。我军第一一三团损失官兵亦达100人以上,阵亡营长1人。

这天中午,亚历山大、斯利姆和亚历山大的参谋长托马斯·J.温特顿少将来访问史迪威,对中国增援部队人数不多但进攻正面过宽感到担心。史迪威也认为:"仁安羌今天的情况不是很妙,中国人进攻的面过宽了。"斯利姆担心英缅师会被日本人彻底击溃。然而担心是多余的。

下午5时许,解救英缅师战斗的枪炮声逐渐稀疏。被击溃的日军急速向后撤退,中国军队完全收复油区。当士兵们出现在被解救出来的英国官兵、美国传教士和新闻记者500余人面前时,他们几乎都不敢相信这是现实。远征军在打扫战场后,又将从日军手中夺得的战利品100多辆汽车交还给英方。紧接着,英缅军第一步兵师、骑兵、炮兵、战车部队等7000多人和1000多匹马,在中国军队的掩护下,从左翼向拼墙河北岸退出。被围三天三夜已使他们狼狈不堪,他们互相搀扶着,在夕阳的余晖中向北走去,当看到中国官兵时,个个竖起大拇指激动高呼:"中国人,好样的!""中国万岁!"还有许多感情丰富的军官,流着热泪冲过来拥抱中国的官兵,有的还跳起了舞,唱着、跳着庆祝他们的获救。当他们得知前来营救他们的部队只有一个团时,不禁对自己有7000多人、又有装甲车和重武器的部队但却无法突围这一事实感到羞愧。

4月20日,参谋团团长林蔚以十分激动的心情自腊戍向蒋介石报告第新三十八师在仁安羌大捷的喜讯:

限二小时到。委员长蒋:夷密。(加表)。

谨再将我军在仁安羌之战绩详报如下:

一、我孙师一一三团,经两昼夜激战,至十九日十四时占领仁安羌及全部油田,将敌驱至仁安羌以南三英里处。在仁安羌之(英)缅一师七千余人及辎重车百余辆被我救出。是役敌伤亡五百余人,我伤亡百余人。惟第一营长负伤殉职,所获战利品至多,正在清查中。

二、(英)缅一师解围后,现向乔克巴当开拔中,谨闻。职林蔚。印哿申。参腊印。

同日,远征军第一路司令长官罗卓英也向蒋介石报告我军在仁安羌解决英缅军大捷:

渝。军委会。(加表)。委员长蒋:孙师原派乔克巴当之一一三团,筱日扫荡拼墙河以北敌人,复进而救援在仁安羌被围之英军,现据孙师长皓(20日)未报称:刘团经两昼夜激战,占领仁安羌,救出被围英缅军第一师七千余人,情形狼狈不堪,我军并由敌人手中夺获之英方辎重百余辆,悉数交还。敌向南退郝其,死伤约五百余名,我亦伤亡百余,该团暂在仁安羌占领阵地等候。孙师刘团作战努力，除奖励外，谨闻。罗卓英。已。参印。

仁安羌大捷的消息亦轰动了英、美。

据当时报道：

　　……克复油田中心仁安羌一事，直如暴风雨前暂时沉寂中之一道清流，与最近之猛袭东京、大阪及名古屋(按：4月18日，美空军特遣队杜立德大队空袭日本东京、大阪、名古屋等地)同受欢迎。[中央社伦敦二十一日电]

缅甸方面，中英军队获得联络之新闻，此间认为十分重要。每日电闻报称：中国已派有力援军，向西推进，因而与英军获得联络。同时中国援军亦能发出空前之抗战威力。

仁安羌大捷的消息像旋风一样在盟军中传开，这简直是个了不起的奇迹。新三十八师第一一三团以少胜多，以寡敌众，是中国军队在缅甸战役中创造的一个优秀战例。

8. 东线战事

西线危机刚刚结束，东线的危机又使远征军的处境更加危险。东线是盟军的薄弱环节，担任防守的是战斗力较弱的第六军。该军第四十九师位置在勐畔，第九十三师位置在萨尔温江东岸的泰缅边界一带，以防止日军从泰国边界攻击远征军后方。在毛奇、罗依考至腊戌近千公里的公路线两旁，只有暂五十五师分布防守，形成一个虚弱的环节。

日军采取先攻西路的战术，迅速进攻普罗姆、仁安羌，调动远征军中路兵力前往营救，造成中路和东路的防线更加薄弱。日军第五十六师团乘机进攻东线的罗依考和棠吉等地，命平井卯辅大佐率领先遣队800多人,乘坐400多辆汽车、装甲车与摩托车,沿同古至棠吉公路搜索前进。

担任东线防守任务的是第六军暂第五十五师两个团,战斗力不太强。但该部利用东部的复杂山脉和险峻地势,构筑了阵地,埋设地雷。当敌先头部队进入伏击圈后,引爆地雷,埋伏在两面的阻击部队一齐猛烈开火,也给敌人以很大杀伤。第五十五师有时还派出小股部队袭扰敌人,虚虚实实,打打停停,迟滞、阻击日军前进的速度达月余。

日军摸清了我东线兵力部署后,立即增调大部队发动强攻。从4月上旬后,形势逆转,对我军十分不利。4月6日,日军步骑联合,组成强劲的攻击部队,向毛奇发动强攻,经过激战,夺取了军事重地毛奇。我军退守罗依考一线。第六军军长甘丽初即令暂五十五师第三团和该军工兵营支援罗依考,该师师部也移驻罗依考,以加强抵抗。

日军派出迂回部队从东北方密林间小路迂回出现在罗依考后方,切断了暂五十五师的后路,五十五师阵脚大乱,士兵们纷纷放弃阵地,退入公路两旁的丛林,使东线门户大开,日军进占罗依考。

日军第五十六师团占领罗依考后,兵分三路,其中一路由和榜以西攻击雷列姆,另二路向北挺进,直奔腊戌,以切断整个远征军的退路。

4月21日拂晓,第六军参谋长林森木率残部两营兵力在河邦附近构筑警戒阵地和主阵地,正面阻击北犯之敌。军长甘丽初亲率部队在雷列姆构筑防御工事,节节抗击,并等候第五军第二〇〇师援军。

英军此时已决定完全放弃缅甸,退守印度。早在一个星期以前,英国飞机在仰光海面上发现敌运输舰约40艘,约装载陆军两师团。而在这之前,日本一支由6艘航空母舰组成的庞大舰队驶入孟加拉湾。东南亚英军总司令魏菲尔向印度加尔各答发了紧急警报，认为日军下一步战略目标可能是夺取印度。美国空军第十航空队杜立德派出8架轰炸机对日本运输舰进行了一次空袭。当中国远征军盼望天空中出现美国飞机配合作战时，史迪威却一架飞机也调不动。蒋介石对此气得直骂，因为美国罗斯福总统曾向他保证美第十航空队隶属他的战区，归史迪威指挥，但马歇尔却调第十航空队飞离中国战区去保卫印度。

4月20日下午，新三十八师第一一二团及第一一四团先后到达指定位置。孙立人师长计划在21日拂晓向南撤之日军再发动一次攻击，先从敌军右翼迂回，断其归路，将日军第三十三师团压迫在伊洛瓦底江东岸一带聚歼。

4月21日子夜，英缅军第一师团斯利姆将军告知孙立人，史迪威将军通知他转告新三十八师由仁安羌转进至乔克巴当，继续掩护英军撤退。正欲奋力杀敌的新三十八师得到此令，只得暂时收起雄心，执行掩护友军撤退的新任务，开始转进。敌人眼见我军正在陆续增加，有积极准备攻击的模样，忽而间又向后退，弄得莫名其妙，不敢追击。

实际上英国人在缅甸的做法包括退出仰光、退出普罗姆、退出仁安羌都是为彻底放弃缅甸，中间只作出一些象征性的抵抗。英军司令亚历山大一语道破天机："我真希望乔（即史迪威）不要离开。没有他，我很难指挥得动中国军队。"可惜中国远征军不了解这一点，一再为被包围的英军而拼杀。

史迪威被英国人愚弄了，而史迪威反过来又愚弄了中国远征军，强行将第二〇〇师调向乔克巴当，导致东线出现空当，使日军抓住这一机会占领棠吉、罗依考，并往北疾进，直取腊戍，截断远征军退往国境大门的通道，使中国远征军陷入绝境。

4月21日午后。

西线到东线的公路上尘土飞扬。一百多辆卡车满载第二〇〇师官兵和军直属队一部，疲于奔命。他们20日晚赶到乔克巴当，第二天就由乔克巴当赶往棠吉,全程下来跑了500多公里。部队到乔克巴当还未来得及休整一下,吃上顿热饭。

戴安澜心里觉得,从同古撤退后,仗一直打得很别扭,可以说完全丧失了主动性。长兵短用,短兵长用,低兵高用,高兵低用,用兵要诀一概用不上。好像有一只无形的黑手,在背后牵动着,使我军东拉西扯,忙于应付,而且手忙脚乱,兵力分散。史迪威要指挥,罗长官要指挥,杜军长也要指挥,有时他自己也左右为难,不知听谁的好。举棋不定,败仗之兆。将帅无力,累死三军。即使赶到棠吉,起码延误3天,第二〇〇师这支有名的攻坚部队,曾在昆仑关威名大振的部队,不说打仗,拖也被拖垮了。他一边想,一边掏出干粮,干咽着……

戴安澜带领六〇〇团团长刘少峰、五九九团团长柳树人和五九八团指挥官郑庭笈等人,在城外观察敌人阵地火力点和棠吉地形后下达命令:我师于明日拂晓开始攻击。以第五九九团、第六〇〇团为攻击部队,第五九八团为预备队。刘团长率团沿公路向棠吉城攻击前进。柳团长率团负责攻占棠吉城外右翼高地,包围棠吉城侧翼,切断棠吉至雷列姆公路,并在高地上用重机枪射击城里的敌人,掩护正面部队进行攻击。重炮兵、装甲车掩护第六〇〇团攻击。

4月24日拂晓,全面攻击开始。侧翼攻击高地的第五九九团以第一、第三两营为第一线攻击部队,第二营为预备队,向敌阵地发动猛攻。士兵们奋勇登山,一连串攻克几个山头,但部队伤亡也较大。该团占领高地后,立刻居高临下,向城里射击。第一营于当天下午切断了雷列姆公路。

第六〇〇团在猛烈的炮火支援下攻击城区,与敌发生激烈巷战,逐屋逐巷进行争夺。第五九八团第一营在装甲车掩护下,冲进城扫荡残敌。当晚,第二〇〇师占领了棠吉城。此战共毙敌800余名,击毁14吨重坦克3辆,缴获战马数匹。

第二〇〇师英勇杀敌,一举夺回东线战略要地棠吉,并继续尾追北上之敌,使千钧一发的东线一度出现了转机。但它却像急风暴雨后的初霁,刚给人们带来一丝希望,又即刻为浓云遮蔽了。

罗卓英对作战也非外行。当史迪威要求调令部队从中路赶往西线时,他是附合并赞成这个意见的。但事实证明史迪威指挥不当后,他立即与参谋团就东线情况交换了意见。参谋团提出两条方案:第一,立即停止第二〇〇师之运输,并改运棠吉。罗卓英当即同意了,并下令执行。第二,即令新二十八师留一团守曼德勒,其主力即刘伯龙部由火车运回细胞,连同第六十六军将到达腊成的军直属队等向南展开攻击,并与北上的新二十二师配合,南北夹击,将东窜之敌歼灭。这条方案,罗卓英慎重考虑后,认为可行,并重新作了修改,投入了更多的兵力夹击日军,并向远征军各部下达命令:

三十一年四月廿四日下午申时于瓢背。

一、戴安澜部不顾一切,攻占棠吉,进出河邦,占据有利地点,阻敌联络,相机蹑敌追击。

二、甘军长尽速可能抽调吕、彭两部主力(按:即第六军第九十三、第四十九两师),由东南向西北索敌侧背追击。

三、刘伯龙师(按:即第六十六军新编第二十八师)率其主力,迅开细胞,会同腊成南进部队,破路阻击,与戴、甘协力围歼该敌。(按:刘师由腊成经细胞至曼德勒,任务为防守该城,于4月5日从腊成至曼德勒)

四、另令杜军长军直属队及廖师一团,迅由黑河开回梅克提拉,指挥(仰曼)铁路正面军事。

右令杜副长官聿明、甘军长丽初、张军长轸
　　　　　　　中国远征军第一路长官罗卓英

罗下命令后,于当晚11时,向蒋介石汇报了以上命令。

当缅甸东线危局的各种汇报函电像雪片般纷至沓来时,蒋介石也在筹划其远征军下一步行动方案。此刻,他坐在办公桌前,打开紫铜墨盒盖,用笔舐了舐,将方案一条接一条写下来,亲自进行布置。

训令中国战区盟军总部参谋长史迪威、远征军第一路司令长官罗卓英之电文如下:

畹町。电报局局长鉴:请将下电速用电话传腊戌林团长,并另抄一份送中缅运输分局,速派专车送腊戌林团长,密。腊戌。林团长:极机密训令。顷下达史迪威参谋长、罗长官之训令如下:一、国军今后在缅甸之作战指导,应以不离开缅境,而不与敌主力决战为原则;依此原则,以机动作战,极力阻止并迟滞敌之发展;尤以对棠吉、雷列姆北进之敌,须极力拒其继续前进。二、新二十八师主力可速运腊戌与雷列姆方面。当先以保守腊戌为主,并尽可能求将该方面之敌击灭之。三、第五军在彬文那方面,应以逐次迟滞敌之前进为目的,施行持久抵抗。但亦不可过久胶着于一地战斗,致招过甚之损失。四、为应将来状况之演进,第六军应准备以景(东)、车(里)、佛(海)方面,第五及第六十六两军主力,以密支那与八莫方面,为后方补给联络线。右四项除分令外,仰即知照为要。蒋中正手启。四月廿四日廿三时。

蒋介石的这份手令虽然强调了保卫腊戌的重要性,表示保卫腊戌为其一个主要目标,但它也表明,将来或下一步的主要重点,又放在经营八莫、密支那后方上面。

罗卓英在25日凌晨接到了蒋介石的手令,立即赶往皎克西,找史迪威研究下一步方案如何与蒋介石的指示相吻合。

史迪威、罗卓英二人研究的结果:除留第二〇〇师向棠吉以东雷列姆攻击,以执行蒋介石阻敌继续北进腊戌的指示外,第五军战车团、山炮团、新编第二十二师、第九十六师均向曼德勒集结,即执行蒋介石"第五军在彬文那方面,应以逐次迟滞敌之前进为目的,施行持久抵抗。但亦不可胶着于一地战斗,致招过甚之损失"的指示,并着手向密支那、八莫方向实行总退却方针。坚持主力集结于中路,就为保卫曼德勒至密支那铁路,掩护部队撤退创造条件。而此时坚守中路的第五军第九十六师,在敌正面第五十五师团和第十八师团主力及重炮、战车、空军立体联合进攻下,利用既设的纵深阵地,逐次抵抗,已坚持了7天之久。从彬文那以北至梅克提拉之间,地形多开阔平坦,很少有要隘可以利用。但从远征军长官部决定放弃彬文那会战时,该师即坚决执行了"以第九十六师在彬文那坚持抵抗当面之敌"的命令。他们蒙受巨大牺牲,伤亡惨重,凌则民团长阵亡,但士气高昂,始终未被优势之敌击破。

此时,在黑河指挥第二〇〇师夺取棠吉的第五军军长杜聿明正信心十足地准备新的部署。第二〇〇师只用了一整天时间便重新夺取棠吉的成果,的确给他,包括史迪威都带来了新的希望。他只盼能继续肃清隘路之敌,向雷列姆攻击前进,以断北犯腊戍之敌的后路,再与第六十六军第二十八师刘伯龙部实行南北夹击,一举歼灭东路之敌。

就在此充满希望的一刹那,幸运之神又远离了他。真是"一个精神上历尽磨难的日子",罗卓英的命令来了:

杜副长官:

着将已攻克之棠吉,除留第二〇〇师向棠吉以东雷列姆攻击外,其直属部队一部、新编第二十二师、第九十六师均向曼德勒集结,准备会战。

杜聿明一看电报,长叹一声:"大事休矣!"接二连三的打击,几乎使这条陕北黄土高坡长大的汉子挺不住了。尽管高原上的人经历过东西南北风和各种恶劣天气的袭击,但从来也没有见过这种朝令夕改、一天多变的作战命令。他拔出手枪照着不远的一棵大松树上的一个大疤结上连连开火,打得树梢乱飞,顿时硝烟火气弥漫。一口气打光了枪膛中的子弹,又连续扣了两下,不响了,他一咬牙将枪扔向目标。

25日晚,在曼德勒以南约40公里的乔克西,盟军最高军官即缅甸英军司令亚历山大上将、史迪威中将、罗卓英及杜聿明、侯腾等举行军事会议,会议的议题早就不是什么"曼德勒会战",而是讨论盟军与远征军在缅甸总撤退问题。

自盟军在缅甸总司令亚历山大将军下令总撤退时,西中东三线的防守均岌岌可危。日本第十五军团司令根据英、中军队的疲于应付,处处冒烟,东拉西扯,缺乏纵深的防守状况,决定以一个师团(五十六师团)快速机械化部队沿东路罗依考、棠吉、雷列姆、细胞至腊戍公路疾进,切断中国军队之退路,同时以主力(五十五师团、十八师团)沿彬文那至曼德勒公路及伊洛瓦底江地区向曼德勒城突进,包围中国军队及英军之两翼兵力,压迫至伊洛瓦底江而歼灭。西路第十八师团沿仁安羌、皎克西顺伊洛瓦底江东岸前进,将英军第一军团歼灭于伊洛瓦底江东岸。

东路日军以夺取腊戍、切断中国远征军后路为目标,自4月20日攻克罗依考后,兵分二路,一路由河邦攻击雷列姆,一路夺取棠吉。我军第二〇〇师夺回棠吉后,另一路日军并不理睬,仍向北猛窜。日军的方针是不为一城一地与中国军队胶着,大胆穿插,以坦克开道,快速部队紧随其后,每日以百公里速度,大胆向腊戍前进。而罗卓英又令调往东城的新二十二师、第九十六师和军直属队折向曼德勒参加"会战"。令第二〇〇师将拼命厮杀夺来的棠吉放弃,对东北雷列姆方向日军实行尾追,致使敌更多部队直奔腊戍。

4月25日,东线日军越过雷列姆,以10余辆坦克开道,400多辆卡车满载日兵,兵分二路,斩关夺隘,对腊戍形成钳形攻势。腊戍后防空虚,一连串的告急电报,到了蒋介石手中。

4月26日午后,敌先头卡车百余辆已到达细胞东南之南海附近,遇到新编第二十二师第八十二团阻击,战至次日凌晨,我军阻止不住，放弃细胞。

4月27日，派驻细胞至雷列姆公路之曼松警戒与破路的一营，遇敌坦克和大队汹涌而来的进攻，实行绝望的抵抗，致全营全部战死于毫无遮掩的公路上。在另一条腊戍至雷列姆之寨可实行警戒与破路之一营，被敌快速部队击溃后，下落不明。

刘伯龙师长亲率两个半营兵力在离腊戍7英里半处被敌大队包围，激战达5小时，无法突围，部队损失过半。后经第六十六军军长张轸亲率特务营前往解救，始得突围。

第二十八师梁团两个营的悲壮抵抗与破路，暂时迟滞了日军的前进势头。蒋介石错误地认为日军进攻腊戍的计划可能中止，遂于27日致电林蔚，防止敌人从腊戍回窜。电文如下：

即到，林次长。敌军在孔海以南地区（按：即25日林蔚向蒋介石报告敌在腊戍南方约170公里的孔海坪），如今明两日仍未向北进攻，则其袭击腊戍计划，必根本打消。以后只防其乘隙宵遁。刘部南进时，总须设法用最快方法；如北路未破坏时用汽车运输，以我空军之质量已优于敌军，不患敌空军之阻碍我车运兵，总勿使棠吉、河邦方面戴师单独应战，而达成我军前后夹击之目的，腊戍防务交马师（马维骥新编二十九师）担任。并令张军长指挥可也。中正。感酉。机渝。

从这份电报内容看，蒋介石认为东路形势并不太严重。他只是要求刘伯龙师尽快南下与戴安澜师实行南北夹攻，一举消灭东窜之敌，并没有意识到敌主力正源源不断开往这一地区，并认为马维骥师已赶到腊戍。其实马师当时因交通阻碍，连一个团都未赶到腊戍，尚在国境。

蒋介石于28日下午，得知东路实际情况，深虑大局可危，想起昔日能征惯战的战将，突然脱口叫了出来"戴安澜！"这个黄埔三期学生，一进校正赶上陈炯明入侵虎门，准备东征，当时他的表现不俗。后来，北伐开始了，蒋介石将他留在国民革命总司令部担任排长,擢升连长、营长、团长、旅长、副师长、少将师长。入缅以来煌煌战绩,能守善攻,在关键的时刻,总是出现在最危险的地方。"

"对!戴安澜,现在是用你的时候了。如果此时有你在尾追东路北窜之敌,与张军长从腊戌南北夹击,何患腊戌之危不解?"

他立即致电林蔚,询问戴师的情况,并指示戴师与刘伯龙师联络方法:

> 林次长:戴部现到何地,应时时注意,切实联系,总使戴刘两部行动其时间与地点能适合勿差,此乃兄之惟要务。此两部联络方面,除空军掷通信袋与无线电通讯以外,在其两部中间之山地,如能约地派员联络更好。望适合运用。戴部行动详报,中正。俭申。机渝。

晚上已11点多了,蒋介石睡不着觉,还想着戴安澜能转危为安,于是又给中路的杜聿明发一电,再次询问戴师的位置。

> 杜副长官:戴部现到何地,须每日电告,并嘱其与林次长时时通电,切实联络。俾与张军夹击敌军,不失机宜也。中正。俭戌。机渝。

无独有偶,是日深夜,史迪威也想到了戴安澜,他对戴部也寄予希望,写道:"如果第二〇〇师到达莱林,日本人将遇到麻烦。"

但戴安澜究竟在何处?

当罗卓英、史迪威要求杜聿明将军主力调往曼德勒准备会战时,命令将第二〇〇师孤军留在东线,放弃棠吉,尾追雷列姆北上日军。但日军快速部队动作太快,戴师到达该地后,没有发现敌情,即电告杜聿明。杜聿明立即指示,该军过于突出在外,有被敌消灭可能,望速归还建制,以密支那、八莫为依托,退往国境。戴师长奉命,立即令部队向西往曼德勒方向靠拢。部队在前进当中,戴师长又接到腊戌参谋团团长林蔚的电报,命令第二〇〇师由雷列姆东进,归第六军甘军长指挥,向景东方向撤退。戴安澜等研究,认为甘丽初是个无用的长官,遇敌攻击,即离开公路,放弃罗依考等要地,如果所部能顽强抵抗,不致使敌速窜腊戍。于是决定关掉与林蔚联系的电台,执行杜聿明向北转移的命令。

9. 归途断绝

4月29日,新编第二十九师师长马维骥率两营赶到腊戍以北约40公里的新维。第六十六军军长张轸当即向马师长交接阵地,并将第五军撤至腊戍的战炮四门归马部指挥。此为第一道防线。同时张军长又令刘伯龙师残部在马师后设置第二道防线。

是日拂晓,敌出动大炮十余门,装甲车、战车三十几辆,在飞机掩护下,步兵强渡河成功,向腊戍发起猛攻。新二十九师先头部队伤亡殆尽,后续部队零星赶往前线的,亦是到一车即被消灭一车,完全丧失了抵抗能力。刘伯龙师一部与新三十八师驻守腊戍机场的一营部队均投入战斗。战斗至中午12时,敌已对腊戍形成包围,先头部队已冲入市区,与守军展开巷战。午后1时许,腊戍失守,中国远征军退往国内的大门被关死了。

日军得意地声称:"腊戍附近似乎并没有强大的敌人⋯⋯""在腊戍缴获的援蒋物资,数量极为庞大,隐匿在附近丛林中的燃料也为数不少。"

此时,沿途各处皆燃起大火,黑烟滚滚,直冲云霄。贮放于畹町、遮放、芒市、龙陵等地仓库中的大批物资或自行焚毁,或已资敌。

4月30日,凌晨1时,日军向新维阵地发动进攻。马维骥所部皆新兵组成,未经过战阵,敌大炮、坦克猛烈轰击后,军心动摇,兵找不到官,官看不见兵,很快便被日军冲垮,一溃而不可止。

马维骥连着打死几个向后狂逃的士兵,但仍无法制止,身不由己,被溃兵裹着向后溃逃,同时命报务员呼叫救兵。第一线阵地很快被放弃。

很短时间,阵地被敌攻占。晨4时,敌军复向第二线阵地刘伯龙师残部猛攻,遭到守军顽强抵抗。第六十六军军部特务营也拉上去增援,战至黄昏,敌停止进攻,我军右翼罗营伤亡过半,无力继续支持。

5月1日上午8时,新维第二线阵地中央被敌攻破,敌坦克一群接一群冲了过来,守在阵地上的搜索营与战防炮营经过苦战,全部壮烈牺牲。张轸亲自率领军部直属特务营一部前往增援,刚赶到92英里处,未及布防,敌战车已冲过来,该营当即陷入混乱,被敌打散。

是日,蒋介石致林蔚电:

> 即到。畹町林团长:密。训令:一、第三十六师改开保山,归张军长轸指挥,负责布防。二、如当面敌情许可,尚能保有畹町时,准该师向畹町推进。三、第三十六师输送完毕后,续输送第二预备师至下关、祥云填防。四、保山、畹町间桥梁应完成破坏准备中。中正。东亥。令一元。

日本军部对日本军在缅作战取得巨大战果喜出望外,要求占领军立即部署进攻云南。

5月1日,日本大本营电告缅甸日军第十五军团司令部:

大本营希望不失时机,更加扩大第十五军团战果,确立积极向重庆进攻的姿态……力争在国境内歼灭敌军,同时,以有力兵团越过国境,向龙陵、腾冲和怒江周围扫荡。

5月2日,敌仍以坦克为前锋,冲向张轸部贵街阵地。参谋团命张轸指挥第六军第九十三师野战补充团和第五军装甲兵团李营退往畹町以北高地布防,阻击敌追击,掩护后方各部门撤退。贵街失守,105英里通往密支那、八莫公路沦入敌手。2日晚,畹町阵地左翼被敌包围,渐次逼近。我两辆装甲车被击毁,士兵纷纷逃离。

张轸回忆当时的危急情形说:"我和参谋团虽用尽办法,终不能挽回败局,而且敌快速部队猛攻猛追,几不能脱险。不得已,于夜九时毁掉第五军的中型战车五辆,阻塞道路。但敌炮追击,仍超过我退却部队。"

杜聿明痛心疾首地检讨说:"当时参谋团控制着战车部队,竟不知使用战车逐次抵抗,阻击敌人,反令与敌战斗,又在芒市附近破坏一连战车以阻塞道路,他们对武器运用毫无常识,可以想见。"

畹町失守,造成中国边境大溃退。滇缅路上,人车拥挤,途为之塞,各种车辆头尾相衔,进退两难,难民、败兵纷纷拥挤后逃。

据当时记载:"畹町、遮放、芒市、龙陵,一路都是车子,……芒市前后有十多公里走不通,龙陵前后有二十多公里走不通,满满都是车子。"

"三路纵队,四路纵队……谁也不肯让,一个顶住一个。"

"走一公尺,不定要等多少时候……好多人只好摊开被褥在车子底下睡觉。"

张轸回忆:"因连日狼狈退却,汽车千辆拥塞于途,行进缓慢,敌兵尾追猛射,退却更为混乱。"

驻滇美国空军志愿队指挥官陈纳德在致蒋介石报告中说:"根据美空军的侦察报告,在滇缅路上的中国军队(指缅甸境内)零零落落,溃不成军。对于日军的前进,完全没有抵抗,如果不再设法抢救,依照敌人几天来前进速度计算,大约十天左右就可以到达昆明。"

蒋介石完全被突如其来的战局逆转形势打懵了,连"娘希匹"都忘了骂,只是焦急地拉着军令部部长徐永昌的手问:

"次辰,如何收束,如何收束?"

徐永昌嘴里吐出几个字:

"炸掉怒江大桥。委座,只有这一条路了。"

"好好好,次辰,你来说,我按你所说的写。"

蒋介石又开始写手令了：
即到。遮放。林次长：冬戌各电悉。九十三师之装备,调与战车之防车炮已布防完毕否？畹町仍令张军长竭力固守,以迟滞敌军行动。兄可先回保山布防,积极准备破坏怒江与澜沧江两铁桥及其以西公路。第卅六师与预二师当令在保山前方布防。最好令其派一有力部队,在怒江两岸,沿公路两侧潜伏袭击敌之推进部队为要。中正手启。江。机渝。

蒋介石尚不知,前此一天,即日军五十六师团占领畹町前约3小时,参谋团参谋处处长萧毅肃向林蔚建议,参谋团必须不失时机,在日军控制畹町以前,退回国境,部署逐次抵抗,以争取时间。林蔚即令参谋团火速后撤,抢先赶过惠通桥。在工兵指挥官马崇六指挥下,工兵正在紧张地埋放炸药。

据当时侥幸逃过惠通桥的第二十九师师参谋盛回忆,5月4日,他坐着一辆卡车:"翻过松山,看到了怒江。但还没有到腊猛,便追上了撤退的大队车辆。车衔着车,蜿蜒曲折,连绵不断直到江边,东岸大山上汽车首尾相连,望不到头。由于要一辆一辆地通过惠通桥,车行比人行慢。我便弃车步行,车开就搭车,车停就走路。车队中我至少看到七八辆坦克,如果回头去抵挡一阵,这支几万人的逃难者就得救了。我到了离惠通桥一二百米处,松山顶上响起了敌人的大炮声。一声呼啸,炮弹落到东山的公路上。我爬上一辆汽车过了惠通桥,回头一看,人在奔走,汽车抢着上桥,谁也不服宪兵的指挥,一片混乱。桥头上,工兵正在紧张地埋放炸药。我军一班武装步兵散开,持枪沉着地向江边前进。江西岸,一些难民被迫跳进怒江逃命……我绕过一个山嘴,忽然听到一声巨响,惠通桥被我方自行炸断了……虽然不得不忍痛把上千辆汽车、物资和难民抛弃于西岸,却也阻止了日军的前进,为远道赶来的第三十六师赢得了时间……"

5月3日,张轸带卫士30多人,战防炮2门,占领龙陵以西高地布防,并速令刘伯龙师长带残部来接防。刘伯龙已无兵可带,临时凑集护路队一个中队赶往龙陵,下午4时,在半途遇敌,即被包围,经过苦战,突围而出。

5月4日,龙陵阵地失守,我军边打边撤,而日军紧随其后,尾追猛射。各种车辆挤满了道路,敌我前进都颇困难。敌仅有一大队以下之步兵及少数骑兵跟踪追击。

是日,蒋介石致保山参谋团团长林蔚电,指示其破坏新维至畹町的道路。电文如下:

参谋团林次长:新维至畹町间应一面破路,一面装埋地雷,如无地雷,则埋手榴弹于路中,亦可阻止战车前进,所有桥梁,应尽量破坏。马崇六处长现在何处?后令其全力破路与构筑工事为要。中正。东午。机渝。

5月5日晨,张轸所率残部到达惠通桥。在对岸七十一军第三十六师的掩护下,张轸等乘船渡江。此时敌快速部队亦有部分乘橡皮艇过江,抢占对岸制高点,与第三十六师对战。

第七十一军第三十六师原驻西昌,4月下旬奉命徒步开拔至滇西祥云一带驻防。

宋希濂立即指示祥云的第三十六师师长李志鹏:"迅将部队集合好,整装待发。李师长你带师部少数人与先头第一○六团先行一步,沿途打听情况,如遇东犯冒进之敌予以迎头痛击。"

在与蒋介石通话后不到3个小时内,宋希濂即完成了各项部署。

5日。蒋介石与军令部部长徐永昌都与宋希濂通了话,对他的部署之迅速非常满意,并商定调滇南的第九集团军关麟征所辖黄维之第五十四军至昆明接防,第十一集团军陆续西移。

同日上午10时,第三十六师一○六团已抵达惠通桥东岸,一下车便与冲过惠通桥的敌军先头部队发生遭遇,双方为争夺公路两侧的最高山头,进行了激烈的战斗。双方在山头上拼刺刀,进行肉搏。不可一世的敌军从4月20日以来一直所向披靡,未遇劲敌,骄横不可一世。是日首次遇到对手,双方反复冲杀,激战至晚,第一〇六团控制了公路两侧制高点。渡过怒江之敌500多人,仍占据惠通桥东岸一带山地顽抗,其西岸炮兵也不断开炮,向占领制高点的第一〇六团阵地轰击。6日,又有4000多日军携带大炮准备渡江,第三十六师第一〇七团正好赶到,一起将敌人压制于西岸。

5月8日上午,第三十六师第一〇七团攻击部队在炮火掩护下,向敌占山头发起猛攻,迫击炮弹成排在制高点上爆炸,击毁了不少敌重机枪阵地。部队冲上山头,与敌展开白刃战。经过反复冲杀,除几十名水性好的日本兵跳进江里泅回西岸,其余都被消灭了。此战斗缴获敌轻重机枪、步枪共80余支。

林蔚得知后,擦着脑门上的汗说:"谢天谢地,保山保存下来了。不然,要请老头子搬家了,我的脑袋也要搬家了。"

5月12日,日本东京欢庆缅甸作战胜利。《朝日新闻》公布第五十六师团缴获战利品情况:在畹町,缴获汽油1570桶、机油1000桶、米500袋、盐280贯(每贯3.2公斤)。在遮放,缴获汽油310桶、机油1100桶。在芒市,缴获汽车轮胎900条,榴弹、炮弹900箱,速射炮弹600箱。在龙陵,缴获汽油550桶、柴油1000桶、轮胎25条、米700袋、水泥1000袋。其他有大量钢铁和贵金属也为日军缴获。

至此滇缅路中国境内的战争,演变成怒江对峙的局面,滇西战场由第十一集团军宋希濂负责指挥,军事委员会复任黄杰为集团军副总司令兼第六军军长,是年冬,又调第五十四军亨天部归宋指挥,第三十六师改为独立师。滇西兵力为第七十一军、第六军、第五十四军及第三十六师。

腊戍一丢,中国远征军归国的大门被日军关上,从此,远征军各部踏上了各自的悲惨归途。当初,10万入缅将士在华与缅人的欢呼声中,雄赳赳、气昂昂地跨出国门,谁又能料到,在短短几个月中,损兵折将,历尽艰辛,辗转而回,其中近3万人永远躺在国门之外的丛山之中,再也回不来了。

4月29日,日军占领腊戍后,分兵两路,一路跟踪追击,继续向北跟进;一路在战车掩护下,由细胞回窜曼德勒。

蒋介石的"曼德勒会战"指示早已飞到爪哇国去了。惊惶失措的罗卓英于4月30日命令中国远征军各部队向伊洛瓦底江西岸撤退,各自寻途回国。

5月8日,杜聿明率部到达卡萨南之印道,部队休整一日,9日,卡萨发现敌人。此时杜聿明收听了敌人的广播,知道八莫于3日、密支那于8日已被日军占领,于是判断敌人可能企图从南北包围歼灭我军,急忙召集各部队长及参谋长商议对策。

此时接到蒋介石用无线电台发来的有关行军作战要领手令:

急。杜军长:并转史参谋长、罗长官:顷敌广播称:彼寇昨日已占密支那,微(4)日已占八莫;无论其宣传之虚实,我应特别戒备。惟其兵力决不强大,此次行军作战要领如下:甲,各路纵队之先头,皆须选其精锐者,至少要能击破敌一个大队之兵力为编组基准。乙、兵力不可太分散,各纵队联络须求确实,多约暗号密语。丙、如敌已占领据点顽抗,则切勿攻坚,惟派有力部队监视包围之,以掩护我主力通过。丁、各路侦察搜索宜广宜远。凡两日行程前方之要地情况,须能切实明了,尤其对八莫、密支那之敌情及其兵力,必须特别侦察,时时明悉行进,不太求急速;但警戒必要严密。戊、总目标以先能接近国境为惟一要旨,务使进战退守皆能自如。已、伤兵应特别设法处理与护送回国。中正。佳戌。机渝。

5月11日,杜聿明向蒋介石报告远征军各部的转进情况:

特急。重庆。委员长蒋:密加表。一、八莫及龙陵,于江微两日先后被敌占领,现正与吕师在怒江相持中。二、戴部及黄游击司令并收容甘军两营。新二十八师一部已通过曼腊公路,经莫故哥(Mygok)向八莫以东地区急进,占领皮特(Pita)、南坎(Nangkam)各隘路口,截断八莫敌之退路,并阻止其增援。余部本日可全部抵印道(Indaw),拟用汽车运输,急赴密支那河东岸,占领阵地,掩护军主力进出。吕张两部正向印道急进中,预计真(11)午前可全部通过印道。继续北进之本军,虽经月余艰苦战斗,但各级干部掌握确实,部队整肃,士气旺盛,全体将士奋斗,决不顾任何牺牲以报国家,谨闻,印道。职杜聿明叩。佳申。印。

在此电报中,虽提到各部转进的位置及士气,但也向蒋介石报告了敌情和存在的困难,表示"决不顾任何牺牲以报国家"等语,说明作为远征军副司令长官的杜聿明已经意识到巨大的危险和牺牲在等待着他。而后的事实也正是如此,远征军从此踏上了惨痛的败归之路。

5月13日,军令部下令,要宋希濂的第十一集团军反攻腾冲、龙陵;同时派出一部分兵力向腾冲西南地区之莲山、盈江、梁河等地前进;另派一个加强连向密支那、八莫间地区前进,目的都是为策应、迎接困在缅北的第五军主力回国。

蒋介石对此行动也很重视。第五军机械化部队,是他的心头肉,尤对杜聿明表示要牺牲之语,倍感难受,想尽一切办法,要救他们脱险。他亲自致电保山的军令部次长林蔚转示第十一集团军总司令宋希濂,指示行动方针:

限一小时到。保山林次长:并转宋总司令。腾冲情况如何,我军务于筱(17)日前设法占领,如果敌军负隅固守,则我军入城武器未到以前,不必攻紧,亦可派一有力部队监视城敌。而我之主力,应直向腾冲西南地区,确实占领以后,即向莲山、盈江渠河、泸水各县道路,每路派一至两连兵力,另派一营兵力,向密支那、八莫间之新波(Sipo)方向星夜挺进,迎接第五军之主力为要,俞部长钧此。中正。覃。机渝。

当蒋介石指示第十一集团军部署攻击龙陵、腾冲等地后,5月15日,又致电林蔚密转杜聿明,指示有关部队行动及空运粮弹事宜。

林次长:密转杜军长。现已设法可由空中运输粮弹前来接济,一俟陆空联络确实即可开始实施,如此弟部行动不必太急,应从容计议,分路绕道而行,务以避开密支那为稳安,中意应以孟关即三角点六七零为总目标,其次为清加林卡姆特及龙京与红巴,即三角点五四一四东南为空运投送地,再次为荷马林与大曼的,该路粮食或易设法购办不待空远也。但龙通至加迈道路,必须派强有力部队相机占领,乃可以掩护西面各路部队前进,如果龙通至加迈道路必能确实掌握,则只可先到荷马林、大曼的暂时整顿保养,待机再行为要,详复。中正手启。咸。机渝。

宋希濂遵照蒋介石的指示,即下令:集结于保山的预备第二师顾葆裕部在惠通桥附近渡河向腾冲前进;第八十八师胡家骥部在惠通桥下游攀枝花渡江绕攻龙陵;第三十六师李志鹏一部从惠通桥正面渡江;第八十七师一团随八十八师向龙陵攻击;预二师并派出一部深入腾冲西南寻找第五军主力。

5月22日,反攻部队已全部渡江完毕并到达攻击准备位置。5月23日,各部队开始向腾冲、腾龙、龙陵、松山之敌展开攻击。由于渡江各部队没有炮兵掩护和后勤补给跟不上,持续攻击5天,伤亡惨重,只攻克一些公路上的小据点。第八十八师第二六四团在龙陵—松山公路上击毙了一个日军大队长,从其身上缴获作战计划和军事地图,得知敌五十六师团已全部署于腾龙地区,师团部及直属部队在芒市,下分腾北、腾冲、龙陵、芒市、新浓六个守备区,兵力在1.5~2万人左右。宋希濂当即呈报林蔚,转报军令部。5月31日,蒋介石下令停止攻击,撤回部队,固守怒江。此后怒江两岸各无大行动。

从5月下旬开始,蒋介石即派出空军前往缅北一带山区寻找中国远征军,可惜当时远征军各部电台干电池多已用尽,无法与国内联系,从加尔各答起飞的满载食品的运输机终日盘旋于野人山区。6月上旬,途经葡萄的第九十六师余韶部与蒋介石联系上后,蒋介石当即令该部在葡萄待命,同时令驻印度加尔各答的军事委员会后方勤务部部长俞飞鹏派飞机空投,每日数架,运去米盐香烟军食品甚多。

其他各转进部队在孤立无援的情况下,都陷于悲惨的境地。

10. 名将殉国

东路第二〇〇师自奉命前往雷列姆后,参谋团因其位置处于中路,令其部东进归第六军军长甘丽初指挥,东渡萨尔温江,经景东、车里方向归国。但戴安澜坚决执行第五军军长杜聿明的命令向北前进,以归还建制。

戴安澜召集各团长开会说:"我师应遵照军部指示向北转进,从雷列姆向北穿越原始森林,白天行军,晚上宿营,可避免敌机空袭。然后渡过南渡河,穿过曼德勒至腊戍公路,再到细胞,从细胞到摩哥克公路,渡过瑞丽江,再往北经过南坎至八莫公路,就是腾冲县了,最后渡过怒江就安全了。任务相当艰巨,向北的三条公路、两条河流都有敌人重兵把守,搞不好要被合围,稍一不慎就有全军覆灭的危险,行动要特别谨慎、小心。"

高吉人说:"师座,放心吧,我们派出特务连化装成缅甸老百姓,先侦察通过地点和道路,到公路附近时,我们白天在森林宿营,晚上再迅速通过公路。"

郑庭笈说:"每次行动,派出一个团为前卫,占领阵地,然后掩护主力通过,再派一个团交替掩护撤退。遇敌时尽量不要胶着,要迅速摆脱敌人。"

戴安澜说:"好,部队立即进入森林向北前进,钻得越深越保险。另外,在十字路口要互相派联络兵,以免迷失方向。如果我出现意外,由副师长高吉人指挥,高副师长牺牲,由步兵指挥官郑庭笈指挥。总之,无论如何,要把部队带回国去!"

遮天蔽日的原始森林,古木参天,辨不清道路和方向,遍地潮湿,生满苔藓,散发着腐烂的气息,藤蔓缠绕,像密集的网;还有无数山蚂蚁和蚂蟥,经常钻进人们衣内吸吮人血,森林中的蚊子一团一团的,像轰炸机一样,嗡嗡地叫着向人们袭击。远征军的将士们,历经千难万险,在密林中跋涉多日,终于到了南渡河。此河弯弯曲曲流经细胞,向南汇入米坦格河进入曼德勒附近,再注入锡唐河经仰光入海。眼前的河面宽300多米,水流甚急。这是突出重围的第一险关。

戴师长带部队到达河边,派人上下寻找,连一只渡船也没找到,便命令各团砍伐河岸上的茅竹,扎成竹筏,利用天黑,十几条竹筏载满部队,往返摆渡,黎明前,终于渡过南渡河。

高吉人笑着说:"师座,看来我们的担心多余,这第一道大关不是过来了吗?"

戴师长严肃地说:"麻痹不得,我们部队在雷列姆进入森林,在敌眼皮底下消失,敌人也一定在千方百计搜索我们的行踪,前几天,敌侦察机不是终日在我们头上盘旋侦察吗?昔日关云长千里走单骑,过五关斩六将,我们这才过一关!要提高警惕。"

担心似乎是多余的,在第二〇〇师认为最可能遭到阻击的曼德勒至腊戌公路上却没有遭到敌人的袭击。从5月1日起,曼德勒就陷入敌手,而腊戌则是4月29日被敌夺取的。从那时起,从腊戌到曼德勒和腊戌至雷列姆的公路上就布满着日军,怎么会这么顺利就过来了呢?当部队穿过公路安全进入森林中时,戴安澜就反复琢磨这件事。但高吉人与郑庭笈还是很高兴,第二大关也顺利过来了。他们命令部队向细胞前进。

但他们不知道,敌人飞机已侦察到南渡河有部队过河的迹象,日军在细胞至摩哥克公路布置了重兵,准备伏击前进中的第二〇〇师了。细胞公路附近的森林中、茅草丛中埋伏着大批日军,已守候多时,寂静的山林中,隐隐腾起一片杀机。

5月18日,第二〇〇师来到了第三大关——细胞至摩哥克公路,师指挥所设在公路边一个小山顶上的一个临时搭起的简易茅棚中。透过密林,戴师长用望远镜仔细观察远处的公路。静静的公路,像一条熟睡的巨蟒,安安静静地躺着一动不动。失去昔日繁忙情景,看不见一辆汽车,也没有行人来往。

高吉人接过望远镜看了看说:"师座,没发现敌人,一鼓作气白天冲过去得了。"

戴安澜:"别忙,再看看,等傍晚时再通过。吉人,天快黑时,你派第六〇〇团为前卫,过公路后占领路旁的高地,然后掩护大部队穿过公路。"

山区的太阳,似乎落下的更迟,终于夕阳垂下崇山峻岭,一切安静下来,欢快的山鸟扑扑腾腾都飞回各自温馨的鸟窝,暮霭沉沉,一片苍茫。此刻,郑庭笈正亲自率第六〇〇团前卫营迅速通过公路,"没有情况,师座,前卫营已过去了。"高吉人欣慰地说。突然,四周枪炮声大作,像万条凶猛的毒蛇,喷吐毒信。

"不好,果然中了埋伏!"戴师长心中叫苦,但已晚了,许多战士纷纷倒在公路上。第六〇〇团一部分不顾一切,已冲过公路,一部分战士就地进行抵抗,激烈的、殊死的战斗开始了。郑庭笈指挥过去的部队向公路旁埋伏于制高点的敌人发动仰攻。

"怎么办?师座,后面的部队还过不过?"高吉人焦急地问。

"副师长,部队已被切断,唯一的出路是坚决冲过公路,进入森林,命第六〇〇团不惜一切代价占领高地,掩护我们。你率第五九八团从正面冲过去,我带第五九九团为全师后卫,从左翼迂回包围敌人,立即执行。"

猛烈的枪声在黑暗中回响,一场混战。

郑庭笈率第六〇〇团向高地正面发动了进攻。伏击第二〇〇师的日军约有两个大队(一大队即一团)的兵力,他们占据有利地形,利用优势火力,用迫击炮、重机枪、轻机枪和手榴弹不断向第二〇〇师猛烈射击,不少战士中弹牺牲,更多的被压制在公路两边,打得抬不起头来。公路对面的第六〇〇团在团长刘少峰的指挥下,副团长刘杰亲率突击队往山上冲。经过激烈的战斗,刘副团长中炮牺牲,该团伤亡惨重,战至拂晓时,已不足一营兵力。

敌左翼响起了激烈枪声,戴安澜率柳树人第五九九团向敌发起了进攻,双方在黑夜中,各利用密林,展开一场对射。时间分分秒秒过去,眼看东方启明星出现,戴安澜心中焦急,命令:"柳团长,你掩护,我先带头冲过去!"柳树人命机枪掩护,眼看着戴师长的身影跃上公路。

"哒哒哒",敌人的重机枪交叉吐出火舌,冲上公路的战士,不断有人倒下,前面的纷纷退了下来。

"冲啊!弟兄们,不能停下来!"戴安澜跃起身带头冲上公路,突然用手捂住了胸部,此时,又一颗罪恶的子弹击中了他的腹部,他摇晃着倒在死人堆中。柳树人见状,喊了声"师长——",便奋不顾身冲上,也被机枪打中,当场牺牲。参谋主任董惟强冒着枪林弹雨,冲过去将戴师长强背到路边。戴安澜艰难地说:"董参谋,告诉副师长,一定要冲过公路,不要管我。"

第五九九团的伤亡也很大,剩下不足一营的兵力。高吉人命令:"部队撤回原准备出发地点。"实在冲不过稠密的火力网。

郑庭笈回忆当时情形:

"戴师长伤势很重,胸部和腹部各中一弹。我们用担架抬回师部指挥所,在山顶上一间茅棚里,召开团营长会议。会上决定,如果戴师长不幸牺牲,就由我指挥部队,带领回国。这时,大家都很难过,一言不发,副师长高吉人尤为难过,因为他俩是最亲密的战友。19日,部队原地休息,决定另选过公路地点。……我派副团长陈辅汉为便衣队队长,选勇敢善战的军官为队员,在郎东20华里处侦察过公路的地点,准备19日夜继续前进。第五九八团按照通过曼腊公路的办法,派部队占领公路两侧高地,掩护部队通过。按第五九八团、师部、师直属队、第六〇〇团、第五九九团的顺序通过公路。从晚9时开始,一夜间全师安全通过,这时全部官兵满脸笑容,特别是戴师长显得格外高兴。"

从5月下旬开始,缅甸进入雨季,大雨瓢泼而至,第二〇〇师的官兵全身透湿,终日在泥水中艰难跋涉。戴安澜终日躺在担架上,胸口和腹部的伤口经雨水浸泡,已感染化脓,他浑身滚烫,发起了高烧。卫生员流着泪报告高吉人:"已经没有药可换了。"

在缅北茅邦村,戴安澜从昏迷中醒来,吃力地问高吉人:"快到国境了吗?""是,再翻两个山头便是。"高吉人轻声说。

戴安澜慢慢地闭上了眼睛。下午7时,戴安澜的心脏停止了跳动,光荣殉国,年仅38岁。消息传开,第二〇〇师官兵都十分悲恸,有的甚至泣不成声,伴随着的是漫天遍野的瓢泼大雨。

高吉人流着泪说:"呼叫军部电台,向杜军长报告戴师长牺牲的消息,我暂代师长,继续执行回国命令。"同时,他命令卫兵赶制棺材,连夜将戴师长遗体入殓。

一支哀兵队伍,挣扎在风雨之中,队伍前列,八个卫士抬着戴安澜的灵柩,棺盖上是湿透了的战旗。雨水、泪水交融而下,继续向北前进,象征着民族不屈的抗暴精神。

队伍中响起了戴安澜生前创作的《战场行》:

弟兄们！向前走,弟兄们！向前走,
五千年历史的责任已落在我们的肩头,
落在我们的肩头。
日本强盗想要灭亡我们的国家,
奴役我民族,强占我领土,
我们不愿做亡国奴。
我们不愿做亡国奴。
只有誓死奋斗,
只有誓死奋斗,
只有誓死奋斗！
弟兄们！大胆向前走。
敌机虽在我们头上盘旋,
炮弹虽在我们头上飞过,
拼命杀敌,沉着战斗,虽死也光荣。

弟兄们！大胆向前走,
要做那轰轰烈烈奇男子,
打倒日本强盗,
才显得我们的好身手。
打倒日本强盗,
才显得我们的好身手。

弟兄们！大胆向前走,
……

嘀嘀嘀、嗒嗒嗒……

"戴安澜伤重不治,于寝(26)日在茅邦逝世。"

令人心碎的电波,飞出缅甸的崇山峻岭,飞过国境,飞到陪都重庆,飞向各战区。

重庆嘉陵江南岸,黄山官邸。山雨欲来风满楼。

满山的苍松在狂风劲吹下,发出阵阵松涛回响之声,回荡在江山之间。天边电闪雷鸣,黑云翻滚。嘉陵江在颤抖,发出撕心裂肺的咆哮。庭院深深,滴滴答答落下一点两点、千点万点的豆大的雨珠。

蒋介石觉得这点点滴滴雨珠,都滴到了他的心头,眼睛也被一片泪水模糊了。"达令,进屋去吧,海鸥的殉国,我们每个活着的人都很难过。"宋美龄哀婉地说。

蒋介石沉重地说:"你说得对,作为黄埔军校校长,每一次听到我的学生牺牲时,我都很难受,然而今天,我悲不能抑,海鸥——海鸥——,你在哪里?"

倾盆大雨终于到了,蒋介石在宋美龄和卫士的搀扶下进屋,他一下子老了许多。有什么样的打击和悲痛比白发人送黑发人更令人痛心?他坐在桌前,用手帕擦着泪,给杜聿明写手令:

> 即到。杜军长,卅世(30、31日)各电均悉。安澜殉职无任悲哀。凡接近国境各部,应即严令其就近回国,何必再问行止,弟与军部究在何处。速复。中正。

第二○○师代理师长高吉人、副师长郑庭笈与参谋长周之再等指挥部队继续前进,在茅邦附近沿瑞丽江西行,以第五九八团继续担任前卫,终于找到四个木排,5月28日全部渡过瑞丽江。由于天气炎热,戴师长遗体流脓水发臭,无法继续抬着回国,又不能留在缅甸,高吉人、郑庭笈乃决定就地火化。令士兵砍来原木,将戴师长的棺材放上,点起大火,在熊熊的大火黑烟中,好像有一只海鸥飞腾而出。火化后,捡出烈士遗骨,按部位用绸布包好,装在木箱中,烈士英灵仍然随第五九八团前卫部队前进。

6月2日,第二○○师通过南坎至八莫的公路。郑庭笈跟着后卫全部通过公路后,长吁一口气说:"最后一道大关总算过来了!"他想起戴安澜突围前的谆谆教诲,悲不能抑。

6月17日,部队到达腾冲县附近,与宋希濂派出的预备第二师搜寻部队相遇,在预二师的掩护下,全师经腾冲北面到达怒江。

6月18日,第二〇〇师渡过怒江。

6月25日,全师抵达保山县曹涧集中待命。

突围途中,第二〇〇师与主力脱离,孤军北进,路途艰险,给养困难。经常在大雨中行军和宿营,官兵90%以上患了疟疾,病死很多。第五九八团第八连有一天竟有8名战士死亡。昔日,他们在春阳朗朗、花树灿烂的日子里,穿着草绿色新装,武装整齐,在十轮大卡车厢中唱着战歌迈出国门。今日,在阴雨霏霏、啼饥号寒中再踏进国门时,全师已从出国时的万余人,剩下4000人了。

7月17日下午2时许,戴安澜灵柩抵达昆明。云南省各军政长官龙云、宋希濂等暨城防部队、各界代表万余人迎接至10里之外,扶榇恭送至昆明城东公共体育场停放。当覆盖着戴安澜血衣的灵车经过市区时,数十万民众夹道迎接,自动脱帽致敬者、哀泣者不计其数。

当戴安澜师长逝世的电讯传到延安后,中共中央主席毛泽东也沉痛地写下挽诗,以悼念这位优秀的抗日将领。

海鸥将军千古

外侮需人御,将军赋采薇。
师称机械化,勇夺虎罴威。
浴血东瓜守,驱倭棠吉归。
河场竟殒命,壮志也无违。

(注:同古,又译为东瓜)

11. 兵败野人山

5月10日，午后4时，八莫方面敌约一大队，由卡萨上游三公里处渡伊洛瓦底江成功，与我掩护部队新三十八师第一一三团发生激战。该团人员英勇阻击，终未能阻止其正面渡河。杜聿明考虑，时新二十二师、新三十八师距印道约在一日行程之上，第九十六师师长余韶率第二八六团、第二八八团、军炮兵团已前往孟拱，副师长胡义宾率师部与第二八七团尚远离大队，而后续之敌增援不已。杜聿明只得命第一一三团退守卡萨以西之山地，掩护主力向西转进，希经孟关、葡萄而转入国境。

5月11日，军司令部率特务营、通信营及新二十二师第六十五团向西北转进至曼许（MANSI），并收容远征军长官部、铁道部、后勤部各后方人员300余人，其中包括交通部处长唐文悌、铁道兵团团副张学逸等人。

5月12日，第五军在曼许等待新二十二师、新三十八师赶到。杜聿明令军部、直属队及新二十二师由曼许徒步向北转进。

新三十八师第一一二团在第五军主力向北撤退时，前往铁路线印道以南的温佐占领阵地，掩护主力北撤。孙立人率师主力与新二十二师到达集合地后，其部一一二团在温佐被围，而第一一三团又在卡萨与来自八莫之敌激战，二团相距位置在100公里以上，前、后、右三方均受敌威胁。为了全师的安全，孙立人认为，已不得不下决心转头向西，进入印度，当即便下达了命令，令第一一四团、一一三团向温佐方面集结，打击尾追之敌，救出第一一二团安全出围。然后全师向西北行进，转入山林地区。

5月16日拂晓，新三十八师进入两边都是悬崖峭壁的深谷中,谷中有一条河流,别无道路通行。孙立人下令将所有的车辆及辎重焚毁,部队涉河前进。因为雨季尚未来临,河水不深,最深处亦只到腹部,孙立人告诉部队要克服困难,否则到了雨季,后果不堪设想。部队在水中跋涉一昼夜,始出山口,来到亲敦江右岸的榜宾地区。此时日军的大部队和水上炮舰正从下游驶往这一地区。孙立人决定立即渡江,命部队准备木排,趁黑夜全部渡江。第二天,日军追到榜宾时,与师后卫部队发生激战,恰逢天降大雨,掩护部队亦迅速渡江。

5月27日,新三十八师除第一一三团因卡萨战斗未赶上主力外,该师已安全进入印度英帕尔东南约29公里处的普拉村集结待命。两个星期以后,第一一三团也赶到了英帕尔。

该师在温佐时,副师长齐学启曾在卡萨地区指挥第一一三团阻击八莫方向敌人过江。当第五军主力远离后,第一一三团团长刘放吾便令该团迅速转移进山地。在此之前,齐学启接到孙立人的电话,要他前往师部,并约定第二天清晨3点派汽车去接他。但负责接齐学启的副官叶遇春在约定地点等了几个小时也未见到人影。

原来,齐学启将军从第一一三团出来后赶往曼许第五军军部,向杜军长报告了第一一三团战况。杜军长当即命令部队转移。齐学启找不到汽车前往约定地点,延误了时间后与该师伤员一同进入山地,寻路西进,追赶部队。

5月19日,齐学启等乘竹筏至霍马林以南约13公里处,被敌军追上,被俘。后送至仰光中央监狱,被囚近3年。

1945年5月盟军克复仰光后,14日,重庆《大公报》仰光特派记者黎秀石发自仰光专电:

前新三十八师副师长齐学启将军,于3月8日为寇刺伤腹部,于3月13日伤重逝世。那一天,是所有盟俘最伤心的日子,他们齐向齐将军致哀,对日寇刽子手的暴行深恶痛绝。

据恢复自由的若干盟国战俘对记者说，齐将军的确是中国的伟大军人，他是中央监狱里数百战俘中最受人爱戴与最能给人援助的人物，在英美袍泽的眼里，他是黑暗时期的光明与鼓励的源泉。在这3年的黑暗地狱中，他对盟国最后胜利的信念，从未动摇，并曾屡次拒绝了日寇'诱令'，加入宁（南京）伪组织的阴谋。3月7日，日伪曾作最后的尝试，但被齐将军臭骂一顿，第二天，齐将军便被刺伤了。有一位解放了的盟国战俘对记者说："齐将军在解放前夜被谋杀了，这是最惨不过的事，但我向你保证，齐将军将长留在我们心里，他是我们最黑暗的日子中最伟大的友人。"

齐学启将军遗体后由仰光空运至加尔各答，再转运回国，葬于湖南长沙岳麓山。

第五军进抵缅北孟拱以北地区时，先是道路不良，后来就见不到什么道路，行军十分困难，便将所有车辆及大炮重武器自行破坏，全部抛弃。

从孟关往北全是山区，为崇山峻岭、山峦重叠的野人山和高黎贡山。野人山在西，纵深400余里，绵延千里，是中缅印边界的大山区。此处全系原始森林，海拔3826米，山岭丛林密布，难于通行，山间隘口为古代交通要道。山区居住有少数居民，与外界很少联系，非常野蛮，在树上往来，敏捷胜似猿猴，常用野弩伤人，被称为野人，该山区又称为野人山。

中国远征军各部进入野人山区。

各部队经过之处，多是森林蔽天、蚊蚋成群、人烟稀少的深山区，给养十分困难。本来预计在雨季到来前可以到达缅北片马附近，可是由于沿途可行之道路多为敌人封锁，不得不派出小股部队牵制敌人。因此迂回曲折，旷日费时。至6月1日前后，军直属队一部及新二十二师才抵达打洛。

杜聿明回忆当时惨景，心有余悸地说："……原始森林内潮湿特甚,蚂蟥、蚊虫以及千奇百怪的小爬虫到处皆是。蚂蟥叮咬,破伤风病随之而来,疟疾、回归热及其他传染病也大为流行。一个发高烧的人,一经昏迷不醒,加上蚂蟥吸血,蚂蚁侵蚀,大雨冲洗,数小时内就变为白骨。官兵死亡累累,沿途尸骨遍野,惨绝人寰。我自己也曾在打洛患回归热,昏迷两天,不省人事。全体官兵曾因此暂停行军,等我被救治清醒过来时,已延误了二日路程。我急令各部队继续北进,而沿途护理我的常连长却因受传染反而不治……"

杜聿明昏迷之时,军部接到蒋介石的电报,命令部队"向印度雷多方向转进,不必直赴葡萄,以免中途被困"。杜聿明醒后急令部队改道由打洛向新背洋前进。由于耽误了宝贵的时间,大雨季到来了。滚滚的山洪咆哮而下,淹没了道路,全军被阻隔在打洛以南的河边。工兵几次架桥,水流湍急,树木、绳索及架修的士兵被洪水冲得踪迹皆无。士兵们整日在暴雨中,无衣无食,饥啼号寒,最后草根蕉叶罗掘俱空,仅8天,就饿死官兵2000多人,野人山水边、路旁、树下、草中,到处是累累白骨。两年以后,新三十八师重返野人山时,在这一地区曾发现很多架在一起的锈坏的枪支,周围是一堆一堆的白骨,证明当时整班、整排、甚至整连饿死的极多。

6月17日,大雨初晴,从印度加尔各答起飞的运输机飞到野人山区上空,在打洛以西的大河边发现许多饿得爬不起来的人,开始盘旋空投大米包,一部分落入河中,另一部分落入悬崖和深壑中。剩下的大米,杜聿明令熬成粥,官兵以此果腹,我部向新背洋出发。至7月9日,第五军军部和新二十二师我部因迷路,还在缅北森林中不得脱身。

在绝望之际,杜聿明泪呈蒋介石急电求救:

十万火急。委员长蒋:鹃密。本部及二十二师由清加林出发,沿途断粮八日,饿毙官兵二千余人。幸至打洛得钧座派机救济,官兵得此甘露,始得向新背洋出发,中途又被洪水所阻,绝粮六日,冬(7月1日)日到新背洋。悉先遣团亦在此被水阻十余日,不得前进,连电长官部吁请,仅于鱼虞(6、7)两日投送八次,共收五二八小包,每包二十余磅至卅余磅不等,共计不足两万磅,不敷七千人一日半食用,使饥久将士,尽成饿殍。当地又极荒野,过军甚多,无法采购。虽一再吁请,竟以飞机少,任务多为辞,不予投送……拟恳请钧座严令整饬,克日加紧投送给养,以救将士生命为祷。此事本不敢烦扰钧命,因呼求绝望,谨泪呈急电请示祈遵……

电报送到蒋介石手上,他急令人与后勤总司令俞飞鹏联系,要他请印度方面派出空军协助杜聿明,紧急空投粮食。

在远征军长官部的请求下,英国空军侦察机在恶劣的天气中,反复在野人山区上空侦察,发现原始森林中有移动的人群,便与运输机联络,空投粮食及器材。在印度雷多的新三十八师亦派出搜索队,用内外开路的办法,与杜聿明部队联系,并指引中国部队脱险。

12. 印度整训

8月3日,杜聿明率部到达印度的雷多,结束了苦难的历程。当一群衣衫褴褛、面黄肌瘦,形似乞丐的人歪歪斜斜出现在边境上的时候,很难有人相信这曾经是雄赳赳的远征军。

事后,率部败走野人山的杜聿明惨痛地说:各部队因落伍、染病死亡,比在战场上与敌战斗而死伤的还多数倍!第五军直属队战斗死伤人数1300,撤退死伤人数3700;新二十二师战斗死伤人数2000,撤退死伤人数4000;第九十六师战斗死伤人数2200,撤退死亡人数3800;第二○○师战斗死伤人数1800,撤退死伤人数3200。据不完全统计,约有14700名远征军将士的生命,在这场大溃退中化作累累白骨。

1942年8月,杜聿明奉蒋介石令回国,驻印远征军由罗卓英负责进行整训。在史迪威与英军负责人商定后,以印度加尔各答西北的兰姆伽作为训练中国军队的基地。蒋介石决定成立中国驻印军总指挥部,史迪威任总指挥。在印部队改编为一个军,由郑洞国为新编第一军军长,最初下辖新编第三十八师,师长孙立人,新编第二十二师,师长廖耀湘。史迪威对士兵进行严格训练,由美国军官负责。

经过训练的中国军队战斗力有了很大的提高,部队从军装到钢盔、皮靴、背包,直到步枪、机枪、车辆、火炮等全部都换成了美式装备。8月骄阳,史迪威汗流浃背,亲自在训练场上,一会儿卧在尘土中,一会儿为士兵耐心讲解,从射击到战术,为中国士兵进行示范。

史迪威认为,兰姆伽的训练将重新焕发中国军队的活力,不久即可以发动反攻缅甸的行动了。

12月10日,两支美军工程部队开到雷多,他们将负责从雷多修筑一条穿越野人山区的公路,进入胡康河谷,经新背洋到达密支那,以配合驻印军行动,将战略物资运往中国。

中国驻印军新三十八师在兰姆伽整整训练了6个月,部队从森林战术、武装泅渡、战术配合、体能训练各方面及武器装备上有了很大的改进。

1943年1月2日,新三十八师师长孙立人前往驻地附近蓝溪的柔拉学校,接受英皇颁授的C·B·E英帝国司令勋章。

授勋仪式按规定应该在新德里的英军司令部由魏菲尔将军代表英皇颁授。因孙立人所部即将重返缅北,以掩护雷多基地和中印公路的修筑,任务紧急,抽不开身,临时改在孙军驻地附近举行。

上午10时,孙立人将军气宇轩昂,英姿焕发,来到授勋礼堂前。几十名锡克族士兵头戴红帽守卫在大门外,孙立人一行进门后,一个印度人手托着一个放着银杯的盘子走到他的面前,孙立人按当地风俗,用手指伸进杯里蘸蘸盛在银杯子里的香水。另一个印度人递上一包包着香料的树叶,请孙立人等放在嘴里咀嚼。

礼堂的主席台上,悬挂着英皇乔治六世的大幅肖像,正中放着套着猩红毯褥的椅子,褥上绣着各种彩色丝绒的花纹。

印度比哈尔省省督身穿黄色大礼服,肩上和胸前配着肩章和服饰。仪式开始时,由军事秘书向省督致词引见,用洪亮的声音叫着:"孙立人将军——"

孙立人当即走到离台一步的地方,与省督面对而立。

省督打开勋位证书,庄重地朗读颂词:"奉皇帝陛下的命令,今天本人代表陛下,将C·B·E勋章授予孙立人将军阁下,以表彰阁下去年在缅甸首创的惊人功绩,和对阁下这种英勇行为致敬。"

读完颂词后,省督从侍者的托盘中拿起系着绶带的英帝国司令勋章,亲自挂在孙立人的脖子上,然后与他热烈地握手以示祝贺。接着参加典礼的中英高级将领一拥上前,一一与孙立人握手道贺。

下午1时,比哈尔省省督举行宴会,代表英皇宴请孙将军一行,宾主双方共同举杯,为战胜日军互相祝贺。

13. 再战缅北

1月27日,重返缅北的任务终于开始。新三十八师第一一四团为反攻缅北的先遣支队,在团长李鸿的率领下,从兰姆伽军营乘卡车出发,经过一个多月的车船运输,重返阿萨姆省的雷多地区。该团的任务以担任掩护修筑中印公路、消灭盘踞在野人山至胡康河谷的日军为主要目的。

第一一四团从雷多向南步行50多里,进入野人山区的鬼门关。从山脚下仰首翘望,山岭连绵,全是阴森森、黑压压的原始森林。森林中央有一盆地,又称胡康河谷,包括打洛盆地和新背洋盆地。河谷中纵横交错着大龙河、大纳河、大宛河、大比河等河流及其支流,在盆地西北汇合,流经缅甸西南部入海。旱季,河水很浅,可徒涉而过;雨季,山洪暴发,一片汪洋。

从敌我双方对控制缅北的战略部署来看,都将胡康谷地作为战略要点来看待,均置精锐部队于此。

中美英军要通过胡康河谷修筑公路到密支那,与滇西连成一片。而日军在缅北隘路驻兵,也是要阻滞、破坏中美联军打通胡康河谷,收复缅北。

日军布置在这一地区的是第十八师团。该部训练有素,战斗力很强,且有丰富的森林作战经验。1942年4月下旬,该师团作为进攻远征军中路军的主力,沿曼德勒至密支那铁路向杜聿明部展开全面进攻,并在怒江一线与中国军对战。此次,该部在驻印军进攻之先,已按在狭隘路口作战方针,派出许多小部队,据守胡康谷地中必经之路的要隘与山头,并派兵袭击印度边境卡拉卡、唐卡家一带的英国军队。英军千余人遭到日军奇袭后,往后撤退,正在修筑的雷多公路暴露在日军面前。日军派出小股部队不断地对修筑大军展开袭扰,负责工程的美军少将惠勒尔将军认为形势严重,"受到4次坚决的攻击",要求撤走修路人马。3月9日,新三十八师第一一四团穿越丛林,步行赶往这一地区。3月30日,正遇上200名日军和钦克人向节节后退的英军追击,便坚决打了一仗,并一口气夺回几个被日军占领的山头。随即以第一营进占唐卡家,第二营从柏察海方面进击,对卡拉卡之敌攻击而占领之。英军安全后撤。

敌十八师团知道遇上了劲敌,连夜增援1000多人,于3月31日开始,分二路向第一一四团发动进攻。卡拉卡与唐卡家两据点均展开激烈的战斗,连续打了半个多月,敌伤亡200多人,无法攻占哨卡,以达破坏雷多公路的目的,只好改成小股袭扰。第一一四团也因山高路险,密林丛生,与后方联络与给养供应都跟不上,只能咬牙坚持。5月22日,孙立人师长认为第一一四团官兵疲劳过甚,加上雨季来临,疟蚊肆扰,乃命第一一二团前往换防,接替野人山防务。敌军也因缅北雨季开始,胡康谷地洪水泛滥,补给不济,亦大部撤退,只留少数伺机活动,两军没有大的接触。

新三十八师经受了八个多月的黑暗和泥沼中的生活,顶住了蚊蚋蚂蟥的袭扰与敌军的偷袭,终于掩护了雷多公路在9月上旬修到南阳河附近,驻唐卡家的警戒部队亦向南推进至他卡沙坎及秦老沙坎一线,并且与日军打了一仗,获得胜利。史迪威很满意,认为在几次冲突中,驻印军均获胜,说:"训练的结果得到了证明。"

10月底,雨季停止了,新编第三十八师与新编第二十二师全部陆续开到了雷多附近。总指挥部史迪威将军命令驻印军向胡康河谷前进,占领大龙河西岸各据点,掩护主力进出野人山。反攻缅北的序战终于开始。

新三十八师为反攻缅甸之前锋,奉命以一一二团为先遣部队,预期占领打洛至大纳河与大龙河交汇点下老家之线,以掩护新背洋前进飞机场、中印公路之构筑,及作盟军后继兵团进出野人山之掩护。第一、二团(欠迫击炮、战防炮、汽车、骡马部队)奉命分为三纵队,由卡拉卡、唐卡家之线,同时向指定目标分进。

第一一二团团部及第一营为中央纵队,10月24日由唐卡家进发,经唐卡沙坎、清罗沙坎直趋南下,10月29日攻克新背洋,30日攻克临干,继而南下向于邦之敌攻击。

第三营为右纵队,由卡拉卡进发,经那醒、奴陆向打洛区攻击。该营受命以主力占领拉家苏高地,以瞰制打洛,并派出适当兵力占领大洛西北岸要点,以牵制该方敌之行动,警戒师右侧之安全。11月1日,该营经一昼夜的猛攻,将拉家苏敌阵攻占,而后即确保使该敌无暇与孟关平原方面防守之敌相呼应。自此以后,该营即始终与敌保持火力接触。

第二营为左纵队,10月24日由唐卡家出发,辟道经海条由北向南,主力对下老、宁边之敌同时攻击,使敌各据点守军无法相救援。10月31日,第二营主力开始向下老之敌阵施行果敢攻击,苦战10余天,至11月11日下午将下老敌阵完全攻克,其一部第五连于10月31日,亦接近于邦,与敌发生接触。

为求迅速击溃大龙河右岸之敌,团部于11月1日饬令第一营以一连固守康道及宁干,二连对宁边之敌展开攻击,余下即会同第二营第五连对于邦敌核心阵地发起攻击。

于邦是胡康河谷西北的一个重镇,位于大龙河下游右岸,是水路交通之要道。该镇北、东、南三面是森林,西边靠着大龙河,地形开阔,易守难攻。日军在镇周围和地面上构筑了立体交叉和前后上下左右皆能呼应的强固的工事群体。主要阵地都以纵深的据点构成,遍布着隐蔽的火力点和密集的鹿砦。

10月31日,第一一二团第二营向于邦镇发起攻击。第五连连长江晓垣首先率该部进至敌主阵地前,由于地形不熟,误中敌一加强排的埋伏,双方展开恶战,该连消灭敌军70余名,江连长和排长刘治等30余名官兵亦壮烈牺牲。第一轮攻击受挫。

11月4日,第一营营长李克己亲率一连从宁边赶到于邦外围,将该敌三面包围起来,又在大龙河河边安置好重机关枪,封锁了渡口,防止左岸敌人增援。

于邦被驻印军包围后,敌第十八师团先后将其第五十五、第五十六两个步兵联队由滇西方面抽调出,利用卡车星夜运输,驰援大龙河,并在大龙河左岸展开。敌山炮第十八联队及挺进重炮独立第二十一大队亦火速赶至胡康河谷。

日第十八师团长田中新一是位老谋深算的将军,他身体稍胖,一脸横肉,不爱戴战斗帽,经常头顶钢盔,威风凛凛。他的特点是善于抓住一切有利于自己的条件和机会制定战役方针。他根据敌情判断：根据驻印军先头部队进出野人山区，掩护工兵修筑雷多公路，并向新背洋挺进的势头，肯定是要将该公路穿过密支那连接滇西。如果让此计划得以实现，缅北局势将不可收拾。但目前公路未通，驻印军的给养靠骡马运输，补给困难；而且先头部队携带重武器有限。他命令各据点守敌沉着应战，死守据点，又调去重武器，使步炮比例达到三比二。田中新一还将其司令部从密支那推进到离胡康河谷很近的乔家、大柏家，以便就近指挥部队，部署反击方案。

第一一二团团部及第一营从11月11日以后，每夜遭到敌增援部队猛烈的炮击。敌步兵在炮火掩护下强渡宽约200米的大龙河，企图乘驻印军后续部队未赶到前，将先遣部队一举歼灭。战斗异常激烈。一日夜，敌约一个营的兵力袭击了第一一二团团指挥所，该处只有一个特务排，拼命抵抗，团长陈鸣人在混战之中，几经血战，杀出重围。一位美军联络官突围时，见弹如雨下，复躲入掩体中，被日军俘虏。

11月22日，大龙河南岸敌军调来大量炮兵，对一营两翼封锁渡口的重机枪阵地昼夜轰击，我军机枪第一连连长吴瑾及士兵全部中炮牺牲。敌第五十五、五十六联队遂得以从下游渡过大龙河，绕到第一营背后，占领制高点，和于邦守敌联成一气，将第一营四面紧紧包围。

第一一二团急调防守新背洋的一个连增加于邦正面，不得已将该连原防守任务交给在新背洋修筑机场的工兵连接替。但该连一到宁边即被敌第五十六联队派出的加强大队包围。至此，整个大龙河至新背洋间的三角地区，处处皆被日军渗进部队所袭扰，野人山区的清罗沙坎附近也经常有敌小股部队活动，形势很危险。

第一营被敌包围后，粮食、水源和弹药都得不到充分的补充，只有依靠飞机空投来维持。某次，一架投粮飞机飞来，飞得高了，将粮食投到了森林中或河里或敌军阵地上。飞低了,被日军高射机枪打伤了机翼。于是连着三天,再没有飞机来空投,全营官兵便挖芭蕉根充饥。然而最大的困难是水源断绝。胡康河谷的旱季,阵地上一滴水也挖不出来,官兵们口干唇裂,嗓子里像冒火,眼睁睁看着远处滚滚的大龙河,只能拼命舔着带血的嘴唇。营里派出抢水的士兵,非死即伤,有时牺牲几条性命,但带回阵地上的水桶被敌机枪打得像筛子一样,水早就漏光了。于是官兵们只能从砍断的芭蕉根中和葛藤里吸吮少得可怜的汁液,勉强维持生命。

第一营的阵地始终巍然屹立。他们的防御工事,构筑得十分巧妙。阵地周围筑成八个据点,每班固守一个据点,各据点火力可以互相支援。另有一个班固守阵地北边的一棵大榕树。大树主干有一丈二尺,周围还有二十几个大小树干拱卫着主干。士兵们利用大树筑成天然的碉堡,树上设有瞭望哨,可以观察敌人的一举一动。树干上下部各筑一个机关枪掩体,可以扫射 360 度。每次敌人发动强攻,冲到大树前便再也无法前进了,树前往往死伤一大片。敌人用火炮轰击,但树干太密集,不易命中,机枪又扫射不进去,敌人无可奈何。此外,在阵地周边还修了六道鹿砦,前后周围都埋着用线牵动的手榴弹,一碰就爆炸,敌人每冲至此,伤亡惨重,因此,始终无法攻破一营的阵地。

第一一二团右纵队即第三营防守拉家苏方面,战事亦非常激烈。从 11 月 1 日起,日军从加迈运来大批援军,并携带着山炮,向第三营阵地连续发起猛攻。三营营长陈耐寒和连长赵振华在指挥部队反击时,先后中弹牺牲,士兵亦伤亡很大,但仍击毙日军山下大尉以下 400 多人。

到达宁边的刘益福连,被日军一个大队包围后,敌人连续发动数次大规模的进攻。血战 7 天 7 夜。一连重机枪兵叶先贵、余元亨利用一株被日军炮火炸去大半的树干,筑成机枪阵地,利用树枝葛藤搭成吊铺,几天几夜不下地。当敌人冲入鹿砦、攻到阵地前时,树上的重机关枪"嘎嘎"吐出火舌,向密集的敌军反复射击,打得日军屁滚尿流,遗下几十具尸体。敌军大队长田中胜、中队长原良和吉五先后饮弹身亡。而我重机枪阵地在敌疯狂的炮火中虽暂停射击,但只要日军冲锋,重机枪依然欢唱起来。

14. 史迪威扛起卡宾枪

为解救危局,新三十八师师长孙立人向总指挥部要求将驻唐卡家、卡拉卡的第一一四团调往于邦前线。但总指挥史迪威却认为该地敌人决无强大的兵力,并以公路未修通和补给困难,不同意调第一一四团驰援。

此时第一一二团压力越来越大,尽管沉着应战,但面对五倍于己的敌人,已感力不从心。孙师长亲自向史迪威反复陈述,史迪威始允第一一三团、一一四团及炮兵第二营陆续赶往前线,危险的大龙河和于邦各处阵地转危为安。

孙师长重新部署兵力,一方面增加兵力,向于邦之敌据点继续进攻;同时以钳形攻势,由两翼渡过大龙河夹击敌后,迫使于邦之敌崩溃,并期于在大龙河畔将该敌歼灭。

12月21日,史迪威赶往雷多基地,会见孙立人,研究作战计划。

次日,史迪威与孙立人乘吉普车沿雷多公路抵达胡康谷地。史迪威与孙立人召集第一一二团团长陈鸣人、第一一四团团长李鸿等开会,史迪威说:"我们无论如何要将日军赶出大龙河,因为,我们的公路要从这里修过去,并要架一座大桥,所以于邦一定要夺过来。"

12月24日上午8时40分,史迪威亲自赶到第一一二团第三营指挥所,指挥部队发起攻击。9时整,炮兵射击开始了,整整一个小时,炮兵发射了370多发炮弹,成排的炸弹像长了眼睛,呼啸着准确地在敌军阵地上爆炸,敌军官兵的尸体伴着碉堡的泥土飞上天空,阵地上硝烟弥漫。10时零5分,步兵从两翼向敌阵地发起攻击,官兵们争先恐后,冲入敌阵,在血与火中搏杀,逐渐向纵深发展。残余的敌人在进行殊死和无望的抵抗后,大部分战死,少数伤兵拉响了手榴弹自杀,只有几名俘虏。战斗持续到第二天上午9时多,残敌全部肃清。是役,毙敌连长以下官长4员、士兵51名,伤者100余人,生俘3名,缴获重机枪2挺、轻机枪4挺、步枪20余枝、掷弹筒1枚以及步、机枪弹及重要文件甚多。

12月29日拂晓,第一一四团攻陷于邦敌主阵地,取得了于邦大捷,并继续扩大战果,占领了大龙河右岸全部敌阵地。该团击毙敌冈尾大队长以下长官6员、士兵92名,获重、轻机枪6挺,步枪43枝。

史迪威对战斗的结果感到满意,他称赞:"中国人干得很出色。日本人很顽强,中国人打得很好。这些人勇猛无畏,下级军官是好样的,把日本人赶出这片丛林是十分艰难的。"

1943年1月14日,孙立人向蒋介石报告战果如下:

一、大龙河左岸敌之零星各据点,已于本月13日11时全部占领并肃清残敌,遗尸40余具,残余浮漂逃生,多毙河中。获无线电及其他战利品正清查中。

二、奉指挥史(迪威)作命第八号,饬将当面之敌驱逐于大柏家以南。遵即以一一四团为右翼队,全部由康杂(kantan)渡河,直趋大柏家后,将敌包围而破之。以一一三团为左翼队,先行渗透渡河,与左支队行动协同,向右侧背威胁压迫,使我主力进击大柏家易于成功。以一一二团为预备队,担任河防警戒,其主力位置于于邦附近。

三、我左支队一一二团第二营,经周余在密林辟路,于1

月11日晨到敌后袭击宁边东岸之敌,毙敌70余,获步、机枪各十余枝,同时我左翼队乘机渡沙色河,向敌猛击,于14日晨占领大龙河东岸(右岸)大榜加以北各据点,现仍继续向南进击中。

四、右翼队亦12日开始攻击,战斗正在孟养河附近剧烈展开中,职现在前线指挥。

敌军自于邦失守后,向北退守大柏家及其东西之线,主力集结于大柏家以西地区,凭借两侧宛托克山及大奈河为依托,构筑了数地带之坚固据点阵地,以阻止新三十八师右翼支队。该支队经过8天的勇猛攻击,于1月19日先后将孟养河附近敌之据点完全攻占,前锋进抵并威胁大柏家之敌,2月1日与左翼队合击大柏家集地。至此,敌军主力即向南溃退,残敌亦完全被驱逐至大奈河以南地区。孟缓平原已无险可守,敌十八师团退守孟缓以南,重新部署,并增加预备队,伺机反攻。

孙立人师长亲率第一一三团挺进孟缓敌后,迂回穿插,深入敌后90公里,以截断敌之归路。第一一二团也与第一一三团互相呼应向敌攻击前进,经过激战,攻克敌后重镇瓦鲁班。

3月5日,新编第二十二师从正面猛攻孟缓,廖耀湘指挥一个团强攻正面,一个团攻击侧翼,另一个团向敌迂回,终于在是日下午占领孟缓。

孟缓落入我军之手,雷多公路遂经新背洋修至大柏家、经孟缓再与密支那原有公路衔接。驻印军取得夺取孟缓的胜利,为反攻缅北的最后胜利奠定了基础。

蒋介石得知驻印军克复孟缓后,异常喜悦,尤其此次获捷,是他的学生廖耀湘指挥的,作为校长,他脸上有光,特致电廖耀湘:

新二十二师廖师长:此次克复孟缓,吾弟声播中外,名振退迩,足以聊中国军前年在缅失败之憾,而慰阵亡先烈在天之灵。惟新胜之余,易生骄傲,而为他日挫失之因,务希戒慎警惕,自重自勉,对友军对上官更应谦让敬和;对部属尤宜严督勤训,勿使有稍涉傲慢之气,养成我国古名将见胜勿骄澹泊勿矜之风,是所切盼……中正手启。寅巧。机渝。

3月9日下午,新三十八师与孟缓南下的新二十二师及坦克营会师。

日军第十八师团遭受到重大打击后,向南撤退,在胡康谷地与孟拱谷地的分水岭杰布坚山区,布置重兵防守。

杰布坚山区海拔1300多米,连绵约有10公里长,阴森可怖人迹罕至的山谷中,有一条狭窄的山路,从山谷里向上望去,两面是陡峭高耸的山壁。森林密布,只有中午的短暂时间,才能见到一线阳光。

田中新一师团长亲自部署防御阵地,命第五十六联队附重炮二门、山炮二个中队,沿山岭层层设置,在杰布坚山隘以南的沙杜渣卡主阵地,纵深配置了大炮30余门,由第五十五联队负责正面,另以长久联队配置其左,互为犄角。

田中新一站在主阵地上,对其左右说:"杰布坚山谷是一夫当关,万夫莫开之地,大日本皇军要在此消灭驻印军,重新建立辉煌的战绩。"

史迪威与孙立人亲赴前线观察地形,认为日军在山头上设有坚固的碉堡阵地,隘口地带布置两三挺重机枪交叉扫射,便可以阻挡我军大队前进,而我军用于攻坚的坦克和大炮在山壑中难以施展,失去威力,要想攻克杰布坚山通过峡谷,进克孟拱,当务之急,必须首先攻克两面山头上的日军阵地。

史迪威下达了作战命令:我军以最快速度,由瓦鲁班继续南下,攻取沙杜渣卡及其两侧之杰布坚山高地。

令新三十八师第一一三团和美军麦支队一营于3月14日出发,沿杰布坚山区左侧山地迂回,披荆斩棘,辟道前进,攻击敌后方交通线上的重要据点班拉,以断日军退路。

令新二十二师第六十六团正面进攻丁高沙坎,并沿山谷穿过隘路南下。

攻击前夕,史迪威头戴钢盔,肩上扛着一支卡宾枪,只带数名警卫和随军记者出现在廖师六十六团。士兵们见到他都热情地围上来。史迪威看到年轻乐观的士兵用树叶卷起当烟抽时,便立即从上衣口袋中掏出美国香烟分给士兵,他笑眯眯地鼓励士兵:"孩子们,好好教训对面的狗杂种,我会用更多更好的烟来奖励你们。"

"总司令,您那么大的年龄还到第一线来,很危险的,日本的广播已说要活捉您!"

"他们是捉不到我的,我是飞毛腿。"他抬起沉重的、已张开口的翻毛大皮鞋,士兵们都开心地笑起来。

"你们怕不怕日本人?"史迪威问。

一个娃娃脸的士兵腼腆地回答说:"我不怕日本鬼子,只是怕……"

"怕什么?不要紧,大胆说出来。"史迪威鼓励说。

"就怕负伤,轻伤还不要紧,重伤在密林里,无法治疗,只有等死,连鬼魂也回不到家乡了。不少兄弟躺在国外的土地上,化成一堆堆白骨,看了令人害怕。"

史迪威听后,神情很严肃,他拍拍士兵的肩头说:"放心吧,孩子们,我一定下令各级长官要关心士兵的生命,不允许丢弃一个伤员,保证每一个负伤的士兵运送到后方野战医院治疗;伤势严重的,要用飞机运输到雷多基地医院。"

士兵们听后欢声雷动,士气大振。

攻击令下达后,坦克、大炮、重机枪一起开火,大地抖动起来。空气灼热,热血沸腾,战士们冒着硝烟,跟随军旗,前仆后继扑向敌阵,丁高沙坎阵地上厮杀声、呐喊声、枪炮声响成一片。

史迪威在望远镜中观察着这一壮观的情形,激动地说:"中国的士兵打得太勇敢了,个个都是好样的!"随军记者们目睹了攻击,记下了火与血的瞬间：

"有一个驻印军的青年战士为了消灭碉堡内的人，将手榴弹系在身上，跳进碉堡，与敌同归于尽……"

经过昼夜激战，日军被打死67人。面对如潮的进攻，残余的日军将伤员集中在一起，用机枪射杀，然后逃走。

3月19日，六十六团占领了山口隘路两侧的据点，以坦克第二营开道，隆隆地冲进杰布坚山山口，新二十二师紧随其后，向前推进。二日后，前进部队遭到日军猛烈反击，好容易接近沙杜渣卡敌主阵地前时，遇日军第五十五、五十六联队与长久联队联合顽强固守。敌用大炮向冲上阵地的坦克猛击，坦克第二营最前面的两辆坦克当即中炮起火，另三辆坦克亦被击中履带动弹不得，后继部队攻击随之受挫，第六十六团伤亡很大。26日，第六十五团接替攻击，虽经苦战，攻击无进展。

担负迂回任务的新三十八师第一一三团从左翼沿山岭行进，跋涉也很艰苦。在只有山鹰翱翔的高山峻岭之中，他们冒着风雨袭击，在泥水中爬行而进；而驮炮的骡马无法行走，多半滑落山涧，摔得粉身碎骨。士兵们只好抬着山炮，冒着随时滑进深谷的危险，趑趄而行。两天之内摔死的骡马多达20多匹，对剩下的马匹，爬山时，几个士兵在前扛着马头奋力向前，下山时，又有几名士兵死命拖拽马尾，小心而进。在山中的日子里，部队缺粮断水，忍饥挨饿，14天的艰苦跋涉，只迂回了16公里。3月27日，一一三团终于出现在沙杜渣卡以南6公里的拉班附近。28日，该部乘拂晓蒙蒙的晨雾，悄悄渡过了南高江，向拉班发起袭击，不少日军尚在睡梦中，万万想不到驻印军已杀到身边，猝不及防，很快便丢失了阵地。拉班的攻占，等于驻印军从日军身后打开了通往孟拱地区的门闩。转机终于出现，新三十八师所部从北向南，新二十二师从南往北，合击沙杜渣卡敌阵地，日军吹嘘的固若金汤的主阵地，终于在3月29日被驻印军攻克，新三十八师和新二十二师胜利会师。

至此,反攻缅北第一战役胡康谷地的战事结束。此役历时5个月,向南推进100多英里,占领了2500平方英里的土地,击溃日军第十八师团第五十五、五十六两联队及其师团直属团队,击毙日军第五十五联队大佐藤井小五郎以下官兵3200余名,击伤约3000人,缴获大炮6门,机枪9挺,步枪110枝,装甲车2辆,指挥车1辆,卡车3辆,第十八师团关防一枚及弹药、文件、装备无数。

史迪威的下一个目标,是夺取孟拱河谷与密支那。在他率部出印度时,密支那对很多人来说,只是一个词组,一个梦想的标签和一个遥不可及的地方。只有史迪威脑海中始终坚定不移地萦绕着这个目标。夺取胡康河谷后,史迪威胸有成竹,知道实施夺取下一目标的计划已为时不远了。

15. 血染孟拱河谷

驻印军攻克杰布坚山天险后,即进入孟拱河谷。这是一个狭长的谷地,从沙杜渣卡到孟拱纵深长约115公里,南高江穿过谷地,又称为孟拱河,汇入伊洛瓦底江。两岸连绵起伏,皆是高达300米以上的群峦绝壁,在河流与山崖的中间地段,长着比人还高的茅草与灌木,地形十分复杂,利于隐蔽。每年5月,当雨季来临之际,山洪暴发,谷地中一片汪洋,道路、灌木与茅草,转瞬之间就消失在汹涌咆哮的急流之中,船舟无法行驶,更不用说是武装泅渡了。

日军退守孟拱地区之后,沿河谷两岸构筑了坚固工事,设置鹿砦与地雷,布置重机枪与炮阵地,深沟高垒,以逸待劳,以静制动,准备与驻印军纠缠、胶着在河谷地带,等待雨季到来,将我军困顿于泥沼与大雨之中,再利用沟壑与马蹄形池沼构成纵深防御阵地,逐次抵抗,以达到迟滞我军南下之目的。

日军在孟拱地区部署了重兵,以五十六联队主力在南高江西岸,阻止新二十二师前进;以五十五联队、一四六联队及一一四联队等部集结在南高江东岸,阻止新三十八师前进。

孟拱河谷大战序幕是从4月7日正式开始的,新三十八师组成的右翼队与新二十二师组成的左翼队,分别沿南高江东西两岸向纵深推进。

新三十八师一一二团沿南高江东侧向山区辟道前进。这一带叫库芒山区,是缅甸著名的高山,白云缭绕,气势挺拔。当地的土人在歌谣中形容为"无顶之山,永不能穿",由此可见该山区的险峻。

第一一二团全副轻装,将配属的炮兵连归还炮兵营建制,骡马辎重也撤返拉班地区,全团官兵,攀藤附葛,沿绝壁而上,向敌后迂回。

4月24日,该团以迅雷不及掩耳之势从群山深处杀出,突然攻占了瓦兰西侧地区,截断了加迈至瓦兰与克老缅之间的敌主要交通线,并由敌阵地的间隙中楔形突击敌阵地后方达48公里,给新三十八师正面之敌及加迈地区之敌造成严重的威胁,在孟拱河谷形成我军最有力之态势。

担任正面进攻任务的第一一四团,当即对芒平及瓦兰西侧防御阵地上的敌十八师团五十五联队、第一一四联队、第五十六联队等主力发起进攻,至5月12日,中路我军占领了克老缅、东瓦拉、拉吉、大龙阳等重要据点,与第一一二团会合,把敌五十五联队包围在大龙阳西北地区。

担任右路进攻的第一一三团主力扫荡瓦拉、马兰、卡劳一带残敌,并以一部兵力从南高江西岸地区与新二十二师第六十四团配合,攻击敌十八师团左翼。

面对驻印军的攻势,敌将全部主力调往第一线,而造成后防线上兵力空虚。同时中国远征军即将对密支那发动进攻,为策应密支那方面作战,新三十八师师长孙立人决定:师主力由芒平、瓦兰地区攻击南下,迅速占领加迈,夺取孟拱。

命令下达后,各部队积极开始行动。第一一二团团长陈鸣人令全团官兵每人带4天的干粮和一个基数的弹药,冒着大雨不分昼夜地行军,迂回大奈河、瓦拉、棠吉河、西凉河。在行进中,部队利用各种地形地物,在丛林高山之中,有时学鸟啼,有时学猿啼,有时利用流水声、大雨声等掩护,穿过敌人重重封锁线。有时部队隐蔽在敌阵地前一二百米处,乘黑夜偷偷运动,昼夜兼程,于26日上午11时,赶到加迈以南的南高江东岸。

陈团长当即派出侦察人员选择渡河地点,并令全团利用随身携带的雨布、雨衣、钢盔、水壶、干粮袋等制成简易的渡河工具,悄然无声,泅过南江,进至色当。

色当是敌人后防线上重要的辎重、粮草仓库,敌军在孟拱河谷的后勤供应,主要囤积在这一带地区,为日军致命点所在。

防守该地的是敌十二辎重联队、野战重炮第二十一大队一中队和守护仓库的监护兵两个中队,总兵力1500人左右。

但该地远离战线,敌人疏于防守。中午时分,正是敌午饭之时,为数不多的警卫,懒散地游逛着,大多数日军手捧着饭盒狼吞虎咽。

第一一二团和先遣队已秘密潜伏到仓库外的铁丝网前,用钢剪剪断了一层层的铁丝网。在5月如火的骄阳暴晒下,战士们的军装全被汗湿透了,在蚊虫叮咬下,一动不动地注视着目标。

三颗信号弹带着长长的白烟相继升上天空,总攻开始了。陈鸣人一声令下,各种轻重武器一起开火,目标和仓库在爆炸声中腾起熊熊大火和滚滚浓烟。战士们端着卡宾枪,连冲带打,纷纷越过鹿砦和铁丝网,向目标冲去。

"支那军的空降兵来了——"正在吃饭的日军纷纷扔下手中的

饭盒,惊慌失措,四处奔逃,不少日军刚拿起武器,便在猛烈的枪炮声中倒下了。一一二团迅速接近敌人,展开近战,手中的轻武器、手榴弹充分发挥了威力,而敌军的重炮、野战炮均失去了作用。战至傍晚,我军大获全胜,共打死日军900余人,缴获战利品15公分重榴弹炮4门,满载弹械的大卡车75辆,骡马500多匹,粮食、弹药库房15座,汽车修理厂1所。

5月27日,陈团继续扩大战果,沿色当公路南北两面展开,乘势夺取日军储藏在孟拱河谷物资总囤积地区的大部分,占领公路线长达6.5公里,将固守加迈之敌所倚恃的公路补给线完全截断,并破坏了敌军的通讯、联络、运输和指挥机构,28日又夺取沿途敌粮弹转运仓库30多座。

日军丢了后方重要的后勤基地,军心大乱。缅北敌总指挥部立即下令,务必夺回色当等地,以保证后方粮食、弹药的运输。日军第二师团第四联队,五十三师团一二八联队、一五一联队各一部及十八师团一一四联队之一部,共约两个联队之兵力附重炮4门、野炮12门、速射炮16门、中型坦克5辆,向第一一二团南北两端阵地发起猛烈进攻,企图打通卡盟至孟拱间公路,恢复后方交通线,以挽救整个即将崩溃的危局。

第一一二团的阵地上成了一片火的海洋。日军的重炮弹地毯式轰炸,削平了山头泥土一米多厚,日军大队排着队,平端三八大盖枪嗷嗷叫着往阵地上冲,前排倒下,后排踏着前排的尸体,依然潮水般涌上来。敌敢死队跳进战壕,与一一二团士兵厮打、搏斗在一起。士兵们用枪托、树棍、石头与敌殊死搏杀,有的战士被几个日军团团包围后,勇敢地拉响了手榴弹。敌人退下去了,猛烈的炮火又铺天盖地而来,阵地上的碉堡、掩体、壕沟几乎全被摧毁了,我军死亡颇重。仅6月2日拂晓,某营第三连连长周有良率该连阻击敌一个大队以上14次连续疯狂的进攻。该连顽强抗击日军,反复冲杀,日军急红了眼,用重炮轰击在阵地上搅成一团的双方战斗人员,周有良连长被炸得粉身碎骨,剩下的一个排在排长周浩和的带领下,与敌肉搏达5小时以上,歼敌80余名,但众寡悬殊,该排全体官兵全部在炮火中壮烈牺牲。

第一一二团在数倍于己的强敌南北夹攻下,咬紧牙关,始终坚守阵地,经过21天的激烈战斗,日军无法打通加迈和孟拱之间的交通线。到6月16日,该团共歼灭敌大队长增永少佐以下官兵1730多人。加迈以北地区之敌陷入粮弹与补给殆尽的困境,不得不放弃马拉高以南至加迈间32公里的坚固阵地。第一一二团团长陈鸣人遂获得"拦路虎"的美名。

第一一四团于5月28日集结于芒平附近地区,按孙师长的命令,该团经大班、青道康的高山密林中钻隙潜行。官兵们手脚并用,有时爬上1300多公尺的高山,有时穿行在万丈深谷里,在悬崖峭壁与原始森林中,开道前进,于6月1日出现在敌人后方,并一举攻克拉芒卡道,然后夺取拉瓦各据点,断敌后路。6月5日,该团向南横扫日军,连克数重要据点,并于15日占领孟拱至密支那之间的交通要道巴棱杜,兵锋所指,距日军盘踞重镇孟拱仅6公里多,使该城之敌成为瓮中之鳖。此时,该团已与一一二团遥相呼应,不仅为消灭孟拱区之敌十八师团创造了有利条件,同时瞰制孟拱至密支那间公路和铁路,使敌无法分兵增援密支那城守军,减少我远征军在密支那侧背安全之顾虑,此举对于缅北整个战局的胜利,起到了决定性的作用。

第一一三团主力于6月1日将西瓦拉、马兰间残敌扫荡后,团主力于4日进至拉芒卡道附近,攻占纳西康,并在西拉瓦与第一一四团一营会合,于7日占领南高江东岸重镇支遵,全歼守敌600余人。该团原准备一鼓作气攻下加迈,但因南高江连降暴雨,江水暴涨,河面陡然加宽到1000多米,波涛翻滚,渡河困难。加上沿岸敌人戒备森严,火力密炽,该团虽组织多次偷渡与强渡,皆告失败。

孙师长接到报告后,当即饬令第一一三团第三营重新选择渡河地点，从支遵以南地区做好敌前强渡准备；同时申请驻印军总指挥部空投橡皮舟和七五山炮烟幕弹；又饬第一一二团由卡清河之线向北猛攻，以牵制加迈之敌增援。

16日晨，强渡南高江行动开始。炮声隆隆，数十只橡皮舟像离弦之箭，向对岸驶去。敌人发现了，轻重机关枪咯咯狂扫起来。我军七五山炮吐出了烟幕弹，一分钟后，敌阵地上浓烟迅速弥漫，对面不见人影。机关枪还在疯狂的扫射，但失去了目标，成为盲目的瞎打。橡皮舟上，士兵们头戴钢盔，用小圆锹拼命划水，在急流中起伏颠簸，船头的机枪向岸上吐着火舌。在接近岸边时，战士们纷纷投出手榴弹，端着冲锋枪，呐喊着跳下船，冲上敌阵地。上午10时，第一批渡河的部队冒着猛烈的炮火一举攻占加迈东南侧之637高地，已经完全瞰制加迈城中之敌。日军因高地失守，加迈顿失屏障，纷纷向城外西南方向逃窜，上午11时多，加迈即被一一三团占领。

加迈被驻印军夺取后，其北方阵地与新二十二师对峙之敌侧背受到严重威胁，仓促间狼狈溃逃，新二十二师第六十五团乘势夺取阵地，追击残敌，并于是日下午3时50分进抵加迈西，与新三十八师一一四团第三营会合。

新二十二师组成的左翼队，沿南高江西岸向南推进。当面之敌是日军第十八师团，该师团在卡马高地区构筑了坚固工事，给新二十二师以极大杀伤，加上正值连阴大雨，新二十二师攻击受挫。廖耀湘气急败坏，大步冲进指挥所对史迪威说：

"总指挥，我部攻击几天，连续受挫，无法再行动了。"

史迪威耐着性子说："廖师长，驻印军已取得了辉煌的战绩，就像打老鼠洞一样，第一个胡康河谷已钻透，现在第二个已钻了一半，眼看就要胜利了，我们困难，敌人更困难，无论如何要坚持住……"

"坚持？怎么坚持？进攻以来，我师已有57名连级军官战死，其中大部分是跟我九死一生从野人山带出来的。"他说到动情之处,摘去眼镜,用手帕擦着眼泪,"我已经无能为力了,不行您撤换我吧!"

战地指挥所外,大雨滂沱,士兵们站在齐腰深的水里,有的趴在土堆旁,任凭雨水袭击,动也不动,他们的力气都耗尽了。

冲锋号又吹响了,大炮惊天动地地响了起来,坦克在泥泞之中,轧轧前进。一群士兵,像乞丐一样,军装上和脸上、胳膊上、腿上到处是稀泥,在泥沼中艰难地向前冲锋,对方阵地上一阵有节奏的机枪声过后,人已倒了一大片,剩下的与其说是后撤,不如说是连滚带爬,回到原先的攻击位置上,负责进攻的连长,又一个挂了重彩。

在指挥所中,用望远镜观察部队冲锋的廖耀湘,将望远镜一丢,就势一屁股坐到地下,说:"我不干了,总指挥,您下令枪毙我也不干了。您都看见了吧?白白送死。"

雨下得更大了,史迪威也沮丧地坐在地图前,半晌不说一句话。

时间一天天地过去,新二十二师还在泥水大雨中,进退不得。

敌十八师团得意之极,田中新一带着嘲讽的口气对部下说:"廖的部队,曾是我们的手下败将,这次,他想报上次在野人山惨败之仇,但在大日本皇军的打击之下,复仇是毫无希望的。"

新三十八师的迂回袭击,使日军后方补给丧失,日军阵脚大乱,田中新一慌忙下令撤退。

史迪威得知这一情况后,立即给廖耀湘打气,要他不失时机地发动进攻。

激战重新开始。6月1日,新二十二师在坦克、大炮的掩护下,全师出动,一举突破卡马高的敌强固据点。日军丢盔弃甲,向后狂逃。廖耀湘兴奋不已,亲自乘战车指挥追击,下令:"一定要抓住田中新一,一雪耻辱!"各部发起勇猛的追击,大胆地在溃敌中穿插包围。9日,新二十二师在湖沼地带包围了敌十八师团主力。包围圈越缩越小,田中新一令所部利用湖沼地构成半圆形、马蹄形工事,拼命抵抗,使攻击部队几度失利。最后,廖耀湘集中了所有的大炮,对准敌工事作摧毁性轰击。6月29日,敌阵地终于被我军坦克攻克,第十八师团主力大半被歼,师团长田中新一率残部1500余人,攀缘雪邦山崖壁,钻隙辟路向南逃窜。

廖耀湘立即向重庆的蒋介石报告战果:

"……我俘大炮共40门,高射机枪1挺,载重汽车167辆,田中新一以下乘车12辆,轻重步枪、掷弹筒1600余枝,仓库30余所,生俘敌原藤大尉以下70余名,重要文件、装具弹药等甚多,尚难统计。"

廖耀湘不断接到各处战报。众多的俘虏和大炮、辎重,使他脑中不由自主想到兵败野人山时的悲惨情景,但现在的惨败已是日本人了。他有些陶醉,战报的最后是这样写的:"查此次敌重武器及军用车辆遗失之大,人员死伤疾病、转于沟壑者之众,狼狈溃散惨状,有甚于两年前国军野人山之转进。追昔睹今,因此痛雪前耻,官兵大奋。"

此时,孟拱河谷的残敌,全部集中到孟拱市区了。孟拱城与加迈一样,同为密支那府的县治,城区位于南高江南岸,为缅北交通重镇。密支那至曼德勒、仰光间的铁路从孟拱通过,公路与加迈相接,水路沿南高江北至加迈,东流入伊洛瓦底江直达八莫。孟拱与加迈、密支那三镇鼎足而立,该城有南高江、南英河作为屏障,易守难攻。

日军在城内和外围阵地兵力有五十三师团一二八联队的主力、一五一联队的一部、五十六师团一四六联队一部、第二师团第四联队一部、五十三炮兵联队、武兵团一三九大队和十八师团一一四联队的残部。

新三十八师攻占加迈后,其第一一四团星夜向孟拱东北地区秘密前进，6月18日，团长李鸿率部来到高江边。连日大雨，河水暴涨，江面已宽达150多米，而且波涛翻滚，水流湍急，第一一四团靠过硬的技术，于当晚渡过南高江后，出其不意，向孟拱城的外围据点进行扫荡。当时因加迈到孟拱的公路还在日军把守中，大多数敌人思想麻痹，万没想到新三十八师所部会马不停蹄迅速渡江出现在孟拱侧背。外围据点的敌人在天亮时尚在村中游荡，或买香烟，或抢东西，刚一出村，就碰上中国军队，枪一响，五六个敌人当场丧命，其余做了俘虏，此时才知道，孟拱外围高地已被第一一四团占领。

孟拱外围枪声一响，成了惊弓之鸟的日军惊恐万状。因密支那吃紧，敌军一个步炮协同联队，正在增援途中，闻孟拱被新三十八师包围，立即返身杀回，欲与孟拱守军夹击第一一四团。6月21日晚，该敌行军至威尼附近，被我八连排哨让进伏击圈内，地雷爆炸，前头的几辆卡车顿时起火。日军纷纷跳下车，寻找隐蔽点，几名正欲反抗的日军，当即被打倒。敌军阵脚大乱，几个回合过后，探知该排兵力薄弱，遂组织全力反扑，用密集队形连续猛冲七八次，企图突破我阻击阵地。该排官兵利用黑夜和娴熟的射击技术，沉着应战，打退敌人一次又一次的进攻。敌由于队形密，在我军交叉绵密的火力网面前施展不开，伤亡极大，混乱不堪。激战至东方发白，敌第五十三炮兵联队长高见量太郎大佐正高举指挥刀，再次命令部队冲锋时，一颗机枪子弹穿胸而过。他全身怔了一下，艰难地低下头，凝视着汩汩的血染红了黄呢军上衣。他一手挂着指挥刀，另一只戴着白手套的手去捂伤口，血还是流了过来。他又凝视远方的天空，想竭力再看一眼孟拱城区，"哒哒哒"一阵机枪响过，他的身躯沉重地倒在冰凉的青苔上。

孟拱城内守敌望眼欲穿的增援已成泡影，日军指挥官下令各部利用环城防御强固的堡垒工事，困兽犹斗，组织抵抗。

6月23日，第一一四团在城外高地上调集75、81、60各种不同口径的火炮,居高临下,向孟拱城里各据点实施大规模炮击。30分钟后,部队发起攻击,一举突入市区,与敌逐街巷战,经过4个小时激战,第一营已控制了车站,其他各营也攻占了半个城区。

6月25日晚,孟拱城区被一一四团攻占,残敌纷纷跳入南英河泅水逃命。昔日的屏障,成了日军的归宿,对面河岸上早已埋伏好了一一四团的机枪阵地,在一阵秋风扫落叶般的射击下,河中的日军不是被打死,就是负了重伤,被汹涌的河水吞没,成了异乡亡魂。

第一一四团乘胜追击,与第一一二团互相配合,于7月10日在孟拱城10公里处会师,加迈至孟拱公路被打通。

第一一三团于6月28日攻克孟拱至密支那铁路线上重镇——南堤,击溃敌守军一个大队,截获火车车厢300余节。残敌溃不成军,三五成群向密支那逃命。7月11日,我追击部队打通了孟拱至密支那之间的铁路,在密支那外围与远征军第三十师会合。

史迪威预想的第二阶段战役胜利结束。新三十八师孙立人师长向蒋介石报捷。

16. 奇袭密支那

密支那是缅北重镇,仰光至密支那铁路在这里终结。密支那又是缅北交通枢纽,从密城乘火车往南,可达孟拱、卡萨、曼德勒、仰光,纵贯缅甸南北。从密支那往北,有公路通孙布拉蚌,达中缅边界,从密城公路向南,与八莫、腊戌相连,接滇缅公路,与中国的昆明相通。从密城公路往西,至孟拱、加迈与中印公路相通,穿过胡康河谷抵达印度的雷多。此外,密城北还有牛车大道,通犏角、片马,牛车道往东,经昔动可达腾冲。除了铁路、公路以外,密支那水路依靠伊洛瓦底江,流经缅境,南入大海。密城西北,还有两个飞机场。这里是日军在缅北的最大基地,收复密城,就掌握了整个缅北。

当史迪威率驻印军进入野人山时,密支那是个遥远的梦,是一个标在地图上可望而不可即的目标。史迪威的目的是要收复它,而英国的蒙巴顿、美国的参谋部和蒋介石都认为史迪威的计划是个天方夜谭。

但是,修筑了两年的中印公路必须通过这里与滇缅公路连接,如果拿不下密城,印度与中国滇西的联系只是一句空话,大批的战略物资还不能顺利进入中国。

密支那城区人口有1万人以上,城外是狭小的平地,四周则为崇山峻岭所环绕,形成一圈天然的屏障。其西北为著名的库芒山区,为密支那和孟拱谷地的分水岭。山中只有羊肠小道,道路艰险,该山区形成防御密支那的有力屏障。

史迪威在制定夺取孟拱河谷计划之时,便同时制定了一个大胆的奇袭密支那的计划。他利用新三十八师猛攻加迈和孟拱,以吸引日军的注意力,同时命中国远征军新三十师和第五十师做好准备,美军和远征军组成突击队分途于孟缓南下,经库芒山区开路前进,秘密向密支那方向运动,预计于5月12日到达密支那城西北,奇袭夺取飞机场,再掩护大部队空运至密支那,一举夺取密城。

连续的阴雨天气,使秘密到达密支那附近的中美联合突击队一再推迟袭击机场的日期。

5月17日,天未亮时,史迪威便独自来到帐篷外,边抽烟,边忧心忡忡地不时抬头看天。当东方浓浓的黑云中透出一丝丝晨曦时,他长吁一声:"好了,今天是个晴天,部队总算可以行动了。"他立即下令部队做好登机准备,但飞往何处还是保密的。

10时50分,他收到密支那潜伏部队"进入圈子"的电码,这意味着奇袭机场的突击部队将进行战斗。

下午3时,三颗绿色信号弹在密支那机场附近升上天空,霎时,各种火炮、轻重机枪、卡宾枪对准机场猛烈开火。八架日军飞机中弹爆炸,燃起熊熊大火。机场守备部队被突然袭击打得晕头转向,甚至搞不清楚敌人来自何方,在机场上就像掉了头的苍蝇一样瞎撞。100多名警卫队员各自抵抗不到一个小时,便仓皇向密支那城区溃逃,机场跑道上横七竖八倒着些机油桶。敌军甚至来不及炸毁、破坏跑道,只是将机油倒在跑道上阻止飞机起落完事。

远征军占领机场后,士兵们急忙打扫战场,从机场外抬来泥土,来清理跑道上的机油。美军士兵立即登上指挥塔,用无线电通知后续部队。3时30分,史迪威收到密支那机场无线电密码"威尼斯商人"——这是已占领机场,可以降落的意思。

"好极了!立即空运部队。"史迪威兴奋地大喊。

一架接着一架的美制C—47道格拉斯式运输机和滑翔机在战斗机的掩护下,隆隆地掠过缅北的大片丛林,向密支那飞去。在地面部队的接应下,飞机陆续在密支那机场降落。新三十师第八十九团的士兵一跳出机舱,立即投入对密支那城区守敌的进攻。雨又下起来了,天也黑了下来,雪亮的探照灯照亮着跑道。在飒飒的雨中,飞机不停地起飞与降落。密支那的炮火,不时映红半天;各种枪弹拖着美丽的曳光,成串交叉飞驰;对空探照灯的不停转动,以及夜航飞机上各种红绿信号灯光,将密支那的雨夜,装饰得壮丽绚烂,多彩多姿。

更壮烈的是冲锋在铁丝网前、手持卡宾枪、头戴钢盔的战士们的矫健的身影,他们时而卧倒射击,时而立起投掷手榴弹,继而向前跃进,前面的倒下了,后面的丝毫没有停顿,前仆后继,冲向敌人的据点与工事。

随着奇袭密支那机场的成功,新三十师很快被运输到了前线。美军五三○七部队第一营向固守伊洛瓦底江只光渡口的敌军阵地发起猛烈的攻击。第二天上午,大批轰炸机再次光顾密支那上空,随着弹仓的打开,成串的炸弹呼啸着从空中飞向城里敌军的各个阵地,敌军在阵地上来回狂奔,寻找藏身地点。他们从来没有遭到过这么猛烈的打击,没有丝毫喘息和还手的余地。我们穿插、进展顺利。

上午10时许,史迪威的飞机钻出层层叠叠的浓云,下面的密支那呈现在眼前。到处是滚滚的硝烟、爆炸点的火光和蘑菇般的黑白烟云,重炮、山炮、迫击炮、轻重机枪和手榴弹的响声,似一个庞大的交响乐团狂奏着一支立体的交响曲。

5月19日黄昏时分,第一五〇团已攻至火车站附近,第八十八团在铁路沿线担任警戒,防止敌军从孟拱方向向密支那进行增援。

是日,驻印军总指挥史迪威在雷多急向蒋介石、何应钦报告敌情与战果。

特急。渝委员长蒋、总长何:三二号密。情况:(一)H支队辰筱(17日)占领密支那机场,并于占领之后,即有士兵一营,由滑翔机降落该场,新三十师八九团第二营由美空军载运,筱晚降落,迄巧(18日)中午止,我军已占领密支那城郊之一部,八九团其余亦全部运到,守备已占领地区及扩大战果中。(二)K支队刻正向密支那城推进中。(三)M支队阻断密支那至毛贡间公路。雷多。职史迪威,辰皓(19日)总建泌印。

次日,战果继续扩大。

然而,战局又急转直下。攻击车站的后续部队,在到达车站北侧时,突然遭到敌增援部队猛烈的炮火和侧防机枪的急袭,许多士兵倒在血泊中,攻势受挫。车站里的部队与后续部队联络中断。只得倚托残垣断壁,与四面八方涌上来的日军展开以少敌众的殊死战斗。在火光中,第三营营长头部中弹,未来得及说一句话便倒在瓦砾堆中。伤兵们见此情形,悲痛不已,裹伤再战。

支援的后续部队前进至车站外广场的铁丝网前,即遭到敌机枪的交叉射击,一批士兵倒下,又一批士兵冲上,像长江的怒涛一浪紧跟一浪,但还是冲不进车站,遗留下了几十具尸体。

在紧急关头,负责联络空中与炮火支援的美军联络官因怯战而脱离第一线部队。车站内坚持的孤军弹药越打越少,伤员越来越多,与敌激战通宵,伤亡殆尽,日军又占领车站。

车站外的后续部队也被敌分割包围,在子弹打光后,士兵们端起明晃晃的刺刀,与敌肉搏,终于杀开一条血路,冲出重围,退回机场附近。

密支那城中的日军已从第一次打击的混乱无序中清醒过来,他们利用我军退出之有利时机,重新调整防御部署。该城守军共计3000余人,计有十八师团一一四联队之二、三两大队及直属部队,十二联队第一中队,五十六师团一四八联队之一个加强中队,十五师团机场守备大队分遣队,宪兵分遣队等番号。敌指挥官将该城分为北方、中左、中右、中南4个防御区,由各部分兵把守,利用坚固的防御工事和交通壕沟,互相支援,互通声气,苦撑待援,要确保密支那。

这样,密支那的奇袭战转为阵地战。天公不作美,大雨绵绵,连阴不开。空运无法进行,后勤给养及后续部队的运输都被迫中断,战斗胶着,一时双方均无进展。

史迪威焦急万分,他在日记中写道:"……如果这可恶的雨能停下来,让我们用几天机场多好。只要我们的飞机无法降落,部队也就运不上去。这是最让人忧心忡忡的日子,你恨不能死了。晚10点,雨仍下得很大。"

5月剩下的几天很快过去了,6月份也一天天过去,密支那城密集的枪炮声从未停止,但战斗仍无大的进展。

前线指挥官新三十师师长胡素和第五十师师长潘裕昆多次召

集下属研究对策。大家认为日军布防在南至北高堤一线,依赖暗堡、房屋、竹林、大树构筑坚固的据点,使我进攻产生意想不到的困难,应该尽量避免强攻。

新三十师参谋主任唐泊三提出:宜采取掘壕沟与强攻并用之战术。他指着地图说:"我军应沿密城周围挖掘3条平行的蛇形堑壕,逐渐向敌阵地延伸。在每条深达5尺的堑壕的前端,三面堆上沙袋,设置若干机关枪射击点,掩护前进。其他2条亦采用同样办法,当敌人进攻时,三条线的火力可互相支援。等堑壕逐渐接近敌阵地或据点时,找一些2丈多长的竹竿,前端捆上手榴弹,安装导火索,事先点燃待爆炸时送入敌阵地与机枪枪眼处,爆炸后,部队立即跳入敌阵地,再逐步推进。"

远征军各部采取了堑壕战的办法逐战逐进,像蚂蚁啃骨头一样,兼并蚕食,一点一点向市区中央前进。

6月下旬,敌第五十六师团步兵指挥官水上源藏少将率步兵一个营和炮兵一个连,突入密支那城区,增援守敌。

7月1日,孟拱城被我军占领后,新三十八师——三团从南堤沿孟拱至密支那铁路长驱东下,参加夺取密城之战。7月25日,新三十师第九十团也由雷多基地空运到密支那,我军兵力大增,各部队挖堑壕的进度大大加快,密城北端高地及西南数据点已落入我军之手,残敌已被压迫至市中心的街市中。7月27日晚,五十师第一四九团从八莫调往密支那参战,至7月31日,密城城区大部分落入我军控制之中。同日晚,第十四师四十二团两个营冒着敌人猛烈的炮火,强渡伊落瓦底江。江面上击起冲天的水柱和层层浪光,士兵们在机枪掩护下,拼命划桨,在接近岸边登陆点时,纷纷跃入水中,勇猛登岸,很快切断了八莫至密支那的公路,使敌军的后勤补给来源告罄。

第五十师一五〇团一营已冲进市区第四条马路。新三十师第八十八团、八十九团所部亦进至密支那铁路与公路的交汇中,并向附近村落进行扫荡。

7月30日,各部进展顺利。是晚夜幕降临时,全城的火光和曳光弹像节日的盛大烟火,将密支那城装扮得格外壮丽多姿。爆炸声和枪弹声宛如除夕夜的鞭炮,不绝于耳。第五十师师长潘裕昆决定在各团中征选擅战勇士组成突击敢死队共100人,随身携带轻便武器与通讯器材,利用夜幕渗透到敌人后方,切断敌通讯设施,以奇袭偷袭等方式,攻击敌人各级指挥机关,一旦得手后,即用无线电与指挥部联系,后续部队乘敌人失去指挥,乱成一团之机,向敌阵地发起强攻。此战术甚为得力,至8月2日,五十师即将敌控制的11条横马路悉数占领。次日,第三十师占领密支那城区敌人的全部营房;十四师渡江部队亦肃清伊洛瓦底江东岸之敌。

8月3日,美空军的数十架轰炸机出现在密支那上空,在地面指挥系统引导下,将成吨的炸弹一排排投下,敌据点上一片火海;远征军的大炮,对攻击目标进行地毯式轰击,彻底摧毁了敌人的防御体系。轰炸暂停,枪声大作,攻击部队利用坑道或钻隙接近最后尚在顽抗的敌碉堡,在一声声巨大的爆破声中,碉堡、鹿砦飞上天空。在各路部队激昂的欢呼声中,密支那上空飘起了中美两国国旗。

是夜,敌第五十六师团步兵指挥官水上源藏少将如丧家之犬,率残部慌忙乘竹筏将伤兵残卒偷运至河对岸。他看着几百人的残兵败将,内心涌出阵阵悲哀,痛苦地对丸山大佐说:"我命令你将残部一定要带到八莫去。"

"司令官,你自己怎么办?"

"我打了败仗,只有一死来报效天皇!"

他目送着残部远去,消失在森林之中,自己则端跪在大榕树下,用肮脏的手绢拭擦军刀数遍,心想:"我一定要像武士那样,右腹上切个十字。"

斜斜的一刀横过腹部,粉红的肠子流了出来,血喷涌而出,他再次用尽全力举起刀,还未及切下,两眼一黑,一头栽倒,全身抽搐了几下,气绝身亡。

史迪威得知攻克密支那的捷报后,紧张数月的心情一下子松弛下来,他的唯一反应是立即躺倒在行军床上:"谢天谢地,今天上午这个世界上没有什么可担心的了,不管怎样,歇它5分钟。"他嘟囔着,一分钟后,鼾声如雷。

17. 强 渡 怒 江

1944年春,新任中国远征军司令长官卫立煌将军到达云南保山。为配合驻印军的军事行动,下车之初便召集第十一集团军总司令宋希濂、第二十集团军总司令霍揆彰、第六军军长黄杰、第七十一军军长陈明仁、第五十三军军长周福成、第五十四军军长方天、第八军军长何绍周等人开会,研究作战部署。

卫立煌首先发言说:"诸位袍泽,近来,我驻印军已开始在密支那行动,密支那克复在即,中印公路亦将全线通车,收复缅北的日子为期不远。我们远征军的任务是策应驻印军,近期作战目标是要强渡怒江,乘驻印军进攻密支那而日军无力增援滇西之际,一举攻克腾冲、龙陵等地,与驻印军会师中缅边界。"他看了一下在座的少壮派军人,对他们的精神面貌感到满意,说:"诸位,我们憋了两年的雪耻之日就在眼前了。"

宋希濂捷足先登,一个立正说:"卫长官,我第十一集团军自防守怒江以来,与敌多次交手,但未打过大仗,这次反攻任务,应交我兵团打头阵!我黄埔军人杀敌立功的时候到了。"

宋希濂强调黄埔军人是话中有话,引起非蒋嫡系周福成、何绍周等人的不满,他们相互对视了一下,脸上露出鄙夷的神垒。

卫立煌心中有数,有意压压宋的势头说:"这次主攻的是霍总司令的第二十集团军,你部为防守兵团,这是军令部的安排,委座也是同意的。"

宋希濂对卫立煌还是有所敬畏的,早在北伐时期,他当营长时,卫立煌已是赫赫有名的师长了,在南京龙潭战役中力挽危局,挽救了南京政府,在国军中是佼佼者。

此次卫立煌到云南,第一件事即将远征军长官司令部由后方的楚雄迁驻前线的保山,可见卫的作风不同于常人。他还亲自拜访云南王龙云,化解中央军与地方势力的轸域之见,获得龙云的信任与支持。

在对待蒋嫡系和杂牌军问题上,卫立煌一视同仁,一碗水端平。他视察第二十集团军时,见原东北军老底子的第五十三军周福成部的装备不如其他各部,每步兵连只有六〇炮4门,而蒋嫡系部队均为6门,于是当场让集团军总司令霍揆彰下不了台,指责说:"你身为总司令,大敌当前,宜以民族利益为重,不应存歧视心理。少发2门炮,减少火力,这是自己给自己配苦药吃。都是国军,有什么东北中央之分?今后不论是谁,对下属应平等对待,补充装备一律按上级规定,不得扣发,不听命令者,必受处罚。"

霍揆彰当着下属的面,受到批评,顿时面红耳赤,连连答应:"六〇炮都在仓库存着呢,明天就补发。"

卫立煌让二十集团军打头阵,希望非蒋系的第五十三军和其他嫡系比比,能打得更好。因此,何绍周、周福成等人心中暗暗发誓,一定要打出威风,给卫长官争口气。

卫立煌走到地图前,指着说:"霍总司令所部,本月11日由栗柴坡、双虹桥一线渡过怒江,以腾冲为攻击目标。宋总司令担负怒江西岸防守。"

第五十四军军长方天说:"卫长官,怒江水流湍急,两岸都是悬崖绝壁,只有几个渡口可以渡江,但渡口都在敌人的炮火封锁之中。万一部队过江后,不能抢占滩头阵地,是否派出工兵部队将部队接回来?"

卫立煌摇摇头说:"方军长,部队还未打过去,你怎么考虑到退回来?"

方天脸一红,不好意思地解释说:"有些部队是旱鸭子,不会游泳,只有等淹死。"

周福成脖子一拧,气冲冲地说:"方军长,你不要小瞧人,我们东北人这二年在滇西整训也不是吃白饭的,如今个个都是武装泅渡好手!"

卫立煌示意双方不要再争,说:"诸位,这次我们远征军反攻滇西,要建立必胜的信心,但是困难局面也应该估计到。方军长考虑得很周全,右10多公里江面上,好几个师同时渡江,如果退回来,争先恐后地拥向一个渡口,一方面工兵应付不了,另一方面会造成很大的伤亡。"

长官部交通指挥官傅克军说:"攻击部队万一要退回来,必须是哪个渡河点过去的部队仍从哪个渡口回来,否则工兵不能负责。"

卫立煌说:"好,就这么办。现在宣布委座手谕。"全体军官起立立正,"此次渡江出击之胜负,不仅关系我国军之荣辱,且为我国全局转捩之所系,务希各级将领,竭智尽忠,达成使命!"

5月11日拂晓前,攻击部队已集合在怒江边各个渡口,乘黎明前黑暗时刻,开始横渡怒江天险。几百只木船、竹筏、橡皮舟、帆布船悄悄地驶向对岸,水手们拼命划桨,在波涛汹涌的颠簸之中前进。黑压压的群山显得阴森可怖,大家的心都提到嗓子眼,生怕渡江行动为敌所察觉。破晓时分,先遣队已平安抵达怒江对岸,并抢占了滩头阵地。日军少数河防部队稍事抵抗后,便向高黎贡山撤退。

东方发白,真正的大战开始了。日军盘踞的高黎贡山的主要据点乌蹄山、大塘子、大坪子、唐习山、松山各主要阵地炮声隆隆，火光闪闪，炮弹在江中爆炸，激起的水柱彼落此起。一个竹筏中弹倾斜，沉入江中，竹筏上的六〇炮、士兵、骡马都落在水中。水面上到处漂浮着炸碎的竹筏，士兵在水中奋力挣扎，受伤的官兵都被大浪卷走。其他的船只仍冒炮火前进。卫立煌命令炮兵压制敌人炮火，霎时山摇地动，我军炮兵阵地上大炮开始怒吼，成排的炮弹呼啸着飞过怒江，落在高黎贡山上，一座座敌工事和碉堡飞上天空，炮阵地也被摧毁。

卫立煌在望远镜中观察着，不时大叫："打得好！我给炮兵请功。"他对传令兵说："叫霍总司令赶快过江指挥，扩大战果。"

在隆隆炮声中，霍揆彰及参谋人员乘坐大木船过江。他头戴白盔太阳帽，手执文明棍立在船心，平常所骑的大白马也安静地上了船。掩护渡江的大炮更密集了，在惊天动地、波涛汹涌中，霍揆彰一行安全到达怒江对岸。他立即令集团军右翼向桥头、马面关、北斋公房攻击前进；令左翼向唐习山攻击。

远征军工兵部队利用怒江上原来的惠通桥、双虹桥的铁索链，铺上木板，修复桥面，后续部队源源不断跑步过桥。大炮、战车也在炮火中鱼贯过桥。仅两天时间，渡江各部均到达预定位置。第三十六师由双虹桥渡江后，攻占敌重要据点唐习山要塞，立足未稳，即遭敌大队反扑，阵地失去，该师被敌追击，压制到江边，情况万分危急。霍揆彰的指挥部亦受到严重威胁，于是急令第五十三军火速渡江，该军如出海蛟龙一般，立即扑向敌阵，第一一六师以勇敢顽强之精神，向唐习山、大坪子进攻，勇夺敌盘踞之阵地。第一三〇师在攻打马蹄山、大塘子高地时，遭到敌激烈的反击，双方你争我夺，相持了七八天，尚在对峙。一三〇师师长张玉挺命令第三八九团加强攻击，激烈的战斗持续到5月24日，该团终于攻占马蹄山高地。但该师夺取大塘子的战斗仍在进行中，为策应该师正面攻击，第一一六师师长赵镇藩命令第三四七团的战车营迂回敌后,切断敌军的补给线,至26日深夜,大塘子高地附近据点被我军全部攻占。

第十一集团军助攻部队新编三十九师的一个加强团,11日也抢渡成功,第二天包围了敌重要据点红木树。该山寨是高黎贡山的一个由汉、傣族杂居的村落,又是通往其他山寨和腾冲的唯一隘口,日军在此经营多年,设置了碉堡群与鹿砦,各据点通畅无阻,一据点被攻击,其他据点往来策应自如,易守难攻。我加强团强攻多次均不能奏效,后依靠汉族村民,从小道潜伏进寨,内外配合,终于攻克红木树,为大部队前进打通了道路。

第十一集团军的第七十六、八十八师两个加强团亦从三江口渡河,以钳形攻势会攻平夏,13日,守敌突围而出,逃往芒市。

至此,反攻滇西的第一阶段,即渡江作战取得了胜利。

远征军司令长官卫立煌得到各方报捷后,判断第一阶段能有迅速进展,是与密支那战事吃紧有直接联系,日军无法从密支那方向抽出部队来增援滇西,因此决定重新改变原战役部署,以宋希濂的第二十集团军为右集团,火速渡江攻击龙陵、芒市,打通滇缅公路。

第二十集团军要攻取龙陵,首先要夺取惠通桥西南侧约22公里处的日军主要据点松山。松山雄峙怒江边,滇缅公路曲折盘绕,经过云雾蒙蒙的山巅,再盘旋而下,往西39公里便是龙陵城。松山是惠通桥通往龙陵的咽喉地带,也是滇缅公路上的战略要地。日军在松山上架起大炮,可以直接控制惠通桥及怒江两岸。

18. 杂牌第八军

松山由阴登山、大小松山、大垭口、滚龙坡、长岭岗等山组成,方圆约25公里范围，皆为起伏不平的丘陵与山峦地带。滇缅公路通过惠通桥后，往西环山而上，呈S形盘旋，经过滚龙坡、大垭口，穿过腊猛街，再经阴登山陡坡而下，延伸至松山脚下，地形复杂而险峻。松山主峰山高林密，浓荫蔽日，在雨季时，群峰经月隐藏在云雾之中，有高不见顶的说法。1942年5月，日军占据松山后，为阻击中国军队反攻怒江，以五十六联队为主，辅以工兵部队，经过8个月连续苦干，在此构筑了坚强的工事群体。以松山顶峰为主阵地，另筑成滚龙坡、大垭口、长岭岗独立阵地，拱卫着主阵地。独立阵地的长岭岗、大寨、黄字水井、马鹿塘各村庄之间，均有天然石洞互相沟通，在石洞中都有工事和掩蔽的指挥中心。在各山头制高点处，用钢筋、石头、混凝土修筑了碉堡群，主堡两侧构筑了若干子堡，阵地前还构筑了侧击的潜伏小堡，各碉堡与据点间有交通壕互相连接。山上还多处设置地堡，均盖有厚厚的钢板，上面再用直径几十公分树干铺上四五层，再覆以厚厚的泥土和隐蔽物，平时肉眼难以发现，用大炮和飞机都难以炸开。敌在碉堡群和阵地上配有各种大炮、迫击炮、轻重机枪、地雷群，密集交叉，形成强大的多角度的立体火力网。外围还覆以多层铁丝网，形成异常坚固的阵地。在这一要塞式阵地内部，还设有粮食库和弹药库，储备均在半年以上，此外还有被服库、材料库以及一个小型发电站。按日军的说法，"松山阵地坚持2年以上绝无问题。支那军不牺牲10万人，休想夺取松山。"

担负防守之敌为日军精锐的第五十六师团第一一三联队，总兵力在3000人以上。

从6月4日起，第七十一军新编二十八师对松山发起强攻。连续月余，夺取了腊猛街、竹子坡、阴登山等地，但遭到敌主阵地的猛烈打击，该师死伤惨重，松山久攻不下，严重影响了其他主力进攻龙陵。大部队无法通过松山间的滇缅公路，只能迂回绕道，爬山越岭，辟路向龙陵前进。雨季到来后，茫茫大雨，造成山洪暴发，泥汻路滑,人尚手足并用,爬行登攀,勉强通行,军需补给、武器装备,靠骡马驮运,异常困难,常常有成队骡马及人滑落山涧,粉身碎骨。先头抵达龙陵的部队,又处于后路被松山之敌截断的危险。能不能克复龙陵,关键要看能不能攻克松山。

新二十八师已拼了全力,死伤惨重,无能为力。7月5日,卫立煌令该师撤下,将何绍周请至长官部,语重心长地说:"何军长,松山这块硬骨头就交给你们第八军了。我不说你也知道,老蒋的嫡系,是看不起杂牌的。你一定要给他们做个榜样,拿下松山,不要让我失望。"

何绍周热血沸腾,激动地说:"卫长官,您与家叔何应钦是老关系,我一定不会给您丢脸的。我向您立军令状,拿不下松山您杀我的头。"

卫立煌拍拍何绍周的肩头说:"军无戏言,世侄,切勿以熟相欺,以身试法。"

何绍周拍着胸脯:"大丈夫一言九鼎!拿不下松山,您先枪毙了我,再找旁人来打松山。"

卫立煌下了狠心:"好!何军长,我令你限期拿下松山,否则第八军军长至团长一律押长官部法办!"

何绍周回军部后,立即召集副军长至团长开战前动员会议。

何绍周说:"卫长官下了决心,让我部限期夺取松山,派飞机和大炮支持我们,一定要完成任务。我已立下军令状,拿不下松山,卫长官杀我的头,我杀你们的头!"

副军长李弥说:"卫长官的做法有点不讲情面吧?就凭何总长与他的老交情,谅不至此。"

何绍周说:"不,李副军长,这是卫长官看得起我们第八军。我们让中央军踩惯了,这一次一定要轰轰烈烈地干出个名堂。否则卫长官不杀我,我还有何面目活于世上!"

各师团长情绪激烈,纷纷表示要打好这一仗。

第八军攻击开始了。大炮排列成行,一声令下,炮弹纷纷落向各自的目标。几架轰炸机乘阴雨暂停、密云稍开之时,钻出云层,向松山敌各阵地俯冲投弹,松山顿成一座火焰山。各师在飞机大炮掩护下,分向滚龙坡、大垭口、松山顶峰发起强攻。

敌阵地表面的工事虽被飞机、大炮夷为平地,但碉堡、隐蔽所、暗堡未受到什么损失,各部队冲近阵地时,各处机枪一齐射击,士兵纷纷中弹,滚到坡下。连续几天,均无进展。卫立煌命给部队送去美国新式火焰喷射器,在火及汽油的熊熊燃烧下,坚硬的山岩都燃烧溶化,堡垒中的日军不是被烧死,就是全身带火逃出堡垒往山涧里跳。用这种办法,对敌地堡逐个喷射燃烧,消灭了不少敌人。尽管如此,在夺取大垭口的战斗中,第一师第二营、三营冲上高地时,又被敌大队反包围,全营在子弹打完的情况下跳出战壕与敌展开肉搏,最后全营只剩下1名排长和17名伤员。

在夺取松山顶峰的战斗中,第八军连连失手。松山不克,影响了两大集团军主力夺取腾冲与龙陵。蒋介石得报后非常不满,说:"何绍周无能,卫立煌用人不当。限第八军于9月上旬克复松山,否则军师团以上长官均军法从事。"

卫立煌在电话中向何绍周转达了蒋介石的命令,说:"何军长,再拿不下松山,不要说你,连我也难辞其咎。"

何绍周急了,火速召集各级长官商量对策,第八十二师副师长王景渊说:"松山上敌主堡火力太强,每次攻击,都是在这里吃亏;飞机和大炮都拿它没有办法,火焰喷射器也靠近不了。我看我亲自率一步兵团和军工兵营,在主堡下的死角处,挖坑道,直挖到主堡下方,炸毁狗日的。"

何绍周说:"对,这个办法好,步兵掩护,工兵作业,挖两条坑道,多埋炸药,一定能成功。"

8月11日,在王景渊副师长的指挥下,第二四六步兵团向松山顶峰发起佯攻,吸引敌火力。军工兵团离山顶约30公尺处开始挖掘两条平行的地道,工程进行两天后,为山顶之敌发现,向山下投掷炸药和手榴弹以图阻止。步兵团的狙击手瞄准敌人开火,日军非死即伤,对中国军队的行动无力阻止。工程进行得很快,8天后,地道挖成,工兵搬运进约两卡车的美国TNT炸药。20日上午,何绍周亲自来到松山主峰下,咬牙切齿地下令:"起爆!"霎时间,万道弧光,山摇地动,巨大的蘑菇云翻腾震荡,与山顶上的乌云互相融合。山上的碉堡、树木、泥土,连同日军守军被炸得飞上高空滚滚浓烟中。突击队奋勇冲锋,数分钟后将第八军军旗插上顶峰,只有4名奄奄一息的日本兵躺在废墟旁,松山顶形成两个直径约三四十公尺,深约20公尺的大洞。

松山主峰被我攻克后,其他阵地上的日军退路皆无,困兽犹斗,从8月25日起,几次向第八军展开反击,该军几乎所有的人员均拿起武器投入战斗,敌我之间,白刃格斗,杀声震天,尸横遍野,血流成河。在每块阵地、每条战壕、每座据点,都有敌我士兵互相抱在一起扭打同归于尽者,战斗完毕,打扫战场时竟有60多对。何绍周对副军长李弥说:"我军旅生涯20余年,大小战役不下数十,像今天战斗之惨烈,空前未有。"

9月7日,第八军终于收复全部松山阵地,敌仅有数十名逃窜,战死近3000人。我军新二十八师和第八军先后伤亡7000余人。

蒋介石闻捷欣慰,心想何氏叔侄不愧八黔子弟,真战将也。他一高兴,即在卫立煌要求叙奖人员名单上写下"此次官长特别破格任用为要"的批示。

19. 浴血腾龙

远征军右集团军在霍揆彰将军的指挥下，7月初，扫清了腾冲外围敌据点后，即部署进攻腾冲的军事计划，全军上下都抓紧做好战前的各项准备。各项粮械物资从惠通桥源源而过，穿过松山，直达腾冲。

腾冲是滇西战略重镇，地形极为险要。该城坐落在一个群山环抱的盆地之中，城东门外有龙川江绕城而过，形成天然的防御屏障，南门外是来凤山高地，拱卫着城池。腾冲又为交通重地，腾冲至八莫，腾冲至龙陵，腾冲至保山的三条公路辐辏于此。日军在来凤山筑有永久性工事。腾冲城垣坚固，城墙高30多公尺，厚10余公尺，在城墙上，日军利用原谯楼堞垛筑成半永久性工事。日军又将城里的高大坚固的建筑物城隍庙、文庙和帮办衙门、税务司等处修筑成一个有机联系的防守阵地。

第二十集团军所属各部，在大炮的掩护下，一举突破敌布防在龙川江一带的防线，直抵腾冲城下。

预备二师、第五十三军一一六师、一三〇师首先对腾冲东南各高地展开进攻。两个师各以一个团兵力截断腾冲至八莫、腾冲至龙陵的公路，使敌完全孤立起来。第五十四军负责荡平腾冲以西以北各敌人控制的高地。腾冲以南的来凤山便成了攻城的一大障碍，欲克腾冲城，必先夺来凤山。

来凤山远远望去，形似文人的笔架，五座山峰耸立着，山峰与山峰之间恰似搁笔之处。其中间的主峰最高，要高出城墙150多米，其余各峰亦在100米左右，各山峰上都有敌设置的重机枪阵地，既是独立作战单位，又可以互相支援，进行逆击、侧击，而主峰的鞍部有一条暗筑的隧道通向城里,援军和弹械、粮食可以秘密运送上山。敌人倚仗坚固的工事,对抗远征军攻城。

预二师师长顾葆裕仔细观察了地形后,将三个团兵力分别部署,同时攻击,使敌首尾难顾。其第六团主攻中间主峰,第四团攻取西南面两峰,第五团攻占西北面两峰。

由于山道崎岖,地形复杂,战斗打响后,各团攻击遭到来凤山各峰守敌猛烈的交叉火力阻击。敌人的机枪设置在山岩中,炮弹不易击中,但射击范围能达360度,因此,我军怎么攻也攻不上去。第六团团长派出特务排四处侦察,在一打猎老人的带领下,以奇袭方式夺取了隧道出口,切断了来凤山与城内的联系,内应外合,一举冲上中峰,占领敌阵地。该团主力夺占中峰敌主阵地后,利用敌之阵地向左右各峰机枪阵地猛烈侧击,压制了敌人火力,其余各团勇猛向前,攻占各自的山峰,为大部队攻克腾冲城铺平了道路。

来凤山落入我军控制后,居高临下,俯瞰全城。在火力掩护下,第一一六师与预二师分别架云梯和连续爆破,从腾冲城西南与西北角登上城墙,迅速在市区穿插,将敌分割加以歼灭。敌利用街道与房屋逐屋逐巷进行抵抗,在巷战中,预二师第五步兵团团长李颐在指挥向纵深突破时,为机枪子弹击中胸部阵亡,攻击部队伤亡较大。霍揆彰命一三〇师、三十六师、一九八师和五十三军均投入战斗。8月23日,敌运输机3架,在9架战斗机护航下,向城中被困敌据点空投食品,被中美航空队战斗机15架包围,一场蓝天鏖战和陆上厮杀同时进行。几个回合过去,日机大部分被击落,此后不再有飞机前来空投粮食,守敌处于弹尽粮绝的境地。是时,第五十四军又从城北突入,战斗接近尾声。9月14日,我军终于攻克腾冲城,守敌3000余人无一生还。经过50余日壮烈的拼杀,边陲重镇的上空,重新又飘扬着青天白日国旗。

第十一集团军组成的左集团,担负夺取龙陵、芒市的任务。第七十一军八十七师、八十八师从6月10日起,开始扫荡龙陵外围各据点守敌,进抵龙陵城下。该东北和西南各有一片山地,东北为老东坡,西南为迥龙山,两山互为犄角,居高临下,俯瞰和钳制着狭长的龙陵城和穿城而过的滇缅公路。不夺取老东坡和迥龙山这两个制高点,就不可能攻克龙陵城和滇缅公路。艰苦激烈的战幕,首先在这两座山上展开。

6月开始,缅北滇西地区进入雨季,大雨如注,昼夜不停。当时由于松山强攻不下,第十一集团军主力绕路翻山转道龙陵发起攻击,但后勤供应只能依靠骡马帮从森林山间小路运输,稍一不慎,人马就有摔下山沟的危险,每天都有几十匹骡马跌毙,损失很大。粮弹供应十分困难,但战机不能坐失,进攻还是开始了。第八十八师负责攻打老东坡高地,在迫击炮和重机枪掩护下,部队攻势如潮,气势如虹,几经争夺,终于攻上老东坡。阴雨连绵,副师长熊新民蹲在一个窝棚中,指挥部队打扫战场,电话兵忙于架线,与总部联系。

一个传令兵气喘吁吁地跑来,上气不接下气地报告:"副师长——龙、龙陵占——领了。"

"什么?你说龙陵城占领了?"熊新民抓住传令兵问。

"是,是,我们都进了城,敌人还在抵抗,师长让我回来报告!"传令兵从背上取下战利品。

熊新民拿过电话,使劲摇着:"喂,总司令部吗?宋总司令,龙陵城已被我军占领啦!"

宋希濂不敢相信:"龙陵这么快就占领了,消息确实不确实?"

熊新民依然喜滋滋地回答:"我是八十八师副师长熊新民,我现在就在老东坡阵地上,从城里回来的传令兵说龙陵占领了,他还带回来不少牛肉罐头和饼干,但龙陵的电话还未架通,我看是占领了。"

宋希濂高兴地说:"好!好!我要亲自向委座报告,给你们请功。我马上委派龙陵城的戒严司令,让他马上率部队进城。"

宋希濂立即向重庆的蒋介石及远征军长官卫立煌等报告,他要让卫立煌知道,黄埔就是黄埔,是中国军人的典范,是攻无不克、战无不胜的。是夜龙陵克复的电波传遍国内外。

第二天拂晓,熊新民率八十八师排着整齐的队列开赴龙陵。晨曦中,熊新民骑在马上,已清楚地看到了龙陵的高大城墙和黑洞洞的城门,他命令:"传令下去,跑步前进!"

"哒哒哒,轰轰轰!"机关枪、步枪与手榴弹一起响了,前头的几十名战士倒了下去。"快卧倒,隐蔽!"熊新民命令着,"派人去联系一下,是不是误会了。"

侦察兵回来报告的情况是:龙陵城头飘的是日本膏药旗,城上都是戴着钢盔,身着黄军装的日本鬼子。

城里突围而出的士兵报告:"敌人在城中心占据着一座大碉堡群,还附有小炮,正在抵抗,进攻的我军被从后路抄来的日军包围在城中。"此时,迥龙山方向传来了激烈的枪炮声,盘踞在山上的敌人也向城中我军开火。一切迹象表明:龙陵还在日军手中。

第七十一军主力在城中激烈战斗了几天,终因弹尽粮绝,16日,被迫撤出。该军第八十七师守据达摩山、黄草坎附近占领阵地。

6月13日上午4时,龙陵城内敌人向第八十七师阵地发动猛攻。在战车的冲击下,潮水般的日军冲上正面的535高地,经该师竭力苦战后夺回阵地。下午高地又被日军占领,是晚,被我军再度夺回。以后接近半个月,2000多名日军连续猛攻,阵地几被占领,几被夺回。该师二〇五团高地失守,师长张绍勋悲愤不已,拔枪对准心脏准备自杀,经卫士扑救,子弹从左胸射进,左胁贯出,当即被卫士送往后方医院抢救。该师由副师长黄炎代理,率残部与敌相持于黄草坎一带。

7月初,第八军荣誉一师主力开抵龙陵附近进行增援,稳住了龙陵东北郊阵地。8月中旬,宋希濂命八十七师、八十八师、新三十九师和荣誉一师对龙陵发动第二次进攻。日军由芒市等地赶来大队增援,包围了攻城的新三十九师,几乎全歼。宋希濂要求卫立煌调兵增援,卫立煌紧急报告蒋介石,要求调第五军第二〇〇师增援龙陵。

蒋介石急电昆明城防司令杜聿明:着第五军第二〇〇师即用汽车输送保山,归卫长官指挥。

第二〇〇师在师长高吉人率领下,乘车长途运输,火速赶到龙陵前线,一举打垮日军的反攻,恢复了第七十一军阵地。

但是,日军还是源源不断地向龙陵增兵,战事进行了3个多月,无有大的进展。

蒋介石因宋希濂指挥不利,将其调回昆明陆军大学将官班受训,令集团军副总司令黄杰代理总司令。是月下旬,龙陵前线军事行动暂告停止,等待缅北的驻印军夺取八莫后,日军无法抽兵增援,再发动进攻。

20. 犁庭扫穴战八莫

八莫是日军在缅甸北部盘踞的最后一个水陆交通重镇。该城位于伊洛瓦底江口与大盈江汇流之右岸。南距仰光约959公里,距曼德勒441公里,北距密支那216公里,东北距腾冲179公里。

10月10日,这一天是国庆节,缅北的雨季尚未停止。在濛濛的细雨中,新一军军长孙立人在密支那城举行了骑马阅兵仪式。之后,全军跨过伊洛瓦底江上的浮桥,沿密八公路南下,直扑八莫。10月29日,新三十八师夺取八莫外围据点庙提,全歼守敌一个中队,占领大盈江北岸阵地,并寻找有利渡河地点。

孙立人带着师长李鸿等亲自到大盈江边观察。江面有300米宽,水流很急,对面江边是一块高地,日军在高地上修筑了坚固的工事,我军渡江时会处在敌人强大的火力网之中。为减少牺牲,孙立人决定采取多次奏效的迂回战术,由第一一三团担任从正面佯攻渡河,其余各团秘密转移到左翼山区,到河的上游,从铁索桥攀过大盈江,再向八莫迂回,以包抄敌人的后路。

部队当即行动,担负佯攻任务的一一三团准备好船只,漂流在江上,引起对岸之敌拼命开炮与射击,双方子弹交叉,打得甚是热闹。第一一三团雷声大,雨点小,只管呐喊,人并不真正渡江,时间一长,敌人防守也疲沓起来。每日里胡乱射击一番,以应付上峰。

新三十八师的迂回部队翻山越岭,披荆斩棘,从上游渡过大盈江,再穿越绵密起伏的山地,于11月6日,全军突然冲出山地,将敌占庙提至莫马克间公路东侧的据点一举攻克。

下游的第一一三团的佯攻,虚虚实实,使敌人放松了警惕,忽一日夜间,漆黑不见五指之时,先有侦察连泅渡过江,占领有利地形,全团随之扯篷扬帆,迅速渡过大盈江。11月16日,该团将八莫市区外围据点和三个飞机场攻占,并与庙提南下我军会合。此时,新三十师已到达大盈江北岸,一部过江配合新三十八师行动,八莫完全被我军包围。

11月30日,新三十八师开始突进市区,在美军顾问联络下,轰炸机群飞抵八莫上空,向敌碉堡及重要据点实行地毯式轰炸。新三十八师步兵与炮兵战术配合默契,炮弹落点与步兵冲锋间距离仅50余米,连观阵的美国顾问都伸出大拇指叫好。飞机轰炸和大炮轰击目标在缩小,步兵的包围圈也在缩小,一个个敌坚固据点被摧毁,未死之敌被冲锋的步兵击毙,八莫市区渐入我军掌握之中,只剩下城北的监狱、宪兵营及老炮台之敌仍在抵抗。孙立人命李鸿派出一部分兵力西渡伊洛瓦底江,在八莫对岸设伏,防止城中之敌逃窜。

12月14日,对八莫最后的攻击开始了。敌最坚固的据点监狱首先被我军炮火准确地摧毁,紧接着进攻部队一鼓作气,夺取宪兵营和老炮台,击毙敌守城司令原好三郎大佐。12月15日,八莫城中逃窜之敌渡伊洛瓦底江时,被我埋伏部队悉数歼灭。

八莫战役尚在进行之中时,孙立人军长即命新三十师越过八莫,向滇缅公路缅境最后一个敌据点南坎发动进攻。日军为阻止驻印军与远征军会师,在南坎驻扎重兵防守。

新三十师分成三路纵队,沿八(莫)南(坎)公路及两侧山地长途深入。12月6日,该师先头部队到达八南公路39公里牌附近,与敌遭遇。新三十师以勇猛顽强果敢的精神,将附近制高点五三三八高峰占领,控制了八莫至南坎的公路。12月7日,南坎守敌十八师团五十五联队、四十九师团一六八联队附炮兵一大队及辎重兵、工兵等组成了一支混合队,在五十五联队联队长山崎大佐指挥下,黑夜出发,企图击溃新三十师,再解救八莫守敌之围。9日,山崎大佐所部在到达39公里处时,遭到五三三八高地上新三十师的猛烈阻击。山崎大佐集中了150毫米重炮2门,山炮8门,平射炮16门,对准山头长时间猛轰,一时间硝烟弥漫,山头被削去数寸。该敌即分4路,沿山间干涸的溪流旧道,利用茂密的森林作掩护,隐蔽渗进。大批敌军涌入山顶,与新三十师所部发生混战,一度使我军处于危险万分的状态之中。孙立人接报后,急令八十九团星夜急行军,以增援39公里牌地区;又令新三十八师一个加强团,在陈鸣人上校指挥下,迂回深入,向南坎之敌右后方施行钳制性攻击。

14日,五三三八高地局势更为险恶,敌之各种火炮共发射了3000多发炮弹,高地上的树木、阵地完全削平。守在阵地上的第九十团三营官兵死伤很多,营长王礼宏的掩体被炸塌,伤重而牺牲。敌炮击延伸后,步兵端着三八大盖枪,嗷嗷叫着,以密集队形向高地发动波浪式进攻,企图以精神战术震慑我军。当敌人进入50米射击圈后,第三营为数不多的战士用轻重机枪、冲锋枪、步枪、手榴弹向敌猛烈开火。日军第一队全体倒下，第二队又跟上来，第二队倒下，第三队、第四队……一队又一队向山顶冲击，阵地前满是交叉压叠的尸体。后队的日军还利用前队的尸体，掩护着往上射击。这一天，从早到晚，日军共发动了15次进攻，第三营的战士誓与阵地共存亡，最后除重伤员外，都举起山上的石块砸，用树棍打，用枪托、拳头打，用牙咬，与敌展开生死搏斗。日军的精神战术终于崩溃了，他们精疲力竭，丧失了必胜的信念，最后终于纷纷向密林深处逃窜而去，遗下大批武器与各种物资。

日军指挥官山崎大佐拼了老命也无法攻克五三三八高地，知道此番碰上强敌，遂改变部署，命令一部就地修筑工事，采取固守方法，以监视当面之敌；其余主力向新三十师右翼的康马方向攻击前进，以图奇袭该师右侧背，以继续策应八莫被围之守军。该翼我军已占领有利地形，敌发起数次猛攻，均被我击退。这时，新三十八师的加强团亦迂回南坎之敌左侧，切断了敌后方交通线，该师主力及其侧翼部队亦向当面之敌实行突击、牵制，与加强团互相呼应，前后夹击，逐渐将敌包围于八（莫）南（坎）公路之隘路间，从21日起将八南山地间沿途之敌据点完全攻占。

1944年除夕之夜，远离祖国亲人的驻印军用枪炮代替礼炮、鞭炮，将战场之夜点缀得五彩缤纷，中国将士相互祝福，预祝早日打败日军强盗，争取早日回国。1945年新年钟声刚过，孙立人军长即命新三十八师第一一四团与新三十师第八十九团，由南坎西南古当山脉中杀奔出来。7日，两支部队渡过瑞丽江，将南坎西南面缺口堵死。第一一四团占领公路，断敌逃路。

1月11日清晨，新三十师正面攻击部队向南坎腹心敌阵突击，第九十团从西，第八十九团在南，像两只出海蛟龙直扑南坎，与敌血战三昼夜，14日上午11时，南坎为我军最后攻占，驻印军与远征军会师的时间就在眼前。

21. 龙陵回马枪

在缅北的驻印军发动八莫战役的同时,滇西的远征军于1944年10月29日傍晚,再次向龙陵城全面展开猛攻。

远征军经过一个多月的休整与重新部署,卫立煌将攻克腾冲的几个师都调往龙陵地区。

这次担任主攻的是第十一集团军所属的第二军、第六军、第五十三军、第七十一军4个师,第九、第七十六、新三十三、预备第二、第九十三、新三十九、第一一六、第一三〇、第八十七、第八十八、新二十八等11个步兵师,第二十集团军的第三十六、第二〇〇、荣誉一师及重炮兵第十团、重迫击炮第七混合营、通讯兵第九连,加上滇康缅特别游击队3个纵队,十几万大军同时进行克复龙陵、芒市、遮放、畹町等日军在滇西的最后4大据点的作战。战役的目的是肃清滇西全部日军,开通中印公路,重开国际路线。

龙陵前线由黄杰全面负责指挥。攻击第一目标仍是迴龙山高地,攻击部队八十八师仍蹈上次进攻之覆辙,久攻迴龙山而不克。卫立煌下了死命令,令黄杰限期攻克。

黄杰亲自赶赴第七十一军军部,与素有虎将之称的代军长陈明仁及师长们研究对策。

黄杰焦虑地对陈明仁说:"子良兄,迴龙山久攻不克,卫长官限期让我们克复,是不是调八十七师上去?"

陈明仁沉思不语,第八十八师代师长熊新民插话说:"总司令,第八十八师虽然连续攻击,伤亡较大,但士气还很旺盛,也有好的作战经验,还是由我部继续担负主攻。"

陈明仁担心地说:"听说迴龙山的工事,比松山的还要坚固!

还采取老的作战办法,是要吃大亏的。不在于让哪个部队上去,主要是应采取新的战术。"

黄杰说:"熊师长,你明天再用火力侦察一下敌情,与炮兵商量一下配合问题。"

第二天天不亮,熊新民派出火力侦察队,潜入敌阵,黑暗中,有意惊动敌人。霎时,草丛中、山崖前、巨石中、大树上,敌人埋伏的火力点胡乱射击起来。战至天明,侦察队回来汇报侦察结果。

侦察连长告诉熊新民:"除迥龙山正面有自下而上一片犬齿般狭窄的石崖是敌火力的死角,其余均是火力封锁的大坡。从石崖下可搭人梯,借助绳索攀登而上,立住脚跟后,再向敌火力点展开爆破或用火焰喷射器,打掉主要地堡,掩护大部队冲锋。"

熊新民与炮兵指挥官共同制定了作战方案,决定:炮兵以猛烈炮火轰击,压制敌火力,掩护步兵从陡崖攀登;另派出一部分兵力绕到敌后扰乱其阵脚。

10月31日,我军阵地上各种口径的大炮一齐向迥龙山敌阵地猛轰,滚滚的浓烟在阵地上翻滚,炮火延伸后,步兵从陡崖攀缘而上,呐喊着用喷火器射向敌碉堡。敌人的射击中断了,步兵们刚发起冲锋,未曾探明的几个暗堡相继侧击,交叉反复,我军士兵猝不及防,死亡惨重,敌军乘势跳出工事,向我军猛击,攻击失败了。连续的进攻持续了几天,又换上两个步兵团,攻击还是没有效果。

黄杰和陈明仁在指挥所中,用望远镜看着这一悲壮情景,全身都颤抖着。黄杰流着泪说:"我军将士太英勇了,白白送死也义无反顾。"

陈明仁脱去上衣,怒吼着:"炮兵准备射击,我亲自去督战,不信这迥龙山是铁打的。"

黄杰摆摆手:"子良兄,不要再攻了,问题不在将士们,出在我们身上,明天再说。"

熊新民回来了,刚进指挥所就嚷:"我有办法对付狗日的了。"

陈明仁忙问："什么高招？快说。"

熊新民擦擦汗，说："敌人钻我们的空子，我们炮击，狗日的钻进石缝里，我们炮火一延伸，狗日的养足精神又钻出来，以逸待劳，我军爬上山崖，体力早已不支，怎么可能打胜？"

陈明仁一拍大腿："说得好，你说我们该怎么办？"

熊新民说："让炮兵不规则地开炮，一会儿延伸，突然再向原目标发炮，钻出来的敌人让他来不及隐蔽，就炸死他们。"

黄杰说："对，虚虚实实，让敌防不胜防，等他麻痹大意后，我们出其不意，一举冲上去消灭他们。"

进攻又开始了，猛烈的轰击铺天盖地，一会儿炮火延伸，敌人纷纷钻出掩体，准备消灭冲上来的步兵时，炮弹呼啸着又落到阵地上。敌人哭爹叫娘，死伤惨重；步兵开始佯攻，剩余敌人组织起来刚一开火，我步兵便快速下撤，连续折腾了几天。敌人被我军东一炮、西一炮打得晕头转向，后来炮火延伸后，也躲在掩蔽工事中不再出来。

一天，猛烈的炮击又开始了，炮火刚一延伸，又回到原来的位置。敌军躲在乌龟壳中不敢探头，我步兵乘其不备，冲上山头，用火焰喷射器向工事中残敌瞄准，一条条带火的汽油直灌碉堡孔，敌人大部分烧焦在其中，只有少数刚来得及逃出，又作了我军枪下之鬼。两个小时后，我军终于全歼迴龙山守敌，夺取了阵地。

第八十八师获胜后，为后续部队开辟了道路，八十七师主攻龙陵外围庙房坡各山头高地。其中6号山头较高，为敌核心阵地，当我军进攻时，西、南两侧山头阵地之敌，以猛烈的火力侧击进攻部队，造成很大的伤亡。一次，在炮兵掩护下，该师二六一团第八连突击队冲上山头，遭敌猛烈侧击，大部伤亡，只剩班长许庆瑞翻滚进了壕沟。他身上挂满了手榴弹，在几分钟内连续投掷了几十枚手榴弹，在猛烈的爆炸中，阻止了敌人的反攻，使后续部队赢得了宝贵的时间，一举反扑，攻克了6号山头，并乘胜克复了5号与9

号山头,占领了庙房坡阵地。许庆瑞获得"独胆英雄"的称号,并晋升为少尉排长。

11月3日晨,我各路大军分别从4个城门和城墙缺口处攻进龙陵城,守敌大半被歼,只有400多人沿小路突围,向芒市方向撤退。

向滇西日军进行犁庭扫穴,彻底打击的日子终于来了。

11月18日,第七十一军配属荣一师向芒市东南进行超越追击;第六军沿滇缅公路向芒市正面攻击前进;第五十三军从右翼迂回运动,占领芒市以南。11月19日,在第六军打击下,芒市之守敌千余人放弃阵地向西南退却。次日芒市为我军占领。第七十一军渡过芒市大河,向三台山攻击;第二军及第六军分别向芒市西南猛戛挺进;第五十三军向遮放进行阻截,占领敌据点多处。12月1日,第五十三军等部攻占遮放。日军第二师团及五十三师团一部,交替掩护,向中国边界最后一个据点畹町撤退。

12月27日,各路大军向畹町合围。第二军向畹町东南攻击前进,第六军向畹町西北攻击,第五十三军由龙川江西岸迂回畹町以南地区,第七十军位于第二军与第六军之间,作为预备队,从12月28日起各军对畹町展开攻击。激烈的战事一直在进行。1945年1月20日中午,在各路人马欢呼声中,我军终于克复畹町。中缅印公路打通了。从1942年5月后驻留在异国的驻印军与怒江东岸的中国远征军即将会师,缅北、滇西连成了一片,盟国的战略物资将源源不断运送到中国西南了。

22. 芒友会师

1945年1月中下旬,驻印军在中缅边界的缅甸一侧向芒友集结,中国远征军在中缅边界沿滇缅公路向芒友方向挺进,一个历史性的日子即将到来。

1月28日清晨,当一轮红日从青灰色的群山之巅冉冉升起的时候,金色的阳光将四野照耀得一片灿烂。湛蓝的天空,不时飘过数片洁白如雪如絮的纤云。在芒友郊外的广场上,一夜之间竖起两根高大的、笔直的杉木旗杆。从旗杆顶端,分别垂下一条长绳,在下方悬挂着中美两国等待升起的国旗。旗杆两侧分别站着4名驻印军和远征军护旗兵。旗杆的对面,是一座新搭成的观礼台,用白色降落伞做背景,台前是一个红色的"V"字,用来代表胜利。

上午9时整,驻印军和远征军排列着整齐的队伍,迈着整齐的步伐,从两个方向进入广场。会场外排列着威武雄壮的坦克车、装甲车、美制十轮大卡车和吉普车,更增添了会师的庄严气氛。

11时整,公路上尘土飞扬,几辆吉普车径直开进广场,中国远征军司令长官卫立煌、中国驻印军总指挥索尔登将军、新一军军长孙立人等一批高级将领鱼贯登上观礼台。

会场总指挥、新三十八师师长李鸿大声下令:"全体立正,升中美两国国旗,奏两国国歌。"

军乐队铜管乐大作,吹奏中美两国雄壮的国歌,在乐曲声中,中国青天白日旗和美国星条旗徐徐升起,在红日、蓝天、白云、青山之间迎风飘扬。这是胜利的象征,在场的驻印军和远征军战士都陶醉了,甚至都忘了身在何处。

礼炮一声连一声地响了!巨大的轰鸣在群山之间回荡着。

卫立煌将军洪亮的声音在每个人的心头回响:"今天是一个值得纪念的日子。十三年前的今天,是倭寇侵略上海,发动'一·二八'事变的日子;而今天的'一·二八',是我们会师的日子。今天的会师,是会师东京的先声,我们要打到东京,在那里会师,开庆祝会……滇缅战场是中美两国的合作,是值得我们永远记忆的。"

群山在欢呼,松涛在欢呼,沙场将士在欢呼,胜利是来之不易的。滇缅荡寇是值得永远记忆的。